Sitzverlegung von Kapitalgesellschaften in der Europäischen Union

Saarbrücker Studien
zum Privat- und Wirtschaftsrecht

Herausgegeben von Johann Paul Bauer,
Michael Martinek (geschäftsführender Herausgeber)
und Helmut Rüßmann

Band 36

PETER LANG
Frankfurt am Main · Berlin · Bern · Bruxelles · New York · Oxford · Wien

Stefan Stork

Sitzverlegung von Kapitalgesellschaften in der Europäischen Union

Zur Reichweite der Niederlassungsfreiheit unter Berücksichtigung der positiven und der negativen Integration

PETER LANG
Europäischer Verlag der Wissenschaften

Bibliografische Information Der Deutschen Bibliothek
Die Deutsche Bibliothek verzeichnet diese Publikation in der Deutschen Nationalbibliografie; detaillierte bibliografische Daten sind im Internet über <http://dnb.ddb.de> abrufbar.

Zugl.: Saarbrücken, Univ., Diss., 2002

D 291
ISSN 1433-8866
ISBN 3-631-50300-8

www.peterlang.de

Saarbrücker Studien zum Privat- und Wirtschaftsrecht

herausgegeben von
Prof. Dr. Johann Paul Bauer
Prof. Dr. Dr. Dr. h.c. Michael Martinek
Prof. Dr. Helmut Rüßmann

Die Schriftenreihe "Saarbrücker Studien zum Privat- und Wirtschaftsrecht" bildet in erster Linie ein Forum für rechtswissenschaftliche Doktorarbeiten der Universität des Saarlandes auf zwei juristischen Schwerpunktgebieten. Zum einen sollen Dissertationen im klassischen Privatrecht, vor allem im bürgerlichen Vermögensrecht der ersten drei Bücher des BGB und ihrer Nebengesetze vorgestellt werden. Zum anderen findet das Wirtschaftsrecht im Sinne des Wirtschaftsprivatrechts besondere Berücksichtigung, womit namentlich die Gebiete des Handelsrechts einschließlich des Bilanzrechts, des Personen- und Kapitalgesellschaftsrechts einschließlich des Konzernrechts, des Gewerblichen Rechtsschutzes sowie des Wettbewerbs- und Kartellrechts bezeichnet sind. Es versteht sich, daß nicht nur rechtsdogmatische Studien, sondern auch rechtstatsächlich, rechtspolitisch oder interdisziplinär angelegte Arbeiten in die Schriftenreihe Aufnahme finden. Denn die Rechts- und Wirtschaftswissenschaftliche Fakultät der Universität des Saarlandes vereinigt unter *einem* Dach die Fachbereiche Rechtswissenschaft und Wirtschaftswissenschaft und regt damit Studenten und Hochschullehrer in besonderer Weise zu fachübergreifender Lehre und Forschung an. Die Schriftenreihe steht aber nicht nur sehr guten und ausgezeichneten Dissertationen, sondern auch anderen "Studien" zu privat- und wirtschaftsrechtlichen Themen offen, bis hin zu Materialien und Skripten des akademischen Unterrichts. Die drei Herausgeber, die zugleich stellvertretend für ihre anderen Saarbrücker Fakultätskollegen des Privat- und Wirtschaftsrechts handeln, verbinden mit den "Saarbrücker Studien zum Privat- und Wirtschaftsrecht" den Wunsch, daß die hier veröffentlichten Arbeiten die verdiente Resonanz in der breiteren juristischen Fachöffentlichkeit finden.

Die Gerechtigkeit gebietet nicht, das in abstracto materiell gerechteste Recht anzuwenden (sei es das eigene, soweit man es dafür hält, sei es ein fremdes). Sie erlaubt es nicht einmal; denn die Kriterien dafür, was materiell gerecht ist und was nicht, sind selbst nur relativ. Das Recht wird nicht von außen an das Leben herangetragen. Es steht vielmehr mit dem Leben in Wechselwirkung: nach ihm wird in der Gemeinschaft gelebt.

Wenn die Rechte verschieden sind, wie im IPR von Staat zu Staat, so darf daher gerechterweise nicht – und kann objektiv auch gar nicht – das sachlich beste (sei es das eigene oder ein fremdes) angewandt werden. Anzuwenden ist vielmehr das räumlich beste (...).

(Kegel/Schurig, Internationales Privatrecht, S. 114)

Vorwort des Verfassers

Die Frage der Sitzverlegung von Kapitalgesellschaften in der Europäischen Union beschäftigte mich erstmals während meines Studiums an der Katholischen Universität Leuven. Dort ging ich im Rahmen einer Magisterarbeit der Frage nach, welche Reorganisationsformen Kapitalgesellschaften innerhalb der Europäischen Union unter Berücksichtigung der Niederlassungsfreiheit zur Verfügung stehen. In einem Teilbereich habe ich die Thematik mit der vorliegenden Arbeit einer vertieften Behandlung zugeführt.

Mein Dissertationsvorhaben wurde von Prof. Dr. Dr. Dr. h.c. Michael Martinek, M.C.J. (New York) betreut, dem ich für seine großzügige Unterstützung, seine stete Gesprächsbereitschaft, die für die Erstellung der Arbeit gewährte Freiheit und die schnelle Durchsicht des Manuskripts zu außerordentlichem Dank verpflichtet bin. Gleiches gilt für die Aufnahme meiner Arbeit in die Reihe *Saarbrücker Studien zum Privat- und Wirtschaftsrecht*. Besondere Anerkennung gebührt zudem Prof. Dr. Torsten Stein für die Erstellung des Zweitgutachtens. Ihm sowie Prof. Dr. Günther Hönn und Prof. Dr. Helmut Rüßmann ist auch der zügige Abschluß des Promotionsverfahrens zu verdanken.

Die vorliegende Arbeit wurde im Sommersemester 2002 von der Rechts- und Wirtschaftswissenschaftlichen Fakultät der Universität des Saarlandes als Dissertation angenommen. Literatur und Rechtsprechung befinden sich auf dem Stand vom März 2002.

Berlin, im Dezember 2002 *Stefan Stork*

Inhaltsverzeichnis

Kapitel 1 – Stand der Niederlassungsfreiheit von Kapitalgesellschaften 1

A. Beschränkungen innergemeinschaftlicher Sitzverlegungen trotz gemeinschaftsrechtlicher Gewährleistung der Niederlassungsfreiheit von Gesellschaften 1

B. Die Leitentscheidungen des Europäischen Gerichtshofs zur Niederlassungsfreiheit von Kapitalgesellschaften innerhalb der Europäischen Gemeinschaft und die Reaktionen mitgliedstaatlicher Gerichte 7

C. Bedeutung der Niederlassungsfreiheit für Strukturentscheidungen von .... Gesellschaften innerhalb der Europäischen Gemeinschaft 14
I. Niederlassungsfreiheit als Reorganisationsform für Gesellschaften 14
II. Die zentrale Bedeutung der Sitzverlegung innerhalb der Europäischen Gemeinschaft für kleine und mittlere Unternehmen 20

D. Gegenstand und Verlauf der Untersuchung 22

Kapitel 2 – Bedeutung der Anerkennung von Gesellschaften und des Internationalen Gesellschaftsrechts für die Niederlassungsfreiheit von Gesellschaften innerhalb der Europäischen Gemeinschaft 29

A. Anerkennungsproblematik 29
I. Beeinträchtigung der wirtschaftlichen Betätigung von Gesellschaften im inter-mitgliedstaatlichen Bereich durch die Anerkennungsproblematik? 30
II. Regelung der Anerkennungsfrage durch das primäre Gemeinschaftsrecht? 33
III. Versuch einer Regelung der gegenseitigen Anerkennung von Gesellschaften auf Gemeinschaftsebene durch ein völkerrechtliches Übereinkommen 35
IV. Schlußfolgerungen 37

B. Kollisionsrecht 37
I. Überprüfung kollisionsrechtlicher Regelungen am Maßstab des Gemeinschaftsrechts 38
II. Gemeinschaftsrechtliche Kollisionsnorm im EGV? 41
III. Gründungstheorie contra Sitztheorie 45
1) Die Gründungstheorie als Kollisionsnorm des Internationalen Gesellschaftsrechts 47
2) Die Sitztheorie, Anknüpfung an das Entscheidungszentrum der Gesellschaft 49
3) Aus der Anwendung der Sitztheorie resultierende Beschränkungen für die Niederlassungsfreiheit von Gesellschaften 54

Kapitel 3 - Lösung des Spannungsverhältnisses zwischen kollisionsrechtlich abgesicherten nationalen Schutzinteressen und der Niederlassungsfreiheit von Kapitalgesellschaften im Wege der Rechtsangleichung ... 65

A. Artikel 44 Absatz 2 lit. g EG (Art. 54 Abs. 3 lit. g EGV) als Spezialnorm für eine Rechtsangleichung im Bereich des Gesellschaftsrechts ... 66
I. Beschränkung der Rechtsangleichungskompetenz durch das Subsidiaritätsprinzip? ... 70
II. Beschränkung der gemeinschaftsrechtlichen Regelungskompetenz im Bereich des Gesellschaftsrechts durch Artikel 293 lit. 3 EG (Art. 220 lit. 3 EGV)? ... 71

B. Bisherige Initiativen auf Gemeinschaftsebene zur Ermöglichung einer grenzüberschreitenden identitätswahrenden Sitzverlegung von Kapitalgesellschaften ... 74
I. Der KPMG-Report ... 74
II. Vorentwurf einer 14. Richtlinie im Bereich des Gesellschaftsrechts ... 77
III. Schlußfolgerungen ... 83

C. In der Literatur vertretene Lösungsansätze für einen Interessenausgleich zwischen Gesellschaftsmobilität und nationalen Schutzinteressen ... 84
I. Differenzierungslehre ... 84
II. Kombinationslehre ... 85
III. Unterscheidung nach Fallgruppen bzw. Schwerpunktlehre ... 86
IV. Überlagerungstheorie ... 87

D. Ergebnis ... 90

Kapitel 4 – Effektive Gewährleistung der Niederlassungsfreiheit im Rahmen der negativen Integration ... 91

A. Negative Integration ... 92
I. Bedeutung der Rechtsprechung des EuGH ... 92
II. Bedeutung der Rechtsprechung der nationalen Gerichte im Rahmen der negativen Integration ... 95
III. Folgerungen ... 97

B. Die Reichweite der Niederlassungsfreiheit im Lichte der Rechtsprechung des EuGH ... 98
I. Stellung der Niederlassungsfreiheit innerhalb der Freizügigkeitsbestimmungen, unmittelbare Anwendbarkeit bei inter-mitgliedstaatlichen Sachverhalten und Geltungsbereich ... 98
II. Die Vertragsbestimmung – Diskriminierungs- oder Beschränkungsverbot? ... 104
III. Rechtsprechung des EuGH zur Niederlassungsfreiheit – vom Diskriminierungs- zum Beschränkungsverbot ... 105
IV. Einschränkung des Gewährleistungsgehalts der Niederlassungsfreiheit durch die Keck-Rechtsprechung des EuGH? ... 110
V. Folgerungen ... 117

C. Gleichstellung von natürlichen und juristischen Personen über Artikel 48 EG (Art. 58 EGV) ... 118

D. Die Centros-Entscheidung – Meilenstein für die Niederlassungsfreiheit von Gesellschaften? ... 122
I. Sachverhalt und Entscheidungsbegründung ... 123
II. Die Reaktionen in Literatur und Rechtsprechung ... 126
1) Gemeinschaftsrechtswidrigkeit der Sitztheorie ... 127
2) Die vermittelnde Auffassung ... 128
3) Fehlende Bedeutung der Centros-Entscheidung für die Sitztheorie ... 131
III. Eigene Stellungnahme ... 134

E. Die Daily Mail-Entscheidung – Beschränkung der primären Niederlassungsfreiheit von Gesellschaften? ... 146
I. Daily Mail, der Sachverhalt und die Entscheidung des EuGH ... 147
II. Vorherrschende Interpretation in der deutschsprachigen Literatur und Rechtsprechung ... 148
III. Eigene Entscheidungsinterpretation unter Berücksichtigung des Urteils Centros ... 151
IV. Folgerungen ... 164
V. Kritische Betrachtung der bisherigen Urteilsinterpretationen von Daily Mail ... 165
1) Vorrang des Internationalen Gesellschaftsrechts der Mitgliedstaaten vor Gemeinschaftsrecht? ... 166
2) Vorliegen einer Bereichsausnahme? ... 175

F. Schlußfolgerungen aus Daily Mail und Centros für die Niederlassungsfreiheit von Kapitalgesellschaften ... 177

Kapitel 5 – Gemeinschaftsrechtskonformität nationaler Maßnahmen, die inter-mitgliedstaatliche Sitzverlegungen von Gesellschaften beschränken ... 181

A. Gemeinschaftsrechtliche Zulässigkeit beschränkender nationaler Maßnahmen bei einer grenzüberschreitenden Verlegung des effektiven Verwaltungssitzes einer Gesellschaft aus dem EG-Ausland nach Deutschland ... 183
I. Echter Zuzug ... 184
1) Rechtfertigungsgründe bei indirekten Diskriminierungen ... 187
2) Folgerungen für die rechtliche Überprüfung indirekt diskriminierender nationaler Maßnahmen ... 196
3) Gemeinschaftsrechtliche Rechtfertigungsmöglichkeiten durch benannte Rechtfertigungsgründe ... 199
(a) Rechtsprechung zu Artikel 39 Absatz 3 EG (Art. 48 Abs. 3 EGV) ... 200
(b) Rechtsprechung zu Artikel 46 EG (Art. 56 EGV) ... 203
(c) Schlußfolgerungen für die Möglichkeit einer Rechtfertigung aus Gründen der öffentlichen Sicherheit und Ordnung ... 206
4) Bestehen von Allgemeinwohlinteressen, die geeignet sind, eine Beschränkung der Niederlassungsfreiheit beim Zuzug von Gesellschaften zu rechtfertigen ... 208
5) Überprüfung der Geeignetheit, Erforderlichkeit und Angemessenheit nationaler Maßnahmen ... 210
(a) Geeignetheit ... 211
(b) Überprüfung der Rechtslage in Deutschland am Kriterium der Geeignetheit ... 215
(i) Schutz des Rechtsverkehrs ... 216
(ii) Unternehmerische Mitbestimmung ... 221
(c) Erforderlichkeit ... 222
(d) Überprüfung der Rechtslage in Deutschland am Kriterium der Erforderlichkeit ... 225
(i) Schutz des Rechtsverkehrs ... 225
(ii) Unternehmerische Mitbestimmung ... 228

(e) Angemessenheit (Verhältnismäßigkeit im engeren Sinne) ... 228
(f) Überprüfung der Rechtslage in Deutschland am Kriterium der Angemessenheit ... 231
6) Schlußfolgerungen ... 232
7) Gemeinschaftsrechtskonformität der in der Literatur vertretenen konsequenten Anwendung der Sitztheorie? ... 233
8) Zulässigkeit des echten Zuzugs einer Gesellschaft mit effektivem Verwaltungssitz in einem Drittstaat ... 239
II. Unechter Zuzug ... 240
1) Zur Relevanz des Mißbrauchseinwands ... 241
2) Mißbrauchsrechtsprechung des EuGH zu Bereichen, in denen gemeinschaftliches Sekundärrecht besteht, unter besonderer Berücksichtigung der Rechtsprechung zu nationalen Berufsregelungen ... 243
3) Mißbrauchsrechtsprechung des EuGH zu Bereichen, in denen kein sekundäres Gemeinschaftsrecht besteht ... 247
4) Zwischenergebnis ... 253
5) Die Kefalas-Entscheidung des EuGH ... 254
6) Folgerungen für die Geltendmachung des Mißbrauchseinwands ... 258
III. Regelungsmöglichkeiten der Mitgliedstaaten zur Wahrung nationaler Schutzinteressen beim Zuzug juristischer Personen aus dem EG-Ausland ... 261
1) Schutz des Rechtsverkehrs ... 262
(a) Erstreckung bestehender inländischer Mindestkapitalerfordernisse auf juristische Personen aus anderen Mitgliedstaaten ... 262
(b) Durchgriffshaftung bei qualifizierter materieller Unterkapitalisierung ... 264
(c) Angabe der Nationalität und des Gesellschaftskapitals ... 270
(d) Publizitätspflichten ... 273
2) Mitbestimmung ... 277
IV. Ergebnis ... 279

B. Gemeinschaftsrechtliche Zulässigkeit beschränkender nationaler Maßnahmen bei der grenzüberschreitenden Verlegung des effektiven Verwaltungssitzes von Gesellschaften aus Deutschland in das EG-Ausland ... 281
I. Echter Wegzug ... 282
1) Schutz des Rechtsverkehrs ... 284
2) Schutz von Anteilseignern ... 287
3) Mitbestimmung ... 289
4) Ergebnis ... 289
II. Unechter Wegzug ... 290

C. Alleinige Verlegung des satzungsmäßigen Sitzes ... 293

D. Gleichzeitige Verlegung des satzungsmäßigen und des effektiven Verwaltungssitzes ... 299

E. Endergebnis und Ausblick ... 301

F. Zusammenfassende Thesen ... 309

Abkürzungsverzeichnis

a.A., A.A.	anderer Ansicht
Abl.	Amtsblatt
Abs.	Absatz
A.C.	Appeal Cases
AcP	Archiv für civilistische Praxis
a. F.	alte Fassung
AG	Die Aktiengesellschaft
AG	Amtsgericht
AktG	Aktiengesetz
Allg. Einl.	Allgemeine Einleitung
Anh.	Anhang
Anm.	Anmerkung
Art.	Artikel
Aufl.	Auflage
AWD	Recht der internationalen Wirtschaft
BayObLG	Bayerisches Oberstes Landesgericht
BayObLGZ	Entscheidungen des Bayerischen Obersten Landesgerichts in Zivilsachen
BB	Der Betriebs-Berater
Bd.	Band
Beil.	Beilage
BFH	Bundesfinanzhof
BGB	Bürgerliches Gesetzbuch
BGBl.	Bundesgesetzblatt
BGH	Bundesgerichtshof
BGHZ	Entscheidungen des Bundesgerichtshofs in Zivilsachen

BSG	Bundessozialgericht
BT-Drucks.	Bundestags-Drucksache
Buchst.	Buchstabe
Bull. Joly	Bulletin Joly (mensuel d'information des sociétés)
BVerfG	Bundesverfassungsgericht
BVerfGE	Entscheidungen des Bundesverfassungsgerichts
BVerwG	Bundesverwaltungsgericht
BVerwGE	Entscheidungen des Bundesverwaltungsgerichts
bzw.	beziehungsweise
CA	Companies Act
Cah.dr.eur.	Cahiers de droit européen
Cass.	Cour de Cassation
Cass. civ.	Cour de Cassation, Ch. civile, Section civile
C. civ.	Code civil
C.M.L.Rev.	Common Market Law Review
D.	Dalloz
DB	Der Betrieb
ders.	derselbe
d. h.	das heißt
dies.	dieselbe(-n)
Diss.	Dissertation
DIW	Deutsches Institut für Wirtschaftsforschung
DNotZ	Deutsche Notar-Zeitschrift
DOK.KOM.	Dokument der Kommission der Europäischen Gemeinschaften
DStR	Deutsches Steuerrecht
DVBl.	Deutsches Verwaltungsblatt
EBLR	European Business Law Review
ECU	European Currency Unit

EEA	Einheitliche Europäische Akte
EG	Europäische Gemeinschaft(-en)
EGBGB	Einführungsgesetz zum Bürgerlichen Gesetzbuch
EGV	Vertrag über die Gründung der Europäischen Gemeinschaften
Einl.	Einleitung
ELR	European Law Review
EMRK	Europäische Menschenrechtskonvention
EP	Europäisches Parlament
ERJuKoG	Gesetz über elektronische Register und Justizkosten für Telekommunikation
EU	Europäische Union
EuGH	Europäischer Gerichtshof
EuGRZ	Europäische Grundrechte-Zeitschrift
EuGVÜ	Europäisches Gerichtsstands- und Vollstreckungsübereinkommen
EuR	Europarecht
EUV	Vertrag über die Europäische Union
EuZ	Zeitschrift für Europarecht, Beiheft der Schweizerischen Juristen-Zeitung
EuZW	Europäische Zeitschrift für Wirtschaftsrecht
EWG	Europäische Wirtschaftsgemeinschaft
EWGV	Vertrag zur Gründung der Europäischen Wirtschaftsgemeinschaft
EWiR	Entscheidungen zum Wirtschaftsrecht
EWIV	Europäische Wirtschaftliche Interessenvereinigung
EWS	Europäisches Wirtschafts- und Steuerrecht
f., ff.	folgende Seite(-n)
FGG	Gesetz über die Angelegenheiten der freiwilligen Gerichtsbarkeit
Fn.	Fußnote
FS	Festschrift
GbR	Gesellschaft bürgerlichen Rechts

gem.	gemäß
GesRZ	Der Gesellschafter, Zeitschrift für Gesellschafts- & Unternehmensrecht
GewArch	Gewerbearchiv
GG	Grundgesetz
ggf.	gegebenenfalls
GmbHG	Gesetz betreffend die Gesellschaften mit beschränkter Haftung
GmbHR	GmbH-Rundschau
GS	Gedächtnisschrift
Habil.	Habilitation
HGB	Handelsgesetzbuch
h. M.	herrschende Meinung
HRefG	Handelsrechtsreformgesetz v. 22.6.1998 (BGBl. I, S. 1474)
Hrsg.	Herausgeber
i. d. R.	in der Regel
IfM	Institut für Mittelstandsforschung
insbes.	insbesondere
IPR	Internationales Privatrecht
IPRax	Praxis des Internationalen Privat- und Verfahrensrechts
IStR	Internationales Steuerrecht, Zeitschrift für europäische und internationale Steuer- und Wirtschaftsberatung
i. V. m.	in Verbindung mit
JA	Juristische Arbeitsblätter
JuS	Juristische Schulung
JZ	Juristenzeitung
KG	Kammergericht
KG	Kommanditgesellschaft
KMU	kleine und mittlere Unternehmen
KStG	Körperschaftssteuergesetz

L.	Loi
Ld. Raym.	Raymond, Robert. Reports of Cases in the Bench courts of King's Bench and Common Pleas
LG	Landgericht
lit.	Litera (Buchstabe)
Lloyd's Rep.	Lloyds Law Reports
L.R. 2 Q.B.	Queen's Bench Cases, Volume 2
Ltd.	Limited
MDR	Monatszeitschrift des Rechts
Mich.J.Int.L.	Michigan Journal of International Law
Mio.	Million(-en)
MitbestG	Mitbestimmungsgesetz
MJ	Maastricht Journal of European and Comparative Law
Münch-Komm-(Autor)	Münchener Kommentar zum BGB
NJW	Neue Juristische Wochenschrift
NJW-RR	Rechtsprechungsreport der Neuen Juristischen Wochenschrift
n. F.	neue Fassung
Nr.	Nummer
NVwZ	Neue Zeitschrift für Verwaltungsrecht
NZG	Neue Zeitschrift für Gesellschaftsrecht
OHG	Offene Handelsgesellschaft
ÖJZ	Österreichische Juristen-Zeitung
OLG	Oberlandesgericht
ÖstOGH	Österreichischer Oberster Gerichtshof
RabelsZ	Rabels Zeitschrift für ausländisches und internationales Privatrecht
R.D.C.E.	Revista de Derecho Comunitario Europeo
Rev. crit. DIP	Revue critique de droit international privé
Rev. Jur. Comm.	Revue de jurisprudence commerciale
RTD eur.	Revue trimestrielle de droit européen

RG	Reichsgericht
RGZ	Entscheidungen des Reichsgerichts in Zivilsachen
RiA	Recht im Amt
RL	Richtlinie(-n)
Rn.	Randnummer
RIW	Recht der internationalen Wirtschaft
Rs.	Rechtssache
S.	Seite
S.A.	Société anonyme
S.A.R.L.	Société à responsabilité limitée
SE	Societas Europea
Sign.	Signatur
Slg.	Amtliche Sammlung der Rechtsprechung des EuGH
sog.	sogenannte(-n)
SpuRt	Sport und Recht
u.a.	unter anderem
UmwG	Umwandlungsgesetz
Verb. Rs.	Verbundene Rechtssachen
vgl.	vergleiche
VO	Verordnung
Vorb.	Vorbemerkung
wbl	Zeitschrift für österreichisches und europäisches Wirtschaftsrecht
WiVerw	Wirtschaft und Verwaltung
WM	Wertpapier-Mitteilungen
WRP	Wettbewerb in Recht und Praxis
z. B.	zum Beispiel
ZEuP	Zeitschrift für das Europäische Privatrecht
ZEuS	Zeitschrift für Europäische Studien

ZGR	Zeitschrift für Unternehmens- und Gesellschaftsrecht
ZHR	Zeitschrift für das gesamte Handels- und Wirtschaftsrecht
Ziff.	Ziffer
ZIP	Zeitschrift für Wirtschaftsrecht
ZPO	Zivilprozeßordnung
ZVglRWiss	Zeitschrift für vergleichende Rechtswissenschaft
ZfRV	Zeitschrift für Rechtsvergleichung, Int. Privatrecht und Europarecht
ZGR	Zeitschrift für Unternehmens- und Gesellschaftsrecht
ZUM	Zeitschrift für Urheber- und Medienrecht/Film und Recht

Kapitel 1 – Stand der Niederlassungsfreiheit von Kapitalgesellschaften

A. Beschränkungen innergemeinschaftlicher Sitzverlegungen trotz gemeinschaftsrechtlicher Gewährleistung der Niederlassungsfreiheit von Gesellschaften

Nach dem Wortlaut von Artikel 48 EG (Art. 58 EGV) [1] entfaltet die in Artikel 43 EG (Art. 52 EGV) verankerte Niederlassungsfreiheit auch für Gesellschaften[2] Wirkung, *die ihren satzungsmäßigen Sitz, ihre Hauptverwaltung oder ihre Hauptniederlassung innerhalb der Gemeinschaft haben.* Dabei gelten als *Gesellschaften* im Sinne von Artikel 48 Absatz 2 EG (Art. 58 Abs. 2 EGV) *die Gesellschaften des bürgerlichen und des Handelsrechts einschließlich der Genossenschaften und die sonstigen juristischen Personen des öffentlichen und privaten Rechts mit Ausnahme derjenigen, die keinen Erwerbszweck verfolgen*[3].

Die Definition des Artikels 48 Absatz 2 EG (Art. 58 Abs. 2 EGV) entspricht weitgehend dem in den mitgliedstaatlichen Rechtsordnungen bestehenden Begriffsverständnis. So sind etwa nach dem in der deutschen Literatur verwendeten Gesellschaftsbegriff unter *Gesellschaften* alle Personenvereinigungen, juristischen Personen und andere organisierte Vermögenseinheiten zu verstehen, unabhängig von ihrer Zuordnung zum privaten oder zum öffentlichen Recht[4]. Der Unterschied zwischen der im deutschen Recht gebräuchlichen und der gemeinschaftsrechtlichen Begriffsbestimmung besteht darin, daß erstere auch diejenigen Gesellschaften

---

[1] Vgl. zur neuen Zitierweise der Europäischen Verträge: *NVwZ 2000, S. 55; http://curia.eu.int/de/content/juris/noteinfo.htm.*
Nachfolgend werden die Vorschriften des EG-Vertrages in der Fassung von Amsterdam mit der Abkürzung EG, sowie dahinter ergänzend in Klammern in der vorher geläufigen Zitierweise mit der Abkürzung EGV wiedergegeben, auch wenn es sich um Vorgänge aus der Zeit vor der Umbenennung des EG-Vertrages handelt. Gleiches gilt für Vorgänge aus der Zeit vor der Umbenennung des EWG-Vertrages, sofern nicht im Rahmen von Zitaten auf frühere Fassungen Bezug genommen wird.
Es wird in der Regel von der Europäischen Gemeinschaft und nicht von der Europäischen Union gesprochen, weil erstere nach wie vor Rechtsträgerin ist und Recht setzt (*Oppermann, Europarecht, Rn. 888*).

[2] Gegenstand der Untersuchung ist allein die Niederlassungsfreiheit von Kapitalgesellschaften innerhalb der Europäischen Gemeinschaft, auch wenn teilweise der allgemeinere Begriff der *Gesellschaften* Verwendung findet. Denn Kapitalgesellschaften ermöglichen den Anteilseignern eine Haftungsbeschränkung auf das Gesellschaftsvermögen. Hier treten die mit der Anwendung der Sitztheorie und ihren materiellrechtlichen Folgen verbundenen Probleme besonders augenscheinlich zutage, weil durch eine Sitzverlegung Haftungsbeschränkungen wegfallen und neben den Anteilseignern auch die für die Gesellschaft Handelnden einer direkten und unbeschränkten Haftung gegenüber Dritten ausgesetzt werden können.

[3] Vgl. zum Erfordernis des Erwerbszwecks: *EuGH, Urt. v. 17.6.1997, Rs. 70/95 (Sodemare), Slg. 1997, S. I-3395, Rn. 25;* so bereits in: *EuGH, Urt. v. 6.11.1984, Rs. 182/83 (Fearon), Slg. 1984, S. 3677, Rn. 8.*

[4] *Staudinger-Großfeld, Internationales Gesellschaftsrecht, Rn. 1.*

erfaßt, die keinen Erwerbszweck verfolgen. Diese sind indes nach dem eindeutigen Wortlaut des EG-Vertrags von der gemeinschaftsrechtlichen Definition ausgeschlossen[5].

Gesellschaften im vorgenannten Sinne müßte die Niederlassungsfreiheit vom Grundsatz her die Möglichkeit der freien Standortwahl aus den unterschiedlichsten wirtschaftlichen Gründen[6] eröffnen. Jedoch hat der Europäische Gerichtshof (EuGH) in seiner *Daily Mail*-Entscheidung festgestellt, die Artikel 43 und 48 EG (Art. 52 und 58 EGV) gewährten *beim derzeitigen Stand des Gemeinschaftsrechts einer Gesellschaft, die nach dem Recht eines Mitgliedstaats gegründet ist und in diesem ihren satzungsmäßigen Sitz hat, nicht das Recht, den Sitz ihrer Geschäftsleitung in einen anderen Mitgliedstaat zu verlagern*[7]. Damit richtet sich nach fast einhelliger Auffassung in der deutschen Literatur und Rechtsprechung die Zulässigkeit einer Verlegung des Entscheidungszentrums einer Gesellschaft von einem Mitgliedstaat der Gemeinschaft in einen anderen allein nach dem jeweiligen nationalen Recht der beteiligten Rechtsordnungen[8].

Diese Rechtslage hat vielfältige Auswirkungen. So gibt es beispielsweise Bestrebungen zur Schaffung grenzüberschreitender Gewerbegebiete, wie im Saarland im Bereich Saarbrücken/Saarlouis/Moselle-Est[9]. Der Hintergrund entsprechender Planungen ist es, vorhandene Flächen optimal zu nutzen und Grenzregionen, die traditionell zu den strukturschwachen Gebieten gehören, ein stärkeres Wachstumspotential zu verschaffen. Solche – insbesondere aus Gemeinschaftsprogrammen förderungswürdige[10] – Initiativen zur Stärkung der Wettbewerbssituation grenzüberschreitender Regionen im europäischen Wettbewerb der Standorte stoßen nicht nur im planungsrechtlichen, sondern auch im hier interessierenden gesellschafts-

[5] Vgl. hierzu: *EuGH, Urt. v. 17.6.1997, Rs. 70/95 (Sodemare), Slg. 1997, S. I-3395, Rn. 25; Goldmann/Lyon-Caen/Vogel, Droit commercial européen, S. 128 f.*). Allein der Umstand, daß eine Gesellschaft keinen Gewinn erzielt, läßt indes nicht den Schluß zu, sie übe keine wirtschaftlichen Aktivitäten aus.

[6] *Nachbaur, Niederlassungsfreiheit, S. 15; Dauses/Roth, Handbuch des EU-Wirtschaftsrechts, E I, Rn. 2; Groeben/Thiesing/Ehlermann/Troberg, Kommentar zum EU-/EG-Vertrag, Vorbem. zu Art. 52 bis 58, Rn. 3; Oppermann, Europarecht, Rn. 1584.*

[7] *EuGH, Urt. v. 27.9.1988, Rs. 81/87 (Daily Mail), Slg. 1988, S. 5483, Rn. 25.*

In diesem Fall wollte eine nach englischem Recht wirksam errichtete Gesellschaft ihre Unternehmensleitung in einen anderen Mitgliedstaat der EG verlegen, um der Körperschaftssteuer nach dem britischen Income and Corporation Taxes Act 1970 zu entgehen.

[8] Vgl. hierzu eingehender: *Kapitel 2 B. III. 3).*

Hierzu betont etwa *Behrens* kritisch (*IPRax 1989, S. 354 (360)*): *Von einem Niederlassungsakt der Gesellschaft kann nur gesprochen werden, wenn diese ihre Identität und Rechtspersönlichkeit dabei bewahrt.* Auch *Ebenroth/Eyles* weisen darauf hin, die uneingeschränkte Gestattung der Verlagerung von Produktion, Management und Gesellschaftssitz innerhalb der EG sowie generell die Gewährleistung der internationalprivatrechtlichen Anerkennung von Gesellschaften seien für die Niederlassungsfreiheit von Gesellschaften unverzichtbare Facetten (*Ebenroth/Eyles, DB 1989, S. 363*).

[9] *Machbarkeitsstudie der agiplan Aktiengesellschaft, Projekt EUROZONE, Europäische Entwicklungszone Saarbrücken/Saarlouis/Moselle-Est.*

[10] Vgl. allgemein zu Förderungsmöglichkeiten: *Machbarkeitsstudie der agiplan Aktiengesellschaft, Projekt EUROZONE, Europäische Entwicklungszone Saarbrücken/Saarlouis/Moselle-Est, S. 123 ff.*

rechtlichen Bereich auf Schwierigkeiten[11]. Denn durch die grenzüberschreitende Ausweisung von Gewerbegebieten werden nicht die gesellschaftsrechtlichen Hindernisse ausgeräumt, die möglicherweise einer Ansiedlung von Unternehmen entgegenstehen. Vielmehr ist von erheblicher Bedeutung, auf wessen nationalem Hoheitsgebiet im Bereich des ausgewiesenen Gewerbegebiets die Ansiedlung stattfindet.

Die Rechtsordnungen der Mitgliedstaaten der Gemeinschaft divergieren bereits hinsichtlich der Frage, welches nationale Recht auf einen Sachverhalt mit Auslandsberührung Anwendung findet. Bei Gesellschaften ist ein Sachverhalt mit Auslandsberührung zu bejahen, wenn der Unternehmenssitz in einen anderen Mitgliedstaat verlegt wird. In einem solchen Fall wäre zunächst nach dem Internationalen Gesellschaftsrecht[12] der Rechtsordnung, in der eine rechtliche Frage im Zusammenhang mit der Gesellschaft aufgeworfen wird, zu bestimmen, welche materielle Rechtsordnung maßgebend ist für den Beginn, den Umfang und das Ende der Rechtsfähigkeit der betreffenden Gesellschaft[13]. Das Internationale Gesellschaftsrecht weist daher Fragen der Bestimmung der Handlungsfähigkeit im allgemeinen sowie der Vertretungsbefugnis der Organe und das Verhältnis der Gesellschafter untereinander einer bestimmten Rechtsordnung zu[14].

Aber nicht nur im kollisionsrechtlichen Bereich, sondern auch auf materiellrechtlicher Ebene divergieren die Anforderungen der nationalen Gesellschaftsrechte. So beträgt das Mindestkapitalerfordernis zur Gründung einer Société à Responsabilité Limitée (S.A.R.L.) nach französischem Recht 7.500 Euro[15]. Zudem gilt die Regelung des Mindestkapitals nicht uneingeschränkt. Beispielsweise sehen besondere gesetzliche Bestimmungen für Presseunternehmen und genossenschaftliche Unternehmen, die in der Form einer S.A.R.L. organisiert sind, geringere Mindestkapitalbeträge vor[16]. Indes muß nach § 5 Absatz 1 GmbH-Gesetz in der durch

---

[11] *Machbarkeitsstudie der agiplan Aktiengesellschaft, Projekt EUROZONE, Europäische Entwicklungszone Saarbrücken/Saarlouis/Moselle-Est, S. 79 ff.*

[12] *Großfeld* definiert den Begriff sehr anschaulich wie folgt: *Das Internationale Gesellschaftsrecht fragt, nach welcher Rechtsordnung gesellschaftliche Beziehungen zu beurteilen sind, welches das auf sie anwendbare Recht ist* (*Staudinger-Großfeld, Internationales Gesellschaftsrecht, Rn. 1*).
Vom Begriff des *Internationalen Gesellschaftsrechts* ist der des *Internationalen Unternehmensrechts* abzugrenzen. Letzterer ist weitergehend, da er neben den Beziehungen zwischen Gesellschaft und Gesellschaftern sowie zwischen den Gesellschaftern untereinander auch politische und soziale Bindungen vor allem bei transnational operierenden Unternehmen mit berücksichtigen will (*Staudinger-Großfeld, Internationales Gesellschaftsrecht, Rn. 8 f.; Münch-Komm-Kindler, Inter-nationales Gesellschaftsrecht, Rn. 52 ff.; Lutter, Europäisches Unternehmensrecht, S. 4*).

[13] *Staudinger-Großfeld, Internationales Gesellschaftsrecht, Rn. 1; Drobnig, AG 1973, S. 90 (92).*

[14] *Staudinger-Großfeld, Internationales Gesellschaftsrecht, Rn. 17, 249 ff.; Kegel/Schurig, Internationales Privatrecht, S. 505 ff.*

[15] *Art. L. 223-2 Nouv. C. com.* (*Art. 35 Abs. 1 des Gesetzes Nr. 66-537 vom 24. Juli 1966*).
Die Angaben in Klammern geben die alten Bestimmungen wieder, die vor der Neuzuordnung im Nouveau Code de commerce galten. Im Nouveau Code de commerce wurden die bisher bestehenden Gesetze des Handels- und Gesellschaftsrechts zusammengefaßt.

[16] *Art. L. 223-2 Abs. 2 Nouv. C. com.* (*Art. 491 Abs. 2 des Gesetzes Nr. 66-537 vom 24. Juli 1966*), *bzw. Art. 27 Abs. 3 des Gesetzes Nr. 47-1775 vom 10. September 1947, geändert durch Art. 18 des Gesetzes Nr. 92-643 vom 13. Juli 1992.*

Art. 3 § 3 EuroEG vom 9.6.1998[17] geänderten Fassung das Stammkapital einer GmbH mindestens 25.000 Euro betragen. Mehr noch ist möglich, daß eine aus dem nationalen Recht vertraute Unternehmensform kein klares Gegenstück in einer fremden Rechtsordnung hat oder aber Regelungen enthält, die in der anderen Rechtsordnung unbekannt sind. So existiert in Frankreich die Möglichkeit, in den Statuten einer Gesellschaft ein variables Gesellschaftskapital festzulegen. Sie wurde mit Gesetz vom 24. Juli 1867 eingeführt und besteht bis heute fort[18].

Aufgrund dieser Ausgangslage ist die grenzüberschreitende Sitzverlegung von Kapitalgesellschaften bisher nicht verwirklicht. Dies, obwohl keine Zweifel daran bestehen können, daß auch Kapitalgesellschaften – wie natürliche Personen – von dem durch das Gemeinschaftsrecht gesetzten Gewährleistungsrahmen profitieren sollen. So stehen aus den nationalen Rechtsordnungen resultierende Hindernisse für die effektive Nutzung gemeinschaftsrechtlicher Gewährleistungen in einem Spannungsverhältnis zu den Zielsetzungen der Gemeinschaft. Schon ein Blick auf die Aufgaben und Ziele der Gemeinschaft[19], die sich aus der Präambel sowie den Artikeln 2 bis 4 EG (Art. 2, 3 und 3a EGV) ergeben, macht die Bedeutung der wirtschaftlichen Integration deutlich. In der Präambel ist die Schaffung der *Grundlagen für einen immer engeren Zusammenschluß der Europäischen Völker* an erster Stelle genannt. Danach findet der wirtschaftliche und soziale Fortschritt

---

Noch liberaler sind hinsichtlich der Kapitalausstattung die Gründungserfordernisse des englischen Gesellschaftsrechts. So besteht bei einer englischen private limited company (Ltd.) kein Mindestkapitalerfordernis (*Gansen, Harmonisierung der Kapitalaufbringung im englischen und deutschen Kapitalgesellschaftsrecht, S. 23; Pennington, Company Law, S. 21*). Ausreichend ist nach section 2 Abs. 5 Companies Act 1985 vielmehr, daß in der Satzung der Gesellschaft das Nennkapital angegeben ist, welches den addierten Nennwerten der in der Satzung aufzulistenden Anteile der Gesellschafter entspricht, wobei für die Anteile keine Mindestbeträge festgesetzt sind.

[17] *BGBl. I, S. 1242.*

[18] *Art. L. 231-3 Nouv. C. com. (Artikel 49 des Gesetzes vom 24. Juli 1867).*

Auf Gesellschaften mit variablem Gesellschaftskapital finden neben den besonderen Vorschriften die für die jeweilige Gesellschaftsform geltenden allgemeinen Bestimmungen Anwendung (*Art. L. 231-1 Nouv. C. com. (Artikel 48 des Gesetzes vom 24. Juli 1867)*). Allerdings sind Aktiengesellschaften mit variablem Gesellschaftskapital seit dem Reformgesetz Nr. 81-1162 vom 30. Dezember 1981, welches das französische Gesellschaftsrecht an die Erfordernisse der zweiten gesellschaftsrechtlichen Richtlinie der Gemeinschaft (*77/91/EWG, ABl. Nr. L 26/1*) angepaßt hat, nicht mehr zulässig, da Artikel 6 Absatz 1 der Richtlinie ein Mindestkapital von 25.000 Rechnungseinheiten vorschreibt und Artikel 1 Absatz 2 der Richtlinie ein variables Gesellschaftskapital nur ausnahmsweise für die dort genannten Gesellschaftstypen (Investmentgesellschaften, Genossenschaften) vorsieht, sofern der nationale Gesetzgeber von dieser Ausnahmeregelung Gebrauch macht. Durch Artikel 30 des Gesetzes Nr. 81-1162 vom 30. Dezember 1981 wurde Artikel 48 des Gesetzes vom 24. Juli 1867 dahingehend geändert, daß S.A.'s von der Möglichkeit, statutarisch ein variables Gesellschaftskapital festzulegen, ausgenommen sind. Eine Ausnahme besteht nur für Genossenschaften, die in der Form einer SA betrieben werden (*Art. L. 231-1 Abs. 1 Nouv. C. com. (Art. 48 Abs. 1 des Gesetzes vom 24. Juli 1867 in der durch Art. 30 des Gesetzes Nr. 81-1162 vom 30. Dezember 1981 geänderten Fassung)*). Allerdings kann in den Gesellschaftsstatuten einer société à responsabilité limitée (S.A.R.L.) weiterhin ein variables Gesellschaftskapital festgelegt werden, da die zweite gesellschaftsrechtliche Richtlinie hinsichtlich dieser Gesellschaftsform keine Vorgaben enthält und sich der französische Gesetzgeber bisher zu keiner Änderung veranlaßt sah (*Mestre/Blanchard-Sébastien, Lamy Sociétés Commerciales, Nr. 2624 und 4593*).

[19] Zur Terminologie, vgl.: *Groeben/Thiesing/Ehlermann/Zulegg, Kommentar zum EU-/EG-Vertrag, Art. 2, Rn. 1.*

Erwähnung, der durch eine Einigung der Volkswirtschaften und deren harmonische Entwicklung aufgrund einer Beseitigung bestehender Hindernisse sowie durch eine Besserung der Lebens- und Beschäftigungsbedingungen der Menschen innerhalb der Europäischen Gemeinschaft (EG) erreicht werden soll[20]. Nach den in Artikel 2 EG (Art. 2 EGV) aufgezählten Aufgaben und Zielen der Gemeinschaft[21] bildet die Schaffung eines *Gemeinsamen Marktes* für alle Formen wirtschaftlicher Aktivität ein Kernelement[22].

Die in Artikel 2 EG (Art. 2 EGV) umrissenen Aufgaben und Ziele[23] werden in Artikel 3 und 4 EG (Art. 3 und 3a EGV) durch eine Auflistung der einzelnen Tätigkeitsbereiche der Gemeinschaft konkretisiert[24]. Nach Artikel 3 lit. c EG (Art. 3 lit. c EGV) umfaßt die Gemeinschaft *einen Binnenmarkt, der durch die Beseitigung der Hindernisse für den freien Waren-, Personen-, Dienstleistungs- und Kapitalverkehr zwischen den Mitgliedstaaten gekennzeichnet ist*[25]. Die unter Artikel 3 lit. c EG (Art. 3 lit. c EGV) genannten Grundfreiheiten sind wiederum Gegenstand eigener Regelungen[26], in deren Rahmen der Europäischen Gemeinschaft (Rechtsetzungs-) Kompetenzen zugewiesen werden[27]. So erstrecken sich nach Artikel 3 lit. h EG (Art. 3 lit. h EGV) die Aufgaben der Gemeinschaft auf die Angleichung der innerstaatlichen Rechtsvorschriften, soweit dies zum Funktionieren des Binnenmarktes erforderlich ist[28].

Die ursprünglich in Artikel 2 EGV unter anderem als Zielvorgabe genannte *Errichtung eines Gemeinsamen Marktes* sollte bis Ende 1992 durch die Verwirkli-

---

[20] *Vgl. die Präambel des EGV.*

[21] Die Ziele sind: Wachstum, Stabilität, Hebung des Lebensstandards, eine harmonische Wirtschaftsentwicklung und engere Beziehungen zwischen den Staaten.

[22] Als weitere Ziele werden genannt: ein nicht inflationäres und umweltverträgliches Wirtschaftswachstum, ein hoher Konvergenzgrad der Wirtschaftsleistungen, ein hohes Beschäftigungsniveau, ein hohes Maß an sozialem Schutz, die Hebung der Lebenshaltung und Lebensqualität sowie die Stärkung des sozialen und wirtschaftlichen Zusammenhalts zwischen den Mitgliedstaaten (*Artikel 2 EG (Art. 2 EGV)*).

[23] *EuGH, Urt. v. 29.9.1987, Rs. 126/86 (Giménez Zarea), Slg. 1987, S. 3715, Rn. 10.*

[24] *Cockborne/Defalque/Durand/Prahl/Vandersanden, Commentaire Megret, Le Droit de la CEE, Tome 1, S. 12.*

Die Artikel enthalten somit eigene, konkrete Vertragsziele (*Groeben/Thiesing/Ehlermann/Zulegg, Kommentar zum EU-/EG-Vertrag, Art. 3, Rn. 3*).

[25] Zur Schaffung eines gemeinsamen (Binnen-) Marktes gehört notwendigerweise eine Beschränkung des Zugangs von außen (*vgl. Artikel 25 – 27 EG (Art. 12 - 29 EGV)*). Die Grundfreiheiten tragen insofern neben der in den Artikeln 25 ff. EG (Art. 12 ff. EGV) festgelegten Zollunion in besonderem Maße dazu bei, einen einheitlichen Wirtschaftsraum zu schaffen (*Grabitz/Hilf/Randelzhofer, Kommentar zur Europäischen Union, vor Art. 52, Rn. 4*). Deutlich wird bereits hier, daß die wirtschaftliche Integration der Mitgliedstaaten im Vordergrund des Vertrages steht. Vgl. allgemein zum ökonomischen und politischen Hintergrund: *Grabitz/ v. Bogdandy, JuS 1990, S. 170.*

[26] *Artikel 28 ff., 39 ff., 43 ff., 49 ff. EG = Art. 30 ff., 48 ff., 52 ff., 59 ff. EGV.*

[27] *EuGH, Urt. v. 7.7.1976, Rs. 118/75 (Watson und Belmann), Slg. 1976, S. 1185, Rn. 16; EuGH, Urt. v. 15.10.1987, Rs. 222/86 (Heylens), Slg. 1987, S. 4097, Rn. 8; EuGH, Urt. v. 7.7.1992, Rs. 370/90 (Sunrider Singh), Slg. 1992, S. I-4265, Rn. 15.*

[28] Dabei handelt es sich nur um eine programmatische Beschreibung, die nicht selbst eine Kompetenzgrundlage bildet (*Nicolaysen, Europarecht II, S. 29*).

chung des Binnenmarktes erreicht werden, Artikel 14 EG (Art. 7a EGV)[29], um eine freie unternehmerische Entfaltung innerhalb der Gemeinschaft zu ermöglichen[30], so daß der einzelne Unternehmer allein aufgrund ökonomischer Gesichtspunkte entscheiden kann, wo innerhalb des räumlichen Bereichs der EG sich seine unternehmerischen Ziele am besten verwirklichen lassen[31].

Da wirtschaftliche Aktivitäten in erheblichem Maße durch Gesellschaften ausgeübt werden, ist der Binnenmarkt und die seiner Verwirklichung dienende Gewährleistung der freien Niederlassung innerhalb der Gemeinschaft nur dann erreicht, wenn dem Gebrauch der Grundfreiheit keine faktischen und rechtlichen Hindernisse entgegenstehen. Daß dieses Ziel noch nicht verwirklicht ist, zeigt eine Vielzahl von Entscheidungen des EuGH[32], obwohl der Gerichtshof bereits lange in seiner Judikatur anerkannt hat, daß die Herstellung der Niederlassungsfreiheit bis zum Ende der Übergangszeit (31.12.1969)[33] eine klar umrissene Pflicht gegenüber den Mitgliedstaaten begründe, deren Erfüllung nicht durch die vorherige Durchführung von Rechtsangleichungsmaßnahmen auf Gemeinschaftsebene bedingt sei, sondern durch diese nur erleichtert werden solle. Bereits mit Blick auf die allgemeinen

---

[29] Artikel 8a EWGV (später Art. 7a EGV) wurde durch die Einheitliche Europäische Akte (EEA) vom 28.02.1987 eingefügt und beinhaltet mit der Schaffung eines Binnenmarktes eine neue Zielsetzung. Daß der Begriff im Vergleich zu dem bereits vorher im EWGV genannten Begriff *Gemeinsamer Markt* ein *Mehr* bedeuten muß, folgt daraus, daß in der EEA der Binnenmarktbegriff in Kenntnis des Terminus *Gemeinsamer Markt* bewußt gewählt wurde (vgl. zu den Unterschieden der beiden Begriffe: *Eyles, Das Niederlassungsrecht der Kapitalgesellschaften in der Europäischen Gemeinschaft, S. 15 ff.*). Zudem hat der EuGH in einer Entscheidung geäußert, der Gemeinsame Markt sei bereits geschaffen, wenn ein einheitlicher Markt bestehe, dessen Bedingungen denen eines Binnenmarktes möglichst nahe kämen (*EuGH, Urt. v. 5.5.1982, Rs. 15/81 (Schul), Slg. 1982, S. 1409, Rn. 33*). Dennoch dürften die Unterschiede der beiden Begriffe eher gering sein und mit der Wahl des Wortes Binnenmark das Erstreben einer höheren Integrationsebene ausgedrückt werden (*Grabitz/v. Bogdandy, JuS 1990, S. 170 (175)*). Die Festlegung eines bestimmten Datums für die Errichtung des Binnenmarktes hatte keine bindende Wirkung, sondern war als Vorgabe eines Zeitrahmens gedacht, der den politischen Willen der Mitgliedstaaten unterstreichen sollte (*Tooth, C.M.L.Rev. 1986, S. 803 (806)*).
Nach Artikel 14 Absatz 2 EG (Art. 7a Abs. 2 EGV) erfaßt der Binnenmarkt *einen Raum ohne Binnengrenzen, in dem der freie Verkehr von Waren, Personen, Dienstleistungen und Kapital gemäß den Bestimmungen dieses Vertrages gewährleistet ist* (vgl. hierzu eingehend: *Cecchini, Europa '92, Der Vorteil des Binnenmarktes, 1988, S. 54 ff.; Tooth, C.M.L.Rev. 1986, S. 803 (806)*; vgl. auch: *Weißbuch der Kommission, Dok. KOM (85), 310, Rn. 10 ff., 65, 136 ff.*).

[30] *Huiskes, in: Wouters/Schneider (Hrsg.), Current Issues of Cross-Border Establishment of Companies in the European Union, S. 157 (159).*

[31] *Hailbronner/Klein/Magiera/Müller-Graff, Handkommentar zum Vertrag über die Europäische Union, Art. 52, Rn. 2; Dauses/Behrens, Handbuch des EU-Wirtschaftsrechts, E III, Rn. 3.*

[32] Vgl. etwa: *EuGH, Urt. v. 27.9.1988, Rs. 81/87 (Daily Mail), Slg. 1988, S. 5483; EuGH, Urt. v. 13.7.1993, Rs. 330/91 (Commerzbank), Slg. 1993, S. I-4017; EuGH, Urt. v. 12.4.1994, Rs. 1/93 (Hallibourton), Slg. 1994, S. 1137.*

[33] *Vgl. Art. 7 Abs. 1 EWGV = Art. 7 Abs. 1 EGV.*
Daher steht das Fehlen von Maßnahmen auf Gemeinschaftsebene generell nicht einer Verpflichtung der Mitgliedstaaten entgegen, eine effektive Gewährung der Grundfreiheiten zu sichern (*EuGH, Urt. v. 28.4.1977, Rs. 71/76 (Thieffry), Slg. 1977, S. 765, Rn. 17; EuGH, Urt. v. 10.7.1986, Rs. 79/85 (Segers), Slg. 1986, S. 2375, Rn. 12 ff.; EuGH, Urt. v. 31.3.1993, Rs. 19/92 (Kraus), Slg. 1993, S. I-1663, Rn. 30; EuGH, Urt. v. 9.3.1999, Rs. 212/97 (Centros), Slg. 1999, S. I-1459, Rn. 28; EuGH, Urt. v. 29.4.1999, Rs. 311/97 (Bank of Scotland), Slg. 1999, S. I-2651, Rn. 22; EuGH, Urt. v. 21.9.1999, Rs. 307/97 (Saint-Gobain ZN), Slg. 1999, S. I-6161, Rn. 34*).

Zielsetzungen der EG wird deutlich, daß hierdurch ein Antagonismus zum Gemeinschaftsrecht besteht[34].

B. Die Leitentscheidungen des Europäischen Gerichtshofs zur Niederlassungsfreiheit von Kapitalgesellschaften innerhalb der Europäischen Gemeinschaft und die Reaktionen mitgliedstaatlicher Gerichte

Fragen zum Europäischen Gesellschaftsrecht sind in der Rechtsprechung des Europäischen Gerichtshofs zur Niederlassungsfreiheit bisher nur vereinzelt behandelt worden. Dabei prägen zwei Urteile des EuGH die Diskussion zur Niederlassungsfreiheit von Kapitalgesellschaften innerhalb der EG, die eingangs genannte *Daily Mail*-Entscheidung aus dem Jahre 1988 und die *Centros*-Entscheidung vom 9. März 1999. Die Leitsätze der Entscheidungen lauten:

Der EWG-Vertrag betrachtet die Unterschiede, die die Rechtsordnungen der Mitgliedstaaten hinsichtlich der für ihre Gesellschaften erforderlichen Anknüpfung sowie der Möglichkeit und gegebenenfalls der Modalitäten einer Verlegung des satzungsmäßigen oder wahren Sitzes einer Gesellschaft nationalen Rechts von einem Mitgliedstaat in einen anderen aufweisen, als Probleme, die durch die Bestimmungen über die Niederlassungsfreiheit nicht gelöst sind, sondern einer Lösung im Wege der Rechtsetzung oder des Vertragsschlusses bedürfen; eine solche wurde jedoch noch nicht gefunden. Unter diesen Umständen gewähren die Artikel 52 und 58 EWG-Vertrag beim derzeitigen Stand des Gemeinschaftsrechts einer Gesellschaft, die nach dem Recht eines Mitgliedstaats gegründet ist und in diesem ihren satzungsmäßigen Sitz hat, nicht das Recht, den Sitz ihrer Geschäftsleitung in einen anderen Mitgliedstaat zu verlegen[35].

Ein Mitgliedstaat, der die Eintragung der Zweigniederlassung einer Gesellschaft verweigert, die in einem anderen Mitgliedstaat, in dem sie ihren Sitz hat, rechtmäßig errichtet worden ist, aber keine Geschäftstätigkeit entfaltet, verstößt gegen die Artikel 52 und 58 EG-Vertrag, wenn die Zweigniederlassung es der Gesellschaft ermöglichen soll, ihre gesamte Geschäftstätigkeit in dem Staat auszuüben, in dem diese Zweigniederlassung errichtet wird, ohne dort eine Gesellschaft zu errichten und damit das dortige Recht über die Errichtung von Gesellschaften zu

---

[34] Dennoch wurde bisher kein den allgemeinen gemeinschaftlichen Vorgaben entsprechender Zustand hergestellt. Dies, obwohl die Zielsetzung der Schaffung eines Binnenmarktes auf Gemeinschaftsebene auf zwei verschiedenen Wegen verfolgt wurde: durch eine positive Integration auf der Grundlage von Rechtsangleichung in den relevanten Bereichen der nationalen Rechtsordnungen einerseits (*vgl. Artikel 3 lit. h EG (Art. 3 lit. h EGV)*), sowie durch eine negative Integration im Wege der Sicherung der vier Grundfreiheiten (*vgl. Artikel 3 lit. c EG (Art. 3 lit. c EGV)*).
Zu den Begriffen der positiven und der negativen Integration, vgl. etwa: *Scherer, WiVerw 1987, S. 159 (163); Klauer, Die Europäisierung des Privatrechts, S. 23 ff.* (Positiv- und Negativ-Integration). Im englischen Sprachgebrauch wird zwischen *positive integration* und *negative integration* differenziert (vgl. etwa: *Bernard, C.M.L.Rev. 1996, S. 633 (636 ff.)*). Nachfolgend wird der Begriff der negativen Integration synonym für den der indirekten Harmonisierung verwendet.
[35] *EuGH, Urt. v. 27.9.1988, Rs. 81/87 (Daily Mail), Slg. 1988, S. 5483, 1. Leitsatz.*

umgehen, das höhere Anforderungen an die Einzahlung des Mindestgesellschaftskapitals stellt. Diese Auslegung schließt jedoch nicht aus, daß die Behörden des betreffenden Mitgliedstaats alle geeigneten Maßnahmen treffen können, um Betrügereien zu verhindern oder zu verfolgen. Das gilt sowohl – gegebenenfalls im Zusammenwirken mit dem Mitgliedstaat, in dem sie errichtet wurde – gegenüber der Gesellschaft selbst als auch gegenüber den Gesellschaftern, wenn diese sich mittels der Errichtung der Gesellschaft ihren Verpflichtungen gegenüber inländischen privaten oder öffentlichen Gläubigern entziehen möchten[36].

Die Urteile geben ein uneinheitliches Bild. Denn nach dem ersten Judikat scheint die Sitzverlegung von Gesellschaften von einem Mitgliedstaat der Gemeinschaft in einen anderen nicht von der gemeinschaftsrechtlich in Artikel 43 EG (Art. 58 EGV) verankerten Niederlassungsfreiheit erfaßt zu sein. Andererseits hat der EuGH in dem jüngeren Urteil einen klaren Umgehungsgründungstatbestand dem besonderen Schutz des Gemeinschaftsrechts unterstellt. Nicht erstaunlich ist daher, daß die Diskussion um eine effektive Gewährung der Niederlassungsfreiheit von Kapitalgesellschaften im innergemeinschaftlichen Bereich gerade in der jüngeren deutschsprachigen Literatur sehr intensiv geführt wird[37]. Auf die vorgenannte Rechtsprechung des EuGH haben mittlerweile teilweise auch die nationalen Gerichte der Mitgliedstaaten reagiert.

So entschied etwa als Reaktion auf die jüngere *Centros*-Entscheidung des EuGH in Österreich, das auf kollisionsrechtlicher Ebene im Bereich des Internationalen Gesellschaftsrechts bisher – wie die Bundesrepublik Deutschland – uneingeschränkt der Sitztheorie folgte, der ÖstOGH in zwei Beschlüssen vom 15. Juli 1999[38], diese kollisionsrechtliche Anknüpfung verstoße gegen die sekundäre

---

[36] *EuGH, Urt. v. 9.3.1999, Rs. 212/97 (Centros), Slg. 1999, S. I-1459.*

[37] *EuGH, Urt. v. 9.3.1999, Rs. 212/97 (Centros), Slg. 1999, S. I-1459.*
Allein zur *Centros*-Entscheidung sind vielzählige Urteilsanmerkungen und Artikel erschienen, so etwa von: *Bachner/Winner, GesRZ 2000, S. 73 ff., 161 ff.; Behrens, IPRax 1999, S. 323 ff.; ders., EuZ 1999, S. 78 ff.; Borges, RIW 2000, S. 167 ff.; Cascante, RIW 1999, S. 450 f.; Ebke, JZ 1999, S. 656 ff.; Eilers/Wienands, IStR 1999, S. 289 ff.; Fock, RIW 2000, S. 42 ff.; Forsthoff, DB 2000, S. 1109 ff.; ders., EuR 2000, S. 167 ff.; Freitag, EuZW 1999, S. 267 ff.; Geyrhalter, EWS 1999, S. 201 ff.; Görk, GmbHR 1999, S. 793 ff.; Göttsche, DStR 1999, S. 1403 ff.; Hammen, WM 1999, S. 2487 ff.; Höfling, DB 1999, S. 1206 ff.; Hoor, NZG 1999, S. 984 ff.; Kieninger, ZGR 1999, S. 724 ff.; dies., NZG 2000, S. 39 ff.; Kindler, NJW 1999, S. 1993 ff.; Koblenzer, EWS 1999, S. 418 ff.; Korn/Thaler, wbl 1999, S. 247 ff.; Lange, DNotZ 1999, S. 599 f.; Leible, NZG 1999, S. 300 ff.; Lurger, IPRax 2001, S. 346 ff.; Luttermann, ZEuP 2000, S. 907 ff.; Meilicke, DB 1999, S. 627 f.; Neye, EWiR 1999, S. 259 f.; Risse, MDR 1999, S. 752; W. H. Roth, ZIP 1999, S. 861 ff.; ders., ZGR 2000, S. 311 ff.; Sandrock, BB 1999, S. 1337 ff.; Sedemund/Hausmann, BB 1999, S. 810 f.; Soergel, DB 1999, S. 2236 ff.; Sonnenberger/Großerichter, RIW 1999, S. 721 ff.; Steindorff, JZ 1999, S. 1140 ff.; Timme/Hülk, JuS 1999, S. 1055 ff.; Ulmer, JZ 1999, S. 662 ff.; Werlauff, ZIP 1999, S. 867 ff.*
Für die Tagespresse: *Jörg Risse, Frankfurter Allgemeine Zeitung vom 30.4.1999, S. 22; Dietmar Helms, Frankfurter Allgemeine Zeitung vom 9.7.1999, S. 22; Hans-Werner Neye, Brüssel will Mißbrauch mit Briefkastenfirmen bekämpfen, Konsequenzen im Gesellschaftsrecht aus dem viel diskutierten "Centros"-Urteil, Frankfurter Allgemeine Zeitung vom 10.12.1999; Aus dem Europäischen Gerichtshof, Keine Niederlassungsfreiheit für Betrüger, Neue Zürcher Zeitung vom 15.5.1999, S. 25.*

[38] *ÖstOGH, Beschlüsse vom 15.7.1999, Az. 6 Ob 123/99b und Az. 6 Ob 124/99z, NZG 2000, S. 36 ff.; EuZW 2000, S. 156 ff.; wbl 2000, S. 85 ff.; RIW 2000, S. 378; C.M.L.Rev. 2000, S. 1277 ff.;*

Niederlassungsfreiheit nach Artikel 43 i.V.m. Artikel 48 Absatz 1 EG (Art. 52, 58 Abs. 1 EGV).

In Deutschland ist der Bundesgerichtshof (BGH) zur Zeit im Rahmen eines Revisionsverfahrens mit der Frage beschäftigt[39], ob eine in den Niederlanden wirksam gegründete *Besloten Vennootschap met beperkte aansprakelijkheit (BV)*, die mit einer deutschen Gesellschaft mit beschränkter Haftung vergleichbar ist[40], Ansprüche aus einem Bauvertrag über die Errichtung eines Hauses in Düsseldorf vor einem örtlich und sachlich zuständigen deutschen Gericht geltend machen kann, wenn sie nach Vertragsabschluß, aber noch vor Klageerhebung ihren effektiven Verwaltungssitz aus den Niederlanden nach Deutschland verlegt hat[41]. In ständiger Rechtsprechung war der BGH bisher davon ausgegangen, daß einer nach ausländischem Recht gegründeten Gesellschaft, die ihren effektiven Verwaltungssitz im Inland hat, keine Rechts- und damit Parteifähigkeit zukommt[42]. Da der BGH nunmehr aber die Frage für entscheidungsrelevant hält, ob die gemeinschaftsrechtlichen Bestimmungen über die Niederlassungsfreiheit diesem Ergebnis entgegenstehen, hat er mit einem Vorlagebeschluß den EuGH um Vorabentscheidung angerufen[43].

---

vgl. hierzu: *Höfling, EuZW 2000, S. 145 ff.; Bachner/Winner, GesRZ 2000, S. 73 (76 ff.); Nemeth, C.M.L.Rev. 2000, S. 1281 ff.; Kuehrer, EBLR 2001, S. 110 ff.*
Die beiden Entscheidungen des ÖstOGH wurden erneut bestätigt, vgl.: *ÖstOGH, Beschluß vom 11.11.1999, Az. 6 Ob 122/99 f.*

[39] *Az. VII ZR 370/98.*

[40] *Vgl. Art. 1 der zwölften Richtlinie 89/667/EWG auf dem Gebiet des Gesellschaftsrechts betreffend Gesellschaften mit beschränkter Haftung mit einem einzigen Gesellschafter, ABl. Nr. L 395/40.*

[41] Das LG Düsseldorf und das OLG Düsseldorf hatten die Klage jeweils als unzulässig abgewiesen, da es der BV aufgrund des effektiven Verwaltungssitzes in Deutschland an der Rechtsfähigkeit und damit der Parteifähigkeit mangele. Insoweit haben beide Instanzen an die bisherige ständige Rechtsprechung des BGH angeknüpft, wonach einer nach ausländischem Recht gegründeten Gesellschaft, die ihren effektiven Verwaltungssitz im Inland hat, keine Rechts- und damit Parteifähigkeit zukommt (vgl. zur Entscheidung des OLG Düsseldorf vom 10.9.1998: *JZ 2000, S. 203*). Das OLG Düsseldorf hatte bereits in einer Entscheidung vom 5.12.1996 (*OLGR Düsseldorf 1997, S. 148 ff.*) die Rechtsfähigkeit einer niederländischen GmbH unter Zugrundelegung der Sitztheorie verneint. Indes bejahte etwa das OLG Nürnberg die passive Parteifähigkeit einer englischen private limited company mit effektivem Verwaltungssitz in Deutschland für den Fall, daß ein Inländer eine Forderung gegen die – eigentlich nicht anerkannte – Gesellschaft durchsetzen will (*IPRax 1985, S. 342*).

[42] Vgl. etwa: *BGHZ 53, S. 181 (183).*

[43] *Beschluß vom 30.03.2000, Az. VII ZR 370/98*; vgl. den auszugsweisen Abdruck in: *DB 2000, S. 1114 ff.; BB 2000, S. 1106 ff.; EWS 2000, S. 278 ff.; ZIP 2000, S. 967 ff.; GmbHR 2000, S. 715 ff.; IStR 2000, S. 383 ff.; EuZW 2000, S. 412 ff.; JZ 2000, S. 903 f.*; vgl. zum Vorlagebeschluß die Besprechungen von: *Stieb, GmbHR 2000, R 213 f.; Meilicke, GmbHR 2000, S. 693 ff.; Luttermann, EWS 2000, S. 375 f.; W. H. Roth, ZIP 2000, S. 1597 (1599 ff.); Jaeger, NZG 2000, S. 918 ff.; Behrens, EuZW 13/2000, Editorial; Walden, EWS 2001, S. 256 ff.*
Das Verfahren ist beim EuGH unter dem Aktenzeichen 208/00 anhängig. Der Vorlagebeschluß hat in der Tagespresse Resonanz gefunden. So titelte die Frankfurter Allgemeine Zeitung in ihrer Ausgabe vom 7.4.2000 (S. 22): *Europarichter müssen Streit um Briefkastenfirmen entscheiden, Bundesgerichtshof fragt Luxemburg nach Zulässigkeit der "Sitztheorie" / Unsicherheit nach "Centros"-Urteil.*
Die Vorlagefragen des BGH lauten:
1. Sind Art. 43 und 48 EG dahin auszulegen, daß es im Widerspruch zur Niederlassungsfreiheit für Gesellschaften steht, wenn die Rechtsfähigkeit und die Parteifähigkeit einer Gesellschaft, die nach dem Recht eines Mitgliedstaates wirksam gegründet worden ist, nach dem Recht des Staates beurteilt

Abgesehen von dem anhängigen Vorabentscheidungsersuchen schien es zunächst so, als könnten aus drei weiteren Vorlagebeschlüssen wichtige Schlußfolgerungen für den Bereich des Internationalen Gesellschaftsrechts zu ziehen sein. So hatte das Landesgericht Salzburg dem EuGH mit Beschluß vom 27. November 2000[44] mehrere Fragen zur Geltung der Sitztheorie bei reinen Umgehungsgründungstatbeständen zur Vorabentscheidung vorgelegt[45]. Damit wollte das Gericht implizit eine Überprüfung der vorgenannten Rechtsprechung des ÖstOGH erreichen, der die Sitztheorie aufgrund der *Centros*-Entscheidung des EuGH für gemeinschaftsrechtswidrig erklärt hatte.

Im Gegensatz zu dem Ausgangssachverhalt, der dem Vorabentscheidungsersuchen des BGH zugrunde liegt, ging es bei dem österreichischen Vorlagebeschluß um die Frage, ob Umgehungsgründungen (= pseudo-foreign corporations) sich auf die Bestimmungen über die Niederlassungsfreiheit berufen können. Die aufgeworfenen Fragen stellten sich im Zusammenhang mit einem Verfahren auf Eintragung einer österreichischen Zweigniederlassung einer nach englischem Recht wirksam

---

werden, in den die Gesellschaft ihren tatsächlichen Verwaltungssitz verlegt hat, und wenn sich aus dessen Recht ergibt, daß sie vertraglich begründete Ansprüche dort nicht mehr gerichtlich geltend machen kann?
2. Sollte der EuGH diese Frage bejahen: Gebietet es die Niederlassungsfreiheit für Gesellschaften (Art. 43 und Art. 48 EG), die Rechtsfähigkeit und die Parteifähigkeit nach dem Recht des Gründungsstaates zu beurteilen?
Zwischenzeitlich liegen die Schlußanträge von Generalanwalt *Colomer* vor, in denen vorgeschlagen wird, die erste Vorlagefrage zu bejahen (*Schlußanträge des Generalanwalts Colomer vom 4.12.2001 in der Rs. 208/00 (Überseering), NZG 2002, S. 16*).
Durch den Vorlagebeschluß erübrigt sich die weitere Diskussion darum, ob eine Pflicht zur Vorlage der Frage der Vereinbarkeit der Sitztheorie mit dem Gemeinschaftsrecht besteht. Dies wurde bis zur *Centros*-Entscheidung des EuGH in der deutschen Literatur ganz überwiegend und in der Rechtsprechung ausnahmslos verneint. Allerdings wird auch nach der *Centros*-Entscheidung vertreten, es bestehe keine Verpflichtung, die Frage der Vereinbarkeit der Sitztheorie mit dem Gemeinschaftsrecht durch ein Vorabentscheidungsersuchen klären zu lassen (*Kindler, NJW 1999, S. 1993 (1998 f.)*).
Nach der ständigen Rechtsprechung des EuGH ist es allein Sache der nationalen Gerichte, bei denen ein Rechtsstreit anhängig ist und welche die Verantwortung für die zu erlassene Entscheidung tragen, unter Berücksichtigung der Besonderheiten des jeweiligen Falls sowohl die Erforderlichkeit einer Vorabentscheidung für den Erlaß ihres Urteils als auch die Erheblichkeit der von ihnen dem Gerichtshof vorgelegten Fragen zu beurteilen (*EuGH, Urt. v. 27.10.1993, Rs. 127/92 (Enderby), Slg. 1993, S. I-5535, Rn. 10; EuGH, Urt. v. 3.3.1994, Verb. Rs. 332, 333 und 335/92 (Euricio Italia), Slg. 1994, S. I-711, Rn. 17; EuGH, Urt. v. 7.7.1994, Rs. 146/93 (Mc Lachlan), Slg. 1994, S. I-3329, Rn. 20; EuGH, Urt. v. 16.7.1998, Rs. 264/96 (ICI), Slg. 1998, S. I-4695, Rn. 15*). Andererseits kann ein Vorabentscheidungsersuchen eines zur Vorlage berechtigten nationalen Gerichts dann zurückgewiesen werden, wenn offensichtlich kein Zusammenhang zwischen der erbetenen Auslegung des Gemeinschaftsrechts und den Gegebenheiten bzw. dem Gegenstand des Ausgangsverfahrens besteht (*EuGH, Urt. v. 6.7.1995, Rs. 62/93 (BP Soupergaz), Slg. 1995, S. I-1883, Rn. 10; EuGH, Urt. v. 26.10.1995, Rs. 143/94 (Furlanis), Slg. 1995, S. I-3633, Rn. 12; EuGH, Urt. v. 16.7.1998, Rs. 264/96 (ICI), Slg. 1998, S. I-4695, Rn. 15;* vgl. auch: *Groeben/Thiesing/Ehlermann/Krück, Kommentar zum EU-/EG-Vertrag, Art. 177, Rn. 64 f.; Steindorff, ZHR 156 (1992), S. 1 ff.*).

[44] *Az. FN 201579 s, 24 Fr 13697/00 v;* vgl. Abdruck in: *ZIP 2001, S. 460 ff.; NZG 2001, S. 459 f.;* vgl. hierzu die Anmerkung von: *Leible, NZG 2001, S. 460 f.*

[45] Das Vorabentscheidungsersuchen war beim EuGH unter dem Aktenzeichen C-447/00 (*Holto Ltd.*) anhängig.

errichteten private limited company – der Holto Ltd. – in das Firmenbuch (Handelsregister)[46].

Allerdings entschied der EuGH durch Beschluß vom 22. Januar 2002, das Vorabentscheidungsersuchen des Landesgerichts Salzburg sei offensichtlich unzulässig, da nationale Gerichte den Gerichtshof nur anrufen könnten, wenn bei ihnen ein Rechtsstreit anhängig sei und sie im Rahmen eines Verfahrens eine Entscheidung mit Rechtsprechungscharakter zu fällen hätten[47]. Dies sei vorliegend zu verneinen, da das Landesgericht Salzburg den Gerichtshof im Rahmen eines Registereintragungsverfahrens in seiner Eigenschaft als das Handelsregister führende Behörde um Vorabentscheidung ersuche[48].

---

[46] Die Holto Ltd. war am 19. Oktober 2000 nach den geltenden Bestimmungen des englischen Rechts gegründet und in das zuständige Register für England und Wales in Cardiff mit einem Stammkapital von 100 britischen Pfund eingetragen worden. Die Gesellschaftsanteile wurden kurz nach Eintragung der Gesellschaft auf zwei österreichische Staatsangehörige übertragen, die bereits zuvor zu Geschäftsführern der Gesellschaft bestellt worden waren. Diese beantragten am 30. Oktober 2000 in ihrer Funktion als Geschäftsführer der Holto Ltd. die Eintragung der Gesellschaft in das Firmenbuch.
Die Vorlagefragen des Landesgerichts Salzburg lauteten:
1. Ist Art. 43 Abs. 1 Satz 2 EG dahin auszulegen, daß eine Zweigniederlassung auch dann bestehen kann, wenn eine Gesellschaft im Sinne des Art. 48 EG an keinem anderen Ort eine Hauptniederlassung hat, an welchem sie zumindest einen wesentlichen Teil ihrer Geschäftstätigkeit ausübt?
Wenn dies bejaht würde:
2. Ist Art. 43 Abs. 1 Satz 2 EG dahin auszulegen, daß das Erfordernis der Ansässigkeit erfüllt ist, wenn eine Gesellschaft in einem Mitgliedstaat, in dem sie wirksam errichtet wurde, lediglich ihren Satzungssitz hat, dort jedoch keine Geschäftstätigkeit entfaltet?
Wenn dies bejaht würde:
3. Gehört die Gründung einer österreichischen Zweigniederlassung einer nach englischem Recht wirksam errichteten Gesellschaft, welche in England lediglich ihren Satzungssitz hat, dort jedoch keine Geschäftstätigkeit entfaltet, zu den von Art. 43 Abs. 1 Satz 2 und 48 EG erfaßten Rechten?
Wenn eine der Fragen 1 oder 2 oder 3 verneint würde:
4. Gehört die Gründung einer österreichischen Niederlassung und deren Eintragung in das österreichische Firmenbuch (Handelsregister) durch eine nach englischem Recht wirksam errichtete Gesellschaft, welche in England lediglich ihren Satzungssitz hat, dort jedoch keine Geschäftstätigkeit ausübt, zu den von Art. 43 Abs. 1 Satz 1 EG und Art. 48 EG erfaßten Rechten?
Wenn Frage 3 oder 4 bejaht würde:
5. Verbieten Art. 43 und 48 EG die Anwendung einer nationalen kollisionsrechtlichen Regelung, welche die Rechtsfähigkeit einer Gesellschaft nach dem Recht des Staates beurteilt, in dem die Gesellschaft ihren tatsächlichen Sitz [der] Hauptverwaltung hat (Sitztheorie), auch wenn dadurch einer nach englischem Recht wirksam errichteten Gesellschaft, die in England lediglich ihren Satzungssitz hat, dort jedoch keine Geschäftstätigkeit entfaltet, die Anerkennung als juristische Person und als Folge davon die Eintragung im Firmenbuch (Handelsregister) verweigert wird?
Anmerkung: Einschübe in eckigen Klammern stammen stets vom Verfasser.

[47] *EuGH, Beschl. v. 22.01.2002, Rs. 447/00 (Holto), Slg. 2002, S. I-735, Rn. 16 f.*; unter Verweis auf: *EuGH, Beschl. v. 5.3.1986, Rs. 318/85 (Greis Unterweger), Slg. 1986, S. 955, Rn. 4; EuGH, Beschl. v. 10.7.2001, Rs. 86/00 (HSB-Wohnbau), Slg. 2001, S. I-5355, Rn. 11; EuGH, Urt. v. 19.10.1995, Rs. 111/94 (Job Centre), Slg. 1995, S. I-3361, Rn. 9; EuGH, Urt. v. 12.11.1998, Rs. 134/97 (Victoria Film), Slg. 1998, S. I-7023, Rn. 14; EuGH, Urt. v. 14.6.2001, Rs. 178/99 (Salzmann), Slg. 2001, S. I-4421, Rn. 14.*

[48] *EuGH, Beschl. v. 22.01.2002, Rs. 447/00 (Holto), Slg. 2002, S. I-735, Rn. 20.*

Bereits zuvor hatte das Amtsgericht Heidelberg dem EuGH mit Beschluß vom 3. März 2000[49] zwei Fragen zur Vorabentscheidung vorgelegt[50]. Im Gegensatz zum Vorlagebeschluß des BGH ging es bei diesem Ausgangsverfahren nicht um die Verlegung des Sitzes einer nach dem Recht eines anderen Mitgliedstaats gegründeten Gesellschaft nach Deutschland (*Zuzug*), sondern umgekehrt um die Verlegung des Sitzes einer nach deutschem Recht wirksam gegründeten Gesellschaft nach Spanien (*Wegzug*)[51]. Die Gesellschaft wurde 1988 in Deutschland gegründet. Nach einer Veräußerung aller Gesellschaftsanteile hatte die neue Gesellschafterin nicht nur den Satzungssitz des Unternehmens nach Spanien verlegt, sondern auch dessen effektiven Verwaltungssitz. Die Gesellschaft begehrte nach deutschem Recht formell ordnungsgemäß die Eintragung der Sitzverlegung in das deutsche Handelsregister[52].

Auch hier verneinte der EuGH mit Beschluß vom 10. Juli 2001[53] die Vorlageberechtigung des Amtsgerichts Heidelberg in seiner Funktion als Registergericht im Rahmen eines Eintragungsverfahrens in das Handelsregister, da es als Behörde

---

[49] *Az. HRB 831 – SH;* Abdruck in: *DB 2000, S. 1274; EuZW 2000, S. 414 ff.; RIW 2000, S. 557 ff.; IPRax 2000, S. 425 ff.; NZG 2000, S. 927 ff.; ZIP 2000, S. 1617 ff.*
Das Vorabentscheidungsersuchen war unter dem Aktenzeichen 86/00 beim EuGH anhängig. Vgl. zu dem Vorabentscheidungsersuchen: *W. H. Roth, ZIP 2000, S. 1597 ff.; Jaeger, NZG 2000, S. 918 ff.; Zimmer, BB 2000, S. 1361 ff.*

[50] Die Fragen des Vorabentscheidungsersuchens lauteten:
a) Gehört eine Sitzverlegung einer nach deutschem Recht wirksam errichteten und im deutschen Register eingetragenen Gesellschaft mit beschränkter Haftung (GmbH), deren alleinige Gesellschafterin eine spanische Firma ist, nach Spanien unter Wahrung der Identität zu den von Art. 43, 48 EGV (Art. 52, 58 EGV a.F.) erfaßten Rechten?
b) Stehen Art. 43, 48 EGV (Art. 52, 58 EGV a.F.) einer Regelung entgegen, die eine Sitzverlegung einer nach deutschem Recht wirksam errichteten und im deutschen Register eingetragenen Gesellschaft mit beschränkter Haftung (GmbH), deren alleinige Gesellschafterin eine spanische Firma ist, nach Spanien unter Wahrung der Identität verbietet?

[51] Ähnliche Fälle sind in der Vergangenheit durch die Rechtsprechung stets so gelöst worden, daß der Sitzverlegungsbeschluß in einen Auflösungsbeschluß umgedeutet wurde (vgl. etwa: *BayObLG, DB 1992, S. 1400 f.*). Bei dem der vorgenannten Entscheidung des BayObLG zugrunde liegenden Sachverhalt hatte eine deutsche GmbH in einer notariell beurkundeten Gesellschafterversammlung die Verlegung des effektiven Verwaltungssitzes und des Satzungssitzes nach London beschlossen und die Sitzverlegung zur Eintragung in das Handelsregister angemeldet.
Vgl. zur Verwendung der Begriffe des *Zu-* und *Wegzugs* von Gesellschaften im Zusammenhang mit der grenzüberschreitenden Sitzverlegung: *Hueck/Fastrich, GmbH-Gesetz, § 4a, Rn. 10.*

[52] Das AG Heidelberg verwies in seinem Vorlagebeschluß darauf, daß nach deutschem Recht gemäß § 4a GmbHG von dem Erfordernis eines inländischen Satzungssitzes auszugehen sei, so daß aufgrund des dem Registergericht mit einer entsprechenden Notarbescheinigung vorgelegten Gesellschaftsvertrages, der eine in Spanien gelegene Adresse als Gesellschaftssitz aufweise, ein Löschungsverfahren einzuleiten sei. Denn der Sitzverlegungsbeschluß werde in einen Auflösungsbeschluß mit der Folge umgedeutet, daß die Sitzverlegung nicht in das Handelsregister eingetragen werden könne (vgl. auch: *OLG Hamm, EuZW 1998, S. 31 f.*). Zwischenzeitlich hat das OLG Düsseldorf mit Beschluß vom 26.3.2001 für eine dem Verfahren des AG Heidelberg vergleichbare Sachverhaltskonstellation – Sitzverlegung einer deutschen GmbH in die Niederlande – entschieden, die Sitzverlegung einer inländischen GmbH in das Ausland könne auch unter Berücksichtigung der *Centros*-Entscheidung entgegen der Rechtsauffassung des AG Heidelberg nicht in das deutsche Handelsregister eingetragen werden (*ZIP 2001, S. 790 f.; BB 2001, S. 901 f.*).

[53] *Rs. 86/00 (HSB-Wohnbau), Slg. 2001, S. I-5355, Rn. 11;* vgl. auch den Abdruck in: *EuZW 2001, S. 499 f.; DB 2001, S. 1824 f.*

erstmalig über den Eintragungsantrag zu entscheiden habe und folglich das Vorabentscheidungsersuchen nicht der Vorbereitung einer Entscheidung mit Rechtsprechungscharakter diene[54].

Des weiteren hatte das Kantongerecht Groningen in einem Ersuchen um Vorabentscheidung mit Beschluß vom 19. Oktober 1999 dem EuGH die Frage vorgelegt[55], ob es nach den Artikeln 43 und 48 EG (Art. 52, 58 EGV) unzulässig sei, wenn der Form nach ausländische Gesellschaften – im konkreten Fall eine nach englischem Recht gegründete private limited company – mit effektivem Verwaltungssitz in Holland bestimmten materiellrechtlichen Vorschriften des nationalen Gesellschaftsrechts unterworfen würden[56].

Zwar war Gegenstand dieses Ausgangsverfahrens nicht die Vereinbarkeit kollisionsrechtlicher Vorschriften mit dem Gemeinschaftsrecht, da die Niederlande und Großbritannien als beteiligte Rechtsordnungen im Bereich des Internationalen Gesellschaftsrechts der Gründungstheorie folgen[57]. Gerade aber das Bundesministerium der Justiz, welches im Rahmen des Verfahrens eine Stellungnahme für die Bundesrepublik Deutschland abgab, hatte darauf verwiesen, daß ein Umgehungsschutz sowohl durch kollisionsrechtliche als auch durch materiellrechtliche Bestimmungen möglich sein müsse, sofern hierdurch legitime Interessen wie ein wirksamer Gläubigerschutz verfolgt würden[58]. Das Ersuchen um Vorabentscheidung wurde mittlerweile allerdings zurückgezogen[59].

Nach alledem ist eine zumindest partielle Klärung der Rechtslage hinsichtlich der Reichweite der Niederlassungsfreiheit für Kapitalgesellschaften innerhalb der Europäischen Gemeinschaft durch die Entscheidung des anhängigen Vorabentscheidungsersuchens zu erwarten. Allerdings wird es durch die anstehende Entscheidung wohl keine umfängliche Klärung dieser Frage geben, da der EuGH am Maßstab der Grundfreiheiten nicht dogmatische Figuren des nationalen Rechts der Mitgliedstaaten überprüft und daher auch nicht abstrakt die Vereinbarkeit der Sitztheorie mit der gemeinschaftsrechtlich garantierten Niederlassungsfreiheit, sondern das im Einzelfall konkrete Vorliegen von unzulässigen Beschränkungen

---

[54] *EuGH, Beschl. v. 10.7.2001, Rs. 86/00 (HSB-Wohnbau), Slg. 2001, S. I-5355, Rn. 11 ff.* Bereits zuvor wurden namentlich von *Zimmer* Bedenken hinsichtlich der Zulässigkeit des Vorabentscheidungsersuchens geäußert, da das Gericht im Rahmen des FGG-Anmeldeverfahrens funktional Tätigkeiten der öffentlichen Verwaltung wahrnehme (*Zimmer, BB 2000, S. 1361 f.*).

[55] *Rs. 410/99 (Challenger Trading Company), ABl. vom 22.1.2000, Nr. C 20/11; EWS 2000, S. 280.*

[56] Das niederländische Recht folgt auf kollisionsrechtlicher Ebene im Bereich des Internationalen Gesellschaftsrechts zwar grundsätzlich der Gründungstheorie, hält aber im Bereich des materiellen Rechts besondere Regelungen für Scheinauslandsgesellschaften bereit (*Timmerman, ZGR 1999, S. 147 ff.*).

[57] Für Großbritannien: *Collins, in: Dicey and Morris on the Conflict of Laws, S. 1103; North/Fawcett, in: Cheshire and North's, Private International Law, S. 171 ff.; Mayss, Principles of Conflict of Laws, S. 14 ff.; Morris/McClean, The Conflict of Laws, S. 43 ff.; O'Brian, Conflict of Laws, S. 84 ff.; Stone, The Conflict of Laws, S. 106 ff.; Charlesworth & Morse, Company Law, S. 70.*

[58] Die zur Vorabentscheidung vorgelegte Fallgestaltung ähnelt derjenigen der *Centros*-Entscheidung, da es auch hier um materiellrechtliche Zuzugshindernisse ging (vgl.: *EuGH, Urt. v. 9.3.1999, Rs. 212/97 (Centros), Slg. 1999, S. I-1459*).

[59] *EuGH, Beschl. v. 2.8.2000, Rs. 410/99 (nicht veröffentlicht);* vgl. auch: *Ebke, FS Lutter, S. 17 (27).*

der Gewährleistungen des Gemeinschaftsrechts[60]. Dies ist mit Blick auf die Bedeutung der Sitzverlegung als Restrukturierungsform für Gesellschaften innerhalb des Binnenmarktes unbefriedigend. Um so vordringlicher ist daher der nachfolgend unternommene Versuch, die mit inter-mitgliedstaatlichen Sitzverlegungen zusammenhängenden international-gesellschafts- und gemeinschaftsrechtlichen Fragestellungen umfänglich zu klären.

C. Bedeutung der Niederlassungsfreiheit für Strukturentscheidungen von Gesellschaften innerhalb der Europäischen Gemeinschaft

I. Niederlassungsfreiheit als Reorganisationsform für Gesellschaften

Vom Grundsatz her ermöglicht die Niederlassungsfreiheit nach Artikel 43 EG (Art. 52 EGV) es Unternehmen[61] nicht nur, innerhalb der Gemeinschaft Agenturen, Zweigniederlassungen und Tochtergesellschaften zu gründen, wofür der Begriff der sekundären Niederlassungsfreiheit Verwendung findet[62]. Vielmehr besteht im Rahmen der primären Niederlassungsfreiheit für die Staatsangehörigen eines Mitgliedstaats – sowie unter den Voraussetzungen des Artikels 48 EG (Art. 58 EGV) nach dessen Wortlaut auch für Gesellschaften im Sinne der Bestimmung – alternativ die Möglichkeit, sich im Hoheitsgebiet eines anderen Mitgliedstaats niederzulassen[63].

Denkbar sind zudem Unternehmensstrategien wie der Abschluß von Kooperationsvereinbarungen, die Bildung strategischer Allianzen, die Beteiligung am Kapital einer ausländischen Gesellschaft, die Gründung eines joint venture oder die Fusion mit ausländischen Gesellschaften[64]. All diese Reorganisationsformen können für Unternehmen eine Möglichkeit bieten, die eigene Wettbewerbsposition zu stärken und gegebenenfalls in andere Markt- und Produktbereiche zu expandieren[65].

Bei der Ausübung der grenzüberschreitenden Niederlassungsfreiheit steht aus unternehmerischer Sicht der Zugang zu den nationalen Märkten der Mitgliedstaaten im Mittelpunkt[66]. Dadurch soll nach den Zielsetzungen der Gemeinschaft nicht nur die Integration der nationalen Märkte zwecks Schaffung eines Binnenmarktes[67]

---

[60] *Sonnenberger/Großerichter, RIW 1999, S. 721 (722); Forsthoff, EuR 2000, S. 167 (170).*

[61] Vgl. zum derzeitigen Stand des Unternehmensrechts in Europa: *Hopt, ZIP 1998, S. 96 ff.; Lutter, Europäisches Unternehmensrecht, S. 36 ff.*

[62] *Artikel 43 Absatz 2 EG (Art. 52 Abs. 2 EGV).*

[63] *Artikel 43 Absatz 1 EG (Art. 52 Abs. 1 EGV).*

[64] *Timmermans, RabelsZ 48 (1984), S. 1 (12); Schlosser, Die gesellschaftlichen Niederlassungen in der Europäischen Wirtschaftsgemeinschaft als Problem des internen und des internationalen Privatrechts, S. 1.*

[65] *Weißbuch der Kommission, Dok. KOM (85), 310, Rn. 142 ff.; Bellstedt, RIW 1988, S. 883 (885).*

[66] *Behrens, ZGR 1994, S. 1 ff.; Ebenroth/Eyles, DB 1989, S. 363; Bellstedt, RIW 1988, S. 883; Nettesheim, NVwZ 1996, S. 342; Hailbronner/Nachbaur, WiVerw 1992, S. 57 (61).*

[67] Durch das von der Gemeinschaft verfolgte Binnenmarktkonzept mit der Umsetzungsfrist bis zum 31.12.1992 (*Art. 7a EGV*) konnte das Ziel der Verwirklichung des Binnenmarktes als *einem Raum ohne Binnengrenzen, in dem der freie Verkehr von Waren, Personen, Dienstleistungen und Kapital*

erreicht, sondern auch die Wettbewerbsfähigkeit der Unternehmen gestärkt werden[68]. Dies erlaubt eine rationellere Verteilung der Wirtschaftstätigkeiten innerhalb der Gemeinschaft und eine Spezialisierung in verschiedenen Sektoren[69]. Durch den innergemeinschaftlichen Wettbewerb werden zudem Preisunterschiede für einzelne Waren und Leistungen innerhalb der EG beseitigt[70].

Die Niederlassungsfreiheit eröffnet Unternehmen vom Ansatz her neue Möglichkeiten, führt aber auch zu besonderen Herausforderungen. Beides folgt daraus, daß sich Unternehmen zunehmend den Bedingungen des Binnenmarktes anpassen müssen[71]. Zwar können Unternehmen einerseits aufgrund der bestehenden gemeinschaftsrechtlichen Gewährleistungen – zumindest theoretisch – leichter in neue Märkte expandieren und somit das eigene Betätigungsfeld räumlich erweitern. Andererseits werden insbesondere auf nationaler Ebene tätige Unternehmen verstärkt einer Konkurrenz aus dem europäischen Ausland ausgesetzt und folglich zu einer Marktanpassung gezwungen, um selbst konkurrenzfähig zu bleiben und damit die eigene Existenz zu sichern[72].

Zu beachten ist bei alledem, daß die wirtschaftlichen Rahmenbedingungen in den einzelnen Mitgliedstaaten der Gemeinschaft nicht identisch sind. Bei größeren Divergenzen in unternehmerisch relevanten Bereichen wie der Belastung mit Steuern[73] und Abgaben sowie bei Lohn- und Lohnnebenkosten werden die in den einzelnen Mitgliedstaaten jeweils vorhandenen Rahmenbedingungen zu einem Standortfaktor und damit möglicherweise auch zu einem Standortnachteil[74]. Um im innergemeinschaftlichen Wettbewerb Wettbewerbsverzerrungen zu vermeiden, sind immanent gleiche Ausgangsvoraussetzungen erforderlich[75], welche durch die im

---

gemäß den Bestimmungen dieses Vertrages gewährleistet ist, nicht vollständig erreicht werden. Zudem hat die Kommission nicht, wie in Artikel 100b EGV vorgesehen, diejenigen Rechts- und Verwaltungsvorschriften erfaßt, für die keine Angleichung gemäß Artikel 100a EGV zwecks Erreichung und Funktionieren des Binnenmarktes erfolgt ist. Weiterhin liegt bisher kein Ratsbeschluß gemäß Art. 100a EGV vor, *daß die in einem Mitgliedstaat geltenden Vorschriften als den Vorschriften eines anderen Mitgliedstaats gleichwertig anerkannt werden müssen* (*Art. 100b Abs. 1 Satz 2 EGV*).

[68] *Müller-Gugenberger, Gesellschaft, Société und Groupement als Rechtsformen zur Unternehmenskooperation, S. 10; Empfehlung der Kommission vom 7. Dezember 1994, ABl. C 343/11.*

[69] *Nicolaysen* spricht insofern von einer *Faktorenmobilität*, durch die eine optimale Nutzung der Ressourcen am günstigsten Platz angestrebt werde (*Nicolaysen, Europarecht II, S. 185;* vgl. auch: *Dreher, JZ 1999, S. 105 (109)*).

[70] *Grabitz/Hilf/Randelzhofer, Kommentar zur Europäischen Union, vor Art. 52, Rn. 5.*

[71] *Nicolaysen, Europarecht II, S. 26 f.; Empfehlung der Kommission vom 7. Dezember 1994, ABl. C 343/11; Moussis, ELR 1992, S. 483.*

[72] Aufgrund entsprechender Entwicklungen können auch kleinere Unternehmen gezwungen werden, sich neben einer stärkeren Spezialisierung und Konzentration auf ihre Kernkompetenzen zunehmend auf internationale Märkte auszurichten, anstatt sich allein auf regionale oder nationale Märke zu konzentrieren.

[73] Vgl. hierzu etwa: *EuGH, Urt. v. 27.9.1988, Rs. 81/87 (Daily Mail), Slg. 1988, S. 5483, Rn. 7.*
In diesem Zusammenhang werden auch die Möglichkeiten einer Gewinnverlagerung ins Ausland diskutiert (*Schwenke, BB 1998, S. 2604 ff.*).

[74] Vgl. allgemein zu verschiedenen Standortfaktoren: *Sachverständigenrat zur Begutachtung der gesamtwirtschaftlichen Entwicklung, Jahresgutachten 1988/89, Rn. 161.*

[75] In der englischsprachigen Literatur wird hierfür zur Veranschaulichung der prägnante Begriff *level playing field* verwendet (*Dine, ELR 1989, S. 322 (328)*).

EG-Vertrag normierten Rechtsangleichungskompetenzen auf Gemeinschaftsebene erzielt werden sollen. Allerdings ist festzustellen, daß eine Harmonisierung bisher nur in punktuellen Bereichen stattgefunden hat[76].

Dies erstaunt zunächst insoweit, als bestehende Divergenzen zwischen den nationalen Rechtsordnungen in unternehmensrelevanten Bereichen bei fehlender gemeinschaftsrechtlicher Harmonisierung nicht nur zu Wettbewerbsnachteilen für die Unternehmen führen, die belastenderen nationalen Bestimmungen unterworfen sind, sondern zumindest indirekt auch zu einem Anpassungsdruck auf die Mitgliedstaaten, deren Rahmenbedingungen sich im Standortwettbewerb als nachteilig herausstellen[77]. Die Verschiedenartigkeit der Ausgestaltung der nationalen Rechtsordnungen und die hieraus resultierenden unterschiedlichen Rahmenbedingungen müßten daher eigentlich in Ermangelung gemeinschaftsrechtlicher Rechtsangleichung diejenigen Staaten zu Anpassungen zwingen, die Unternehmen im europäischen Standortwettbewerb ungünstigere Rahmenbedingungen bieten.

Daß dies bisher nicht in signifikantem Umfang geschehen ist[78], dürfte zu einem Teil daran liegen, daß diejenigen Mitgliedstaaten, die im Bereich der Steuerbelastung, der Lohn- sowie der Lohnnebenkosten günstigere Rahmenbedingungen anbieten, in anderen unternehmensrelevanten Bereichen Defizite aufweisen. Zudem stellt die primäre Niederlassungsfreiheit für Gesellschaften aufgrund erheblicher rechtlicher Hindernisse häufig noch eine eher theoretische Möglichkeit dar, so daß selbst größere Standortnachteile im innergemeinschaftlichen Wettbewerb

---

[76] Vgl. eingehender zur *direkten Harmonisierung* im Bereich des Gesellschaftsrechts: *Kapitel 3; Habersack, Europäisches Gesellschaftsrecht.*

[77] Für die Beschreibung dieser Situation wird teilweise der Begriff *Wettbewerb der Rechtsordnungen* verwendet, der an den amerikanischen Begriff *race of laxety* angelehnt ist und in der amerikanischen Literatur gebraucht wird, um die Situation im amerikanischen Gesellschaftsrecht zu kennzeichnen, die durch einen Wettbewerb der dortigen Gesetzgeber um ein möglichst liberales und damit anlegerfreundliches Gesellschaftsrecht geprägt war. In diesem Wettstreit obsiegte der amerikanische Bundesstaat Delaware mit der Folge, daß ein Großteil der heute in den Vereinigten Staaten unternehmerisch tätigen Gesellschaften nach dem Recht dieses Staates gegründet wurden (*Forstinger, ZfRV 2002, S. 41 ff.; Papmehl, ZVglRWiss 101 (2002), S. 200 ff.; Carney, in: Wouters/Schneider (Hrsg.), Current Issues of Cross-Border Establishment of Companies in the European Union, S. 249 (259 ff.)*).

[78] Die Bedeutung der wirtschaftlichen Rahmenbedingungen wird zunehmend als Standortfaktor im innergemeinschaftlichen Wettbewerb erkannt. So wurde die letzte Unternehmenssteuerreform in Deutschland auch damit begründet, den Wirtschaftsstandort Deutschland wieder attraktiver für internationale Investoren gestalten zu wollen (*Bundesministerium der Finanzen, Steuerreform 2000, Dokumentation, S. 59*).

Auch wettbewerbsrechtliche Vorschriften, die im innergemeinschaftlichen Wettbewerb als nachteilig für die deutsche Wirtschaft angesehen werden, kommen zunehmend in das Kreuzfeuer der Kritik. So wurde der politische Wille zur Abschaffung von Rabattgesetz und Zugabeverordnung damit begründet, beide Gesetze würden die nationale Wirtschaft im grenzüberschreitenden E-Commerce-Handel benachteiligen, da die Richtlinie über den elektronischen Geschäftsverkehr (*RL 2000/31/EG des Europäischen Parlaments und des Rates vom 8.6.2000, EuZW 2000, S. 526 ff.*) in ihrem Artikel 3 auf das Herkunftslandprinzip abstelle, um Rechtsgeschäfte via Internet den rechtlichen Bestimmungen des Mitgliedstaats zu unterwerfen, in dem der Händler seinen Sitz habe (*Gesetzentwurf der Bundesregierung zur Aufhebung des Rabattgesetzes und zur Anpassung anderer Rechtsvorschriften, BT-Drucks. 14/5441; Gesetzentwurf der Bundesregierung zur Aufhebung der Zugabeverordnung und zur Anpassung weiterer Rechtsvorschriften, BT-Drucks. 13/01; Süddeutsche Zeitung vom 4. und. 5 September 2000, S. 13*).

hingenommen werden, um die rechtlichen Komplikationen einer grenzüberschreitenden Sitzverlegung zu meiden.

Angemerkt sei hier, daß bestehende Divergenzen zwischen den mitgliedstaatlichen Rechtsordnungen nicht allein aus dem Blickwinkel unterschiedlicher Wettbewerbsvoraussetzungen der Wirtschaftsteilnehmer im Binnenmarkt betrachtet werden können. Wirtschaftliches Handeln spielt sich in einem sozioökonomischen Kontext ab. Deshalb muß das die wirtschaftlichen Prozesse regelnde Recht nicht nur rein wirtschaftliche, sondern auch darüber hinausgehende Gesichtspunkte – wie im Gesellschaftsrecht den Gläubigerschutz oder die Mitbestimmung von Arbeitnehmern in Betrieben – mit berücksichtigen[79]. Wird durch Gemeinschaftsrecht auf die nationalen Rechtsordnungen direkt oder indirekt eingewirkt, so bedeutet dies auch, daß hierdurch Entscheidungen des nationalen Gesetzgebers tangiert werden, welche die konkrete Ausgestaltung der jeweiligen Rechtsordnung und damit die Lebenswirklichkeit betreffen[80].

Im Zusammenhang mit der Ausübung der Niederlassungsfreiheit von Gesellschaften und der in diesem Kontext hier diskutierten grenzüberschreitenden identitätswahrenden Sitzverlegung dürften die allgemeinen wirtschaftlichen Rahmenbedingungen als Standortfaktor für Unternehmen nur ein entscheidender Gesichtspunkt sein[81]. Allgemein kommt eine grenzüberschreitende Sitzverlegung – im Sinne einer Verlegung des Unternehmensschwerpunktes – dann in Betracht, wenn die hierdurch prognostizierten Vorteile die damit verbundenen Nachteile

---

[79] Dabei muß der nationale Gesetzgeber teilweise erheblich voneinander divergierende Interessen gegeneinander abwägen: *Lutter* faßt den bestehenden Antagonismus in wenigen Worten anschaulich zusammen: *Der Unternehmer möchte von seinem Rechtskleid beschützt, aber möglichst wenig behindert werden; der Gläubiger – auch und gerade der Gläubiger ohne Verhandlungsmacht oder gar ohne Verhandlungsmöglichkeit wie der Deliktsgläubiger – verlangt die Protektion durch das Recht; der Arbeitnehmer erhofft Mitsprache zum Schutz seiner Interessen; und auch der Investor, der nichtunternehmerische Anleger verlangt die Berücksichtigung seiner Interessen für die Zeit vor seiner Entscheidung (Publizität) und danach (Information und Mitwirkungsrechte)* (*Lutter, ZGR 2000, S. 1 f.*).

[80] Allerdings wäre es ungenau, insofern von einem Eingriff des Gemeinschaftsrechts in die nationalen Rechtsordnungen zu sprechen, da der nationale Gesetzgeber ja zuvor bewußt Kompetenzen auf die Gemeinschaftsebene übertragen und somit die Möglichkeit von Rückwirkungen der Gemeinschaftsrechtsordnung auf die eigene Rechtsordnung eröffnet hat. Durch den Entschluß zum Beitritt zu einer supranationalen Rechtsgemeinschaft und die spätere Mitwirkung an ihren Entscheidungsprozessen findet genau genommen eine Fortentwicklung des nationalen Rechts auf der höheren Ebene des Gemeinschaftsrechts statt. Vgl. allgemein zum Verständnis der EG als Rechtsgemeinschaft: *Zulegg, NJW 1994, S. 545 ff.; Rodriguez Iglesias, NJW 1999, S. 1 ff.*

[81] Gerade im Bereich multinationaler Unternehmen geschieht dies bereits in großem Umfang. Ein wichtiges Kriterium für die Entscheidung über Investitionen ist hier, ob die an einem möglichen Investitionsort vorgefundene Rechtslage eigenen Wünschen und Anforderungen entspricht (*Mukoyogo, Conflict of Corporation Laws, S. 13*; vgl. zur Bedeutung des Kollisionsrechts in diesem Zusammenhang: *Ebenroth, Konzernkollisionsrecht im Wandel außenwirtschaftlicher Ziele, S. 6 ff.*). Durch die teilweise mißbräuchliche Ausnutzung wirtschaftlicher Vorteile aufgrund von Regelungslücken in den Rechtsordnungen von Entwicklungsländern sind multinationale Unternehmen gerade in Ländern der Dritten Welt auf eine zunehmend ablehnende Haltung gestoßen. Dies hat teilweise protektionistische gesetzliche Maßnahmen als Folge gehabt (*Mukoyogo, Conflict of Corporation Laws, S. 12 f.*). Hier wird deutlich, daß eine unbeschränkte Freiheit für Unternehmen unter Außerachtlassung sozialer und gesellschaftlicher Belange – auch innerhalb der EG – nicht wünschenswert sein kann.

deutlich überwiegen[82]. Dabei zählen zu den Nachteilen die mit der Sitzverlegung verbundenen *Umzugskosten*, der etwaige Verlust von nicht *umzugswilligen* Arbeitnehmern und deren Know-how sowie des bisherigen wirtschaftlichen Umfelds etwa im Zuliefer- und Absatzbereich. Nur wenn neben den bereits genannten Faktoren wie der Belastung mit Steuern und Abgaben sowie Lohn- und Lohnnebenkosten andere relevante Rahmenbedingungen, wie Verkehrsanbindungen, ein hinreichender Bildungsstand und die ausreichende Verfügbarkeit von Arbeitnehmern sowie die Nähe zum angestrebten Absatzmarkt günstigere Voraussetzungen bieten, wird daher eine grenzüberschreitende Sitzverlegung wirtschaftlich sinnvoll sein[83].

Allerdings kann sich ein Vergleich verschiedener Unternehmensstandorte in der Gemeinschaft lohnen. So sind etwa die Sozialsysteme in den einzelnen Mitgliedstaaten unterschiedlich strukturiert. Dies ist auf Divergenzen in der gesellschaftlichen Grundkonzeption sowie einen ungleichen Entwicklungsstand zurückzuführen[84]. Die Kosten eines Systems der sozialen Sicherheit werden zum Teil von den Unternehmen durch Steuern und Lohnnebenkosten mitgetragen. Damit stellen sie einen bei den Produktionskosten und der Investitionsplanung zu berücksichtigenden Kostenfaktor dar[85].

Nicht zuletzt kann die Wahl eines nationalen Gesellschaftsrechts als Standortfaktor gewertet werden. Allgemein ermöglicht das Recht Entscheidungsträgern, ökonomisch rationale Entscheidungen nach allgemein verbindlichen Grundsätzen zu treffen, wobei sich auch Strukturänderungen in den Formen des Rechts vollziehen[86]. Dabei kommt dem Gesellschaftsrecht die Aufgabe zu, unternehmerische Strukturentscheidungen in den Bahnen rechtlich fixierter Unternehmensstrukturen

---

[82] Ausgenommen sind hierbei die sog. Umgehungsgründungen, bei denen Gesellschaften im Ausland allein zu dem Zweck gegründet werden, um später eine wirtschaftliche Aktivität im Inland auszuüben. Dabei wird mit der Unternehmensgründung im Ausland regelmäßig das Ziel verfolgt, strengere (Gründungs-) Erfordernisse des inländischen Rechts zu umgehen, mithin durch die Wahl eines bestimmten Gründungsortes ein *gründungsfreundliches* Gesellschaftsrecht zu wählen.

[83] Vgl. allgemein: *Empfehlung der Kommission vom 7. Dezember 1994, ABl. Nr. C 343/11; Bellingwout, RIW 1997, S. 550 (552).*

[84] Diese Wohlstandsgefälle innerhalb der Gemeinschaft werden durch die geplante Osterweiterung noch erheblich zunehmen. Grund hierfür ist, daß die Bevölkerung der Beitrittsländer über einen weitaus niedrigeren Lebensstandard im Vergleich zur Bevölkerung der jetzigen Mitgliedstaaten verfügt, als dies bei den vergangenen Beitrittsrunden der Fall war. So belief sich nach einer Studie des Deutschen Instituts für Wirtschaftsforschung das Bruttoinlandsprodukt pro Kopf der zehn beitrittswilligen mittel- und osteuropäischen Länder (mit Ausnahme der Türkei) 1997 zu Kaufparitäten auf 30 bis 40 % und gemessen in laufenden Wechselkursen auf 10 bis 15 % des durchschnittlichen Niveaus der gegenwärtigen EG-Mitglieder. Demgegenüber erreichte Griechenland Ende der 70er Jahre ein BIP pro Kopf (zu Kaufparitäten) von etwa 70 %, Portugal und Spanien lagen in der ersten Hälfte der 80er Jahre bei gut 60 % bzw. 70 % des durchschnittlichen Niveaus der damaligen Gemeinschaft (*Wochenbericht des DIW 21/2000, S. 315 ff.*).

[85] *Behrens* weist darauf hin, daß es für Wirtschaftsteilnehmer innerhalb des Binnenmarktes grundsätzlich legitim ist, sich das zwischen den Mitgliedstaaten bestehende Regelungsgefälle zunutze zu machen (*IPRax 1999, S. 323 (326)*). Dies stellt auch der EuGH in seiner Rechtsprechung klar (*EuGH, Urt. v. 9.3.1999, Rs. 212/97 (Centros), Slg. 1999, S. I-1459, Rn. 27*).

[86] *Bühler, Strukturänderungen von Gesellschaften in der Union, Rn. 4;* vgl. hierzu allgemein: *Roellecke, Rechtstheorie 31 (2000), S. 1 (2).*

(numerus clausus des Gesellschaftsrechts)[87] zu lenken, die verschiedene Interessen sowohl im Bereich des Innenrechts als auch des Außenrechts gegeneinander abzuwägen und für einen Interessenausgleich zu sorgen haben[88].

Aus dem gesetzlich vorgegebenen Rahmen ist aus unternehmerischer Sicht diejenige Gesellschaftsform zu wählen, welche die Umsetzung der eigenen unternehmerischen Ziele am besten zu gewährleisten verspricht. Wichtige Faktoren bei der Wahl der richtigen Gesellschaftsform sind die (angestrebte) Größe des Unternehmens, Beschränkungen in der Haftung sowie die Leichtigkeit eines Austausches der Anteilseigner, steuerliche Gesichtspunkte und gegebenenfalls die Erforderlichkeit eines Gründungskapitals. Unter diesem Blickwinkel kann die Wahl eines nationalen Gesellschaftsrechts von Bedeutung sein, weil sich die Gründungsvoraussetzungen für Gesellschaften in den Mitgliedstaaten der Gemeinschaft teilweise erheblich unterscheiden. Ein besonderes Augenmerk gilt hier der Rechtsform der Gesellschaft mit beschränkter Haftung bzw. ihrer Pendants in den anderen mitgliedstaatlichen Rechtsordnungen[89], weil bei ihr – im Gegensatz zu den Aktiengesellschaften – bisher keine sekundärrechtliche Angleichung der Mindestkapitalerfordernisse auf Gemeinschaftsebene stattgefunden hat[90].

---

[87] Vgl. zu diesem Begriff: *K. Schmidt, Gesellschaftsrecht, S. 102 f.*

[88] Aufgabe des Rechts ist es aber nicht, ökonomische Entscheidungen über das Maß hinaus zu beeinflussen, das erforderlich ist, um einen wirksamen Interessenschutz und Interessenausgleich herbeizuführen, da ansonsten Marktanpassungen unnötigen rechtlichen Erfordernissen unterworfen würden (*Bühler, Strukturänderungen von Gesellschaften in der Union, Rn. 4*). Dieser Gesichtspunkt ist insbesondere bei der Frage der Gemeinschaftsrechtskonformität einer Beschränkung von grenzüberschreitenden identitätswahrenden Sitzverlegungen von zentraler Bedeutung.

[89] Vgl. hierzu die Auflistung in: *Art. 1 der zwölften Richtlinie 89/667/EWG auf dem Gebiet des Gesellschaftsrechts betreffend Gesellschaften mit beschränkter Haftung mit einem einzigen Gesellschafter, ABl. Nr. L 395/40.*

[90] Für die Aktiengesellschaft, vgl.: *Art. 6 der zweiten Richtlinie 77/91/EWG zur Koordinierung der Schutzbestimmungen, die in den Mitgliedstaaten den Gesellschaften im Sinne des Artikels 58 Absatz 2 des Vertrages im Interesse der Gesellschafter sowie Dritter für die Gründung der Aktiengesellschaft sowie für die Erhaltung und Änderung ihres Kapitals vorgeschrieben sind, um diese Bestimmungen gleichwertig zu gestalten, ABl. Nr. L 26/1.*
Die bestehenden Divergenzen zwischen den nationalen Rechtsordnungen der Mitgliedstaaten der EG im Bereich des Gesellschaftsrechts werden zunehmend für sog. *Umgehungsgründungen* genutzt (vgl. etwa: *BayObLG, DB 1998, S. 2318; LG Bonn, Beschl. v. 18.4.2000, Az. 11 T 7/00; LG Potsdam, RIW 2000, S. 145 f.; OLG Brandenburg, NJW-RR 2001, S. 29 f.*), bei denen eine Gesellschaft zunächst wirksam nach den Bestimmungen eines Mitgliedstaates errichtet wird, um sodann eine wirtschaftliche Betätigung ausschließlich in einem anderen Mitgliedstaat auszuüben, dessen Anforderungen an die Gründung einer Gesellschaft entsprechender Rechtsform höher sind. Hier stellt sich in besonderem Maße die Frage, ob entsprechende Umgehungsgründungstatbestände dem gemeinschaftsrechtlichen Schutz der Niederlassungsfreiheit unterfallen, oder ob sie allein unter Zugrundelegung der nationalen Rechte der Mitgliedstaaten zu beurteilen sind, die von dem Umgehungsgründungsvorgang unmittelbar betroffen sind. Bei Umgehungsgründungen handelt es sich um *unechte* Restrukturierungsvorgänge im grenzüberschreitenden Bereich, da das internationale Element bewußt allein zu dem Zweck der Vermeidung strengeren nationalen Rechts herbeigeführt wird. Im Gegensatz dazu kann man in den Fällen, bei denen im Rahmen einer andauernden wirtschaftlichen Betätigung ein Bedürfnis zu einer grenzüberschreitenden Verlegung des Unternehmenssitzes auftaucht, von einem *echten* Restrukturierungsbedürfnis sprechen.

II. Die zentrale Bedeutung der Sitzverlegung innerhalb der Europäischen Gemeinschaft für kleine und mittlere Unternehmen

Da eine grenzüberschreitende Sitzverlegung von Gesellschaften mit einem nicht unerheblichen Aufwand verbunden ist, weil insbesondere Personal und Sachmittel vom ursprünglichen Unternehmensstandort an einen neuen – im Ausland befindlichen – Unternehmensmittelpunkt verlagert werden müssen, kommt die Verlegung des Gesellschaftssitzes – sofern der Begriff in einem umfänglichen Sinne als Produktionsstandort und Entscheidungszentrum eines Unternehmens verstanden wird – nur für kleine und mittlere Betriebsgrößen in Betracht[91]. Ansonsten bieten die Gründung von Agenturen, Zweigniederlassungen und Tochtergesellschaften im Ausland sowie die Restrukturierungsvorgänge der Fusion und der Spaltung neben der Bildung strategischer Allianzen und dem Abschluß von Kooperationsvereinbarungen mit anderen Unternehmen geeignetere Möglichkeiten einer Anpassung an sich ändernde Markterfordernisse oder (neu) definierte Unternehmensziele.

Allerdings wird durch die Feststellung, daß eine grenzüberschreitende identitätswahrende Sitzverlegung vor allem für kleine und mittlere Unternehmen (KMU) in Betracht kommt, nicht die Bedeutung der Sitzverlegung als Restrukturierungsform relativiert. Denn mehr als 99,8 % der Unternehmen in der Europäischen Gemeinschaft sind KMU[92], wobei sie rund 66 % aller Erwerbstätigen in der Privatwirtschaft beschäftigen und einen Anteil von 56,2 % am Gesamtumsatz haben[93]. In absoluten Zahlen ausgedrückt bedeutet dies, daß die Zahl der KMU 1998 EG-weit bei 19,33 Millionen Betrieben lag, die rund 74,5 Millionen Personen beschäftigten[94].

---

[91] So liegt die durchschnittliche Beschäftigtenzahl europäischer Unternehmen bei 6 Mitarbeitern. Kleine und mittlere Unternehmen (KMU) beschäftigen im Durchschnitt 4 Personen, wohingegen die durchschnittliche Anzahl der Mitarbeiter in großen Unternehmen bei 1000 liegt (*6. Bericht des Europäischen Beobachtungsnetzes für KMU, Kurzfassung, Juli 2000, S. 3*).

[92] *Europäische Kommission, Maßnahmen für die KMU und das Handwerk, Ausgabe 1998, S. 12.*
Die Kommission hat in einer Empfehlung vom 3. April 1996 KMU definiert als Unternehmen, die weniger als 250 Personen beschäftigen, einen Jahresumsatz von höchstens 40 Mio. ECU oder eine Jahresbilanzsumme von höchstens 27 Mio. ECU haben und nicht zu 25 % oder mehr des Kapitals oder der Stimmanteile im Besitz von einem oder von mehreren Unternehmen gemeinsam stehen, welche die Definition der KMU selbst nicht erfüllen. Darüber hinaus gibt es weitere Schwellenwerte zur Definition der kleinen Unternehmen (weniger als 50 Beschäftigte, Jahresumsatz von höchstens 7 Mio. ECU oder Jahresbilanzsumme von höchstens 5 Mio. ECU und Erfüllung des Unabhängigkeitskriteriums) sowie der Kleinstunternehmen (weniger als 10 Beschäftigte). Vgl.: *ABl. Nr. L 107/4;* siehe auch: *Europäische Kommission, Maßnahmen für die KMU und das Handwerk, Ausgabe 1998, S. 12.*
In der Bundesrepublik Deutschland liegt der Anteil kleiner und mittlerer Unternehmen ebenfalls bei über 99 % der Gesamtzahl aller Unternehmen (*Institut für Mittelstandsforschung, SMEs in Germany, Facts and Figures, 2000, S. 5 ff.*). Nach der Klassifikation des Deutschen Instituts für Mittelstandsforschung (IfM) gelten dabei als Kleinunternehmen solche mit bis zu 9 Beschäftigten und einem Jahresumsatz von bis zu einer Millionen DM pro Jahr. Mittlere Unternehmen sind indes solche mit zwischen 10 und 499 Beschäftigten und einem Jahresumsatz von zwischen einer und 100 Millionen DM pro Jahr (*IfM, SMEs in Germany, Facts and Figures, 2000, S. 3*).

[93] *Europäische Kommission, Maßnahmen für die KMU und das Handwerk, Ausgabe 1998, S. 12.*

[94] *6. Bericht des Europäischen Beobachtungsnetzes für KMU, Kurzfassung, Juli 2000, S. 4.*

Wie aus Untersuchungen der Kommission hervorgeht, haben Großunternehmen bisher am stärksten vom Binnenmarktprogramm profitiert. Sie sind mit den Rechtsvorschriften im Binnenmarkt besser vertraut, während zahlreiche KMU ihr Tätigkeitsfeld im lokalen und regionalen Raum haben[95]. Auf Gemeinschaftsebene wird daher durch vielfältige Maßnahmen und Programme eine Förderung der KMU angestrebt[96]. Dies gilt allgemein für Erleichterungen bei den technischen und rechtlichen Bestimmungen, deren Einhaltung KMU's vor größere Probleme stellt als Großunternehmen. Zudem stehen KMU's unter einem erheblichen Anpassungsdruck. So heißt es im *Arbeitsprogramm für die Unternehmenspolitik 2000 – 2005* der Kommission:

Die Unternehmen sehen sich konfrontiert mit einem immer rascheren Strukturwandel, der Entwicklung einer digitalen Wirtschaft, verschärftem Wettbewerb und der Globalisierung. Indem die Unternehmenspolitik ihnen hilft, mit diesen Herausforderungen fertigzuwerden, erleichtert sie das Wirtschaftswachstum, das für Vollbeschäftigung und sozialen Zusammenhalt erforderlich ist, hält die Umweltbelastungen innerhalb der Grenzen, die von den Ökosystemen noch zu ertragen sind, und trägt so zu einer nachhaltigen Entwicklung bei[97]. Und weiter heißt es: *Unternehmenspolitik muß die gesamte Wirtschaft erfassen, damit sie allen Unternehmen unabhängig von Größe, Rechtsform, Branche und Standort die Möglichkeit gibt, zu wachsen und sich zu entwickeln. Im „Unternehmen Europa" sollte jeder, der eine wirtschaftlich tragfähige Geschäftsidee hat, sie mit Zugang zu den besten Technologien auch verwirklichen und seine Leistungen optimal vermarkten können*[98].

Im Zusammenhang mit der Stärkung der KMU innerhalb der EG ist die effektive Gewährleistung von grenzüberschreitenden Sitzverlegungen als Restrukturierungsmaßnahme von zentraler Bedeutung, da KMU's insbesondere die Gestal-

---

Der Zahl von fast 20 Millionen KMU standen lediglich 38000 Großunternehmen gegenüber (*6. Bericht des Europäischen Beobachtungsnetzes für KMU, Kurzfassung, Juli 2000, S. 4*).

[95] Die gleichen Quellen besagen aber auch, daß KMU, die bereits vor der Vollendung des Binnenmarktes auf EG-Ebene operiert haben, oder auch KMU, die in Grenzregionen grenzüberschreitend tätig sind, die Auswirkungen des Binnenmarktprogramms auf ihr Unternehmen positiv einschätzen. Sie räumen ein, daß ein steigender Wettbewerbsdruck im Unternehmensumfeld zu verbesserten Qualitätsstandards und zu einer höheren Produktivität geführt habe (*Europäische Kommission, Maßnahmen für die KMU und das Handwerk, Ausgabe 1998, S. 18 f.*).

[96] Vgl. zu den Programmen und Maßnahmen zur Förderung der KMU innerhalb der Gemeinschaft: *Europäische Kommission, Maßnahmen für die KMU und das Handwerk, Ausgabe 1998, S. 38 ff.; 3. Mehrjahresprogramm für kleine und mittlere Unternehmen (KMU) in der Europäischen Union, Beschluß 97/15/EG des Rates vom 9. Dezember 1996, ABl. Nr. L 6/25)*; zu den Maßnahmen auf Gemeinschaftsebene, welche der Verbesserung der Internationalisierungsstrategien von KMU's innerhalb der Gemeinschaft dienen: *Europäische Kommission, Maßnahmen für die KMU und das Handwerk, Ausgabe 1998, S. 58 ff.*

[97] *Europäische Kommission, Auf dem Weg zum Unternehmen Europa, Arbeitsprogramm für die Unternehmenspolitik 2000 – 2005, SEC (2000) 771, S. 4.*

[98] *Europäische Kommission, Auf dem Weg zum Unternehmen Europa, Arbeitsprogramm für die Unternehmenspolitik 2000 – 2005, SEC (2000) 771, S. 4.*

tungsmöglichkeiten des Konzernrechts regelmäßig nicht zur Verfügung stehen[99]. Die nachfolgende Untersuchung, die sich der effektiven Gewährleistung der grenzüberschreitenden identitätswahrenden Sitzverlegung von Kapitalgesellschaften widmet, ist daher vor allem für die Gruppe der KMU innerhalb der Gemeinschaft von Relevanz[100]. Denn mehr und mehr besteht für diese Unternehmen aufgrund des erhöhten Anpassungsdrucks innerhalb des Binnenmarktes ein Bedürfnis, die Möglichkeiten grenzüberschreitender Sitzverlegungen und damit die effektive Ausübung der Niederlassungsfreiheit zu nutzen, wie Erhebungen der Kommission aus dem Jahre 1997 bestätigt haben[101].

Auch ist die Anfangsphase der Europäischen Gemeinschaft abgeschlossen, weshalb sich Unternehmen verstärkt aus ihrem nationalen Umfeld lösen. So wie international eine Globalisierung der Wirtschaft gerade im Bereich der Großunternehmen[102] festzustellen ist, läßt sich auf Gemeinschaftsebene insbesondere bei kleinen und mittleren Unternehmen die Tendenz zu einer grenzüberschreitenden Reorganisation[103] beobachten. Dies gilt um so mehr, als die Europäische Gemeinschaft mit dem Binnenmarkt als ein einheitlicher Markt begriffen wird, in dem nationalstaatliche Grenzen sowie kulturelle und sprachliche Barrieren an Bedeutung verlieren. Da die Schaffung eines einheitlichen Marktes von Anfang an ein Ziel der Gemeinschaft war, ist das Bestreben von Gesellschaften, diesen Markt nach ihren individuellen Bedürfnissen zu nutzen, als Erfolg zu werten.

D. Gegenstand und Verlauf der Untersuchung

Die ungeklärte Reichweite der Niederlassungsfreiheit von Kapitalgesellschaften innerhalb der Europäischen Gemeinschaft durch grenzüberschreitende identitätswahrende Sitzverlegungen gibt Anlaß zu einer umfassenden Untersuchung des Themas. Da bei internationalen Sachverhalten der Frage der Anerkennung der Rechtspersönlichkeit einer Gesellschaft eine zentrale Bedeutung zukommt, wird zunächst in Kapitel 2 die *Anerkennungsproblematik* behandelt, um sodann auf die Frage einzugehen, welche rechtlichen Hindernisse derzeit im Binnenmarkt einer grenzüberschreitenden Sitzverlegung entgegenstehen.

---

[99] Daher gibt es auch hier Kommissionsansätze, um bessere Restrukturierungsmöglichkeiten für KMU's innerhalb der Gemeinschaft zu schaffen (vgl. den Richtlinienvorentwurf einer 14. Richtlinie im Bereich des Europäischen Gesellschaftsrechts zur grenzüberschreitenden Sitzverlegung von Kapitalgesellschaften (*KOM XV/6002/97 v. 20.4.1997*; Abdruck in: *ZIP 1997, S. 1721 ff.; ZGR 1999, S. 157 ff.; Schwarz, Europäisches Gesellschaftsrecht, Sign. 14*).

[100] Dennoch werden Probleme des Internationalen Gesellschaftsrechts noch immer unter dem Blickwinkel der Restrukturierung von Großunternehmen gesehen (vgl. etwa: *Staudinger-Großfeld, Internationales Gesellschaftsrecht, Rn. 24, 39; Münch-Komm-Kindler, Internationales Gesellschaftsrecht, Rn. 10*).

[101] *Di Marco, ZGR 1999, S. 3 (4).*

[102] Neben Daimler-Chrysler sei hier nur der Zusammenschluß von Hoechst und Rhône-Poulenc zu Aventis erwähnt. Hierfür hat sich im Bereich der transnationalen Unternehmen der Begriff *merger of equals* eingebürgert (*Horn, FS Buxbaum, 2000, S. 315 (319)*).

[103] Allgemein zum Begriff und zu den Formen der Reorganisation von Gesellschaften: *Kreuzer, EuZW 1994, S. 73 ff.; ders., Die grenzüberschreitende Mobilität von Gesellschaften im Gemeinsamen Markt.*

Diese allgemeine Darstellung bildet den Ausgangspunkt für die in Kapitel 3 behandelte Thematik, wie die derzeitigen Beeinträchtigungen der Niederlassungsfreiheit von Kapitalgesellschaften im Rahmen einer sekundärrechtlichen Rechtsangleichung auf Gemeinschaftsebene beseitigt werden können. Hier gilt es zu klären, ob für eine entsprechende Regelung zur Lösung des Problems der grenzüberschreitenden identitätswahrenden Sitzverlegung von Gesellschaften eine hinreichende Gesetzgebungskompetenz auf Gemeinschaftsebene besteht, welche Lösungsansätze in Betracht kommen, und ob diese mit Blick auf die tatsächliche Gewährleistung der Niederlassungsfreiheit zielführend sind. Dabei ist zu beachten, daß ein gesetzgeberisches Handeln auf Gemeinschaftsebene zwecks Erreichung der durch die Gemeinschaftsrechtsordnung verfolgten Zielsetzungen nicht nur eine Möglichkeit ist, sondern – soweit zur Verwirklichung des Binnenmarktes erforderlich – eine Verpflichtung darstellt, die sowohl die Gemeinschaftsorgane als auch die Mitgliedstaaten trifft. Bestehen daher adäquate Lösungsansätze im Rahmen der Kompetenzzuweisung an die Gemeinschaftsebene, so resultiert hieraus unter Beachtung allgemeiner Grundsätze wie dem Subsidiaritätsprinzip eine Verpflichtung zum Ergreifen der erforderlichen Maßnahmen. Wird dieser Handlungsverpflichtung nicht Folge geleistet, drohen gemeinschaftsrechtliche Gewährleistungen im Einzelfall zur bloßen Makulatur zu werden.

In Kapitel 4 wird sodann auf die Reichweite der Niederlassungsfreiheit eingegangen, da auch das anhängige Vorabentscheidungsersuchen durch den EuGH auf Grundlage der Auslegung der primärrechtlichen Bestimmungen über die Niederlassungsfreiheit entschieden wird. Diese Thematik ist um so bedeutsamer, als die Reichweite der Niederlassungsfreiheit durch die Rechtsprechung des EuGH in den vergangenen Jahren stetig konkretisiert und nicht mehr allein als Diskriminierungsverbot, sondern im Sinne eines allgemeinen Beschränkungsverbots ausgelegt wurde[104]. Zudem gilt es hier die Frage zu klären, ob und wenn ja, inwieweit ein gesetzgeberisches Versagen auf Gemeinschaftsebene durch die konsequente Anwendung der im Primärrecht verankerten Niederlassungsfreiheit kompensiert werden kann.

Die Rechtsprechung des EuGH zu der in Artikel 43 EG (Art. 52 EGV) verankerten Niederlassungsfreiheit ist bisher noch nicht so umfassend[105] wie im Bereich der Warenverkehrs- und der Dienstleistungsfreiheit, wo das allgemeine Beschränkungsverbot bereits lange etabliert ist[106]. Deshalb wird teilweise auf die

---

[104] Hierfür werden auch die Begriffe der *negativen Integration* bzw. der *indirekten Harmonisierung* verwendet, im Gegensatz zur *positiven Integration* bzw. *direkten Harmonisierung* durch eine Rechtsetzung auf Gemeinschaftsebene. Vgl. eingehender zur direkten und indirekten Harmonisierung: *Kapitel 3 und 4*.

[105] *Ebke, JZ 1999, S. 656 (657).*

Everling sprach 1990 davon, die Rechtsprechung des Gerichtshofs zur Niederlassungsfreiheit sei alles andere als deutlich und habe ihre letzte Form offensichtlich noch nicht gefunden (*Everling, DB 1990, S. 1853*). Diese Feststellung hat ihre Gültigkeit nicht verloren, zumal die meisten Entscheidungen des EuGH zur Niederlassungsfreiheit Sachverhaltskonstellationen betreffen, die am Überprüfungsmaßstab des Diskriminierungsverbots gemessen wurden, nicht aber am Beschränkungsverbot.

[106] Nach der sog. *Dassonville*-Formel werden alle Handelsregelungen der Mitgliedstaaten, die geeignet sind, den innergemeinschaftlichen Handel unmittelbar oder mittelbar, tatsächlich oder potentiell zu

Rechtsprechung des EuGH zu diesen Grundfreiheiten Bezug genommen, um die genaue Reichweite des allgemeinen Beschränkungsverbots und seine Grenzen (Gewährleistungsgehalt) bestimmen zu können[107].

Eine Übertragung so herausgearbeiteter Grundsätze auf den Bereich der Niederlassungsfreiheit ist vom Grundsatz her möglich, weil es sich bei der EG-Rechtsordnung um eine homogene Rechtsordnung handelt, in der Begriffe eine einheitliche Auslegung finden müssen und alle Grundfreiheiten der Verwirklichung des Binnenmarktziels dienen. Auch geht der Europäische Gerichtshof in seiner Rechtsprechung – zumindest implizit – von einer grundsätzlichen Übertragbarkeit seiner zu einer Grundfreiheit entwickelten Grundsätze auf die Bereiche anderer Grundfreiheiten aus[108]. Allerdings ist vor einer Übertragung von Grundsätzen, die in der Rechtsprechung des EuGH zu einer Grundfreiheit herausgearbeitet wurden, stets zu prüfen, ob nicht spezifische Besonderheiten im Einzelfall einer Verallgemeinerung und somit einer Übertragung auf den Bereich einer anderen Grundfreiheit entgegenstehen.

---

behindern, von der Warenverkehrsfreiheit erfaßt (*EuGH, Urt. v. 11.7.1974, Rs. 8/74 (Dassonville), Slg. 1974, S. 837*). Dies schließt grundsätzlich auch solche Maßnahmen ein, die – ohne Diskriminierung – lediglich unterschiedliche Auswirkungen auf inländische und ausländische Waren haben. Allerdings wurde die sehr weit gefaßte *Dassonville*-Formel durch den EuGH später in der *Cassis-de-Dijon*-Entscheidung (*EuGH, Urt. v. 20.2.1979, Rs. 120/78, Slg. 1979, S. 649*) weiterentwickelt und durch sein Urteil in der Rechtssache *Keck* (*EuGH, Urt. v. 24.11.1993, Verb. Rs. 267/91 und 268/91, Slg. 1993, S. I-6097*) im Ergebnis eingeschränkt. Vgl. hierzu eingehend: *Schwarze/Becker, EU-Kommentar, Art. 28, Rn. 37 ff.; Drasch, Das Herkunftslandprinzip im internationalen Privatrecht, S. 25 ff.; Kapitel 4 B. IV.*

Im Bereich der Dienstleistungsfreiheit ist durch das Urteil *v. Binsbergen* der Schritt zur Auslegung der Gewährleistung über ein reines Diskriminierungsverbot hinaus im Sinne eines Beschränkungsverbots vollzogen worden; dies fünf Jahre vor der *Dassonville*-Entscheidung im Bereich der Warenverkehrsfreiheit (*EuGH, Urt. v. 3.12.1974, Rs. 33/74, Slg. 1974, S. 1299;* vgl. hierzu: *Everling, in: GS Knobbe-Keuk, S. 607 (616); Behrens, EuR 1992, S. 145 (150); W. H. Roth, EuR 1986, S. 340 (356 f.);* zweifelnd: *Drasch, Das Herkunftslandprinzip im internationalen Privatrecht, S. 127 ff.*). Diese Rechtsprechung wurde in den Entscheidungen *van Wesemael* und *Webb* zu einem festen Prüfungsschema ausgebaut, wonach zunächst erörtert wird, ob Beschränkungen nichtdiskriminierend sind und einen im Allgemeininteresse liegenden Zweck verfolgen, sodann die Prüfung erfolgt, ob die die Grundfreiheit beschränkenden nationalen Regelungen erforderlich sind, um zuletzt die Verhältnismäßigkeit der beschränkenden nationalen Maßnahmen zu hinterfragen (*vgl. EuGH, Urt. v. 18.1.1979, Verb. Rs. 110 und 111/78 (van Wesemael), Slg. 1979, S. 35, Rn. 9 ff.; EuGH, Urt. v. 17.12.1981, Rs. 279/80 (Webb), Slg. 1981, S. 3305, Rn. 20;* für die jüngere Rechtsprechung, vgl. etwa: *EuGH, Urt. v. 10.5.1995, Rs. 384/93 (Alpine Investments), Slg. 1995, S. I-1141, Rn. 25 ff.*).

[107] Auch findet teilweise die Rechtsprechung zur Arbeitnehmerfreizügigkeit Berücksichtigung, selbst wenn in diesem Bereich – wie bei der Niederlassungsfreiheit – der Schritt zur Auslegung der Gewährleistung im Sinne eines allgemeinen Beschränkungsverbots erst relativ spät vorgenommen wurde. Die Arbeitnehmerfreizügigkeit wird seit der Entscheidung in der Rechtssache *Kraus* im Sinne eines allgemeinen Beschränkungsverbots ausgelegt (*EuGH, Urt. v. 31.3.1993, Rs. 19/92 (Kraus), Slg. 1993, S. I-1663, Rn. 42;* vgl. auch: *EuGH, Urt. v. 15.12.1995, Rs. 415/93 (Bosman), Slg. 1995, S. I-4921, Rn. 95 ff.*). *Behrens* verweist allerdings darauf, der Übergang vom Diskriminierungs- zum Beschränkungsverbot im Bereich der Arbeitnehmerfreizügigkeit werde bereits in der Entscheidung *Biehl* angedeutet (*Behrens, EuR 1992, S. 145 (154);* unter Verweis auf: *EuGH, Urt. v. 8.5.1990, Rs. 175/88 (Biehl), Slg. 1990, S. I-1779*).

[108] Vgl. hierzu etwa folgende Urteile: *EuGH, Urt. v. 10.5.1995, Rs. 384/93 (Alpine Investments), Slg. 1995, S. I-1141, Rn. 35 ff.; EuGH, Urt. v. 15.12.1995, Rs. 415/93 (Bosman), Slg. 1995, S. I-4921, Rn. 103; EuGH, Urt. v. 9.3.1999, Rs. 212/97 (Centros), Slg. 1999, S. I-1459, Rn. 24.*

Eine eingehende Analyse der Rechtsprechung des EuGH und eine Herausarbeitung allgemeiner Strukturen ist zudem notwendig, weil es sich bei den Urteilen des EuGH im Rahmen von Vorabentscheidungsersuchen und Vertragsverletzungsverfahren stets um eine problem- und sachverhaltsgebundene Einzelfallrechtsprechung handelt, sich folglich aus einzelnen Judikaten nicht ohne weiteres verallgemeinerungsfähige Grundsätze ableiten lassen[109]. Da es in der neueren Rechtsprechung des EuGH zur Niederlassungsfreiheit bisher an einer *reichhaltigen systembildenden Rechtsprechung*[110] fehlt, kann die bestehende Lücke nur durch eine eingehendere Berücksichtigung der Rechtsprechung des Gerichtshofs zu anderen Grundfreiheiten geschlossen werden.

Abgesehen von der Bestimmung des Gewährleistungsgehalts der Niederlassungsfreiheit stellt sich die weitere Frage, ob Artikel 43 EG (Art. 52 EGV) gleichermaßen für natürliche und juristische Personen gilt, oder ob es sich bei Gesellschaften im Sinne von Artikel 48 EG (Art. 58 EGV) möglicherweise um Niederlassungsberechtigte minderen Rechts handelt[111]. Im vierten Kapitel wird sodann auf die beiden bisherigen Leitentscheidungen des EuGH eingegangen[112], aus denen in Literatur und Rechtsprechung konkrete Schlußfolgerungen für die Anwendbarkeit der Niederlassungsfreiheit auf Gesellschaften gemäß Artikel 48 EG (Art. 58 EGV) gezogen werden.

Die grundlegende Analyse im vierten Kapitel bildet den Ausgangspunkt für die im fünften Kapitel behandelte Thematik der Vereinbarkeit nationaler kollisionsrechtlicher Regelungen und materiellrechtlicher (Schutz-) Bestimmungen, welche die Ausübung einer grenzüberschreitenden identitätswahrenden Sitzverlegung von Gesellschaften im Einzelfall behindern oder gar unmöglich machen, mit den Erfordernissen des Gemeinschaftsrechts. Hierbei ist besonders zu berücksichtigen, daß nicht jede Beschränkung[113] von Grundfreiheiten des Gemeinschaftsrechts durch

---

[109] *Everling, FS Lutter, S. 31 (40).*
Vgl. eingehend zur Rechtsprechung des EuGH im Rahmen von Vorabentscheidungsersuchen: *Everling, FS Lutter, S. 31 (35 ff.).*

[110] *Ebke, JZ 1999, S. 656 (657); ders., FS Lutter, S. 17 (26);* vgl. auch allgemein: *Streinz, Europarecht, Rn. 501.*

[111] Die Niederlassungsfreiheit gilt nicht unmittelbar aufgrund der Bestimmung des Artikels 43 EG (Art. 52 EGV) für Gesellschaften, sondern wegen der in Artikel 48 Absatz 1 EG (Art. 58 Abs. 1 EGV) enthaltenen Regelung, wonach Gesellschaften unter den dort näher genannten Bedingungen den natürlichen Personen gleichstehen, die Angehörige der Mitgliedstaaten sind. Insofern ist klärungsbedürftig, wie weit die Gleichstellung tatsächlich reicht.

[112] Vgl. hierzu bereits: *Kapitel I B.*

[113] Nachfolgend findet der Begriff der *Beschränkung* in zweierlei Weise Verwendung. Einmal sind hierunter – nach einem engen Begriffsverständnis – alle Beeinträchtigungen einer Grundfreiheit, die nichtdiskriminierenden Charakter haben, zu verstehen. In Anlehnung an den Gebrauch des Begriffs der Beschränkung in den Artikeln 28 f., 39 Absatz 3, 43 Absatz 1, 49 Absatz 1 und 56 EG (*Art. 30, 48 Abs. 3, 52 Abs. 1, 59 Abs. 1, 73b EGV*) wird der Terminus – unter Zugrundelegung eines weiten Begriffsverständnisses – auch dahingehend verwendet, daß sowohl diskriminierende als auch nichtdiskriminierende Beeinträchtigungen der Grundfreiheiten durch faktische Schlechterstellungen erfaßt werden. Denn die Diskriminierung ist die Grundform der Beschränkung (*Hirsch, ZEuS 1999, S. 503 (509); Jarass, EuR 1995, S. 202 (211); ders., EuR 2000, S. 705 (709)*). Zudem verwendet der EuGH den Begriff der Beschränkung, um hiermit sowohl diskriminierende als auch nichtdiskriminierende Beeinträchtigungen einer Grundfreiheit durch nationale Maßnahmen zu umschreiben (vgl. etwa:

eine mitgliedstaatliche Rechtsordnung automatisch die Gemeinschaftsrechtswidrigkeit der betreffenden nationalen Maßnahme[114] impliziert. Liegen aufgrund einer vorgefundenen nationalen Rechtslage Beschränkungen der Niederlassungsfreiheit von Kapitalgesellschaften vor, so muß dies im Ergebnis dann hingenommen werden, wenn die Beschränkungen Ausdruck überwiegender Allgemeinwohlinteressen sind, die vom Gemeinschaftsrecht anerkannt werden[115].

Allgemeines Ziel der Untersuchung in Kapitel 5 ist es zu klären, ob der in Deutschland geltende Zwang zur Auflösung einer Gesellschaft bei einem *Wegzug* ins Ausland[116], beziehungsweise die Verpflichtung zur Neugründung einer Gesellschaft aus dem EG-Ausland im Falle eines *Zuzugs*[117], durch nationale Schutzinteressen gerechtfertigt werden kann. Ausgegangen werden soll für die Analyse der Vereinbarkeit nationaler (Schutz-) Bestimmungen im Bereich des Internationalen Gesellschaftsrechts von der Rechtslage in Deutschland. Teilweise wird auf die Situation in anderen Rechtsordnungen verwiesen, dies allerdings nur fragmentarisch und ohne Anspruch auf Vollständigkeit.

Bei der Sitzverlegung als Restrukturierungsform ist zum einen zwischen den Fallkonstellationen des *Zu-* und des *Wegzugs* zu differenzieren. Andererseits gilt es

---

EuGH, Urt. v. 11.5.1999, Rs. 255/97 (Pfeiffer), Slg. 1999, S. I-2835, Rn. 19). In welchem Sinne der Begriff der Beschränkung nachfolgend jeweils Verwendung findet, ist aus dem Textzusammenhang zu entnehmen.

[114] Der Begriff der *nationalen Maßnahme* umfaßt sowohl diskriminierende als auch nichtdiskriminierende nationale Regelungen, Verwaltungspraktiken sowie die Rechtsanwendung und –auslegung durch die Gerichte, sofern eine Eignung im Einzelfall gegeben ist, die Verwirklichung einer Grundfreiheit unmittelbar oder mittelbar, tatsächlich oder potentiell zu behindern. Der Begriff der *Maßnahme gleicher Wirkung* wurde durch die *Dassonville*-Entscheidung des EuGH zur Warenverkehrsfreiheit geprägt, wonach als Maßnahme gleicher Wirkung jede nationale Regelung anzusehen ist, *die geeignet ist, den innergemeinschaftlichen Handel unmittelbar oder mittelbar, tatsächlich oder potentiell zu behindern* (*EuGH, Urt. v. 11.7.1974, Rs. 8/74 (Dassonville), Slg. 1974, S. 837, Rn. 5;* vgl. zur Einschränkung der Formel: *EuGH, Urt. v. 24.11.1993, Verb. Rs. 267 und 268/91 (Keck & Mithouard), Slg. 1993, S. I-6097, Rn. 14 ff.*). Im Text wird der Begriff der nationalen Maßnahme als Oberbegriff für alle nationalen gesetzlichen Regelungen und Verwaltungspraktiken sowie für die Rechtsanwendung und –auslegung durch die nationalen Gerichte verwendet, dies nicht nur im Zusammenhang mit der Warenverkehrsfreiheit, sondern auch mit den übrigen Grundfreiheiten.

[115] Nicht allein ausreichend ist allerdings, daß es sich um einen anerkannten Rechtfertigungsgrund handelt. Denn grundsätzlich wird durch den EuGH im Rahmen einer Einzelfallprüfung ermittelt, ob nationale Maßnahmen, welche die Ausübung der durch den EG-Vertrag garantierten Grundfreiheiten behindern oder weniger attraktiv zu machen geeignet sind, zwingenden Gründen des Allgemeininteresses entsprechen, zur Erreichung des verfolgten Zieles geeignet sind, und nicht über das hinausgehen, was zur Erreichung des mit ihnen verfolgten Zwecks erforderlich ist (*EuGH, Urt. v. 31.3.1993, Rs. 19/92 (Kraus), Slg. 1993, S. I-1663, Rn. 32; EuGH, Urt. v. 30.11.1995, Rs. 55/94 (Gebhard), Slg. 1995, S. I-4165, Rn. 37; EuGH, Urt. v. 9.3.1999, Rs. 212/97 (Centros), Slg. 1999, S. I-1459, Rn. 34*). Handelt es sich um diskriminierende nationale Maßnahmen, so ist zu beachten, daß eine Rechtfertigung grundsätzlich nur aus Gründen in Betracht kommt, die im EG-Vertrag als zulässige Rechtfertigungsgründe anerkannt sind (vgl. zu Artikel 46 EG (Art. 56 EGV): *EuGH, Urt. v. 26.4.1988, Rs. 352/85 (Bond van Adverteerders), Slg. 1988, S. 2085, Rn. 32 ff.; EuGH, Urt. v. 18.6.1991, Rs. 260/89 (ERT), Slg. 1991, S. I-2925, Rn. 24; EuGH, Urt. v. 25.7.1991, Rs. 288/89 (Collectieve Antennevoorziening Gouda), Slg. 1991, S. I-4007, Rn. 11; EuGH, Urt. v. 29.4.1999, Rs. 311/97 (Bank of Scotland), Slg. 1999, S. I-2651, Rn. 32*).

[116] Vgl. etwa: *OLG Hamm, ZIP 2001, S. 791 (792); BayObLG, DB 1992, S. 1400 f.*

[117] *OLG Zweibrücken, NJW 1990, S. 3092;* vgl. hierzu: *Großfeld/König, IPRax 1991, S. 380 ff.*

zwischen den Fällen zu unterscheiden, in denen allein das Entscheidungszentrum eines Unternehmens (effektiver Verwaltungssitz) ins Ausland verlegt wird und denjenigen Fällen, in denen allein oder gleichzeitig mit dem effektiven Verwaltungssitz der statutarische Gesellschaftssitz verlegt werden soll. Besondere Beachtung verdient zudem die Fallgestaltung der Umgehungsgründung, bei der eine Gesellschaft nach den Regelungen einer vorteilhaft erscheinenden Rechtsordnung errichtet wird, um sodann erstmalig eine wirtschaftliche Betätigung in einem anderen (Mitglied-) Staat auszuüben. Dabei wird im Kern der Frage nachgegangen, inwieweit bestehende Regelungsgefälle im Bereich der Schutzbestimmungen der nationalen Gesellschaftsrechte Beschränkungen der Niederlassungsfreiheit von Kapitalgesellschaften im inter-mitgliedstaatlichen Bereich rechtfertigen können.

Damit ist der thematische Rahmen abgesteckt. Behandelt werden im folgenden international-gesellschafts- und europarechtliche Fragen im Zusammenhang mit der grenzüberschreitenden identitätswahrenden Sitzverlegung von Gesellschaften. Nicht thematisiert werden indes steuerrechtliche Aspekte[118]. Ausgegrenzt sind weiter Fragen der Niederlassungsfreiheit von Banken und Versicherungen. Gleiches gilt für Fragen des Kartellrechts sowie des Börsen- und Wertpapiermarktrechts. Die unternehmerische Mitbestimmung wird insoweit angesprochen, als dies zur Behandlung des Themas erforderlich ist[119].

[118] Vgl. allgemein zu den steuerrechtlichen Aspekten internationaler Sitzverlegungen: *Dietrich, Sitzverlegung im Binnenmarkt und ihre Besteuerung, S. 50 ff.; Dreissig, DB 2000, S. 893 ff.; Eyles, Das Niederlassungsrecht der Kapitalgesellschaften in der Europäischen Gemeinschaft, S. 254 ff.; Hügel, ZGR 1999, S. 71 ff.; Dinkhoff, Internationale Sitzverlegung von Kapitalgesellschaften unter besonderer Berücksichtigung des Internationalen Gesellschaftsrechts und des Steuerrechts, S. 153 ff.*

[119] Vgl. zur Mitbestimmung: *Staudinger/Großfeld, Internationales Gesellschaftsrecht, Rn. 508 ff.; Soergel-Lüderitz, Kommentar zum Bürgerlichen Gesetzbuch, Anh. Art. 10 EGBGB, Rn. 43 ff.*
Zu den arbeitsrechtlichen Problemen einer grenzüberschreitenden Sitzverlegung innerhalb der Gemeinschaft: *Heinze, ZGR 1999, S. 54 ff.*

Kapitel 2 – Bedeutung der Anerkennung von Gesellschaften und des Internationalen Gesellschaftsrechts für die Niederlassungsfreiheit von Gesellschaften innerhalb der Europäischen Gemeinschaft

A. Anerkennungsproblematik

Für Gesellschaften ist nicht nur von entscheidender Bedeutung, daß sie bei allen Sachverhalten mit Auslandsberührung Trägerinnen von Rechten und Pflichten sein können[1], sondern auch, daß sie im Falle einer grenzüberschreitenden Sitzverlegung ihre Rechtspersönlichkeit und damit ihre Rechtsfähigkeit behalten. Handelt es sich bei der Anerkennung um die Frage, ob einer juristischen Person ausländischen Rechts im Inland Rechtsfähigkeit zuerkannt wird, um selbst Trägerin von Rechten und Pflichten sein zu können[2], so geht es bei der Sitzverlegung darum, daß eine Gesellschaft ihren Gesellschaftssitz ins Ausland verlegen will. *Smit/Herzog* haben den Unterschied treffend wie folgt ausgedrückt: *A foreign company may wish to have its personality recognized in a state without being established there. But a foreign company, seeking to establish itself in a foreign country, would be extremely hampered in this endeavour without recognition of its personality*[3].

Da der Begriff der Anerkennung häufig und teilweise undifferenziert Verwendung findet[4], soll in diesem Kapitel zunächst geklärt werden, ob und wenn ja, welche Beeinträchtigung von der Anerkennungsfrage für die Gewährung der Niederlassungsfreiheit von Kapitalgesellschaften ausgeht. Die Bedeutung des Anerkennungsbegriffs im Internationalen Gesellschaftsrecht unterscheidet sich von derjenigen im Internationalen Privatrecht. *Im Internationalen Privatrecht bedeutet*

---

[1] *Großfeld, RabelsZ 31 (1967), S. 1 (2); Rabel, The Conflict of Laws, Bd. 2, S. 132; Roth, ZEuP 1994, S. 5 (19); Reindl, Mich.J.Int.L. 1990, S. 1270 ff.; Eyles, Das Niederlassungsrecht der Kapitalgesellschaften in der Europäischen Gemeinschaft, S. 96; Carruthers/Villiers, EBLR 2000, S. 91 (92).*

[2] Vgl. hierzu: *Lutter, Europäisches Unternehmensrecht, S. 43 f.; Groeben/Thiesing/Ehlermann/Troberg, Kommentar zum EU-/EG-Vertrag, Art. 58, Rn. 10.*

Für die Frage der Anerkennung der Rechtspersönlichkeit einer juristischen Person ist es unerheblich, ob man ihre Existenz nach der Fiktionstheorie (vgl. hierzu: *Drobnig, in: v. Bar (Hrsg.), Europäisches Gemeinschaftsrecht und Internationales Privatrecht, S. 185 (188)*) als Fiktion eines Rechtssubjekts auffaßt, welches in Wirklichkeit nur durch den Menschen verkörpert wird, oder mit der Theorie der realen Verbandspersönlichkeit (*Enneccerus-Nipperday, Allgemeiner Teil des Bürgerlichen Rechts, Erster Halbband, § 103 (S. 607 ff.)*) als Gemeinschaftsgebilde, das sich von der natürlichen Einzelpersönlichkeit seiner Mitglieder abhebt und die Quelle einer einheitlichen Willensbildung formt (vgl. allgemein: *Luchsinger, Die Niederlassungsfreiheit der Kapitalgesellschaften in der EG, den USA und der Schweiz, S. 19 ff.; Schlosser, Die gesellschaftlichen Niederlassungen in der Europäischen Wirtschaftsgemeinschaft als Problem des internen und des internationalen Privatrechts, S. 77*).

[3] *Smit/Herzog, The Law of the European Economic Community, Article 58, 2-640.*

[4] *Münch-Komm-Kindler, Internationales Gesellschaftsrecht, Rn. 227; Dinkhoff, Internationale Sitzverlegung von Kapitalgesellschaften unter besonderer Berücksichtigung des Internationalen Gesellschaftsrechts und des Steuerrechts, S. 8 ff.*

Anerkennung die Hinnahme der Anwendung fremden Rechts auf einen Sachverhalt mit Auslandsbezug aus nationaler Sicht[5]. Demgegenüber findet der Anerkennungsbegriff im Internationalen Gesellschaftsrecht in zweierlei Weise Verwendung. Einmal wird hierunter umfassend die Bestimmung des Personalstatuts einer Gesellschaft verstanden, so daß der Anerkennung keine weitergehende eigenständige Bedeutung zukommt[6]. Indes geht die *Anerkennungslehre* von dem Erfordernis einer gesonderten Anerkennung juristischer Personen aus[7]. Den Vorzug verdient erstere Auffassung, weil die Anerkennungsfrage allein ein Problem der Bestimmung des Personalstatuts ist, da eine isolierte Feststellung der Rechtsfähigkeit nicht in Betracht kommt, ohne auf andere Fragen des nationalen Gesellschaftsrechts einzugehen[8].

I. Beeinträchtigung der wirtschaftlichen Betätigung von Gesellschaften im inter-mitgliedstaatlichen Bereich durch die Anerkennungsproblematik?

Die Anerkennung der Rechtspersönlichkeit einer Gesellschaft bildet eine Voraussetzung für die Ausübung wirtschaftlicher Tätigkeiten und damit einer Teilhabe an den Gewährleistungen des Gemeinschaftsrechts bei grenzüberschreitenden Sachverhalten innerhalb der Gemeinschaft[9]. Denn sofern bei grenzüberschreitenden

---

[5] *Ebenroth/Sura, RabelsZ 43 (1979), S. 315;* vgl. auch: *Kegel/Schurig, Internationales Privatrecht, S. 505.*

[6] *BGHZ 25, S. 134 (144); BayObLG, IPRax 1986, S. 368 (370 f.); Wiedemann, FS für Kegel, S. 187 (190 ff.); Kegel/Schurig, Internationales Privatrecht, S. 505; Soergel-Lüderitz, Kommentar zum Bürgerlichen Gesetzbuch, Anh. Art. 10 EGBGB, Rn. 16; Münch-Komm-Kindler, Internationales Gesellschaftsrecht, Rn. 229 ff.; Ebenroth, JZ 1988, S. 18 (23); Ebenroth/Bippus, NJW 1988, S. 2137 (2142); Ebenroth/Eyles, DB 1988, Beilage 2, S. 9 f., 18; Ebenroth/Sura, RabelsZ 43 (1979), S. 315 (317 ff.); Behrens, ZGR 1978, S. 499 ff.; Drobnig, FS Caemmerer, S. 687 (689 f.)*; vgl. auch zur Anerkennungsfrage: *Brödermann, in: Brödermann/Iversen, Europäisches Gemeinschaftsrecht und Internationales Privatrecht, Rn. 133 ff.; Drobnig, in: v. Bar (Hrsg.), Europäisches Gemeinschaftsrecht und Internationales Privatrecht, S. 185 (189 f.); Grothe, Die «ausländische Kapitalgesellschaft & Co.», S. 13 ff.*

[7] *Staudinger/Großfeld, Internationales Gesellschaftsrecht, Rn. 161 ff.; ders., RabelsZ 31 (1967), S. 1 (3 ff.); Großfeld/Erlinghagen, JZ 1993, S. 217 (224); Grasmann, System des Internationalen Gesellschaftsrechts, Rn. 62 f.; Levy, La nationalité des sociétés, S. 49 ff.; Goldmann, RabelsZ 31 (1967), S. 201 (204 f.); Bungert, ZVglRWiss 93 (1994), S. 117 (139 f.).*

Mit dem Begriff der Anerkennung wird zudem die besondere fremdenrechtliche Anerkennung ausländischer juristischer Personen bezeichnet (*Großfeld, RabelsZ 31 (1967), S. 1 (3); Wiedemann, FS für Kegel, S. 187 (191 ff.); ders., Gesellschaftsrecht I, S. 778 ff.*).

[8] *Ebenroth/Sura, RabelsZ 43 (1979), S. 315 (318); Münch-Komm-Kindler, Internationales Gesellschaftsrecht, Rn. 229; Soergel-Lüderitz, Kommentar zum Bürgerlichen Gesetzbuch, Anh. Art. 10, Rn. 17.*

In dieser Arbeit findet der Anerkennungsbegriff entsprechend Verwendung, so nicht explizit auf ein anderes Begriffsverständnis verwiesen wird.

[9] Hierauf verweist auch *Behrens*: *Es steht nun aber außer Frage, daß die Errichtung eines Binnenmarktes völlig illusorisch wäre, wenn Gesellschaften den natürlichen Personen nicht auch hinsichtlich der Wahrnehmung derjenigen Rechte gleichgestellt wären, die sich aus den Waren-, Kapital- und Zahlungsverkehrsfreiheiten ergeben. Die in Art. 48 [ex Art. 58] EGV enthaltene Anerkennungsnorm hat also umfassende Bedeutung* (*IPRax 1999, S. 323 (324 f.)*; vgl. auch: *Drobnig, in: v. Bar (Hrsg.), Europäisches Gemeinschaftsrecht und Internationales Privatrecht, S. 185 (190)*). *Behrens* vertritt

Sachverhalten bereits die Existenz einer juristischen Person in anderen Rechtsordnungen nicht anerkannt würde, wäre es ihr nicht möglich, als Rechtssubjekt unter Ausnutzung der Grundfreiheiten wirtschaftlich tätig zu werden. Allerdings ist es in diesem Bereich im Zusammenhang mit der Warenverkehrs- oder der Dienstleistungsfreiheit seit der Gründung der Gemeinschaft nie zu Anerkennungsproblemen gekommen[10], wie sich aus dem Fehlen entsprechender Entscheidungen des EuGH zu diesem Thema ersehen läßt. Grund hierfür dürfte die Handhabung der Anerkennungsfrage in den nationalen Rechtsordnungen der Mitgliedstaaten sein.

So wird etwa in Deutschland bereits seit der frühen Rechtsprechung des Reichsgerichts in der Judikatur und in Teilen der Literatur die Auffassung vertreten, ausländische Gesellschaften seien gewohnheitsrechtlich anzuerkennen, sofern ihnen nach ihrem Heimatrecht eine eigenständige Rechtspersönlichkeit zuerkannt werde[11]. Nach ihrem Personalstatut wirksam gegründete ausländische juristische Personen besitzen daher im Inland grundsätzlich Rechtsfähigkeit, ohne daß es zuvor einer Anerkennung bedürfte[12]. Aufgrund dieses im deutschen Recht bestehenden Prinzips der automatischen Anerkennung ist insbesondere kein staatlicher Anerkennungsakt erforderlich[13]. Allerdings muß den Erfordernissen der Sitztheorie genüge getan werden und der nationale ordre public darf einer Anerkennung im Einzelfall nicht entgegenstehen[14].

Auch in Frankreich werden ausländische Personengesellschaften und Gesellschaften mit beschränkter Haftung generell anerkannt, sofern sie nach ihrem nationalen Recht über eine eigene Rechtspersönlichkeit verfügen[15]. Bei Aktiengesellschaften gilt aufgrund des Gesetzes vom 30. Mai 1857 zwar noch der Vorbehalt einer vorherigen Anerkennung der Rechtspersönlichkeit durch Dekret, wobei eine Anerkennung generell für die Aktiengesellschaften eines Landes ausgesprochen wird. Selbst wenn eine solche generelle Anerkennung für ausländische

---

daher die Auffassung, Artikel 48 EG (Art. 58 EGV) sei als eine unmittelbar anwendbare kollisionsrechtliche Anerkennungsnorm des primären Gemeinschaftsrechts zu interpretieren, die Vorrang vor entgegenstehenden mitgliedstaatlichen Kollisionsnormen verlange (*EuZ 1999, S. 78 (80)*).

[10] *Lutter, Europäisches Unternehmensrecht, S. 44.*

[11] *RGZ 6, S. 134 (138 ff.); RGZ 92, S. 73 (76);* vgl. allgemein zur Geschichte der Anerkennungsproblematik: *Großfeld, RabelsZ 38 (1974), S. 344 ff.*

[12] *RGZ 73, S. 366 (367 f.); RGZ 83, S. 367 (368 f.); RGZ 159, S. 33 (46 ff.); BGHZ 25, S. 134 (144); BGHZ 53, S. 383 (385); BGHZ 78, S. 318 (334); BayObLG, DB 1986, S. 3029 (3030); OLG Saarbrücken, JZ 1989, S. 904 (905); Behrens, ZGR 1978, S. 499 (507); Staudinger-Großfeld, Internationales Gesellschaftsrecht, Rn. 167; Großfeld, Internationales und Europäisches Unternehmensrecht, S. 58 f.; Grothe, Die «ausländische Kapitalgesellschaft & Co.», S. 15.*

[13] *RGZ 73, S. 366 (367 f.); RGZ 83, S. 367 (368 f.); RGZ 159, S. 33 (46 ff.); BGHZ 25, S. 134 (144); BGHZ 53, S. 383 (385); BGHZ 78, S. 318 (334); BayObLG, DB 1986, S. 3029 (3030); OLG Saarbrücken, NJW 1990; S. 647; Großfeld, Internationales und Europäisches Unternehmensrecht, S. 58 f.; ders., RabelsZ 31 (1967), S. 1 (8); Palandt-Heldrich, Kommentar zum Bürgerlichen Gesetzbuch, Anh. zu Art. 12 EGBGB, Rn. 18; Ebenroth-Eyles, DB 1988, Beil. Nr. 2, S. 3; Grothe, Die «ausländische Kapitalgesellschaft & Co.», S. 15.*

Für die – vergleichbar liberale – Rechtslage in Belgien, vgl.: *Wymeersch, ZGR 1999, S. 126 (127 ff.);* zur automatischen Anerkennung nach italienischem Recht: *Moor, Das italienische internationale Gesellschaftsrecht, S. 23.*

[14] *BGHZ 78, S. 318 (333); OLG Hamburg, RIW 1988, S. 816 f.*

[15] *Pohlmann, Das französische internationale Gesellschaftsrecht, S. 101 ff.*

Aktiengesellschaften nicht vorliegen sollte, besteht dennoch die Möglichkeit, sich auf eine Anerkennung im Rahmen internationaler Abkommen zu berufen[16]. Mittlerweile hat die französische Rechtsprechung die Bedeutung des Gesetzes vom 30. Mai 1857 weiter relativiert, indem anerkannt wird, daß jedwede juristische Person, gleich welcher Nationalität, in Frankreich eigene Rechte und Interessen gerichtlich verteidigen kann[17].

Nach ständiger Rechtsprechungspraxis gilt in England, daß sich die Beurteilung der rechtlichen Existenz eines Rechtsgebildes nach dem Recht des Staates richtet, nach dem es errichtet wurde. Diese Entscheidung wird in England anerkannt[18], so daß auch hier der Anerkennung ausländischer juristischer Personen keine rechtlichen Hindernisse entgegenstehen[19]. So wird in England bereits seit 1728 die passive[20] und seit 1872 die aktive[21] Parteifähigkeit ausländischer juristischer Personen anerkannt.

Diese beispielhafte Aufzählung zeigt, daß die Anerkennung ausländischer juristischer Personen in den mitgliedstaatlichen Rechtsordnungen auf keine rechtlichen Hindernisse stößt[22]. Daher besteht weder die Notwendigkeit einer Verankerung der Anerkennungsfrage im Primärrecht der Gemeinschaft noch ist ein Regelungserfordernis für einen gemeinschaftlichen Sekundärrechtsakt oder ein völkerrechtliches Abkommen vorhanden. Einer gemeinschaftsrechtlichen Regelung der Anerkennungsfrage käme daher vor allem eine klarstellende Funktion zu[23]. Allerdings wird

---

[16] Vgl. hierzu näher: *Mestre/Blanchard-Sébastien, Lamy Sociétés Commerciales, S. 217, Nr. 494*; *Ripert/Roblot/Germain, Droit Commercial, Tome I, S. 1261 f.*; vgl. auch: *Großfeld, Internationales und Europäisches Unternehmensrecht, S. 58; Behrens, ZGR 1978, S. 499 (505).*

[17] *Cass. 1re civ., Rev. crit. DIP 1991, S. 667 ff.*

[18] Vgl. hierzu: *Collins, in: Dicey & Morris on the Conflict of Laws, S. 1105;* unter Verweis auf: *Henriques v. Dutch West India Co. (1728) 2 Ld.Raym. 1532, 1535; Lazard Bros. v. Midland Bank [1933] A.C. 289, 297; Global Container Lines Ltd. v. Bonyad Shipping Co. [1999] 1 Lloyd's Rep 287*; vgl. auch: *Gillessen, Europäische transnationale Sitzverlegung und Fusion im Vereinigten Königreich und in Irland, S. 47 f.*

[19] Die ursprünglich für die Anerkennung der Rechtspersönlichkeit ausländischer Gesellschaften erforderliche völkerrechtliche de facto-Anerkennung des Gründungsstaates durch das Vereinigte Königreich wurde zwischenzeitlich aufgegeben (*Gillessen, Europäische transnationale Sitzverlegung und Fusion im Vereinigten Königreich und in Irland, S. 47 f.*).

[20] *Collins, in: Dicey & Morris on the Conflict of Laws, S. 1105;* unter Verweis auf: *Henriques v. Dutch West India Co. (1728) 2 Ld.Raym. 1532, 1535.*

[21] *Großfeld, Internationales und Europäisches Unternehmensrecht, S. 59*; unter Verweis auf: *Newby v. van Oppen and the Colt's Patent Firearms Manufacturing Co. (1872) L.R. 2 Q.B. 293.*

[22] Zu erwähnen ist in diesem Kontext, daß die Frage der Rechtsstellung von juristischen Personen und Gesellschaften und damit zusammenhängend die Frage ihrer Anerkennung Gegenstand einer Vielzahl bilateraler Handelsverträge und Niederlassungsabkommen ist (*Wiedemann, FS für Kegel, S. 187 (192)*). Vgl. hierzu etwa die Auflistung bei: *Soergel-Lüderitz, Kommentar zum Bürgerlichen Gesetzbuch, Anh. Art. 10 EGBGB, Rn. 12 ff.*

[23] Wenn die Anerkennung bereits auf Ebene der Mitgliedstaaten gewährleistet ist, bedarf es zwar grundsätzlich keiner gemeinschaftsrechtlichen Regelung der Materie. Allerdings kann eine zusätzliche gemeinschaftsrechtliche Regelung zu mehr Rechtssicherheit beitragen. Zudem waren sich die Gründungsstaaten der Gemeinschaft offensichtlich nicht sicher, inwieweit die Anerkennung durch die nationalen Rechte der Mitgliedstaaten und die Gewährleistung der Niederlassungsfreiheit für Gesellschaften tatsächlich sichergestellt waren, wie sich bereits aus der Aufnahme der Regelung des Artikels 293 EG (Art. 220 EGV) – die mit dem Hinweis *Soweit erforderlich* beginnt – schließen läßt. Denn

die Frage diskutiert, ob die Anerkennung bereits primärrechtlich im EG-Vertrag abgesichert ist. Zudem ist die Anerkennungsfrage Gegenstand eines – allerdings nicht in Kraft getretenen – völkerrechtlichen Abkommens. Auf beide Punkte soll nachfolgend kurz eingegangen werden.

II. Regelung der Anerkennungsfrage durch das primäre Gemeinschaftsrecht?

Im Zusammenhang mit der *Anerkennungsproblematik* erscheint die Frage diskussionswürdig, ob es für Gesellschaften möglich ist, sich direkt auf Artikel 293 EG (Art. 220 EGV) zu berufen, der die Themen der *gegenseitigen Anerkennung von Gesellschaften im Sinne des Artikels 58 Absatz 2 EGV, die Beibehaltung der Rechtspersönlichkeit bei Verlegung des Sitzes von einem Staat in einen anderen und die Möglichkeit der Verschmelzung von Gesellschaften, die den Rechtsvorschriften verschiedener Mitgliedstaaten unterstehen*, anspricht und – soweit erforderlich – den Abschluß eines völkerrechtlichen Abkommens vorsieht. Jedoch hat der EuGH bereits explizit festgestellt, daß aus Artikel 293 EG (Art. 220 EGV) keine unmittelbaren Rechte abgeleitet werden können[24].

Zudem wird teilweise die Auffassung vertreten, eine Anerkennungsregelung nach Artikel 293 EG (Art. 220 EGV) sei überflüssig, da sie nur einen unnötigen Zwischenschritt zur Bestimmung des Personalstatuts einer Gesellschaft darstelle. Auch wenn man der Anerkennungsfrage eigenständige Bedeutung beimesse, sei sie bereits durch die Verwirklichung der Grundfreiheiten, namentlich durch die Artikel 43 und 49 EG (Art. 52 und Art. 59 EGV), gewährleistet[25]. Denn juristische Personen könnten von diesen Freiheiten keinen Gebrauch machen, wenn nicht ihre rechtliche Existenz außerhalb ihres Heimatstaates anerkannt sei[26].

Diese Argumentation überzeugt allerdings nicht. Der EG-Vertrag enthält mit Artikel 48 EG (Art. 58 EGV) eine speziellere Vorschrift, die sich dem Problemkreis der Teilhabe juristischer Personen an den vorgenannten Grundfreiheiten widmet. Daher erscheint es naheliegender, die gegenseitige Anerkennung, wenn sie denn aus den Grundfreiheiten abgeleitet werden soll, aus dieser spezielleren Bestimmung abzuleiten[27].

---

hätte hierüber Klarheit bestanden, so wäre der Verweis auf die Möglichkeit des Abschlusses eines völkerrechtlichen Abkommens zur Anerkennungsfrage wohl nicht in den Vertrag aufgenommen worden.

24 *EuGH, Urt. v. 11.7.1985, Rs. 137/84 (Mutsch), Slg. 1985, S. 2681, Rn. 11.*

25 Artikel 55 EG (Art. 66 EGV) verweist für den Bereich der Dienstleistungsfreiheit ausdrücklich auf Artikel 48 EG (58 EGV).

26 *Drobnig, in: v. Bar (Hrsg.), Europäisches Gemeinschaftsrecht und Internationales Privatrecht, S. 185 (190 f.); ders., ZHR 129 (1967), S. 93 (101 f.); Vaughan, Law of the European Communities II, 16.15, Fn. 3).*

27 So etwa *Behrens*, der Artikel 48 EG (Art. 58 EGV) nicht nur als kollisionsrechtliche Anerkennungsnorm, sondern als umfassende Kollisionsnorm für das anwendbare Gesellschaftsstatut bezeichnet, welche die Mitgliedstaaten zwinge, die in anderen Mitgliedstaaten wirksam gegründeten Gesellschaften unabhängig davon als Rechtssubjekte anzuerkennen, wo sie ihren Verwaltungssitz hätten (*Behrens, EuZ 1999, S. 78 (82 f.)*). Dieser Auffassung scheint auch *Schön* zu folgen. So führt er aus,

Die Rechtsprechung des EuGH zu Artikel 48 EG (Art. 58 EGV) stellt sich in bezug auf die Frage der Anerkennung uneinheitlich dar. So betont der Gerichtshof in seiner *Daily Mail*-Entscheidung, juristische Personen, die nach dem Recht einer nationalen Rechtsordnung gegründet seien, hätten jenseits dieser Rechtsordnung, welche ihre Gründung und Existenz regele, keine Realität[28]. Dies deutet mangels weitergehender Ausführungen scheinbar darauf hin, der Gerichtshof wolle eine Anerkennung nicht aus gemeinschaftsrechtlichen Vorschriften ableiten. Allerdings gehört die genannte Passage nicht zu den tragenden Entscheidungsgründen des zur primären Niederlassungsfreiheit ergangenen Urteils[29].

In Entscheidungen zur sekundären Niederlassungsfreiheit geht der Gerichtshof indes grundsätzlich von einer Anerkennung der Rechtsfähigkeit aus, sofern die Gesellschaften wirksam nach den Rechtsvorschriften eines Mitgliedstaats gegründet wurden und ihren satzungsmäßigen Sitz, ihre Hauptverwaltung oder ihre Hauptniederlassung innerhalb der Gemeinschaft haben[30]. Somit scheint der

---

Artikel 48 EG (Art. 58 EGV) gewähre *Gesellschaften auf dem Gebiet der Europäischen Union die gemeinschaftsrechtliche „Rechtsfähigkeit"* (*Schön, FS Lutter, S. 685 (689)*).
Goldmann/Lyon-Caen/Vogel weisen darauf hin, daß eine gegenseitige Anerkennung zumindest implizit in Artikel 48 EG (Art. 58 EGV) anklinge, da die dort näher bestimmten Gesellschaften mit natürlichen Personen gleichgesetzt würden. Allerdings halten sie dies nicht für ausreichend, da aus Artikel 48 EG (Art. 58 EGV) nicht die genauen Bedingungen abgeleitet werden könnten, unter denen gemeinschaftsrechtlich von einer gegenseitigen Anerkennung auszugehen sei (*Droit commercial européen, S. 119 f.*; a.A.: *Schwarze/Müller-Huschke, EU-Kommentar, Art. 48, Rn. 1*).

[28] *EuGH, Urt. v. 27.9.1988, Rs. 81/87 (Daily Mail), Slg. 1988, S. 5483, Rn. 19 ff.*
Die Ausführungen des Gerichtshofs erinnern an diejenigen von Judge *Taney* in der Entscheidung *Bank of Augusta v. Earle* aus dem Jahre 1839 zur territorialen Beschränktheit juristischer Personen (*13 Pet. S. C. 519 (588)*, zitiert aus: *Rabel, The Conflict of Laws, Bd. 2, S. 125*): *A company can have no legal existence out of the boundaries of the sovereignty by which it is created. It exists only in the contemplation of the law, and by force of the law, and where that law ceases to operate and is no longer obligatory the company can have no existence. It must dwell in the place of its creation and cannot migrate to another sovereignty.*
Allein für sich betrachtet könnte die Formulierung in *Daily Mail* den Eindruck erwecken, der EuGH folge der Fiktionstheorie, nach der eine Gesellschaft außerhalb der Rechtsordnung, die ihr die Rechtsfähigkeit verliehen hat, keinerlei Existenz besitzt (vgl. hierzu: *Drobnig, in: v. Bar (Hrsg.), Europäisches Gemeinschaftsrecht und Internationales Privatrecht, S. 185 (188 f.); RGZ 88, S. 53 (54 f.)*). Dies wäre mit den Worten *Loussourans* allerdings ein Anachronismus (*Loussouran, RTD eur. 1990, S. 229 (235)*). Denn wie bereits *Beitzke* deutlich gemacht hat, sind sowohl die Rechtsfähigkeit des Menschen als auch die Rechtsfähigkeit juristischer Personen diesen nicht inhärent, sondern von einer Rechtsordnung verliehene Eigenschaften. Die Rechtsfähigkeit ist daher von der Existenz des Menschen oder einer juristischen Person zu trennen. Vielmehr knüpft ihre Verleihung bereits an etwas vorhandenes an (*Beitzke, ZHR 127 (1965), S. 1 (30)*; vgl. hierzu auch: *Schlosser: Die gesellschaftlichen Niederlassungen in der Europäischen Wirtschaftsgemeinschaft als Problem des internen und des internationalen Privatrechts, S. 140 ff.*). Zudem verweist *Behrens* zutreffend darauf, die Rechtsfähigkeit einer Gesellschaft habe ebenso wie die Rechtsfähigkeit natürlicher Personen keine territoriale Beschränkung, da sie nach Maßgabe des nationalen Kollisionsrechts ohne weiteres auch über die Grenzen des Gründungsstaates hinausweise (*Behrens, IPRax 1989, S. 354 (359)*; vgl. auch: *Süss, FS Lewald, S. 603 (606 f.)*).

[29] *Ebke, JZ 1999, S. 656 (660).*

[30] *EuGH, Urt. v. 10.7.1986, Rs. 79/85 (Segers), Slg. 1986, S. 2375, Rn. 16; EuGH, Urt. v. 16.7.1998, Rs. 264/96 (ICI), Slg. 1998, S. I-4695, Rn. 20; EuGH, Urt. v. 9.3.1999, Rs. 212/97 (Centros), Slg. 1999, S. I-1459, Rn. 19; EuGH, Urt. v. 29.4.1999, Rs. 311/97 (Bank of Scotland), Slg. 1999, S. I-2651, Rn. 23; EuGH, Urt. v. 21.9.1999, Rs. 307/97 (Saint-Gobain ZN), Slg. 1999, S. I-6161,*

Gerichtshof die Auffassung zu vertreten, die gegenseitige Anerkennung juristischer Personen sei jedenfalls als Vorbedingung für die Ausübung der Grundfreiheiten durch Artikel 48 EG (Art. 58 EGV) gewährleistet[31].

III. Versuch einer Regelung der gegenseitigen Anerkennung von Gesellschaften auf Gemeinschaftsebene durch ein völkerrechtliches Übereinkommen

Obwohl die Anerkennungsfrage auf rechtstatsächlicher Ebene innerhalb der Gemeinschaft kein Problem dargestellt[32], war sie bereits Gegenstand des Vorschlags eines Übereinkommens über die gegenseitige Anerkennung von Gesellschaften und juristischen Personen vom 29. Februar 1968[33]. Das Übereinkommen bestimmt die Rechtsfähigkeit einer Gesellschaft umfassend nach dem Gründungsrecht, Artikel 1, 2 und 6 des Entwurfes. Gemäß Artikel 4 ist es jedem Vertragsstaat durch Erklärung eines entsprechenden Vorbehalts zu dem Übereinkommen erlaubt, die eigenen zwingenden Normen auf Gesellschaften und juristische Personen im eigenen Staatsgebiet anzuwenden, die nach dem Recht eines anderen Vertragsstaates gegründet wurden[34]. Bei den nicht zwingenden Vorschriften des eigenen

Rn. 35; Schlußanträge des Generalanwalts Léger vom 15.6.2000 in der Rs. 94/99 (ARGE Gewässerschutz), Slg. 2000, S. I-11037, Rn. 11.

Einigkeit besteht in der Literatur darüber, daß die in Artikel 48 EG (Art. 58 EGV) genannten Kriterien – Gründung nach dem Recht eines Mitgliedstaates einerseits und satzungsmäßiger Sitz, Hauptverwaltung oder Hauptniederlassung innerhalb der Gemeinschaft als besonderer Gemeinschaftsbezug andererseits – kumulativ vorliegen müssen (*Groeben/Thiesing/Ehlermann/Troberg, Kommentar zum EU-/EG-Vertrag, Art. 58, Rn. 5*).

[31] *Ist eine Gesellschaft in irgendeinem Mitgliedstaat wirksam gegründet, so sind die Mitgliedstaaten nach Gemeinschaftsrecht verpflichtet, diese Gesellschaft unabhängig von der Lokalisierung ihres Verwaltungssitzes als existent zu behandeln. Das Centros-Urteil belegt also, daß Art. 48 [ex Art. 58] EGV für die Frage der rechtlichen Existenz einer Gesellschaft auf das Gründungsrecht der Mitgliedstaaten verweist, und zwar im Sinne einer verbindlichen (und zwar kollisionsrechtlich gesprochen: alternativen) Sachnormverweisung, welche die nationalen Kollisionsnormen verdrängt (Behrens, IPRax 1999, S. 323 (325)).*

[32] Hierauf verweist *Drobnig* mit der schlüssigen Begründung, die Verwirklichung der Dienstleistungs- und der sekundären Niederlassungsfreiheit sei für Gesellschaften nur möglich, wenn ihre rechtliche Existenz außerhalb ihres Heimatstaates anerkannt werde (*Drobnig, in: v. Bar (Hrsg.), Europäisches Gemeinschaftsrecht und Internationales Privatrecht, S. 185 (190);* a.A.: *Hailbronner/Klein/Magiera/Müller-Graff, Handkommentar zum Vertrag über die Europäische Union, Art. 58, Rn. 11*).

[33] Abgedruckt in: *BGBl. 1972 II, S. 369; C.M.L.Rev. 1968/69, S. 104 ff.; Lutter, Europäisches Unternehmensrecht, S. 698 ff.*

Vgl. hierzu näher: *Beitzke, AWD 1968, S. 91 ff.; Drobnig, ZHR 129 (1967), S. 93 ff.; Goldmann, RablesZ 31 (1967), S. 201 ff.; Goldmann/Lyon-Caen/Vogel, Droit commercial européen, S. 120 ff.;* siehe auch: *Beitzke, ZHR 127 (1965), S. 1 ff.; Müller-Gugenberger, Gesellschaft, Société und Groupement als Rechtsformen zur Unternehmenskooperation, S. 456 ff.*

Aus dem deutschen Zustimmungsgesetz lassen sich keine Rechtsfolgen ableiten (*KG, NJW 1989, S. 3100 (3101); Staudinger-Großfeld, Internationales Gesellschaftsrecht, Rn. 137*).

[34] Zudem kann nach Artikel 3 des Entwurfs jeder Vertragsstaat eine Erklärung abgeben, wonach das Übereinkommen nicht auf diejenigen in den Artikeln 1 und 2 genannten Gesellschaften und juristischen Personen anzuwenden ist, deren tatsächlicher Sitz sich außerhalb der Hoheitsgebiete befindet, für welche das Übereinkommen gilt, sofern die Gesellschaften und juristischen Personen nicht in wirklicher Verbindung mit der Wirtschaft eines dieser Hoheitsgebiete stehen. Die Bundesrepublik Deutschland hat von der Möglichkeit des Vorbehalts durch Artikel 2 Absatz 1 des Gesetzes vom

Rechts kann eine Anwendung – ebenfalls unter der Bedingung einer Vorbehaltserklärung – dann stattfinden, wenn die jeweilige Gesellschaftssatzung nicht etwas anderes bestimmt, wozu eine ausdrückliche allgemeine Bezugnahme auf das Recht ausreichend ist, nach dem die Gesellschaft oder juristische Person gegründet wurde, oder wenn – beim Fehlen einer solchen abweichenden Satzungsbestimmung – die Gesellschaft oder juristische Person nicht nachweist, daß sie ihre Tätigkeit tatsächlich während eines angemessenen Zeitraums in dem Vertragsstaat ausgeübt hat, nach dessen Recht sie gegründet worden ist.

Der Entwurf betrifft damit zunächst die in Artikel 293 lit. 3 EG (Art. 220 lit. 3 EGV) erwähnte *gegenseitige Anerkennung der Gesellschaften im Sinne des Artikels 48 Absatz 2*, die von der Problematik der Verlegung des Gesellschaftssitzes von einem Mitgliedstaat in einen anderen unter Beibehaltung der Rechtspersönlichkeit getrennt ist[35]. Allerdings geht das Übereinkommen in seinem Artikel 4 über die reine Anerkennungsproblematik hinaus[36], da implizit nach der Formulierung davon ausgegangen wird, daß auch die Verlegung des tatsächlichen Sitzes einer Gesellschaft in einen anderen Mitgliedstaat möglich sein muß[37].

Den Interessen der Staaten, in denen sich der Sitz einer ausländischen Gesellschaft oder juristischen Person befindet, wird insofern Rechnung getragen, als es den Vertragsstaaten durch Abgabe einer entsprechenden Erklärung ermöglicht wird, das eigentlich auf diese Gesellschaften und juristischen Personen anwendbare Recht durch zwingende Bestimmungen des eigenen Rechts zu überlagern oder sie unter den vorgenannten Voraussetzungen sogar insgesamt nach den Bestimmungen des eigenen Rechts zu behandeln[38]. Wegen der fehlenden Unterzeichnung durch die

---

18. Mai 1972 zu dem Übereinkommen vom 29. Februar 1968 über die gegenseitige Anerkennung von Gesellschaften und juristischen Personen (*BGBl. 1972 II, S. 369*) Gebrauch gemacht.

[35] Vgl. Artikel 293 lit. 3 EG (Art. 220 lit. 3 EGV), wonach *die gegenseitige Anerkennung der Gesellschaften im Sinne des Artikels 48 Abs. 2, die Beibehaltung der Rechtspersönlichkeit bei Verlegung des Sitzes von einem Staat in einen anderen und die Möglichkeit der Verschmelzung von Gesellschaften, die den Rechtsvorschriften verschiedener Mitgliedstaaten unterstehen*, soweit erforderlich, durch Staatsverträge zwischen den Mitgliedstaaten geregelt werden soll. Vgl. allgemein zur Bedeutung des Begriffs der Anerkennung in Staatsverträgen unter Verweis auf das Gemeinschaftsrecht: *Staudinger-Großfeld, Internationales Gesellschaftsrecht, Rn. 205 ff.*

[36] Vgl. zum Vorentwurf des Übereinkommens: *Drobnig, ZHR 129 (1967), S. 93 (114 ff.); ders., AG 1973, S. 127 ff.*

[37] A.A. *Wiedemann*, wonach sich unter Anwendung des Abkommens Gesellschaften, die sich etwa in Deutschland niederlassen wollten, dem inländischen Recht anpassen müßten, da die Gesellschafts- und Unternehmensorganisation nicht gleichzeitig zwei Rechtsordnungen gehorchen könne (*Wiedemann, Gesellschaftsrecht I, S. 794 f.*). Indes legt das Übereinkommen nach Auffassung von *Luchsinger* in seinem Artikel 1 die Inkorporationstheorie zugrunde, die aber durch Artikel 4 stark eingeschränkt werde (*Luchsinger, Die Niederlassungsfreiheit der Kapitalgesellschaften in der EG, den USA und der Schweiz, S. 60 ff.*; vgl. weiter zu Artikel 4 des Übereinkommens: *Drobnig, AG 1973, S. 125 (127 ff.)*).
Artikel 5 des Übereinkommens enthält eine Definition des Sitzbegriffs, wonach als tatsächlicher Sitz im Sinne des Übereinkommens der Ort anzusehen ist, an dem sich die Hauptverwaltung der Gesellschaft oder juristischen Person befindet.

[38] *Goldmann, RabelsZ 31 (1967), S. 201 (210 ff.).*
Hierdurch soll verhindert werden, daß durch eine Gesellschaftsgründung im Ausland zwingende Vorschriften des Staates umgangen werden können, in dem die Gesellschaft über ihren tatsächlichen

Niederlande trat das Übereinkommen allerdings nicht in Kraft und gilt heute allgemein als gescheitert[39].

IV. Schlußfolgerungen

Wie die vorangehende Analyse gezeigt hat, resultieren aus der Anerkennungsfrage innerhalb der Gemeinschaft keine rechtlichen Probleme, weil die Rechtspersönlichkeit ausländischer Gesellschaften, die im Herkunftsland eine eigene Rechtspersönlichkeit besitzen, nicht nur in den Rechtsordnungen der übrigen Mitgliedstaaten allgemein anerkannt wird, sondern offensichtlich auch durch die Rechtsprechung des EuGH gemeinschaftsrechtlich als in Artikel 48 EG (Art. 58 EGV) verwurzelt anzusehen ist. Nicht verwundert daher, daß es seit dem Scheitern des Übereinkommens über die gegenseitige Anerkennung von Gesellschaften und juristischen Personen vom 29. Februar 1968 keine weiteren Bemühungen zur Regelung der Materie auf Gemeinschaftsebene gegeben hat. Weil ihr allein historische Bedeutung zukommt, wird der Thematik keine weitere Beachtung geschenkt[40].

B. Kollisionsrecht

Das eigentliche Hindernis, das eine effektive Nutzung der Niederlassungsfreiheit für Gesellschaften vereitelt, wird auf kollisionsrechtlicher Ebene gesehen. Denn in Ermangelung internationaler Abkommen ist es bei Sachverhalten mit Auslandsbezug[41] die Aufgabe des nationalen Kollisionsrechts der Mitgliedstaaten, innerhalb des eigenen Anwendungsbereichs zu bestimmen, nach welcher nationalen Rechtsordnung sich die Fragen des Innen- und Außenrechts einer Gesellschaft beurteilen[42]. Die Normen des so ermittelten nationalen Sachrechts sind dann für die

---

Sitz verfügt (*Wiedemann, Gesellschaftsrecht I, S. 794;* vgl. auch: *ders., FS für Kegel, S. 187 (193 f.)*). Alle ratifizierenden Mitgliedstaaten haben von der Vorbehaltsmöglichkeit Gebrauch gemacht (*Soergel-Lüderitz, Kommentar zum Bürgerlichen Gesetzbuch, Anh. Art. 10 EGBGB, Rn. 11*).

[39] *Timmermans, RabelsZ 48 (1984), S. 1 (37 f.); Knobbe-Keuk, ZGR 154 (1990), S. 325 (330); Sandrock, BB 1999, S. 1337 (1340); Wiedemann, Gesellschaftsrecht I, S. 794; Großfeld/König, IPRax 1991, S. 380 (381).*
Nicht in Kraft getreten ist auch das Protokoll betreffend die Auslegung des Übereinkommens über die gegenseitige Anerkennung von Gesellschaften und juristischen Personen durch den Gerichtshof der Europäischen Gemeinschaften vom 3.6.1971 (*BGBl. 1972 II, S. 858*), welches dem Gerichtshof die Befugnis zur einheitlichen Auslegung des Abkommens zuweisen sollte (vgl. hierzu: *Groeben/Thiesing/Ehlermann/Schwartz, Kommentar zum EU-/EG-Vertrag, Art. 220, Rn. 108 f.*).

[40] Nachfolgend wird der Begriff der (Nicht-) Anerkennung auch im Zusammenhang mit der Versagung der Rechtsfähigkeit bei der grenzüberschreitenden Sitzverlegung von Gesellschaften verwendet. Davon ist die Anerkennung im vorgenannten Sinne zu trennen.

[41] Vgl. dazu Artikel 3 Absatz 1 EGBGB: *Bei Sachverhalten mit einer Verbindung zum Recht eines ausländischen Staates bestimmen die folgenden Vorschriften, welche Rechtsordnungen anzuwenden sind (Internationales Privatrecht).*

[42] *Staudinger-Großfeld, Internationales Gesellschaftsrecht, Rn. 17, 249 ff.*
Allgemein zum IPR als reines Verweisungsrecht: *Kegel/Schurig, Internationales Privatrecht, S. 52; Hoffmann, Internationales Privatrecht, S. 2 ff.*; *Rehbinder, JZ 1973, S. 151 ff.;* zur Abgrenzung zwischen Kollisions- und Sachrecht: *Kegel/Schurig, Internationales Privatrecht, S. 52 ff.*

Lösung der jeweiligen Rechtsfragen maßgeblich[43]. Nationales IPR und Sachrecht regeln somit, ob und wenn ja, unter welchen Bedingungen eine Gesellschaft bei einer grenzüberschreitenden Sitzverlegung innerhalb der Europäischen Gemeinschaft lebensfähig ist, oder genauer, ob die ausländische juristische Person weiterhin als (rechtlich) existent behandelt und damit ihre Rechtsfähigkeit – als ausländische juristische Person – anerkannt wird.

In diesem Abschnitt wird zunächst auf die Überprüfbarkeit kollisionsrechtlicher Bestimmungen am Maßstab des Gemeinschaftsrechts eingegangen, da sich die Frage der Gemeinschaftsrechtskonformität kollisionsrechtlicher Regelungen nicht stellen würde, wenn Verweisungsrecht einer gemeinschaftsrechtlichen Kontrolle entzogen wäre. Danach wird erörtert, ob möglicherweise im primären Gemeinschaftsrecht selbst eine (versteckte) Kollisionsnorm enthalten ist, die aufgrund des gemeinschaftsrechtlichen Anwendungsvorrangs etwaig entgegenstehendes nationales Recht verdrängt. In diesem Fall wäre die jeweilige kollisionsrechtliche Ausgestaltung der an einem inter-mitgliedstaatlichen Sitzverlegungsvorgang beteiligten Rechtsordnungen nicht mehr maßgeblich. Ist nicht von einer primärrechtlichen Regelung in diesem Bereich auszugehen, so muß auf die in den Mitgliedstaaten bestehenden kollisionsrechtlichen Anknüpfungen eingegangen und analysiert werden, ob aus ihnen im Einzelfall Beschränkungen der Niederlassungsfreiheit für Kapitalgesellschaften bei innergemeinschaftlichen Sitzverlegungen resultieren.

I. Überprüfung kollisionsrechtlicher Regelungen am Maßstab des Gemeinschaftsrechts

In der Literatur findet sich die Auffassung, Kollisionsrecht, welches nur das auf einen bestimmten Lebenssachverhalt anwendbare nationale Recht bestimme, könne wegen dieser begrenzten Funktion mangels einer Beschränkung der Grundfreiheiten nicht gegen diese verstoßen[44]. Dies ist im Kern sicherlich zutreffend, da etwa

---

[43] *Kegel/Schurig, Internationales Privatrecht, S. 52; W. H. Roth, ZEuP 1994, S. 5 (20); Bungert, ZVglRWiss 93 (1994), S. 117 (123).*

[44] *Sonnenberger, ZVglRWiss 95 (1996), S. 3 (22); Knobbe-Keuk, ZHR 154 (1990), S. 325 (335).*
So hält *Knobbe-Keuk* die Negation der Anerkennung der Rechtspersönlichkeit einer ausländischen juristischen Person mit effektivem Verwaltungssitz im Inland in Wirklichkeit für eine materiell fremdenrechtliche Entscheidung (*Knobbe-Keuk, ZHR 154 (1990), S. 325 (338, 341)*).
Anders etwa *Behrens* (*IPRax 1989, S. 354 (355)*): *Liegt nun der Geschäftssitz in einem anderen Staat als dem Registerstaat, so verliert die für die Erlangung der Rechtsfähigkeit konstitutive Registereintragung ihre Wirkung, weil die Sitztheorie die Frage der Rechtsfähigkeit nicht nach dem Recht des Registerstaates beurteilt. Nach der Sitztheorie würde also eine Gesellschaft, die eine grenzüberschreitende Sitzverlegung vornehmen will, schon aus kollisionsrechtlichen Gründen ihre Existenz verlieren, wenn sie den Geschäftssitz verlegte, ohne gleichzeitig den Satzungssitz mit zu verlegen. Nur bei gleichzeitiger Verlegung beider Sitze (...) kommt es also für den Fortbestand der Gesellschaft auf die materiellrechtlichen Regelungen der beteiligten Gesellschaftsstatute an.*
In Widerspruch zu seinen vorgenannten Ausführungen setzt sich *Behrens* an anderer Stelle, wenn er schreibt: *Vergegenwärtigt man sich, daß das Problem der Identitätswahrung einer juristischen Person im Falle der internationalen Verlegung ihres Sitzes nichts anderes als die materiellrechtlichen Fragen der Erforderlichkeit ihrer Auflösung bzw. Neugründung zum Inhalt hat, dann ist evident, daß die Zulässigkeit der identitätswahrenden Sitzverlegung kein kollisionsrechtliches Problem ist. Es ist daher unzutreffend, wenn die Kontroverse über die internationale Sitzverlegung mit dem Streit über die*

durch die Anknüpfung an den Gesellschaftssitz lediglich das anwendbare (materielle) Recht bestimmt wird, welches sodann zur rechtlichen Bewertung des zugrunde liegenden Sachverhalts heranzuziehen ist[45].

Allerdings kann aufgrund des *Spanier-Beschlusses* des Bundesverfassungsgerichts vom 4. Mai 1971[46] im deutschen Recht auch dann, wenn das eigene IPR auf ausländisches materielles Recht verweist, dieses über die ordre public-Regelung des Artikels 6 EGBGB am Maßstab des nationalen Verfassungsrechts überprüft werden, so daß zumindest auf diese Weise grundlegende materielle Gerechtigkeitsvorstellungen der eigenen Rechtsordnung mitberücksichtigt werden. Mithin besteht aufgrund des ordre-public-Vorbehalts nach Artikel 6 EGBGB eine Kontrollmöglichkeit des jeweiligen Verweisungsergebnisses am Maßstab der Grundrechte[47], so daß der internationale Entscheidungseinklang[48] im Einzelfall gegen den nationalen Entscheidungseinklang abzuwägen ist[49], womit der Grundsatz der allseitigen Anknüpfung relativiert wird[50].

Zwar kann damit theoretisch durch Kollisionsrecht abgesichertes zwingendes Privatrecht gemeinschaftsrechtliche Gewährleistungen beeinträchtigen[51]. Eine solche Beeinträchtigung liegt aber nur dann unmittelbar durch Kollisionsrecht vor, wenn über den ordre public eine zunächst einmal vorgenommene kollisionsrecht-

---

Bestimmung des auf eine Gesellschaft anzuwendenden Rechts (Gesellschaftsstatuts) in Verbindung gebracht wird (Behrens, RIW 1986, S. 590 f.).

[45] *K. Schmidt, ZGR 1999, S. 20 (22 f.); Kindler, NJW 1999, S. 1993 (1994); Behrens, RIW 1986, S. 590; Hoffmann, ZHR 164 (2000), S. 43 (47); Knobbe-Keuk, ZHR 154 (1990), S. 325 (356); W. H. Roth, ZIP 2000, S. 1597 (1599).*
Denn zwar bestimmt die kollisionsrechtliche Anknüpfung, wann ein Statutenwechsel stattfindet (vgl. zum Begriff der Anknüpfung: *v. Bar, Internationales Privatrecht I, Rn. 516 ff.*). Die rechtlichen Folgen resultieren aber – auch bei Anwendung der Sitztheorie im deutschen Recht – aus dem materiellen Recht (*Soergel-Lüderitz, Kommentar zum Bürgerlichen Gesetzbuch, Anh. Art. 10 EGBGB, Rn. 48; W. H. Roth, ZIP 2000, S. 1597 (1599)*).

[46] *BVerfGE 31, S. 58 ff.*; vgl. zum Spanier-Beschluß: *Henrich, RabelsZ 36 (1972), S. 2 ff.; Flessner, Interessenjurisprudenz im IPR, S. 26 ff.*
Die Prüfung kann sich freilich nur darauf erstrecken, ob eine generelle Entscheidung des deutschen Gesetzgebers für ein bestimmtes Regelungsprinzip, besonders die Auswahl der Anknüpfungspunkte, mit den Grundrechten vereinbar ist. Soweit dadurch ausländisches Recht berufen wird, läßt sich angesichts der Verschiedenheit und Wandelbarkeit der ausländischen Regelungen vom Standpunkt des Gesetzgebers kaum übersehen, welchen möglichen Inhalt eine zur Anwendung kommende ausländische Norm haben kann und wie sie sich unter den Voraussetzungen des Einzelfalles auswirken wird. Um so weniger geht es an, bei diesem "Sprung ins Dunkle" (Raape, Internationales Privatrecht, 5. Aufl., 1961, S. 90) die verfassungsrechtliche Prüfung auszusetzen und die Betroffenen ohne den Schutz der Grundrechte dem ungewissen Ergebnis der jeweiligen Anwendung des durch die Kollisionsnorm berufenen ausländischen Rechts zu überlassen (BVerfGE 31, S. 58 ff.).

[47] *Gounalakis/Radke* sprechen in diesem Zusammenhang von einer stärkeren Auslegung der Normen des IPR an den materiellen Gerechtigkeitsvorstellungen der einzelnen nationalen Rechtsordnungen (*ZVglRWiss 98 (1999), S. 1 (5)*).

[48] Zum Begriff: *Hoffmann, Internationales Privatrecht, S. 4, 57.* Teilweise wird auch der Begriff *Äußerer Entscheidungseinklang* verwendet (*Kegel/Schurig, Internationales Privatrecht, S. 122*).

[49] *BVerfGE 31, S. 58 (83).*

[50] *Gounalakis/Radke, ZVglRWiss 98 (1999), S. 1 (6 f.).*

[51] *Gounalakis/Radke, ZVglRWiss 98 (1999), S. 1.*

liche Verweisung revidiert wird, weil das gefundene Ergebnis nicht mit Grundprinzipien der eigenen Rechtsordnung vereinbar ist[52].

Darüber hinaus ist – wie *Pfeiffer* betont – im Zusammenhang mit der Frage, ob Kollisionsrecht überhaupt gemeinschaftsrechtlichen Bestimmungen entgegenstehen kann, zu beachten, daß ein EG-rechtliches Problem bereits aufgeworfen ist, wenn eine Norm eine Freiheitsbeschränkung nur im Ergebnis bewirkt, gleichviel, ob die Norm selbst die Freiheitsbeschränkung enthält[53]. Entscheidend für eine Beurteilung aus gemeinschaftsrechtlicher Sicht ist mithin, ob die Anwendung nationalen Rechts im Ergebnis eine Beschränkung der Grundfreiheiten bedeutet[54]. Daher – so *Pfeiffer* – sei nicht ausschlaggebend, daß Kollisionsnormen an sich keine Freiheitsbeschränkungen enthielten, diese vielmehr aus dem für anwendbar erklärten Recht resultierten[55].

Dies ist jedoch nicht nur unter dem Gesichtspunkt der Funktion des Kollisionsrechts als Verweisungsrecht zu unbestimmt, da selbst dann, wenn ein gegebener Sachverhalt durch den EuGH als gemeinschaftsrechtswidrig bewertet wird, es dem nationalen Gesetzgeber grundsätzlich freigestellt bleibt, wie er diesen gemeinschaftsrechtswidrigen Zustand beseitigt. Bei internationalen Sachverhalten, auf die zunächst nationales Kollisionsrecht Anwendung findet[56] und sodann gegebenenfalls eigenstaatliches materielles Recht für anwendbar erklärt wird, bedeutet dies, daß der nationale Gesetzgeber gemeinschaftsrechtswidrige Beschränkungen der Grundfreiheiten grundsätzlich alternativ dadurch beseitigen kann, daß er sein relevantes nationales Kollisionsrecht ändert oder aber die eigenen materiellrechtlichen Normen, auf welche die Kollisionsnorm verweist und aus denen die Beschränkungen resultieren[57]. Nur wenn letzteres im Einzelfall nicht ausreichend wäre, ließe sich der zwingende Schluß ziehen, die kollisionsrechtliche Bestimmung verstoße gegen Gemeinschaftsrecht.

---

[52] Hierbei handelt es sich allerdings um eine theoretische Möglichkeit. Denn längst wurde der Schritt von einer reinen Wirtschafts- zu einer Wertegemeinschaft vollzogen, was zuletzt seinen Ausdruck in der Verabschiedung der Europäischen Grundrechtscharta gefunden hat. Bereits zuvor wurde durch den EuGH eine umfassende Rechtsprechung zu den Gemeinschaftsgrundrechten entwickelt, die nach den Ausführungen des Bundesverfassungsgerichts (BVerfG) einen hinreichenden Grundrechtsschutz sicherstellt. In der Folge verzichtete das BVerfG in seinem *Solange-II-Beschluß* – unter Vorbehalt – auf eine Überprüfung des EG-Rechts am Maßstab des Grundrechtskatalogs, da und sofern das EG-Recht einen gleichwertigen Grundrechtsschutz gewährleiste (*BVerfGE 73, S. 339 ff.*). Ein Fundament für die Entwicklung der Gemeinschaftsgrundrechte durch den EuGH bot neben den Verfassungstraditionen der Mitgliedstaaten (*EuGH, Urt. v. 17.12.1970, Rs. 11/70 (Internationale Handelsgesellschaft), Slg. 1970, S. 1125, Rn. 4*) insbesondere die Europäische Menschenrechtskonvention (*EuGH, Urt. v. 14.5.1974, Rs. 4/73 (Nold), Slg. 1974, S. 491, Rn. 13*).

[53] *Pfeiffer, NJW 1997, S. 1207 (1208).*

[54] So ist der EuGH in seiner *Daily Mail*-Entscheidung (*EuGH, Urt. v. 27.9.1988, Rs. 81/87 (Daily Mail), Slg. 1988, S. 5483*) anscheinend von der Möglichkeit ausgegangen, daß auch Kollisionsrecht die Grundfreiheiten beeinträchtigen kann.

[55] *Pfeiffer, NJW 1997, S. 1207 (1208).*
Schaub weist exakter darauf hin, die Normen des Kollisionsrechts könnten als Vorstufe der Anwendung von Sachnormen ein europarechtlich bedenkliches Ergebnis bereits präjudizieren (*Schaub, RabelsZ 66 (2002), S. 18 (23)*).

[56] Vgl. für Deutschland: *Artikel 3 Absatz 1 Satz 1 EGBGB.*

[57] *Sonnenberger/Großerichter, RIW 1999, S. 721 (722).*

Unabhängig davon erscheint es naheliegender, das Kollisionsrecht zu ändern, sofern der gemeinschaftsrechtswidrige Zustand durch eine entsprechende Anpassung auf Ebene des Kollisionsrechts beseitigt werden kann[58]. Denn durch eine Anpassung auf der Ebene des IPR läßt sich das Kollisionsrecht als Integrationsinstrument nutzen. Festzuhalten ist insoweit aber erneut, daß die häufig gestellte Frage einer Vereinbarkeit der Sitztheorie als Kollisionsnorm mit dem Gemeinschaftsrecht zu kurz greift, da hier nicht berücksichtigt wird, daß eine gemeinschaftsrechtswidrige Situation, die daraus resultiert, daß durch eine kollisionsrechtliche Anknüpfung auf ein bestimmtes materielles Recht verwiesen wird, das erst die beschränkenden Wirkungen zeitigt, im Regelfall auf zweierlei Weise beseitigt werden kann: durch eine Änderung der kollisionsrechtlichen Anknüpfung und damit verbunden die Anwendung eines anderen materiellen Rechts auf den gegebenen Sachverhalt, oder durch eine gemeinschaftsrechtskonforme Auslegung beziehungsweise Anpassung des nationalen materiellen Rechts, auf das durch die jeweilige Kollisionsnorm verwiesen wird.

Die Frage, ob das Internationale Gesellschaftsrecht der Mitgliedstaaten am gemeinschaftsrechtlichen Gewährleistungsrahmen zu messen ist, wäre letztlich unmaßgeblich, wenn es bereits im Gemeinschaftsrecht eine vorrangige Kollisionsnorm gäbe, die bei inter-mitgliedstaatlichen Sachverhalten allein beachtlich wäre. Dies wird nachfolgend untersucht.

II. Gemeinschaftsrechtliche Kollisionsnorm im EGV?

Teilweise wird in Artikel 48 EG (Art. 58 EGV) eine (vorrangige) versteckte allseitige Kollisionsnorm gesehen, die im innergemeinschaftlichen Bereich die Gründungstheorie für die Bestimmung des Gesellschaftsstatuts vorschreibe. So ist nach Auffassung von *Drobnig* die Sitztheorie als nationale Kollisionsnorm bei innergemeinschaftlichen Sachverhalten nicht mehr für die Bestimmung des auf eine

[58] Nach Auffassung von *Gounalakis/Radke* sind die Chancen einer Vereinheitlichung des IPR auf Gemeinschaftsebene höher als die der Vereinheitlichung der materiellen Rechtsordnungen, da eine Vereinheitlichung des IPR *unter weitgehender Schonung tief eingewurzelter Rechtsüberzeugungen und –traditionen* vor sich gehen könne. Zudem stünde der Subsidiaritätsgrundsatz einer Vereinheitlichung des materiellen Rechts entgegen (*ZVglRWiss 98 (1999), S. 1 (10)*). Auch *Kreuzer* betont, daß angesichts der Verschiedenartigkeit der nationalen Sachrechte in den Mitgliedstaaten der Gemeinschaft zumindest einheitliche Rechtsanwendungsnormen unverzichtbar seien (*Kreuzer, in: Müller-Graff (Hrsg.), Gemeinsames Privatecht in der EG, S. 373 (409)*). Zwar ist die Vereinheitlichung des Kollisionsrechts sicherlich ein richtiger Ansatz. Zweifel an der praktischen Realisierbarkeit auf Gemeinschaftsebene ergeben sich jedoch, wenn man bedenkt, daß etwa im Bereich des Gesellschaftsrechts weder die Anerkennung noch die Sitzverlegung bisher einer Regelung zugeführt wurden, indes eine Vielzahl von Richtlinien zur Vereinheitlichung von Teilaspekten des materiellen Gesellschaftsrechts verabschiedet wurde. Die Ursache hierfür mag darin liegen, daß gerade Änderungen auf Ebene des Verweisungsrechts besonders geeignet sind, die Rechtswirklichkeit in den einzelnen Mitgliedstaaten zu ändern, nämlich dann, wenn als Folge einer Angleichung kollisionsrechtlicher Bestimmungen auf eine Vielzahl von sich schwerpunktmäßig im Inland abspielenden Sachverhalten fremdes materielles Recht anzuwenden ist.

Gesellschaft anwendbaren Rechts anzuwenden[59]. Zwar finde in Artikel 48 EG (Art. 58 EGV) auch der Begriff der Hauptverwaltung Erwähnung, der von der Sitztheorie als Anknüpfungspunkt zur Bestimmung des Gesellschaftsstatuts verwendet werde. Nach Artikel 48 EG (Art. 58 EGV) müsse der Sitz der Hauptverwaltung aber lediglich innerhalb der Gemeinschaft liegen, nicht indes in dem Staat, nach dessen Recht die Gesellschaft gegründet worden sei[60].

Auch *Brödermann* sieht in Artikel 48 EG (Art. 58 EGV) nicht nur eine reine Anwendungsnorm, indem die Bestimmung zur Anwendung nationalen Rechts aufrufe. Vielmehr enthalte sie darüber hinaus auch eine kollisionsrechtliche Aussage[61]. Er begründet seine Auffassung damit, die Formulierung *die nach den Rechtsvorschriften eines Mitgliedstaates gegründeten Gesellschaften* berufe mit den Rechtsordnungen der Mitgliedstaaten alternativ eine genau bestimmbare Zahl von Rechtsordnungen, so daß die Normstruktur in etwa mit der von Artikel 11 Absatz 1 EGBGB vergleichbar sei[62]. Folglich handele es sich bei Artikel 48 EG (Art. 58 EGV) um eine alternative Sachnormverweisung[63].

---

[59] *Drobnig, in: v. Bar (Hrsg.), Europäisches Gemeinschaftsrecht und Internationales Privatrecht, S. 185 (192 ff.)*; vgl. auch: *v. Bar, Internationales Privatrecht I, Rn. 170;* kritisch hierzu: *Ebenroth/Eyles, DB 1989, S. 413 (416); Schümann, EuZW 1994, S. 269 (272 f.);* ablehnend: *Nachbaur, Niederlassungsfreiheit, S. 28.*

[60] *Drobnig, in: v. Bar (Hrsg.), Europäisches Gemeinschaftsrecht und Internationales Privatrecht, S. 185 (192).*

Auch *Behrens* kommt zu dem Ergebnis, das Gemeinschaftsrecht gehe mindestens implizit von der Konzeption der Gründungstheorie aus (*ZGR 1994, S. 1 (17)*). So belege die *Centros*-Entscheidung, daß Artikel 48 EG (Art. 58 EGV) für die Frage der rechtlichen Existenz einer Gesellschaft im Sinne einer die nationalen Kollisionsnormen verdrängenden Sachnormverweisung auf das Gründungsrecht der Mitgliedstaaten zu verstehen sei. Daher werde die Sitztheorie im Anwendungsbereich des Gemeinschaftsrechts durch die Anerkennungsnorm des Artikels 48 EG (Art. 58 EGV) verdrängt (*Behrens, IPRax 1999, S. 323 (325)*). *Bungert* zufolge ist Artikel 43 i.V.m. 48 EG (Art. 52, 58 EGV) in erster Linie eine fremdenrechtliche Regelung, die aber auch als *(versteckte) internationalverfassungsrechtliche staatsvertragliche Kollisionsnorm* zu qualifizieren sei (*Bungert, EWS 1993, S. 315 (317)*). *Kindler* sieht in Artikel 48 Absatz 1 EG (Art. 58 Abs. 1 EGV) indes eine Verweisungsnorm auf das nationale Kollisionsrecht der Mitgliedstaaten (*Kindler, NJW 1999, S. 1993 (1997); Münch-Komm-Kindler, Internationales Gesellschaftsrecht, Rn. 368*). Nach anderer Auffassung erschöpft sich der Zweck der Bestimmung in der Funktion als Anknüpfungspunkt für die Frage des rechtlichen Bestands der Gesellschaft (*Grasmann, System des internationalen Gesellschaftsrechts, Rn. 194; Grothe, Die «ausländische Kapitalgesellschaft & Co.», S. 176*; *Wiedemann, Gesellschaftsrecht I, S. 793 f.; Forsthoff, EuR 2000, S. 167 (176);* eingehende Darstellung bei: *Kruse, Sitzverlegung von Kapitalgesellschaften innerhalb der EG, S. 195 ff., 220*).

[61] *Brödermann, in: Brödermann/Iversen, Europäisches Gemeinschaftsrecht und Internationales Privatrecht, Rn. 119 ff.;* a.A.: *Nachbaur, Niederlassungsfreiheit, S. 28.*

Allerdings beschränkt sich der kollisionsrechtliche Gehalt von Artikel 48 EG (Art. 58 EGV) nach *Brödermann* auf den Anwendungsbereich der (sekundären) Niederlassungs- und der Dienstleistungsfreiheit im Sinne einer zwingenden, vorrangigen, geschriebenen IPR-Norm, die aufgrund der *Daily Mail*-Entscheidung jedoch keine Bedeutung für die primäre Niederlassungsfreiheit von Gesellschaften habe (*Brödermann, in: Brödermann/Iversen, Europäisches Gemeinschaftsrecht und Internationales Privatrecht, Rn. 112 ff.*).

[62] *Brödermann, in: Brödermann/Iversen, Europäisches Gemeinschaftsrecht und Internationales Privatrecht, Rn. 120.*

[63] Der Auffassung von *Brödermann*, Artikel 48 EG (Art. 58 EGV) enthalte eine alternative Sachnormverweisung, ist nicht zu folgen. Ein über eine Anwendungsnorm hinausgehender Gehalt kommt der Bestimmung nicht dadurch zu, daß *die nach den Rechtsvorschriften eines Mitgliedstaates gegründeten*

Dagegen wird in der Literatur überwiegend die Auffassung vertreten, Artikel 48 EG (Art. 58 EGV) sei eine reine Anwendungsnorm, die den persönlichen Anwendungs- bzw. Geltungsbereich[64] der Niederlassungsfreiheit für Gesellschaften im Sinne der Vorschrift festlege[65]. Hierfür spricht, daß Artikel 48 EG (Art. 58 EGV) die von den verschiedenen Kollisionsregeln des Internationalen Gesellschaftsrechts verwendeten Anknüpfungen lediglich aufzählt, ohne ein Rangverhältnis zwischen ihnen festzulegen, so daß von ihrer prinzipiellen Gleichwertigkeit auszugehen ist[66]. Bei der Formulierung *die nach den Rechtsvorschriften eines Mitgliedstaates*

Gesellschaften explizit angesprochen werden. Die Formulierung in Artikel 48 EG (Art. 58 EGV) erklärt sich vielmehr daraus, daß in weitgehender Ermangelung gemeinschaftsrechtlicher Rechtsformen Gesellschaften in jedem Staat nur unter Beachtung des jeweils bestehenden Typenzwangs des nationalen Gesellschaftsrechts gegründet werden können und die Rechtsfähigkeit einer juristischen Person erst dann entsteht, wenn die Gründung der Gesellschaft in Konformität mit den Vorschriften des nationalen Rechts desjenigen Staates erfolgt ist, an den sich die Gesellschaftsgründer zwecks Errichtung der Gesellschaft gewendet haben (*v. Bar, Internationales Privatrecht II, Rn. 618*). So schreibt etwa *Loussouran*: *Les deux conditions qu'il [article 58] pose se réduisent en pratique à une seule, car les sociétés sont toujours constituées en conformité de la loi du pays dans lequel elles ont fixé leur siège statutaire* (*RTD eur. 1990, S. 229 (236)*). Folglich muß sich in allen mitgliedstaatlichen Rechtsordnungen der satzungsmäßige Gesellschaftssitz jeweils im Inland befinden. Nach dem satzungsmäßigen Sitz richtet sich wiederum die Zuständigkeit des jeweiligen Registers, in das die Gesellschaft eingetragen werden muß, um ihre Rechtsfähigkeit zu erlangen (*Kreuzer, Die grenzüberschreitende Mobilität von Gesellschaften im Gemeinsamen Markt, S. 15; Behrens, ZGR 1994, S. 1 (5); ders., EuZ 1999, S. 78*). Selbst wenn also eine nationale Rechtsordnung auf kollisionsrechtlicher Ebene der Gründungstheorie folgt, ist daher erforderlich, daß sich der satzungsmäßige Sitz der Gesellschaft im Gründungsstaat befindet (so allgemein: *Vischer, FS Mann, S. 639 (645)*). Dies gilt auch für Staaten, welche der Sitztheorie folgen. Daher ist bei Gesellschaften, die nach den Rechtsvorschriften eines Mitgliedstaats gegründet wurden, immer das erste Kriterium des satzungsmäßigen Sitzes verwirklicht, worauf etwa *Behrens* zutreffend verweist (*EuZ 1999, S. 78*). Die Kriterien der Hauptverwaltung oder der Hauptniederlassung können jedoch kumulativ hinzutreten (a.A.: *Ebenroth/Eyles, DB 1989, S. 413 (415 f.)*).
Die in Artikel 48 EG (Art. 58 EGV) alternativ genannten Kriterien des satzungsmäßigen Sitzes, der Hauptverwaltung oder der Hauptniederlassung lassen auch nicht den Schluß zu, der Bestimmung komme ein kollisionsrechtlicher Gehalt zu (so auch: *Hailbronner/Nachbaur, WiVerw 1992, S. 57 (90 f.); Forsthoff, EuR 2000, S. 167 (173)*). Artikel 48 EG (Art. 58 EGV) fehlt ein kollisionsrechtlicher Gehalt, da es an dem hierfür erforderlichen Verweisungsgehalt fehlt, was aufgrund seiner Funktion auch nicht erforderlich ist (*Kruse, Sitzverlegung von Kapitalgesellschaften innerhalb der EG, S. 219 f.*). Vielmehr wird durch die Bestimmung – welche sich in der Nennung alternativer Anknüpfungskriterien erschöpft – allein entschieden, auf welche Gesellschaften die Niederlassungsfreiheit – und über Artikel 55 EG (Art. 66 EGV) die Dienstleistungsfreiheit – Anwendung findet, so daß ihr ein klarer materieller Regelungsgehalt zukommt.

[64] Vgl. allgemein zu den Begriffen *sachlicher* und *persönlicher Anwendungsbereich*: *Jarass, EuR 2000, S. 705 (706 ff.)*; für den Bereich der Niederlassungsfreiheit: *Dauses/Roth, Handbuch des EU-Wirtschaftsrechts, E I, Rn. 12, 40 ff., 51 ff.; Schwarze/Schlag, EU-Kommentar, Art. 43, Rn. 10 ff., 27 ff.*
Synonym für die Begriffe des sachlichen und persönlichen Anwendungsbereichs werden die des *sachlichen* und *persönlichen Geltungsbereichs* verwendet (*Groeben/Thiesing/Ehlermann/Troberg, Kommentar zum EU-/EG-Vertrag, Art. 52, Rn. 71 ff., 75 ff.*).

[65] So etwa: *Ebenroth/Eyles, DB 1989, S. 413 (415 f.); Groeben/Thiesing/Ehlermann/Troberg, Kommentar zum EU-/EG-Vertrag, Art. 58, Rn. 1; Großfeld, Internationales und Europäisches Unternehmensrecht, S. 54; Dauses/Roth, Handbuch des EU-Wirtschaftsrechts, E I, Rn. 91.*

[66] *Bleckmann, WiVerw 1987, S. 119 (120, 124); Eyles, Das Niederlassungsrecht der Kapitalgesellschaften innerhalb der Europäischen Gemeinschaft, S. 358; Dauses/Roth, Handbuch des EU-Wirtschaftsrechts, E I, Rn. 91.*

gegründeten Gesellschaften geht es um die Frage der Anerkennung von Gesellschaften, die nach dem romanischen Rechtsverständnis, das Artikel 48 EG (Art. 58 EGV) zugrunde liegt[67], von der kollisionsrechtlichen Bestimmung des Statuts einer Gesellschaft zu unterscheiden ist[68].

Gegen das Verständnis von Artikel 48 EG (Art. 58 EGV) als gemeinschaftsrechtlicher Kollisionsnorm spricht entscheidend die Judikatur des EuGH. So führte der Gerichtshof in seiner *Sodemare*-Entscheidung aus, Artikel 48 EG (Art. 58 EGV) stelle für sich allein genommen im Bereich der Anwendung des Kapitels über das Niederlassungsrecht die nach den Rechtsvorschriften eines Mitgliedstaats gegründeten Gesellschaften, die ihren satzungsmäßigen Sitz, ihre Hauptverwaltung oder ihre Hauptniederlassung innerhalb der Gemeinschaft hätten, den natürlichen Personen gleich, die Angehörige der Mitgliedstaaten seien, schließe aber Gesellschaften, die keinen Erwerbszweck verfolgten, von der Anwendung dieses Kapitels aus[69]. Er definiere nur den persönlichen Geltungsbereich der Bestimmungen über das Niederlassungsrecht[70].

Da das Gemeinschaftsrecht somit keine vorrangige Regelung im Bereich des Internationalen Gesellschaftsrechts enthält[71], ist grundsätzlich von den nationalen

---

[67] Hierfür spricht die Formulierung in der ständigen Rechtsprechung des EuGH, wonach gemäß Artikel 48 EG (Art. 58 EGV) die Niederlassungsfreiheit auch für die nach den Rechtsvorschriften eines Mitgliedstaats gegründeten Gesellschaften gilt, die ihren satzungsmäßigen Sitz, ihre Hauptverwaltung oder ihre Hauptniederlassung innerhalb der Gemeinschaft haben. Dabei ist der Sitz in dem vorgenannten Sinne mit der Staatsangehörigkeit bei natürlichen Personen gleichzusetzen, die dazu dient, ihre Zugehörigkeit zur Rechtsordnung eines Staates zu bestimmen (*EuGH, Urt. v. 28.1.1986 (Kommission ./. Frankreich), Slg. 1986, S. 273, Rn. 18; EuGH, Urt. v. 13.7.1993, Rs. 330/91 (Commerzbank), Slg. 1993, S. I-4017, Rn. 13; EuGH, Urt. v. 16.7.1998, Rs. 264/96 (ICI), Slg. 1998, S. I-4695, Rn. 20*). Die in Artikel 48 EG (Art. 58 EGV) genannten Anknüpfungskriterien dienen daher zur Bestimmung der *Nationalität* einer Gesellschaft. Hier wird der Einfluß des romanischen Rechtsdenkens deutlich, da im französischen Gesellschaftsrecht der Begriff der *Nationalität* einer Gesellschaft Verwendung findet und eine Tendenz feststellbar ist, juristische Personen den natürlichen Personen anzugleichen (vgl. zum Begriff der *Nationalität: Ripert/Boblot/Germain, Droit Commercial, Tome I, Rn. 792; Levy, La nationalité des sociétés, S. 76 ff.;* vgl. zur entsprechenden Situation in Spanien: *Stücker, Das spanische internationale Gesellschaftsrecht, S. 4 ff.;* für Italien: *Moor, Das italienische internationale Gesellschaftsrecht, S. 26 f.*). So lautet etwa Artikel 1838 C. civ.: *La durée de la société ne peut excéder quatre-vingt-dix-neuf ans.* Damit findet eine zeitliche Begrenzung des *Lebens* von Gesellschaften statt, um juristische Personen der zeitlichen Begrenztheit des menschlichen Lebens anzugleichen. In Großbritannien wird indes das Kriterium des *domicile* verwendet, welches das Personalstatut der Gesellschaft bestimmt und Satzungssitz im Sinne der Gründungstheorie ist, da es anläßlich der Inkorporation der Gesellschaft begründet wird (*Gillessen, Europäische transnationale Sitzverlegung und Fusion im Vereinigten Königreich und in Irland, S. 41 ff.*).

[68] *Ripert/Roblot/Germain, Droit Commercial, Tome I, Rn. 1710 ff.; Drobnig, ZHR 129 (1967), S. 93 (105 ff.); ders., FS Caemmerer, S. 687 (690 ff.).*

[69] *EuGH, Urt. v. 17.6.1997, Rs. 70/95 (Sodemare), Slg. 1997, S. I-3395, Rn. 25;* unter Verweis auf: *EuGH, Urt. v. 6.11.1984, Rs. 182/83 (Fearon), Slg. 1984, S. 3677, Rn. 8.*

[70] *EuGH, Urt. v. 17.6.1997, Rs. 70/95 (Sodemare), Slg. 1997, S. I-3395, Rn. 25;* vgl. hierzu: *Schlußanträge des Generalanwalts Fennelly vom 6.2.1997 in der Rs. 70/95 (Sodemare), Slg. 1997, S. I-3398, Rn. 21;* so auch: *Grabitz/Hilf/Randelzhofer, Kommentar zur Europäischen Union, Art. 58, Rn. 11; Forsthoff, EuR 2000, S. 167 (173 f.);* a.A.: *Behrens, IPRax 1999, S. 323 (330).*

[71] *Meilicke* hat mit Blick auf eine Entscheidung der französischen Cour de Cassation (*JZ 1993, S. 370*) die These vertreten, die Sitztheorie verstoße gegen die Europäische Menschenrechtskonvention (*RIW 1992, S. 578 f.;* vgl. auch: *Meilicke, BB 1995, Beilage 9, S. 1 (2)*). Diese Auffassung ist jedoch

Regelungen der an einem Sitzverlegungsvorgang beteiligten Rechtsordnungen auszugehen und zu klären, ob und wenn ja, warum ihre Anwendung zu Ergebnissen führt, die in Widerspruch zur gemeinschaftsrechtlichen Gewährleistung der Niederlassungsfreiheit für Gesellschaften im Sinne des Artikels 48 EG (Art. 58 EGV) stehen.

III. Gründungstheorie contra Sitztheorie

In weitgehender Ermangelung europäischer Gesellschaftsformen[72] muß sich jeder, der innerhalb der Gemeinschaft eine Gesellschaft gründen will, an einen bestimmten Staat wenden. Insofern besteht - wie *v. Bar* betont - keine wirklich freie Rechtswahl, sondern vielmehr die Freiheit zur Wahl eines beliebigen Registrierungsstaates[73], da in jedem Staat Gesellschaften nur unter Beachtung des jeweils bestehenden Typenzwangs gegründet werden können. Die Rechtsfähigkeit einer juristischen Person entsteht allein dann, wenn die Gründung der Gesellschaft in Konformität mit den Vorschriften des jeweiligen nationalen Rechts erfolgt. Ist eine Gesellschaft unter diesen Bedingungen nach dem Recht eines Mitgliedstaates gegründet worden, so besteht für sie im Rahmen der Ausübung der primären Niederlassungsfreiheit innerhalb der Gemeinschaft theoretisch die Möglichkeit der Verlegung des Gesellschaftssitzes über nationale Grenzen hinweg, was insbesondere durch eine entsprechende Verlegung des Verwaltungszentrums und/oder der Produktionsstätten geschehen kann[74].

---

auf allgemeine Ablehnung gestoßen (*Bungert, EWS 1993, S. 17 ff.; Ebenroth/Auer, RIW 1992, S. 998 (1001); dies., GmbHR 1994, S. 16 (20 f.); Staudinger-Großfeld, Internationales Gesellschaftsrecht, Rn. 144 ff.; Großfeld/Boin, JZ 1993, S. 370 (371 f.); Großfeld, WM 1992, S. 2121 (2124); Schlenker, Gestaltungsmodelle einer identitätswahrenden Sitzverlegung von Kapitalgesellschaften über die Grenze, S. 60 f.*).

[72] Eine Ausnahme bildet bisher zunächst die Europäische wirtschaftliche Interessenvereinigung (EWIV), die allerdings allein den Gesellschaftszweck verfolgen darf, *die wirtschaftliche Tätigkeit ihrer Mitglieder zu erleichtern oder zu entwickeln sowie die Ergebnisse dieser Tätigkeit zu verbessern oder zu steigern; sie hat nicht den Zweck, Gewinn für sich selbst zu erzielen* (*vgl. Art. 3 Abs. 1 Satz 1 der VO Nr. 2137/85/EWG, ABl. Nr. L 199/1*). Damit beschränkt sich ihre Funktion auf die Erleichterung der Kooperation zwischen Unternehmen. Zudem konnte auf einer Sondersitzung des Rates am 20. Dezember 2000 eine politische Einigung über das Statut der Europäischen Aktiengesellschaft (SE) und die Richtlinie über die Beteiligung der Arbeitnehmer in der SE erzielt werden (*Bulletin Quotidien Europe Nr. 7868 vom 21. Dezember 2000, S. 9*). Der Vorschlag wurde durch den Rat auf seiner Sitzung vom 8.10.2001 nach 31 Jahren, 3 Monaten und 8 Tagen Diskussion und Stillstand endgültig angenommen (*Bulletin Quotidien Europe Nr. 8065 vom 8./9. Oktober 2001, S. 9*). Vgl. zur Verordnung und zur Richtlinie den Abdruck in: *ABl. 2001, Nr. L 294/1.*

[73] *v. Bar, Internationales Privatrecht II, Rn. 618;* vgl. auch: *Behrens, EuZ 1999, S. 78.* Daher laufen, worauf *Kreuzer* hinweist, *die statutarische Sitzregel, die Registrierungsorts- (bzw. Inkorporationsorts-) Regel und die Gründungsregel für die Gesellschaftsstatutsbestimmung auf dasselbe Ergebnis hinaus: Der statutarische Sitz bestimmt den Registrierungsort und damit das Registrierungs- oder Gründungsrecht* (*Kreuzer, Die grenzüberschreitende Mobilität von Gesellschaften im Gemeinsamen Markt, S. 15*).

[74] Daneben ist zudem ein Bedürfnis nach einer gleichzeitigen oder gar alleinigen Verlegung des satzungsmäßigen Sitzes einer Gesellschaft denkbar. Zunächst wird allein die Verlegung des Verwaltungszentrums und/oder der Produktionsstätten behandelt.

Da im Falle einer grenzüberschreitenden Sitzverlegung ein internationaler Sachverhalt vorliegt, ist vorrangig vor den Regeln des materiellen Rechts das einschlägige Kollisionsrecht des Forumsstaates anzuwenden, also das Kollisionsrecht des Staates, in dem der Sachverhalt zu entscheiden ist[75]. Dabei existieren im Bereich der Internationalen Gesellschaftsrechte der Mitgliedstaaten der Gemeinschaft zwei verschiedene Ansätze, die Gründungs- und die Sitztheorie[76]. Sie unterscheiden sich im Anknüpfungspunkt[77] zur Bestimmung des anwendbaren nationalen materiellen Rechts (Gesellschaftsstatut)[78] und bezüglich der rechtlichen Wirkungen, wenn eine

---

[75] Vgl. etwa für Deutschland: *Art. 3 Abs. 1 Satz 1 EGBGB.*

[76] Diese Ansätze werden teilweise kombiniert. So folgt etwa Italien für seine eigenen Gesellschaftsformen der Gründungstheorie, für ausländische Gesellschaften hingegen der Sitztheorie (*v. Bar, Internationales Privatrecht II, Rn. 618, Fn. 53; Moor, Das italienische internationale Gesellschaftsrecht, S. 42; Kreuzer, Die grenzüberschreitende Mobilität von Gesellschaften im Gemeinsamen Markt, S. 15; Ebenroth/Eyles, DB 1989, S. 363 (366); Ebenroth-Hopp, JZ 1989, S. 883 (885); Bechtel, Umzug von Kapitalgesellschaften unter der Sitztheorie, S. 18 f.;* zweifelnder*: Sonnenberger/Großerichter, RIW 1999, S. 721 (724), Fn. 24).* Dadurch werden all diejenigen Gesellschaften, die in Italien gegründet wurden und solche, die ihren effektiven Gesellschaftssitz im Inland haben, dem italienischen Recht unterworfen. Andererseits steht das italienische Kollisionsrecht einer Sitzverlegung seiner eigenen Gesellschaften ins Ausland nicht entgegen. Dies entspricht der bipolaren Anknüpfung im spanischen Internationalen Gesellschaftsrecht, die gleichfalls auf dem Grundgedanken der Gründungstheorie beruht. So können alle Gesellschaften die spanische Staatsangehörigkeit besitzen, die unter Einhaltung der spanischen Gründungsvorschriften errichtet wurden und ihren satzungsmäßigen Sitz in Spanien haben. Zudem werden alle Gesellschaften, die über einen effektiven Verwaltungssitz (principal establecimiento o explotación) in Spanien verfügen oder deren Geschäftstätigkeit sich auf spanisches Gebiet konzentriert, durch ein Sitzerfordernis spanischem Recht unterworfen (*Steiger, Grenzüberschreitende Fusion und Sitzverlegung von Kapitalgesellschaften innerhalb der EU nach spanischem und portugiesischem Recht, S. 162 ff.; articulo 6 (1) de la Ley 2/1995* für die spanische GmbH; vgl. hierzu: *Mora Alarcón, Manual de sociedades de responsabilidad limitada, S. 41 f.; articulo 7 (2) de la Ley de Sociedades Anónimas* für die spanische Aktiengesellschaft; vgl. zur Sitzverlegung aus Spanien: *Stücker, Das spanische internationale Gesellschaftsrecht, S. 113 ff.*).
Während der beiden Weltkriege hatte zudem die sog. Kontrolltheorie eine gewisse Bedeutung, die in Amerika zur Zeit des englisch-amerikanischen Krieges (1812) entwickelt wurde (*Mestre/Blanchard-Sébastien, Lamy Sociétés Commerciales, S. 215, Nr. 489; Luchsinger, Die Niederlassungsfreiheit der Kapitalgesellschaften in der EG, den USA und der Schweiz, S. 105, Fn. 64*). Sie stellt zur Bestimmung der Staatsangehörigkeit einer juristischen Person auf die sie kontrollierenden Personen (Leitung, Kapitaleigner) ab (*Schlosser, Die gesellschaftlichen Niederlassungen innerhalb der EWG als Problem des internen und des internationalen Privatrechts, S. 25; Grothe, Die «ausländische Kapitalgesellschaft & Co.», S. 24 ff.; Lackhoff, Die Niederlassungsfreiheit des EGV – nur ein Gleichheits- oder auch ein Freiheitsrecht?, S. 194 ff.*).

[77] Anknüpfungspunkte bestimmen bei Sachverhalten mit Auslandsberührung, welche Rechtsordnungen heranzuziehen sind. Dabei wird vom nationalen Gesetzgeber derjenige Umstand herausgegriffen, der ihm am wesentlichsten zur Bestimmung des anwendbaren Rechts erscheint (*Kunz, Internationales Privatrecht, S. 20 f.; v. Bar, Internationales Privatrecht I, Rn. 516 ff.*).

[78] Sowohl die Gründungs- als auch die Sitztheorie verweisen einheitlich auf eine einzige Rechtsordnung, nach der sich Bestand, Organisation und Rechtsstellung der Gesellschaft beurteilen (*v. Bar, Internationales Privatrecht II, Rn. 622*).
Die Ausdrücke *Gesellschaftsstatut*, *Organisationsstatut* und *lex societatis* werden als Synonyme für das Statut verwendet, welches die Gesellschaft beherrscht (*Kaligin, DB 1985, S. 1449*). *Grasmann* hält den Begriff *Organisationsstatut* mit Hinweis auf § 99 des amerikanischen *Model Business Corporation Act* für am treffendsten, da er auf alle juristischen Personen und Personenzusammenschlüsse ohne eigene Rechtspersönlichkeit anwendbar sei (*Grasmann, System des internationalen Gesellschaftsrechts, Rn. 8*).

Gesellschaft ihren Sitz in einen anderen Staat verlegt[79]. Bei dem Begriff *Sitz* gilt es insofern zwischen dem statutarischen Sitz einer Gesellschaft und dem effektiven Verwaltungssitz zu unterscheiden[80], da sie von den beiden Theorien jeweils als entscheidendes Anknüpfungskriterium verwendet werden. Auch wenn sich die praktische Durchführbarkeit einer grenzüberschreitenden identitätswahrenden Sitzverlegung neben dem Kollisionsrecht nach dem materiellen Recht der beteiligten Rechtsordnungen beurteilt, weil beide Ebenen wechselseitig miteinander *verwoben* sind[81], soll zunächst allein zwischen den verschiedenen kollisionsrechtlichen Theorien differenziert werden.

1) Die Gründungstheorie als Kollisionsnorm des Internationalen Gesellschaftsrechts

Die Gründungstheorie[82] entstand im achtzehnten Jahrhundert in England[83]. Bei ihr dient der im Gründungsstatut der Gesellschaft genannte Firmensitz als Anknüpfungspunkt. So reicht es aus, wenn eine Gesellschaft in Konformität mit den am satzungsmäßigen Unternehmenssitz geltenden nationalen Vorschriften gegründet wurde. Nicht entscheidend ist, wo sich das Verwaltungszentrum oder die Produk-

---

Das Gesellschaftsstatut bildet somit das *Heimatrecht* der Gesellschaft (*Staudinger-Großfeld, Internationales Gesellschaftsrecht, Rn. 17*). Nach einer treffenden Formulierung des BGH bestimmt es, unter welchen Voraussetzungen eine juristische Person *entsteht, lebt und vergeht* (*BGHZ 25, S. 134 (144)*). Mithin entscheidet das Gesellschaftsstatut über die einzelnen Gründungsbestandteile, über die zulässigen Organisationsformen (numerus clausus des Gesellschaftsrechts) und über die Frage, ob eine Gesellschaft eine inländische oder eine ausländische ist (*v. Bar, Internationales Privatrecht II, Rn. 634; Raape, Deutsches internationales Privatrecht, S. 191 f.*; vgl. zur entsprechenden Rechtslage in Frankreich: *Pohlmann, Das französische Internationale Gesellschaftsrecht, S. 123 ff.*).

[79] *Lenz/van Hulle, EG-Handbuch, S. 480.*

[80] *Dinkhoff, Internationale Sitzverlegung von Kapitalgesellschaften unter besonderer Berücksichtigung des Internationalen Gesellschaftsrechts und des Steuerrechts, S. 4 ff.; Behrens, ZGR 1994, S. 1 (7); Thömmes, DB 1993, S. 1021 (1022).*

[81] *BGHZ 97, S. 269 (271 f.); OLG Zweibrücken, NJW 1990, S. 3092; Palandt-Heldrich, Kommentar zum Bürgerlichen Gesetzbuch, Anh. zu Art. 12 EGBGB, Rn. 5; Bungert, ZVglRWiss 93 (1994), S. 117 (166); v. Bar, Internationales Privatrecht II, Rn. 623; Behrens, IPRax 1989, S. 354; Ebenroth/Sura, RabelsZ 43 (1979), S. 315 (318).*

[82] Zur Anwendung der Gründungstheorie in den Mitgliedstaaten, vgl.: *Ebenroth/Eyles, DB 1989, S. 363 (366); Grothe, Die «ausländische Kapitalgesellschaft & Co.», S. 30 ff.; Knobbe-Keuk, ZHR 154 (1990), S. 325 (326); Zimmer, ZHR 164 (2000), S. 23 (25 f.); Hoffmann, ZHR 164 (2000), S. 43 (44 f.).*

[83] *Großfeld, Internationales und Europäisches Unternehmensrecht, S. 43; Ebenroth/Sura, RabelsZ 43 (1979), S. 315 (326 f.); Beitzke, FS Luther, S. 1 (8).*
Sie ermöglichte die Gründung von Gesellschaften nach englischem Recht, die in den britischen Kolonien tätig waren (*Münch-Komm-Kindler, Internationales Gesellschaftsrecht, Rn. 8*).
Zur Verwendung der Gründungstheorie in Großbritannien: *Collins, in: Dicey & Morris on the Conflict of Laws, S. 1103; North/Fawcett, in: Cheshire and North's, Private International Law, S. 171 ff.; Mayss, Principles of Conflict of Laws, S. 14 ff.; Morris/McClean, The Conflict of Laws, S. 43 ff.; O'Brian, Conflict of Laws, S. 84 ff.; Stone, The Conflict of Laws, S. 106 ff.; Charlesworth & Morse, Company Law, S. 70.*
Aufgrund der allgemeinen Anknüpfung an das *domicile* von Gesellschaften gleich welcher Rechtsordnung ist ein *renvoi* nach britischem Recht ausgeschlossen (*Gillessen, Europäische transnationale Sitzverlegung und Fusion im Vereinigten Königreich und in Irland, S. 46 f.*; unter Verweis auf: *Dicey & Morris on the Conflict of Laws, S. 1104*).

tionsstätten befinden[84]. Damit ist für die *Staatsangehörigkeit* einer juristischen Person[85] nach der Gründungstheorie das Gründungsrecht ausschlaggebend, nach dem sie inkorporiert wurde[86]. Dies hängt damit zusammen, daß die Rechts- und Handlungsfähigkeit einer Gesellschaft und damit verbunden insbesondere die Vorschriften über etwaige Haftungsbeschränkungen von der vorhergehenden Registrierung des Unternehmens abhängig sind[87]. Dabei wird die Zuständigkeit des Registers in allen Rechtsordnungen der Gemeinschaft – unabhängig davon, ob sie im Internationalen Gesellschaftsrecht der Gründungs- oder der Sitztheorie folgen – nach dem statutarischen Sitz der Gesellschaft bestimmt, wie er in der Gründungssatzung festgelegt ist[88].

Die Gründungstheorie kommt dem Prinzip der Vertragsfreiheit am nächsten, da sie den Gründern einer Gesellschaft über die Möglichkeit einer freien Wahl des Registrierungsortes die Wahl eines bestimmten nationalen Gesellschaftsrechts einräumt[89]. Zudem gibt sie nach Auffassung ihrer Vertreter internationalen Bewegungsspielraum[90]. Denn die Verlegung des Entscheidungszentrums einer Gesellschaft von einem Staat, welcher der Gründungstheorie folgt, über die nationalen Grenzen des Inkorporationslandes hinweg ist ohne eine Änderung des auf die Gesellschaft anwendbaren Rechts zulässig, wenn die Gesellschaftssatzung dies zuläßt, keine materiellrechtlichen Vorschriften entgegenstehen[91] und auch das

---

[84] Das Kriterium der *residence* ist im englischen Recht für die Frage der Steuerpflichtigkeit von Gesellschaften entscheidend. Insofern wird auf den effektiven Verwaltungssitz des Unternehmens (central management and control of the corporate affairs) abgestellt (*Collins, in: Dicey & Morris on the Conflict of Laws, S. 1103*).

[85] Vgl. zum Begriff der Staatsangehörigkeit im Zusammenhang mit juristischen Personen: *Groeben/Thiesing/Ehlermann/Zulegg, Kommentar zum EU-/EG-Vertrag, Art. 6, Rn. 11.*

[86] *Rabel, The Conflict of Laws, Bd. 2, S. 31; Luchsinger, Die Niederlassungsfreiheit der Kapitalgesellschaften in der EG, den USA und der Schweiz, S. 36.*

[87] *Behrens, ZGR 1994, S. 1 (5); ders., RIW 1986, S. 590 (591).*

[88] *Kreuzer, Die grenzüberschreitende Mobilität von Gesellschaften im Gemeinsamen Markt, S. 15; Behrens, ZGR 1994, S. 1 (5).*

Somit ist auch in Ländern, die der Gründungstheorie folgen, erforderlich, daß sich zumindest der statutarische Sitz im Gründungsland befindet (*Vischer, FS Mann, S. 639 (645)*). Ein weiterer Bezug zum Recht dieses Staates ist zumindest theoretisch nicht notwendig (*Ebenroth/Sura, RabelsZ 43 (1979), S. 315 (322)*).

[89] *Großfeld, Internationales und Europäisches Unternehmensrecht, S. 44; Knobbe-Keuk, ZHR 154 (1990), S. 325 (327); Luchsinger, Die Niederlassungsfreiheit der Kapitalgesellschaften in der EG, den USA und der Schweiz, S. 37.*

[90] Für die Gründungstheorie im deutschen Internationalen Gesellschaftsrecht: *Geßler/Eckardt, AktG, § 1, Rn. 58, 65 f.; Koppensteiner, Internationale Unternehmen im deutschen Gesellschaftsrecht, S. 105, 136; Meilicke, RIW 1990, S. 449 ff.; Neumayer, ZVglRWiss 83 (1984), S. 129 (139 ff.).*

[91] Auch bei Anwendung der Gründungstheorie ist stets zu prüfen, ob nicht das materielle Gründungsrecht einer Verlegung des effektiven Verwaltungssitzes ins Ausland entgegensteht (*Behrens, ZGR 1994, S. 1 (9 f.)*).

Vgl. etwa: *EuGH, Urt. v. 27.9.1988, Rs. 81/87 (Daily Mail), Slg. 1988, S. 5483*, wo ein Genehmigungserfordernis der Sitzverlegung einer Gesellschaft von Großbritannien in die Niederlande entgegenstand. Beide Rechtsordnungen folgen auf kollisionsrechtlicher Ebene der Gründungstheorie (für Großbritannien: *Collins, in: Dicey & Morris on the Conflict of Laws, S. 1103; Mayss, Principles of Conflict of Laws, S. 14 ff.; Morris/McClean, The Conflict of Laws, S. 43 ff.; Stone, The Conflict of Laws, S. 106 ff.; Charlesworth & Morse, Company Law, S. 70; North/Fawcett, in: Cheshire and North's Private International Law, S. 171 ff.;* für die Niederlande: *Mehring, in: Hohloch (Hrsg.),*

Recht des Zuzugsstaates eine Sitzverlegung ermöglicht[92]. Nicht zuletzt garantiert sie insofern die Einhaltung des Grundsatzes der Rechtssicherheit, als der Bestand der Rechtspersönlichkeit gerade im Fall einer grenzüberschreitenden Sitzverlegung am besten gewährleistet wird[93].

2) Die Sitztheorie, Anknüpfung an das Entscheidungszentrum der Gesellschaft

Nach der Sitztheorie wird der tatsächliche (effektive) Verwaltungssitz einer Gesellschaft als Anknüpfungspunkt zur Bestimmung ihres Personalstatuts verwendet[94].

EU-Handbuch Gesellschaftsrecht, Niederlande, Rn. 6; Rammeloo, in: Wouters/Schneider (Hrsg.), Current Issues of Cross-Border Establishment of Companies in the European Union, S. 47 ff.; Timmerman, ZGR 1999, S. 147 (148)).

[92] In der Praxis hat dieser Grundsatz durch das *concept of pseudo-foreign corporations* teilweise Einschränkungen erfahren (*Ebenroth/Sura, RabelsZ 43 (1979), S. 315 (322)*).

[93] *Vischer* weist darauf hin, daß die Anwendung der Sitztheorie die Fälle nichtiger bzw. rechtlich nicht existenter Gesellschaften vermehre, was aus Gläubigersicht ungünstiger sei als eine passivlegitimierte juristische Person zu haben. Dies laufe letztlich auch dem auf Gemeinschaftsebene bestehenden Interesse – wie es etwa in der ersten gesellschaftsrechtlichen Richtlinie seinen Ausdruck finde – entgegen, die Zahl der Nichtigkeitsgründe bei Gesellschaften zu reduzieren (*Vischer, FS Mann, S. 639 (646)*). Denn bei Anwendung des Gründungsrechts bestehe nicht die Gefahr, daß die Existenz der Gesellschaft als juristische Person durch eine schleichende Verlegung ihres effektiven Verwaltungssitzes ins Ausland vernichtet werde, was eine typische Sanktion der Rechtsordnungen sei, welche die Sitztheorie als Kollisionsnorm zugrunde legten (*Vischer, FS Mann, S. 639 (645)*; vgl. auch: *Hoffmann, Internationales Privatrecht, S. 258 f.*).

[94] Zur Verbreitung der Sitztheorie in den Mitgliedstaaten der Gemeinschaft: *Zimmer, ZHR 164 (2000), S. 23 (25 f.); Dreissig, DB 2000, S. 893; Ebenroth/Eyles, DB 1989, S. 363 (365 f.); Hoffmann, ZHR 164 (2000), S. 43 (44); Grothe, Die «ausländische Kapitalgesellschaft & Co.», S. 43 ff.; Soergel-Lüderitz, Kommentar zum Bürgerlichen Gesetzbuch, Anh. Art. 10 EGBGB, Rn. 4, Fn. 4;* zur Entstehung der Sitztheorie, vgl.: *Sandrock, RIW 1989, S. 505 ff.; Münch-Komm-Kindler, Internationales Gesellschaftsrecht, Rn. 312.*
Das Personalstatut bildet dabei diejenige nationale Rechtsordnung, welche die Gründung und die rechtliche Existenz der juristischen Person regelt und auf deren Geltungsbereich es zugleich beschränkt ist (*OLG Zweibrücken, NJW 1990, S. 3092; OLG Saarbrücken, NJW 1990, S. 647*; vgl. zum Umfang des Personalstatuts: *Palandt-Heldrich, Kommentar zum Bürgerlichen Gesetzbuch, Anh. Art. 12 EGBGB, Rn. 6 ff.; Kaligin, DB 1985, S. 1449 (1451)*). Neben dem tatsächlichen Sitz ist im deutschen Recht ein inländischer Satzungssitz für rechtsfähige Personenvereinigungen und Stiftungen im allgemeinen zwingend vorgeschrieben (vgl. etwa: *§ 5 AktG; § 4a GmbHG*) und damit für ihre wirksame Gründung erforderlich. Daher wird auch die alleinige grenzüberschreitende Verlegung des Satzungssitzes rechtlich als unmöglich erachtet (*Staudinger-Großfeld, Internationales Gesellschaftsrecht, Rn. 242 ff.*).
Das Internationale Gesellschaftsrecht hat bisher in Deutschland keine gesetzliche Kodifikation gefunden (*Erman-Hohloch, Bürgerliches Gesetzbuch, EGBGB, Anh. II zu Art. 37, Rn. 22; Soergel-Lüderitz, Kommentar zum Bürgerlichen Gesetzbuch, Anh. Art. 10 EGBGB, Rn. 7 f.*). Nach der Rechtsprechung gilt die Sitztheorie in Deutschland als allseitige Kollisionsnorm (*OLG Frankfurt, AG 1988, S. 267 (272); Staudinger-Großfeld, Internationales Gesellschaftsrecht, Rn. 103; Ebenroth/Auer, GmbHR 1994, S. 16 (17); Panthen, Der »Sitz«-Begriff im Internationalen Gesellschaftsrecht, S. 89 ff.*). Bei der Anknüpfung der Sitztheorie an das Recht des Staates, in dem die Gesellschaft ihren effektiven Verwaltungssitz hat, handelt es sich um eine Gesamtverweisung (*OLG Hamm, NJW-RR 1995, S. 469; v. Bar, Internationales Privatrecht II, Rn. 624*). Hierdurch kann es zu einer Rückverweisung kommen, sofern unter Anwendung der Sitztheorie auf das Recht eines Staates verwiesen wird, der selbst der Gründungstheorie folgt (*v. Bar, Internationales Privatrecht II, Rn. 624; Knobbe-Keuk, ZHR 154*

Die Schwierigkeit bei der Anwendung der Sitztheorie liegt in der genauen Bestimmung des tatsächlichen Verwaltungssitzes, da dieser Begriff unscharf ist[95]. Der in Deutschland herrschenden Meinung in Literatur und Rechtsprechung zufolge wird – in Ermangelung einer expliziten gesetzlichen Regelung[96] – der effektive Verwaltungssitz einer Gesellschaft nach dem Tätigkeitsort der Geschäftsführung und der dazu berufenen Geschäftsführungsorgane bestimmt, mithin nach dem Ort, an dem die grundlegenden Entscheidungen der Unternehmensleitung effektiv in laufende Geschäftsführungsakte umgesetzt werden[97]. Dies ist der Ort, an dem die

---

(1990), S. 325 (327); Erman-Hohloch, Bürgerliches Gesetzbuch, EGBGB, Anh. II zu Art. 37, Rn. 27; OLG Frankfurt, DB 1990, S. 1224 f.; a.A.: *Wiedemann, Gesellschaftsrecht I, S. 791, Fn. 36*). Hat eine nach deutschem Recht gegründete Gesellschaft von Anfang an ihren effektiven Verwaltungssitz im Ausland, so beurteilen sich die Rechtsfolgen abhängig davon, ob die andere beteiligte Rechtsordnung der Gründungs- oder der Sitztheorie folgt. Im ersten Fall ist die Gesellschaftsgründung aufgrund der Rückverweisung auf deutsches Recht grundsätzlich wirksam, auch wenn eine Löschung von Amts wegen durchzuführen ist; in letzterem Fall wird die Gründung indes als unwirksam angesehen (*Münch-Komm-Kindler, Internationales Gesellschaftsrecht, Rn. 385 ff.*).

Bedenklich ist eine Entscheidung des OLG Hamm, wonach eine ausländische Kapitalgesellschaft im Inland nur unter der Voraussetzung als rechtsfähig behandelt werden kann, daß sie ihren tatsächlichen Verwaltungssitz im Gründungsstaat hat (*NJW-RR 1995, S. 469*), da grundsätzlich das Recht, auf welches durch die Gesamtverweisung verwiesen wird, kollisionsrechtlich der Gründungstheorie folgen kann und es nach dieser Kollisionsnorm zulässig ist, daß der effektive Verwaltungssitz sich nicht in dem Staat befindet, nach dem die Gesellschaft gegründet wurde, sondern in einem Drittland, sofern dieses ebenfalls der Gründungstheorie folgt (*Thüringer OLG, IPRax 1998, S. 364 ff.*). Zur Reichweite des Gesellschaftsstatuts: *Münch-Komm-Kindler, Internationales Gesellschaftsrecht, Rn. 3, 191 ff.; Erman-Hohloch, Bürgerliches Gesetzbuch, EGBGB, Anh. II zu Art. 37, Rn. 33 f.*

Zur Relevanz der Sitztheorie bei Umwandlungen mit Auslandsberührung: *Dötsch, BB 1998, S. 1029 ff.*

[95] *Grasmann, System des internationalen Gesellschaftsrechts, Rn. 348, 359 ff.; Münch-Komm-Kindler, Internationales Gesellschaftsrecht, Rn. 316; Luchsinger, Die Niederlassungsfreiheit der Kapitalgesellschaften in der EG, den USA und der Schweiz, S. 27 f.; v. Falkenhausen, RIW 1987, S. 818 f.*

[96] *Soergel-Lüderitz, Kommentar zum Bürgerlichen Gesetzbuch, Anh. Art. 10 EGBGB, Rn. 8.*

[97] *BGHZ 51, S. 27 (28); BGHZ 53, S. 181 (183); BGHZ 78, S. 318 (334); BGHZ 97, S. 269 (272); BayObLG, NJW 1986, S. 3029 (3030 f.); OLG Oldenburg, NJW 1990, S. 1422 (1423); OLG Saarbrücken, NJW 1990, S. 647; OLG Zweibrücken, NJW 1990, S. 3092; KG, NJW 1989, S. 3100 (3101); OLG Hamburg, NJW 1986, S. 2199; OLG Hamm, NJW-RR 1995, S. 469; OLG Hamm, RIW 1997, S. 236 (237).*

In der Literatur, vgl. etwa: *v. Bar, Internationales Privatrecht II, Rn. 621; Kegel/Schurig, Internationales Privatrecht, S. 504; Staudinger-Großfeld, Internationales Gesellschaftsrecht, Rn. 226 ff.; Panthen, Der »Sitz«-Begriff im Internationalen Gesellschaftsrecht, S. 242 ff.*

Zimmer weist darauf hin, daß zumindest das Reichsgericht vereinzelt nicht der Sitztheorie gefolgt sei, sondern *auf den nominellen Sitz* abgestellt habe (*Zimmer, ZHR 164 (2000), S. 23 (24),* unter Verweis auf: *RGZ 117, S. 215 (217);* vgl. bereits: *Raape, Deutsches internationales Privatrecht, S. 187 ff.*). Schon zuvor hat *Knobbe-Keuk* festgestellt, daß bis in die fünfziger Jahre keine höchstrichterliche Entscheidung ergangen sei, die sich eindeutig zugunsten der Sitztheorie und gegen die Gründungstheorie ausgesprochen habe (*Knobbe-Keuk, ZHR 154 (1990), S. 325 (340);* unter Verweis auf: *Nussbaum, Deutsches Internationales Privatrecht, S. 187, 189*). Zudem hätten fast ausnahmslos alle Entscheidungen stets die gleichzeitige Verlegung von Satzungssitz und tatsächlichem Gesellschaftssitz betroffen (*Knobbe-Keuk, ZHR 154 (1990), S. 325 (352);* unter Verweis auf: *RGZ 7, S. 68; RGZ 88, S. 53*).

In Frankreich, welches der Sitztheorie seit Ende des 19. Jahrhunderts folgt, hat sie mittlerweile gesetzlich Anklang gefunden. So lautet Artikel 1837 Satz 1 C.C.: *Toute société dont le siège est situé sur le territoire français est soumise aux dispositions de la loi française.* Und nach Artikel L. 210-3 Nouv. C. com. (*Art. 3 des Gesetzes Nr. 66-537 vom 24. Juli 1966*) gilt der Grundsatz: *Les sociétés dont le siège est situé en territoire français sont soumises à la loi française.* Die einseitig formulierte

Verwaltung tatsächlich geführt wird[98], wobei auf das Tagesgeschäft abzustellen ist[99]. Nicht als ausschlaggebend gilt indes, wo die interne Willensbildung für die grundlegenden Entscheidungen stattfindet, die Gesellschafter ihren Wohnsitz haben oder Herstellung und Absatz von Produkten oder Dienstleistungen getätigt werden[100]. Allerdings zeigen sich in der Rechtsprechung bei der Auswahl der Kriterien zur Bestimmung des effektiven Verwaltungssitzes teilweise erhebliche Abweichungen[101].

Allgemein läßt sich feststellen, daß nach der Sitztheorie eine Gesellschaft in dem Land inkorporiert sein muß, in dem sich der effektive Verwaltungssitz befindet[102]. Wird der effektive Verwaltungssitz in ein anderes Land verlegt, so hat dies einen Wechsel des Personalstatuts zur Folge und führt damit zu einem Wechsel des auf die Gesellschaft anwendbaren Rechts[103]. Ein solcher Statutenwechsel bleibt nur

---

Kollisionsnorm findet allseitig Anwendung (*Pohlmann, Das französische Internationale Gesellschaftsrecht, S. 48*). Gleiches gilt für die entsprechend formulierte Regelung des belgischen Rechts (*Wymeersch, ZGR 1999, S. 126*).

[98] *Münch-Komm-Kindler, Internationales Gesellschaftsrecht, Rn. 316; Wiedemann, FS für Kegel, S. 187 (195).*

[99] *OLG Hamm, RIW 1997, S. 236 (237); Staudinger-Großfeld, Internationales Gesellschaftsrecht, Rn. 227 f.*

[100] *Münch-Komm-Kindler, Internationales Gesellschaftsrecht, Rn. 316 ff.; Staudinger-Großfeld, Internationales Gesellschaftsrecht, Rn. 226 ff.*

[101] So hat das OLG Oldenburg zur Bestimmung des effektiven Verwaltungssitzes auf den Ort der Willensbildung des Leitungsorgans der Gesellschaft abgestellt (*NJW 1990, S. 1442*). Nach einer Entscheidung des OLG Hamm soll ausschlaggebend sein, wo die Entscheidungen über die Geschäftspolitik getroffen werden *(DB 1995, S. 137 (139))*. Beide Judikate deuten darauf hin, daß der Ort, an dem die Grundlagenentscheidungen getroffen werden, für die Bestimmung des effektiven Verwaltungssitzes ausschlaggebend sein soll, nicht indes der Ort, an dem die Entscheidungen der Unternehmensführung effektiv in laufende Geschäftsführungsakte umgesetzt werden, worauf der BGH abstellt (*BGHZ 97, S. 269 (272)*). Widersprüchlich sind etwa auch zwei Entscheidungen des OLG Frankfurt, bei denen es um Abschreibungsgesellschaften ging (*IPRax 1991, S. 403 ff.; IPRax 1986, S. 373 f.;* vgl. hierzu: *Zimmer, FS Lutter, S. 231 (237)*).

[102] *Kegel/Schurig, Internationales Privatrecht, S. 508; Staudinger-Großfeld, Internationales Gesellschaftsrecht, Rn. 20, 38 ff.; OLG Frankfurt, NJW 1964, S. 2355; Mestre/Blanchard-Sébastien, Lamy Sociétés Commerciales, S. 215, Nr. 488; Reindl, Mich.J.Int.L. 1990, S. 1270 (1273).*

Auch in Frankreich soll das Kriterium des effektiven Verwaltungssitzes verhindern, daß Gesellschafter einen fiktiven Verwaltungssitz zwecks Rechtsumgehung wählen können (*Cass. ass. plén., D. 1991, S. 305 ff.*). Weist eine Gesellschaft Verbindungen zu mehreren Rechtsordnungen auf, so sehen es die französischen Gerichte nicht als rechtsmißbräuchlich an, wenn der Gesellschaftssitz dort gewählt wird, wo das nationale Recht den Gesellschaftern besonders vorteilhaft erscheint (*Pohlmann, Das französische Internationale Gesellschaftsrecht, S. 51; CA Paris, Rev. crit. DIP 1958, S. 345 f.;* vgl. allgemein zum Sitzkriterium im französischen Gesellschaftsrecht: *Pohlmann, Das französische Internationale Gesellschaftsrecht, S. 49 ff.*).

[103] *BGHZ 97, S. 269; OLG München, NJW 1986, S. 2197 (2198); Erman-Hohloch, Bürgerliches Gesetzbuch, EGBGB, Anh. II zu Art. 37, Rn. 28; Behrens, RIW 1986, S. 590 (591); ders., IPRax 1989, S. 354; ders., ZGR 1994, S. 1 (7);* für Frankreich, vgl.: *Mestre/Blanchard-Sébastien, Lamy Sociétés Commerciales, S. 216, Nr. 492.*

In Frankreich wird insofern von einem *changement volontaire de nationalité* gesprochen (*Mestre/Blanchard-Sébastien, Lamy Sociétés Commerciales, S. 216, Nr. 492*). Dieser ist nach Artikel L. 225-97 Nouv. C. com. (*Art. 154 des Gesetzes Nr. 66-537 vom 24. Juli 1966*) für Aktiengesellschaften dann zulässig, wenn auf einer außerordentlichen Hauptversammlung ein entsprechender Beschluß gefaßt wird und der Zuzugsstaat mit Frankreich ein Abkommen geschlossen hat, welches der

dann ohne Einfluß auf die Rechtspersönlichkeit und damit auf die Rechtsfähigkeit der Gesellschaft, wenn dies nach dem Recht sowohl des alten wie auch des neuen Sitzstaates (des Zu- und des Wegzugsstaates) als den an dem internationalen Sachverhalt beteiligten Rechtsordnungen für zulässig erachtet wird[104]. Ansonsten ist eine grenzüberschreitende identitätswahrende Sitzverlegung nicht möglich[105].

Bei der Anknüpfung der Sitztheorie an das Recht des effektiven Verwaltungssitzes handelt es sich in dem Sinne um eine objektive, als sie nicht nach dem von den Gründern der Gesellschaft bestimmten Satzungssitz und folglich auch nicht nach dem von ihnen gewählten Registrierungsort fragt, sondern das Recht des Ortes zur Anwendung bringt, an dem die Gesellschaft erkennbar organisiert ist[106]. Der Vorteil der Sitztheorie besteht darin, daß sie eine Umgehung der nationalen gesellschaftsrechtlichen Gesetzgebung verhindert. *Von Bar* hat dieses Bestreben prägnant formuliert: *Ein Staat dagegen, der in der Sorge um seine eigene Volkswirtschaft dem Ineinandergreifen der Interessen von Gründern und Gründungsstaat mit Mißtrauen begegnet, wird eine über Satzungssitz und Registerbelegenheit hinausreichende, ja von beiden sogar grundsätzlich unabhängige Anknüpfung wählen und folglich auf das Recht des Ortes abstellen, von dem aus die Gesellschaft tatsächlich gesteuert wird bzw. gesteuert werden soll*[107].

Gesellschaft die Sitzverlegung unter Beibehaltung der Rechtspersönlichkeit sowie die Annahme der neuen *nationalité* ermöglicht. Ein solches Abkommen wurde bisher allerdings noch nicht abgeschlossen. Daher wird davon ausgegangen, daß es in Ermangelung eines entsprechenden Abkommens eines einstimmigen Beschlusses zur Sitzverlegung bedarf (*Mestre/Blanchard-Sébastien, Lamy Sociétés Commerciales, S. 216, Nr. 492*). Auch bei Gesellschaften anderer Rechtsformen als Aktiengesellschaften besteht das Erfordernis eines einstimmigen Beschlusses der Gesellschafter (*für die SARL, vgl.: Art. L. 223-30 Abs. 1 Nouv. C. com. (Art. 60 Abs. 1 des Gesetzes Nr. 66-537 vom 24. Juli 1966)*). Vgl. zur Rechtslage beim Zu- und Wegzug in den Mitgliedstaaten der Gemeinschaft, die dem romanischen Rechtskreis zugehörig sind: *Bechtel, Umzug von Kapitalgesellschaften unter der Sitztheorie, S. 13 ff., 51 ff.*

[104] *BGHZ 97, S. 269 (271 f.); BayObLG, NJW-RR 1993, S. 43 (44); OLG Zweibrücken, NJW 1990, S. 3092; Thüringer Oberlandesgericht, IPRax 1998, S. 364 ff.; Staudinger-Großfeld, Internationales Gesellschaftsrecht, Rn. 606; Erman-Hohloch, Bürgerliches Gesetzbuch, EGBGB, Anh. II zu Art. 37, Rn. 28; Lutter/Hommelhoff, GmbHG, § 4a, Rn. 13; Hueck/Fastrich, GmbH-Gesetz, § 4a, Rn. 10 f.; v. Bar, Internationales Privatrecht II, Rn. 623; Behrens, IPRax 1989, S. 354; Bungert, ZVglRWiss 93 (1994), S. 117 (166); Ebenroth/Eyles, DB 1988, Beilage 2, S. 6 f.; Knobbe-Keuk, ZHR 154 (1990), S. 325 (329); Hoffmann, Internationales Privatrecht, S. 260 f.*

[105] *Beitzke, ZHR 127 (1965), S. 1 (30).*

Wie *Ebenroth/Eyles* aufgrund einer vergleichenden Analyse festgestellt haben, ist die Rechtsfolge in allen Mitgliedstaaten, welche die Sitztheorie als Kollisionsnorm anwenden, daß der Zuzug nach ausländischem Recht inkorporierter Gesellschaften *nicht ohne Wechsel von Personalstatut und Nationalität und auch nicht ohne jede Angleichung an die Gesellschaftsformen im Aufnahmestaat erfolgen kann*, so daß eine effektive Gewährung der primären Niederlassungsfreiheit vereitelt wird (*Ebenroth/Eyles, DB 1989, S. 363 (365 f.)*).

[106] *v. Bar, Internationales Privatrecht II, Rn. 621.*

Bei einer Verweisung auf eine andere Rechtsordnung ist dies allerdings nur dann der Fall, wenn die Verweisung angenommen wird, es mithin nicht zu einer Weiter- oder einer Rückverweisung kommt (vgl. zu den Begriffen der Weiter- und der Rückverweisung: *Kegel/Schurig, Internationales Privatrecht, S. 334 ff.*).

[107] *v. Bar, Internationales Privatrecht II, Rn. 618.*

Daher stellt die Sitztheorie als Kollisionsnorm nach Auffassung ihrer Vertreter sicher, daß das Recht des Staates angewendet wird, dessen Rechtsordnung am meisten von den Aktivitäten einer Gesellschaft betroffen ist und somit am besten Gläubigerinteressen und zwingende Rechtsnormen berücksichtigt[108]. Insbesondere – so ihre Anhänger – träten beim Zuzug ausländischer Gesellschaften aufgrund des Neugründungserfordernisses keine Anpassungsprobleme auf[109]. Auch sei die Sanktion der Nichtanerkennung einer fehlerhaft gegründeten Gesellschaft sehr effektiv, da sie keiner behördlichen oder gerichtlichen Akte bedürfe[110].

Der Unterschied zwischen Sitztheorie und Gründungstheorie besteht folglich darin, daß die Sitztheorie mit dem effektiven Verwaltungssitz ein zusätzliches Element einführt, da sich das Gesellschaftsstatut bei beiden Theorien nach dem Recht des Registrierungsstaates richten muß[111]. Dabei bildet die Anknüpfung an den effektiven Verwaltungssitz allein eine unselbständige neben dem Gründungsrecht[112]. Allerdings ist bei der Sitztheorie der statutarische Sitz für die Bestimmung des anwendbaren Rechts letztendlich irrelevant[113], wenn der tatsächliche Gesellschaftssitz vom statutarischen Sitz abweicht[114].

---

108 *Großfeld/König, RIW 1992, S. 433 (435); Großfeld, FS H. Westermann, S. 199 (215); Ebenroth/Eyles, DB 1988, Beilage 2, S. 8 f.;* vgl. allgemein zum Drittschutzbedürfnis: *Mayer, Droit international privé, S. 610.*
Daher wird die Sitztheorie als *Schutztheorie* bezeichnet, weil sie einen umfassenden Interessenschutz gewährleiste (vgl. etwa: *BayObLG, NJW-RR 1993, S. 43 (44); Soergel-Lüderitz, Kommentar zum Bürgerlichen Gesetzbuch, Anh. Art. 10 EGBGB, Rn. 4; Wiedemann, FS für Kegel, S. 187 (196);* in diese Richtung auch: *KG, NJW-RR 1997, S. 1127 (1128)*). Teilweise ist sie als *Abwehrtheorie* charakterisiert worden, da ihre Aufgabe darin zu sehen sei, die eigene Rechtskultur gegen fremde Einflüsse zu schützen (*Großfeld, Internationales und Europäisches Unternehmensrecht, S. 53*). Durch sie werde die Regelungskraft des nationalen Gesellschaftsrechts bewahrt (*Ebenroth, Konzernkollisionsrecht im Wandel außenwirtschaftlicher Ziele, S. 23 ff.*). Nach *Großfeld/König* ist die Sitztheorie gar als *Bollwerk gegen die Flucht unter ein regelungsärmeres und damit wahrscheinlich gesellschafter-, gläubiger- und arbeitnehmerfeindliches Recht* anzusehen (*Großfeld/König, IPRax 1991, S. 380*).

109 *Großfeld/Jasper, RabelsZ 53 (1989), S. 52.*

110 *Staudinger-Großfeld, Internationales Gesellschaftsrecht, Rn. 43.*

111 *The Requirement of domicile is additional to that of incorporation and does not by any means replace it* (*Rabel, The Conflict of Laws, Bd. 2, S. 38*).

112 *Bungert, ZVglRWiss 93 (1994), S. 117 (123); Rabel, The Conflict of Laws, Bd. 2, S. 38; Vischer, FS Mann, S. 639 (645); Luchsinger, Die Niederlassungsfreiheit der Kapitalgesellschaften in der EG, den USA und der Schweiz, S. 29.*

113 *Kreuzer, Die grenzüberschreitende Mobilität von Gesellschaften im Gemeinsamen Markt, S. 18.*
Dieser ist hingegen für die Gerichts- und Behördenzuständigkeit von Bedeutung (*Staudinger-Großfeld, Internationales Gesellschaftsrecht, Rn. 243 f.*).

114 Nach der Rechtsprechung besteht eine widerlegbare Vermutung dahingehend, daß sich der Verwaltungssitz einer Gesellschaft in dem Staat befindet, nach dessen Recht sie gegründet wurde (*OLG München, NJW 1986, S. 2197 (2198); OLG Oldenburg, NJW 1990, S. 1422; OLG Hamm, DB 1995, S. 137 (138);* vgl. auch: *Kunz, Internationales Privatrecht, S. 114; KG, IPRax 1998, S. 360 ff.*, das von einem Prüfungsrecht erst bei begründeten Zweifeln ausgeht; hierzu kritisch: *Werner, Der Nachweis des Verwaltungssitzes ausländischer juristischer Personen, S. 3 f.*). Dabei ist derjenige, der einen abweichenden effektiven Verwaltungssitz behauptet, für die dafür maßgeblichen Tatsachen voll beweispflichtig (*OLG München, NJW 1986, S. 2197 (2198);* vgl. zu den teilweise unterschiedlichen Anforderungen der Gerichte an die Widerlegung dieser Vermutung: *Travers, Der Beweis des Anknüpfungskriteriums „tatsächlicher Sitz der Hauptverwaltung" im Internationalen Gesellschaftsrecht, S. 140 ff.*). Auch in anderen der Sitztheorie folgenden Staaten geht man von einer widerlegbaren Vermutung dahingehend aus, daß sich der tatsächliche Gesellschaftssitz am statutarischen Gesell-

3) Aus der Anwendung der Sitztheorie resultierende Beschränkungen für die Niederlassungsfreiheit von Gesellschaften

Während die Gründungstheorie eine grenzüberschreitende identitätswahrende Verlegung des effektiven Verwaltungssitzes einer Gesellschaft grundsätzlich zuläßt, ist dies unter Anwendung der Sitztheorie nicht sanktionslos möglich. Vielmehr führt hier die Spaltung zwischen statutarischem Sitz und effektivem Verwaltungssitz zu einer neuen Bestimmung des auf die Gesellschaft anwendbaren Rechts[115]. Dabei ist zwischen den Fällen des Zuzugs und des Wegzugs von Gesellschaften zu unterscheiden, da die Rechtsfolgen in beiden Fallkonstellationen unterschiedlich sind.

Aufgrund der Verweisung auf das am effektiven Verwaltungssitz einer Gesellschaft geltende materielle Recht wird im Zuzugsfall der zugrundeliegende Sachverhalt aus nationaler Sicht neu beurteilt. Dabei verliert die für das Entstehen der Rechtsfähigkeit im Gründungsstaat erforderliche Registrierung ihre Wirkung, so daß eine erneute Registrierung in dem Staat, in dem sich der effektive Verwaltungssitz nunmehr befindet, erforderlich wird[116], um die eigenständige Rechtspersönlichkeit der Gesellschaft wiederzuerlangen und Haftungsbeschränkungen erneut wirksam werden zu lassen[117].

So gilt nach der Rechtsprechung und Teilen der Literatur im Fall des Zuzugs einer im Ausland gegründeten Gesellschaft nach Deutschland als materiellrechtliche Sanktion, daß die juristische Person nicht anerkannt wird, da es an der erforder-

---

schaftssitz befinde (so für Belgien: *Wymeersch, ZGR 1999, S. 126 (130)*; für Frankreich: *Cass. ass. plén., D. 1991, S. 305 (307)*).

[115] *Behrens, ZGR 1994, S. 1 (7).*

[116] *Ebenroth/Eyles, DB 1989, S. 363 (365); dies., DB 1988, Beilage 2, S. 7; v. Falkenhausen, RIW 1987, S. 818 (820); Wessel-Ziegenhein, GmbHR 1988, S. 423 (426).*
Allerdings wird in einigen Mitgliedstaaten der Gemeinschaft, die der Sitztheorie folgen, der Erhalt der Rechtspersönlichkeit einer Gesellschaft für den Fall des Zuzugs anerkannt, sofern der Wegzugsstaat den Erhalt der Rechtspersönlichkeit zuläßt und die Gesellschaft die Voraussetzungen des Zuzugsstaats erfüllt (*Kreuzer, Die grenzüberschreitende Mobilität von Gesellschaften im Gemeinsamen Markt, S. 21; Mestre/Blanchard-Sébastien, Lamy Sociétés Commerciales, S. 217, Nr. 493*). Zwingt bereits der Wegzugsstaat die Gesellschaft zur Auflösung, dann ist schon aus diesem Grund ein Statutenwechsel unter Beibehaltung der Identität unmöglich, unabhängig davon, ob auch der Zuzugsstaat eine Neugründung verlangt (*OLG Zweibrücken, NJW 1990, S. 3092; BayObLG, NJW-RR 1993, S. 43 (44)*). In den Rechtsordnungen der Gemeinschaft vereitelt nur Deutschland eine grenzüberschreitende identitätswahrende Sitzverlegung vollständig. In anderen Mitgliedstaaten, die der Sitztheorie folgen, ist sie zumindest eingeschränkt möglich (*Europäische Kommission, Studie über die Verlegung des Sitzes einer Gesellschaft von einem Mitgliedstaat in einen anderen, Luxemburg 1993, S. 9 ff.*).

[117] Dies ließe sich durch eine gleichzeitige Verlegung von statutarischem und effektivem Verwaltungssitz vermeiden (vgl. den Vorschlag von: *Behrens, RIW 1986, S. 590 ff.*; *ders., ZGR 1994, S. 1 (8 f.)*; vgl. hierzu: *Großfeld/Jasper, RablesZ 53 (1989), S. 52 ff.; Großfeld/Luttermann, JZ 1989, S. 386 (387)*). Möglich wäre dies durch eine Auflösung der Gesellschaft unter der aufschiebenden Bedingung der Verlegung des effektiven Verwaltungssitzes. Die Auflösungsbedingung müßte dergestalt sein, daß zunächst eine Registrierung im Zuzugsstaat stattfände und im Anschluß hieran die Löschung der Gesellschaft aus dem Register des Wegzugsstaates vorgenommen würde.

lichen Registereintragung fehlt[118]. Und eine solche Eintragung kann nach dieser Auffassung auch mit der folgenden Begründung nicht erlangt werden: *Zulässigkeit, Inhalt und Umfang von Eintragungen im (deutschen) Handelsregister richten sich – selbstverständlich – nach nationalem Recht. Dieses sieht auch im Fall einer Sitzverlegung (vgl. § 45 AktG) ausschließlich die Eintragung nach deutschem Recht gegründeter Aktiengesellschaften vor (vgl. §§ 36 ff. AktG); die Eintragung ausländischer Aktiengesellschaften ist nicht vorgesehen*[119]. Dabei beschränkt sich die Sanktion der Nichtanerkennung nicht allein auf Gesellschaften bestimmter Rechtsform, sondern gilt allgemein[120].

Somit ist die identitätswahrende Sitzverlegung einer Gesellschaft aus dem Ausland nach Deutschland unmöglich. Vielmehr kann ein *Zuzug* nur im Wege einer den Vorschriften des nationalen Gesellschaftsrechts entsprechenden Neugründung und einer Handelsregistereintragung am deutschen Sitz der Gesellschaft erfolgen[121].

---

[118] Für den Zuzug ausländischer Gesellschaften nach Frankreich fehlt es an gesetzlichen Regelungen. Die Rechtsprechung hat sich bisher erst mit dem Sonderfall des Zuzugs französischer Gesellschaften aus Algerien nach Frankreich beschäftigt (vgl. hierzu: *Mestre/Blanchard-Sébastien, Lamy Sociétés Commerciales, S. 217, Nr. 493)*. Die Lehre geht hier davon aus, daß sich die Gesellschaft an das französische Recht anpassen muß (*Le Bras, Bull. Joly 1983, S. 795 (798); Mestre/Blanchard-Sébastien, Lamy Sociétés Commerciales, S. 217, Nr. 493; Pohlmann, Das französische Internationale Gesellschaftsrecht, S. 91 ff.*).

[119] *OLG Zweibrücken, NJW 1990, S. 3092*; vgl. auch: *BGHZ 97, S. 269 (272); OLG Nürnberg, RIW 1985, S. 494.*
Diese Ansicht ist allerdings auf Kritik gestoßen. So handelt es sich nach *Bungert* bei der Aussage, nach deutschem Registerrecht könnten allein gemäß den Bestimmungen des deutschen Rechts gegründete Gesellschaften mit deutschem Satzungssitz eingetragen werden, um eine meist unbelegte Behauptung, da die entsprechenden deutschen materiellrechtlichen Vorschriften allein vom Handelsregister sprächen, nicht aber vom deutschen Handelsregister. Die fehlenden Regelungen bezüglich einer Sitzverlegung aus dem Ausland deuteten im Wege der Auslegung vielmehr auf einen Normenmangel hin (*Bungert, ZVglRWiss 93 (1994), S. 117 (166 ff.)*; dagegen: *OLG Zweibrücken, NJW 1990, S. 3092 f.*). Er plädiert daher für eine Anwendung des Anerkennungskonzepts registerrechtlicher Eintragungen (*Bungert, ZVglRWiss 93 (1994), S. 117 (166 ff.)*). Denn die Folge der Nichtanerkennung sei mit dem Schutzzweck der Sitztheorie nicht vereinbar, da hierdurch den Gläubigern die juristische Person als *Haftungssubstrat* entzogen werde. Sinnvoller sei es, die eigenständige Rechtspersönlichkeit der Gesellschaft aufrecht zu erhalten und in konkreten Einzelfällen unter Anwendung des Konzepts der *pseudo-foreign corporations* auf Schutznormen des Sitzrechts zurückzugreifen (*Bungert, ZVglRWiss 93 (1994), S. 117 (169 f.)*; unter Verweis auf: *Knobbe-Keuk, ZHR 154 (1990), S. 325 (337)*).

[120] So entschied etwa das KG Berlin, eine nach englischem Recht gegründete *private company*, die ihre wirtschaftliche Tätigkeit ausschließlich im Inland ausübe, besitze nach der Sitztheorie keine eigene Rechtspersönlichkeit, so daß sich die Haftungsfrage nach den für nicht rechtsfähige Gesellschaften oder für fehlgeschlagene Gründungen geltenden Haftungsregeln richte. Da die *private company* der deutschen Gesellschaft mit beschränkter Haftung entspreche, aber nicht ins Handelsregister eingetragen sei, hafte der im Namen der Gesellschaft Handelnde nach § 11 Absatz 2 GmbHG persönlich für die Gesellschaftsschuld (*NJW 1989, S. 3100*). Die Folge der Nichtanerkennung und damit der fehlenden Rechtspersönlichkeit ausländischer juristischer Personen mit effektivem Verwaltungssitz im Inland wird teilweise durch eine Anwendung von Rechtsscheingrundsätzen umgangen, um dem Kläger eine rechtsfähige Beklagte zur Verfügung zu stellen (*OLG Nürnberg, IPRax 1985, S. 342; Staudinger-Großfeld, Internationales Gesellschaftsrecht, Rn. 446 ff.*).

[121] *BGHZ 53, S. 181 (183); BGHZ 97, S. 269 (272); KG, NJW 1989, S. 3100; OLG Nürnberg, IPRax 1985, S. 342; OLG München, NJW 1986, S. 2197 (2198); Soergel-Lüderitz, Kommentar zum Bürgerlichen Gesetzbuch, Anh. Art. 10 EGBGB, Rn. 49; Ebenroth/Auer, JZ 1993, S. 374 ff.; Rehbinder, IPRax*

Auch der umgekehrte Fall der Verlegung des effektiven Verwaltungssitzes einer Gesellschaft aus Deutschland in das Ausland, welche einen Statutenwechsel auslöst[122], ist rechtlich nicht zulässig. So wird der einstimmige Beschluß, den Sitz einer Gesellschaft in das Ausland zu verlegen, in einen Beschluß zur Auflösung der Gesellschaft umgedeutet[123]. Damit besteht keine Rechtsfähigkeit der Gesellschaft mehr, die im Ausland anerkannt werden könnte. Zwecks Verlegung des Gesellschaftssitzes muß die Gesellschaft daher zunächst im Inland liquidiert und anschließend im Ausland nach den dort geltenden gesellschaftsrechtlichen Bestimmungen neu gegründet werden. Somit hat auch der Wegzug einer Gesellschaft in das Ausland einen Wechsel des Personalstatuts zur Folge[124], und mehr noch, darüber hinaus kann die Identität der Rechtspersönlichkeit nicht gewahrt werden[125].

Die rechtlichen Folgen, die Rechtsprechung und Teile der Literatur mit der Anwendung der Sitztheorie verknüpfen, sind in letzter Zeit vermehrt in Kritik geraten. So handelt es sich nach *K. Schmidt* bei der Sitztheorie primär um eine Legitimationstheorie, die eine *Nichtanerkennungs-Komponente* als Sanktion für

---

1985, S. 324; Kaligin, DB 1985, S. 1449 (1455); Karl, AcP 159, S. 293 (307 f.); Palandt-Heldrich, Kommentar zum Bürgerlichen Gesetzbuch, Anh. Art. 12 EGBGB, Rn. 2; Münch-Komm-Kindler, Internationales Gesellschaftsrecht, Rn. 401; Staudinger-Großfeld, Internationales Gesellschaftsrecht, Rn. 605 ff., 617 ff.

Teilweise werden die Auswirkungen der Sitztheorie ungenau beurteilt. So führt das OLG München in einer Urteilsbegründung aus: *Die Sitztheorie hat bei Sitzverlegungen die Konsequenz, daß die jeweilige Gesellschaft ihr Statut dem Recht des Zuzugsstaates anpassen muß, um als Gesellschaft wirksam handeln zu können* (*OLG München, NJW 1986, S. 2197 (2198)*). Indes reicht es nach Auffassung des OLG Zweibrücken nicht aus, wenn eine nach ausländischem Recht (Luxemburg) gegründete Gesellschaft, die ihren effektiven Verwaltungssitz nach Deutschland verlegen will, vor dieser Sitzverlegung eine Anpassung ihrer Struktur an diejenige einer inländischen Aktiengesellschaft vornimmt. Denn entscheidend sei, daß die Gesellschaft eine Beibehaltung ihrer nach ausländischem Recht begründeten Rechtspersönlichkeit erstrebe (*OLG Zweibrücken, NJW 1990, S. 3092*).

122 *Wessel-Ziegenhein, GmbHR 1988, S. 423 (426).*

123 Vgl. etwa: *OLG Hamm, ZIP 2001, S. 791 (792); OLG Hamm, EuZW 1998, S. 31 f.; BayObLG, NJW-RR 1993, S. 43 (44);* so bereits: *RGZ 7, S. 68 (69)*; vgl. auch: *Ebenroth/Eyles, DB 1988, Beilage 2, S. 7; Münch-Komm-Kindler, Internationales Gesellschaftsrecht, Rn. 390 ff.; Hueck/Fastrich, GmbH-Gesetz, § 4a, Rn. 10;* hierzu kritisch: *Soergel-Lüderitz, Kommentar zum Bürgerlichen Gesetzbuch, Anh. Art. 10 EGBGB, Rn. 48; Schlosser, Die gesellschaftlichen Niederlassungen in der Europäischen Wirtschaftsgemeinschaft als Problem des internen und des internationalen Privatrechts, S. 144 ff.; Süss, FS Lewald, S. 603 (604).*

Folge der Umdeutung ist, daß die Sitzverlegung nicht in das Handelsregister eingetragen werden kann (*OLG Hamm, EuZW 1998, S. 31 f.*). Eine Umdeutung wird auch in Fällen angenommen, in denen gleichzeitig der Satzungs- und der Verwaltungssitz verlegt werden sollen (*Lutter/Hommelhoff, GmbHG, § 4a, Rn. 13*).

Nach anderer Auffassung ist der Beschluß zur Verlegung des satzungsmäßigen Gesellschaftssitzes ins Ausland als nichtig anzusehen (*Nussbaum, Deutsches Internationales Privatrecht, S. 204; Münch-Komm-Kindler, Internationales Gesellschaftsrecht, Rn. 399; Hüffer, AktG, § 5, Rn. 12*). Dieser Ansatz ist überzeugender, da nach allgemeinen Auslegungsregeln eine Umdeutung des Sitzverlegungsbeschlusses in einen Auflösungsbeschluß nicht möglich erscheint.

124 *BGHZ 97, S. 269 (271 f.); BayObLG, NJW-RR 1993, S. 43; Palandt-Heldrich, Kommentar zum Bürgerlichen Gesetzbuch, Anh. Art. 12 EGBGB, Rn. 5.*

125 Ist somit bereits eine Verlegung des effektiven Verwaltungssitzes oder des statutarischen Sitzes im grenzüberschreitenden Bereich nicht identitätswahrend möglich, so gilt dies aus den vorgenannten Gründen auch für eine gleichzeitige Verlegung von statutarischem und effektivem Gesellschaftssitz.

den Fall bereithalte, daß das Gestaltungsziel bei der Sitzverlegung vernachlässigt oder verfehlt werde[126]. Folglich hält *K. Schmidt* entgegen der herrschenden Meinung in Literatur und Rechtsprechung die Sanktion der generellen Nichtanerkennung nicht für gerechtfertigt. Denn die Funktion der Sitztheorie müsse sich darin erschöpfen, der Nichteinhaltung des Rechtsformzwangs im Inland (Rechtsformverfehlung) Rechnung zu tragen, was richtigerweise dadurch geschehe, daß die Auslandsgesellschaft als inländische Rechtsträgerin anerkannt werde, allerdings mangels Konformität mit den Bestimmungen des deutschen Kapitalgesellschaftsrechts nicht als solche behandelt werden könne[127]. Jedoch hat sich diese Auffassung bisher insbesondere in der Rechtsprechung nicht durchsetzen können[128], auch wenn zumindest vereinzelt die passive Parteifähigkeit ausländischer Gesellschaften mit effektivem Verwaltungssitz im Inland anerkannt wird[129]. Denn die aktive Parteifähigkeit wird auch weiterhin versagt.

Eine Gefahr der Sitztheorie besteht darin, daß expandierende oder sich veränderten Marktsituationen anpassende Gesellschaften unbeabsichtigt mit ihren rechtlichen Wirkungen konfrontiert werden können, wenn sie ihre Aktivitäten und damit einhergehend ihren effektiven Verwaltungssitz in das Ausland verlagern[130]. Die Gefahr einer solchen *schleichenden* Verlegung des Schwerpunkts der wirtschaftlichen Betätigung besteht für diejenigen Gesellschaften, die über eine oder mehrere Zweigniederlassungen im Ausland verfügen. Sie kann sich dergestalt vollziehen, daß eine Gesellschaft aufgrund der sich verändernden Marktlage die Leitung der

---

[126] *K. Schmidt, ZGR 1999, S. 20 (23, 26).*
Wesentlich kritischer ist *Knobbe-Keuk* in ihrer Einschätzung der Sitztheorie, da es sich nach ihrer Auffassung bei der Sanktion der Nichtanerkennung der Rechtspersönlichkeit in Wirklichkeit um eine fremdenrechtliche Entscheidung handelt. Die Sitztheorie sei eine reine *Nichtanerkennungstheorie* (*Knobbe-Keuk, ZHR 154 (1990), S. 325 (341)*). *Goldmann/Lyon-Caen/Vogel* sprechen im Hinblick auf ihre Wirkung von einer *naturalisation forcé* (*Droit commercial européen, S. 106*).

[127] *K. Schmidt, ZGR 1999, S. 20 (23 ff.).*
So weist *K. Schmidt* darauf hin, daß sie als Personengesellschaft kraft Rechtsformverfehlung zu behandeln *und deshalb – schon weil die Gesellschafter die unbeschränkte Haftung im Zweifel nicht wollen – eine aufgelöste offene Handelsgesellschaft* sei. Sie könne aber – unter Verweis auf § 191 Abs. 1 und 3 UmwG – durch Registereintragung und Fortsetzungsbeschluß zu einem fortsetzungsfähigen inländischen Rechtsträger werden (*K. Schmidt, ZGR 1999, S. 20 (27)*).

[128] Vgl. etwa: *Vorlagebeschluß des BGH vom 30.3.2000, Az. VII ZR 370/98, DB 2000, S. 1114 ff.; Staudinger-Großfeld, Internationales Gesellschaftsrecht, Rn. 431,* da einer Anwendung der Grundsätze überwiegende öffentliche Interessen entgegenstünden.

[129] *OLG Nürnberg, IPRax 1985, S. 342;* vgl. auch: *Staudinger-Großfeld, Internationales Gesellschaftsrecht, Rn. 446 ff.*

[130] *Behrens, ZGR 1994, S. 1 (9); Thömmes, DB 1993, S. 1021 (1022);* so auch: *Meilicke, RIW 1990, S. 449 f.*
Auf diese Gefahr wies *Knobbe-Keuk* bereits 1990 in einem richtungsweisenden Aufsatz hin: *Bei Gesellschaften mit Betriebsstätten in mehreren Staaten kann infolge innerbetrieblicher Organisationsmaßnahmen, durch Teilveräußerungen, durch Einstellung oder Neuaufnahme von Aktivitäten, durch Beteiligungserwerb usw. nahezu unmerklich die Verlagerung des Entscheidungszentrums verbunden sein* (*Knobbe-Keuk, ZHR 154 (1990), S. 325 (356)*).
Daneben kann es insbesondere bei Gesellschaften, die über keine nennenswerte Geschäftstätigkeit verfügen und deren wirtschaftliche Aktivität sich nicht an einem bestimmten Ort lokalisieren läßt, zu Schwierigkeiten bei der Sitzbestimmung kommen (*Borges, RIW 2000, S. 167 (171)*, unter Verweis auf eine Entscheidung des OLG Frankfurt vom 23.6.1999 *(RIW 1999, S. 783)*).

gewöhnlichen Geschäftstätigkeit auf den Bereich einer ausländischen Zweigniederlassung[131] verlagert oder aber die Zweigniederlassung im Verhältnis zur Hauptniederlassung so stark an Bedeutung gewinnt, daß ab einem bestimmten Zeitpunkt der effektive Verwaltungssitz nach den Kriterien der Sitztheorie dort zu lokalisieren ist. Da eine Zweigniederlassung über keine eigenständige Rechtspersönlichkeit verfügt[132], findet eine Anknüpfung an das Personalstatut der Gesellschaft in Deutschland durch das IPR des Forumsstaates und damit auf Grundlage der Sitztheorie statt[133], wobei der effektive Verwaltungssitz der Gesellschaft am Sitz der Zweigniederlassung läge.

In diesen Fällen ist die Gefahr sehr groß, daß sich die Unternehmensführung der hiermit verbundenen rechtlichen Folgen nicht bewußt ist, da als Hauptsitz der Gesellschaft immer noch der Ort der (ursprünglichen) Hauptniederlassung angesehen wird. Von den vorgenannten Risiken können insbesondere kleine und mittlere Unternehmen betroffen sein, nicht indes Großunternehmen, insbesondere wenn sie eine Konzernstruktur aufweisen[134].

Daneben sind diejenigen Fälle relevant, in denen Gesellschaften mit Betriebsstätten in verschiedenen (Mitglied-) Staaten aufgrund innerbetrieblicher Reorganisationsmaßnahmen Unternehmensteile veräußern oder neu erwerben, um sich durch die Einstellung, Neuaufnahme oder den Ausbau vorhandener Aktivitäten geänderten Marktsituationen anzupassen. Auch hier kann es nahezu unmerklich zu einer Verlagerung des effektiven Verwaltungssitzes der Gesellschaft in das Ausland kommen[135].

Zudem können insbesondere Probleme bei Unternehmensneugründungen in Bereichen der *New Economy* auftreten. Denn gerade durch die Computertechnik

---

[131] Als Zwischenform zwischen der Bildung eigenständiger Unternehmen und bloßen Abteilungen eines Unternehmens (*Münch-Komm-Kindler, Internationales Gesellschaftsrecht, Rn. 141*) werden Zweigniederlassungen als wirtschaftlich und organisatorisch selbständige Niederlassungen unter anderem dadurch charakterisiert, daß sie bei Wegfall der Hauptniederlassung selbst Hauptniederlassung werden können (*Staudinger-Großfeld, Internationales Gesellschaftsrecht, Rn. 975*).

[132] Zweigniederlassungen als teilweise verselbständigte Unternehmensteile besitzen keine eigene Rechtspersönlichkeit und sind daher nicht als Rechtssubjekte vom eigentlichen Unternehmensträger zu trennen (*K. Schmidt, Handelsrecht, S. 75 ff.*). Dies gilt grundsätzlich auch für Zweigniederlassungen ausländischer juristischer Personen (*Münch-Komm-Kindler, Internationales Gesellschaftsrecht, Rn. 135; Staudinger-Großfeld, Internationales Gesellschaftsrecht, Rn. 976 f.; Soergel-Lüderitz, Kommentar zum Bürgerlichen Gesetzbuch, Anh. Art. 10 EGBGB, Rn. 33*). Allerdings kann die inländische Zweigniederlassung einer ausländischen juristischen Person unter bestimmten Voraussetzungen dann als selbständige Rechtspersönlichkeit behandelt werden, wenn das ausländische Rechtsgebilde bereits erloschen ist (*BGHZ 53, S. 383 (385); Soergel-Lüderitz, Kommentar zum Bürgerlichen Gesetzbuch, Anh. Art. 10 EGBGB, Rn. 33*). Zudem wird im Inland ein eigener Gerichtsstand begründet (§§ 17, 689 Abs. 2 ZPO; vgl. hierzu: *BGH, NJW 1979, S. 1785*).

[133] *Vgl. OLG Oldenburg, NJW 1990, S. 1422*, für den Fall der Umgehung nationalen Gesellschaftsrechts durch Gründung einer Zweigniederlassung im Inland.

[134] So verweist etwa *Luchsinger* darauf, die Konzernbildung sei von der Wirtschaft teilweise genutzt worden, um die Defizite hinsichtlich der Durchführung grenzüberschreitender Sitzverlegungen zu kompensieren (*Luchsinger, Die Niederlassungsfreiheit der Kapitalgesellschaften in der EG, den USA und der Schweiz, S. 5*).

[135] *Knobbe-Keuk, ZHR 154 (1990), S. 325 (356); Behrens, RabelsZ 52 (1988), S. 498 (517).*

und moderne Wege der Datenübertragung wird es in machen Branchen gerade während der Gründungs- und Aufbauphase zunehmend schwieriger, den effektiven Verwaltungssitz einer Gesellschaft zu bestimmen. Man stelle sich beispielsweise vor, daß zwei Informatikstudenten eine S.A.R.L. nach französischem Recht gründen. Gesellschaftszweck ist die Entwicklung und Vermarktung von Softwareprodukten. Der eine wohnt in Metz, der andere in Saarbrücken. Beide Gesellschafter verfügen über identische Geschäftsführungsbefugnisse. Sowohl die gesellschaftsinterne Zusammenarbeit als auch Besprechungen und die Vermarktung von Produkten erfolgen über das Internet. Konsequenterweise müßte man in einem solchen Fall von einem Doppelsitz ausgehen, da sich ein effektiver Verwaltungssitz nicht feststellen läßt[136].

Aber selbst für den Fall, daß sich – von der Bedeutung her gleichwertige – Teile der Hauptverwaltung einer Gesellschaft in verschiedenen Ländern befinden, ist nach deutschem Recht nicht vom Vorliegen eines doppelten Verwaltungssitzes und damit eines mehrfachen Gesellschaftsstatuts auszugehen. Vielmehr ist der Gesellschaftssitz einheitlich nach dem Ort des wichtigsten Teils der Hauptverwaltung zu bestimmen[137]. Wie dies anhand objektiver Kriterien geschehen soll, ist in dem genannten Beispiel aber offen. Daher wäre im Rahmen eines Prozesses in Deutschland nach Beweislastregeln zu entscheiden[138]. Danach gibt es im Ergebnis unter Anwendung der Sitztheorie keinen Fall einer *sitzlosen* Gesellschaft oder – in Ermangelung eines eindeutig bestimmbaren Sitzes – einer Gesellschaft mit Doppelsitz, weil der Nachweis, wo sich der effektive Verwaltungssitz einer Gesellschaft befindet, der beweispflichtigen Partei obliegt.

Knobbe-Keuk hat auf eine Vielzahl weiterer Probleme im Zusammenhang mit der Anwendung der Sitztheorie hingewiesen[139]. So nennt sie als Beispiel, daß bei der derzeitigen Rechtslage in Deutschland eine englische private limited company gegen einen Schuldner in Deutschland klagen könne, wenn sich ihr effektiver Verwaltungssitz in England oder einem anderen Staat befände, welcher der Gründungstheorie folge. An einer Parteifähigkeit und damit der Möglichkeit, den Prozeß in Deutschland zu führen, fehle es jedoch, wenn die Gesellschaft ihren effektiven Verwaltungssitz in Deutschland oder einem anderen Land habe, welches der Sitztheorie als Kollisionsnorm zur Anknüpfung des Gesellschaftsstatuts folge[140]. Die

---

[136] Vgl. zum Doppelsitz bei Kapitalgesellschaften: *König, AG 2000, S. 18 ff.; Kölner-Komm-Kraft, AktG, § 5, Rn. 20; Hüffer, AktG, § 5, Rn. 10; Hueck/Fastrich, GmbHG, § 4a, Rn. 7.*
Vgl. zu den Möglichkeiten der Unternehmensführung durch moderne Techniken der Datenübertragung: *Noack, ZGR 1998, S. 592 (598 ff.).*

[137] *Kegel/Schurig, Internationales Privatrecht, S. 520 f.; Staudinger-Großfeld, Internationales Gesellschaftsrecht, Rn. 235.*

[138] *Zöller-Vollkommer, § 56, Rn. 8 f.; Münch-Komm-Kindler, Internationales Gesellschaftsrecht, Rn. 327 ff.; Werner, Der Nachweis des Verwaltungssitzes ausländischer juristischer Personen, S. 131 ff.; Kindler, NJW 1999, S. 1993 (1994); Borges, RIW 2000, S. 167 (168);* vgl. zur unterschiedlichen Anwendung der Beweislastregeln in der Judikatur: *Travers, Der Beweis des Anknüpfungskriteriums „tatsächlicher Sitz der Hauptverwaltung" im Internationalen Gesellschaftsrecht, S. 138 ff.*

[139] *ZHR 154 (1990), S. 325 ff.*

[140] *Knobbe-Keuk, ZHR 154 (1990), S. 325 (327 f.).*

Nichtanerkennung der Rechtspersönlichkeit sei aber nicht nur bei prozessualen Fragen wie der Parteifähigkeit relevant, sondern insbesondere auch im rechtsgeschäftlichen Bereich[141]. Dies könne etwa dazu führen, daß *mangels Rechts- und Parteifähigkeit eine Hauptschuld nicht besteht und die Sicherheit ins Wasser fällt*[142]. Insoweit kann *Knobbe-Keuk* nur beigepflichtet werden, daß das Ergebnis dieses *sitztheoretischen Puzzlespiels* nicht sehr überzeugend ist, da gerade der Schutz des inländischen Rechtsverkehrs, den die Sitztheorie für sich in Anspruch nimmt, fraglich erscheint[143].

Bei diesen Schwierigkeiten hat es aber nicht sein Bewenden. Würde etwa eine englische Gesellschaft ihren effektiven Verwaltungssitz nach Deutschland verlegen, so wäre aufgrund der in Deutschland geltenden Sitztheorie das deutsche Sachrecht auf alle Fragen bezüglich der Gesellschaft anzuwenden. Weil die englische Gesellschaft nicht den Erfordernissen des deutschen Gesellschaftsrechts genügte, würde sie nach der herrschenden Auffassung in Literatur und Rechtsprechung zwar als existent, aber ohne Rechtspersönlichkeit – die ihr ursprünglich durch den Gründungsakt verliehen wurde – betrachtet werden[144], womit unter anderem etwaige Haftungsbeschränkungen wegfielen[145]. Fehlt es an der

---

Weiter führt *Knobbe-Keuk* aus: *Geradezu amüsant ist die Überlegung, daß die hier als nicht existente Rechtsperson gehandelte Gesellschaft, wenn sie ihren Verwaltungssitz wieder in den Gründungsstaat verlegt, kraft Identität mit der vorher bestehenden Vereinigungsform jetzt auch selbst haftet* (*Knobbe-Keuk, ZHR 154 (1990), S. 325 (336)*).

Zu beachten ist in diesem Zusammenhang, daß auf Gemeinschaftsebene bereits durch Artikel 11 der ersten gesellschaftsrechtlichen Richtlinie (*68/151/EWG, ABl. Nr. L 65/8*) für die unter Artikel 1 der Richtlinie genannten Gesellschaftsformen die Nichtigkeitsgründe auf bestimmte, enumerativ genannte Fälle beschränkt wurden, um die Zahl nicht wirksam gegründeter Gesellschaften zu verringern und Gläubigern eine weitgehende Gewähr dafür zu bieten, daß die Durchsetzung ihrer Ansprüche nicht wesentlich erschwert wird. Dieser Zielrichtung läuft es zuwider, wenn aufgrund der Sitztheorie und ihrer materiellrechtlichen Folgewirkungen beim Zuzug eine ausländische juristische Person im Inland nicht anerkannt wird.

[141] *Knobbe-Keuk* veranschaulicht diese Problematik anhand einer Entscheidung des BGH (*BGHZ 53, S. 181 ff.*), bei der zugunsten einer liechtensteinischen Anstalt mit effektivem Verwaltungssitz in Deutschland eine Grundschuld am Grundstück des Klägers eingetragen wurde (*Knobbe-Keuk, ZHR 154 (1990), S. 325 (328)*). Nachdem die Anstalt die Grundschuld an die Beklagte unter Eintragung in das Grundbuch abgetreten hatte, machte der Kläger erfolgreich die Löschung der Grundschuld aus dem Grundbuch geltend, da nach Auffassung des Gerichts sowohl die Bestellung der Grundschuld als auch ihre Abtretung mangels Rechtsfähigkeit der liechtensteinischen Anstalt unwirksam gewesen seien.

[142] *Knobbe-Keuk, ZHR 154 (1990), S. 325 (337).*

[143] *Knobbe-Keuk, ZHR 154 (1990), S. 325 (328).*

Auf dieses Problem weist insbesondere *Neumayer* hin (*ZVglRWiss 83 (1984), S. 129 (143 ff.)*). Nach seiner Auffassung erzeugt die Sitztheorie Rechtsunsicherheit aufgrund der Tatsache, daß sie den effektiven Verwaltungssitz als Anknüpfungspunkt verwendet (*ZVglRWiss 83 (1984), S. 129 (S. 149)*; vgl. hierzu eingehend: *Eidenmüller/Rehm, ZGR 1997, S. 89 ff.*).

[144] *Thömmes, DB 1993, S. 1021 (1022).*

[145] Zu Recht hat *K. Schmidt* diese Auffassung der herrschenden Meinung in Literatur und Rechtsprechung zur Nichtanerkennung als Sanktion der Sitztheorie kritisiert (vgl. zur herrschenden Auffassung die Nachweise bei: *Staudinger-Großfeld, Internationales Gesellschaftsrecht, Rn. 642; v. Falkenhausen, RIW 1987, S. 818 (820)*). Denn – so *K. Schmidt* – die rechtlichen Folgen der Sitztheorie resultierten allein aus der Rechtsformverfehlung. Sie gingen aber über ihr eigentliches Ziel hinaus, wenn eine zugezogene Auslandsgesellschaft lediglich durch eine Neugründung zu einer

Anerkennung der Rechtspersönlichkeit einer ausländischen juristischen Person im Inland, so hat dies in Deutschland eine Durchgriffshaftung auf die Anteilseigner in analoger Anwendung von § 128 Absatz 1 Satz 1 in Verbindung mit § 124 HGB zur Folge[146]. Die für die Gesellschaft Handelnden haften in analoger Anwendung von § 11 Absatz 2 GmbHG oder § 41 Absatz 1 Satz 2 AktG[147]. Hierdurch sollen Gläubiger der Gesellschaft einen weiteren, nach Akzessorietätsgrundsätzen haftenden Schuldner erhalten, der für die Verbindlichkeiten der im Inland nicht anerkannten ausländischen juristischen Person einzustehen hat[148]. Gleichzeitig ist es das Ziel, zumindest einen mittelbaren Zwang auf die Anteilseigner und die für

---

inländischen juristischen Person werden könne. Vielmehr sei eine zugezogene Auslandsgesellschaft als fehlerhafte Vorgesellschaft oder aber als OHG zu behandeln, da sie nach materiellem Recht als inländische Rechtsträgerin anzuerkennen sei, auch wenn sie nicht dem Rechtsformzwang des inländischen Kapitalgesellschaftsrechts genüge und daher nicht wie eine Kapitalgesellschaft behandelt werden könne (*K. Schmidt, ZGR 1999, S. 20 (22 ff.)*; kritisch gegenüber der h. M. auch: *Müller, ZIP 1997, S. 1049 (1050 f.); W. H. Roth, ZIP 2000, S. 1597 (1599 ff.); Behrens, ZGR 1994, S. 1 (10)*).

[146] *Kruse, Sitzverlegung von Kapitalgesellschaften innerhalb der EG, S. 40 f.; Bogler, DB 1991, S. 848 (850 f.); Fischer, IPRax 1991, S. 100 (105).*

Die Haftung wird auch nicht dadurch ausgeschlossen, daß die nach fremdem Recht gegründete Kapitalgesellschaft mit effektivem Verwaltungssitz im Inland nach außen unter Verwendung des Rechtsformzusatzes der ausländischen juristischen Person auftritt (*Eidenmüller/Rehm, ZGR 1997, S. 89 (93, 103); Beuthien, ZIP 1996, S. 305 (317)*). Allerdings wird zumindest für reine Kapitalanleger eine Haftungsbeschränkung auf die Kapitaleinlageverpflichtung gefordert, da eine unbeschränkte persönliche Haftung für sie unverhältnismäßig sei (*Fischer, IPRax 1991, S. 100 (101); Eidenmüller/Rehm, ZGR 1997, S. 89 (103)*).

[147] *OLG Hamburg, NJW 1986, S. 2199; KG, NJW 1989, S. 3100 (3101); OLG Oldenburg, NJW 1990, S. 1422; LG Marburg, NJW-RR 1993, S. 222; OLG Düsseldorf, NJW-RR 1995, S. 1124; Palandt-Heldrich, Kommentar zum Bürgerlichen Gesetzbuch, Anh. Art. 12 EGBGB, Rn. 18; Staudinger-Großfeld, Internationales Gesellschaftsrecht, Rn. 443; Fischer, IPRax 1991, S. 100 (102)*; kritisch hierzu:. *Müller, ZIP 1997, S. 1049 (1053).*

Nach anderer Auffassung ist § 179 BGB analog anzuwenden (*LG Stuttgart, IPRax 1991, S. 118; Soergel-Lüderitz, Kommentar zum Bürgerlichen Gesetzbuch, Anh. Art. 10 EGBGB, Rn. 8; v. Falkenhausen, RIW 1987, S. 818 (820)*). Hierfür spricht, daß § 179 BGB gerade auch die Fälle erfaßt, in denen ein Vertreter für eine nicht existente Person auftritt (*Palandt-Heinrichs, Kommentar zum Bürgerlichen Gesetzbuch, §§ 177, 178, Rn. 3*). Indes sind die §§ 11 Absatz 2 GmbHG und 41 Absatz 1 Satz 2 AktG grundsätzlich nur auf die echte Vorgesellschaft anwendbar (für die GmbH: *Hachenburg/Ulmer, Kommentar zum GmbH-Gesetz, § 11, Rn. 104*; für die Aktiengesellschaft: *Kölner-Kommentar-Kraft, § 41, Rn. 98*). Zudem werden durch die §§ 11 Absatz 2 GmbHG und 41 Absatz 1 Satz 2 AktG als Organhaftungstatbestände nur die Leitungsorgane (Geschäftsführung bzw. Vorstand) von der Haftung erfaßt, nicht indes sonstige Vertreter der Gesellschaft wie Prokuristen oder Bevollmächtigte (für die GmbH: *Hachenburg/Ulmer, Kommentar zum GmbH-Gesetz, § 11, Rn. 105 f.*; für die Aktiengesellschaft: *Kölner-Kommentar-Kraft, § 41, Rn. 94*). Auch, so *Lüderitz*, werde *derjenige, der mit einer „Ltd." abschließt, kaum auf die Entstehung einer GmbH oder AG* vertrauen (*Soergel-Lüderitz, Kommentar zum Bürgerlichen Gesetzbuch, Anh. Art. 10 EGBGB, Rn. 8*). Dennoch finden die Vorschriften nicht nur auf den Kreis der Leitungsorgane der ausländischen juristischen Person Anwendung, sondern auch auf sonstige für die Gesellschaft handelnden Personen (*Staudinger-Großfeld, Internationales Gesellschaftsrecht, Rn. 443; OLG Oldenburg, NJW 1990, S. 1422 (1423)*; a.A.: *KG, NJW 1989, S. 3100 (3101)*, wonach nur diejenigen haften sollen, die wie Leitungsorgane für die Gesellschaft tätig werden), so daß eine doppelte Analogie vorliegt. Trotzdem wird die Anwendung von § 179 BGB auf einen internationalen Sachverhalt aufgrund von § 179 Abs. 2 und 3 BGB nicht für zweckmäßig erachtet (*Staudinger-Großfeld, Internationales Gesellschaftsrecht, Rn. 443; Fischer, IPRax 1991, S. 100 (103)*).

[148] *Eidenmüller/Rehm, ZGR 1997, S. 89 (101 f.).*

die Gesellschaft Handelnden zur Neugründung der Gesellschaft nach den Bestimmungen des inländischen Gesellschaftsrechts auszuüben[149].

Daneben besteht für Gläubiger die Möglichkeit eines Zugriffs auf das Vermögen der Gesellschaft[150]. Dies wird damit begründet, das *Gesellschaftsgebilde* werde insoweit im Inland anhand der inländischen Gesellschaftsformen klassifiziert und den bestehenden Normen des inländischen Gesellschaftsrechts unterworfen. Dies gilt aber nur für den Zweck des Zugriffs auf das Gesellschaftsvermögen. Ansonsten wird – wie bereits dargelegt – die Rechts- und Parteifähigkeit als inländische Personengesellschaft nicht anerkannt. Würde hingegen eine holländische Gesellschaft ihren effektiven Verwaltungssitz nach England verlegen, so wäre die eigenständige – nach fremdem Recht verliehene – Rechtspersönlichkeit der Gesellschaft aus Sicht des englischen Rechts nicht in Frage gestellt[151].

Die vorgenannte Situation erscheint im Hinblick auf die Gewährleistung der Niederlassungsfreiheit innerhalb der Europäischen Gemeinschaft schwerlich hinnehmbar[152]. Die naheliegendste Lösung für die hier auftauchenden Schwierigkeiten ist eine Angleichung der kollisionsrechtlichen Normen der Mitgliedstaaten, da die beschriebenen Probleme aus der Verschiedenheit der auf kollisionsrechtlicher Ebene verwendeten Anknüpfungspunkte resultieren. Die Verwendung einer einheitlichen Kollisionsnorm würde zu einem internationalen Entscheidungseinklang führen[153].

Daher werden im nachfolgenden Kapitel Ansätze auf Gemeinschaftsebene behandelt, die das Ziel verfolgen, im Rahmen der positiven Integration eine

---

[149] *Grothe, Die «ausländische Kapitalgesellschaft & Co.», S. 122 f.; Fischer, IPRax 1991, S. 100 (102).*

[150] Hierbei findet die Lehre von der Scheingesellschaft Anwendung (*Kruse, Sitzverlegung von Kapitalgesellschaften innerhalb der EG, S. 44; Staudinger-Großfeld, Internationales Gesellschaftsrecht, Rn. 446 ff.*).

[151] Anders wäre es im Ergebnis bei Verlegung des effektiven Verwaltungssitzes einer Gesellschaft aus Deutschland nach England. Da das britische Kollisionsrecht zur Beurteilung der Rechtsfähigkeit der Gesellschaft auf das Gründungsrecht verweisen würde, nach deutschem Recht, welches die Verweisung annähme, von einer (zwangsweisen) Auflösung der Gesellschaft auszugehen wäre, käme man hier im Ergebnis zum Fehlen der eigenständigen Rechtspersönlichkeit der Gesellschaft.
Ein Beispiel für die rechtlichen Wirkungen der Sitzverlegung einer Gesellschaft von Deutschland in die Niederlande ist bei *Rammeloo* zu finden (*Rammeloo, in: Wouters/Schneider (Hrsg.), Current Issues of Corss-Border Establishment of Companies in the European Union, S. 47*).

[152] In diesem Zusammenhang weist *Behrens* zu Recht darauf hin, daß die Funktion des Rechts nicht darin besteht, unternehmerische Strukturentscheidungen über das Maß zu beeinflussen, welches erforderlich ist, um die Wahrung legitimer Interessen der Beteiligten – insbesondere der Gesellschafter und der Gläubiger – zu garantieren. Denn dies würde die Anpassungsflexibilität und damit eine optimale Position im Wettbewerb vereiteln (*Behrens, ZGR 1994, S. 1 (2)*). Nach Auffassung von *Meilicke* kann der durch die Sitztheorie ausgeübte Zwang, eine Hauptniederlassung mit Geschäftsführern im Errichtungsstaat zu unterhalten, gar eine prohibitive Wettbewerbsbeschränkung darstellen (*Meilicke, RIW 1990, S. 449 (450)*). Auch für *Lutter* ist die *Interpretation des deutschen Rechts durch die Gerichte bei richtigem Verständnis von Art. 58 EGV (...) evident EG-widrig*, werde bisher aber durch den EuGH sanktionslos hingenommen (*Lutter, Europäisches Unternehmensrecht, S. 41 f.*; vgl. auch: *Schümann, EuZW 1994, S. 269 (275); Thömmes, DB 1993, S. 1021 (1026)*).

[153] Zum Begriff des internationalen Entscheidungseinklangs, vgl.: *Hoffmann, Internationales Privatrecht, S. 4, 57; Kegel/Schurig, Internationales Privatrecht, S. 122 f.*

effektive Gewährleistung der Niederlassungsfreiheit von Gesellschaften zu ermöglichen. Zunächst ist hierbei zu klären, ob eine hinreichende Gesetzgebungskompetenz auf Gemeinschaftsebene besteht, die ein gesetzgeberisches Handeln der zuständigen Gemeinschaftsorgane zur Regelung des hier relevanten Bereichs zuläßt. Bejahendenfalls ist sodann der Frage nachzugehen, ob konkrete Lösungsansätze existieren, welche die bestehenden Beschränkungen für eine grenzüberschreitende identitätswahrende Sitzverlegung von Gesellschaften innerhalb der Gemeinschaft durch mitgliedstaatliche Maßnahmen zu beseitigen geeignet sind. Neben auf Gemeinschaftsebene erarbeiteten Lösungsansätzen werden dabei auch in der Literatur diskutierte Ansätze berücksichtigt.

Kapitel 3 - Lösung des Spannungsverhältnisses zwischen kollisionsrechtlich abgesicherten nationalen Schutzinteressen und der Niederlassungsfreiheit von Kapitalgesellschaften im Wege der Rechtsangleichung

Da die Niederlassungsfreiheit für Gesellschaften innerhalb der Europäischen Gemeinschaft aufgrund der unterschiedlichen Ausgestaltung der nationalen Rechtsordnungen bisher nicht gewährleistet ist, sie andererseits im Rahmen der Grundfreiheiten nach dem Wortlaut von Artikel 48 EG (Art. 58 EGV) auch juristischen Personen zusteht, stellt sich zunächst die vordringliche Frage, ob dieses Problem nicht im Rahmen einer Rechtsangleichung auf Gemeinschaftsebene gelöst werden kann[1]. Die Rechtsangleichung innerhalb der Gemeinschaft findet durch Gesetzgebung statt[2], die *Schön* als *rechtsgeleitete Politik, eingeschränkt und geformt durch die Ermächtigungsgrundlagen des EGV*, definiert[3]. Sie dient als wichtigstes Instrument zur Errichtung des Binnenmarktes[4].

Die Angleichung im Bereich des Gesellschaftsrechts bildet allgemein das notwendige Gegenstück zur Liberalisierung[5]. Denn durch die Gewährung der Grundfreiheiten müssen sich die Mitgliedstaaten für Gesellschaften aus dem EG-Ausland öffnen, so daß berechtigte Schutzinteressen abgesichert[6] und gleiche Wettbewerbsbedingungen geschaffen werden müssen[7].

Rechtsangleichung ist generell – so auch im Bereich des Gesellschaftsrechts – an die Verwirklichung des Binnenmarktes gebunden. Folglich kommt sie nur in Betracht, um Unterschiede zwischen den Rechtssystemen der Mitgliedstaaten, die Störungen des Handels- und Wirtschaftsverkehrs oder Wettbewerbsverzerrungen

---

[1] Teilweise wird gar unter Verweis auf die *Daily Mail*-Entscheidung davon ausgegangen, daß eine Rechtsangleichung zwingend notwendig sei, um eine effektive Gewährung der Niederlassungsfreiheit für Gesellschaften zu erreichen (so etwa: *W. H. Roth, ZGR 2000, S. 311 (329 f.)*). In die gleiche Richtung argumentiert *Behrens*, der betont, daß *binnenmarktkonformes Gesellschaftsrecht* faktisch nur durch gemeinschaftliche Rechtsetzung *nach einheitlichen Grundsätzen* möglich sei, um die erforderliche Gleichwertigkeit der mitgliedstaatlichen Regelungen zu erreichen (*FS Mestmäcker, S. 833 (S. 837)*). Nach anderer Auffassung sollte die unmittelbare Anwendbarkeit der Vorschriften über die Niederlassungsfreiheit auf Gesellschaften von einer weitgehenden vorherigen Angleichung der Gesellschaftsrechte der Mitgliedstaaten abhängig gemacht werden (*Ebke, ZGR 1987, S. 245 (269)*).

[2] *Timmermans, RabelsZ 48 (1984), S. 1 (5 ff.).*

[3] *Schön, ZHR 160 (1996), S. 221 (222);* vgl. hierzu auch: *Dreher, JZ 1999, S. 105 ff.*

[4] *Hommelhoff, AcP 192 (1992), S. 71 (73);* vgl. allgemein zu den Zielsetzungen und der Reichweite von Rechtsvereinheitlichung: *Dreher, JZ 1999, S. 105 (110 f.).*

[5] *Lutter, EuR 1975, S. 44 (47 f.).*

[6] Dabei sollte auch vor der Gefahr eines sog. *Delaware-Effektes* geschützt und verhindert werden, daß Unternehmen sich in einem Mitgliedstaat mit einem möglichst liberalen Gesellschaftsrecht niederlassen (*Timmermans, RabelsZ 48 (1984), S. 1 (12, 14)*).

[7] *Nicolaysen, Europarecht II, S. 306; Hommelhoff, AcP 192 (1992), S. 71 (72 f.); Grabitz/Hilf/Langeheine, Kommentar zur Europäischen Union, Art. 100, Rn. 3 ff.*

herbeiführen, zu nivellieren[8]. Angleichung ist daher mit den Worten *Timmermans* auf der einen Seite integrationsgebunden und allein um der Integration willen legitimiert, auf der anderen Seite stets auch Gesetzgebung und Rechtspolitik als dynamischer Prozeß[9].

Der EG-Vertrag sieht explizit eine Rechtsangleichungskompetenz der Gemeinschaft für den Bereich des Gesellschaftsrechts vor. So besteht nach Artikel 44 Absatz 2 lit. g EG (Art. 54 Abs. 3 lit. g EGV) die Möglichkeit zum Erlaß von Richtlinien. Zudem enthält der EG-Vertrag mit den Artikeln 94, 95 und 308 EG (Art. 100, 100a und 235 EGV) weitere Rechtsgrundlagen für Angleichungsmaßnahmen auf Gemeinschaftsebene, wobei letztere leges generales im Verhältnis zur Spezialnorm des Artikels 44 Absatz 2 lit. g EG (Art. 54 Abs. 3 lit. g EGV) sind[10].

A. Artikel 44 Absatz 2 lit. g EG (Art. 54 Abs. 3 lit. g EGV) als Spezialnorm für eine Rechtsangleichung im Bereich des Gesellschaftsrechts

Nach Artikel 44 Absatz 2 EG (Art. 54 Absatz 3 EGV) kann der Rat in Übereinstimmung mit dem Verfahren des Artikels 251 EG (Art. 189b EGV) Richtlinien zur Verwirklichung der Niederlassungsfreiheit erlassen. Die Besonderheit der Richtlinie als Mittel der Rechtsangleichung besteht darin, daß sie zunächst nur an die Mitgliedstaaten gerichtet ist, die eine Umsetzungsverpflichtung in nationales Recht trifft[11]. Solange das durch die Richtlinie vorgegebene Ziel erreicht wird, ist es den

---

[8] *Timmermans, RabelsZ 48 (1984), S. 1 (6); Deckert, RabelsZ 64 (2000), S. 478 (485 f.).*
Timmermans weist darauf hin, daß Rechtsangleichung auf Gemeinschaftsebene stets Gesetzgebung und folglich auch Rechtspolitik ist, welche die meist widerstreitenden sozialen und wirtschaftlichen Interessen genügend berücksichtigen und auf einen gerechten Ausgleich bedacht sein müsse, da sich auch ein gemeinschaftsrechtlicher Gesetzgebungsakt in die nationalen Rechtsordnungen einzufügen habe (*RabelsZ 48 (1984), S. 1 (6 f.)*).

[9] *Timmermans, RabelsZ 48 (1984), S. 1 (6);* vgl. auch: *Schwartz, FS Hallstein, S 474 (514); Schmeder, Die Rechtsangleichung als Integrationsmittel der Europäischen Gemeinschaft, S. 21 ff.; Seidl, EuR 1979, S. 171 (175).*

[10] *Lutter, Europäisches Unternehmensrecht, S. 11.*
Von Bedeutung ist, daß auf Grundlage der Artikel 95 und 308 EG (Art. 100a und 235 EGV) auch Verordnungen erlassen werden können. Hingegen steht den Organen der EG nach Artikel 44 Absatz 2 lit. g EG (Art. 54 Abs. 3 lit. g EGV) nicht die Handlungsform der Verordnung (*Artikel 249 Absatz 2 EG (Art. 189 Abs. 2 EGV)*) zur Verfügung, die unmittelbar geltendes Recht in den Mitgliedstaaten schaffen würde. Die Rechtsangleichung im Bereich des Gesellschaftsrechts hat bisher vor allem auf Grundlage von Artikel 44 Absatz 2 lit. g EG (Art. 54 Abs. 3 lit. g EGV) als der spezielleren Bestimmung stattgefunden. Eine Ausnahme bilden die EWIV, welche durch eine Verordnung auf Grundlage von Artikel 308 EG (Art. 235 EGV) erlassen wurde (*Calliess/Ruffert/Bröhmer, Kommentar zu EU-Vertrag und EG-Vertrag, Art. 44, Rn. 14*), und die Europäische Aktiengesellschaft (SE), über die auf einer Sondersitzung des Rates am 20. Dezember 2000 eine politische Einigung erzielt werden konnte (*Bulletin Quotidien Europe Nr. 7868 vom 21. Dezember 2000, S. 9;* vgl. Abdruck in: *ABl. 2001, Nr. L 294/1*).

[11] *Artikel 249 Absatz 3 EG (Art. 189 Abs. 3 EGV).*
Sie gibt dem nationalen Gesetzgeber Vorgaben, die er zukünftig bei eigenen Rechtsetzungsakten zu berücksichtigen hat (*Seidl, EuR 1979, S. 171 (175)*). *Timmermans* spricht insofern von einer *Sperrwirkung* von Angleichungsrichtlinien, die um so größer sei, je detaillierter die jeweilige Angleichungsmaßnahme ausgestaltet sei (*RabelsZ 48 (1984), S. 1 (7)*). Auf Gemeinschaftsebene besteht zunächst

Mitgliedstaaten freigestellt, wie sie die Richtlinien umsetzen[12]. *Timmermans* spricht insofern davon, die Richtlinie kombiniere *Rechtszwang mit Freiheit*[13].

Die in Artikel 44 Absatz 2 lit. g EG (Art. 54 Abs. 3 lit. g EGV) genannte Kompetenz der Gemeinschaft besteht zu dem Zweck, *soweit erforderlich die Schutzbestimmungen zu koordinieren, die in den Mitgliedstaaten den Gesellschaften im Sinne des Artikels 48 Absatz 2 im Interesse der Gesellschafter sowie Dritter vorgeschrieben sind, um diese Bestimmungen gleichwertig zu gestalten*[14]. Allerdings enthält der EG-Vertrag selbst keine Definition des Begriffs der Schutzbestimmungen, dessen Konturierung maßgeblich für die Bestimmung der Gemeinschaftskompetenz zur Rechtsangleichung im gesellschaftsrechtlichen Bereich ist. Seit den

---

eine Wahlfreiheit zwischen verschiedenen Lösungsmöglichkeiten, die jedoch ihre Grenze in dem durch den EG-Vertrag abgesteckten Rahmen findet und von der Billigung durch die Mitgliedstaaten abhängig ist (*Hallstein, RabelsZ 28 (1964), S. 211 (215)*). Im Zusammenhang mit der gemeinschaftlichen Rechtsangleichung weist *Everling* zutreffend darauf hin, die Auswirkungen von Rechtsangleichung in den nationalen Rechtsordnungen könnten nicht *als Fremdbestimmung eigenen Handelns verstanden werden*, sondern seien *die zwangsläufige Folge der Grundentscheidung Deutschlands und seiner Partner für die europäische Integration* (*Everling, FS Lutter, S. 31 (33)*).

[12] *Artikel 249 Absatz 3 EG (Art. 189 Abs. 3 EGV)*; vgl. hierzu: *Brechmann, Die richtlinienkonforme Auslegung, S. 8 ff.*
Die in diesem Zusammenhang relevante Frage, ob gemeinschaftsrechtliche Richtlinien Mindest- oder Höchstregelungen enthalten, läßt sich nicht generell beantworten. Teilweise geht dies direkt aus dem Sekundärrechtsakt hervor. Ansonsten ist im Einzelfall auf die jeweilige Richtlinienbestimmung abzustellen und durch Auslegung zu ermitteln, um welchen Regelungstypus es sich handelt (*Habersack, Europäisches Gesellschaftsrecht, Rn. 40 ff.*). Während Mindestregelungen dem nationalen Gesetzgeber einen Spielraum einräumen, nationales Recht mit strengeren Bestimmungen auszugestalten, die über das in der Richtlinie festgesetzte Maß hinausgehen, ist er im Fall von Höchstregelungen an diese gebunden und darf keine darüber hinausgehenden nationalen Rechtsakte erlassen. Die einzige zulässige Möglichkeit zur Durchsetzung restriktiverer Bestimmungen bietet hier das Gesetzgebungsverfahren auf Gemeinschaftsebene, durch welches eine Änderung im Sinne einer Verschärfung bestehenden Richtlinienrechts erreicht werden kann.
Zur Frage der Auslegung angeglichenen nationalen Rechts: *Everling, ZGR 1992, S. 376 ff.; Grundmann, JZ 1996, S. 274 (281 f.); Lutter, JZ 1992, S. 593 ff.; Timmermans, RabelsZ 48 (1984), S. 1 ff.*; vgl. allgemein zur Wirkung von Richtlinien auf das nationale Recht: *Cooper, EuZW 1996, S. 385.*

[13] *Timmermans, RabelsZ 48 (1984), S. 1 (10).*
Die Richtlinie ermöglicht es daher in besonderem Maße, einen EG-rechtlich gesehen notwendigen Gesetzgebungsakt unter Berücksichtigung der jeweiligen mitgliedstaatlichen Rechtssystematik und Rechtsterminologie harmonisch in die nationalen Rechtsordnungen zu integrieren (*Timmermans, RabelsZ 48 (1984), S. 1 (10)*). Der Umsetzungsspielraum wird aber durch eine übertriebene Detailversessenheit häufig sehr eingeengt (*Hommelhoff, AcP 192 (1992), S. 71 (74)*). Problematisch ist, daß sich eine effektive Umsetzung der Richtlinienvorgaben in nationales Recht nur schwer kontrollieren läßt. Die Mitgliedstaaten sind zwar aufgrund einer entsprechenden Klausel in den Richtlinientexten regelmäßig verpflichtet, die Kommission über die Umsetzung der Richtlinien in nationales Recht zu informieren. Abgesehen von der nicht durchgängigen Befolgung dieser Verpflichtung taucht dabei das Problem auf, daß sich die Überprüfung, ob die Umsetzung fehlerhaft oder unvollständig erfolgt ist, im Einzelfall nur schwer bewerkstelligen läßt.

[14] Die Bestimmung ist die einzige Kompetenznorm des EG-Vertrags, die ausdrücklich zu einer Rechtsangleichung im Bereich des Privatrechts ermächtigt (*Klauer, Die Europäisierung des Privatrechts, S. 177*). Die Kommission hat Artikel 44 Absatz 2 lit. g EG (Art. 54 Abs. 3 lit. g EGV) stets als umfassende Rechtsangleichungskompetenz im Bereich des Gesellschaftsrechts betrachtet (*Hailbronner/Klein/Magiera/Müller-Graff, Handkommentar zum Vertrag über die Europäische Union, Art. 54, Rn. 23*; vgl. auch: *Beutler/Bieber/Pipkorn/Streil, Die Europäische Union, S. 405; Wouters, C.M.L.Rev. 2000, S. 257 (268 ff.)*).

sechziger Jahren wird hierüber eine teilweise lebhafte Diskussion geführt. Dabei lassen sich zwei Hauptrichtungen unterscheiden:

Nach einer Ansicht wird mit dem Begriff der Schutzbestimmungen nur ein kleiner Ausschnitt der jeweiligen Bestimmungen des nationalen Gesellschaftsrechts erfaßt, wobei sich aber verschiedene Definitionsansätze herausgebildet haben. So gelten etwa nach Auffassung von *Buchholz* als Schutzbestimmungen nur diejenigen Regelungen des Gesellschaftsrechts, die eine besondere Schutzfunktion haben und die *vor den besonderen Gefahren schützen sollen, welche sich aus der gesetzlichen Zulassung der Bildung von Gesellschaften ergeben*[15]. Allerdings besteht bei diesem Definitionsansatz die Schwierigkeit darin, dem Begriff der Schutzbestimmungen eine genauere Kontur zu geben, mit deren Hilfe sich Schutzbestimmungen von sonstigen Bestimmungen des Gesellschaftsrechts unterscheiden ließen. Daher erscheint der Definitionsansatz weitgehend ungeeignet.

Um die Unschärfen allgemeiner Abgrenzungsdefinitionen zu vermeiden, bieten sich exemplarische Aufzählungen von Schutzbestimmungen des nationalen Rechts an, die unter den gemeinschaftsrechtlichen Begriff fallen sollen. Allerdings werden beispielsweise im deutschen Gesellschaftsrecht nur wenige Normen durch die amtlichen Überschriften ausdrücklich als Schutzbestimmungen bezeichnet. Auch ist der Begriff im nationalen Recht und im bestehenden Schrifttum nicht klar definiert[16]. Zudem sind vom nationalen Recht ausgehende Definitionsversuche bereits schon deshalb nicht sehr hilfreich, weil gemeinschaftsrechtliche Begriffe autonom auszulegen sind[17]. Der Verweis auf ein bestimmtes Begriffsverständnis in einer nationalen Rechtsordnung wäre im Ergebnis nur dann nützlich, wenn in allen oder zumindest der überwiegenden Zahl der Rechtsordnungen der Gemeinschaft ein einheitliches Begriffsverständnis bestünde, da in einem solchen Fall davon ausgegangen werden könnte, daß auch auf Gemeinschaftsebene diese Terminologie entsprechend Verwendung finden soll[18]. Ansonsten wäre der Schluß willkürlich, eine bestimmte Begriffsverwendung im nationalen Recht liege auch dem Gemein-

---

[15] *Buchholz, Die Harmonisierung des Gesellschaftsrechts nach dem EWG-Vertrag unter besonderer Berücksichtigung des Art. 54 Abs. 3 Buchst. g, S. 28 f.*
Auch *Hailbronner* tritt für eine restriktive Auslegung des Begriffs der Schutzbestimmungen ein, da ihm sonst keine eigenständige Bedeutung zukomme. Allerdings läßt er offen, wie die restriktive Auslegung zu erfolgen hat (*Hailbronner/Klein/Magiera/Müller-Graff, Handkommentar zum Vertrag über die Europäische Union, Art. 54, Rn. 24*).

[16] Hierauf verweist *Buchholz* (*Die Harmonisierung des Gesellschaftsrechts nach dem EWG-Vertrag unter besonderer Berücksichtigung des Art. 54 Abs. 3 Buchst. g, S. 21 ff.*).

[17] Vgl. zur autonomen Auslegung des Gemeinschaftsrechts: *Calliess/Ruffert/Wegener, Kommentar zu EU-Vertrag und EG-Vertrag, Art. 220, Rn. 7; Oppermann, Europarecht, Rn. 680 ff.*

[18] Vgl. allgemein zu den Auslegungsmethoden des EuGH bei der Interpretation des Gemeinschaftsrechts: *Oppermann, Europarecht, Rn. 680 ff.; Bleckmann, NJW 1982, S. 1177 ff.; Dauses/Bleckmann, Handbuch des EU-Wirtschaftsrechts, B I, Rn. 5 ff.*
Oppermann weist darauf hin, der EuGH bevorzuge bei der rechtsvergleichenden Betrachtung der nationalen Rechtsordnungen die Methode der *wertenden* Rechtsvergleichung, so daß *er nicht einfach die nationalen Lösungen nach ihrer Häufigkeit „abzählt", sondern nach der „besten" Lösung in dem Sinne (...) der möglichsten Annäherung an die allgemeinen Vertragsziele sucht* (*Europarecht, Rn. 684*).

schaftsrecht zugrunde[19]. Nicht zuletzt sind Aufzählungen als Ersatz für eine abschließende Begriffsdefinition nicht befriedigend, da sie gerade die Kernfrage nach dem genauen Begriffsinhalt unbeantwortet lassen.

Aufgrund der Schwierigkeiten, den Begriff der Schutzbestimmungen klar zu bestimmen, ist nach anderer Auffassung von einem Definitionsversuch Abstand zu nehmen[20]. Dies wird damit begründet, daß bei einem Definitionsversuch die Gefahr einer willkürlichen Abgrenzung bestehe, die sich nur schwerlich rechtfertigen lasse, oder aber der unbestimmte Begriff der Schutzbestimmungen durch andere unscharfe Begriffe definiert werde, was keinen nennenswerten Beitrag zu einer wirklichen Klärung des Begriffsinhalts leiste. So weist *Bärmann* zu Recht darauf hin, daß eine Abgrenzung des Begriffs *Schutzbestimmungen* letztlich nicht möglich sei, da etwa auch Regelungen der inneren Organisation einer Gesellschaft als Schutzbestimmungen zu interpretieren seien[21]. Er geht somit von einem weiten Begriffsverständnis aus. Danach werden nicht nur praktisch ausnahmslos alle Vorschriften des Gesellschaftsrechts von Artikel 44 Absatz 2 lit. g EG (Art. 54 Abs. 3 lit. g EGV) erfaßt, sondern auch Schutznormen benachbarter Bereiche[22].

Dieser Auffassung scheint auch der EuGH zu folgen. So führte der Gerichtshof in seiner *Daihatsu*-Entscheidung aus, in Artikel 44 Absatz 2 lit. g EG (Art. 54 Abs. 3 lit. g EGV) sei vom Ziel des Schutzes der Interessen Dritter ganz allgemein die Rede, ohne daß insoweit einzelne Gruppen unterschieden oder ausgeschlossen würden[23]. Der Begriff der *Dritten* im Sinne des Artikels 44 Abs. 2 lit. g EG (Art. 54 Abs. 3 lit. g EGV) könne daher nicht auf die Gläubiger der Gesellschaft beschränkt werden[24].

---

[19] Eine von *Buchholz* durchgeführte Untersuchung zur Verwendung des Begriffs der Schutzbestimmungen in den nationalen Rechtsordnungen der Gemeinschaft hat zu dem Ergebnis geführt, daß sich eine klare Begriffsverwendung nicht feststellen läßt, vielmehr auch auf nationaler Ebene keine scharfe Konturierung des Begriffs vorhanden ist (*Die Harmonisierung des Gesellschaftsrechts nach dem EWG-Vertrag unter besonderer Berücksichtigung des Art. 54 Abs. 3 Buchst. g, S. 25 f.*).

[20] Vgl. insbesondere: *Bärmann, Europäische Integration, S. 46 ff.*

[21] *Bärmann, Europäische Integration, S. 46 ff.;* in diese Richtung auch: *Houin, Rev. trim. dr. eur. 1965, S. 11 (16).*

[22] *Groeben/Thiesing/Ehlermann/Troberg, Kommentar zum EU-/EG-Vertrag, Art. 54, Rn. 27; Pipkorn, ZHR 136 (1972), S. 499 (513 f.); Beutler/Bieber/Pipkorn/Streil, Die Europäische Union, S. 405 f.; Bleckmann, Europarecht, Rn. 1661.*
So betont *Oppermann*, daß Gegenstand der Rechtsangleichung grundsätzlich das gesamte Gesellschafts- und Unternehmensrecht in seiner Auswirkung auf den Gemeinsamen Markt sei, da alle Vorschriften letztlich dem Schutz der Gesellschafter oder Dritter dienten, die mit einer Gesellschaft rechtliche Beziehungen unterhielten (*Europarecht, Rn. 1243*).

[23] *EuGH, Urt. v. 4.12.1997, Rs. 97/96 (Daihatsu), Slg. 1997, S. I-6843, Rn. 19.*

[24] *EuGH, Urt. v. 4.12.1997, Rs. 97/96 (Daihatsu), Slg. 1997, S. I-6843, Rn. 20.*
Weiter verweist der Gerichtshof darauf, das dem Rat und der Kommission durch Artikel 54 Absätze 1 und 2 EGV in sehr weit gefaßten Wendungen aufgegebene Ziel, die Beschränkungen der Niederlassungsfreiheit aufzuheben, werde nicht durch Artikel 54 Absatz 3 EGV eingeschränkt. Dieser enthalte nämlich lediglich eine nicht abschließende Liste von Maßnahmen, die zur Verwirklichung dieses Zieles zu ergreifen seien (*EuGH, Urt. v. 4.12.1997, Rs. 97/96 (Daihatsu), Slg. 1997, S. I-6843, Rn. 21*). Absatz 1 der Bestimmung wurde bei der Neufassung in Artikel 44 EG ersatzlos gestrichen. Bis auf einige redaktionelle Anpassungen wie die Streichung der Verweisung auf das allgemeine Programm wurden die Absätze 2 und 3 des alten Artikels 54 EGV vollständig in die neue Bestimmung

Damit besteht grundsätzlich eine umfassende Rechtsangleichungskompetenz der Gemeinschaft auf Grundlage von Artikel 44 Absatz 2 lit. g EG (Art. 54 Abs. 3 lit. g EGV) für den Bereich des Gesellschaftsrechts, wobei lediglich die allgemeinen Grenzen der Rechtsangleichung zu beachten sind. Insbesondere wird von Artikel 44 Absatz 2 lit. g EG (Art. 54 Abs. 3 lit. g EGV) auch die Kompetenz zur Angleichung gesellschaftsrechtlicher Kollisionsnormen und materiellrechtlicher Regelungen, welche die grenzüberschreitende Sitzverlegung innerhalb der Gemeinschaft betreffen, erfaßt[25].

I. Beschränkung der Rechtsangleichungskompetenz durch das Subsidiaritätsprinzip?

Fraglich erscheint, ob der umfänglichen Rechtsangleichungskompetenz im Bereich des Gesellschaftsrechts nicht mit dem Subsidiaritätsprinzip Grenzen gesetzt sind, die Kompetenzzuweisung in Artikel 44 Absatz 2 lit. g EG (Art. 54 Abs. 3 lit. g EGV) durch diesen gemeinschaftsrechtlichen Grundsatz möglicherweise eine signifikante Einschränkung erfährt.

Generell sind einer Rechtsangleichung auf Gemeinschaftsebene durch das Subsidiaritätsprinzip Schranken gesetzt[26]. Denn das in Artikel 5 Absatz 2 EG (Art. 3b Abs. 2 EGV) verankerte Subsidiaritätsprinzip läßt eine Rechtsetzung auf Gemeinschaftsebene nur dann zu, wenn das im kompetenzrechtlichen Bereich der Gemeinschaft verfolgte Ziel auf Gemeinschaftsebene besser realisiert werden kann

---

des Artikels 44 EG übernommen (vgl. hierzu: *Calliess/Ruffert/Bröhmer, Kommentar zu EU-Vertrag und EG-Vertrag, Art. 44, Rn. 1*).

[25] *EuGH, Urt. v. 27.9.1988, Rs. 81/87 (Daily Mail), Slg. 1988, S. 5483, Rn. 22 – 25;* so auch die weit überwiegende Meinung im Schrifttum: *Basedow, NJW 1996, S. 1921 (1922); Eyles, Das Niederlassungsrecht der Kapitalgesellschaften in der Europäischen Gemeinschaft, S. 133 ff.; Groeben/Thiesing/ Ehlermann/Schwartz, Kommentar zum EU-/EG-Vertrag, Art. 220, Rn. 99; Kreuzer, Die grenzüberschreitende Mobilität von Gesellschaften im Gemeinsamen Markt, S. 33; Timmermans, RabelsZ 48 (1984), S. 1 (41 f.);* a.A.: *Münch-Komm-Kindler, Internationales Gesellschaftsrecht, Rn. 49.*

[26] Vgl. allgemein zum Subsidiaritätsprinzip: *Pipkorn, EuZW 1992, S. 697 ff.; Möschel, NJW 1993, S. 3025 ff.; Ukrow, Richterliche Rechtsfortbildung durch den EuGH, S. 44 ff.*
Eine weitere Grenze für Rechtsangleichungsmaßnahmen besteht durch den Grundsatz der begrenzten Einzelermächtigung. Denn einerseits ist erforderlich, daß die EG – durch Kompetenzzuweisungen wie in Artikel 44 Absatz 2 EG (Art. 54 Absatz 3 EGV) – über hinreichende Befugnisse verfügt, damit die durch sie angestrebten Zielsetzungen erreicht werden können. Dies bedeutet auch, daß mit einer zunehmenden Integration der Mitgliedstaaten neue Bereiche kompetenzrechtlich von der EG erfaßt werden müssen (*Cockborne/Defalque/Durand/Prahl/Vandersanden, Commentaire Megret, Le Droit de la CEE, Tome 1, S. 13*). Auf der anderen Seite ist es notwendig, die Befugnisse auf das zum Erreichen der Ziele notwendige Maß zu beschränken. Eine Rechtsangleichung kann nach dem in Artikel 5 Absatz 1 EG (Art. 3b Abs. 1 EGV) genannten Grundsatz der begrenzten Einzelermächtigung allein in dem Rahmen stattfinden, in dem der Gemeinschaft durch den EG-Vertrag Kompetenzen zugewiesen worden sind und damit die Mitgliedstaaten eigene Kompetenzen auf die EG übertragen haben (beschränkte Verbandskompetenz). Der Gemeinschaft steht insbesondere keine sog. Kompetenz-Kompetenz zu, mit der sie ihre Zuständigkeiten erweitern könnte. Allerdings kann eine Kompetenz kraft Sachzusammenhang (implied powers) bestehen (*Groeben/Thiesing/Ehlermann/ Zulegg, Kommentar zum EU-/EG-Vertrag, Art. 3b, Rn. 2 f.; Oppermann, Europarecht, Rn. 527 ff.; Ahlt, Europarecht, S. 40*).

als durch ein jeweils getrenntes Vorgehen der Mitgliedstaaten. Damit wird zunächst zugunsten der Mitgliedstaaten die widerlegbare Vermutung der Zuständigkeit aufgestellt, welche die Gemeinschaft durch den Nachweis der Erforderlichkeit und der höheren Effizienz eines Handelns auf Gemeinschaftsebene entkräften kann[27]. Das Subsidiaritätsprinzip stellt damit eine Schranke gegen die *schleichende Kompetenzerosion der Mitgliedstaaten* dar[28].

Daher wird die Auffassung vertreten, der Subsidiaritätsgrundsatz stehe einer weitgehenden Vereinheitlichung der materiellen Rechtsordnungen entgegen[29]. Allerdings kann dies aufgrund der umfassenden Kompetenzzuweisung in Artikel 44 Absatz 2 lit. g EG (Art. 54 Abs. 3 lit. g EGV) nicht für den Bereich des Gesellschaftsrechts gelten. Die Kompetenznorm ermächtigt die zuständigen Gemeinschaftsorgane – *soweit erforderlich* – ausdrücklich zu einer Rechtsangleichung im Bereich des Privatrechts[30]. Kann die Erforderlichkeit eines gesetzgeberischen Handelns auf Gemeinschaftsebene bejaht werden, so folgt daraus zugleich, daß ein Handeln auf Ebene der Mitgliedstaaten nicht den gleichen Erfolg verspricht[31].

II. Beschränkung der gemeinschaftsrechtlichen Regelungskompetenz im Bereich des Gesellschaftsrechts durch Artikel 293 lit. 3 EG (Art. 220 lit. 3 EGV)?

Auch wenn durch Artikel 44 Absatz 2 lit. g EG (Art. 54 Abs. 3 lit. g EGV) eine umfängliche Rechtsangleichungskompetenz besteht, die nicht durch das Subsidiaritätsprinzip eingeschränkt wird, so könnte doch in Artikel 293 lit. 3 EG (Art. 220 lit. 3 EGV) eine vorrangige Bestimmung zu sehen sein, die in ihrem Anwendungsbereich erstere Regelung verdrängt. In Artikel 293 lit. 3 EG (Art. 220 lit. 3 EGV)

---

[27] *Bleckmann, DVBl. 1992, S. 335 (336).*

[28] *Ukrow, Richterliche Rechtsfortbildung durch den EuGH, S. 44.*
Durch den Vertrag von Maastricht wurde in Artikel 6 Absatz 3 EUV der Grundsatz der Achtung der nationalen Identität verankert, der einer schleichenden Kompetenzverlagerung von der nationalen auf die Gemeinschaftsebene vorbeugen soll (vgl. hierzu: *Bleckmann, JZ 1997, S. 265 ff.*). Allerdings stellt die Bestimmung keine unmittelbare Kompetenzausübungsschranke dar, wie aus Artikel 47 EUV folgt. Zudem ist die Bestimmung aufgrund von Artikel 46 EUV einer Auslegung durch den EuGH verschlossen (vgl. allgemein zu Artikel 6 EUV: *Calliess/Ruffert/Puttler, Kommentar zu EU-Vertrag und EG-Vertrag, Art. 6 EUV*).

[29] *Gounalakis/Radke, ZVglRWiss 98 (1999), S. 1 (10).*

[30] *Klauer, Die Europäisierung des Privatrechts, S. 177.*

[31] *Habersack, Europäisches Gesellschaftsrecht, Rn. 23; Schön, ZGR 1995, S. 1 (19 ff.); ders., ZHR 160 (1996), S. 221 (229 ff.); Behrens, FS Mestmäcker, S. 831 (837 f.);* vgl. allgemein: *Bernard, C.M.L.Rev. 1996, S. 633 (652 ff.);* a.A.: *Wouters, C.M.L.Rev. 2000, S. 257 (277 ff.).*
Aus dem gleichen Grund ist das Subsidiaritätsprinzip im Zusammenhang mit der Schaffung supranationaler Gesellschaftsformen zu vernachlässigen, da insofern eine ausschließliche Zuständigkeit der Gemeinschaft besteht (*Behrens, FS Mestmäcker, S. 833 (836 f.)*). Nach der u.a. von *Kindler* vertretenen Gegenauffassung stehen das Subsidiaritäts- und das Verhältnismäßigkeitsprinzip einer Kompetenzausweitung der Gemeinschaft im Bereich des Internationalen Gesellschaftsrechts entgegen (*Münch-Komm-Kindler, Internationales Gesellschaftsrecht, Rn. 48, 50 f.*). Ähnlich argumentiert *Ulmer*, der den *wesensgebenden Kern nationalen Rechts* und besonders den nationalen ordre public des Aktienrechts zur kulturellen Identität der Mitgliedstaaten zählt und als absolute Harmonisierungshindernisse ansieht (*Ulmer, Harmonisierungsschranken des Aktienrechts, S. 176 f.*).

wird neben der bereits angesprochenen gegenseitigen Anerkennung von Gesellschaften im Sinne des Artikels 48 Absatz 2 EG (Art. 58 Abs. 2 EGV)[32] und der Möglichkeit der Verschmelzung von Gesellschaften, die den Rechtsvorschriften verschiedener Mitgliedstaaten unterstehen, die Beibehaltung der Rechtspersönlichkeit von Gesellschaften bei Verlegung des Sitzes von einem Mitgliedstaat in einen anderen genannt. Die Bestimmung enthält eine bindende Verpflichtung der Mitgliedstaaten zu einem Handeln durch völkerrechtliche Abkommen in den genannten Bereichen, sofern hierzu ein Handlungsbedarf besteht[33].

Sie schließt jedoch nicht Rechtsangleichungsmaßnahmen auf EG-Ebene durch andere Vertragsbestimmungen aus, entfaltet somit keine Sperrwirkung[34], so daß auch diese Bereiche grundsätzlich einer Regelung durch den Gemeinschaftsgesetzgeber aufgrund seiner durch das Gemeinschaftsrecht verliehenen Gesetzgebungskompetenz zugänglich sind[35]. Denn in seiner *Daily Mail*-Entscheidung verwies der EuGH für eine Regelung der grenzüberschreitenden Sitzverlegung von Gesellschaften nicht allein auf die Möglichkeit des Abschlusses eines Übereinkommens nach Artikel 293 lit. 3 EG (Art. 220 lit. 3 EGV), sondern auch auf die Kompetenzzuweisung in Artikel 44 Absatz 2 lit. g EG (Art. 54 Abs. 3 lit. g EGV)[36]. Offensichtlich ging der EuGH damit von einer unmittelbaren Regelungsbefugnis des Gemeinschaftsgesetzgebers zur Koordinierung der relevanten Bereiche mittels Richtlinien aus. So nennt denn auch der Kommissionsvorschlag einer zehnten

---

[32] *Vgl. Kapitel 3 A.*

[33] *Lenz/Röttinger, EG-Vertrag, Art. 293, Rn. 1; Groeben/Thiesing/Ehlermann/Schwartz, Kommentar zum EU-/EG-Vertrag, Art. 220, Rn. 2;* a.A.: *Geiger, EG-Vertrag, Art. 220, Rn. 1.*
Geiger sieht in Artikel 293 EG (Art. 220 EGV) nur eine Absichtserklärung (*EG-Vertrag, Art. 220, Rn. 1*). *Drobnig* bezeichnet ihn als Programmsatz (*Drobnig, in: v. Bar (Hrsg.), Europäisches Gemeinschaftsrecht und Internationales Privatrecht, S. 185 (186)*).

[34] *Groeben/Thiesing/Ehlermann/Schwartz, Kommentar zum EU-/EG-Vertrag, Art. 220, Rn. 6; Steindorff, EG-Vertrag und Privatrecht, S. 249 ff.; Geiger, Art. 220, EG-Vertrag, Rn. 1;* a.A.: *Münch-Komm-Kindler, Internationales Gesellschaftsrecht, Rn. 49 f.; Mankowski, NJW 1995, S. 306 (307); Nicolaysen, Europarecht II, S. 188.*
Die Bestimmung des Artikels 293 EG (Art. 220 EGV) beansprucht daher nur subsidiär Anwendung (*Groeben/Thiesing/Ehlermann/Schwartz, Kommentar zum EU-/EG-Vertrag, Art. 220, Rn. 2, 4; Lenz/Röttinger, EG-Vertrag, Art. 293, Rn. 3; Drobnig, in: v. Bar (Hrsg.), Europäisches Gemeinschaftsrecht und Internationales Privatrecht, S. 185 (186)*).

[35] Zudem ist die einheitliche Tragweite des Gemeinschaftsrechts auch in den in Artikel 293 EG (Art. 220 EGV) genannten Bereichen nicht eingeschränkt, so daß weder die Reichweite noch die unmittelbare Anwendbarkeit der Grundfreiheiten tangiert wird (*Groeben/Thiesing/Ehlermann/Schwartz, Kommentar zum EU-/EG-Vertrag, Art. 220, Rn. 8 f.*). Auch bei Abschluß eines Abkommens auf Grundlage von Artikel 293 EG (Art. 220 EGV) könnten im Falle einer Kollision von Bestimmungen des Abkommens mit Gewährleistungen des EG-Vertrages letztere nicht in ihrer Tragweite eingeschränkt werden (*Groeben/Thiesing/Ehlermann/Schwartz, Kommentar zum EU-/EG-Vertrag, Art. 220, Rn. 10 f.; Hartley, The Foundations of European Community Law, S. 104; Steindorff, EG-Vertrag und Privatrecht, S. 117*).

[36] *EuGH, Urt. v. 27.9.1988, Rs. 81/87 (Daily Mail), Slg. 1988, S. 5483, Rn. 21 f.*; vgl. weiter: *Habersack, Europäisches Gesellschaftsrecht, Rn. 14; Timmermans, RabelsZ 48 (1984), S. 1 (38); Dauses/Behrens, Handbuch des EU-Wirtschaftsrechts, E III, Rn. 12; Boucourechliev, RIW 1999, S. 1 (4)*; a.A.: *Sandrock, BB 1999, S. 1337 (1345)*, wonach vor Abschluß des Vertrags von Amsterdam eine Regelung im Bereich des Internationalen Gesellschaftsrechts nur auf Grundlage von Artikel 293 EG (Art. 220 EGV) hätte erfolgen können.

gesellschaftsrechtlichen Richtlinie für die internationale Verschmelzung aus dem Jahre 1985 als Kompetenzgrundlage Artikel 44 Absatz 2 lit. g EG (Art. 54 Abs. 3 lit. g EGV)[37]. Diese Richtlinie, welche inhaltlich an die dritte gesellschaftsrechtliche Richtlinie über Verschmelzungen auf nationaler Ebene aus dem Jahre 1978[38] anknüpft, soll Verschmelzungen im Sinne der Artikel 3 und 4 der dritten Richtlinie ermöglichen, an denen Gesellschaften beteiligt sind, die dem Recht verschiedener Mitgliedstaaten unterliegen. Damit erfaßt der Regelungsvorschlag einen Bereich, der auch in Artikel 293 lit. 3 EG (Art. 220 lit. 3 EGV) als möglicher Gegenstand eines internationalen Abkommens genannt ist[39].

Zudem hat der EuGH durch seine Entscheidung in der Rechtssache *Mutsch*[40] verdeutlicht, daß Artikel 293 EG (Art. 220 EGV) keinen unmittelbar geltenden Rechtssatz aufstellen wolle, sondern nur – soweit erforderlich[41] – den Rahmen für von den Mitgliedstaaten untereinander einzuleitende Verhandlungen abstecke. Diese Feststellung hat der Gerichtshof in *Gilly* erneut bekräftigt[42]. Selbst ein auf Grundlage von Artikel 293 EG (Art. 220 EGV) abgeschlossener völkerrechtlicher Vertrag würde daher keinen Vorrang vor den gemeinschaftsrechtlichen Grundfreiheiten oder einer sekundärrechtlichen Regelung besitzen[43]. Nach alledem steht einer Rechtsangleichung des Bereichs der grenzüberschreitenden Sitzverlegung von Gesellschaften auf Grundlage von Artikel 44 Absatz 2 lit. g EG (Art. 54 Abs. 3 lit. g EGV) die Bestimmung des Artikels 293 EG (Art. 220 EGV) nicht entgegen.

---

[37] *Vorschlag einer zehnten Richtlinie des Rates nach Artikel 53 Absatz 3 Buchstabe g) des Vertrages über die grenzüberschreitende Verschmelzung von Aktiengesellschaften vom 8. Januar 1985, ABl. Nr. C 23/11*; vgl. allgemein zum RL-Vorschlag: *Lutter, Europäisches Unternehmensrecht, S. 257 ff.; ders., ZGR 1994, S. 87 ff.; Ganske, DB 1985, S. 581 ff.; Habersack, Europäisches Gesellschaftsrecht, Rn. 60 ff.*

[38] *Dritte Richtlinie 78/855/EWG gemäß Artikel 54 Absatz 3 Buchstabe g) des Vertrages betreffend die Verschmelzung von Aktiengesellschaften, ABl. Nr. L 295/36.*

[39] Gleiches gilt für den Vorentwurf einer 14. Richtlinie über die Verlegung des Sitzes einer Gesellschaft in einen anderen Mitgliedstaat mit Wechsel des für die Gesellschaft maßgebenden Rechts vom 22. April 1997 (*KOM XV/6002/97 v. 20.4.1997*; vgl. den Abdruck in: *ZIP 1997, S. 1721 ff.; Schwarz, Europäisches Gesellschaftsrecht, Sign. 14; ZGR 1999, S. 157 ff.*). Auch hier wird als Rechtsgrundlage explizit Artikel 44 EG (Art. 54 EGV) genannt. Weiter heißt es in den Begründungserwägungen des Richtlinienvorentwurfs: *Der Umstand, daß nach Artikel 220 EG-Vertrag die Mitgliedstaaten Verhandlungen einleiten können, um die Beibehaltung der Rechtspersönlichkeit von Gesellschaften bei Verlegung ihres Sitzes von einem Staat in einen anderen sicherzustellen, steht einer Regelung dieser Frage im Wege einer Richtlinie nicht entgegen* (*6. Begründungserwägung des Richtlinienvorentwurfs*).

[40] *EuGH, Urt. v. 11.7.1985, Rs. 137/84 (Mutsch), Slg. 1985, S. 2681, Rn. 11.*

[41] Vgl. zu diesem Kriterium: *Groeben/Thiesing/Ehlermann/Schwartz, Kommentar zum EU-/EG-Vertrag, Art. 220, Rn. 30 ff.*

[42] *EuGH, Urt. v. 12.5.1998, Rs. 336/96 (Gilly), Slg. 1998, S. I-2793, Rn. 15, 17.*

[43] *EuGH, Urt. v. 11.7.1985, Rs. 137/84 (Mutsch), Slg. 1985, S. 2681.*
Allerdings wurden völkerrechtliche Abkommen auf Grundlage von Artikel 293 lit. 3 EG (Art. 220 lit. 3 EGV) bisher nicht abgeschlossen. Hierzu führt der EuGH in *Daily Mail* etwas lakonisch aus: *In Artikel 220 EWG-Vertrag ist, soweit erforderlich, der Abschluß von Übereinkommen unter den Mitgliedstaaten vorgesehen, um unter anderem die Beibehaltung der Rechtspersönlichkeit bei Verlegung des Sitzes von einem Mitgliedstaat in einen anderen sicherzustellen. Bis heute ist ein derartiges Übereinkommen nicht in Kraft getreten* (*EuGH, Urt. v. 27.9.1988, Rs. 81/87 (Daily Mail), Slg. 1988, S. 5483, Rn. 21*).

B. Bisherige Initiativen auf Gemeinschaftsebene zur Ermöglichung einer grenzüberschreitenden identitätswahrenden Sitzverlegung von Kapitalgesellschaften

Obwohl im Gesellschaftsrecht bereits eine Harmonisierung wesentlicher Teilbereiche stattgefunden hat[44], wurde bisher auf Gemeinschaftsebene kein Sekundärrechtsakt zur Ermöglichung grenzüberschreitender identitätswahrender Sitzverlegungen von Kapitalgesellschaften erlassen. Allerdings hat sich die Kommission intensiv mit entsprechenden Regelungsmöglichkeiten auseinandergesetzt. Neben dem bereits angesprochenen Übereinkommen vom 29. Februar 1968[45] – welches sich allerdings auf die gegenseitige Anerkennung von Gesellschaften und juristischen Personen konzentriert, auch wenn es über die alleinige Anerkennungsfrage hinausgeht – bestehen Lösungsansätze jüngeren Datums, die eine grenzüberschreitende identitätswahrende Sitzverlegung von Kapitalgesellschaften auf Gemeinschaftsebene ermöglichen sollen[46].

I. Der KPMG-Report

Einen Ansatz zur Lösung der kollisionsrechtlichen Problematik von grenzüberschreitenden Sitzverlegungen enthält der von der Kommission in Auftrag gegebene *KPMG-Report* aus dem Jahre 1993 über die Verlegung des Sitzes einer Gesellschaft von einem Mitgliedstaat in einen anderen ohne Verlust der Rechtspersönlichkeit[47]. Ziel des Reports war die Untersuchung der Frage, welche Maßnahmen geeignet sind, eine grenzüberschreitende Sitzverlegung von Gesellschaften innerhalb der Europäischen Gemeinschaft ohne vorherige Liquidation zu ermöglichen. Er enthält zwei Lösungsvorschläge für die behandelte Thematik.

Der erste Vorschlag des Reports zum Erlaß einer gesellschaftsrechtlichen Richtlinie[48] beinhaltet eine Entscheidung für die Gründungstheorie als Kollisionsnorm[49].

---

[44] Vgl. zum Stand des Europäischen Gesellschaftsrechts: *Goldmann/Lyon-Caen/Vogel, Droit commercial européen, S. 135 ff.; Dine, ELR 1989, S. 322 ff.; Habersack, Europäisches Gesellschaftsrecht, Rn. 45 ff.; Lutter, Europäisches Unternehmensrecht, S. 101 ff.; Neßler, ZfRV 2000, S. 1 ff.; Wiesner, ZIP 2000, S. 1792 ff.; Steding, NZG 2000, S. 913 ff.; Schwarz, Europäisches Gesellschaftsrecht, S. 1 ff.; Paschke/Iliopoulos (Hrsg.), Europäisches Privatrecht, S. 449 ff.; Wouters, C.M.L.Rev. 2000, S. 257 ff.*
Eine eingehende Analyse der Rechtsprechung des EuGH zum Europäischen Gesellschaftsrecht findet sich bei: *Klauer, Die Europäisierung des Privatrechts, S. 181 ff.*

[45] *BGBl. 1972 II, S. 369 ff.*; vgl. hierzu: *Kapitel 2 A. II.*

[46] Bereits 1962 ließ die Kommission einen ersten Expertenbericht durch *G. Beitzke* erstellen, der unveröffentlicht blieb (*Bellingwout, in: Wouters/Schneider (Hrsg.), Current Issues of Cross-Border Establishment of Companies in the European Union, S. 75; ders., RIW 1997, S. 550*). Eine Zusammenfassung der Ergebnisse hat *Beitzke* jedoch 1965 publiziert (*vgl. ZHR 127 (1965), S. 1 ff.*).

[47] *Study on Transfer of the Head Office of a Company from One Member State to Another, carried out by KPMG European Business Centre (Luxemburg, Office for Official Publications of the European Communities, 1993)*; vgl. den Abdruck in: *Wouters/Schneider (Hrsg.), Current Issues of Cross-Border Establishment of Companies in the European Union, S. 363 ff.*

[48] Der Titel des Vorschlags lautet: *Proposal I: Draft Directive on the transfer of the siège réel of a company from one Member State to another without dissolution (while remaining subject to the Law of the State of incorporation).*

An dem neuen Sitz der Gesellschaft ist zudem fakultativ für die Mitgliedstaaten die Einführung einer Registrierungspflicht, die derjenigen von Zweigniederlassungen entspricht, vorgesehen[50]. Auch besteht die Möglichkeit, den effektiven Verwaltungssitz mehrmals von einem Mitgliedstaat in einen anderen zu verlegen[51]. Um einen Mißbrauch des Gründungsrechts als Anknüpfungspunkt zu verhindern, ist in Artikel 3 Absatz 5 des ersten Vorschlags das *concept of pseudo-foreign corporations* verankert. Dort heißt es:

However, the State of arrival need not apply this Directive in respect of companies which transfer their siège réel where objective factors show that the principal purpose or one of the principal purposes of the incorporation of the company in the State of incorporation followed by the transfer of the siège réel to the State of arrival was to avoid the application to the company of the provisions of the law of the State of arrival which would have applied had the company been incorporated there. The fact that the transfer of the siège réel is not carried out for valid organisational reasons may constitute such an objective factor.

Der erste Vorschlag wurde in den KPMG-Report aufgenommen, um eine ideale kollisionsrechtliche Lösung für die Problematik der grenzüberschreitenden Sitzverlegung von Kapitalgesellschaften vorzustellen. Allerdings weicht der Lösungsvorschlag insoweit von dem Auftrag der Kommission ab, als diese offensichtlich eine fortbestehende Koexistenz von Gründungs- und Sitztheorie anstrebte, mithin keine Entscheidung zugunsten der einen oder der anderen Kollisionsnorm getroffen haben wollte. Daher wurde der Vorschlag vermutlich der Vollständigkeit halber eingefügt[52].

Indes versucht der zweite Vorschlag[53] des KPMG-Reports – der ebenfalls in Form eines Richtlinienentwurfs abgefaßt ist –vom Ansatz her, die in den Mitgliedstaaten bestehenden Unterschiede im Bereich des Internationalen Gesellschaftsrechts unberührt zu lassen und entsprechend dem Auftrag der Kommission einen Lösungsvorschlag zu entwickeln, der eine identitätswahrende grenzüberschreitende Sitzverlegung von Aktiengesellschaften und Gesellschaften mit beschränkter Haftung ermöglicht. Da allein die Gründungstheorie eine grenzüberschreitende identitätswahrende Verlegung des Entscheidungszentrums einer Gesellschaft ohne Statutenwechsel ermöglicht, mußte ein Weg gefunden werden, die Folgen der Anwendung der Sitztheorie, namentlich den Verlust der Rechtspersönlichkeit, zu korrigieren.

---

[49] *Vgl. Artikel 3 Absätze 2-5 des ersten Vorschlags.*

[50] *Artikel 3 Absatz 3 des ersten Vorschlags.*

[51] *Vgl. Artikel 3 Absatz 4 des ersten Vorschlags.*

[52] *Bellingwout, in: Wouters/Schneider (Hrsg.), Current Issues of Cross-Border Establishment of Companies in the European Union, S. 75 (81 f.); ders., RIW 1997, S. 550 (553).*

[53] Der Titel des Vorschlags lautet: *Proposal II: Draft Directive on the transfer of the official registered address of a company from one Member State to another without dissolution (with consequent change of the proper law of the company).*

Den grundlegenden Ansatzpunkt enthält Artikel 4 des zweiten Vorschlags:

1. *Each Member State shall, as regards companies governed by its national laws, make provisions in accordance with this Directive for rules governing the transfer of a company's official registered address into or out of such Member State without dissolution.*
2. *If a company transferring its official registered address in accordance with the procedures laid down by this Directive retains a place of business in the Member State of departure, it shall register such place of business as a branch in accordance with the law of that State.*

Damit wird zunächst der Anknüpfungspunkt der Sitztheorie, welcher am effektiven Verwaltungssitz der Gesellschaft ansetzt, ausgehebelt. Denn alleiniger Anknüpfungspunkt soll die *official registered address* sein, also der Satzungssitz der Gesellschaft[54]. Dies entspricht dem Anknüpfungspunkt der Gründungstheorie, welche an den im Gründungsstatut der Gesellschaft genannten Firmensitz anknüpft, der gleichzeitig für die Zuständigkeit des Registers entscheidend ist. Eine Verlegung des effektiven Verwaltungssitzes der Gesellschaft kann nur zusammen mit einer Änderung des Registrierungsortes und daher mit einer entsprechenden Änderung der Gesellschaftssatzung erfolgen[55].

Mithin muß sich die Gesellschaft nach der Sitzverlegung dem Gesellschaftsrecht des *Zuzugsstaats* anpassen und kann dort somit nicht in ihrem *fremden rechtlichen Gewand* fortbestehen[56]. Hierdurch wird das Auseinanderfallen von statutarischem und effektivem Verwaltungssitz verhindert. Damit respektiert der Ansatz das Grundanliegen der Sitztheorie, indem durch ein Anpassungserfordernis verhindert wird, daß eine schwerpunktmäßige unternehmerische Betätigung in einem Mitgliedstaat mittels einer Gesellschaftsform ausgeübt wird, die nicht dem dortigen *Kanon* des Gesellschaftsrechts entspricht. Dies gleicht dem bereits 1986 von *Behrens* unterbreiteten Vorschlag, wonach eine grenzüberschreitende identitätswahrende Sitzverlegung von einem Mitgliedstaat in einen anderen auch unter Beibehaltung der Sitztheorie als Kollisionsnorm möglich sein könnte, sofern der statutarische und der effektive Verwaltungssitz gleichzeitig gewechselt würden[57].

---

[54] *Artikel 3 Satz 1 i.V.m. Artikel 4 Nr. 4 des zweiten Vorschlags.*

[55] *Artikel 4, 5 und 15 des zweiten Vorschlags.*

[56] *Artikel 5 Absatz 2 c) des zweiten Vorschlags.*
Vgl. auch: *Bellingwout, in: Wouters/Schneider (Hrsg.), Current Issues of Cross-Border Establishment of Companies in the European Union, S. 75 (83); ders., RIW 1997, S. 550 (554).*

[57] Dies ginge durch eine Auflösung der Gesellschaft unter der aufschiebenden Bedingung der Verlegung des effektiven Verwaltungssitzes. Die Auflösungsbedingung müßte dergestalt sein, daß zunächst eine Registrierung im Zuzugsstaat stattfindet und im Anschluß hieran die Löschung der Gesellschaft aus dem Register des Wegzugsstaates vorgenommen würde (*Behrens, RIW 1986, S. 590 ff.*; *ders., ZGR 1994, S. 1 (8 f.);* vgl. hierzu: *Großfeld/Jasper, RabelsZ 53 (1989), S. 52 ff.; Großfeld/König, IPRax 1991, S. 380 (381)*).
Vgl. insoweit auch Artikel 14 Absatz 2 der VO 2137/85/EWG, wonach die Löschung der Eintragung einer EWIV im Register des früheren Sitzes erst aufgrund des Nachweises über die Eintragung der Vereinigung im Register des neuen Sitzes erfolgen kann.

Um insbesondere für Gläubiger einen Ausgleich zu erreichen, ist es nach Artikel 3 des zweiten Vorschlags für Dritte unter bestimmten Voraussetzungen möglich, sich auf das am Ort des effektiven Verwaltungssitzes geltende Recht zu berufen, sofern der effektive Verwaltungssitz der Gesellschaft nicht wirklich verlegt wurde. Eine Berufung auf die Bestimmung ist indes für Anteilseigner sowie Dritte, die Aufgaben als Gesellschaftsorgane wahrnehmen, nicht möglich[58].

Feststellen läßt sich, daß der erste Vorschlag des KPMG-Reports einen probaten Ansatz zur grenzüberschreitenden identitätswahrenden Sitzverlegung von Kapitalgesellschaften innerhalb der EG enthält, wird hier doch weitgehend die Maßgeblichkeit des Gründungsrechts bei innergemeinschaftlichen Sachverhalten zugrunde gelegt, ohne aber die Möglichkeit reiner Umgehungsgründungen einzuräumen. Der zweite Vorschlag des KPMG-Reports führt aufgrund der Vorgabe, die Sitztheorie als Kollisionsnorm nicht in Frage zu stellen, nicht zur Gewährung grenzüberschreitender identitätswahrender Sitzverlegungen als Restrukturierungsform, sondern allein zur Einräumung der rechtlichen Möglichkeit formwechselnder identitätswahrender Umwandlungen. Die grenzüberschreitende Verlegung des effektiven Verwaltungssitzes ist nach Maßgabe des Vorschlags daher nur durch einen Wechsel des *rechtlichen Gewands* möglich.

Trotz seiner differenzierten Lösungsansätze hat der KPMG-Report zunächst keine größere Beachtung gefunden. Jedoch entschied sich die Kommission mit einiger zeitlicher Verzögerung, offensichtlich aufbauend auf dem zweiten Vorschlag des KPMG-Reports, einen eigenen Lösungsansatz zu entwickeln, der in dem Vorentwurf einer 14. Richtlinie im Bereich des Gesellschaftsrechts mündete[59].

II. Vorentwurf einer 14. Richtlinie im Bereich des Gesellschaftsrechts

Der Vorentwurf der Kommission für eine 14. Richtlinie im Bereich des Gesellschaftsrechts[60] vom 20. April 1997 sieht nach seiner Zielsetzung ein gemeinschaftsweit einheitliches Verfahren für die Durchführung von grenzüberschreitenden identitätswahrenden – allerdings statutsändernden – Sitzverlegungen von Kapitalgesellschaften vor[61]. Wie bereits zuvor im Rahmen des zweiten

---

[58] Artikel 3 des zweiten Vorschlags lautet: *The official registered address shall bind the company as to the location of its seat. However, third parties shall be entitled to prove that the company does not in fact maintain its seat at its official registered address. Third Parties does not include persons who are members of the company's management organs.* Vgl. hierzu: *Bellingwout, RIW 1997, S. 550 (554 f.).*

[59] Eine Bewertung des zweiten Vorschlags des KPMG-Reports erübrigt sich daher an dieser Stelle, weil insoweit dieselben Gesichtspunkte gelten, wie bei der Bewertung des Vorentwurfs einer 14. Richtlinie über die Verlegung des Sitzes einer Gesellschaft in einen anderen Mitgliedstaat mit Wechsel des für die Gesellschaft maßgebenden Rechts vom 22. April 1997 (*KOM XV/6002/97 v. 20.4.1997*).

[60] *KOM XV/6002/97 v. 20.4.1997;* vgl. den Abdruck in: *ZIP 1997, S. 1721 ff.; Schwarz, Europäisches Gesellschaftsrecht, Sign. 14; ZGR 1999, S. 157 ff.*

[61] *Di Marco, ZGR 1999, S. 3 (7).*
Zu Recht ist bemängelt worden, daß sich die Beschränkung auf Kapitalgesellschaften nicht aus der textlichen Abfassung des Richtlinienvorentwurfs ergibt (*Neye, ZGR 1999, S. 13 (14)*). Die Beschränkung des Anwendungsbereichs auf Kapitalgesellschaften wird damit begründet, daß das

Vorschlags des KPMG-Reports aus dem Jahre 1993 läßt auch der Richtlinienvorentwurf die Unterschiede im Internationalen Gesellschaftsrecht der Mitgliedstaaten fortbestehen[62]. Ohne somit eine Harmonisierung der verschiedenen Anknüpfungskriterien für die Bestimmung des auf eine Gesellschaft anzuwendenden Rechts anzustreben, werden von den bestehenden Unterschieden ausgehend zwei Verfahren vorgeschlagen, die eine grenzüberschreitende identitätswahrende Sitzverlegung und damit den Zu- und Wegzug von Gesellschaften im inter-mitgliedstaatlichen Bereich ermöglichen sollen[63].

Sofern an einer grenzüberschreitenden Sitzverlegung nur Rechtsordnungen beteiligt sind, deren Kollisionsrecht an den statutarischen Sitz der Gesellschaft anknüpft, ist eine Verlegung des Satzungssitzes mit und ohne gleichzeitige Verlegung des tatsächlichen Verwaltungssitzes der Gesellschaft möglich[64]. Ist an der Sitzverlegung indes eine Rechtsordnung beteiligt, deren Kollisionsrecht auf den effektiven Verwaltungssitz zur Bestimmung des auf die Gesellschaft anwendbaren Rechts abstellt, so kann eine grenzüberschreitende Sitzverlegung nur bei gleichzeitiger Verlegung von statutarischem und tatsächlichem Verwaltungssitz erfolgen[65]. Indes

---

Personengesellschaftsrecht innerhalb der Gemeinschaft bisher nicht angeglichen sei und insofern erhebliche Divergenzen zwischen den mitgliedstaatlichen Rechtsordnungen bestünden (vgl. etwa: *Priester, ZGR 1999, S. 36 (37)*). Allerdings soll die Richtlinie nach den Vorstellungen der Kommission nur für diejenigen Kapitalgesellschaften gelten, denen in allen Mitgliedstaaten ein entsprechendes Pendant gegenübersteht. Ist dies nicht der Fall, so sollen die Mitgliedstaaten diese Gesellschaftsformen vom Anwendungsbereich ausschließen können (*Di Marco, ZGR 1999, S. 3 (7)*). Weiterhin werden von der Möglichkeit zur grenzüberschreitenden identitätswahrenden Sitzverlegung all diejenigen Gesellschaften ausgenommen, gegen die ein Insolvenzverfahren eingeleitet wurde oder die sich in Auflösung oder Liquidation befinden, Artikel 13 des Richtlinienvorentwurfs.

[62] *Vgl. Begründung IV, 2. des Vorentwurfs, ZIP 1997, S. 1721 (1722).*

[63] Das Hauptziel des Richtlinienvorentwurfs – die Möglichkeit einer grenzüberschreitenden identitätswahrenden Sitzverlegung – wird in Artikel 3 des Vorentwurfs genannt. Diese Zielsetzung entspricht derjenigen von Artikel 4 Absatz 1 des zweiten Vorschlags des KPMG-Reports.
Steuerrechtliche Aspekte wurden bei dem Richtlinienvorentwurf ausgespart, sollen aber entsprechend den Regelungen der Fusionsbesteuerungsrichtlinie (*90/434/EWG, ABl. Nr. L 225/1;* vgl. hierzu: *Thömmes, EWS 1990, S. 80 (81); Weitnauer, EWS 1992, S. 165 (167 ff.); Roussos, EBLR 2001, S. 7*) ausgestaltet werden (*Di Marco, ZGR 1999, S. 3 (10)*). Grundsätzlich muß der Vorgang der grenzüberschreitenden Sitzverlegung steuerlich neutral ausgestaltet werden, da es ansonsten – etwa bei der aktuellen rechtlichen Lage in Deutschland, wo gemäß § 12 KStG bei einer Sitzverlegung ins Ausland eine Gesellschaft entsprechend § 11 KStG der Liquidationsbesteuerung unterworfen wird – aus wirtschaftlicher Sicht nicht sinnvoll wäre, von der Möglichkeit einer grenzüberschreitenden Sitzverlegung Gebrauch zu machen (*Neye, ZGR 1999, S. 13 (16)*). Vgl. allgemein zu den steuerrechtlichen Aspekten internationaler Sitzverlegungen: *Hügel, ZGR 1999, S. 71 ff.; Dinkhoff, Internationale Sitzverlegung von Kapitalgesellschaften unter besonderer Berücksichtigung des Internationalen Gesellschaftsrechts und des Steuerrechts, S. 153 ff.*

[64] *Di Marco, ZGR 1999, S. 3 (7).*
Diese Regelung ist von daher erstaunlich, als in Ländern, die auf kollisionsrechtlicher Ebene der Gründungstheorie folgen, die alleinige Verlegung des Satzungssitzes nur innerhalb der eigenen Rechtsordnung möglich ist. Der Satzungssitz kann indes nicht in einen anderen (Mitglied-) Staat verlegt werden (*Bellingwout, RIW 1997, S. 550 (552 f.)*; vgl. etwa für das Vereinigte Königreich: *Rajak, EBLR 2000, S. 43; Gower, Principles of Modern Company Law, S. 14; Gillessen, Europäische transnationale Sitzverlegung und Fusion im Vereinigten Königreich und in Irland, S. 179*).

[65] *Di Marco, ZGR 1999, S. 3 (7).*
Aus dem Entwurfstext geht nicht hervor, ob eine Anpassung der Gesellschaftssatzung nur an eine Gesellschaft entsprechender Rechtsform stattfinden kann, oder ob es auch zulässig sein soll, daß etwa

soll die alleinige Verlegung der Hauptverwaltung innerhalb der Gemeinschaft auch weiterhin ausschließlich dem innerstaatlichen Recht der Mitgliedstaaten unterliegen[66].

Vor der grenzüberschreitenden Sitzverlegung einer Gesellschaft sieht der Richtlinienvorentwurf die Aufstellung eines Verlegungsplans vor, Artikel 4 des Vorentwurfs[67]. Insofern orientiert er sich an Artikel 14 der EWIV-Verordnung[68] sowie an Artikel 8 der Verordnung über das Statut einer europäischen Aktiengesellschaft[69], die beide die Aufstellung eines Verlegungsplans im Zusammenhang mit einer grenzüberschreitenden Sitzverlegung verlangen. Abweichend von diesen Regelungen muß allerdings nach dem Richtlinienvorentwurf im Verlegungsplan die Rechtsform angegeben werden, welche die Gesellschaft im Zuzugsstaat erhalten soll[70]. Nach Artikel 6 Absatz 1 des Richtlinienvorentwurfs kann der Beschluß über die Verlegung des Sitzes der Gesellschaft erst zwei Monate nach der Bekanntmachung des Verlegungsplans erfolgen. Die Verlegung hat in der Weise zu geschehen, daß die Gesellschaft nach der einstimmigen Beschlußfassung über die Sitzverlegung zunächst am Ort des neuen Verwaltungssitzes eingetragen und sodann die Eintragung am Ort des alten Verwaltungssitzes gelöscht wird[71]. Die Verlegung des satzungsmäßigen Gesellschaftssitzes gilt mit der Eintragung in das Register des *Zuzugsstaates* als vollzogen[72].

Daneben muß das Leitungs- oder Verwaltungsorgan der Gesellschaft einen Bericht erstellen, *in dem die rechtlichen und wirtschaftlichen Aspekte der Verlegung erläutert und begründet und die Auswirkungen der Verlegung für die Gesellschafter sowie für die Arbeitnehmer dargelegt werden*[73]. Dem im Richtlinienvorentwurf genannten Personenkreis ist Einsicht sowohl in den Verlegungsplan als auch in den

---

eine französische S.A. bei ihrem Zuzug nach Deutschland die Rechtsform einer GmbH wählt. Letztere Möglichkeit wird teilweise befürwortet (*Priester, ZGR 1999, S. 36 (40)*).

[66] *Di Marco, ZGR 1999, S. 3 (7); Hoffmann, ZHR 164 (2000), S. 43 (51, 53); Koppensteiner, FS Lutter, S. 141.*

[67] Der Verlegungsplan hat Angaben über den für die Gesellschaft vorgesehenen Sitz, die für die Gesellschaft vorgeschlagene Satzung und gegebenenfalls die neue Firma, die Form der Arbeitnehmermitbestimmung, sofern die Arbeitnehmer vor der Sitzverlegung bereits in den Organen der Gesellschaft vertreten waren, sowie den für die Verlegung vorgesehenen Zeitplan zu enthalten. Er ist nach den in der ersten gesellschaftsrechtlichen Richtlinie (*68/151/EWG*) enthaltenen Bestimmungen offenzulegen, Artikel 4 Absatz 2 des Richtlinienvorentwurfs.

[68] *2137/85/EWG, ABl. Nr. L 199/1.*

[69] *ABl. 2001, Nr. L 294/1.*

[70] *Di Marco, ZGR 1999, S. 3 (8).*

Dieses nach Angaben der Kommission bestehende Erfordernis hat allerdings nicht Anklang in der insoweit einschlägigen Regelung des Artikels 4 des Richtlinienvorentwurfs gefunden.

[71] *Art. 11 des Richtlinienvorentwurfs.*

[72] *Art. 11 Abs. 1 des Richtlinienvorentwurfs.*

[73] *Art. 5 Abs. 1 des Richtlinienvorentwurfs.*

Der in Artikel 5 Absatz 2 des Richtlinienvorentwurfs genannte Personenkreis, zu dem neben Anteilseignern und Gläubigern die Vertreter der Arbeitnehmer gehören, hat bis zur Entscheidung über die Sitzverlegung, mindestens aber einen Monat lang Gelegenheit, am Sitz der Gesellschaft sowohl den Verlegungsplan als auch den Bericht einzusehen und hiervon auf Antrag durch das zuständige Gesellschaftsorgan kostenlos Abschriften zu erhalten.

Verlegungsbericht zu gewähren[74]. Über die Beachtung aller Formalien ist von einem zuständigen Gericht, einer zuständigen Behörde oder einem Notar eine Bescheinigung auszustellen, die der zuständigen Registrierungsstelle im Zuzugsstaat vorzulegen ist, damit dort eine Registrierung der Gesellschaft erfolgen kann[75].

Für den Beschluß zur Verlegung des Sitzes einer Gesellschaft ist eine 2/3 Mehrheit des zuständigen Gesellschaftsorgans (Hauptversammlung oder Gesellschafterversammlung)[76] erforderlich, sofern das auf die Gesellschaft anwendbare Recht nicht eine größere Mehrheit vorschreibt oder zuläßt[77]. Zudem sind die Mitgliedstaaten befugt, zusätzliche Bestimmungen zum Schutz von Minderheitsgesellschaftern einzuführen, die einer Verlegung des Gesellschaftssitzes widersprochen haben[78].

Um einen effektiven Gläubigerschutz zu gewährleisten, kann sich die Gesellschaft gegenüber gutgläubigen Dritten nicht auf ihren neuen Gesellschaftssitz berufen, solange die Eintragung im Register des Wegzugsstaates noch nicht gelöscht worden ist, was – wie bereits dargelegt – zeitlich erst nach der Eintragung im Register des Zuzugsstaates erfolgen kann[79]. Zudem sollen Gläubiger der Gesellschaft und sonstige Forderungsberechtigte einen Anspruch auf eine angemessene Sicherheitsleistung zur Absicherung ihrer Ansprüche erhalten, sofern diese vor der Veröffentlichung des Verlegungsplans entstanden sind. Gleiches können die Mitgliedstaaten auch für Forderungen der öffentlichen Hand oder öffentlicher Institutionen vorsehen, sofern sie vor dem Wirksamwerden der Sitzverlegung entstanden sind[80].

Wie zuvor angesprochen, wird von dem Richtlinienvorentwurf nicht die alleinige Verlegung des effektiven Verwaltungssitzes einer Gesellschaft erfaßt[81]. Bereits diese Grundkonzeption macht deutlich, daß die Möglichkeiten der grenzüberschreitenden Sitzverlegung innerhalb der Gemeinschaft nicht gleichförmig ausgestaltet werden, sondern signifikante Unterschiede bestehen bleiben sollen, die aus den unterschiedlichen Kollisionsnormen der Internationalen Gesellschaftsrechte der Mitgliedstaaten sowie aus den materiellrechtlichen Folgewirkungen der jeweils

---

[74] *Vgl. Art. 4 und 5 Abs. 2 des Richtlinienvorentwurfs.*

[75] *Art. 9 f. des Richtlinienvorentwurfs.*
Das ausstellende Organ bescheinigt hierdurch *den ordnungsgemäßen Abschluß aller für die Verlegung notwendigen Verfahrensschritte; begonnen von der Erstellung des Verlegungsplans und –berichts, über die erforderlichen Publizitätsmaßnahmen und den Beschluß der Gesellschafterversammlung, bis zur eventuellen Sicherstellung der Gläubiger* (*Di Marco, ZGR 1999, S. 3 (8)*).

[76] In der deutschen Fassung des Richtlinienvorentwurfs wird der Begriff *Hauptversammlung* verwendet, der aber zu eng ist (*Neye, ZGR 1999, S. 13 (15)*).

[77] *Art. 6 Abs. 2 des Richtlinienvorentwurfs.*
Allerdings können die Mitgliedstaaten nach Artikel 6 Absatz 3 des Richtlinienvorentwurfs auch vorsehen, daß *die einfache Mehrheit der in Absatz 2 bezeichneten Stimmen ausreicht, wenn mindestens die Hälfte des gezeichneten Kapitals vertreten ist.* Zudem soll eine nach Gattungen von Gesellschaftsanteilen getrennte Abstimmung erforderlich sein, *wenn mehrere Kategorien von Gesellschaftern in der Hauptversammlung vertreten sind, die im Zuzugsstaat für die betreffende Gesellschaftsform überhaupt nicht oder zumindest nicht mit denselben Rechten existieren*, um Eingriffe in spezielle Anteilseignerrechte zu verhindern (*Di Marco, ZGR 1999, S. 3 (9)*).

[78] *Art. 6 Abs. 4 und Art. 7 des Richtlinienvorentwurfs.*

[79] *Vgl. Art. 11 Abs. 3, Art. 12 Satz 2 des Richtlinienvorentwurfs.*

[80] *Art. 8 des Richtlinienvorentwurfs.*

[81] *Di Marco, ZGR 1999, S. 3 (5).*

beteiligten Rechtsordnungen resultieren. Denn eine alleinige Verlegung des effektiven Verwaltungssitzes einer Gesellschaft ist zwischen Staaten, die auf kollisionsrechtlicher Ebene der Gründungstheorie folgen, bereits grundsätzlich möglich[82].

Andererseits sollen offensichtlich zwischen Mitgliedstaaten, die auf kollisionsrechtlicher Ebene der Gründungstheorie folgen, durch die Eröffnung der alleinigen grenzüberschreitenden Verlegung des satzungsmäßigen Gesellschaftssitzes neue Möglichkeiten geschaffen werden, die selbst in liberalen Rechtsordnungen wie der des Vereinigten Königreichs bisher unbekannt sind[83]. Dies erscheint paradox, sollte es doch die Zielrichtung einer Rechtsangleichung auf Gemeinschaftsebene sein, bestehende Unterschiede zwischen den Gemeinschaftsrechtsordnungen hinsichtlich der Gesellschaftsmobilität zu nivellieren. Statt dessen sollen – ohne konkreten Nachweis für ein tatsächliches Regelungsbedürfnis zur alleinigen Verlegung des satzungsmäßigen Gesellschaftssitzes – neue Unterschiede bei den Restrukturierungsmöglichkeiten zwischen solchen Mitgliedstaaten, die der Gründungstheorie folgen und solchen, die der Sitztheorie anhängen, geschaffen werden.

Sobald nur eine der beteiligten Rechtsordnungen der Sitztheorie folgt, ist die alleinige Verlegung des effektiven Verwaltungssitzes bisher unmöglich und soll es auch nach Maßgabe des Richtlinienvorentwurfs bleiben. Denn im Ergebnis ermöglicht der Richtlinienvorentwurf hier allein eine grenzüberschreitende formwechselnde Umwandlung unter Wahrung der rechtlichen Identität[84], da die jeweilige Gesellschaft gezwungen wird, sich an das Recht des Zuzugsstaates anzupassen. Damit wird der angesprochene Lösungsansatz für die identitätswahrende Sitzverlegung von Gesellschaften unter Respektierung der Erfordernisse der Sitztheorie aufgegriffen, den *Behrens* 1986 unterbreitet hatte[85] und der auch dem zweiten Vorschlag des KPMG-Reports zugrunde liegt.

Dieses Ergebnis ist im Hinblick auf die Niederlassungsfreiheit bedenklich, sollte doch die alleinige Verlegung des effektiven Verwaltungssitzes einer Gesellschaft möglich sein[86]. Insoweit ist die alleinige Einräumung der Möglichkeit einer identitätswahrenden formwechselnden Umwandlung von Gesellschaften im intermitgliedstaatlichen Bereich unzureichend[87]. Insbesondere das Problem einer

---

[82] Beschränkungen resultieren hier bei Sitzverlegungen allerdings möglicherweise aus materiellrechtlichen Bestimmungen der beteiligten Rechtsordnungen, wie die *Daily Mail*-Entscheidung anschaulich zeigt (*EuGH, Urt. v. 27.9.1988, Rs. 81/87 (Daily Mail), Slg. 1988, S. 5483, Rn. 5 ff.*).

[83] *Rajak, EBLR 2000, S. 43.*

[84] *K. Schmidt, ZGR 1999, S. 20 (29 ff.).*
So verweist *K. Schmidt* darauf, daß die Artikel 4 bis 7 des Richtlinienvorentwurfs inhaltlich den §§ 192 ff. UmwG entsprechen (*K. Schmidt, ZGR 1999, S. 20 (29 ff.)*).

[85] *Behrens, RIW 1986, S. 590 ff.*

[86] Vgl. zu den allgemeinen gemeinschaftsrechtlichen Zielsetzungen: *Kapitel 1 A. und C.*

[87] Die Auswirkungen des Richtlinienvorentwurfs werden teilweise verharmlost. So ist nach Auffassung von *Di Marco* die *Entsprechung der Gesellschaftsformen (...) aus der Sicht der Gesellschafter vor allem im Hinblick darauf relevant, als sich diese andernfalls mit einer Umwandlung konfrontiert sehen müßten* (*ZGR 1999, S. 3 (8)*). Denn wird etwa die Satzung einer deutschen GmbH den rechtlichen Erfordernissen einer französischen S.A.R.L. angepaßt, so handelt es sich hierbei um nichts anderes als um eine Umwandlung, deren einziger Unterschied zu gewöhnlichen Umwandlungen – mit Blick auf das grenzüberschreitende Element – darin besteht, daß bei ihr die Beibehaltung einer

zunächst unbemerkten Verlegung des effektiven Verwaltungssitzes und eines möglicherweise damit einhergehenden Statutenwechsels wird durch den Entwurf keiner Lösung zugeführt[88].

Zwar heißt es in den Begründungserwägungen des Vorentwurfs treffend wie folgt: *Im europäischen Binnenmarkt müssen die in den Mitgliedstaaten gegründeten Gesellschaften nicht nur Zugang zu den Märkten der anderen Mitgliedstaaten haben, sondern auch ihren satzungsmäßigen oder tatsächlichen Sitz in der Gemeinschaft verlegen können, wenn ihre Aktivitäten sich im Laufe der Zeit in ein anderes Land als den Gründungsstaat verlagern*[89]. Die Problematik der alleinigen Verlegung des effektiven Verwaltungssitzes wird von der Kommission dennoch bewußt ausgeklammert, um die unterschiedlichen Anknüpfungspunkte zur Bestimmung des auf eine Gesellschaft anwendbaren Rechts unangetastet zu lassen[90]. Damit beurteilt sich der wichtigste Fall der alleinigen Verlegung des tatsächlichen Verwaltungssitzes einer Gesellschaft weiterhin ausschließlich nach den Vorschriften des nationalen Rechts und ist somit dann rechtlich unmöglich, wenn auch nur eine der an der Sitzverlegung beteiligten Rechtsordnungen der Sitztheorie folgt[91].

Im Ergebnis geht der Richtlinienvorentwurf nicht so weit, wie das Übereinkommen vom 29. Februar 1968, nach dem – wie seinem Artikel 4 implizit zu entnehmen ist – grundsätzlich von der rechtlichen Zulässigkeit der alleinigen Verlegung des effektiven Verwaltungssitzes einer Gesellschaft ausgegangen wird. Allerdings wäre es zielführender gewesen, die Probleme, die bei der grenzüberschreitenden Sitzverlegung aus dem Kollisionsrecht resultieren, auch auf kollisionsrechtlicher Ebene zu lösen. Daher trägt der Richtlinienvorentwurf dem tatsächlichen Restrukturierungsbedürfnis von Gesellschaften im inter-mitgliedstaatlichen Bereich in Ermangelung einer gemeinschaftsweiten Lösung des Problems der alleinigen Verlegung des effektiven Verwaltungssitzes von Gesellschaften nicht hinreichend Rechnung.

---

vergleichbaren Rechtsform gewollt ist. Aufgrund der bestehenden Unterschiede in den Gesellschaftsrechten der Mitgliedstaaten kann aber bereits die Beibehaltung einer vergleichbaren Rechtsform zu erheblichen Veränderungen führen. So bestünde etwa für eine englische private limited company, die sich aufgrund einer Sitzverlegung nach Deutschland dem deutschen Gesellschaftsrecht anpassen müßte, die Pflicht zur Einhaltung des Mindestkapitalerfordernisses von 25.000 €. Eine englische public limited company müßte sich dem dualen System von Vorstand und Aufsichtsrat anpassen.

[88] Vgl. hierzu: *Kapitel 2 B. III. 3).*

[89] *Begründung zum Richtlinienvorentwurf einer 14. gesellschaftsrechtlichen Richtlinie, ZIP 1997, S. 1721 (1722).*

[90] So stellt denn auch *K. Schmidt* fest, der Richtlinienvorentwurf breche nicht mit der Sitztheorie, sondern stehe mit ihr in Einklang (*K. Schmidt, ZGR 1999, S. 20 (34)*).

[91] Ausgeklammert ist bei dieser Betrachtung der Einfluß der negativen Integration auf die nationalen Rechtsordnungen, der in Kapitel 4 behandelt wird.

III. Schlußfolgerungen

Eine grenzüberschreitende identitätswahrende Sitzverlegung von Gesellschaften innerhalb der Europäischen Gemeinschaft unter einheitlichen Voraussetzungen wurde bisher im Rahmen der positiven Integration nicht geregelt. Dies, obwohl der EG-Vertrag nicht nur die Möglichkeit des Abschlusses eines völkerrechtlichen Abkommens gemäß Artikel 293 EG (Art. 220 EGV) vorsieht, sondern auch eine Rechtsangleichung auf Grundlage von Artikel 44 Absatz 2 lit. g EG (Art. 54 Abs. 3 lit. g EGV) ermöglicht. So wurde ein völkerrechtliches Abkommen für die grenzüberschreitende Sitzverlegung von Gesellschaften bisher nicht einmal geplant. Die *Anläufe* seitens der Kommission, die grenzüberschreitende Sitzverlegung von Gesellschaften innerhalb der Gemeinschaft einer sekundärrechtlichen Regelung zuzuführen, sind nicht über das Stadium eines Vorentwurfs hinausgekommen.

Ein Grund für die bisher fehlende Berücksichtigung des Bedürfnisses nach einer hinreichenden Gesellschaftsmobilität[92] innerhalb der Gemeinschaft im Rahmen der positiven Integration mag darin zu sehen sein, daß Fragen des Internationalen Gesellschaftsrechts immer noch primär mit Blick auf Großunternehmen gesehen und entsprechend behandelt werden[93]. Insoweit wird insbesondere auf die Mitbestimmungsfrage abgestellt[94]. Diese Sichtweise ist aber sachlich unzutreffend, sind doch über 99 % aller Unternehmen innerhalb der Europäischen Gemeinschaft kleine und mittlere Unternehmen[95].

Da sowohl der zweite Entwurf des KPMG-Reports als auch der Richtlinienvorentwurf für eine 14. Richtlinie im Bereich des Gesellschaftsrechts dem Bedürfnis nach Gesellschaftsmobilität innerhalb der EG nicht hinreichend Rechnung tragen, wird nachfolgend geprüft, welche weiteren Ansätze zur Verfügung stehen, um die grenzüberschreitende identitätswahrende Sitzverlegung von Gesellschaften zu regeln[96], wobei einerseits die alleinige Verlegung des effektiven Verwaltungssitzes von Gesellschaften, andererseits der Schutz legitimer Interessen insbesondere von Minderheitsgesellschaftern, Gläubigern und sonstigen Dritten, die mit der Gesellschaft in Kontrakt treten, gewährleistet werden müssen. Dabei geht es nur um die Gestalt einer entsprechenden *Kernregelung*[97]; nicht indes angesprochen werden soll die mögliche Ausgestaltung einzelner Sitzverlegungsmodalitäten.

---

[92] Vgl. zum Begriff *Gesellschaftsmobilität: Kreuzer, EuZW 1994, S. 73 ff.*

[93] So spricht etwa *Großfeld* davon, das *Leitbild* des Internationalen Gesellschaftsrechts seien die Großunternehmen (*Staudinger-Großfeld, Internationales Gesellschaftsrecht, Rn. 24, 39;* vgl. auch: *Münch-Komm-Kindler, Internationales Gesellschaftsrecht, Rn. 10*).

[94] Vgl. etwa: *Staudinger-Großfeld, Internationales Gesellschaftsrecht, Rn. 513.*

[95] *Vgl. Kapitel I C. II.;* siehe auch: *Europäische Kommission, Maßnahmen für die KMU und das Handwerk, Ausgabe 1998, S. 12.*

[96] Ausgeklammert wird dabei der bereits angesprochene erste Vorschlag des KPMG-Reports, der ein klares Votum für die einheitliche Anwendung der Gründungstheorie als Kollisionsnorm innerhalb der Gemeinschaft enthält.

[97] Gemeint sind hiermit solche Regelungen, die von ihrem Gehalt her mit Artikel 3 des Richtlinienvorentwurfs für eine 14. Richtlinie im Bereich des Gesellschaftsrechts vergleichbar sind.

C. In der Literatur vertretene Lösungsansätze für einen Interessenausgleich zwischen Gesellschaftsmobilität und nationalen Schutzinteressen

In der Literatur wurden bereits verschiedene Lösungsansätze diskutiert, durch die ein gerechter Ausgleich zwischen staatlichen Schutzinteressen einerseits, sowie einer möglichst freien Gewährung der grenzüberschreitenden identitätswahrenden Sitzverlegung von Gesellschaften andererseits erreicht werden soll. Zu erwähnen sind hier die Differenzierungslehre, die Kombinationslehre, die Unterscheidung nach Fallgruppen und die Überlagerungstheorie[98].

I. Differenzierungslehre

Nach der auf *Grasmann* zurückgehenden Differenzierungslehre[99] ist zwischen dem Innen- und dem Außenverhältnis einer Gesellschaft zu unterscheiden. Während für das Innenverhältnis der Gesellschaft grundsätzlich das Gründungsrecht entscheidend sein soll[100], gilt im Außenverhältnis das Vornahme-, das Wirkungs- oder das Organisationsstatut[101]. Dabei sollen die Gründung einer Gesellschaft, ihre innere Verfassung und die Rechte und Pflichten der Gesellschafter dem Innenverhältnis zuzurechnen sein. Dem Außenverhältnis zugehörig angesehen werden indes die Vertretungsmacht der Gesellschaftsorgane, die Gesellschaftshaftung, Fragen der Sicherung der Kapitalaufbringung und -erhaltung sowie die Publizität.

Die Differenzierungslehre steht in Widerspruch zur Einheitslehre. Nach der Einheitslehre sind alle Fragen betreffend einer juristischen Person ohne Unterscheidung zwischen Innen- und Außenverhältnis nach einer einzigen Rechtsordnung zu beurteilen[102]. Durch die einheitliche Zuordnung aller eine Gesellschaft betreffenden Fragen zu einem Rechtssystem werden Normwidersprüche

---

[98] Daneben hat *Beitzke* den Vorschlag unterbreitet, grundsätzlich von der Gründungstheorie auszugehen, diese aber für diejenigen Fälle einzuschränken, in denen der Verwaltungs- oder Satzungssitz einer nach fremdem Recht gegründeten Gesellschaft im Inland liegt. Insofern muß sich die Gesellschaft dem am effektiven Verwaltungssitz geltenden Recht anpassen. Bis zum Abschluß des Anpassungsvorgangs sollen inländische Drittschutzbestimmungen das Gründungsrecht überlagern (*Beitzke, in: Lauterbach (Hrsg.), Vorschläge und Gutachten zur Reform des deutschen internationalen Personen- und Sachenrechts, S. 94 (116 ff.)*); vgl. hierzu: *Staudinger-Großfeld, Internationales Gesellschaftsrecht, Rn. 35*).

[99] *Grasmann, System des Internationalen Gesellschaftsrechts, Rn. 615 ff.*

[100] *Grasmann* geht insofern davon aus, daß in diesem Bereich das Interesse der Gesellschafter an der Bestimmung des Rechts, dem die Gesellschaft unterliegen soll, grundsätzlich anerkennenswert sei (*Grasmann, System des Internationalen Gesellschaftsrechts, Rn. 977;* kritisch hierzu: *Münch-Komm-Kindler, Internationales Gesellschaftsrecht, Rn. 299*).

[101] *Grasmann, System des Internationalen Gesellschaftsrechts, Rn. 743 ff.*

[102] *Hueck/Fastrich, GmbH-Gesetz, Einl., Rn. 29; Ebenroth/Sura, RabelsZ 43 (1979), S. 315 (317); Staudinger-Großfeld, Internationales Gesellschaftsrecht, Rn. 16 f.*; kritisch zur Einheitslehre: *Grasmann, System des internationalen Gesellschaftsrechts, Rn. 9 ff.*
Das wichtigste Argument für die Einheitslehre ist, daß zwischen Innen- und Außenverhältnis einer Gesellschaft ein Beziehungsgeflecht besteht, das sich nicht künstlich voneinander trennen läßt. So sind beispielsweise die internen Gesellschaftsverhältnisse für die Vertretungsbefugnisse der Organe entscheidend (*Staudinger-Großfeld, Internationales Gesellschaftsrecht, Rn. 16 f., 61.*

(*Normenmix*[103]) und Anpassungsschwierigkeiten vermieden, durch welche Rechtsunsicherheiten entstehen können[104].

Problematischer an der Differenzierungslehre erscheint aber, daß mit dem Vornahme-, dem Wirkungs- und dem Organisationsstatut verschiedene Sonderanknüpfungen vorgesehen werden und damit in besonderem Maße eine Unsicherheit über das maßgebliche Recht (*Statutenkumulierung*[105]) entstehen kann[106]. Daher ist der von *Grasmann* entwickelte Ansatz auf überwiegende Ablehnung gestoßen[107].

II. Kombinationslehre

Nach der von *Zimmer* vertretenen *Kombinationslehre* soll auf Gesellschaften, die in ihrem Sitzstaat keinen tatsächlichen Auslandsbezug aufweisen (*pseudo-foreign corporations*), die Sitztheorie, indes auf Gesellschaften mit Auslandsbezug die Gründungstheorie Anwendung finden[108]. Dabei will *Zimmer* zur Abgrenzung auf das Kriterium der substantiellen Auslandsbeziehung abstellen[109]. Nur wenn eine solche vorliegt, soll grundsätzlich das Gründungsrecht auf die Gesellschaft Anwendung finden.

Gegen das von *Zimmer* vorgeschlagene Abgrenzungskriterium bestehen ähnliche Bedenken, wie sie aus der amerikanischen Diskussion um eine Einschränkung der Gründungstheorie für Umgehungsfälle bekannt sind. So schlug etwa *Latty* hinsichtlich der rechtlichen Behandlung von *pseudo-foreign corporations* vor, solche internen Bestimmungen auf ausländische juristische Personen mit überwiegender wirtschaftlicher Betätigung im Inland anzuwenden, die in besonderem Maße dem Interessenschutz des internen Rechtsverkehrs dienen (*indicate a fairly strong policy of safeguarding the particular local interests in question*)[110]. Gegen dieses Abgrenzungskriterium hat *Sandrock* zu Recht vorgetragen, eine Abgrenzung von *strong-policy*-Vorschriften zu sonstigen Regelungen sei kaum möglich[111]. Auch dem von *Zimmer* vorgeschlagenen Ansatz steht das Schrifttum überwiegend kritisch gegenüber[112].

---

[103] *Kaligin, DB 1985, S. 1449 (1450); Münch-Komm-Kindler, Internationales Gesellschaftsrecht, Rn. 293; Staudinger-Großfeld, Internationales Gesellschaftsrecht, Rn. 64, 69.*

[104] *Staudinger-Großfeld, Internationales Gesellschaftsrecht, Rn. 64, 69; Münch-Komm-Kindler, Internationales Gesellschaftsrecht, Rn. 293.*

[105] *Münch-Komm-Kindler, Internationales Gesellschaftsrecht, Rn. 298.*

[106] *Staudinger-Großfeld, Internationales Gesellschaftsrecht, Rn. 67 f.*

[107] So etwa: *Staudinger-Großfeld, Internationales Gesellschaftsrecht, Rn. 67 f.; Münch-Komm-Kindler, Internationales Gesellschaftsrecht, Rn. 298, Fn. 51; Wiedemann, FS für Kegel, S. 187 (189, 198 f.); Kaligin, DB 1985, S. 1449 (1450); Ebenroth, JZ 1988, S. 18 (21 f.); Ebenroth/Sura, RabelsZ 43 (1979), S. 315 (337); Kropholler, Internationales Privatrecht, § 55 I 4.*

[108] *Zimmer, Internationales Gesellschaftsrecht, S. 232 ff., 324 ff.*

[109] *Zimmer, Internationales Gesellschaftsrecht, S. 239.*

[110] *Latty, 65 Yale Law Journal (1955), S. 137 (141).*

[111] *Sandrock, FS für Beitzke, S. 669 (691).*

[112] Vgl. etwa: *Staudinger-Großfeld, Internationales Gesellschaftsrecht, Rn. 71; Münch-Komm-Kindler, Internationales Gesellschaftsrecht, Rn. 304 ff.; Kegel/Schurig, Internationales Privatrecht, S. 503.*

III. Unterscheidung nach Fallgruppen bzw. Schwerpunktlehre

Wiedemann zufolge hat eine Anknüpfung grundsätzlich nach dem am Ort des wirtschaftlichen Schwerpunkts einer Gesellschaft geltenden Recht zu erfolgen, da dort die Verkehrskreise am stärksten von den unternehmerischen Aktivitäten der Gesellschaft betroffen seien[113]. So sollen inländische Gesellschaften so lange deutschem Recht unterstehen, wie sie zumindest über einen zulässigen Satzungssitz verfügen[114]. Hingegen sei für nach dem Recht anderer EG-Staaten errichtete Gesellschaften das Gründungsrecht anwendbar, wenn ihre Tätigkeit in tatsächlicher und dauerhafter Verbindung mit der Wirtschaft eines Mitgliedstaats stehe[115]. Für nach Drittstaatenrecht errichtete Gesellschaften sei inländisches Recht anzuwenden, wenn sich ihr Sitz oder ihr wirtschaftlicher Schwerpunkt im Inland befinde. Ansonsten soll das Gründungsrecht Anwendung finden[116].

Nach dem Ansatz *Wiedemanns* ist damit das Gesellschaftsstatut grundsätzlich immer einheitlich zu bestimmen. Im Ergebnis kommt er für deutsche juristische Personen der Gründungstheorie sehr nahe[117], wohingegen das Gründungsrecht für juristische Personen aus anderen Mitgliedstaaten der Gemeinschaft unumschränkt gelten soll. Indes findet auf Gesellschaften aus Drittstaaten die Sitztheorie als einseitige Kollisionsnorm weiter Anwendung[118]. Auch der Vorschlag *Wiedemanns* ist auf überwiegende Ablehnung gestoßen, da die Anknüpfung an den wirtschaftlichen Schwerpunkt eines Unternehmens zu vage sei[119].

Nach Auffassung von *Behrens* läßt sich die Kombinationslehre im Hinblick auf die *Centros*-Entscheidung nicht mit dem Gemeinschaftsrecht vereinbaren (*IPRax 1999, S. 323 (325/327);* so auch: *Kieninger, ZGR 1999, S. 724 (745, Fn. 106); Sandrock, BB 1999, S. 1337 (1343); Bachner/Winner, GesRZ 2000, S. 161, Fn. 79*).

[113] *Wiedemann, FS für Kegel, S. 187 (199 ff.);* vgl. in diesem Zusammenhang auch: *Drobnig, in: v. Bar (Hrsg.), Europäisches Gemeinschaftsrecht und Internationales Privatrecht, S. 185 (195).*

[114] *Wiedemann, FS für Kegel, S. 187 (200).*
Wie *Grothe* feststellt, sollen nach dem dogmatischen Ansatz *Wiedemanns* offensichtlich die registerrechtlichen Zuständigkeitsvorschriften zu Verweisungsregeln entwickelt werden (*Grothe, Die «ausländische Kapitalgesellschaft & Co.», S. 61*).

[115] *Wiedemann, FS für Kegel, S. 187 (200 f.).*

[116] *Wiedemann, FS für Kegel, S. 187 (202 f.).*

[117] *Grothe, Die «ausländische Kapitalgesellschaft & Co.», S. 61 f.*

[118] *Grothe, Die «ausländische Kapitalgesellschaft & Co.», S. 63.*

[119] *Ebenroth/Sura, RabelsZ 43 (1979), S. 315 (328); Staudinger-Großfeld, Internationales Gesellschaftsrecht, Rn. 71; Münch-Komm-Kindler, Internationales Gesellschaftsrecht, Rn. 300 ff.; Panthen, Der »Sitz«-Begriff im Internationalen Gesellschaftsrecht, S. 199 ff.*

IV. Überlagerungstheorie

Ebenso wie die bereits angesprochene Differenzierungslehre geht die von *Sandrock* entwickelte Überlagerungstheorie[120] von der Gründungstheorie aus. Nach dem Gründungsrecht sollen sich die Wirksamkeit der Gründung der Gesellschaft und deren Rechtsfähigkeit beurteilen. Auch im übrigen soll generell Gründungsrecht Anwendung finden, dies jedoch nur soweit, als es nicht von zwingenden Rechtssätzen desjenigen Staates überlagert wird, in dem die Gesellschaft ihren tatsächlichen Sitz hat[121]. Insofern tritt eine Überlagerung des Gründungsrechts durch das Sitzrecht ein[122], dies allerdings lediglich in den Bereichen, die dem Außenrecht[123] zuzuordnen sind. Aufgrund der etwaigen Verdrängung des Gründungs- durch das Sitzrecht kommt es nie zu einer kumulativen, sondern stets zu einer alternativen Anwendung eines Rechts.

Die Überlagerungstheorie will somit die Vorteile der Gründungstheorie mit einem notwendigen Schutz vor einem Mißbrauch der Gründungsfreiheit verbinden[124].

---

[120] *Sandrock, FS Beitzke, S. 669 ff.; ders., RabelsZ 42 (1978), S. 227 (262 ff.); ders., RIW 1989, S. 505 (512 f.); Sandrock/Austmann, RIW 1989, S. 249 ff.*
Die Überlagerungstheorie lehnt sich an das in den Vereinigten Staaten entwickelte *concept of pseudo-foreign corporations* an. Denn aufgrund der Mißbrauchsgefahr findet die Gründungstheorie regelmäßig nicht ohne Einschränkungen Anwendung. So wurde in den Vereinigten Staaten das *concept of pseudo-foreign-corporations* entwickelt, um die Gefahren eines Mißbrauchs der Gründungstheorie zu vermeiden (*Bungert, ZVglRWiss 93 (1994), S. 117 (125 ff.); Großfeld, Internationales und Europäisches Unternehmensrecht, S. 46 ff.; Staudinger-Großfeld, Internationales Gesellschaftsrecht, Rn. 57*). Auch in Großbritannien gilt die Gründungstheorie nicht unumschränkt (*Großfeld, Internationales und Europäisches Unternehmensrecht, S. 51*).

[121] Der genauen Sitzbestimmung einer Gesellschaft kommt insoweit eine zentrale Funktion zu (vgl. etwa: *Sandrock, FS Beitzke, S. 669 (671 ff.)*).

[122] Kritisch zur Überlagerungstheorie: *Ebenroth/Hopp, JZ 1989, S. 883 (887); Wiedemann, Gesellschaftsrecht I, S. 790 f.; Kegel/Schurig, Internationales Privatrecht, S. 503; Meilicke, RIW 1990, S. 449 (451); Knobbe-Keuk, ZHR 154 (1990), S. 325 (345 f.); Sack, JuS 1990, S. 352 (353).*

[123] Allerdings wird eine Trennung zwischen Außen- und Innenrecht nicht strikt eingehalten. So soll eine *Überlagerung* der Vorschriften des Gründungsrechts durch solche des Sitzrechts nicht nur zugunsten von Gläubigern stattfinden, sondern etwa auch von Minderheitsgesellschaftern oder allgemeiner immer dann, wenn andere Personen an der Gesellschaft *ein unmittelbares privatrechtliches Interesse* haben (*Sandrock, RIW 1989, S. 505 (513)*). Im Endergebnis stellt *Sandrock* damit auf den zwingenden Schutznormcharakter der jeweiligen Vorschrift ab, ohne auf die häufig nicht eindeutig zu beantwortende Frage einzugehen, ob eine Norm dem Innen- oder Außenrecht zuzuordnen ist (so: *Bungert, ZVglRWiss 93 (1994), S. 117 (145)*).
Bungert weist darauf hin, das mit *Sandrocks* Ansatz verfolgte Ziel der Ermöglichung einer grenzüberschreitenden identitätswahrenden Sitzverlegung für Gesellschaften bei gleichzeitiger Vermeidung von Mißbrauchsmöglichkeiten durch Gründung sog. Briefkastengesellschaften hätte möglicherweise nicht nur im Wege einer Übertragung des amerikanischen Konzepts der *pseudo-foreign corporations*, sondern auch durch Anwendung des allgemeinen IPR-Konzepts der Gesetzesumgehung erreicht werden können (*ZVglRWiss 93 (1994), S. 117 (146)*).

[124] Verwiesen wird insoweit darauf, daß der Überlagerung ein ähnlicher Gedanke zugrunde liege, wie dem Polizeivorbehalt des Artikels 46 EG (Art. 56 EGV). Entsprechend der restriktiven Auslegung von Artikel 46 EG (Art. 56 EGV) dürfe eine Überlagerung nur dann eintreten, wenn eine hinreichend schwere Gefährdung schutzfähiger Interessen vorliege. Im Umkehrschluß folge hieraus, daß die Überlagerungstheorie strukturell und rechtstechnisch mit dem Gemeinschaftsrecht vereinbar sei (*Sandrock, RIW 1989, S. 505 (513)*).

Dies würde, sofern die beteiligten Rechtsordnungen von der Überlagerungstheorie ausgingen, ermöglichen, den effektiven Verwaltungssitz einer juristischen Person von einem Mitgliedstaat in einen anderen zu verlegen, ohne Gefahr zu laufen, mit der automatischen Sanktion der Nichtanerkennung der Rechtspersönlichkeit konfrontiert zu sein. Hingegen wäre die Wahl eines möglichst liberalen Gesellschaftsrechts zwecks Umgehung unerwünschter gesetzlicher Vorschriften nicht zulässig. Denn die Gründung einer Gesellschaft im Ausland wäre offensichtlich rechtsmißbräuchlich, wenn kein weiterer tatsächlicher Bezug zum Gründungsstaat bestünde.

Auch der von *Sandrock* vertretene Ansatz löst sich bewußt von der Einheitslehre und geht grundsätzlich davon aus, daß nicht alle eine Gesellschaft betreffenden Fragen nach nur einer Rechtsordnung beantwortet werden. Damit wird ein *Normenmix* mit der Folge akzeptiert, daß Anpassungsprobleme entstehen können[125]. Jedoch geschieht dies bei der Überlagerungstheorie nicht in demselben Maße wie unter Anwendung der Differenzierungslehre[126].

Sandrock selbst bezweifelt nunmehr aber, ob die Überlagerungstheorie eine gemeinschaftsrechtskonforme Lösung sei (*Sandrock, BB 1999, S. 1337 (1344)*). Denn nach der Überlagerungstheorie wird von dem Grundsatz der Anwendung des Gründungsrechts in den Fällen eine Ausnahme gemacht, in denen aus Drittschutzgründen eine Überlagerung durch zwingende Rechtssätze desjenigen Staates erfolgt, in dem die Gesellschaft ihren effektiven Verwaltungssitz hat. Der EuGH, so *Sandrock*, habe in seiner *Centros*-Entscheidung, wie ein Vergleich der verschiedensprachigen Übersetzungen des Urteils zeige, mit den Begriffen des Mißbrauchs und des Betrugs bewußt eine enge Formulierung gewählt, um Rechtfertigungsmöglichkeiten für Beschränkungen der Niederlassungsfreiheit nur in wenigen Ausnahmefällen zuzulassen. So faßt *Sandrock* seine diesbezüglichen Überlegungen wie folgt zusammen: *Es ist höchst zweifelhaft, ob die Ausnahmetatbestände der Überlagerungstheorie (Berufung gegenüber Gläubigern, gegenüber Minderheitsgesellschaftern und gegenüber anderen unmittelbar interessierten Personen auf das Gründungsrecht) immer unter die Begriffe des „Mißbrauchs" und des „Betrugs" subsumiert werden können* (*Sandrock, BB 1999, S. 1337 (1344)*; a.A.: *Höfling, DB 1999, S. 1206 (1207)*).

125 *Staudinger-Großfeld, Internationales Gesellschaftsrecht, Rn. 64, 69.*

126 Die Überlagerungstheorie hat Einfluß auf die Ausgestaltung des Schweizer IPR-Gesetzes gehabt (vgl. hierzu: *Heini/Keller/Siehr/Vischer/Volken, IPRG Kommentar, S. 1389; Schnyder, Das neue IPR-Gesetz, § 25*). Nach Artikel 161 des Schweizer IPR-Gesetzes kann sich eine Gesellschaft aus dem Ausland ohne vorherige Liquidation im Wegzugsstaat und anschließende Neugründung dem Schweizer Recht unterstellen, sofern der Wegzugsstaat dies zuläßt und die Gesellschaft sich an eine der schweizerischen Gesellschaftsformen anpaßt. Da hier stillschweigend von der Gründungstheorie ausgegangen wird, findet durch die alleinige Verlegung des effektiven Verwaltungssitzes einer Gesellschaft keine Änderung des Gesellschaftsstatuts statt, wie aus der Formulierung des Artikels 161 hervorgeht (*Heini/Keller/Siehr/Vischer/Volken, IPRG Kommentar, Art. 161, Rn. 1*).
Artikel 162 enthält eine Abweichung vom Inkorporationsprinzip, da eintragungspflichtige Gesellschaften nachweisen müssen, daß sie den Mittelpunkt ihrer Geschäftstätigkeit in die Schweiz verlegt haben. Dadurch soll verhindert werden, daß die Schweiz allein als Inkorporationsstaat benutzt wird, ohne daß die Gesellschaft nähere Beziehungen zum Land aufweist (*Schnyder, Das neue IPR-Gesetz, § 25 III; Heini/Keller/Siehr/Vischer/Volken, IPRG Kommentar, Art. 162, Rn. 4*). Zudem verlangt die Vorschrift, daß bereits Anpassungsmaßnahmen durchgeführt wurden (*Heini/Keller/Siehr/Vischer/Volken, IPRG Kommentar, Art. 162, Rn. 6 ff.*). Die Verlegung einer Gesellschaft aus der Schweiz ist nach Artikel 163 des Gesetzes nach denselben Grundsätzen möglich wie der Zuzug einer Gesellschaft in die Schweiz. Es müssen die Voraussetzungen des inländischen Rechts erfüllt und der Fortbestand der Gesellschaft nach dem neuen Recht gesichert sein; zudem ist unter Hinweis auf den bevorstehenden Statutenwechsel ein Schuldaufruf durchzuführen (*Schnyder, Das neue IPR-Gesetz, § 25 III.*). Artikel 163 wird durch Artikel 164 ergänzt, der Schutzbestimmungen im Hinblick auf die Löschung einer im Handelsregister eingetragenen Gesellschaft enthält.

Aufgrund der höheren Praktikabilität der Überlagerungstheorie im Vergleich zur Differenzierungslehre wird erstere teilweise selbst von namhaften Vertretern der Sitztheorie als Modell für eine kollisionsrechtliche Lösung innerhalb der Gemeinschaft angesehen. So könnte die Überlagerungstheorie nach Auffassung von *Großfeld Modell werden für die Europäische Union*[127].

Die Stärke der Überlagerungstheorie liegt sicherlich darin, daß sie einerseits die Niederlassungsfreiheit und damit die *Mobilität* von Gesellschaften innerhalb der Gemeinschaft nicht unverhältnismäßig beschränkt, andererseits vor den Mißbrauchsgefahren der reinen Gründungstheorie schützt[128]. Allerdings kann die Überlagerungstheorie bei einer innergemeinschaftlichen Anwendung im Ergebnis zu einer unterschiedlichen Reichweite der Niederlassungsfreiheit führen, je nachdem, wie stark zwingendes Recht im jeweiligen nationalen Gesellschaftsrecht ausgeprägt ist. Denn grundsätzlich entscheidet der jeweilige nationale Gesetzgeber beziehungsweise die Gerichtsbarkeit im Rahmen der ihr zugewiesenen Aufgaben, welche Normen des nationalen Rechts als zwingendes Recht anzusehen und daher geeignet sind, das Gründungsrecht zu überlagern. Dies kann gar zu einer faktischen Vernichtung der Gesellschaft führen[129]. Die Problematik wird auf Gemeinschaftsebene jedoch dadurch relativiert, daß beschränkende nationale Maßnahmen einer Kontrolle am Maßstab der Grundfreiheiten unterliegen, es mithin im Ergebnis den nationalen Gerichten und dem EuGH im Rahmen der ihnen zugewiesenen Aufgaben und Zuständigkeiten obliegt, dafür Sorge zu tragen, daß nur dann zwingendes nationales Recht das Gründungsrecht überlagert, wenn dies aus gemeinschaftsrechtlich anerkannten zwingenden Allgemeinwohlinteressen erforderlich ist.

---

[127] *Staudinger-Großfeld, Internationales Gesellschaftsrecht, Rn. 37, 137*; vgl. auch: *Großfeld/König, RIW 1992, S. 433 (436).*
Allerdings wird die Überlagerungstheorie teilweise auch sehr kritisch betrachtet (vgl. etwa: *Münch-Komm-Kindler, Internationales Gesellschaftsrecht, Rn. 293 ff.*).

[128] *Ebenroth/Einsele* haben nachgewiesen, daß die Gründungstheorie in den USA – insbesondere in den Staaten New York und Kalifornien – in einer Vielzahl von Fällen durch einseitige Kollisionsnormen durchbrochen wird, um Interessen des Staates, zu dem eine Gesellschaft reale Verbindungen hat bzw. der von den Aktivitäten einer Gesellschaft tatsächlich am meisten betroffen ist, zur Geltung zu verhelfen. Dabei werden nicht nur die Fälle erfaßt, für die *Latty* (*65 Yale Law Journal 1955, S. 137 (161 f.)*) den Begriff der *pseudo-foreign corporations* geprägt hat (*Ebenroth/Einsele, ZVglRWiss 87 (1988), S. 217 (222 ff.)*). Dies hat seinen Niederschlag in den Bestimmungen der §§ 302 – 306 und 309 des amerikanischen Restatement Second on Conflict of Laws gefunden (*Ebenroth/Einsele, ZVglRWiss 87 (1988), S. 217 (225 f.)*). Auch das Schweizer IPR-Gesetz sieht in Artikel 159 eine einseitige Kollisionsnorm vor, um Drittschutzinteressen abzusichern (vgl. hierzu: *Ghandahi, Der Geltungsbereich des Art. 159 IPRG, S. 27 ff.; Werlen, Haftung für ausländische Gesellschaften, S. 162 ff.*).

[129] *Ebenroth/Bippus, NJW 1988, S. 2137 (2142);* vgl. auch: *dies., DB 1988, S. 842 (848 f.)* für den Fall der Anwendung des deutschen Mitbestimmungsrechts auf eine spanische Gesellschaft im Zusammenhang mit dem deutsch-spanischen Niederlassungsvertrag vom 23.4.1970 (*BGBl. 1972 II, S. 1041 ff.*).
Allgemein zur Gefahr eines Normenmixes: *Staudinger-Großfeld, Internationales Gesellschaftsrecht, Rn. 64 f.*

D. Ergebnis

Die Versuche der Europäischen Kommission zur Regelung der grenzüberschreitenden identitätswahrenden Sitzverlegung waren bisher nicht erfolgreich. Als Grund hierfür wird überwiegend die Mitbestimmungsfrage angeführt[130], die lange Zeit auch die Schaffung der societas europea verhindert hatte[131]. Dieses Hindernis ist nunmehr überwunden. Denn auf einer Sondersitzung des Rates konnte am 20. Dezember 2000 eine politische Einigung über das Statut der Europäischen Aktiengesellschaft (SE) und die Richtlinie über die Beteiligung der Arbeitnehmer in der SE erzielt werden[132]. Die Verabschiedung der – bisher allein im Vorentwurf existierenden – 14. Richtlinie im Bereich des Gesellschaftsrechts ist daher wahrscheinlicher geworden.

Allerdings würde auch diese Richtlinie allein die grenzüberschreitende formwechselnde Umwandlung von Gesellschaften innerhalb der Europäischen Gemeinschaft ermöglichen und daher nicht dem tatsächlichen Bedürfnis nach einer Verlegung des effektiven Verwaltungssitzes von Gesellschaften innerhalb des Binnenmarktes Rechnung tragen. Dieses Ziel könnte – unter Beachtung bestehender Schutzinteressen der Mitgliedstaaten – dadurch erreicht werden, daß die Überlagerungstheorie durch eine Rechtsangleichungsmaßnahme auf Gemeinschaftsebene in den Internationalen Gesellschaftsrechten der Mitgliedstaaten für inter-mitgliedstaatliche Sachverhalte bestimmend würde.

Allerdings ist eine Einigung zwischen den Mitgliedstaaten auf die Überlagerungstheorie als Kollisionsnorm des Internationalen Gesellschaftsrechts im intermitgliedstaatlichen Bereich zur Zeit weder anvisiert noch in absehbarer Zukunft zu erwarten. Daher kommt der in den beiden folgenden Kapiteln behandelten Thematik besondere Bedeutung zu, ob nicht der entscheidende Impuls für eine effektive Gewährung der grenzüberschreitenden Sitzverlegung von Kapitalgesellschaften von der Rechtsprechung des EuGH zur Niederlassungsfreiheit ausgeht.

---

[130] Vgl. nur im Zusammenhang mit dem Vorentwurf einer 14. Richtlinie im Bereich des Gesellschaftsrechts: *Hoffmann, ZHR 164 (2000), S. 43 (65).*
Teilweise dient die Mitbestimmungsfrage als Rechtfertigung für die Sitztheorie. So wird die Auffassung vertreten, die Sitztheorie sei in ihrer Funktion als Schutztheorie für die unternehmerische Mitbestimmung gemeinschaftsrechtskonform (*Kieninger, ZGR 1999, S. 724 (744)*).

[131] *Habersack, Europäisches Gesellschaftsrecht, Rn. 67, 72 f., 394; Wouters, C.M.L.Rev. 2000, S. 257 (263).*

[132] *Bulletin Quotidien Europe Nr. 7868 vom 21. Dezember 2000, S. 9.*
Die endgültige Fassung der gebilligten Texte tritt 2004 in Kraft (*Bulletin Quotidien Europe Nr. 7868 vom 21. Dezember 2000, S. 9;* vgl. den Abdruck der Entwurfsfassungen in: *Lutter, Europäisches Unternehmensrecht, S. 675 ff., 724 ff.*; vgl. zur Struktur der SE: *Werder, RIW 1997, S. 304 ff.; Lutter, Europäisches Unternehmensrecht, S. 715 ff.*).

Kapitel 4 – Effektive Gewährleistung der Niederlassungsfreiheit im Rahmen der negativen Integration

Wurde im dritten Kapitel allein der Frage nachgegangen, wie die gemeinschaftliche Zielsetzung einer effektiven Gewährleistung der Niederlassungsfreiheit von Kapitalgesellschaften im Rahmen der positiven Integration verwirklicht werden kann, so soll nachfolgend untersucht werden, ob – und bejahendenfalls in welchem Umfang – eine grenzüberschreitende identitätswahrende Sitzverlegung von Gesellschaften innerhalb der Europäischen Gemeinschaft unabhängig von einer vorhergehenden Rechtsangleichung im Rahmen der negativen Integration gewährleistet ist. Den Schwerpunkt bildet dabei eine Analyse der Rechtsprechung des EuGH zur Niederlassungsfreiheit.

Zunächst ist auf den Wirkungsmechanismus der negativen Integration einzugehen (Abschnitt A.). Denn die negative Integration wird nicht allein durch den EuGH erzielt, sondern in Zusammenarbeit mit den mitgliedstaatlichen Gerichten. Da sich die negative Integration über die Auslegung primärrechtlicher Gewährleistungen vollzieht und die Frage, ob Kapitalgesellschaften ein Recht auf inter-mitgliedstaatliche Sitzverlegung zusteht, vom Gewährleistungsgehalt der Niederlassungsfreiheit abhängt, ist sodann ihre Reichweite zu analysieren (Abschnitt B.). Dabei wird die Rechtsprechung des EuGH zur Warenverkehrsfreiheit ergänzend berücksichtigt. Hier hat sich der Gerichtshof in einer Rechtsprechungslinie bereits dezidiert zur Grenze der negativen Integration und damit einer Einwirkung der Grundfreiheiten auf die mitgliedstaatlichen Rechtsordnungen geäußert.

Weil Gesellschaften nicht unmittelbar in Artikel 43 EG (Art. 52 EGV) als Niederlassungsberechtigte genannt werden, sondern über die Bestimmung des Artikels 48 EG (Art. 58 EGV) an der Gewährleistung partizipieren, ist in einem dritten Schritt zu klären, ob Artikel 43 EG (Art. 52 EGV) Gesellschaften in gleichem Umfang Rechte einräumt wie natürlichen Personen, die Staatsangehörige eines Mitgliedstaats der Gemeinschaft sind (Abschnitt C.). Sodann wird auf die bisherigen Leitentscheidungen des Gerichtshofs zur Niederlassungsfreiheit von Gesellschaften eingegangen, um sie unter Berücksichtigung des zuvor herausgearbeiteten Gewährleistungsgehalts der Niederlassungsfreiheit einer genauen Bewertung zu unterziehen (Abschnitte D. bis F.). Ziel der Darstellung in Kapitel 4 ist es, durch die genaue Bestimmung des Gewährleistungsgehalts der Niederlassungsfreiheit anhand der bisherigen Judikatur des Gerichtshofs die Frage zu beantworten, ob eine inter-mitgliedstaatliche Sitzverlegung von Kapitalgesellschaften vom Grundsatz her durch die negative Integration abgesichert ist.

A. Negative Integration

Die Überwachung der Einhaltung der rechtlichen Bestimmungen des EG-Vertrags und des Sekundärrechts obliegt den nationalen Gerichten und dem EuGH. Die Funktion der Gerichte erschöpft sich nicht in der reinen Kontrolle der richtigen Anwendung des EG-Rechts, sondern besteht, wenn auch praktisch als Nebenprodukt, in der Rechtsfortbildung und der Rechtsgewinnung. Dem EuGH kommt dabei nach Artikel 220 EG (Art. 164 EGV) die zentrale Funktion *der Wahrung des Rechts bei der Auslegung und Anwendung* des EG-Vertrags zu[1]. Dies geschieht durch die Ausfüllung bestehender Lücken sowie durch die Beseitigung von Unklarheiten und Widersprüchen[2]. Da insbesondere die Grundfreiheiten weit gefaßt sind, vergleichbar den Grundrechten[3] im deutschen Grundgesetz, ist eine Präzisierung der Reichweite dieser Normen auf konkrete Einzelfälle erforderlich. Die bestehende Verpflichtung zur *Wahrung des Rechts* hat dabei die fortschreitende Entwicklung der Gemeinschaftsrechtsordnung zu berücksichtigen und sie zu gestalten[4].

I. Bedeutung der Rechtsprechung des EuGH

Sofern dem EuGH Zuständigkeiten zugewiesen sind, handelt es sich um ausschließliche Zuständigkeiten. Eine Ausnahme hiervon bildet allein das Vorabentscheidungsverfahren gemäß Artikel 234 EG (Art. 177 EGV), wonach die nationalen Gerichte zur Auslegung des Gemeinschaftsrechts berufen sind, sofern es sich nicht um letztinstanzliche Gerichte handelt[5]. Gerade das Vorabentscheidungs-

[1] Diese Aufgabe hat das Bundesverfassungsgericht in seiner Entscheidung vom 8.4.1987 anerkannt (*BVerfGE 75, S. 223 ff.*).

[2] *Lenz/Borchardt, EG-Vertrag, Art. 220, Rn. 21 f.; Streinz, Europarecht, Rn. 494 ff.*

[3] Teilweise wird in der Literatur gar eine Gleichsetzung der Grundfreiheiten mit Grundrechten vorgenommen (*Bleckmann, Europarecht, Rn. 755 ff., 1603 ff.; ders., WiVerw 1987, S. 119 (124 ff.); Blumenwitz, NJW 1989, S. 621 (622 f.)*; hierzu kritisch: *Beutler, EuGRZ 1989, S. 185 (188); Everling, in: Vorträge und Reden aus dem Europa-Institut, Nr. 208, S. 19 f.*). So bezeichnet etwa *Nettesheim* die Personenverkehrsfreiheiten für Selbständige als europarechtliche Grundrechte auf wirtschaftliche Mobilität (*Nettesheim, NVwZ 1996, S. 342*).

[4] *Lenz/Borchardt, EG-Vertrag, Art. 220, Rn. 22; Everling, RabelsZ 50 (1986), S. 193 ff.; Streinz, Europarecht, Rn. 496.*

[5] *Ahlt, Europarecht, S. 51.*
Bei letztinstanzlichen Gerichten besteht nach Artikel 234 Absatz 3 EG (Art. 177 Abs. 3 EGV) eine Vorlagepflicht an den EuGH, sofern Auslegungszweifel über die Anwendbarkeit von Gemeinschaftsrecht bestehen (*Calliess/Ruffert/Wegener, Kommentar zu EU-Vertrag und EG-Vertrag, Art. 234, Rn. 18 f.*). Ein letztinstanzliches Gericht kann nur dann bei Auslegungsfragen des Gemeinschaftsrechts von der Vorlageverpflichtung gemäß Artikel 234 Absatz 3 EG (Art. 177 Abs. 3 EGV) absehen, wenn die Anwendung des Gemeinschaftsrechts derart offenkundig ist, daß die Auslegung klar ist und eine Vorlage daher sinnlos erscheint, weil die Überzeugung besteht, daß auch bei den Gerichten in den anderen Mitgliedstaaten die gleiche Gewißheit hinsichtlich der richtigen Anwendung des Gemeinschaftsrechts besteht (*EuGH, Urt. v. 6.10.1982, Rs. 283/81 (CILFIT), Slg. 1982, S. 3415, Rn. 15 - 19*). Gleiches gilt, wenn die Frage bereits in einem entsprechend gelagerten Fall Gegenstand eines Vorabentscheidungsverfahrens war und damit eine gesicherte Rechtsprechung des Gerichtshofs vorliegt (so bereits: *EuGH, Urt. v. 27.3.1963, Verb. Rs. 28 bis 30/62 (Da Costa en Schaake), Slg. 1963, S. 63*). Bei nicht letztinstanzlichen Gerichten besteht eine Vorlageverpflichtung nur aus-

verfahren nach Artikel 234 EG (Art. 177 EGV) erlaubt es, Regelungslücken, Unklarheiten oder Widersprüche im EG-Recht, die häufig erst in der Rechtsanwendung deutlich werden, aufzudecken und zu beseitigen[6].

Zwar ist der Gerichtshof im Verfahren nach Artikel 234 EG (Art. 177 EGV) nicht befugt, die Normen des Gemeinschaftsrechts auf einen Einzelfall anzuwenden und somit eine Bestimmung des innerstaatlichen Rechts auf ihre Gemeinschaftsrechtskonformität zu überprüfen. Ihm kommt aber – wie der Gerichtshof in eigener Sache ausführt – die Aufgabe zu, das Gemeinschaftsrecht im Rahmen der durch diesen Artikel vorgesehenen Zusammenarbeit zwischen den Gerichten anhand der Akten so auszulegen, als dies dem innerstaatlichen Gericht bei der Beurteilung der Wirkungen dieser Bestimmung dienlich sein könnte[7].

Wenn die Vorlagefrage sich als auf die Auslegung des Gemeinschaftsrechts gerichtet verstehen läßt, aber keine Angabe darüber enthält, welche Vorschriften dieses Rechts ausgelegt werden sollen, obliegt es dem Gerichtshof, aus dem gesamten vom mitgliedstaatlichen Gericht vorgelegten Material diejenigen Elemente des Gemeinschaftsrechts herauszuarbeiten, die unter Berücksichtigung des Gegenstands des Rechtsstreits der Auslegung bedürfen[8]. In *Haim*[9] verweist der Gerichtshof darauf, zwar sei es im Rahmen der Aufteilung der Zuständigkeiten grundsätzlich Sache des jeweiligen nationalen Gerichts zu prüfen, ob eine Rechtfertigung nichtdiskriminierender Beschränkungen im Einzelfall gegeben sei. Jedoch könne der Gerichtshof in seiner Entscheidung auf ein Vorabentscheidungsersuchen gegebenenfalls Klarstellungen vornehmen, um dem nationalen Gericht eine Richtschnur für seine Auslegung zu geben[10].

---

nahmsweise dann, wenn das Gericht eine Bestimmung des Gemeinschaftsrechts für unzulässig erachtet und unangewendet lassen will (*Calliess/Ruffert/Wegener, Kommentar zu EU-Vertrag und EG-Vertrag, Art. 234, Rn. 20*).

[6] Zur Aufgabenverteilung zwischen nationalen Gerichten und dem EuGH führte letzterer aus: *Insoweit ist daran zu erinnern, daß es im Rahmen der durch Artikel 177 des Vertrages geschaffenen Zusammenarbeit zwischen dem Gerichtshof und den nationalen Gerichten allein Sache des mit dem Rechtsstreit befaßten nationalen Gerichts ist, das die Verantwortung für die zu erlassende gerichtliche Entscheidung übernehmen muß, im Hinblick auf die Besonderheiten der Rechtssache sowohl die Erforderlichkeit einer Vorabentscheidung zum Erlaß seines Urteils als auch die Erheblichkeit der dem Gerichtshof von ihm vorgelegten Fragen zu beurteilen. Betreffen daher die vorgelegten Fragen die Auslegung des Gemeinschaftsrechts, so ist der Gerichtshof grundsätzlich gehalten, darüber zu befinden* (*EuGH, Urt. v. 15.12.1995, Rs. 415/93 (Bosman), Slg. 1995, S. I-4921, Rn. 59;* unter Verweis auf: *EuGH, Urt. v. 5.10.1995, Rs. 125/94 (Aprile), Slg. 1995, S. I-2919, Rn. 16 f.*).

[7] *EuGH, Urt. v. 20.4.1988, Rs. 204/87 (Bekaert), Slg. 1988, S. 2029.*

[8] *EuGH, Urt. v. 20.4.1988, Rs. 204/87 (Bekaert), Slg. 1988, S. 2029.*

[9] *EuGH, Urt. v. 4.7.2000, Rs. 424/97 (Haim), Slg. 2000, S. I-5123.*

[10] *EuGH, Urt. v. 4.7.2000, Rs. 424/97 (Haim), Slg. 2000, S. I-5123, Rn. 58.*

Bei der Rechtsauslegung wendet der EuGH insbesondere die wörtliche, die systematische und die teleologische Auslegungsmethode an[11], wobei diejenige Methode bevorzugt wird, die der Verwirklichung der Vertragsziele am förderlichsten ist[12] und eine dynamische Interpretation erlaubt. Insoweit ist anerkannt, daß der EuGH nicht an bestimmte Auslegungsmethoden gebunden ist, die ihm die Möglichkeit einer dynamischen Interpretation verschließen würden[13].

Die im Gemeinschaftsrecht verwendeten Begriffe werden autonom und damit einheitlich ausgelegt, um eine einheitliche Tragweite des Gemeinschaftsrechts bei der Rechtsanwendung durch die Mitgliedstaaten sicherzustellen. Ansonsten bestünde die latente Gefahr, daß einem gemeinschaftsrechtlichen Begriff in den mitgliedstaatlichen Rechtsordnungen eine unterschiedliche Bedeutung beigemessen würde[14]. Sowohl durch die autonome Auslegung von Rechtsbegriffen als auch in besonderem Maße durch die Rechtsfortbildung und Auslegung des EG-Rechts findet eine schleichende Rechtsangleichung statt, die um so tiefgreifender wird, je mehr Entscheidungen des EuGH zu einem bestimmten Themenkomplex ergehen. Dies gilt insbesondere für die Rechtsprechung des EuGH zu den Grundfreiheiten[15].

---

[11] Vgl. allgemein zu den Auslegungsmethoden des EuGH: *Lutter, JZ 1992, S. 593 ff.; Schwab, ZGR 2000, S. 446 ff.; Schmidt, RabelsZ 59 (1995), S. 569 (572 ff.); Brechmann, Die richtlinienkonforme Auslegung, S. 31 ff., 258 ff.; Bleckmann, NJW 1982, S. 1177 ff.*

[12] *Schwarze, EU-Kommentar, Art. 220, Rn. 28 f.; Calliess/Ruffert/Wegener, Kommentar zu EU-Vertrag und EG-Vertrag, Art. 220, Rn. 10; Streinz, Europarecht, Rn. 498.*
Die Entstehungsgeschichte des EWG-Vertrags ist allein durch den Spaak-Bericht dokumentiert (*Keßler, Das System der Warenverkehrsfreiheit im Gemeinschaftsrecht, S. 7; Schwintowski, RabelsZ 64 (2000), S. 38 (46)*). Folglich ist eine Heranziehung von Motiven oder Begründungserwägungen als Auslegungshilfe nicht möglich.

[13] Vgl. allgemein: *Schwarze, EU-Kommentar, Art. 220, Rn. 27 ff.; Calliess/Ruffert/Wegener, Kommentar zu EU-Vertrag und EG-Vertrag, Art. 220, Rn. 7 ff.*
Für die Rechtsfortbildung hat der Vergleich der nationalen Rechtsordnungen eine herausragende Bedeutung (*Lenz/Borchardt, EG-Vertrag, Art. 220, Rn. 27*). Eine Grenze für die Rechtsfortbildung durch den Gerichtshof findet sich im Bereich der Vertragsergänzung. Insofern ist der EuGH kompetenziell nicht zuständig (*Calliess/Ruffert/Wegener, Kommentar zu EU-Vertrag und EG-Vertrag, Art. 220, Rn. 12 f.*).

[14] *Schwarze, EU-Kommentar, Art. 220, Rn. 30; Ahlt, Europarecht, S. 39.*
Die Besonderheiten bei der Auslegung von Gemeinschaftsrecht hat der EuGH in seiner *C.I.L.F.I.T.*-Entscheidung wie folgt zusammengefaßt (*EuGH, Urt. v. 6.10.1982, Rs. 283/81 (C.I.L.F.I.T.), Slg. 1982, S. 3415, Rn. 18 – 20*): *Zunächst ist dem Umstand Rechnung zu tragen, daß die Vorschriften des Gemeinschaftsrechts in mehreren Sprachen abgefaßt sind und daß die verschiedenen sprachlichen Fassungen gleichermaßen verbindlich sind; die Auslegung einer gemeinschaftsrechtlichen Vorschrift erfordert somit einen Vergleich ihrer sprachlichen Fassungen. Sodann ist auch bei genauer Übereinstimmung der sprachlichen Fassungen zu beachten, daß Gemeinschaftsrecht eine eigene, besondere Terminologie verwendet. Im übrigen ist hervorzuheben, daß Rechtsbegriffe im Gemeinschaftsrecht und in den verschiedenen nationalen Rechten nicht unbedingt den gleichen Gehalt haben müssen. Schließlich ist jede Vorschrift des Gemeinschaftsrechts in ihrem Zusammenhang zu sehen und im Lichte des gesamten Gemeinschaftsrechts, seiner Ziele und seines Entwicklungsstands zur Zeit der Anwendung der betreffenden Vorschrift auszulegen.*

[15] *Kilian, Europäisches Wirtschaftsrecht, Rn. 348.*

II. Bedeutung der Rechtsprechung der nationalen Gerichte im Rahmen der negativen Integration

Eine negative Integration findet auch durch die nationalen Gerichte statt[16]. Denn die Verpflichtung aus Artikel 10 EG (Art. 5 EGV), *alle geeigneten Maßnahmen allgemeiner und besonderer Art zur Erfüllung der Verpflichtungen, die sich aus diesem Vertrag oder aus Handlungen der Organe der Gemeinschaft ergeben*, zu treffen, richtet sich nicht allein an die Mitgliedstaaten, sondern auch an die nationalen Gerichte. Daß die Verpflichtung aus Artikel 10 EG (Art. 5 EGV) alle Träger öffentlicher Gewalt in den Mitgliedstaaten trifft, hat der EuGH im Fall *Marlaesing* klar ausgedrückt. Danach obliegt *die Pflicht der Mitgliedstaaten gemäß Artikel 5 EWG-Vertrag (...) allen Trägern öffentlicher Gewalt in den Mitgliedstaaten, und zwar im Rahmen ihrer Zuständigkeiten auch den Gerichten. Daraus folgt, daß das nationale Gericht, soweit es bei der Anwendung des nationalen Rechts (...) dieses auszulegen hat, seine Auslegung soweit wie möglich am Wortlaut und Zweck der Richtlinie auslegen muß, um das mit der Richtlinie verfolgte Ziel zu erreichen und auf diese Weise Artikel 189 Absatz 3 EWG-Vertrag nachzukommen*[17].

Die Reichweite dieser Verpflichtung ist insbesondere in zwei anderen Urteilen deutlich gemacht worden: *Der Gerichtshof hat [...] entschieden, daß jede Bestimmung einer nationalen Rechtsordnung oder jede Gesetzgebungs-, Verwaltungs- oder Gerichtspraxis mit den in der Natur des Gemeinschaftsrechts liegenden Erfordernissen unvereinbar wäre, die dadurch zu einer Abschwächung der Wirksamkeit des Gemeinschaftsrechts führen würde, daß dem für die Anwendung dieses Rechts zuständigen Gericht die Befugnis abgesprochen wird, bereits zum Zeitpunkt dieser Anwendung alles Erforderliche zu tun, um diejenigen innerstaatlichen Vorschriften auszuschalten, die unter Umständen ein wenn auch nur vorübergehendes Hindernis für die volle Wirksamkeit des Gemeinschaftsrechts bilden*[18]. *Aus alledem folgt, daß jeder im Rahmen seiner Zuständigkeit angerufene Richter verpflichtet ist, das Gemeinschaftsrecht uneingeschränkt anzuwenden und die Rechte, die es den einzelnen verleiht, zu schützen, indem er jede möglicherweise entgegenstehende Bestimmung des nationalen Rechts, gleichgültig, ob sie früher oder später als die Gemeinschaftsnorm ergangen ist, unangewendet läßt*[19].

---

[16] Vgl. bereits: *Kapitel 4 A. I.*

[17] *EuGH, Urt. v. 13.11.1990, Rs. 106/89 (Marlaesing), Slg. 1990, S. I-4135, Rn. 8.*
Die Bedeutung der nationalen Gerichte ist bereits in einer sehr frühen Entscheidung des EuGH hervorgehoben worden. So spricht der Gerichtshof in einem Urteil aus dem Jahre 1965 von einem richterlichen *Zusammenwirken (...), das dadurch gekennzeichnet ist, daß staatliches Gericht und EuGH – jeweils in den Grenzen der eigenen Zuständigkeit und mit dem Ziel, die einheitliche Anwendung des Gemeinschaftsrechts zu gewährleisten – gemeinsam und unmittelbar zur Rechtsfindung beizutragen haben* (*EuGH, Urt. v. 1.12.1965, Rs. 16/65 (Schwarze), Slg. 1965, S. 1165*). Die Mitgliedstaaten – und hier insbesondere auch die Gerichte – sind daher verpflichtet, für die Beachtung der Grundfreiheiten Sorge zu tragen, so daß ein unzureichender Schutz der durch die Grundfreiheiten garantierten Tätigkeiten von Privaten eine Form des Unterlassens darstellt (*Jarass, EuR 2000, S. 705 (713)*).

[18] *EuGH, Urt. v. 19.6.1990, Rs. 213/89 (Factortame), Slg. 1990, S. I-2433, Rn. 20.*

[19] *EuGH, Urt. v. 9.3.1978, Rs. 106/77 (Simmenthal II), Slg. 1978, S. 629, Rn. 21-23.*

Die vorgenannte Rechtsprechung trägt dem Umstand Rechnung, daß durch die Verträge von Rom eine eigenständige supranationale Rechtsordnung geschaffen wurde, bei der es sich weder um Völkerrecht noch um staatliches Recht handelt[20]. Für das Verhältnis von Gemeinschaftsrecht zu nationalem Recht gilt das Prinzip des Anwendungsvorrangs des Gemeinschaftsrechts. Durch dieses – vom EuGH aus den Artikeln 10 Absatz 2 und 249 EG (Art. 5 Abs. 2, 189 EGV) i.V.m. dem Grundsatz der Funktionsfähigkeit der Gemeinschaft abgeleitete – Prinzip soll eine einheitliche Anwendung des Gemeinschaftsrechts in den Mitgliedstaaten sichergestellt werden[21]. So besteht im Kollisionsfall nach der Rechtsprechung des EuGH auch ein Vorrang des Primär- und Sekundärrechts der Gemeinschaft vor nationalem Verfassungsrecht[22].

Dabei gilt mit den Worten des Gerichtshofs im einzelnen: *Betrifft der Rechtsstreit vor dem nationalen Gericht also einen Sachverhalt, der nicht in den Anwendungsbereich des Gemeinschaftsrechts fällt, so ist dieses Gericht nach dem Gemeinschaftsrecht weder verpflichtet, seine Rechtsvorschriften gemeinschaftsrechtskonform auszulegen, noch sie unangewendet zu lassen. Falls ein und dieselbe Vorschrift in einer in den Anwendungsbereich des Gemeinschaftsrechts fallenden Situation unangewendet bleiben müßte, in einer nicht in diesen Anwendungsbereich fallenden Situation jedoch weiterhin angewandt werden könnte, wäre das zuständige Organ des betreffenden Staates verpflichtet, diese Rechtsunsicherheit zu beseitigen, soweit sie die sich aus Gemeinschaftsvorschriften ergebenden Rechte beeinträchtigen könnte*[23].

An anderer Stelle führte der EuGH aus: *Es ist Sache des nationalen Gerichts, das innerstaatliche Gesetz unter voller Ausschöpfung des Beurteilungsspielraums, den ihm das nationale Recht einräumt, in Übereinstimmung mit den Anforderungen des Gemeinschaftsrechts auszulegen und anzuwenden (EuGH, Urt. v. 4.2.1988, Rs. 157/86 (Murphy), Slg. 1988, S. 673, Rn. 11)*. Vgl. auch zur indirekten Harmonisierung durch eine konforme Interpretation nationalen Rechts: *Ehricke, RabelsZ 59 (1995), S. 598 (602); Di Fabio, NJW 1990, S. 947 ff.; Everling, ZGR 1992, S. 376 ff.; Mansel, JZ 1991, S. 529 (531).*

[20] *EuGH, Urt. v. 15.7.1964, Rs. 6/64 (Costa ./. ENEL), Slg. 1964, S. 1251 (1269).*

[21] *EuGH, Urt. v. 15.7.1964, Rs. 6/64 (Costa ./. ENEL), Slg. 1964, S. 1251 (1269 f.); EuGH, Urt. v. 9.3.1978, Rs. 106/77 (Simmenthal II), Slg. 1978, S. 629.*

Die Frage der Anwendbarkeit von Gemeinschaftsrecht beurteilt sich daher nicht nach der Rangstellung des Gemeinschaftsrechts in den nationalen Rechtsordnungen oder nach dem lex posterior-Grundsatz (*Emmert, Europarecht, §§ 13 und 14*).

Der Anwendungsvorrang ist vom Geltungsvorrang abzugrenzen. Das Gemeinschaftsrecht beansprucht keinen Geltungsvorrang vor Normen des nationalen Rechts (*Emmert, Europarecht, S. 141 f.*), geht aber im Kollisionsfall auch nationalem Verfassungsrecht vor (*EuGH, Urt. v. 17.12.1970, Rs. 11/70 (Internationale Handelsgesellschaft), Slg. 1970, S. 1125, Rn. 3 f.).*

[22] *EuGH, Urt. v. 17.12.1970 (Internationale Handelsgesellschaft), Slg. 1970, S. 1125, Rn. 3 f.*

[23] *EuGH, Urt. v. 16.7.1998, Rs. 264/96 (ICI), Slg. 1998, S. I-4695, Rn. 34.*

Der Anwendungsvorrang ist damit auf diejenigen Bereiche begrenzt, in denen die Gemeinschaft kompetenziell überhaupt zuständig ist. Insofern gilt das Prinzip der enumerativen Einzelermächtigung, welches aus Artikel 5 Absatz 1 EG (Art. 3b Abs. 1 EGV) folgt und auch in anderen Regelungen des EG-Vertrags Anklang findet (*vgl. Artikel 7 Absatz 1, 202, 249 EG = Art. 4 Abs. 1, 145, 189 EGV*), wonach es stets einer expliziten Handlungsbefugnis der Gemeinschaft bedarf. Eine Ausnahme bildet die Außenkompetenz der Gemeinschaft, welche als Annex zur Innenkompetenz betrachtet wird (*EuGH, Urt. v. 31.03.1971, Rs. 22/70 (AETR), Slg. 1971, S. 263, Rn. 12 ff.; EuGH, Urt. v. 14.7.1976, Verb. Rs. 3 bis 6/76 (Kramer), Slg. 1976, S. 1279, Rn. 19 ff.*; vgl. hierzu: *Geiger, JZ 1995, S. 973 ff.).*

Für eine konforme Interpretation nationaler Bestimmungen hat sich der nationale Richter im Rahmen einer abstrakt-generellen Überprüfung an Sinn und Zweck sowie den mit dem EG-Recht verfolgten Zielsetzungen zu orientieren, wobei sowohl die Anwendung als auch die Rechtsfolge einer Vorschrift gegen EG-Recht verstoßen kann[24]. Eine gegebenenfalls notwendige restriktive Anwendung nationaler Vorschriften läßt sich einmal durch eine Reduzierung ihres Anwendungsbereichs erlangen[25]. Dies kann teilweise durch die Beschränkung des Geltungsbereichs einer Norm auf rein interne Sachverhalte erreicht werden, sofern es sich nicht um eine Vorschrift zwingenden Rechts handelt. Zudem können sich nationale Vorschriften im Hinblick auf die Erfordernisse des EG-Rechts als unanwendbar herausstellen, weshalb die so entstandene Regelungslücke gegebenenfalls durch Entwicklung gemeinschaftsrechtskonformer Regeln ausgefüllt werden muß[26].

III. Folgerungen

Durch die im EG-Vertrag vorgesehene Aufgabenzuweisung bei der Auslegung und Anwendung des Gemeinschaftsrechts sowie durch die im Rahmen der Rechtsprechung des EuGH konkretisierte Kontrolldichte wird sichergestellt, daß die mitgliedstaatlichen Rechtsordnungen den gemeinschaftsrechtlichen Vorgaben entsprechend EG-rechtskonform ausgestaltet werden. Allerdings hängt der Erfolg der negativen Integration zu einem großen Teil von der Bereitschaft der nationalen Gerichte ab, das nationale Recht auf seine Konformität mit den Vorschriften des EG-Rechts hin zu überprüfen. Die negative Integration ist daher nur in dem Maße integrationsfördernd, in dem die nationalen Richter ihrer Verpflichtung zur effektiven Gewährleistung der Rechte aus dem EG-Vertrag nachkommen[27].

Zwar enthalten die Artikel 2 und 3 EG (Art. 2 und 3 EGV) Aufgaben und Ziele der Gemeinschaft. Diese stellen jedoch keine allgemeine Handlungsermächtigung dar, durch welche Rechtsakte erlassen werden können. Da keine generelle Kompetenzzuweisung an die Gemeinschaft besteht, ist somit von Fall zu Fall zu klären, ob eine Handlungsbefugnis auf Gemeinschaftsebene existiert.

[24] *Ehricke, RabelsZ 59 (1995), S. 599 (603).*

[25] Vgl. zur Wirkung des EG-Rechts auf die nationalen Rechtsordnungen: *W. H. Roth, ZEuP 1994, S. 5 (6), Hallstein, RabelsZ 28 (1964), S. 211 ff.*

[26] Diese Notwendigkeit hat der EuGH in der Entscheidung *Nimz* (*EuGH, Urt. v. 7.2.1991, Rs. 184/89 (Nimz), Slg. 1991, S. I-297, Rn. 19*) verdeutlicht: *Ferner ist nach ständiger Rechtsprechung des Gerichtshofs das nationale Gericht, das im Rahmen seiner Zuständigkeit die Bestimmungen des Gemeinschaftsrechts anzuwenden hat, gehalten, für die volle Wirksamkeit dieser Normen Sorge zu tragen, indem es erforderlichenfalls jede entgegenstehende Bestimmung des nationalen Rechts aus eigener Entscheidungsbefugnis unangewendet läßt, ohne daß es die vorherige Beseitigung dieser Bestimmung auf gesetzgeberischem Wege oder durch irgendein anderes verfassungsrechtliches Verfahren beantragen oder abwarten müßte.*

[27] Entscheidend für eine effektive Kontrolle der mitgliedstaatlichen Rechtsordnungen ist die Möglichkeit einer gerichtlichen Überprüfbarkeit im Einzelfall. Daher betont der EuGH, jede Entscheidung, mit der die zuständige nationale Behörde eine Genehmigung ablehne, müsse gerichtlich auf ihre Rechtmäßigkeit im Hinblick auf das Gemeinschaftsrecht überprüft werden können. Zudem müsse der Betroffene von den Gründen Kenntnis erlangen können, auf denen die ihm gegenüber ergangene Entscheidung beruhe (*EuGH, Urt. v. 15.10.1987, Rs. 222/86 (Heylens), Slg. 1987, S. 4097, Rn. 14 ff.; EuGH, Urt. v. 7.5.1991, Rs. 340/89 (Vlassopoulou), Slg. 1991, S. I-2357, Rn. 22; EuGH, Urt. v. 31.3.1993, Rs. 19/92 (Kraus), Slg. 1993, S. I-1663, Rn. 40 ff.*).

B. Die Reichweite der Niederlassungsfreiheit im Lichte der Rechtsprechung des EuGH

Bei der nachfolgenden Bestimmung des Gewährleistungsgehalts der Niederlassungsfreiheit werden zunächst die systematische Stellung der Gewährleistung innerhalb der Regelungen des EG-Vertrags sowie ihre allgemeinen Anwendungsvoraussetzungen geklärt. Sodann findet unter Berücksichtigung von Wortlaut und Zweck des Artikels 43 EG (Art. 52 EGV) sowie der zu dieser Bestimmung ergangenen Rechtsprechung des EuGH eine Analyse der Reichweite der Gewährleistung statt. Hierbei wird auch die Judikatur zur Warenverkehrsfreiheit berücksichtigt.

I. Stellung der Niederlassungsfreiheit innerhalb der Freizügigkeitsbestimmungen, unmittelbare Anwendbarkeit bei inter-mitgliedstaatlichen Sachverhalten und Geltungsbereich

Die Bestimmungen über die Niederlassungsfreiheit zählen zu den grundlegenden Vorschriften der Gemeinschaft[28]. Innerhalb des EG-Vertrags schließen die Kapitel über die Arbeitnehmerfreizügigkeit, die Dienstleistungsfreiheit und die Niederlassungsfreiheit einander aus[29]. Bereits aus dem Wortlaut von Artikel 50 EG (Art. 60 EGV) geht hervor, daß eine auf Dauer oder jedenfalls ohne absehbare zeitliche Beschränkung ausgeübte Tätigkeit nicht unter die gemeinschaftsrechtlichen Vorschriften über den freien Dienstleistungsverkehr fallen kann[30]. Solche Tätigkeiten

---

[28] *EuGH, Urt. v. 7.7.1976, Rs. 118/75 (Watson und Belmann), Slg. 1976, S. 1185, Rn. 16; EuGH, Urt. v. 18.6.1985, Rs. 197/84 (Steinhauser), Slg. 1985, S. 1819, Rn. 14; EuGH, Urt. v. 28.1.1986, Rs. 270/83 (Kommission ./. Frankreich), Slg. 1986, S. 273, Rn. 13; EuGH, Urt. v. 15.10.1987, Rs. 222/86 (Heylens), Slg. 1987, S. 4097, Rn. 8; EuGH, Urt. v. 7.7.1992, Rs. 370/90 (Sunrider Singh), Slg. 1992, S. I-4265, Rn. 15; EuGH, Urt. v. 31.3.1993, Rs. 19/92 (Kraus), Slg. 1993, S. I-1663, Rn. 29.*

[29] *EuGH, Urt. v. 30.11.1995, Rs. 55/94 (Gebhard), Slg. 1995, S. I-4165, Rn. 20.*
Dabei sind die Vorschriften des Kapitels über die Dienstleistungsfreiheit gegenüber denen zur Niederlassungsfreiheit subsidiär, weil einerseits Artikel 49 EG (Art. 59 EGV) seinem Wortlaut nach voraussetzt, daß Erbringer und Empfänger der betreffenden Dienstleistungen in zwei verschiedenen Mitgliedstaaten ansässig sind, andererseits nach Artikel 50 Absatz 1 EG (Art. 60 Abs. 1 EGV) die Vorschriften über die Dienstleistungsfreiheit nur dann Anwendung finden, wenn die Vorschriften über das Niederlassungsrecht nicht anwendbar sind (*EuGH, Urt. v. 30.11.1995, Rs. 55/94 (Gebhard), Slg. 1995, S. I-4165, Rn. 22;* vgl. auch: *EuGH, Urt. v. 4.12.1986, Rs. 205/84 (Kommission ./. Deutschland), Slg. 1986, S. 3755, Rn. 21; EuGH, Urt. v. 5.10.1988, Rs. 196/87 (Steymann), Slg. 1988, S. 6159, Rn. 16*).

[30] Entscheidend für die Abgrenzung ist damit, ob eine nur vorübergehende oder aber eine dauerhafte Tätigkeit vorliegt. Der vorübergehende Charakter von Tätigkeiten, der unter Berücksichtigung der Dauer der Leistung, ihrer Häufigkeit, regelmäßigen Wiederkehr oder Kontinuität zu beurteilen ist, schließt danach nicht die Möglichkeit für einen Dienstleistungserbringer aus, sich im Aufnahmemitgliedstaat mit einer bestimmten Infrastruktur auszustatten, soweit diese Infrastruktur für die Erbringung der fraglichen Leistungen erforderlich ist (*EuGH, Urt. v. 30.11.1995, Rs. 55/94 (Gebhard), Slg. 1995, S. I-4165, Rn. 27*). Zur Kasuistik in Grenzfällen, insbesondere der Einordnung kurzfristiger, häufig wiederkehrender Tätigkeiten über die Grenze hinweg: *Hailbronner/Klein/Magiera/Müller-Graff, Handkommentar zum Vertrag über die Europäische Union, Art. 52, Rn. 4 f.; Grabitz/Hilf/Randelzhofer, Kommentar zur Europäischen Union, Art. 52, Rn. 8 ff.).*

können hingegen je nach Lage des Falles dem Anwendungsbereich der Artikel 39 bis 42 oder 43 bis 55 EG (Art. 48 bis 51 oder 52 bis 68 EGV) unterliegen[31].

Nach den Ausführungen des Gerichtshofs handelt es sich bei dem Begriff der Niederlassung im Sinne des Vertrages um einen sehr weiten Begriff, der *die Möglichkeit für einen Gemeinschaftsangehörigen impliziert, in stabiler und kontinuierlicher Weise am Wirtschaftsleben eines anderen Mitgliedstaats als seines Herkunftsstaats teilzunehmen und daraus Nutzen zu ziehen, wodurch die wirtschaftliche und soziale Verflechtung innerhalb der Gemeinschaft im Bereich der selbständigen Tätigkeiten gefördert wird*[32]. Liegt daher die Ausübung einer selbständigen Berufstätigkeit in stabiler und kontinuierlicher Weise in einem anderen Mitgliedstaat der Gemeinschaft vor oder wird eine solche angestrebt, so kann sich der Staatsangehörige eines Mitgliedstaats auf die Vorschriften über die Niederlassungsfreiheit berufen, da der sachliche Geltungsbereich der Gewährleistung eröffnet ist[33].

Artikel 43 EG (Art. 52 EGV) ist seit Ablauf der Übergangszeit eine unmittelbar geltende Bestimmung, auch wenn für bestimmte Bereiche die in den Artikeln 44 Absatz 2 und 47 Absatz 1 EG (Art. 54 Abs. 3 und 57 Abs. 1 EGV) vorgesehenen Richtlinien nicht ergangen sind[34]. Begründet hat der EuGH die unmittelbare Anwendbarkeit damit, Artikel 43 EG (Art. 52 EGV) erlege den Mitgliedstaaten, soweit er das Ende der Übergangszeit[35] als Zeitpunkt für die Herstellung der Niederlassungsfreiheit bestimme, eine Verpflichtung auf, deren Ergebnis klar umrissen sei und deren Erfüllung durch die Verwirklichung programmatisch

---

[31] *EuGH, Urt. v. 5.10.1988, Rs. 196/87 (Steymann), Slg. 1988, S. 6159, Rn. 16.*

[32] *EuGH, Urt. v. 30.11.1995, Rs. 55/94 (Gebhard), Slg. 1995, S. I-4165, Rn. 25;* vgl. auch: *EuGH, Urt. v. 21.6.1974, Rs. 2/74 (Reyners), Slg. 1974, S. 631, Rn. 21.*

[33] *EuGH, Urt. v. 30.11.1995, Rs. 55/94 (Gebhard), Slg. 1995, S. I-4165, Rn. 28;* vgl. auch: *Schlußanträge des Generalanwalts Fennelly vom 6.2.1997 in der Rs. 70/95 (Sodemare), Slg. 1997, S. I-3395, Rn. 22.*

[34] *EuGH, Urt. v. 21.6.1974, Rs. 2/74 (Reyners), Slg. 1974, S. 631, Rn. 32; EuGH, Urt. v. 28.4.1977, Rs. 71/76 (Thieffry), Slg. 1977, S. 765, Rn. 17; EuGH, Urt. v. 28.6.1977, Rs. 11/77 (Patrick), Slg. 1977, S. 1199, Rn. 12; EuGH, Urt. v. 10.7.1986, Rs. 79/85 (Segers), Slg. 1986, S. 2375, Rn. 12 ff.; EuGH, Urt. v. 31.3.1993, Rs. 19/92 (Kraus), Slg. 1993, S. I-1663, Rn. 30; EuGH, Urt. v. 9.3.1999, Rs. 212/97 (Centros), Slg. 1999, S. I-1459, Rn. 28; EuGH, Urt. v. 29.4.1999, Rs. 311/97 (Bank of Scotland), Slg. 1999, S. I-2651, Rn. 22; EuGH, Urt. v. 21.9.1999, Rs. 307/97 (Saint-Gobain ZN), Slg. 1999, S. I-6161, Rn. 34; EuGH, Urt. v. 13.4.2000, Rs. 251/98 (Baars), Slg. 2000, S. I-2787, Rn. 27.*
Auch steht ihre unmittelbare Geltung nicht unter dem Vorbehalt, daß zuvor ein völkerrechtliches Abkommen nach Artikel 293 EG (Art. 220 EGV) abgeschlossen wurde (*EuGH, Urt. v. 28.1.1986, Rs. 270/83 (Kommission ./. Frankreich), Slg. 1986, S. 273, Rn. 26*).

[35] In der Neufassung des Artikels 47 Absatz 2 EG fehlt der Verweis auf die Übergangszeit. Die entsprechende Bestimmung des Artikels 7 EGV zur Übergangszeit wurde ebenfalls nicht mehr in die Textfassung des Amsterdamer Vertrages übernommen. Nach Artikel 7 Absatz 1 EGV sollte die in drei Stufen aufgeteilte Übergangszeit am 31.12.1969 ablaufen. Allerdings beinhaltete Artikel 7 Absatz 6 EGV eine Verlängerung des Übergangszeitraums um drei Jahre, wenn bis zu dem erstgenannten Stichtag das Ziel des Gemeinsamen Marktes noch nicht erreicht worden sei.
Nach Ablauf des in Artikel 7 EGV genannten Übergangszeitraums hätten gemäß der Vorgaben des Vertrages alle Rechts- und Verwaltungsvorschriften, welche den Wettbewerb zwischen den Mitgliedstaaten der Gemeinschaft verzerren können, angeglichen sein müssen (*Art. 101 EGV*). Allerdings ist dieses Ziel bis heute nicht erreicht worden.

festgelegter, abgestufter Maßnahmen zwar erleichtert, nicht aber bedingt werden sollte[36].

Allerdings findet die Niederlassungsfreiheit – wie alle Grundfreiheiten – nur auf grenzüberschreitende Sachverhalte Anwendung[37]. Rein interne Sachverhalte werden hingegen nicht vom Anwendungsbereich der Grundfreiheiten des EG-Vertrags erfaßt[38]. Dabei sind rein interne Sachverhalte solche, denen jeglicher Bezug zu irgendeinem der Tatbestände fehlt, die das Gemeinschaftsrecht regelt, deren Merkmale also sämtlich nicht über die Grenzen eines Mitgliedstaats hinausweisen[39]. Ein rein interner Sachverhalt liegt aber nicht automatisch dann vor, wenn sich ein Staatsangehöriger in seinem Heimatstaat gegen eine die Grundfreiheiten beschränkende Regelung wendet. Denn gerade dann, wenn die Betroffenen rechtmäßig im Hoheitsgebiet eines anderen Mitgliedstaats ansässig waren und dort eine nach dem Gemeinschaftsrecht anerkannte berufliche Qualifikation erworben haben, befinden sie sich gegenüber ihrem Herkunftsland in einer Lage, die derjenigen aller

---

[36] *EuGH, Urt. v. 7.5.1991, Rs. 340/89 (Vlassopoulou), Slg. 1991, S. I-2357, Rn. 13; EuGH, Urt. v. 12.7.1984, Rs. 107/83 (Klopp), Slg. 1984, S. 2971, Rn. 10; EuGH, Urt. v. 28.6.1977, Rs. 11/77 (Patrick), Slg. 1977, S. 1199, Rn. 10 f.; EuGH, Urt. v. 21.6.1974, Rs. 2/74 (Reyners), Slg. 1974, S. 631, Rn. 26.*
Mit Ablauf der Übergangszeit – so der EuGH – seien die *im Kapitel über das Niederlassungsrecht vorgesehenen Richtlinien zur Verwirklichung des Grundsatzes der Inländerbehandlung rechtlich überflüssig geworden*, weil seit jenem Zeitpunkt der Vertrag selber diesem Grundsatz unmittelbare Wirkung verleihe (*EuGH, Urt. v. 21.6.1974, Rs. 2/74 (Reyners), Slg. 1974, S. 631, Rn. 30; EuGH, Urt. v. 28.6.1977, Rs. 11/77 (Patrick), Slg. 1977, S. 1199, Rn. 13*). Diesen etwas weitreichenden Ausführungen widerspricht der Gerichtshof an anderer Stelle: *Dazu ist zu bemerken, daß diese Bestimmungen des Vertrages, in denen mit unmittelbarer Wirkung das Verbot ausgesprochen wird, ungerechtfertigte Beschränkungen der genannten Freiheiten einzuführen, als solche nicht genügen, um die Beseitigung aller Hindernisse für die Freizügigkeit sowie für den freien Dienstleistungs- und Kapitalverkehr zu gewährleisten, und daß den im Vertrag insoweit vorgesehenen Richtlinien ein bedeutender Anwendungsbereich in bezug auf die Maßnahmen verbleibt, mit denen die wirksame Ausübung der sich aus diesen Bestimmungen ergebenden Rechte gefördert werden soll* (*EuGH, Urt. v. 20.3.1997, Rs. 57/95 (Kommission ./. Frankreich), Slg. 1997, S. I-1627, Rn. 20*).
[37] *EuGH, Urt. v. 7.2.1979, Rs. 115/78 (Knoors), Slg. 1979, S. 399, Rn. 24; EuGH, Urt. v. 31.3.1993, Rs. 19/92 (Kraus), Slg. 1993, S. I-1663, Rn. 15.*
[38] *EuGH, Urt. v. 23.4.1991, Rs. 41/90 (Höfner und Elser), Slg. 1991, S. I-1979, Rn. 37; EuGH, Urt. v. 28.1.1992, Rs. 332/90 (Steen), Slg. 1992, S. I-341, Rn. 9; EuGH, Urt. v. 16.2.1995, Verb. Rs. 29-34/94 (Aubertin), Slg. 1995, S. I-301, Rn. 9; EuGH, Urt. v. 16.1.1997, Rs. 134/95 (USSL), Slg. 1997, S. I-195, Rn. 19.*
[39] *EuGH, Urt. v. 23.4.1991, Rs. 41/90 (Höfner und Elser), Slg. 1991, S. I-1979, Rn. 37; EuGH, Urt. v. 28.1.1992, Rs. 332/90 (Steen), Slg. 1992, S. I-341, Rn. 9; EuGH, Urt. v. 16.2.1995, Verb. Rs. 29-34/94 (Aubertin), Slg. 1995, S. I-301, Rn. 9; EuGH, Urt. v. 30.11.1995, Rs. 134/94 (ESSO Espanola), Slg. 1995, S. I-4223, Rn. 12 ff.; EuGH, Urt. v. 16.1.1997, Rs. 134/95 (USSL), Slg. 1997, S. I-195, Rn. 19.*
Eine Ausnahme vom Erfordernis des Vorliegens eines grenzüberschreitenden Sachverhalts bildet das Diskriminierungsverbot des Artikels 141 EG (Art. 119 EGV), welches als Gemeinschaftsgrundrecht nicht nur die Mitgliedstaaten und die Gemeinschaft bindet, sondern auch horizontale Drittwirkung entfaltet (*EuGH, Urt. v. 30.1.1985, Rs. 143/83 (Kommission ./. Dänemark), Slg. 1985, S. 427*). Allerdings wird in der Literatur teilweise die Auffassung vertreten, Artikel 43 EG (Art. 52 EGV) erfasse – im Wege der Rechtsfortbildung – auch rein interne Sachverhalte (*Lackhoff, Die Niederlassungsfreiheit des EGV – nur ein Gleichheits- oder auch ein Freiheitsrecht?, S. 73 ff.*). Diese Meinung ist im Hinblick auf die insoweit eindeutig entgegenstehende Judikatur des EuGH und die Zielsetzung der Grundfreiheiten allerdings abzulehnen.

anderen Personen vergleichbar ist, die in den Genuß der durch den Vertrag garantierten Rechte und Freiheiten kommen[40]. Folge der unmittelbaren Anwendbarkeit ist, daß die Niederlassungsfreiheit den von ihr erfaßten Personen – und unter den Voraussetzungen des Artikels 48 EG (Art. 58 EGV) Gesellschaften im Sinne der Bestimmung – subjektive Rechte verleiht, die zu schützen die nationalen Gerichte verpflichtet sind[41].

Der sachliche Geltungsbereich[42] von Artikel 43 EG (Art. 52 EGV) ermöglicht es, sich in einem anderen Mitgliedstaat niederzulassen, um dort einer selbständigen Erwerbstätigkeit nachzugehen, ohne selbst die Staatsangehörigkeit des Aufnahmestaates erwerben zu müssen. Durch den Begriff Erwerbstätigkeit in Artikel 43 Absatz 2 EG (Art. 52 Abs. 2 EGV) wird verdeutlicht, daß die Niederlassungsfreiheit nur zwecks Beteiligung am Wirtschaftsleben gewährt wird[43]. Dabei gilt als

---

[40] *EuGH, Urt. v. 7.2.1979, Rs. 115/78 (Knoors), Slg. 1979, S. 399, Rn. 24; EuGH, Urt. v. 31.3.1993, Rs. 19/92 (Kraus), Slg. 1993, S. I-1663, Rn. 15 f.*
Daher ist Artikel 43 EG (Art. 52 EGV) auch auf Inländer anwendbar, die aus dem EG-Ausland in ihr Herkunftsland zurückkehren (*EuGH, Urt. v. 7.7.1992, Rs. 370/90 (Sunrider Singh), Slg. 1992, S. I-4265, Rn. 21;* vgl. hierzu eingehend: *Nachbaur, Niederlassungsfreiheit, S. 78 ff.*). Zudem wird von Artikel 43 EG (Art. 52 EGV) der umgekehrte Fall erfaßt, daß Inländer ihren Heimatstaat verlassen wollen, um sich – unter Berufung auf ihr Wegzugsrecht – im EG-Ausland niederzulassen (*EuGH, Urt. v. 27.9.1988, Rs. 81/87 (Daily Mail), Slg. 1988, S. 5483, Rn. 16; EuGH, Urt. v. 13.4.2000, Rs. 251/98 (Baars), Slg. 2000, S. I-2787, Rn. 28 f.*).
Zwar sollen diese Bestimmungen ihrer Fassung nach insbesondere die Inländerbehandlung im Aufnahmemitgliedstaat sicherstellen, sie verbieten es aber auch dem Herkunftsstaat, die Niederlassung seiner Staatsangehörigen oder einer nach seinem Recht gegründeten, der Definition des Artikels 58 EGV genügenden Gesellschaft in einem anderen Mitgliedstaat zu behindern (*EuGH, Urt. v. 27.9.1988, Rs. 81/87 (Daily Mail), Slg. 1988, S. 5483, Rn. 16*; vgl. hierzu bereits: *Steindorff, EuR 1988, S. 19 (21)*).
[41] *Artikel 10 EG (Art. 5 EGV).*
Der Niederlassungsfreiheit nach Artikel 43 EG (Art. 52 EGV) kommt zudem eingeschränkte Drittwirkung zu (*Hailbronner/Klein/Magiera/Müller-Graff, Handkommentar zum Vertrag über die Europäische Union, Art. 52, Rn. 15;* vgl. allgemein zur Drittwirkung der Grundfreiheiten: *Streinz/Leible, EuZW 2000, S. 459 ff.*). Damit richtet sie sich nicht allein gegen den Staat, sondern ist auch – wie bereits in *Thieffry* entschieden – von privaten Wirtschafts- und Berufsvereinigungen zu beachten, sofern sie im Bereich der Grundfreiheiten wie der Staat regelnd tätig werden (*EuGH, Urt. v. 28.4.1977, Rs. 71/76 (Thieffry), Slg. 1977, S. 765, Rn. 17*).
[42] Vgl. allgemein zu den Begriffen sachlicher und persönlicher Geltungsbereich: *Groeben/Thiesing/Ehlermann/Troberg, Kommentar zum EU-/EG-Vertrag, Art. 52, Rn. 71 ff.*
Synonym für die Begriffe des sachlichen und persönlichen Geltungsbereichs werden auch die des sachlichen und persönlichen Anwendungsbereichs verwendet (*Jarass, EuR 2000, S. 705 (706 ff.)*; für den Bereich der Niederlassungsfreiheit: *Dauses/Roth, Handbuch des EU-Wirtschaftsrechts, E I, Rn. 40 ff., 51 ff.; Schwarze/Schlag, EU-Kommentar, Art. 43, Rn. 10 ff., 27 ff.*).
[43] *EuGH, Urt. v. 12.12.1974, Rs. 36/74 (Walrave), Slg. 1974, S. 1405; Grabitz/Hilf/Randelzhofer, Kommentar zur Europäischen Union, Art. 52, Rn. 13.*
Dies folgt daraus, daß die Niederlassungsfreiheit zweckgebunden ist und sich an der Zielsetzung der Schaffung eines Gemeinsamen Marktes orientiert. Entsprechendes gilt etwa im Bereich der Arbeitnehmerfreizügigkeit. Diese wird nur am Wirtschaftsleben beteiligten Personen und deren Angehörigen gewährt (*Groves, European Community Law, S. 166*). Allerdings finden sich nunmehr mit den Bestimmungen über die Unionsbürgerschaft auch Regelungen im Gemeinschaftsrecht, die den Unionsbürgern (vgl. Art. 17 EG) Rechte verleihen, die nicht an eine wirtschaftliche Betätigung gebunden sind. So hat nach Artikel 18 Absatz 1 EG jeder Unionsbürger das Recht, sich im Hoheitsge-

selbständige Erwerbstätigkeit jede auf eigene Rechnung und eigenes Risiko ausgeübte Tätigkeit, die dem Erwerb von Einkommen dient[44]. Dies ist nur dann gegeben, wenn eine dauerhafte Einrichtung geschaffen wird, die als Grundlage für die Ausübung selbständiger Erwerbstätigkeit erforderlich ist[45]. Denn der Niederlassungsbegriff umfaßt, wie bereits im Fall *Factortame* klargestellt, die tatsächliche Ausübung einer wirtschaftlichen Tätigkeit mittels einer festen Einrichtung in einem anderen Mitgliedstaat auf unbestimmte Zeit[46].

Erfaßt werden von der Gewährleistung der Niederlassungsfreiheit sowohl die primäre als auch die sekundäre Niederlassung in einem Mitgliedstaat. Dabei umfaßt die primäre Niederlassungsfreiheit die Aufnahme und Ausübung selbständiger Erwerbstätigkeiten sowie die Gründung und Leitung von Unternehmen in einem anderen Mitgliedstaat der Gemeinschaft[47]. Hingegen ermöglicht die sekundäre Niederlassungsfreiheit die Gründung von Agenturen, Zweigniederlassungen oder Tochtergesellschaften[48]. Alle Staatsangehörigen der Mitgliedstaaten sind durch die Niederlassungsfreiheit begünstigt[49]. Dies gilt bezüglich der primären Niederlassungsfreiheit unabhängig davon, ob sie in einem EG-Staat ansässig sind oder in einem Drittstaat[50]. Hingegen kommt die Gründung von Agenturen und Zweigniederlassungen auf Grundlage des Gemeinschaftsrechts nur in Betracht, wenn die Hauptniederlassung in einem Mitgliedstaat ansässig ist, Artikel 43 Absatz 1 Satz 2

---

biet der Mitgliedstaaten frei zu bewegen und aufzuhalten, sofern nicht gemeinschaftsrechtliche Beschränkungen oder Bedingungen bestehen, die dieses Recht einschränken.

[44] *Schwarze/Schlag, EU-Kommentar, Art. 43, Rn. 21 ff.*
Zur ursprünglich rein fremdenrechtlichen Konzeption der Niederlassungsfreiheit, vgl.: *Nachbaur, Niederlassungsfreiheit, S. 18 ff., 39 ff.*

[45] *Schwappach, EG-Rechtshandbuch für die Wirtschaft, § 38, Rn. 2.*

[46] *EuGH, Urt. v. 25.7.1991, Rs. 221/89 (Factortame), Slg. 1991, S. I-3905, Rn. 20;* vgl. auch: *EuGH, Urt. v. 21.6.1974, Rs. 2/74 (Reyners), Slg. 1974, S. 631, Rn. 21; EuGH, Urt. v. 30.11.1995, Rs. 55/94 (Gebhard), Slg. 1995, S. I-4165, Rn. 25; EuGH, Urt. v. 17.6.1997, Rs. 70/95 (Sodemare), Slg. 1997, S. I-3395, Rn. 24*; vgl. zum Begriff der wirtschaftlichen Tätigkeit: *Hailbronner/Nachbaur, WiVerw 1992, S. 57 (68).*

[47] *Artikel 43 Absatz 2 EG (Art. 52 Abs. 2 EGV).*

[48] *Artikel 43 Absatz 1 Satz 2 EG (Art. 52 Abs. 1 S. 2 EGV).*
Agenturen und Zweigniederlassungen sind rechtlich unselbständig. Hingegen sind Tochtergesellschaften gegenüber der Hauptniederlassung rechtlich, nicht aber wirtschaftlich selbständig (*Ahlt, Europarecht, S. 108*). Wie der Gerichtshof wiederholt betont hat, beschränkt sich die Niederlassungsfreiheit nicht auf das Recht, nur eine Niederlassung innerhalb der Gemeinschaft zu gründen, sondern umfaßt auch die Möglichkeit, unter Beachtung der jeweiligen (Berufs-) Regelungen im Gebiet der Gemeinschaft mehr als eine Stätte für die Ausübung einer Tätigkeit einzurichten und beizubehalten (*EuGH, Urt. v. 20.5.1992, Rs. 106/91 (Ramrath), Slg. 1992, S. I-3351, Rn. 21 f.; EuGH, Urt. v. 12.7.1984, Rs. 107/83 (Klopp), Slg. 1984, S. 2971, Rn. 19; EuGH, Urt. v. 15.2.1996, Rs. 53/95 (Inasti), Slg. 1996, S. I-703, Rn. 8 ff.*). Die Niederlassungsfreiheit in mehr als einem Mitgliedstaat der Gemeinschaft ist einmal für Gesellschaften durch die in Artikel 43 Absatz 1 Satz 2 EG (Art. 52 Abs. 1 S. 2 EGV) genannte Errichtung von Agenturen, Zweigniederlassungen oder Tochtergesellschaften möglich (*EuGH, Urt. v. 12.7.1984, Rs. 107/83 (Klopp), Slg. 1984, S. 2971, Rn. 19; EuGH, Urt. v. 30.11.1995, Rs. 55/94 (Gebhard), Slg. 1995, S. I-4165, Rn. 24*), sowie andererseits für Angehörige freier Berufe durch die Errichtung eines zweiten Berufsdomizils (*EuGH, Urt. v. 20.5.1992, Rs. 106/91 (Ramrath), Slg. 1992, S. I-3351, Rn. 21 f.; EuGH, Urt. v. 30.11.1995, Rs. 55/94 (Gebhard), Slg. 1995, S. I-4165, Rn. 24; EuGH, Urt. v. 12.7.1984, Rs. 107/83 (Klopp), Slg. 1984, S. 2971, Rn. 19*).

[49] *Oppermann, Europarecht, Rn. 1585; Hailbronner/Nachbaur, WiVerw 1992, S. 57 (64 f.).*

[50] *Ahlt, Europarecht, S. 109; Behrens, IPRax 1989, S. 354 (358).*

EG (Art. 52 Abs. 1 S. 2 EGV)[51]. Vorbehaltlich der vorgesehenen Ausnahmen und Bedingungen umfaßt die Niederlassungsfreiheit damit die Aufnahme und Ausübung selbständiger Tätigkeiten jeder Art nach den Bestimmungen des Aufnahmestaats für seine eigenen Angehörigen[52], die Gründung und Leitung von Unternehmen und die Errichtung von Agenturen, Zweigniederlassungen oder Tochtergesellschaften im Hoheitsgebiet jedes anderen Mitgliedstaats[53].

---

[51] Die Ansässigkeit einer Hauptniederlassung in einem Mitgliedstaat ist nach herkömmlicher Auffassung dann gegeben, wenn ein Unternehmen dort den Schwerpunkt seiner wirtschaftlichen Betätigung hat. Ist dies nicht der Fall, so richtet sich die Zulässigkeit der Gründung von Agenturen und Zweigniederlassungen in einem Mitgliedstaat allein nach den dortigen nationalen Vorschriften (*Ahlt, Europarecht, S. 109; Groeben/Thiesing/Ehlermann/Troberg, Kommentar zum EU-/EG-Vertrag, Art. 52, Rn. 8, 28; Hailbronner/Klein/Magiera/Müller-Graff, Handkommentar zum Vertrag über die Europäische Union, Art. 58, Rn. 8 ff.*). Dadurch soll verhindert werden, daß Gesellschaften, die allein über ihren satzungsmäßigen Sitz eine Verbindung zur Gemeinschaft aufweisen, den Schwerpunkt ihrer wirtschaftlichen Betätigung jedoch in einem Drittstaat haben, von der sekundären Niederlassungsfreiheit Gebrauch machen können (*Poillot-Peruzzetto/Luby, Le droit communautaire appliqué à l'entreprise, S. 141*).

Das Ansässigkeitserfordernis besitzt nur dann Relevanz, wenn eine Gesellschaft allein über einen Satzungssitz in einem Mitgliedstaat der Gemeinschaft verfügt, sich aber die Hauptniederlassung in einem Drittstaat befindet. Denn nach der *Segers*- und der *Centros*-Entscheidung ist es für die Gründung einer Zweigniederlassung innerhalb der Gemeinschaft ausreichend, wenn ein Satzungssitz in einem anderen Mitgliedstaat existiert, die Gesellschaft aber bisher keine wirtschaftliche Betätigung ausübt und sich folglich keine Hauptniederlassung lokalisieren läßt (*EuGH, Urt. v. 10.7.1986, Rs. 79/85 (Segers), Slg. 1986, S. 2375, Rn. 13, 16; EuGH, Urt. v. 9.3.1999, Rs. 212/97 (Centros), Slg. 1999, S. I-1459, Rn. 17*; vgl. hierzu: *W. H. Roth, ZGR 2000, S. 311 (316); Hoffmann, ZHR 164 (2000), S. 43 (49); Looijestijn-Clearie, International and Comparative Law Quaterly, Volume 49, July 2000, S. 621 (628)*). Durch diese Rechtsprechung wird die bereits im *Allgemeinen Niederlassungsprogramm* von 1962 vorgenommene Grenzziehung, wonach Gesellschaften, die lediglich einen fiktiven Sitz in einem Mitgliedstaat der Gemeinschaft haben, sich auf die Vertragsvorschriften nur berufen können, wenn ihre Tätigkeit in tatsächlicher und dauerhafter Verbindung mit der Wirtschaft eines Mitgliedstaates steht (*ABl. 1962, S. 36*), für die Fälle ergänzt, in denen eine solche Verbindung mangels Aufnahme einer wirtschaftlichen Betätigung noch nicht offenkundig zutage getreten ist. Daher kommt dem Ansässigkeitserfordernis zumindest in den Fällen keine eigenständige Bedeutung zu, in denen es an einer Drittstaatenproblematik fehlt (*Grabitz/Hilf/Randelzhofer, Kommentar zur Europäischen Union, Art. 58, Rn. 2, 14 f.; Kieninger, ZGR 1999, S. 724 (736 f.)*; a.A.: *Eyles, Das Niederlassungsrecht der Kapitalgesellschaften in der Europäischen Gemeinschaft, S. 347 f.; Hailbronner/Nachbaur, WiVerw 1992, S. 57 (66)*).

[52] *EuGH, Urt. v. 21.6.1974, Rs. 2/74 (Reyners), Slg. 1974, S. 631, Rn. 18; EuGH, Urt. v. 28.6.1977, Rs. 11/77 (Patrick), Slg. 1977, S. 1199, Rn. 8; EuGH, Urt. v. 12.7.1984, Rs. 107/83 (Klopp), Slg. 1984, S. 2971, Rn. 17; EuGH, Urt. v. 25.7.1991, Rs. 221/89 (Factortame), Slg. 1991, S. I-3905, Rn. 25; EuGH, Urt. v. 27.11.1997, Rs. 62/96 (Kommission ./. Griechenland), Slg. 1997, S. I-6725, Rn. 23; EuGH, Urt. v. 30.11.1995, Rs. 55/94 (Gebhard), Slg. 1995, S. I-4165, Rn. 33.*

Dabei steht es den Mitgliedstaaten in Ermangelung besonderer gemeinschaftsrechtlicher Vorschriften in einem gegebenen Bereich grundsätzlich frei, diesen für das eigene Hoheitsgebiet zu regeln (*EuGH, Urt. v. 12.7.1984, Rs. 107/83 (Klopp), Slg. 1984, S. 2971, Rn. 17;* für den Mißbrauchsschutz: *EuGH, Urt. v. 31.3.1993, Rs. 19/92 (Kraus), Slg. 1993, S. I-1663, Rn. 34*).

[53] *EuGH, Urt. v. 11.5.1999, Rs. 255/97 (Pfeiffer), Slg. 1999, S. I-2835, Rn. 18; EuGH, Urt. v. 30.11.1995, Rs. 55/94 (Gebhard), Slg. 1995, S. I-4165, Rn. 23; EuGH, Urt. v. 17.6.1997, Rs. 70/95 (Sodemare), Slg. 1997, S. I-3395, Rn. 26.*

II. Die Vertragsbestimmung – Diskriminierungs- oder Beschränkungsverbot?

Bereits die Formulierung des (alten) Artikels 52 EGV legt nahe, daß die Bestimmung nicht nur ein Diskriminierungs-, sondern auch ein allgemeines Beschränkungsverbot enthält[54]. So sollten nach Artikel 52 Absatz 1 Satz 1 EGV *die Beschränkungen der freien Niederlassung von Staatsangehörigen eines Mitgliedstaates im Hoheitsgebiet eines anderen Mitgliedstaates (...) während der Übergangszeit (...) schrittweise aufgehoben* werden[55]. Gleiches galt nach Artikel 52 Absatz 1 Satz 2 EGV für den Bereich der sekundären Niederlassungsfreiheit. Da insofern keine Einschränkung in bezug auf diskriminierende Maßnahmen gemacht wurde, läßt dies den Schluß zu, daß nach dem 31.12.1969 – allerspätestens aber mit Ablauf des 31.12.1972[56] – die Niederlassungsfreiheit umfassend und somit über ein reines Diskriminierungsverbot hinaus gewährleistet werden sollte[57].

Dieses weite Verständnis steht nicht in Widerspruch zu Artikel 52 Absatz 2 EGV (Art. 43 Abs. 2 EG), der lediglich ein Gebot der Inländergleichbehandlung für *die Aufnahme und Ausübung selbständiger Erwerbstätigkeiten sowie die Gründung und Leitung von Unternehmen* beinhaltet. Denn bei den in Artikel 52 Absatz 2 EGV (Art. 43 Abs. 2 EG) genannten Fällen handelt es sich offensichtlich nur um einzelne Kategorien von möglichen Beschränkungen der Niederlassungsfreiheit[58]. In der geänderten Textfassung sind nach Artikel 43 Absatz 1 Satz 1 EG *Beschrän-*

---

[54] So wurde bereits relativ früh in der Literatur die Auffassung vertreten, bei Artikel 43 EG (Art. 52 EGV) handele es sich nicht allein um eine Konkretisierung des Diskriminierungsverbotes für den Bereich der Niederlassungsfreiheit, sondern weitergehend als lediglich ein Recht auf Inländergleichbehandlung um ein umfassendes Freiheitsrecht (vgl.: *Behrens, IPRax 1989, S. 354 (356); Bleckmann, EuGRZ 1981, S. 257 (259 f.); Blumenwitz, NJW 1989, S. 621 (622 f.); Dauses/Roth, Handbuch des EU-Wirtschaftsrechts, E. I, Rn. 69; Steindorff, EuR 1988, S. 19 ff.; Knobbe-Keuk, DB 1990, S. 2573 ff.; Schnichels, Die Reichweite der Niederlassungsfreiheit, S. 140.*
Nach der Gegenauffassung wurde die Annahme, Artikel 43 EG (Art. 52 EGV) enthalte wie die Artikel 28 und 49 EG (Art. 30 und 49 EGV) ein allgemeines Beschränkungsverbot, teilweise unter Hinweis auf den Wortlaut der Vorschrift abgelehnt. Entscheidender für diese Auffassung spricht jedoch der Gesichtspunkt, daß der Begriff der Beschränkung in Handels-, Schiffahrts- und Niederlassungsverträgen traditionell Verwendung findet, ihm in diesem Zusammenhang aber nur die Bedeutung eines Gebots der Inländergleichbehandlung zukommt (*Lackhoff, Die Niederlassungsfreiheit des EGV – nur ein Gleichheits- oder auch ein Freiheitsrecht?, S. 210 f.*).

[55] Vgl. zu den Verbotsadressaten der Niederlassungsfreiheit: *Dauses/Roth, Handbuch des EU-Wirtschaftsrechts, E. I, Rn. 16; Lackhoff, Die Niederlassungsfreiheit des EGV – nur ein Gleichheits- oder auch ein Freiheitsrecht?, S. 202 ff.*

[56] *Vgl. Art. 7 Abs. 6 EGV.*

[57] *Behrens, IPRax 1989, S. 354 (356).*
Zudem – so ein zentrales Argument – finde die Niederlassungsfreiheit in Artikel 3 lit. c EG (Art. 3 lit. c EGV) zusammen mit den anderen Grundfreiheiten Erwähnung. Dort werde von der Beseitigung der Hindernisse im Bereich der Grundfreiheiten ohne weite Differenzierung gesprochen. Dies gehe über ein reines Diskriminierungsverbot hinaus. Da Artikel 3 lit. c EG (Art. 3 lit. c EGV) ein verbindlicher Rechtssatz sei, müsse Artikel 43 EG (Art. 52 EGV), welcher ja nur eine konkretisierende Funktion habe, in entsprechender Weise ausgelegt werden (*Bleckmann, DVBl. 1986, S. 69 (72 f.); Blumenwitz, NJW 1989, S. 621 (623)*).

[58] *Groeben/Thiesing/Ehlermann, Kommentar zum EU-/EG-Vertrag, Art. 52, Rn. 1; Behrens, IPRax 1989, S. 354 (356);* so im Ergebnis auch: *Dauses/Roth, Handbuch des EU-Wirtschaftsrechts, E. I, Rn. 71.*

kungen der freien Niederlassung von Staatsangehörigen eines Mitgliedstaats im Hoheitsgebiet eines anderen Mitgliedstaats (...) verboten, so daß die Reichweite der Gewährleistung im Sinne eines Beschränkungsverbots noch stärker verdeutlicht ist.

Teilweise wird die Auffassung vertreten, die Umformulierung der Bestimmung ändere wohl nichts daran, daß der Begriff der Beschränkung in völkerrechtlichen Verträgen und somit nicht nur bei der ursprünglichen Abfassung des EWG-Vertrags im Sinne eines Gebots der Inländergleichbehandlung zu verstehen sei[59]. Allerdings ist insofern zu berücksichtigen, daß die Umformulierung vor dem Hintergrund der Rechtsprechung des EuGH geschehen ist, wonach das Gemeinschaftsrecht eine autonome Rechtsordnung ist und dem Begriff der Beschränkung eine eigenständige Bedeutung zukommt, die über das reine Gebot zur Inländergleichbehandlung hinausgeht. Daher kann das Argument der traditionellen Bedeutung des Begriffs der Beschränkung in Handels-, Schiffahrts- und Niederlassungsverträgen nicht zur Begründung angeführt werden, in Artikel 43 EG (Art. 52 EGV) solle allein ein Gebot der Inländergleichbehandlung statuiert werden.

III. Rechtsprechung des EuGH zur Niederlassungsfreiheit – vom Diskriminierungs- zum Beschränkungsverbot

Trotz überwiegender Gesichtspunkte für ein Verständnis der Niederlassungsfreiheit als Beschränkungsverbot wurde sie durch den Gerichtshof zunächst im Sinne eines Diskriminierungsverbots ausgelegt[60]. So verwies der Gerichtshof in seiner anfänglichen Rechtsprechung zur Niederlassungsfreiheit darauf, bei dem Grundsatz der Inländergleichbehandlung handele es sich um einen der *grundlegenden Rechtssätze der Gemeinschaft*[61]. Das in Artikel 12 EG (Art. 6 EGV) enthaltene allgemeine Verbot der Diskriminierung aufgrund der Staatsangehörigkeit sei durch Artikel 43 EG (Art. 52 EGV) in dem besonderen Bereich, den dieser regele, umgesetzt worden, so daß jede Regelung, die mit dieser Bestimmung unvereinbar sei, auch als mit Artikel 12 EG (Art. 6 EGV) unvereinbar angesehen werden müsse[62]. In späteren

---

[59] *Lackhoff, Die Niederlassungsfreiheit des EGV – nur ein Gleichheits- oder auch ein Freiheitsrecht?, S. 211.*

[60] *EuGH, Urt. v. 21.6.1974, Rs. 2/74 (Reyners), Slg. 1974, S. 631, Rn. 14; EuGH, Urt. v. 18.6.1985, Rs. 197/84 (Steinhauser), Slg. 1985, S. 1819, Rn. 14; EuGH, Urt. v. 30.3.1993, Rs. 168/91 (Konstantinidis), Slg. 1993, S. I-1191, Rn. 12.*
Zur Reichweite der Niederlassungsfreiheit im Sinne eines Diskriminierungsverbots in der Literatur, vgl. etwa: *Basedow, RabelsZ 55 (1991), S. 409 (432 f.); Everling, EuR 1989, S. 338 (343 ff.); ders., DB 1990, S. 1853 (1857 f.); ders., in: Vorträge und Reden aus dem Europa-Institut, Nr. 208, S. 5 ff.; ders., Das Niederlassungsrecht im Gemeinsamen Markt, S. 42 f.; Ebenroth/Eyles, DB 1989, S. 413; Eyles, Das Niederlassungsrecht der Kapitalgesellschaften in der Europäischen Gemeinschaft, S. 71 ff.; Hailbronner, JuS 1991, S. 917 (919 f.); Hailbronner/Nachbaur, WiVerw 1992, S. 57 (76 ff.); Nachbaur, EuZW 1991, S. 470 (471 f.); ders., Niederlassungsfreiheit, S. 128 ff.; Nicolaysen, Europarecht II, S. 186; Groß, in: Henssler/Kolbeck/Moritz/Rehm, Europäische Integration und globaler Wettbewerb, S. 391 (393 f.); Scherer, WiVerw 1987, S. 159 (162 ff.); Schweizer/Hummer, Europarecht, Rn. 1174 f.*

[61] *EuGH, Urt. v. 21.6.1974, Rs. 2/74 (Reyners), Slg. 1974, S. 631, Rn. 24-31.*

[62] *EuGH, Urt. v. 2.2.1989, Rs. 186/87 (Cowan), Slg. 1989, S. 195, Rn. 14.*

Entscheidungen betonte der Gerichtshof stärker die Subsidiarität des allgemeinen Diskriminierungsverbots, da er ausführte, daß Artikel 12 EG (Art. 6 EGV) nur in den durch das Gemeinschaftsrecht geregelten Fällen angewendet werden könne, für die der Vertrag keine besondere Regel der Nichtdiskriminierung vorsehe[63].

Artikel 43 EG (Art. 52 EGV) schreibt nach seiner frühen Auslegung durch den Gerichtshof folglich die Gleichstellung der Angehörigen der anderen Mitgliedstaaten mit den eigenen Staatsangehörigen hinsichtlich des Niederlassungsrechts vor, *indem er jede sich aus nationalen Rechtsvorschriften, Regelungen oder Praktiken ergebende Diskriminierung aus Gründen der Staatsangehörigkeit verbietet*[64]. Daher, so der EuGH, sei stets zu prüfen, ob nationale Vorschriften die Angehörigen eines anderen Mitgliedstaats in eine rechtliche oder tatsächliche Situation bringen könnten, die gegenüber der Situation, die unter den gleichen Umständen für die eigenen Angehörigen dieses Mitgliedstaats bestehe, nachteilig sei[65]. Nach ständiger Rechtsprechung liegt damit eine Diskriminierung vor, wenn unterschiedliche Vorschriften auf gleichartige Situationen angewendet werden oder umgekehrt dieselbe Vorschrift auf unterschiedliche Situationen Anwendung findet[66]. Die Ungleichbehandlung zweier Gruppen kann als Diskriminierung im Sinne des Vertrags angesehen werden, wenn kein objektiver Unterschied zwischen den beiden Gruppen besteht, der eine solche Ungleichbehandlung rechtfertigen könnte[67].

Bereits in *Thieffry*[68] verwies der EuGH auf das *Allgemeine Programm zur Aufhebung der Beschränkungen der Niederlassungsfreiheit* vom 18. Dezember 1961[69], in dem der Rat zum Ausdruck brachte, daß nicht nur die offensichtlichen Diskriminierungen, sondern auch alle versteckten Formen der Diskriminierung

---

Bereits in der Entscheidung *Reyners* hat der Gerichtshof festgestellt, Artikel 43 EG (Art. 52 EGV) erzeuge *teilweise unmittelbare Wirkungen insofern, als er das Verbot von Diskriminierungen aus Gründen der Staatsangehörigkeit spezifiziere* (*EuGH, Urt. v. 21.6.1974, Rs. 2/74, Slg. 1974, S. 631, Rn. 14, 16*).

[63] *EuGH, Urt. v. 17.5.1994, Rs. 18/93 (Corsica Ferries), Slg. 1994, S. I-1783, Rn. 19; EuGH, Urt. v. 29.2.1996, Rs. 193/94 (Skanavi), Slg. 1996, S. I-929, Rn. 20; EuGH, Urt. v. 30.5.1989, Rs. 305/87 (Kommission ./. Griechenland), Slg. 1989, S. 1461, Rn. 13; EuGH, Urt. v. 12.4.1994, Rs. 1/93 (Hallibourton), Slg. 1994, S. I-1137, Rn. 12; EuGH, Urt. v. 29.4.1999, Rs. 311/97 (Bank of Scotland), Slg. 1999, S. I-2651, Rn. 20.*

Artikel 43 EG (Art. 52 EGV) ist damit lex specialis zu Artikel 12 EG (Art. 6 EGV) und verdrängt letztere Vorschrift in seinem Anwendungsbereich (*EuGH, Urt. v. 21.6.1974, Rs. 2/74 (Reyners), Slg. 1974, S. 631, Rn. 16/20; EuGH, Urt. v. 29.4.1999, Rs. 311/97 (Bank of Scotland), Slg. 1999, S. I-2651, Rn. 21*).

[64] *EuGH, Urt. v. 30.3.1993, Rs. 168/91 (Konstantinidis), Slg. 1993, S. I-1191, Rn. 12;* unter Verweis auf: *EuGH, Urt. v. 18.6.1985, Rs. 197/84 (Steinhauser), Slg. 1985, S. 1819, Rn. 14.*

[65] *EuGH, Urt. v. 30.3.1993, Rs. 168/91 (Konstantinidis), Slg. 1993, S. I-1191, Rn. 13.*

[66] *Schlußanträge des Generalanwalts Fennelly vom 6.2.1997 in der Rs. 70/95 (Sodemare), Slg. 1997, S. I-3395, Rn. 36; EuGH, Urt. v. 11.8.1995, Rs. 80/94 (Wielockx), Slg. 1995, S. I-2493, Rn. 17; EuGH, Urt. v. 27.6.1996, Rs. 107/94 (Asscher), Slg. 1996, S. I-3089, Rn. 40.*

[67] *EuGH, Urt. v. 27.6.1996, Rs. 107/94 (Asscher), Slg. 1996, S. I-3089, Rn. 42; EuGH, Urt. v. 13.7.1993, Rs. 330/91 (Commerzbank), Slg. 1993, S. I-4017, Rn. 15 f.*

[68] *EuGH, Urt. v. 28.4.1977, Rs. 71/76 (Thieffry), Slg. 1977, S. 765.*

[69] *ABl. 1962, S. 36.*

beseitigt werden sollten[70]. So werden als zu beseitigende Beschränkungen alle Voraussetzungen bezeichnet, von denen die Aufnahme oder Ausübung einer selbständigen Tätigkeit aufgrund einer Rechts- oder Verwaltungsvorschrift oder aufgrund von Verwaltungspraktiken abhängt, soweit diese Voraussetzungen zwar unabhängig von der Staatsangehörigkeit gelten, aber ausschließlich oder vorwiegend Ausländer behindern[71].

Unter die nach Artikel 43 EG (Art. 52 EGV) unzulässigen Diskriminierungen von Angehörigen anderer Mitgliedstaaten fallen daher schon sehr früh nicht nur die offenen Diskriminierungen, welche die Ausübung selbständiger Erwerbstätigkeiten für EG-Ausländer an besondere Voraussetzungen und Bedingungen knüpfen, die für Inländer nicht gelten und ihnen dadurch die Ausübung der Grundfreiheit erschweren oder gar unmöglich machen[72]. Auch erfaßt werden indirekte Diskriminierungen, die durch die Anwendung anderer Unterscheidungsmerkmale tatsächlich zu dem gleichen Ergebnis führen[73]. Diese knüpfen nicht an die Staatsangehörigkeit an, verwenden aber Unterscheidungsmerkmale, die es gleichfalls ermöglichen, faktisch nach In- und Ausländern zu differenzieren und somit vorwiegend oder ausschließlich Ausländer bei der Aufnahme oder Ausübung selbständiger Tätigkeiten zu behindern[74]. Daher ist das Resultat entscheidend, welches durch die Anwendung einer Rechtsnorm erzielt wird[75], nicht hingegen die Formulierung der Vorschrift[76].

---

[70] Vgl. zur Entscheidung: *Groeben/Thiesing/Ehlermann/Troberg, Kommentar zum EU-/EG-Vertrag, Art. 52, Rn. 40.*

[71] *EuGH, Urt. v. 28.4.1977, Rs. 71/76 (Thieffry), Slg. 1977, S. 765, Rn. 13;* vgl. zum Begriff der versteckten Diskriminierungen aus Gründen der Staatsangehörigkeit: *Lackhoff, Die Niederlassungsfreiheit des EGV – nur ein Gleichheits- oder auch ein Freiheitsrecht?, S. 226 ff.; Schwarze/Schlag, EU-Kommentar, Art. 43, Rn. 35 ff.*

[72] So kann ein Mitgliedstaat gegenüber einem EG-Bürger aus einem anderen Mitgliedstaat die Ausübung des Niederlassungsrechts nicht von einer nur ausnahmsweise erteilten Genehmigung abhängig machen, sofern der Betroffene die vom Niederlassungsstaat für die eigenen Staatsangehörigen gesetzlich vorgeschriebenen Voraussetzungen erfüllt (*EuGH, Urt. v. 28.6.1977, Rs. 11/77 (Patrick), Slg. 1977, S. 1199, Rn. 15*). Auch ist es unzulässig, die Ausübung der Niederlassungsfreiheit von einer Gegenseitigkeitsbedingung abhängig zu machen, um in anderen Mitgliedstaaten entsprechende Vorteile für die eigenen Staatsangehörigen zu erhalten (*EuGH, Urt. v. 28.1.1986, Rs. 270/83 (Kommission ./. Frankreich), Slg. 1986, S. 273, Rn. 26*).

[73] *EuGH, Urt. v. 18.6.1985, Rs. 197/84 (Steinhauser), Slg. 1985, S. 1819, Rn. 15 f.; EuGH, Urt. v. 14.1.1988, Rs. 63/86 (Kommission ./. Italien), Slg. 1988, S. 29, Rn. 12 ff.; EuGH, Urt. v. 5.12.1989, Rs. 3/88 (Kommission ./. Italien), Slg. 1989, S. 4035, Rn. 8.*

[74] Vgl. etwa: *EuGH, Urt. v. 28.4.1977, Rs. 71/76 (Thieffry), Slg. 1977, S. 765* > Erfordernis eines nationalen Universitätsabschlusses zur Ausübung einer Berufstätigkeit im Zuzugsstaat; *EuGH, Urt. v. 12.4.1994, Rs. 1/93 (Halliburton), Slg. 1994, S. I-1137* > Ungleichbehandlung bei Steuerbefreiungen im Fall von Konzernumstrukturierungen, wobei daran angeknüpft wird, ob die Gesellschaft nach nationalem Recht errichtet worden ist oder nicht.

[75] So verweist der Gerichtshof in *Konstantinidis* darauf, Artikel 43 EG (Art. 52 EGV) als eine der grundlegenden Vorschriften des Gemeinschaftsrechts schreibe die Gleichstellung der Angehörigen der anderen Mitgliedstaaten mit den eigenen Staatsangehörigen hinsichtlich des Niederlassungsrechts vor, *indem er jede sich aus nationalen Rechtsvorschriften, Regelungen oder Praktiken ergebende Diskriminierung aus Gründen der Staatsangehörigkeit verbietet* (*EuGH, Urt. v. 30.3.1993, Rs. 168/91 (Konstantinidis), Slg. 1993, S. I-1191, Rn. 12;* unter Verweis auf: *EuGH, Urt. v. 18.6.1985, Rs. 197/84 (Steinhauser), Slg. 1985, S. 1819, Rn. 14*). Daher sei zu prüfen, ob nationale Vorschriften die Angehörigen eines anderen Mitgliedstaats in eine rechtliche oder tatsächliche Situation bringen könnten, die

Ist eine Diskriminierung festgestellt, so spielt der Umfang der Nachteile, die hieraus resultieren, keine Rolle. Denn Artikel 43 EG (Art. 52 EGV) verbietet jede Diskriminierung, auch von nur geringem Umfang[77]. Zudem ist es nicht zulässig, eventuell entstehende Vorteile, die aus dem Gebrauchmachen der Niederlassungsfreiheit resultieren, gegen Nachteile, die ihre Ursache in einer unterschiedlichen Behandlung haben, abzuwägen[78]. Damit wird deutlich gemacht, daß mögliche Wettbewerbsvorteile, die aus der Ausübung der Niederlassungsfreiheit resultieren, gerade gewollt sind und eventuelle Wettbewerbsverzerrungen, die aus bestehenden Divergenzen zwischen den nationalen Rechtsordnungen resultieren, als Preis für die Verwirklichung des Binnenmarktes hingenommen werden, zumal es den Mitgliedstaaten unbenommen bleibt, in wettbewerbsrelevanten Bereichen die erforderlichen Rechtsangleichungsmaßnahmen vorzunehmen, um die Ausnutzung von Regelungsgefällen zu vermeiden[79].

Mittlerweile liegt eine gefestigte Rechtsprechung des EuGH im Bereich der Niederlassungsfreiheit vor, nach der auch nichtdiskriminierende Regelungen für unwirksam erklärt wurden. So ist der EuGH mit seiner Entscheidung vom 31. März 1993 in der Rechtssache *Kraus*[80] eindeutig über die Interpretation der Niederlassungsfreiheit als einem reinen Diskriminierungsverbot hinausgegangen[81]. Dabei

---

gegenüber der Situation, die unter den gleichen Umständen für einen Angehörigen dieses Mitgliedstaats bestehe, nachteilig sei (*EuGH, Urt. v. 30.3.1993, Rs. 168/91 (Konstantinidis), Slg. 1993, S. I-1191, Rn. 13*).

[76] So kann auch eine formale Gleichbehandlung zu einem diskriminierenden Ergebnis führen (*EuGH, Urt. v. 28.1.1986, Rs. 270/83 (Kommission ./. Frankreich), Slg. 1986, S. 273, Rn. 20*).

[77] *EuGH, Urt. v. 28.1.1986, Rs. 270/83 (Kommission ./. Frankreich), Slg. 1986, S. 273, Rn. 21.*

[78] *EuGH, Urt. v. 28.1.1986, Rs. 270/83 (Kommission ./. Frankreich), Slg. 1986, S. 273, Rn. 21.*

[79] *EuGH, Urt. v. 9.3.1999, Rs. 212/97 (Centros), Slg. 1999, S. I-1459, Rn. 28.*

[80] *EuGH, Urt. v. 31.3.1993, Rs. 19/92 (Kraus), Slg. 1993, S. I-1663.*
Umstritten ist, ob der EuGH in seiner Entscheidung in der Rechtssache *Klopp* über den Grundsatz der Inländergleichbehandlung hinausgegangen ist (*EuGH, Urt. v. 12.7.1984, Rs. 107/83 (Klopp), Slg. 1984, S. 2971, Rn. 10 ff.*). Dort erklärte er Artikel 83 des französischen Dekrets Nr. 72-468 und Artikel 1 der Satzung der Rechtsanwaltskammer von Paris, welche unterschiedslos auf französische und fremde Staatsangehörige anwendbar waren, als gegen Artikel 43 EG (Art. 52 EGV) verstoßend, da sie verlangten, daß ein Rechtsanwalt nicht mehr als eine Anwaltskanzlei unterhalten dürfe, wobei die Regelung nicht auf das französische Staatsgebiet beschränkt war. Für ein weites Verständnis des Diskriminierungsverbots in entsprechenden Fällen: *Nachbaur, EuZW 1991, S. 470 (471 f.); ders., Niederlassungsfreiheit, S. 143 ff.; Dauses/Roth, Handbuch des EU-Wirtschaftsrechts, E 1, Rn. 61 ff.; Wägenbaur, EuZW 1991, S. 427 (429 f.); Everling, EuR 1989, S. 338 (343 ff.); ders., in: Vorträge und Reden aus dem Europa-Institut, Nr. 208, S. 13 ff.;* a. A.: *Blumenwitz, NJW 1989, S. 621 (623); Steindorff, EuR 1988, S. 19 (22 f.); Bleckmann, Europarecht, Rn. 1652 ff.; Eberhartinger, EWS 1997, S. 43 (46 ff.); Ebke, ZGR 1987, S. 245 (256 ff.); Ehlers, NVwZ 1990, S. 810 f.; Gornig, NJW 1989, S. 1120 (1121); Hansen, EBLR 2000, S. 83;* so wohl auch*: Groeben/Thiesing/Ehlermann/Troberg, Kommentar zum EU-/EG-Vertrag, Art. 52, Rn. 45; W. H. Roth, GS Knobbe-Keuk, S. 729 (732).*
Auch die Entscheidungen *Gullung* und *Vlassopoulou* (*EuGH, Urt. v. 19.1.1988, Rs. 292/86 (Gullung), Slg. 1988, S. 111; EuGH, Urt. v. 7.5.1991, Rs. 340/89 (Vlassopoulou), Slg. 1991, S. I-2357*) lassen nach überwiegender Auffassung noch nicht den Schluß zu, daß der EuGH im Rahmen des Artikels 43 EG (Art. 52 EGV) von einem allgemeinen Beschränkungsverbot ausgeht (vgl. etwa: *Nachbaur, EuZW 1991, S. 470 ff.; Hailbronner/Klein/Magiera/Müller-Graff, Handkommentar zum Vertrag über die Europäische Union, Art. 52, Rn. 14*).

[81] Vgl. etwa zur Folgerechtsprechung: *EuGH, Urt. v. 11.5.1999, Rs. 255/97 (Pfeiffer), Slg. 1999, S. I-2835, Rn. 19.*

werden die Artikel 39 und 43 EG (Art. 48 und 52 EGV) *als grundlegende Freiheiten im System der Gemeinschaft* gleich ausgelegt[82]. Der EuGH äußerte sich wie folgt[83]: *Daher stehen die Artikel 48 und 52 jeder nationalen Regelung (...) entgegen, die zwar ohne Diskriminierung aus Gründen der Staatsangehörigkeit anwendbar ist, die aber geeignet ist, die Ausübung der durch den EWG-Vertrag garantierten grundlegenden Freiheiten durch die Gemeinschaftsangehörigen einschließlich der Staatsangehörigen des Mitgliedstaats, der die Regelung erlassen hat, zu behindern oder weniger attraktiv zu machen. Anders verhielte es sich nur, wenn mit einer solchen Regelung ein berechtigter Zweck verfolgt würde, der mit dem EWG-Vertrag vereinbar und aus zwingenden Gründen des Allgemeininteresses gerechtfertigt wäre.*

In einem solchen Fall müsse jedoch darüber hinaus die Anwendung der fraglichen nationalen Regelung geeignet sein, die Verwirklichung des mit ihr verfolgten Zwecks zu gewährleisten, und sie dürfe nicht über das hinausgehen, was zur Erreichung dieses Zwecks erforderlich sei[84]. Die vom EuGH in *Kraus* gewählte Formulierung stimmt mit derjenigen überein, die der Gerichtshof bereits in seiner *Dassonville*-Entscheidung zum Bereich der Warenverkehrsfreiheit verwendet hatte[85]. Dies ist als Indiz dafür zu werten, daß der Gerichtshof in seinem Urteil von einer Konvergenz der Grundfreiheiten ausgeht[86]. Der Rechtsprechungswandel zur Auslegung der Reichweite der Niederlassungsfreiheit veranschaulicht, wie der EuGH seine nachfolgenden Ausführungen zur dynamischen Interpretation des

---

Bereits in *Auer* hatte der Gerichtshof betont, daß die Niederlassungsfreiheit allein durch die Anwendung des Grundsatzes der Inländergleichbehandlung nicht vollständig gewährleistet werden könne, da alle anderen Hindernisse außer denjenigen, die aus der fehlenden Staatsangehörigkeit des Aufnahmestaats resultierten, aufrechterhalten würden. Hierzu zählten insbesondere jene, die sich aus der Unterschiedlichkeit der in den verschiedenen nationalen Rechtsordnungen für den Erwerb einer geeigneten beruflichen Qualifikation aufgestellten Voraussetzungen ergäben (*EuGH, Urt. v. 7.2.1979, Rs. 136/78 (Auer), Slg. 1979, S. 437, Rn. 21*).

[82] *EuGH, Urt. v. 31.3.1993, Rs. 19/92 (Kraus), Slg. 1993, S. I-1663, Rn. 16;* vgl. bereits: *EuGH, Urt. v. 7.2.1979, Rs. 115/78 (Knoors), Slg. 1979, S. 399, Rn. 20.*

[83] *EuGH, Urt. v. 31.3.1993, Rs. 19/92 (Kraus), Slg. 1993, S. I-1663, Rn. 32;* ähnlich bereits: *EuGH, Urt. v. 28.4.1977, Rs. 71/76 (Thieffry), Slg. 1977, S. 765, Rn. 12, 15.*

[84] *EuGH, Urt. v. 31.3.1993, Rs. 19/92 (Kraus), Slg. 1993, S. I-1663, Rn. 32.*
Als zwingende Gründe des Allgemeinwohls, welche die Niederlassungsfreiheit zulässigerweise beschränken können, kommen daher nur solche in Betracht, die nicht wirtschaftlicher Art sind, möglichst breiten gesellschaftlichen Interessen dienen und höher einzustufen sind (*Emmert, Europarecht, S. 398*). So verwies der EuGH in *Kraus* darauf, Beschränkungen der Niederlassungsfreiheit seien nur ausnahmsweise dann zulässig, wenn mit ihnen ein berechtigter Zweck verfolgt werde, der mit dem Gemeinschaftsrecht vereinbar und aus zwingenden Gründen des Allgemeinwohls gerechtfertigt sei (*EuGH, Urt. v. 31.3.1993, Rs. 19/92 (Kraus), Slg. 1993, S. I-1663, Rn. 32;* unter Verweis auf: *EuGH, Urt. v. 28.4.1977, Rs. 71/76 (Thieffry), Slg. 1977, S. 765, Rn. 12, 15*).

[85] *EuGH, Urt. v. 11.7.1974, Rs. 8/74 (Dassonville), Slg. 1974, S. 837, Rn. 5.*
So führte der EuGH in *Dassonville* aus: *Jede Handelsregelung der Mitgliedstaaten, die geeignet ist, den innergemeinschaftlichen Handel unmittelbar oder mittelbar, tatsächlich oder potentiell zu behindern, ist als Maßnahme mit gleicher Wirkung wie eine mengenmäßige Beschränkung anzusehen.*

[86] Zum Begriff der *Konvergenz der Grundfreiheiten: Eberhartinger, EWS 1997, S. 43 (48); Everling, GS Knobbe-Keuk, S. 607 (625); Jarass, EuR 2000, S. 705 (706 ff.); W. H. Roth, GS Knobbe-Keuk, S. 729 (740 ff.); Schöne, Dienstleistungsfreiheit in der EG und deutsche Wirtschaftsaufsicht, S. 142; Behrens, EuR 1992, S. 145 ff.*

Gemeinschaftsrechts verstanden wissen will: *Schließlich ist jede Vorschrift des Gemeinschaftsrechts in ihrem Zusammenhang zu sehen und im Lichte des gesamten Gemeinschaftsrechts, seiner Ziele und seines Entwicklungsstands zur Zeit der Anwendung der betreffenden Vorschrift auszulegen*[87].

Umstritten ist teilweise, ob die Interpretation der Niederlassungsfreiheit im Sinne eines Beschränkungsverbots lediglich personen- bzw. unternehmensbezogene Beschränkungen erfaßt, hinsichtlich der Tätigkeitsausübung im Zuzugsstaat aber nur das Diskriminierungsverbot Anwendung finden kann[88]. So wird vertreten, eine entsprechende Differenzierung sei erforderlich, um die den Mitgliedstaaten verbliebenen Regelungskompetenzen nicht zu unterlaufen[89]. Genauer stellt sich die Frage, wie der Gerichtshof ein Korrektiv erreicht, um nicht den Überprüfungsrahmen der negativen Integration in unzulässiger Weise auszudehnen und im Ergebnis stärker auf die nationalen Rechtsordnungen einzuwirken, als dies durch die Gemeinschaftsrechtsebene im Rahmen der positiven Integration und im Hinblick auf die Vertragsziele zulässig wäre. In diesem Zusammenhang ist insbesondere die jüngere Judikatur des EuGH zur Warenverkehrsfreiheit beachtlich.

IV. Einschränkung des Gewährleistungsgehalts der Niederlassungsfreiheit durch die *Keck*-Rechtsprechung des EuGH?

In der Literatur wird teilweise die Auffassung vertreten, die Rechtsprechung des Gerichtshofs zum Beschränkungsverbot habe *durch die „Keck"-Entscheidung des EuGH eine nicht unerhebliche Einschränkung erfahren*, wobei diese Rechtsentwicklung auch für die Niederlassungsfreiheit beachtlich sei[90]. In dem Urteil *Keck & Mithouard* zur Warenverkehrsfreiheit traf der EuGH folgende Feststellung[91]: *Demgegenüber ist entgegen der bisherigen Rechtsprechung die Anwendung nationaler Bestimmungen, die bestimmte Verkaufsmodalitäten beschränken oder verbieten, auf Erzeugnisse aus anderen Mitgliedstaaten nicht geeignet, den Handel zwischen den Mitgliedstaaten im Sinne des Urteils Dassonville unmittelbar oder mittelbar,*

---

[87] *EuGH, Urt. v. 6.10.1982, Rs. 283/81 (C.I.L.F.I.T.), Slg. 1982, S. 3415, Rn. 20.*

[88] So etwa: *W. H. Roth, GS Knobbe-Keuk, S. 729 (738 ff.); Gundel, JURA 2001, S. 79 (80).*

[89] Vgl. hierzu etwa: *Pasternacki, Zur Abgrenzung von Niederlassungsfreiheit und Dienstleistungsfreiheit bei Niederlassungen mit Teilfunktion, S. 15, 126 ff.*

[90] *Habersack, Europäisches Gesellschaftsrecht, Rn. 27;* vgl. auch: *Eberhartinger, EWS 1997, S. 43 (49);* a.A.: *Lenz/Scheuer, EG-Vertrag, Art. 43, Rn. 11*, der eine Übertragbarkeit der *Keck*-Rechtsprechung auf die Personenverkehrsfreiheiten insgesamt ablehnt.

[91] *EuGH, Urt. v. 24.11.1993, Verb. Rs. 267 und 268/91 (Keck & Mithouard), Slg. 1993, S. I-6097, Rn. 16.*

In seinem Urteil *Dassonville* definierte der EuGH den in Artikel 28 EG (Art. 30 EGV) enthaltenen Begriff der *Maßnahmen gleicher Wirkung* dahingehend, hierunter falle jede Handelsregelung der Mitgliedstaaten, die geeignet sei, den innergemeinschaftlichen Handel unmittelbar oder mittelbar, tatsächlich oder potentiell zu behindern (*EuGH, Urt. v. 11.7.1974, Rs. 8/74 (Dassonville), Slg. 1974, S. 837*). Da in der *Dassonville*-Formel auf ein *Spürbarkeitserfordernis* verzichtet wird, hat der Gerichtshof einen praktisch uferlosen Anwendungsbereich der Warenverkehrsfreiheit eröffnet (*Möschel, NJW 1994, S. 429; Schwarze/Becker, EU-Kommentar, Art. 28, Rn. 38 ff.*; kritisch zur Verwendung eines Spürbarkeitskriteriums: *Keßler, Das System der Warenverkehrsfreiheit im Gemeinschaftsrecht, S. 21 ff.; Oliver, C.M.L.Rev. 1999, S. 783 (790 ff.)*).

tatsächlich oder potentiell zu behindern, sofern diese Bestimmungen für alle betroffenen Wirtschaftsteilnehmer gelten, die ihre Tätigkeit im Inland ausüben, und sofern sie den Absatz der inländischen Erzeugnisse und der Erzeugnisse aus anderen Mitgliedstaaten rechtlich wie tatsächlich in der gleichen Weise berühren.

Grundsätzlich geht der EuGH in seiner Judikatur mittlerweile von einer Konvergenz der Grundfreiheiten aus, so daß die Weiterentwicklung der Rechtsprechung zum Beschränkungsverbot im Bereich der Warenverkehrsfreiheit auch bei den Personenverkehrsfreiheiten beachtlich ist[92]. So prüft der EuGH im Rahmen seiner *Bosman*-Entscheidung die Frage, ob Regelungen, welche die Arbeitnehmerfreizügigkeit beeinträchtigen, mit den im Rahmen der Warenverkehrsfreiheit entwickelten Grundsätzen über die Modalitäten des Verkaufs von Waren gleichzusetzen sind, die nach dem Urteil *Keck* nicht in den Anwendungsbereich von Artikel 28 EG (Art. 30 EGV) fallen[93].

Ein entsprechendes Vorgehen des Gerichtshofs findet sich in der Urteilsbegründung zur *Alpine Investments*-Entscheidung[94], bei der es um eine nach nationalem Recht verbotene Telefonwerbung für Finanzdienstleistungen und damit den Anwendungsbereich von Artikel 49 EG (Art. 59 EGV) ging. Hier griff der Gerichtshof den Einwand einiger Mitgliedstaaten auf, eine solche Regelung verstoße nicht gegen Gemeinschaftsrecht, da sie nur die Art und Weise der Leistungserbringung betreffe und es sich daher um eine nichtdiskriminierende Maßnahme im Sinne der *Keck*-Rechtsprechung handele. Allerdings verneinte er trotz zugrunde gelegter Übertragbarkeit dieser Rechtsprechung auf den Bereich der Dienstleistungsfreiheit ihre Anwendbarkeit auf den konkreten Sachverhalt, da der Zugang zum Dienstleistungsmarkt unmittelbar betroffen war[95].

---

[92] *Koenig/Haratsch, Europarecht, Rn. 572; Herdegen, Europarecht, Rn. 282.*
Nach *Bleckmann* beruht die grundsätzliche Parallelität der Personenverkehrsfreiheiten insbesondere darauf, daß *nach der Rechtsprechung des EuGH durch Rückgriff auf die Prinzipien der teleologischen Auslegung alle Freiheiten so ausgelegt werden müssen, daß der Inhalt des Art. 3c EWGV voll verwirklicht wird: Art. 3c EWGV aber enthält für die Personenverkehrsfreiheiten eine völlig einheitliche Regel* (*Bleckmann, EuR 1987, S. 28 (32)*).
Ausgenommen von der Konvergenz ist jedoch der freie Kapitalverkehr. Hierzu führt der EuGH aus: *Was den freien Kapitalverkehr betrifft, so bedeutet Artikel 67 Absatz 1 des Vertrages nicht, daß die Beschränkungen des Kapitalverkehrs bereits zum Ende der Übergangszeit zu beseitigen waren. Die Beseitigung dieser Beschränkungen ergibt sich nämlich aus den auf der Grundlage des Artikels 69 des Vertrages erlassenen Richtlinien des Rates* (*EuGH, Urt. v. 9.7.1997, Rs. 222/95 (Parodi), Slg. 1997, S. I-3899, Rn. 11;* unter Verweis auf: *EuGH, Urt. v. 11.11.1981, Rs. 203/80 (Casati), Slg. 1981, S. 2595, Rn. 8 ff.; EuGH, Urt. v. 14.11.1995, Rs. 484/93 (Svensson & Gustavsson), Slg. 1995, S. I-3955, Rn. 5*; vgl. hierzu weiter: *Graig/Búrca, EU Law, S. 645 ff.*).
[93] *EuGH, Urt. v. 15.12.1995, Rs. 415/93 (Bosman), Slg. 1995, S. I-4921, Rn. 103.*
[94] *EuGH, Urt. v. 10.5.1995, Rs. 384/93 (Alpine Investments), Slg. 1995, S. I-1141, Rn. 33 ff.*
[95] *EuGH, Urt. v. 10.5.1995, Rs. 384/93 (Alpine Investments), Slg. 1995, S. I-1141, Rn. 36 ff.*
Indes wollte der Gerichtshof nach Auffassung von *Sack* in *Alpine Investments* seine *Keck*-Rechtsprechung explizit nicht auf den Bereich der Dienstleistungsfreiheit übertragen (*Sack, WRP 1998, S. 103 (112);* wie hier etwa: *Reuthal, WRP 1997, S. 1154 (1158)*).
Auf die *Alpine Investments*-Entscheidung nimmt Generalanwalt *Cosmas* in seinen Schlußanträgen zu *Corsten* Bezug (*Schlußanträge des Generalanwalts Cosmas vom 30.11.1999 in der Rs. C-58/98 (Corsten), Slg. 2000, S. I-7919*). In diesem Verfahren ging es um die Erteilung einer Erlaubnis im Zusammenhang mit der grenzüberschreitenden Erbringung handwerklicher Leistungen. Hierzu führte

Zudem führte der Gerichtshof in diesem Urteil aus: *Es ist festzustellen, daß ein Verbot der im Ausgangsverfahren streitigen Art nicht allein deshalb eine Beschränkung des freien Dienstleistungsverkehrs i.S. des Art. 59 EWGV darstellt, weil andere Mitgliedstaaten in ihrem Gebiet ansässige Erbringer gleichartiger Dienstleistungen weniger strengen Vorschriften unterwerfen*[96]. Damit wird deutlich, daß eine Bestimmung des nationalen Rechts nicht allein deshalb unter Berufung auf Gemeinschaftsrecht in Frage gestellt werden kann, weil sie restriktiver ist als vergleichbare Regelungen in einem anderen Mitgliedstaat[97].

Der EuGH hat seine *Keck*-Rechtsprechung auch auf die Niederlassungsfreiheit angewendet. So führte der Gerichtshof in *Semeraro*[98] aus, eine nationale Regelung könne dann nicht gegen Artikel 43 EG (Art. 52 EGV) verstoßen, wenn sie für alle im Inland tätigen Wirtschaftsteilnehmer gelte, sie ferner nicht die Regelung der Bedingungen für die Niederlassung der betreffenden Unternehmen bezwecke und schließlich *die beschränkenden Wirkungen, die sie für die Niederlassungsfreiheit haben könnte, zu ungewiß und zu mittelbar sind, als daß die in ihr aufgestellte Verpflichtung als geeignet angesehen werden könnte, diese Freiheit zu behindern*[99].

Generalanwalt *Cosmas* aus, *im vorliegenden Fall sei bei analoger Anwendung des Urteils Keck und Mithouard* kein Zweifel möglich, daß die Bestimmungen über die Dienstleistungsfreiheit anwendbar seien, denn Maßnahmen zur Regelung des Verfahrens der Erteilung der Erlaubnis zur Erbringung handwerklicher Dienstleistungen in Deutschland, zu denen auch die im Ausgangsverfahren streitige Verpflichtung zur Eintragung in die Handwerksrolle gehöre, beträfen unmittelbar den Zugang zum Markt für handwerkliche Dienstleistungen in den Mitgliedstaaten und stellten somit formale Beschränkungen des innergemeinschaftlichen Dienstleistungsverkehrs dar. Entsprechend dem Urteil des Gerichtshofes vom 10. Mai 1995 in der Rechtssache C-384/93 (*Alpine Investments*) sei in einem solchen Fall daher die analoge Anwendung des Urteils *Keck & Mithouard* nicht möglich (*Schlußanträge des Generalanwalts Cosmas vom 30.11.1999 in der Rs. C-58/98 (Corsten), Slg. 2000, S. I-7919, Fn. 23 zu Rn. 41*).

[96] *EuGH, Urt. v. 10.5.1995, Rs. 384/93 (Alpine Investments), Slg. 1995, S. I-1141, Rn. 27;* unter Verweis auf: *EuGH, Urt. v. 14.7.1994, Rs. 379/92 (Peralta), Slg. 1994, S. I-3453, Rn. 48.*

[97] Im Rahmen der negativen Integration kann daher, sofern der Anwendungsbereich einer Grundfreiheit eröffnet ist, keine Nivellierung restriktiveren nationalen Rechts *nach unten* herbeigeführt werden, wenn der konkrete Sachverhalt einen zu schwach ausgeprägten Bezug zum Gemeinschaftsrecht aufweist und nicht geeignet ist, die Zielsetzung der jeweils einschlägigen Gewährleistung zu gefährden.

[98] *EuGH, Urt. v. 20.6.1996, Verb. Rs. 418-421/93, 460-462/93, 464/93, 9-11/94, 14-15/94, 23-24/94 und 332/94 (Semeraro), Slg. 1996, S. I-2975.*

[99] *EuGH, Urt. v. 20.6.1996, Verb. Rs. 418-421/93, 460-462/93, 464/93, 9-11/94, 14-15/94, 23-24/94 und 332/94 (Semeraro), Slg. 1996, S. I-2975, Rn. 32.*
Die Verallgemeinerungsfähigkeit und Übertragbarkeit von Rechtsprechungsgrundsätzen wird nicht zuletzt durch die Rechtsprechung des Gerichtshofs zur mißbräuchlichen Ausübung gemeinschaftsrechtlicher Gewährleistungen dokumentiert. So faßt der Gerichtshof in *Centros* seine bisherige Mißbrauchsrechtsprechung zusammen, wobei er auf einzelne Judikate zu den Bereichen des freien Warenverkehrs, der Freizügigkeit der Arbeitnehmer, des freien Dienstleistungsverkehrs, der Niederlassungsfreiheit und den Gebieten der sozialen Sicherheit sowie der gemeinsamen Agrarpolitik verweist (*EuGH, Urt. v. 9.3.1999, Rs. 212/97 (Centros), Slg. 1999, S. I-1459, Rn. 24;* unter Verweis auf: *EuGH, Urt. v. 3.12.1974, Rs. 33/74 (van Binsbergen), Slg. 1974, S. 1299, Rn. 13; EuGH, Urt. v. 3.2.1993, Rs. 148/91 (Veronica), Slg. 1993, S. I-487; EuGH, Urt. v. 5.10.1994, Rs. 23/93 (TV10), Slg. 1994, S. I-4795, Rn. 21; EuGH, Urt. v. 7.2.1979, Rs. 115/78 (Knoors), Slg. 1979, S. 399, Rn. 25; EuGH, Urt. v. 3.10.1990, Rs. 61/89 (Bouchoucha), Slg. 1990, S. I-3551, Rn. 14; EuGH, Urt. v. 10.1.1985, Rs. 229/83 (Leclerc), Slg. 1985, S. 1, Rn. 27; EuGH, Urt. v. 2.5.1996, Rs. 206/94 (Paletta II), Slg. 1996, S. I-2382, Rn. 24; EuGH, Urt. v. 21.6.1988, Rs. 39/86 (Lair), Slg. 1988,*

Aufgrund der allgemeinen Bedeutung der *Keck*-Entscheidung ist daher ihre Tragweite zu analysieren, um beurteilen zu können, welche konkreten Auswirkungen sie für die Frage der Gewährleistung der Niederlassungsfreiheit von Kapitalgesellschaften innerhalb der Europäischen Gemeinschaft hat. Wie bereits angeführt, differenzierte der Gerichtshof in *Keck* zwischen Verkaufsmodalitäten und Produktmodalitäten (verkaufs- und produktbezogenen Maßnahmen)[100]. Zu den Verkaufsmodalitäten rechnet der Gerichtshof neben den in *Keck* gegenständlichen Mindestpreisregelungen[101] bestimmte Werbeverbote[102], Regelungen hinsichtlich der Öffnungszeiten von Geschäften[103] sowie Regelungen über den beschränkten Verkauf bestimmter Produkte[104]. Als Produktmodalitäten werden indes etwa die Bezeichnung von Waren, deren Form, Abmessung, Aufmachung, Etikettierung, Gewicht, Zusammensetzung oder Verpackung betrachtet[105]. Sie beziehen sich in irgendeiner Weise auf die Ware als solche[106].

S. 3161, Rn. 43; EuGH, Urt. v. 3.3.1993, Rs. 8/92 (General Milk Produkts), Slg. 1993, S. I-779, Rn. 21; EuGH, Urt. v. 12.5.1998, Rs. 367/96 (Kefalas), Slg. 1998, S. I-2843, Rn. 20).

[100] Die Differenzierung zwischen Verkaufs- und Produktmodalitäten geht auf *White* zurück, der die Kommission im Verfahren *Torfaen* (*EuGH, Urt. v. 23.11.1989, Rs. 145/88 (Torfaen Borough Council ./. B & Q), Slg. 1989, S. 3851*) vertreten und an einen früheren Kommissionsstandpunkt angeknüpft hatte (*Ackermann, RIW 1994, S. 189 (191); Schwintowski, RabelsZ 64 (2000), S. 38 (45);* vgl. auch: *White, C.M.L.Rev. 1989, S. 235 (248 ff.)*).

[101] *EuGH, Urt. v. 24.11.1993, Verb. Rs. 267 und 268/91 (Keck & Mithouard), Slg. 1993, S. I-6097, Rn. 16 f.*

[102] *EuGH, Urt. v. 15.12.1993, Rs. 292/92 (Hünermund), Slg. 1993, S. I-6787, Rn. 18 ff.*

[103] *EuGH, Urt. v. 2.6.1994, Rs. 69/93 (Punto Casa), Slg. 1994, S. I-2355, Rn. 12 ff.*

[104] *EuGH, Urt. v. 29.6.1995, Rs. 391/92 (Kommission ./. Griechenland), Slg. 1995, S. I-1621, Rn. 11 ff.*

[105] *EuGH, Urt. v. 24.11.1993, Verb. Rs. 267 und 268/91 (Keck & Mithouard), Slg. 1993, S. I-6097, Rn. 15; EuGH, Urt. v. 14.7.1994, Rs. 17/93 (van der Veldt), Slg. 1994, S. I-3537, Rn. 23 ff.; EuGH, Urt. v. 6.7.1995, Rs. 470/93 (Mars), Slg. 1995, S. I-1923, Rn. 13 f.*

Vgl. eingehend zur Differenzierung zwischen produkt- und vertriebsbezogenen Maßnahmen: *Schwarze/Schlag, EU-Kommentar, Art. 28, Rn. 51 ff.;* siehe auch: *Keßler, Das System der Warenverkehrsfreiheit im Gemeinschaftsrecht, S. 78 ff., 94 ff.; Reuthal, WRP 1997, S. 1154 (1156); Sack, WRP 1998, S. 103 (105); Oliver, C.M.L.Rev. 1999, S. 783 (793 ff.).*

Die Differenzierung des Gerichtshofs zwischen Produkt- und Verkaufsmodalitäten ist wegen ihrer Unschärfe vielfach auf Kritik gestoßen (vgl. etwa: *Ackermann, RIW 1994, S. 189 (193 f.); Keßler, Das System der Warenverkehrsfreiheit im Gemeinschaftsrecht, S. 75 ff.; Reich, C.M.L.Rev. 1994, S. 459 (470 ff.); Schwarze/Schlag, EU-Kommentar, Art. 28, Rn. 49; Steindorff, ZHR 158 (1994), S. 149 (158 ff.)*). Verwiesen wird etwa darauf, daß keine tragfähigen Abgrenzungskriterien bestünden, die allgemeingültig angewendet werden könnten. So gebe es insbesondere Produkte, bei denen Marketing und Produkt zu einer untrennbaren Einheit verschmelzen würden, weil der durch den Hersteller kontrollierte Vertriebsweg Teil der Produktqualität sei. Dies führe zu dem sachlich nicht begründbaren Ergebnis, daß eine Überprüfung am Maßstab von Artikel 28 EG (Art. 30 EGV) dann durchgeführt werden könne, wenn Produkt- und Verkaufsmodalitäten nicht voneinander trennbar seien, ansonsten aber Vertriebsregelungen nicht auf die Vereinbarkeit mit der Warenverkehrsfreiheit hin überprüft werden könnten (*Schwintowski, RabelsZ 64 (2000), S. 38 (47f.)*). Zudem wirkten nationale Verkaufsmodalitäten in vielen Fällen genauso wie Produktbeschränkungen (*Schwintowski, RabelsZ 64 (2000), S. 38 (48 f.); White, C.M.L.Rev. 1989, S. 235 (248 ff.)*). Nach der Funktion von Artikel 28 EG (Art. 30 EGV) müsse daher bei einer Überprüfung nationaler Bestimmungen nicht auf ihre potentielle Eignung zur Einfuhrbeschränkung abgestellt werden, sondern darauf, ob sie geeignet seien, konkrete Beschränkungen herbeizuführen (*Schwintowski, RabelsZ 64 (2000), S. 38 (50)*).

[106] *Graig/Búrca, EU Law, S. 619 f.; Becker, EuR 1994, S. 162 (169).*

Damit werden nichtdiskriminierende nationale Maßnahmen des Wirtschaftslebens, die offensichtlich keine Behinderung der Handelsströme bezwecken sollen, nicht von Artikel 28 EG (Art. 30 EGV) erfaßt. Produktbezogene Beschränkungen unterfallen hingegen stets der Kontrolle anhand der Bestimmungen über die Warenverkehrsfreiheit[107]. Folglich können, wie Generalanwalt *Fennelly* ausdrücklich in seinen Schlußanträgen zur Rechtssache *Graf* feststellt, *neutrale nationale Regelungen nur dann als materielle Schranken für den Zugang zum Markt angesehen werden, wenn feststünde, daß sie tatsächliche Auswirkungen auf Marktbeteiligte hätten, die einem Ausschluß vom Markt gleichkämen*[108]. So stellt denn auch der Gerichtshof in *Leclerc* klar, daß die Beschränkung der *Dassonville*-Formel nur für solche Verkaufsmodalitäten Bedeutung hat, die *für alle betroffenen Wirtschaftsteilnehmer gelten, die ihre Tätigkeit im Inland ausüben und [die] den Absatz der inländischen Erzeugnisse und der Erzeugnisse aus den anderen Mitgliedstaaten rechtlich wie tatsächlich in der gleichen Weise berühren*[109]. Der Begriff der Ver-

---

Nach der zutreffenden Bewertung von *Basedow* ist die Bereitschaft des Gerichtshofs zur Kontrolle nationalen Rechts um so größer, je stärker der Auslandsbezug des Ausgangssachverhalts ist und je mehr die Betroffenheit des grenzüberschreitenden Handels hervortritt (*Basedow, EuZW 1994, S. 225*).

[107] Daher ist eine Abgrenzung zwischen produkt- und vertriebsbezogenen Regelungen von Bedeutung (vgl. hierzu im einzelnen: *Ahlt, Europarecht, S. 90*; *Graig/Búrca, EU Law, S. 620 ff.*).
Die in *Keck* vorgenommene Differenzierung findet bereits in einigen älteren Entscheidungen Anklang. So stellte der Gerichtshof in *Oebel* fest, das in Deutschland geltende Nachtbackverbot verstoße nicht gegen die Warenverkehrsfreiheit, da es sämtliche Hersteller unabhängig vom Niederlassungsort in der gleichen Weise beschränke (*EuGH, Urt. v. 14.7.1981, Rs. 155/80 (Oebel), Slg. 1981, S. 1993, Rn. 20*). In *Blaesgen* ging es um ein Strafverfahren gegen einen belgischen Gastwirt, der in Belgien gegen ein Verkaufsverbot für alkoholische Getränke zum sofortigen Verzehr an öffentlich zugänglichen Orten verstoßen hatte und zu seiner Verteidigung vortrug, die fragliche Regelung verstoße gegen Gemeinschaftsrecht, da es sich um Maßnahmen gleicher Wirkung wie mengenmäßige Einfuhrbeschränkungen handele, für die keine gemeinschaftsrechtlichen Rechtfertigungsgründe bestünden (*EuGH, Urt. v. 31.3.1982, Rs. 75/81 (Blaesgen), Slg. 1982, S. 1211*). Hier stellte der Gerichtshof darauf ab, die nationale Regelung stehe in Wirklichkeit in keinem Zusammenhang mit der Einfuhr der Waren und sei aus diesem Grund nicht geeignet, den Handel zwischen den Mitgliedstaaten zu beeinträchtigen (*EuGH, Urt. v. 31.3.1982, Rs. 75/81 (Blaesgen), Slg. 1982, S. 1211, Rn. 9*). Vgl. in diesem Zusammenhang weiter: *EuGH, Urt. v. 7.3.1990, Rs. 69/88 (Krantz), Slg. 1990, S. I-583, Rn. 10; EuGH, Urt. v. 11.7.1990, Rs. 23/89 (Quietlynn), Slg. 1990, S. I-3059, Rn. 10 ff.; EuGH, Urt. v. 13.10.1993, Rs. 93/92 (CMC Motorradcenter), Slg. 1993, S. I-5009, Rn. 10-12*, wo darauf abgestellt wird, eine vorvertragliche Aufklärungspflicht habe eine zu ungewisse und mittelbare Wirkung, als daß von ihr eine Behinderung der Warenverkehrsfreiheit ausgehen könne.

[108] *Generalanwalt Fennelly, Schlußanträge vom 16. September 1999 in der Rechtssache 190/98 (Graf), Slg. 2000, S. I-493, Rn. 32.*
Indes geht Generalanwalt *Alber* in seinen Schlußanträgen zur Rechtssache *Lethonen* scheinbar einen anderen Weg, wenn er für den Bereich der Arbeitnehmerfreizügigkeit ausführt, Berufsausübungsregeln seien den produktbezogenen Regeln sehr viel näher als den Verkaufsmodalitäten, da sie wie produktbezogene Regelungen unmittelbar von dem Unionsbürger zu erfüllen seien, der die Grundfreiheit des Artikels 39 EG (Art. 48 EGV) in Anspruch nehmen wolle (*Generalanwalt Alber, Schlußanträge vom 22. Juni 1999 in der Rechtssache 176/96 (Lethonen), Slg. 2000, S. I-2681, Rn. 48*). Zudem sei die Filterwirkung des Urteils *Keck* im Bereich der Arbeitnehmerfreizügigkeit nicht in gleicher Weise notwendig wie bei der Freiheit des Warenverkehrs (*Generalanwalt Alber, Schlußanträge vom 22. Juni 1999 in der Rechtssache 176/96 (Lethonen), Slg. 2000, S. I-2681, Rn. 49*).

[109] *EuGH, Urt. v. 29.6.1995, Rs. 412/93 (Leclerc), Slg. 1995, S. I-179, Rn. 21.*

kaufsmodalitäten wurde dahingehend präzisiert, daß es sich hierbei etwa um *nationale Maßnahmen der allgemeinen Aufsicht über das Handelsgewerbe* handele[110].

Durch die Korrektur der Rechtsprechung des Gerichtshofs zum Gewährleistungsgehalt der Warenverkehrsfreiheit wird ausgeschlossen, daß über den Umweg des Gemeinschaftsrechts jedwede nationale Regelung am Überprüfungsrahmen des Gemeinschaftsrechts zu messen ist, sofern nur eine entfernte Verbindung zum Binnenmarkt hergestellt werden kann. Sie betrifft folglich den Bereich, in dem eine Anwendung gemeinschaftsrechtlicher Vorschriften auf bestimmte Sachverhalte wegen eines zu schwach ausgeprägten Bezugs zu gemeinschaftlichen Zielsetzungen nicht mehr möglich ist[111], da ansonsten durch Gemeinschaftsrecht in unzulässiger Weise in autonome Bereiche der mitgliedstaatlichen Rechtsordnungen eingegriffen würde.

Bei vertriebsbezogenen Regelungen (*Verkaufsmodalitäten*) setzt allein dann eine Kontrolle am Maßstab des Gemeinschaftsrechts ein, wenn sie diskriminierenden Charakter haben[112]. Geht es indes um den Marktzugang, so werden auch nationale Maßnahmen der Kontrolle des Gemeinschaftsrechts unterworfen, die nicht diskriminierend wirken, sondern lediglich eine beschränkende Wirkung hinsichtlich des Binnenmarktziels zeitigen[113]. Insofern handelt es sich bei der *Keck*-Entscheidung um eine Konkretisierung der im Bereich der positiven Integration zentralen Grundsätze der begrenzten Einzelzuständigkeiten, der Verhältnismäßigkeit und der Subsidiarität auf Ebene der negativen Integration[114].

So sind der Gemeinschaftszuständigkeit im Rahmen der positiven Integration allgemein durch das Prinzip der begrenzten Einzelzuständigkeiten Grenzen gezogen[115]. Das Prinzip der begrenzten Einzelzuständigkeiten findet zwar regelmäßig im Zusammenhang mit der positiven Integration Erwähnung[116]. Nach dem Wortlaut von Artikel 5 EUV sind aber nicht nur die Rechtsetzungsorgane auf Gemeinschaftsebene an diese Vorgabe gebunden, sondern auch der Gerichtshof

---

[110] *EuGH, Urt. v. 29.6.1995, Rs. 391/92 (Kommission ./. Griechenland), Slg. 1995, S. I-1621, Rn. 17.*
Vgl. zur *Keck*-Rechtsprechung in jüngeren Entscheidungen des EuGH: *EuGH, Urt. v. 26.6.1997, Rs. 368/95 (Familiapress), Slg. 1997, S. I-3689, Rn. 8 ff.; EuGH, Urt. v. 9.7.1997, Verb. Rs. 34-36/95 (De Agostini), Slg. 1997, S. I-3843, Rn. 40; EuGH, Urt. v. 3.12.1998, Rs. 67/97 (Bluhme), Slg. 1998, S. I-8033, Rn. 21; EuGH, Urt. v. 28.10.1999, Rs. 6/98 (ARD), Slg. 1999, S. I-7599, Rn. 47; EuGH, Urt. v. 13.1.2000, Rs. 254/98 (TK-Heimdienst Sass), Slg. 2000, S. I-151, Rn. 23 ff.; EuGH, Urt. v. 16.11.2000, Rs. 217/99 (Kommission ./. Belgien), Slg. 2000, S. I-10251, Rn. 16.*
[111] Vgl. hierzu: *Graig/Búrca, EU Law, S. 619; Weatherill, C.M.L.Rev. 1996, S. 885 (895 ff.).*
[112] *Herdegen, Europarecht, Rn. 291; W. H. Roth, WRP 2000, S. 979; Gundel, JURA 2001, S. 79 (80); Weatherill, C.M.L.Rev. 1996, S. 885 (896 f.).*
[113] *Becker, EuR 1994, S. 162 (172).*
[114] Vgl. zu den genannten Grundsätzen: *Artikel 5 EG (Art. 3b EGV).*
Nach *Herdegen* ist die in der *Keck*-Rechtsprechung entwickelte *Bereichsausnahme* als Umsetzung des Subsidiaritätsprinzips auf der Ebene der Rechtsprechung zu verstehen (*Herdegen, Europarecht, Rn. 292;* hierzu kritisch, da das Subsidiaritätsprinzip keine Bedeutung für den *acquis communautaire* und exklusive Rechtsprechungskompetenzen des EuGH habe: *Reich, C.M.L.Rev. 1994, S. 459 (477 ff.)*).
[115] *Artikel 5 EUV (Art. E a.F.); Artikel 5 Absatz 1 EG (Art. 3b Abs. 1 EGV).*
Vgl. zum Prinzip der begrenzten Einzelzuständigkeiten bzw. enumerativen Einzelermächtigung: *Emmert, Europarecht, § 12, Rn. 7 f.; Oppermann, Europarecht, Rn. 513.*
[116] So etwa: *Emmert, Europarecht, § 12, Rn. 7 f.; Oppermann, Europarecht, Rn. 511 ff.*

selbst. Durch das Subsidiaritätsprinzip soll eine schleichende Kompetenzerosion zu Lasten der Mitgliedstaaten vermieden werden[117]. In die gleiche Richtung zielt der Grundsatz der Verhältnismäßigkeit, der überschießende Regelungen unterbinden soll.

Verallgemeinernd läßt sich sagen, daß nationale Maßnahmen dann nicht vom Schutzgehalt der Grundfreiheiten erfaßt werden, wenn sie nicht darauf ausgerichtet sind, das Binnenmarktziel als *einen Raum ohne Binnengrenzen, in dem der freie Verkehr von Waren, Personen, Dienstleistungen und Kapital gemäß den Bestimmungen dieses Vertrages gewährleistet ist*[118], zu beeinträchtigen. Dies ist regelmäßig dann der Fall, wenn sie weder einen direkt noch einen indirekt diskriminierenden Charakter haben und undifferenziert das *Wie* der Ausübung der Gewährleistung betreffen. Handelt es sich indes um nationale Maßnahmen, die das *Ob* der Ausübung einer Gewährleistung tangieren und damit das Binnenmarktziel, zu dessen Absicherung die Grundfreiheiten dienen, so findet als Überprüfungsmaßstab grundsätzlich das Beschränkungsverbot Anwendung, so daß auch nicht diskriminierende nationale Maßnahmen erfaßt werden[119]. Mithin ist zwischen marktsegmentierenden und marktregulierenden nationalen Maßnahmen zu differenzieren[120]. Insoweit sind die Grundfreiheiten in einem Teilbereich als Beschränkungsverbot, in einem Teilbereich lediglich als Diskriminierungsverbot aufzufassen[121].

---

[117] Vgl. zum Subsidiaritätsprinzip: *Kapitel 3 A. I.*
[118] *Artikel 14 Absatz 2 EG (Art. 7a Abs. 2 EGV).*
So stellt *Steindorff* darauf ab, der Funktionsgehalt von Artikel 28 EG (Art. 30 EGV) müsse unter Berücksichtigung des Binnenmarktziels interpretiert werden (*Steindorff, ZHR 158 (1994), S. 149 (162 f.);* vgl. auch: *Mülbert, ZHR 159 (1995), S. 2 (19 ff.)*). Noch deutlicher verweist *Kingreen* darauf, bei den Grundfreiheiten handele es sich primär um *Marktzugangsrechte*, so daß sie dem Abbau der Grenzen zwischen den Mitgliedstaaten dienten, nicht aber der Reduzierung von Beschränkungen auf den nationalen Märkten (*Kingreen, Die Struktur der Grundfreiheiten des Europäischen Gemeinschaftsrechts, S. 122 f.*). Auch *Kruse* kommt zu dem Ergebnis, die Grundsätze der *Keck*-Entscheidung seien auf die übrigen Grundfreiheiten zu übertragen (*Kruse, Sitzverlegung von Kapitalgesellschaften innerhalb der EG, S. 114 ff.;* in diese Richtung auch, jedoch unsicherer: *Keßler, Das System der Warenverkehrsfreiheit im Gemeinschaftsrecht, S. 268 ff.*).
[119] So argumentiert *Arndt*, Zweck des Artikels 28 EG (Art. 30 EGV) sei die Vermeidung von Importnachteilen. Hieraus folge aber keine Verpflichtung, Vorteile für den Import zu schaffen (*Arndt, ZIP 1994, S. 188 (190)*).
[120] *Eberhartinger, EWS 1997, S. 43 (49); Kingreen, Die Struktur der Grundfreiheiten des Europäischen Gemeinschaftsrechts, S. 129 f.*
[121] *Classen, EWS 1995, S. 97 (100 ff.); Schwarze/Schlag, EU-Kommentar, Art. 28, Rn. 48 f.; Schweizer/Hummer, Europarecht, Rn. 1123.*
Lackhoff sieht indes in der Niederlassungsfreiheit ein umfassendes Gleichheitsrecht, ohne der *Keck*-Rechtsprechung oder sonstigen Ansätzen zu einer partiellen Reduktion ihres Schutzgehalts zu folgen (*Lackhoff, Die Niederlassungsfreiheit des EGV – nur ein Gleichheits- oder auch ein Freiheitsrecht?, S. 426 ff.*). Im Ergebnis legt er die *Dassonville*-Formel für die Bestimmung des Gewährleistungsgehalts der Niederlassungsfreiheit zugrunde, da es die Niederlassungsfreiheit als Freiheitsrecht gebiete, *daß jede Maßnahme eines Verpflichteten, die geeignet ist, die Aufnahme und Ausübung einer selbständigen Erwerbstätigkeit tatsächlich oder potentiell, unmittelbar oder mittelbar zu beeinträchtigen, gemeinschaftsrechtlich gerechtfertigt sein muß, um bestehen zu können* (*Lackhoff, Die Niederlassungsfreiheit des EGV – nur ein Gleichheits- oder auch ein Freiheitsrecht?, S. 443;* vgl. insoweit: *EuGH, Urt. v. 11.7.1974, Rs. 8/74 (Dassonville), Slg. 1974, S. 837, Rn. 5*). Dies ist aber aus den vorgenannten Gründen abzulehnen.

Nicht zutreffend ist daher die teilweise in der Literatur vertretene Auffassung, die Auslegung der Warenverkehrsfreiheit im Sinne eines allgemeinen Beschränkungsverbots habe durch die *Keck*-Entscheidung *eine nicht unerhebliche Einschränkung erfahren*[122], da hier offensichtlich unberücksichtigt bleibt, daß nur solche nationalen Maßnahmen einer Kontrolle am Maßstab der Grundfreiheiten entzogen sind, die von ihrem Gehalt her bereits nicht geeignet sind, das Binnenmarktziel in Frage zu stellen.

V. Folgerungen

Der EuGH legt die Niederlassungsfreiheit als Diskriminierungsverbot aus, sofern es um die Überprüfung nationaler Maßnahmen geht, die allein das *Wie* der Ausübung der Gewährleistung betreffen. Indes wird die Niederlassungsfreiheit im Sinne eines allgemeinen Beschränkungsverbots angewendet, sofern es sich um die Überprüfung nationaler Maßnahmen handelt, die das *Ob* der Ausübung der Gewährleistung betreffen und damit unmittelbar das Binnenmarktziel tangieren, dessen Absicherung die Grundfreiheiten dienen. Diese im Rahmen der *Keck*-Rechtsprechung herbeigeführte Konkordanz zwischen positiver und negativer Integration[123], welche allgemeine Bedeutung für die Bestimmung des Schutzgehalts der Grundfreiheiten hat[124], konturiert die Reichweite der negativen Integration, um der begrenzten Funktion und Aufgabenzuweisung an die Gemeinschaft sowie den Grundsätzen der Subsidiarität und der Verhältnismäßigkeit Rechnung zu tragen.

Nach dem hier vertretenen Ansatz ist die Befürchtung unbegründet, durch eine Interpretation der Niederlassungsfreiheit im Sinne eines Beschränkungsverbotes würden nationale rechtliche Besonderheiten wie Berufsausübungsregelungen de facto ausgehebelt und im Rahmen der negativen Integration die Zuständigkeitsgrenzen zwischen den Mitgliedstaaten und der Gemeinschaft in unzulässiger Weise verschoben (so aber: *Basedow, RabelsZ 55 (1991), S. 409 (432); Everling, Der Gegenstand der Niederlassungsfreiheit, S. 22 ff.; Hailbronner/Nachbaur, WiVerw 1992, S. 57 (81 f.); Drasch, Das Herkunftslandprinzip im internationalen Privatrecht, S. 191*). So fordert nunmehr namentlich *Everling*, wenn die Niederlassungsfreiheit als Beschränkungsverbot zu verstehen sei, müsse die *Keck*-Rechtsprechung auch hier zwecks Begrenzung der Tragweite der Gewährleistung Berücksichtigung finden, da ansonsten die paradoxe Situation entstehen könne, daß Verkaufsmodalitäten unter Umständen nicht mehr von der Warenverkehrsfreiheit, wohl aber – im Rahmen seines Geltungsbereichs – von Artikel 43 EG (Art. 52 EGV) erfaßt würden (*Everling, GS Knobbe-Keuk, S. 607 (620 f.)*; vgl. auch: *W. H. Roth, GS Knobbe-Keuk, S. 729 (738 ff.)*).

122 So: *Habersack, Europäisches Gesellschaftsrecht, Rn. 27;* a.A.: *Fezer, JZ 1994, S. 317 (318 ff.)*.

123 *Steindorff* hat das Zusammenwirken von positiver und negativer Integration treffend wie folgt beschrieben (*Steindorff, ZHR 150 (1986), S. 687 (699)*): *Rechtsangleichung greift dort ein, wo beschränkende Regelungen nicht einfach verboten werden können, weil man nicht auf jede Regelung verzichten kann. Sie gestaltet solche Regelungen (positiv) einheitlich und verwirklicht damit, was der Binnenmarkt erfordert* (...). Vgl. allgemein zum Problem der Kompetenzverteilung im Rahmen der indirekten Harmonisierung: *Kingreen, Die Struktur der Grundfreiheiten des Europäischen Gemeinschaftsrechts, S. 99 ff.*

124 So im Ergebnis auch *Jarass* (*EuR 1995, S. 202 (216 ff.)*, der allerdings in den Grundfreiheiten Schlechterstellungsverbote sieht, sie mithin als Gleichheitsrechte, nicht aber als Freiheitsrechte auffaßt.

C. Gleichstellung von natürlichen und juristischen Personen über Artikel 48 EG (Art. 58 EGV)

Ist die Niederlassungsfreiheit hinsichtlich des Marktzugangs im Sinne eines Beschränkungsverbots auszulegen, so stellt sich die Frage, ob dies in gleichem Maße für natürliche wie für juristische Personen gilt, da letztere nicht direkt in Artikel 43 EG (Art. 52 EGV) als Niederlassungsberechtigte genannt werden. Vielmehr finden Gesellschaften allein in Artikel 48 EG (Art. 58 EGV) Erwähnung, der die Bestimmungen des Niederlassungsrechts auf Gesellschaften unter näher genannten Voraussetzungen für anwendbar erklärt. Fraglich ist, ob es sich hierbei um eine umfängliche Gleichstellung handelt[125] oder Gesellschaften nur in geringerem Umfang an der Niederlassungsfreiheit teilhaben sollen.

Nach dem Wortlaut von Artikel 48 Absatz 1 EG (Art. 58 Abs. 1 EGV) findet das Kapitel über die Niederlassungsfreiheit auch auf Gesellschaften Anwendung, die nach dem Recht eines Mitgliedstaates gegründet wurden und *die ihren satzungsmäßigen Sitz, ihre Hauptverwaltung oder ihre Hauptniederlassung innerhalb der Gemeinschaft haben*[126]. Folglich werden Gesellschaften nach der Systematik des Vertrages durch Artikel 48 Absatz 1 EG (Art. 58 Abs. 1 EGV) den natürlichen Personen gleichgestellt, die Staatsangehörige der Mitgliedstaaten sind[127].

---

[125] Teilweise wird in der Literatur bezweifelt, daß die primäre Niederlassungsfreiheit auch für Gesellschaften gelte (*Everling, Das Niederlassungsrecht im gemeinsamen Markt, S. 39; Schlenker, Gestaltungsmodelle einer identitätswahrenden Sitzverlegung von Kapitalgesellschaften über die Grenze, S. 59 f.*; vgl. weiter zur Unanwendbarkeit von Artikel 43 EG (Art. 52 EGV) auf Gesellschaften in Ermangelung einer vorangehenden Harmonisierung: *Wiedemann, Gesellschaftsrecht I, S. 793 f.; Ebke, ZGR 1987, S. 245 (250)*). Diese Ansicht ist jedoch abzulehnen, da aus der insoweit eindeutigen Formulierung von Artikel 48 Abs. 1 EG (Art. 58 Abs. 1 EGV) folgt, daß die Gewährleistung der Niederlassungsfreiheit umfassend auch für Gesellschaften gelten soll, die ihren satzungsmäßigen Sitz, ihre Hauptverwaltung oder ihre Hauptniederlassung innerhalb der Gemeinschaft haben.

[126] Da bei Gesellschaften nicht an eine *Staatsangehörigkeit* angeknüpft werden kann, wird durch die Nennung der verschiedenen Merkmale in Artikel 48 Absatz 1 EG (Art. 58 Abs. 1 EGV) bestimmt, welche Gesellschaften von der Gewährleistung der Niederlassungsfreiheit profitieren (*Grabitz/Hilf/Randelzhofer, Kommentar zur Europäischen Union, Art. 58, Rn. 1*; *Goldmann/Lyon-Caen/Vogel, Droit commercial européen, S. 125; Großfeld, Internationales und Europäisches Unternehmensrecht, S. 12; Ebenroth/Eyles, DB 1989, S. 363 (364)*). Der EuGH drückt dies wie folgt aus: *In bezug auf die Gesellschaften ist in diesem Zusammenhang hervorzuheben, daß ihr Sitz im genannten Sinne, ebenso wie die Staatsangehörigkeit bei natürlichen Personen, dazu dient, ihre Zugehörigkeit zur Rechtsordnung eines Staates zu bestimmen* (*EuGH, Urt. v. 16.7.1998, Rs. 264/96 (ICI), Slg. 1998, S. I-4695, Rn. 20*).
Vgl. zu den einzelnen in Artikel 48 EG (Art. 58 EGV) genannten Anknüpfungskriterien: *Hailbronner/Klein/Magiera/Müller-Graff, Handkommentar zum Vertrag über die Europäische Union, Art. 58, Rn. 6.* Das Kriterium der Hauptniederlassung wurde allein aufgrund einiger spezifischer Besonderheiten des italienischen Rechts in den Vertrag mit aufgenommen (*Eyles, Das Niederlassungsrecht der Kapitalgesellschaften in der Europäischen Gemeinschaft, S. 85 f.*).

[127] *EuGH, Urt. v. 15.5.1997, Rs. 250/95 (Futura & Singer), Slg. 1997, S. I-2471, Rn. 24; EuGH, Urt. v. 17.6.1997, Rs. 70/95 (Sodemare), Slg. 1997, S. I-3395, Rn. 26; EuGH, Urt. v. 30.11.1995, Rs. 55/94 (Gebhard), Slg. 1995, S. I-4165, Rn. 23; Grabitz/Hilf/Randelzhofer, Kommentar zur Europäischen Union, Art. 58, Rn. 1; Behrens, RabelsZ 52 (1988), S. 498 (499).*
Luchsinger verweist darauf, bei dem Artikel 48 EG (Art. 58 EGV) zugrunde liegenden Konzept der Gleichbehandlung von natürlichen und juristischen Personen lägen *Genialität und fahrlässige Vereinfachung* nahe beieinander (*Luchsinger, Die Niederlassungsfreiheit der Kapitalgesellschaften in*

Als Gesellschaften gelten dabei nach Artikel 48 Absatz 2 EG (Art. 58 Abs. 2 EGV) die Gesellschaften des bürgerlichen Rechts und des Handelsrechts einschließlich der Genossenschaften und der sonstigen juristischen Personen des öffentlichen und privaten Rechts[128], wenn sie einen Erwerbszweck verfolgen[129]. Unwesentlich für die Teilhabe von Gesellschaften im Sinne von Artikel 48 EG (Art. 58 EGV) an der Gewährleistung der Niederlassungsfreiheit ist die Staatsangehörigkeit der Anteilseigner, so daß auch Staatsangehörige von Drittstaaten Anteilseigner eines von der Niederlassungsfreiheit profitierenden Unternehmens sein können[130].

In seiner Rechtsprechung verweist der EuGH darauf, Artikel 48 EG (Art. 58 EGV) stelle für die Anwendung des Kapitels über das Niederlassungsrecht die nach den

---

der EG, den USA und der Schweiz, S. 2). Die Gleichstellungsfiktion trägt allerdings nur bedingt. Hierzu führen *Kegel/Schurig* aus: *Aber das heißt nicht, daß die juristische Person eine Staatsangehörigkeit hätte. Für sie gibt es keine Staatsangehörigkeitsgesetze und ein Staatsvolk aus juristischen Personen böte ein sonderbares Bild* (*Kegel/Schurig, Internationales Privatrecht, S. 501;* vgl. auch: *Raape, Deutsches internationales Privatrecht, S. 186 ff.*).

Eine Parallele zwischen natürlichen und juristischen Personen wird besonders plastisch im englischen Recht gezogen. So führte etwa Lord Justice *Denning* aus: *A company may in many ways be likened to a human body. It has a brain and nerve centre which controls what it does. It also has hands which hold the tools and act in accordance with directions from the centre. Some of the people in the company are mere servants and agents who are nothing more than hands to do the work and cannot be said to represent the mind or will. Others are directors and managers who represent the directing mind and will of the company, and control what it does. The state of mind of these managers is the state of mind of the company and is treated by the law as such* (*Lord Justice Denning, in: H.L. Bolton (Engineering) C. Ltd. v. T.J. Graham & Sons Ltd. [1957] 1 QB 159, [1956] 3 All ER 624;* zitiert aus: *Dine, Company Law, S. 39*).

[128] Der Begriff *Gesellschaften* ist in Artikel 48 Absatz 2 EG (Art. 58 Abs. 2 EGV) definiert als Gesellschaften des bürgerlichen und des Handelsrechts einschließlich der Genossenschaften und der sonstigen juristischen Personen des öffentlichen und des privaten Rechts mit Ausnahme derjenigen, die keinen Erwerbszweck verfolgen (vgl. hierzu: *EuGH, Urt. v. 17.6.1997, Rs. 70/95 (Sodemare), Slg. 1997, S. I-3395, Rn. 25*; so bereits: *EuGH, Urt. v. 6.11.1984, Rs. 182/83 (Fearon), Slg. 1984, S. 3677, Rn. 8*). Nach allgemeiner Auffassung werden vom Gesellschaftsbegriff auch nicht rechtsfähige Gesellschaftsformen erfaßt (*Groeben/Thiesing/Ehlermann/Troberg, Kommentar zum EU-/EG-Vertrag, Art. 58, Rn. 2; Schwarze/Müller-Huschke, EU-Kommentar, Art. 48, Rn. 3; Schnichels, Die Reichweite der Niederlassungsfreiheit, S. 53 f.*).

[129] Vgl. zum Begriff des Erwerbszwecks: *Groeben/Thiesing/Ehlermann/Troberg, Kommentar zum EU-/EG-Vertrag, Art. 58, Rn. 4; Schwarze/Müller-Huschke, EU-Kommentar, Art. 48, Rn. 5 f.; Lackhoff, Die Niederlassungsfreiheit des EGV – nur ein Gleichheits- oder auch ein Freiheitsrecht?, S. 190 f.*

[130] *Goldmann/Lyon-Caen/Vogel, Droit commercial européen, S. 126; Schwappach, EG-Rechtshandbuch für die Wirtschaft, § 38, Rn. 2.*

Insofern wird bewußt nicht auf die Kontrolltheorie abgestellt, welche die Zugehörigkeit einer Gesellschaft zu der Rechtsordnung eines Staates von der Staatsangehörigkeit der sie kontrollierenden natürlichen Personen abhängig macht (*Schwarze/Müller-Huschke, EU-Kommentar, Art. 48, Rn. 8; Groeben/Thiesing/Ehlermann/Troberg, Kommentar zum EU-/EG-Vertrag, Art. 58, Rn. 20 ff.; Loussouran, RTD eur. 1990, S. 229 (236);* a.A.: *Bleckmann, WiVerw 1987, S. 119 (120, 124)*).

In *Baars* verweist der EuGH darauf, ein Angehöriger eines Mitgliedstaats, der eine Beteiligung an einer Gesellschaft mit Sitz in einem anderen Mitgliedstaat halte, die ihm einen solchen Einfluß auf die Entscheidungen der Gesellschaft verleihe, daß er deren Tätigkeiten bestimmen könne, mache von der Niederlassungsfreiheit Gebrauch (*EuGH, Urt. v. 13.4.2000, Rs. 251/98 (Baars), Slg. 2000, S. I-2787, Rn. 22*). Zudem haben die Mitgliedstaaten nach Artikel 221 EG (Art. 294 EGV) die Staatsangehörigen der anderen Mitgliedstaaten hinsichtlich ihrer Beteiligung am Kapital von Gesellschaften im Sinne des Artikels 48 EG (Art. 58 EGV) den eigenen Staatsangehörigen gleichzustellen.

Rechtsvorschriften eines Mitgliedstaats gegründeten Gesellschaften, die ihren satzungsmäßigen Sitz, ihre Hauptverwaltung oder ihre Hauptniederlassung innerhalb der Gemeinschaft hätten, den natürlichen Personen gleich, die Angehörige der Mitgliedstaaten seien, schließe aber Gesellschaften, die keinen Erwerbszweck verfolgten, von der Anwendung dieses Kapitels aus[131]. Daher habe dieser Artikel lediglich für den persönlichen Geltungsbereich der Bestimmungen über das Niederlassungsrecht Bedeutung[132], wobei der Sitz in dem vorgenannten Sinne mit der Staatsangehörigkeit bei natürlichen Personen gleichzusetzen sei, die dazu diene, ihre Zugehörigkeit zur Rechtsordnung eines Staates zu bestimmen[133].

Zwar wird in Artikel 48 Absatz 1 EG (Art. 58 Abs. 1 EGV) für Gesellschaften auf die Bestimmungen über die Niederlassungsfreiheit verwiesen, so daß fraglich erscheinen mag, ob diese Verweisung in einem umfassenden Sinne zu verstehen ist. Allerdings ist Artikel 48 EG (Art. 58 EGV) als umfängliche Verweisungsnorm auf das Kapitel über die Niederlassungsfreiheit konzipiert. Auch findet sich in der Rechtsprechung des EuGH keine Einschränkung des Gewährleistungsgehalts bei Urteilen, welche die Niederlassungsfreiheit von Gesellschaften betreffen.

So hat der Gerichtshof bereits in einer Vielzahl von Entscheidungen nationale Maßnahmen, die Gesellschaften betrafen, am Maßstab der Niederlassungsfreiheit überprüft und dabei etwa festgestellt, eine verbotene Diskriminierung liege selbst dann vor, wenn die unterschiedliche Behandlung nur eine mittelbare Auswirkung auf die Lage der nach dem Recht anderer Mitgliedstaaten errichteten Gesellschaften habe[134]. In einem anderen Urteil führte der EuGH aus, das Kriterium des steuerlichen Sitzes im Inland sei für die Gewährung eines Zuschlags zur Rückzahlung nicht geschuldeter Steuern zwar unabhängig vom Sitz der Gesellschaft anwendbar.

---

[131] *EuGH, Urt. v. 17.6.1997, Rs. 70/95 (Sodemare), Slg. 1997, S. I-3395, Rn. 25;* unter Verweis auf: *EuGH, Urt. v. 6.11.1984, Rs. 182/83, (Fearon), Slg. 1984, S. 3677, Rn. 8;* vgl. auch: *Gormley, Introduction to the Law of the European Communities, S. 733.*

[132] *EuGH, Urt. v. 17.6.1997, Rs. 70/95 (Sodemare), Slg. 1997, S. I-3395, Rn. 25;* vgl. hierzu auch: *Schlußanträge des Generalanwalts Fennelly vom 6.2.1997 in der Rs. 70/95 (Sodemare), Slg. 1997, S. I-3395, Rn. 21.*

[133] *EuGH, Urt. v. 28.1.1986 (Kommission ./. Frankreich), Slg. 1986, S. 273, Rn. 18; EuGH, Urt. v. 13.7.1993, Rs. 330/91 (Commerzbank), Slg. 1993, S. I-4017, Rn. 13 f.; EuGH, Urt. v. 12.4.1994, Rs. 1/93 (Halliburton), Slg. 1994, S. I-1137, Rn. 15; EuGH, Urt. v. 15.5.1997, Rs. 250/95 (Futura & Singer), Slg. 1997, S. I-2471, Rn. 24; EuGH, Urt. v. 16.7.1998, Rs. 264/96 (ICI), Slg. 1998, S. I-4695, Rn. 20; EuGH, Urt. v. 29.4.1999, Rs. 311/97 (Bank of Scotland), Slg. 1999, S. I-2651, Rn. 23; EuGH, Urt. v. 21.9.1999, Rs. 307/97 (Saint-Gobain ZN), Slg. 1999, S. I-6161, Rn. 36.*
Artikel 48 EG (Art. 58 EGV) macht nach seinem Wortlaut die Anwendbarkeit des Kapitels über die Niederlassungsfreiheit auf Gesellschaften im Sinne der Bestimmung allein davon abhängig, daß sie wirksam nach dem Recht eines Mitgliedstaats der Gemeinschaft errichtet wurden und ihren satzungsmäßigen Sitz, ihre Hauptverwaltung oder ihre Hauptniederlassung innerhalb der Gemeinschaft haben (vgl. hierzu bereits: *Grasmann, System des internationalen Gesellschaftsrechts, Rn. 192*). Wurde eine Gesellschaft wirksam nach dem Recht eines Mitgliedstaats gegründet, so liegt ihr satzungsmäßiger Sitz regelmäßig innerhalb der Gemeinschaft, da in allen Mitgliedstaaten der Gemeinschaft der statutarische Sitz ausschlaggebend für die Zuständigkeit des Registers ist, in welches wiederum nur Gesellschaften eingetragen werden, die dem jeweiligen numerus clausus des nationalen Gesellschaftsrechts entsprechen. Die Kriterien der Hauptverwaltung und der Hauptniederlassung innerhalb der Gemeinschaft können indes kumulativ hinzutreten.

[134] *EuGH, Urt. v. 12.4.1994, Rs. 1/93 (Halliburton), Slg. 1994, S. I-1137, Rn. 20.*

Allerdings drohe diese Regelung sich besonders zu Lasten der Gesellschaften auszuwirken, die ihren Sitz in anderen Mitgliedstaaten hätten[135].

In seiner *Sodemare*-Entscheidung[136] griff der Gerichtshof auf eine sehr allgemein gehaltene und bereits in *Gebhard*[137] verwendete Formel zurück, mit der er den Anwendungsbereich der Niederlassungsfreiheit definierte, ohne auf Besonderheiten für juristische Personen zu verweisen. So stellte er fest, das in Artikel 43 EG (Art. 52 EGV) in Verbindung mit Artikel 48 EG (Art. 58 EGV) vorgesehene Niederlassungsrecht stehe sowohl natürlichen Personen, die Angehörige eines Mitgliedstaats der Gemeinschaft seien, als auch juristischen Personen im Sinne von Artikel 48 EG (Art. 58 EGV) zu. Vorbehaltlich der vorgesehenen Ausnahmen und Bedingungen umfasse *dieses Recht die Aufnahme und Ausübung selbständiger Tätigkeiten jeder Art, die Gründung und Leitung von Unternehmen und die Errichtung von Agenturen, Zweigniederlassungen oder Tochtergesellschaften im Hoheitsgebiet jedes anderen Mitgliedstaats*[138].

Zur Reichweite der Niederlassungsfreiheit von Gesellschaften am Kontrollmaßstab des Beschränkungsverbots hat sich der Gerichtshof in *Pfeiffer* geäußert[139]: *Nationale Maßnahmen, die Gesellschaften aus anderen Mitgliedstaaten gegenüber Gesellschaften des Niederlassungsmitgliedstaats tatsächlich oder rechtlich benachteiligen, sind als Beschränkung des Zugangs zu diesen Tätigkeiten im Niederlassungsmitgliedstaat anzusehen. Eine solche Beschränkung verstößt gegen Artikel 52 EG-Vertrag in Verbindung mit Artikel 58 EG-Vertrag, selbst wenn sie in nichtdiskriminierender Weise angewandt wird, es sei denn, daß sie aus zwingenden Gründen des Gemeinwohls gerechtfertigt ist, geeignet ist, die Verwirklichung des verfolgten Ziels zu gewährleisten, und nicht über das hinausgeht, was zur Erreichung dieses Ziels erforderlich ist.*

Zuvor heißt es in demselben Urteil unter Rückgriff auf die bereits angeführte Passage der *Sodemare*-Entscheidung[140]: *Das in Artikel 52 EG-Vertrag in Verbindung mit Artikel 58 EG-Vertrag (jetzt Artikel 48 EG) verankerte Niederlassungsrecht steht sowohl natürlichen Personen, die Angehörige eines Mitgliedstaats der Gemeinschaft sind, als auch juristischen Personen im Sinne von Artikel 48 EG zu. Vorbehaltlich der vorgesehenen Ausnahmen und Bedingungen umfaßt dieses Recht die Aufnahme und Ausübung selbständiger Tätigkeiten jeder Art, die Gründung und Leitung von Unternehmen und die Errichtung von Agenturen, Zweigniederlassungen und Tochtergesellschaften im Hoheitsgebiet jedes anderen Mitgliedstaats.*

Bei der Formulierung der zitierten Urteilsgründe hat sich der Gerichtshof stark an Artikel 43 Absatz 2 i.V.m. Absatz 1 Satz 2 EG (Art. 52 Abs. 2 i.V.m. Abs. 1 S. 2

---

[135] *EuGH, Urt. v. 13.7.1993, Rs. 330/91 (Commerzbank), Slg. 1993, S. I-4017, Rn. 15.*
[136] *EuGH, Urt. v. 17.6.1997, Rs. 70/95 (Sodemare), Slg. 1997, S. I-3395, Rn. 26.*
[137] *EuGH, Urt. v. 30.11.1995, Rs. 55/94 (Gebhard), Slg. 1995, S. I-4165, Rn. 23.*
[138] *EuGH, Urt. v. 17.6.1997, Rs. 70/95 (Sodemare), Slg. 1997, S. I-3395, Rn. 26;* vgl. auch: *EuGH, Urt. v. 30.11.1995, Rs. 55/94 (Gebhard), Slg. 1995, S. I-4165, Rn. 23; EuGH, Urt. v. 29.4.1999, Rs. 311/97 (Bank of Scotland), Slg. 1999, S. I-2651, Rn. 22.*
[139] *EuGH, Urt. v. 11.5.1999, Rs. 255/97 (Pfeiffer), Slg. 1999, S. I-2835, Rn. 19.*
[140] *EuGH, Urt. v. 11.5.1999, Rs. 255/97 (Pfeiffer), Slg. 1999, S. I-2835, Rn. 18.*

EGV) orientiert. Aufgrund der Fassung der Entscheidungsgründe wird deutlich, daß der Gerichtshof die Gewährleistung der Niederlassungsfreiheit von Gesellschaften in einem umfassenden Sinne versteht. Insbesondere findet sich kein Vorbehalt dahingehend, Gesellschaften stünde nur die sekundäre, nicht aber die primäre Niederlassungsfreiheit offen[141], da ausdrücklich auf das Recht von Gesellschaften zur Aufnahme und Ausübung selbständiger Tätigkeiten jeder Art verwiesen wird. Aus dem Umstand, daß Gesellschaften nicht direkt in Artikel 43 EG (Art. 52 EGV) als Niederlassungsberechtigte genannt werden, läßt sich daher nicht folgern, bei ihnen handele es sich lediglich um Niederlassungsberechtigte minderen Rechts.

D. Die *Centros*-Entscheidung – Meilenstein für die Niederlassungsfreiheit von Gesellschaften?

Die prinzipielle Gleichstellung von Gesellschaften im Sinne des Artikels 48 Absatz 2 EG (Art. 58 Abs. 2 EGV) mit natürlichen Personen über Artikel 48 Absatz 1 EG (Art. 48 Abs. 1 EGV) und die Reichweite der Niederlassungsfreiheit stehen im Spannungsverhältnis zu den mit der Sitztheorie und ihren materiellrechtlichen Folgewirkungen verfolgten Zielsetzungen[142]. Denn einerseits formuliert die Sitztheorie im Kern den Vorrang nationaler Interessen vor solchen anderer beteiligter Rechtsordnungen. Andererseits kann die Gemeinschaftsrechtsordnung nur dann einen einheitlichen Binnenmarkt verwirklichen, wenn die gemeinschaftlichen Gewährleistungen eine einheitliche Tragweite haben, unabhängig davon, wie die mitgliedstaatlichen Rechtsordnungen im Einzelfall ausgestaltet sind. Das Binnenmarktziel als Raum ohne Binnengrenzen findet nicht zuletzt in der Niederlassungsfreiheit seinen Ausdruck[143].

Die Frage der Gemeinschaftsrechtskonformität der Sitztheorie und ihrer materiellrechtlichen Folgen für die Fälle des Zu- und des Wegzugs von Gesellschaften im innergemeinschaftlichen Bereich soll nachfolgend zunächst anhand der Besprechung zweier zentraler Entscheidungen des EuGH zur Niederlassungsfreiheit von Gesellschaften thematisiert werden, der *Centros*- und der *Daily Mail*-Entscheidung. Dabei wird die zeitlich jüngere *Centros*-Entscheidung, die im deutschen Schrifttum und in der Rechtsprechung eine außerordentliche Resonanz gefunden hat, zuerst behandelt. Die beiden Urteile des Gerichtshofs verdienen von daher besondere Beachtung, als aus ihnen teilweise direkte Rückschlüsse auf die Vereinbarkeit des deutschen Internationalen Gesellschaftsrechts mit dem Gemeinschaftsrecht gezogen werden.

---

[141] So aber: *Hailbronner/Nachbaur, WiVerw 1992, S. 57 (91 f.).*
[142] Vgl. bereits: *Kapitel 1 A. und 2 B. III. 3).*
[143] Vgl.: *Sandrock, RIW 1989, S. 505 (510).*

I. Sachverhalt und Entscheidungsbegründung

Der *Centros*-Entscheidung liegt folgender Sachverhalt zugrunde:

Das dänische Ehepaar Bryde hatte im Mai 1991 eine private limited company nach englischem Recht gegründet und in das zuständige Register für England und Wales in Cardiff eintragen lassen[144]. Als Firmensitz wurde die Adresse eines Freundes angegeben. Tatsächlich übte die Gesellschaft aber nie eine Geschäftstätigkeit in Großbritannien aus[145]. Das Ehepaar hatte die Gründung der (*Briefkasten-*) Gesellschaft in England unbestritten allein in der Absicht vorgenommen, um über eine Zweigniederlassung in Dänemark eine wirtschaftliche Betätigung auszuüben[146]. Die Konstruktion sollte damit ermöglichen, die Anwendung dänischen Gesellschaftsrechts zu vermeiden, das insbesondere hinsichtlich des Mindestkapitalerfordernisses für die Gründung einer Gesellschaft mit beschränkter Haftung wesentlich höhere Anforderungen stellt als das englische Recht. Somit wurde durch die Gründungsgesellschafter im Wege der Wahl eines entsprechenden Registrierungsortes ein *günstigeres* Gesellschaftsrecht gewählt.

Dänemark folgt für Kapitalgesellschaften der Gründungstheorie[147]. Die dänischen Gerichte hielten die Weigerung der zuständigen dänischen Zentralverwaltung[148], die Zweigniederlassung der englischen Gesellschaft einzutragen, für rechtmäßig, da durch die Auslandsgründung offensichtlich restriktiveres dänisches Recht umgangen werden sollte[149]. Zwar verlangt das dänische Recht bei Eröffnung einer Zweigniederlassung in Dänemark nicht, daß die ausländische Gesellschaft über ein bestimmtes Mindestkapital verfügt. Nach der damals gängigen Praxis wurde aber geprüft, ob nicht ein reiner Umgehungstatbestand vorliegt, um ungewollte

---

[144] *Schlußanträge des Generalanwalts La Pergola vom 16. Juli 1998 in der Rs. 212/97 (Centros), Slg. 1999, S. I-1461, Rn. 2.*
Irrig wird teilweise die Abkürzung *plc.* für die Kurzform des Begriffs *private limited company* gehalten (so etwa: *Kindler, NJW 1999, S. 1993; Bungert, DB 1999, S. 1841; Geyrhalter, EWS 1999, S. 201; Koblenzer, EWS 1999, S. 418*). Hierbei handelt es sich jedoch um die Abkürzung für die *public limited company*, wie sich aus section 27 (4) (b) CA 1985 ergibt. Die public limited company ist mit der deutschen Aktiengesellschaft vergleichbar (*vgl. Artikel 1 der Kapitalrichtlinie 77/91/EWG, ABl. Nr. L 26/1*).

[145] *EuGH, Urt. v. 9.3.1999, Rs. 212/97 (Centros), Slg. 1999, S. I-1459, Rn. 2 f.*

[146] *EuGH, Urt. v. 9.3.1999, Rs. 212/97 (Centros), Slg. 1999, S. I-1459, Rn. 18.*

[147] *Alsted/Hansen, in: Hohloch (Hrsg.), EU Handbuch Gesellschaftsrecht, Dänemark, Rn. 8; Andersen/Sørensen, 6 MJ 1 (1999), S. 47 (55); Carruthers/Villiers, EBLR 2000, S. 91 (92); Münch-Komm-Kindler, Internationales Gesellschaftsrecht, Rn. 382, Fn. 803; Werlauff, ZIP 1999, S. 867 (874);* unrichtig insoweit *Meilicke* (*DB 1999, S. 627*) und *Großfeld* (*Staudinger-Großfeld, Internationales Gesellschaftsrecht, Rn. 154*), die davon ausgehen, Dänemark folge der Sitztheorie. Allerdings befinden sie sich hierbei in prominenter Gesellschaft, da auch der ÖstOGH fälschlicherweise hiervon ausging (*ÖstOGH, Beschluß vom 15.7.1999, Az. 6 Ob 123/99b, NZG 2000, S. 36 (39); C.M.L.Rev. 2000, S. 1277 ff.; ÖstOGH, Beschluß vom 15.7.1999, Az. 6 Ob 124/99z, EuZW 2000, S. 156 ff.*).

[148] Wie aus Randnummer 2 der *Centros*-Entscheidung hervorgeht, ist in Dänemark die dem Handelsministerium unterstehende Zentralverwaltung für Handel und Gesellschaften (Erhvervs- og Selskabsstyrelse) mit der Registerführung betraut.

[149] *EuGH, Urt. v. 9.3.1999, Rs. 212/97 (Centros), Slg. 1999, S. I-1459, Rn. 7 ff.*

Gründungsanforderungen des dänischen Gesellschaftsrechts zu meiden[150]. Daher wollte das dänische Gericht mit seiner Vorlagefrage wissen, ob die Eintragung einer Zweigniederlassung dann verweigert werden könne, wenn die Geschäftstätigkeit der Gesellschaft ausschließlich in dem Staat ausgeübt werden solle, in dem sich die Zweigniederlassung befinde und somit durch die Gründung der Gesellschaft im Ausland offensichtlich allein die Umgehung nationalen Gesellschaftsrechts bezweckt werde[151].

Der Gerichtshof prüft in seiner Entscheidung zunächst die Frage, ob ein rein interner Sachverhalt gegeben ist, der die Anwendung der Bestimmungen über die Niederlassungsfreiheit ausschließen würde[152]. Dies verneint er unter Hinweis darauf, daß in Fällen, in denen *eine nach dem Recht eines Mitgliedstaats, in dem sie ihren satzungsgemäßen Sitz hat, gegründete Gesellschaft eine Zweigniederlassung in einem anderen Mitgliedstaat gründen will*[153], ein gemeinschaftsrechtlich relevanter Vorgang vorliege.

Nach der Klärung der Anwendbarkeit von Gemeinschaftsrecht geht der EuGH auf den Anwendungsbereich der Niederlassungsfreiheit von Gesellschaften ein und greift dabei teilweise auf den Wortlaut der Formulierungen in den Artikeln 43 und 48 EG (Art. 52 und 58 EGV) zurück, um zu dem Ergebnis zu gelangen, daß unter den Voraussetzungen von Artikel 48 EG (Art. 58 EGV) *Gesellschaften das Recht haben, ihre Tätigkeit in einem anderen Mitgliedstaat durch eine Agentur oder eine Zweigniederlassung oder Tochtergesellschaft auszuüben*[154]. Damit stellt der Gerichtshof fest, daß der durch das dänische Gericht vorgelegte Sachverhalt am Gewährleistungsrahmen der sekundären Niederlassungsfreiheit zu überprüfen ist. Die sekundäre Niederlassungsfreiheit wird dabei herangezogen, weil es sich um die Eintragung der Zweigniederlassung einer bereits existenten Gesellschaft handelt[155].

---

[150] *Schlußanträge des Generalanwalts La Pergola vom 16. Juli 1998 in der Rs. 212/97 (Centros), Slg. 1999, S. I-1461, Rn. 3;* vgl. hierzu auch: *Andersen/Sørensen, 6 MJ 1 (1999), S. 47 (58 ff.).*

[151] Die Vorlagefrage lautet wörtlich: *Ist es mit Artikel 52 in Verbindung mit den Artikeln 56 und 58 EG-Vertrag vereinbar, die Eintragung einer Zweigniederlassung einer Gesellschaft, die ihren Sitz in einem anderen Mitgliedstaat hat und mit einem Gesellschaftskapital von 100 UKL (etwa 1 000 DKR) nach dem Recht dieses Mitgliedstaats rechtmäßig errichtet worden ist und besteht, abzulehnen, wenn die Gesellschaft selbst keine Geschäftstätigkeit betreibt, die Zweigniederlassung aber in der Absicht errichtet wird, die gesamte Geschäftstätigkeit in dem Land zu betreiben, in dem die Zweigniederlassung errichtet wird, und wenn davon auszugehen ist, daß dieses Vorgehen statt der Errichtung einer Gesellschaft in dem letztgenannten Mitgliedstaat gewählt wurde, um die Einzahlung eines Mindestgesellschaftskapitals von 200 000 DKR, heute 125 000 DKR, zu vermeiden?* (*EuGH, Urt. v. 9.3.1999, Rs. 212/97 (Centros), Slg. 1999, S. I-1459, Rn. 13*).

[152] *EuGH, Urt. v. 9.3.1999, Rs. 212/97 (Centros), Slg. 1999, S. I-1459, Rn. 17 f.*
Die dänische Regierung hatte sich darauf berufen, daß es sich um einen rein internen Sachverhalt handele, da das Ehepaar Bryde die dänische Staatsangehörigkeit besitze und die Verweigerung der Eintragung in das Register durch eine dänische Behörde ausgesprochen worden sei. Zudem hätte durch die Gründung der Zweigniederlassung in Dänemark nur das dänische Gesellschaftsrecht umgangen werden sollen, da die von dem Ehepaar in England gegründete Gesellschaft dort gar keine Geschäftstätigkeit entfaltet habe (*EuGH, Urt. v. 9.3.1999, Rs. 212/97 (Centros), Slg. 1999, S. I-1459, Rn. 16*).

[153] *EuGH, Urt. v. 9.3.1999, Rs. 212/97 (Centros), Slg. 1999, S. I-1459, Rn. 17.*

[154] *EuGH, Urt. v. 9.3.1999, Rs. 212/97 (Centros), Slg. 1999, S. I-1459, Rn. 20.*

[155] *EuGH, Urt. v. 9.3.1999, Rs. 212/97 (Centros), Slg. 1999, S. I-1459, Rn. 19 – 21.*

Im nächsten Schritt stellt der Gerichtshof fest, die Verweigerung der Eintragung der Zweigniederlassung sei als Beschränkung der Niederlassungsfreiheit anzusehen[156]. Die Ausführungen hierzu sind sehr kurz gehalten, da durch die Versagung der Eintragung in das Register das Ziel der ordnungsgemäßen Errichtung einer Zweigniederlassung in Dänemark vereitelt wurde. Danach geht der Gerichtshof auf die Frage ein, ob ein mißbräuchliches Verhalten vorliege, das die Beschränkung der Niederlassungsfreiheit rechtfertigen könnte. Durch das Gemeinschaftsrecht seien die Mitgliedstaaten nicht gehindert, Maßnahmen zu treffen, die verhindern sollen, *daß sich einige seiner Staatsangehörigen unter Mißbrauch der durch den EG-Vertrag geschaffenen Möglichkeiten der Anwendung des nationalen Rechts entziehen*[157]. Da es sich in diesen Fällen aber immer um eine Einschränkung von fundamentalen Gewährleistungen des Gemeinschaftsrechts handele, dürften solche Beschränkungen der Grundfreiheiten jedenfalls dann nicht erfolgen, wenn das in Frage stehende Verhalten *unmittelbar aus der vom EG-Vertrag gewährleisteten Niederlassungsfreiheit*[158] gedeckt werde und folglich gerade Ausdruck dieser Freiheit sei. Daher könne es nach Auffassung des Gerichtshofs *für sich allein keine mißbräuchliche Ausnutzung des Niederlassungsrechts darstellen, wenn ein Staatsangehöriger eines Mitgliedstaats, der eine Gesellschaft gründen möchte, diese in dem Mitgliedstaat errichtet, dessen gesellschaftsrechtlichen Vorschriften ihm die größte Freiheit lassen, und in anderen Mitgliedstaaten Zweigniederlassungen gründet*[159].

Im Anschluß prüft der Gerichtshof, ob besondere Umstände vorliegen, welche die Bejahung einer Beschränkung der Niederlassungsfreiheit aufgrund eines Mißbrauchs der Gewährleistung rechtfertigen könnten. Allerdings verneint er das Vorliegen solcher Gründe nach Prüfung der hierzu vorgebrachten Argumente. Auch greife die Ausnahmeregelung des Artikels 46 EG (Art. 56 EGV) nicht ein[160]. Daher seien *nationale Maßnahmen, die die Ausübung der durch den EG-Vertrag garantierten Grundfreiheiten behindern oder weniger attraktiv machen können, zulässig, wenn vier Voraussetzungen erfüllt sind: sie müssen in nichtdiskriminierender Weise angewendet werden, sie müssen zwingenden Gründen des Allgemeininteresses entsprechen, sie müssen zur Erreichung des verfolgten Zieles geeignet sein, und sie dürfen nicht über das hinausgehen, was zur Erreichung dieses Zieles erforderlich ist*[161]. Allerdings seien diese Voraussetzungen im Ausgangsfall nicht

---

[156] *EuGH, Urt. v. 9.3.1999, Rs. 212/97 (Centros), Slg. 1999, S. I-1459, Rn. 21 f.*

[157] *EuGH, Urt. v. 9.3.1999, Rs. 212/97 (Centros), Slg. 1999, S. I-1459, Rn. 24.*

[158] *EuGH, Urt. v. 9.3.1999, Rs. 212/97 (Centros), Slg. 1999, S. I-1459, Rn. 27.*

[159] *EuGH, Urt. v. 9.3.1999, Rs. 212/97 (Centros), Slg. 1999, S. I-1459, Rn. 27.*

[160] *EuGH, Urt. v. 9.3.1999, Rs. 212/97 (Centros), Slg. 1999, S. I-1459, Rn. 34.*
Nach Artikel 46 EG (Art. 56 EGV) finden die Vorschriften über die Niederlassungsfreiheit keine Anwendung bei *Rechts- oder Verwaltungsvorschriften, die eine Sonderregelung für Ausländer vorsehen und aus Gründen der öffentlichen Ordnung, Sicherheit oder Gesundheit gerechtfertigt sind.* Vgl. zur restriktiven Auslegung dieser Begriffe: *Kingreen, Die Struktur der Grundfreiheiten des Europäischen Gemeinschaftsrechts, S. 154 ff.; Calliess/Ruffert/Bröhmer, Kommentar zu EU-Vertrag und EG-Vertrag, Art. 46, Rn. 1 ff.*

[161] *EuGH, Urt. v. 9.3.1999, Rs. 212/97 (Centros), Slg. 1999, S. I-1459, Rn. 34*; unter Verweis auf: *EuGH, Urt. v. 31.3.1993, Rs. 19/92 (Kraus), Slg. 1993, S. I-1663, Rn. 32; EuGH, Urt. v. 30.11.1995, Rs. 55/94 (Gebhard), Slg. 1995, S. I-4165, Rn. 37)*; vgl. auch: *EuGH, Urt. v. 4.7.2000, Rs. 424/97*

erfüllt. So greife das Argument des Gläubigerschutzes im Hinblick auf das Fehlen einer inländischen Gesellschaften vergleichbaren Mindestkapitalausstattung nicht. Denn die Eintragung der Zweigniederlassung in Dänemark wäre dann nicht verweigert worden, wenn die Gesellschaft eine Geschäftstätigkeit im Vereinigten Königreich ausgeübt hätte. Aber in diesem Fall wären die dänischen Gläubiger wegen des Fehlens eines mit inländischen Gesellschaften vergleichbaren Mindestkapitals ebenso gefährdet gewesen[162]. Zudem sei Gläubigern bekannt, daß eine Gesellschaft, die nicht als Gesellschaft dänischen Rechts auftrete, nicht dem dänischen Recht über die Errichtung von Gesellschaften mit beschränkter Haftung unterliege. Des weiteren seien die Schutzbestimmungen in der Gemeinschaft in wichtigen Bereichen, in casu insbesondere hinsichtlich der Offenlegungsvorschriften für Zweigniederlassungen, bereits angeglichen[163].

Auch seien mildere Mittel als die Verweigerung der Errichtung einer Zweigniederlassung denkbar, um berechtigten Schutzinteressen Rechnung zu tragen. So könnten etwa die öffentlichen Gläubiger rechtlich die Möglichkeit erhalten, sich die erforderlichen Sicherheiten einräumen zu lassen[164]. Zudem sei es den Mitgliedstaaten unbelassen, alle geeigneten Maßnahmen – allein oder in Kooperation mit anderen Mitgliedstaaten – zu treffen, um Betrügereien zu verhindern oder zu verfolgen. Das gelte sowohl gegenüber der Gesellschaft selbst als auch gegenüber ihren Anteilseignern, wenn diese sich mittels der Errichtung der Gesellschaft ihren Verpflichtungen gegenüber inländischen privaten oder öffentlichen Gläubigern entziehen wollten. Jedoch könne die Bekämpfung von Betrügereien nicht rechtfertigen, die Eintragung der Zweigniederlassung einer in einem anderen Mitgliedstaat niedergelassenen Gesellschaft zu verweigern[165].

II. Die Reaktionen in Literatur und Rechtsprechung

Die *Centros*-Entscheidung hat in der deutschsprachigen Literatur[166] eine große Beachtung gefunden. Dabei divergieren die Auffassungen, welchen Stellenwert das Urteil des Gerichtshofs einnimmt. Wird teilweise bereits das Ende der Sitztheorie als eingeläutet betrachtet beziehungsweise von einer Unvereinbarkeit der Kollisionsnorm mit der Niederlassungsfreiheit ausgegangen[167], soll die Entscheidung

---

(Haim), Slg. 2000, S. I-5123, Rn. 57.

[162] *EuGH, Urt. v. 9.3.1999, Rs. 212/97 (Centros), Slg. 1999, S. I-1459, Rn. 35.*

[163] *EuGH, Urt. v. 9.3.1999, Rs. 212/97 (Centros), Slg. 1999, S. I-1459, Rn. 36.*
In diesem Zusammenhang verweist der Gerichtshof auf die 4. Richtlinie des Rates vom 25. Juli 1978 (*RL 78/660/EWG, ABl. Nr. L 222/11*) sowie auf die 11. Richtlinie des Rates vom 21. Dezember 1989 (*RL 89/666/EWG, ABl. Nr. L 395/36*).

[164] *EuGH, Urt. v. 9.3.1999, Rs. 212/97 (Centros), Slg. 1999, S. I-1459, Rn. 37.*

[165] *EuGH, Urt. v. 9.3.1999, Rs. 212/97 (Centros), Slg. 1999, S. I-1459, Rn. 38.*

[166] Vgl. die eingangs in Kapitel 1, Fn. 37 genannten Literaturnachweise.

[167] *Meilicke, DB 1999, S. 627 f.; Freitag, EuZW 1999, S. 267 (269); Sedemund/Hausmann, DB 1999, S. 810; Werlauff, ZIP 1999, S. 867 (874 f.); Sörgel, DB 1999, S. 2236 (2238); Höfling, DB 1999, S. 1206; Risse, MDR 1999, S. 752 (753); Ulmer, JZ 1999, S. 662 ff.; Kieninger, ZGR 1999, S. 724 (745 ff.); Behrens, IPRax 1999, S. 323 (326); Puszkajler, IPRax 2000, S. 79 (80); Sandrock, BB 1999, S. 1337 (1341).*

nach der extremen Gegenmeinung keinerlei unmittelbare Auswirkungen für den Anwendungsbereich der Sitztheorie haben[168]. Daneben finden sich viele Stimmen, die eine vermittelnde Auffassung vertreten[169]. Auch die Rechtsprechung hat mittlerweile – recht unterschiedlich – auf die *Centros*-Entscheidung reagiert. Die weit auseinander liegenden Positionen werden im folgenden kurz dargestellt und im Anschluß an eine eigene Analyse der *Centros*-Entscheidung sowie des in diesem Zusammenhang zu diskutierenden Urteils *Daily Mail* einer Bewertung unterzogen.

1) Gemeinschaftsrechtswidrigkeit der Sitztheorie

Aufgrund der *Centros*-Entscheidung wird teilweise von einer Unanwendbarkeit der Sitztheorie auf inter-mitgliedstaatliche Sachverhalte ausgegangen, unabhängig davon, ob sie gemeinschaftsrechtlich der primären oder der sekundären Niederlassungsfreiheit zuzuordnen sind. So beschränkt das *Centros*-Urteil nach Auffassung von *Behrens* die Anwendung der Sitztheorie auf reine Inlandsfälle, bei denen es um die Gründung einer Gesellschaft mit inländischem Verwaltungssitz nach inländischem Gründungsrecht gehe. Daher sei die Sitztheorie im Anwendungsbereich des Gemeinschaftsrechts zumindest im Hinblick auf die Anerkennungsfrage ihrer kollisionsrechtlichen Bedeutung entkleidet und durch Artikel 48 EG (Art. 58 EGV) als gemeinschaftsrechtliche Anerkennungsnorm verdrängt[170].

Nach der plakativen Formulierung von *Meilicke* macht der Gerichtshof mit seiner *Centros*-Entscheidung *der Sitztheorie den Garaus, soweit sie sich auf Gesellschaften erstreckt, die in einem Mitgliedstaat der EU oder in einem anderen Land,*

---

[168] *Kindler, NJW 1999, S. 1993 ff.; Lange, DNotZ 1999, S. 599 (607); Sonnenberger/Großerichter, RIW 1999, S. 721 (725 ff.); Hoffmann, ZHR 164 (2000), S. 43 (49 f.); Lauterfeld, EBLR 2001, S. 79 ff.; Ebke, JZ 1999, S. 656 (660 f.); Fock, RIW 2000, S. 42 (44);* in diese Richtung, wenn auch etwas unschlüssig, zudem: *Görk, GmbHR 1999, S. 793 (796).*

[169] *W. H. Roth, ZIP 1999, S. 861 ff.; Leible, NZG 1999, S. 300 ff.; Koblenzer, EWS 1999, S. 418 (419); Cascante, RIW 1999, S. 450 (451); Göttsche, DStR 1999, S. 1403 (1405); Hammen, WM 1999, S. 2487 (2492); Bungert, DB 1999, S. 1841 ff.; Steindorff, JZ 1999, S. 1140 ff.; Zimmer, ZHR 164 (2000), S. 23 (36 ff.); Geyrhalter, EWS 1999, S. 201 (203); Grundmann, RabelsZ 64 (2000), S. 457 (461).*

[170] *Behrens, IPRax 1999, S. 323 (326).*
So verweist *Behrens* darauf, der EuGH habe mit dem *Centros*-Urteil *von der Forderung der Sitztheorie, daß die Gesellschaft ihre Hauptniederlassung im Gründungsstaat haben muß*, gerade Abstand genommen (*Behrens, IPRax 1999, S. 323 (327)*).
Besonders deutlich ist auch die Formulierung von *Sandrock*: *Wenn es aber nicht darauf ankommen soll, ob die beiden Gründer der Centros Ltd. mit der Errichtung ihrer dänischen Zweigniederlassung die dänischen Vorschriften des Gesellschaftsrechts umgehen wollten (...), dann kann dies nur bedeuten, daß die nationalen Kollisionsrechte, die bisher einer Verwirklichung der Niederlassungsfreiheit für Gesellschaften entgegenstanden, nicht mehr beachtlich sein sollen* (*Sandrock, BB 1999, S. 1337 (1341)*).
Nach *Kieninger* gilt aufgrund der *Centros*-Entscheidung innerhalb der Gemeinschaft – möglicherweise von wenigen Ausnahmen wie im Bereich der Mitbestimmung abgesehen – eine *Rechtswahlfreiheit für Gesellschaftsgründungen in einem Umfang, der selbst über das hinausgeht, was die Verfechter der Gründungstheorie schon bisher für geboten hielten* (*ZGR 1999, S. 724 (745)*).
Neye zufolge ist der Sitztheorie durch die *Centros*-Entscheidung der *Boden entzogen*, sofern es um *die Anerkennung EU-ausländischer Gesellschaften* geht. Er weist weiter darauf hin, der EuGH könne sich eines Tages veranlaßt sehen, die Niederlassungsfreiheit als Rechtsgrundlage für eine grenzüberschreitende Sitzverlegung ausreichen zu lassen (*EWiR 1999, S. 259 (260)*).

dessen Gesellschaft die Niederlassungsfreiheit der Art. 52, 58 EGV eingeräumt ist, gegründet sind[171]. Der Gerichtshof stelle klar, daß es auf das Kollisionsrecht des Zuzugsstaates nicht ankomme, sondern daß es ungeachtet der Begründung, welche das nationale Recht für das Zuzugsverbot finde, unzulässig sei, einer nach dem Recht eines anderen Mitgliedstaats gegründeten Gesellschaft die Tätigkeit im Inland nur deshalb zu verweigern oder zu erschweren, weil die inländischen Gründungsvorschriften umgangen würden[172].

In die gleiche Richtung argumentieren *Sedemund/Hausmann*, indem sie schreiben, der EuGH habe *der Anwendung der Sitztheorie als Verstoß gegen die Niederlassungsfreiheit des EG-Vertrags eine überraschend klare Absage erteilt* und daher folgern, das Gemeinschaftsrecht werde gemeinschaftsweit auf die Gründungstheorie verwiesen[173]. Auch *Risse* spricht im Zusammenhang mit der Entscheidung von einer *grundsätzlichen Neuorientierung*, da *bei der gesellschaftsrechtlichen Beurteilung von Unternehmen, die innerhalb der EU gegründet sind, [...] künftig allein auf das Recht des Gründungsstaates abzustellen* sei[174].

Als Begründung für die Unanwendbarkeit der Sitztheorie innerhalb der Gemeinschaft wird teilweise angeführt, der EuGH habe mit *Centros* das *Herkunftslandprinzip, den Grundpfeiler des freien Warenverkehrs, auf die Niederlassungsfreiheit ausgedehnt*[175]. Daher bestünden für Gesellschaften, die in einem Mitgliedstaat errichtet wurden, keine innergemeinschaftlichen Grenzen mehr; alles andere sei *eine gemeinschaftsrechtswidrige Diskriminierung einer „fremden" Gesellschaft*[176]. Bei natürlichen Personen entscheide das jeweilige Staatsangehörigenrecht, wer Staatsbürger eines Mitgliedstaats der Gemeinschaft sei. Eine solche Entscheidung werde vom nationalen IPR anerkannt. Gleiches müsse auch bei Gesellschaften gelten[177].

2) Die vermittelnde Auffassung

Ein großer Teil der Literaturstimmen räumt der *Centros*-Entscheidung zumindest im Bereich der sekundären Niederlassungsfreiheit auch Bedeutung für diejenigen Mitgliedstaaten der Gemeinschaft ein, die in ihrem Internationalen Gesellschafts-

[171] *DB 1999, S. 627.*
[172] *Meilicke, DB 1999, S. 627.*
Meilicke vertritt gar die Auffassung, ein Festhalten an der Sitztheorie löse Schadensersatzansprüche nach den Regeln der *Francovich*-Entscheidung aus (*DB 1999, S. 627 (628);* a.A.: *Ebke, JZ 1999, S. 656, Fn. 5*).
[173] *BB 1999, S. 810 (811).*
Widersprüchlich ist ihre Auffassung aber insoweit, als sie später ausführen, die *der „Daily Mail-Entscheidung zugrunde liegende Frage nach der identitätswahrenden Sitzverlegung von Gesellschaften* bleibe weiter offen (*Sedemund/Hausmann, BB 1999, S. 810 (811)*).
[174] *Risse, FAZ vom 30.4.1999, S. 22.*
[175] *Puszkajler, IPRax 2000, S. 79 (80).*
Ebenso vergleicht *Werlauff* die Bedeutung der *Centros*-Entscheidung für Gesellschaften mit der Bedeutung der *Cassis-de-Dijon*-Entscheidung für die Warenverkehrsfreiheit (*ZIP 1999, S. 867 (875)*).
[176] *Puszkajler, IPRax 2000, S. 79 (80).*
[177] *Puszkajler, IPRax 2000, S. 79 (80).*

recht der Sitztheorie folgen. So vertritt *Bungert* die Auffassung, aufgrund der *Centros*-Entscheidung müßten Zweigniederlassungen ausländischer Gesellschaften im Inland eingetragen werden, sofern die jeweilige Gesellschaft nach ihrem Gründungsrecht bestehe, so daß in deutschen Handelsregistern zukünftig auch Zweigniederlassungen solcher ausländischer Gesellschaften einzutragen seien, die im Land ihrer Registrierung keinerlei Geschäftstätigkeit entfalteten und welche die strengeren Gründungsvoraussetzungen des deutschen Gesellschaftsrechts, insbesondere im Hinblick auf die Kapitalausstattung, nicht erfüllten[178]. Indes sei *eine solche ausländische „Briefkastengesellschaft" nach wie vor für die übrigen Zwecke in Deutschland nicht als rechtsfähige juristische Person* anzusehen und müsse daher nach deutschem Personengesellschaftsrecht behandelt werden. Zudem enthalte die Entscheidung keine Aussage über die grenzüberschreitende Verlegung des Satzungs- oder des effektiven Verwaltungssitzes einer Gesellschaft[179].

Weitergehende Folgen hat das Urteil nach der Einschätzung von *Leible*. So dürfe aufgrund des *Centros*-Urteils kein Mitgliedstaat verhindern, daß eine in einem anderen Mitgliedstaat wirksam gegründete Gesellschaft, die dort ihren statutarischen Sitz habe, ihre gesamten wirtschaftlichen Aktivitäten in seinem Hoheitsgebiet über eine Zweigniederlassung ausübe, wodurch die Sitztheorie eine empfindliche Einschränkung erfahre[180]. Sie könne zumindest im Bereich der sekundären Niederlassungsfreiheit nicht mehr herangezogen werden, *um ausländischen Gesellschaften, die in einem anderen Mitgliedstaat wirksam gegründet wurden und dort ihren Satzungs-, aber nicht ihren effektiven Verwaltungssitz haben, die Anerkennung zu versagen*[181].

Etwas zurückhaltender ist *W. H. Roth*, der in der *Centros*-Entscheidung allein die Frage der rechtlichen Zulässigkeit der Ausübung einer geschäftlichen Tätigkeit über eine Zweigniederlassung geklärt sieht, ohne daß für diese Fälle eine Aussage

---

[178] *Bungert, DB 1999, S. 1841 (1843).*

[179] *Bungert, DB 1999, S. 1841 (1843).*
In diese Richtung argumentiert auch *Koblenzer*. Nach seiner Auffassung hat die Entscheidung allein für Fälle des Zuzugs von Gesellschaften Bedeutung. Insofern gebe der Gerichtshof der Gründungstheorie den Vorzug, wobei er die Notwendigkeit bestimmter Beschränkungen anerkenne und damit *im Sinne der Sitztheorie dem Sitzstaat die Möglichkeit* einräume, geeignete Maßnahmen zu treffen, um *Betrügereien zu verhindern oder zu verfolgen*. Indes sei die Entscheidung nicht auf Fälle des Wegzugs von Gesellschaften und damit auf diejenige Fallgestaltung anwendbar, die auch dem *Daily Mail*-Urteil zugrunde lag (*Koblenzer, EWS 1999, S. 418 (419)*).

[180] *Leible, NZG 1999, S. 300 (301).*

[181] *Leible, NZG 1999, S. 300 (302);* vgl. auch: *Hoffmann, Internationales Privatrecht, S. 28 f.*
In die gleiche Richtung wie *Leible* argumentiert *Geyrhalter*. Zwar beschränke sich die Entscheidung des EuGH dem Grunde nach auf das Recht einer Gesellschaft, in einem anderen Mitgliedstaat eine Niederlassung zu errichten. Jedoch sei die der Entscheidung deutlich zugrunde liegende Tendenz des EuGH durchaus geeignet, die gesamte deutsche Anerkennungspraxis über die Sitztheorie aus den Angeln zu heben (*Geyrhalter, EWS 1999, S. 201*). In Anbetracht der Deutlichkeit der *Centros*-Entscheidung dürfte es wahrscheinlich sein, daß der EuGH diese Grundsätze auch ausdrücklich in anderen Fällen anwende, in denen bisher die Sitztheorie vorherrschend gewesen sei (*Geyrhalter, EWS 1999, S. 201 (203)*).
Teilweise fällt die Bewertung der Folgen der *Centros*-Entscheidung auch undifferenzierter aus. So wird etwa nach der Einschätzung von *Cascante* die *Sitztheorie in ihrer bisherigen Form nicht mehr angewendet werden können* (*Cascante, RIW 1999, S. 450 (451)*).

darüber getroffen werde, ob das ausländische Gesellschaftsstatut mit seinen Haftungsbestimmungen gelte. Daher sei gemeinschaftsrechtlich nicht geklärt, ob auf eine solche Zweigniederlassung nicht die Haftungsbestimmungen des eigenen Rechts angewendet werden könnten[182].

Eine differenzierte Haltung nimmt *Höfling* ein. Sie spricht davon, nach der *Centros*-Entscheidung gebe es, *zumindest über den Umweg der Errichtung einer Sekundärniederlassung, eine Rechtswahlfreiheit zur Gründung von Gesellschaften*[183]. Da andererseits in der Entscheidung Rechtfertigungsmöglichkeiten für etwaige Beschränkungen angedeutet seien, werde hierdurch eine Überlagerung des Gründungsrechts durch zwingende Bestimmungen des Sitzstaates und mithin die Entwicklung einer Überlagerungstheorie für Europa angedeutet[184].

Auch die Rechtsprechung folgt teilweise dem vermittelnden Ansatz und differenziert hinsichtlich der Bedeutung der *Centros*-Entscheidung zwischen der primären und der sekundären Niederlassungsfreiheit. So hat das Landgericht Bonn durch Beschluß vom 18. April 2000[185] einen Beschluß des Amtsgerichts Euskirchen vom 15. Februar 2000[186] aufgehoben, in dem das Amtsgericht den Antrag auf Eintragung einer Zweigniederlassung einer nach englischem Recht gegründeten private limited company mit statutarischem Gesellschaftssitz in Bristol (England) abgelehnt hatte. Das Amtsgericht begründete seine Entscheidung damit, die ausweislich der Gründungsurkunde vom 7. Juli 1999 nach englischem Recht gegründete Gesellschaft habe die Anmeldung einer Zweigniederlassung am 22. Oktober 1999 nur vorgenommen, um hierdurch die strengeren Bestimmungen des deutschen Gesellschaftsrechts zu umgehen. Dies sei aber – unter Verweis auf eine Entscheidung des BayObLG vom 26. August 1998[187] – bei Anwendung der Sitztheorie nicht zulässig. Denn die Zweigniederlassung einer ausländischen Gesellschaft könne nur dann *im deutschen Handelsregister eingetragen werden, wenn die Hauptniederlassung in Deutschland als rechtsfähig anerkannt* werde, was zu verneinen sei, da *im vorliegenden Fall (...) keine wirksame Gründung erfolgt* sei.

Das Landgericht Bonn begründete seinen Aufhebungsbeschluß damit, daß durch die *Centros*-Entscheidung die *zeitlich früher liegende Entscheidung des BayObLG (...) überholt* sei. Denn aus der *Centros*-Entscheidung gehe hervor, daß es für sich allein genommen keine mißbräuchliche Ausnutzung der Niederlassungsfreiheit darstellen könne, wenn ein Staatsangehöriger eines Mitgliedstaats, der eine Gesellschaft gründen möchte, diese in dem Mitgliedstaat errichte, dessen gesellschafts-

---

[182] *W. H. Roth, ZIP 1999, S. 861 (862 f.).*
[183] *DB 1999, S. 1206.*
[184] *Höfling, DB 1999, S. 1206.*
[185] *Az. 11 T 7/00.*
[186] *Az. 20 AR 167/99.*
[187] *Az. 3Z BR 78/98, DB 1998, S. 2318.*
Die Leitsätze der Entscheidung lauten:
1. Eine Zweigniederlassung einer nach englischem Recht gegründeten private limited company, die im Ausland keinen effektiven Verwaltungssitz hat, kann im Handelsregister nicht eingetragen werden. Art. 52, 58 EGV stehen dieser Rechtsfolge nicht entgegen.
2. Keine Vorlagepflicht an den EuGH bei Anwendung der Sitztheorie.

rechtliche Vorschriften ihm die größte Freiheit ließen und sodann in anderen Mitgliedstaaten Zweigniederlassungen gründe. Diese Feststellungen des EuGH, so das Landgericht, hätten Gültigkeit in allen Mitgliedstaaten der Gemeinschaft, unabhängig davon, wie das dortige Kollisionsrecht ausgestaltet sei. *Denn die Anwendung der Sitztheorie würde dazu führen, daß die betroffene Gesellschaft, obwohl nach englischem Recht ordnungsgemäß gegründet, die Zweigniederlassung in Deutschland nicht errichten könnte, da sie die am tatsächlichen Sitz geltenden Gründungsvorschriften des GmbH-Rechts nicht erfüllt*[188].

3) Fehlende Bedeutung der *Centros*-Entscheidung für die Sitztheorie

Indes wird teilweise die Auffassung vertreten, die *Centros*-Entscheidung habe keinerlei Bedeutung für diejenigen Mitgliedstaaten der Gemeinschaft, die in ihrem Internationalen Gesellschaftsrecht die Sitztheorie als Kollisionsnorm zugrunde legten. So weisen *Sonnenberger/Großerichter*[189] darauf hin, daß sich in der Urteilsbegründung allein Ausführungen zum konkreten Sachverhalt fänden, nicht hingegen allgemeinere Rechtsausführungen. Dies bedeute nicht mehr und nicht weniger, als daß der Gerichtshof sich – entsprechend den Zielsetzungen des Vorabentscheidungsverfahrens – auf die Überprüfung der ihm vom nationalen Gericht vorgelegten Frage beschränkt habe, wobei es um die Vereinbarkeit des in der Vorlagefrage formulierten Sachverhalts – Gemeinschaftsrechtskonformität der Nichteintragung der Zweigniederlassung einer englischen Gesellschaft in das dänische Register – mit Gemeinschaftsrecht ging. Da die Kollisionsrechte der beteiligten Rechtsordnungen der Gründungstheorie folgten, sei seitens des

---

[188] *LG Bonn, Beschl. v. 18.4.2000, Az. 11 T 7/00.*
Auch das LG München I ging in einem Urteil vom 22. Juli 1999 davon aus, daß aufgrund der *Centros*-Entscheidung ausländische juristische Personen im Inland anzuerkennen seien. Allerdings wurde die Relevanz der gemeinschaftsrechtlichen Niederlassungsfreiheit im konkreten Fall verneint, da in casu die spanische Gesellschaft nicht wirksam im Ausland errichtet wurde und von daher der persönliche Geltungsbereich der Niederlassungsfreiheit nicht eröffnet war (*ZIP 1999, S. 1680; IPRax 2001, S. 137 f.*).
Zu erwähnen sind in diesem Zusammenhang die bereits eingangs angesprochenen Entscheidungen des ÖstOGH (*vgl. Kapitel 1 B.*). In Österreich, das in seinem Internationalen Gesellschaftsrecht bisher uneingeschränkt der Sitztheorie folgte, hat der ÖstOGH in zwei Beschlüssen vom 15. Juli 1999 als Konsequenz auf das Urteil des EuGH in der Rechtssache 212/97 (*Centros*) entschieden, die Sitztheorie verstoße gegen die durch Artikel 48 Abs. 1 i.V.m. Artikel 43 EG eingeräumte sekundäre Niederlassungsfreiheit (*ÖstOGH, Beschluß v. 15.7.1999, Az. 6 Ob 123/99b, NZG 2000, S. 36 ff.; ÖstOGH, Beschluß v. 15.7.1999, Az. 6 Ob 124/99z, EuZW 2000, S. 156 ff.*). So komme die sekundäre Niederlassungsfreiheit auch einer nach dem Recht eines Mitgliedstaats rechtmäßig errichteten Gesellschaft zugute, die im Gründungsstaat selbst ihren statutarischen Sitz habe, dort jedoch keine Geschäftstätigkeit entfalte und deren Hauptverwaltung oder Hauptniederlassung sich in einem anderen Mitgliedstaat befinde. Begründet wird die Entscheidung im Kern damit, die sekundäre Niederlassungsfreiheit sei unabhängig davon zu gewähren, welcher kollisionsrechtlichen Theorie ein Mitgliedstaat im Bereich des Internationalen Gesellschaftsrechts folge. Allerdings ging der ÖstOGH dabei fälschlich von der Annahme aus, auch das dänische Recht lege im Bereich des Internationalen Gesellschaftsrechts die Sitztheorie zugrunde. Wie *Kieninger* zutreffend anmerkt, resultiert aus dieser Fehleinschätzung des dänischen Kollisionsrechts, daß der ÖstOGH die Rechtssache für spruchreif hielt und es somit nicht zu einer Vorlage beim EuGH kam (*Kieninger, NZG 2000, S. 39 (40)*).
[189] *RIW 1999, S. 721 (722).*

Gerichtshofs die Frage der Vereinbarkeit von Regelungen des Internationalen Gesellschaftsrechts mit dem Gemeinschaftsrecht überflüssig gewesen. Hätte er hierzu Stellung genommen, wäre ihm zu Recht der Vorwurf zu machen gewesen, zu einer rechtlichen Frage Stellung genommen zu haben, die für die vorgelegte Entscheidung gar nicht entscheidungserheblich gewesen sei. Diesen Fehler habe der Gerichtshof nicht begangen.

Auch nach *Kindler* ist das Urteil *für Mitgliedstaaten, die im internationalen Gesellschaftsrecht der Sitztheorie folgen, ohne Bedeutung*[190]. Denn aus der Sicht eines Sitztheoriestaates sei eine *Gesellschaft nach Art der „Centros Ltd." nicht rechtmäßig errichtet*, so daß die *Centros*-Entscheidung, in welcher der EuGH die Niederlassungsfreiheit auf eine rechtmäßig errichtete Gesellschaft anwende, keine Gültigkeit habe[191].

Ihm folgt im Ergebnis *Ebke*. So könne nach *Daily Mail* kein Zweifel daran bestehen, daß der EuGH die Ausübung der Niederlassungsfreiheit durch Verlegung des effektiven Verwaltungssitzes davon abhängig mache, daß das vom Kollisionsrecht des Aufnahmestaates berufene Gesellschaftsstatut die Gesellschaft fortbestehen lasse. Der EuGH wolle den Gesellschaften nicht die Vorteile oder *Wohltaten* der gemeinschaftsrechtlichen Niederlassungsfreiheit insgesamt verwehren, sondern verweise die Gesellschaften *beim derzeitigen Stand des Gemeinschaftsrechts* auf die Modalitäten der Niederlassungsfreiheit, die sie ohne einen Identitätsverlust – der sich aus dem vom Internationalen Privatrecht des Aufnahmestaates berufenen Gesellschaftsstatut ergeben könne – ausüben könnten[192].

Auch die Rechtsprechung mißt der *Centros*-Entscheidung teilweise keine Bedeutung bei. So ging das LG Potsdam in einem Urteil vom 30. September 1999[193] davon aus, die Frage der Rechtsfähigkeit und damit verbunden der Parteifähigkeit einer nach irischem Recht gegründeten Gesellschaft sei auf Grundlage der Sitztheorie zu entscheiden[194]. Unter Berücksichtigung der *Centros*-Entscheidung sei weiterhin die Parteifähigkeit zu verneinen, wenn es sich bei der fraglichen Gesellschaft – wie im vorliegenden Fall – um eine sog. Scheinauslandsgesellschaft (pseudo-foreign corporation) mit effektivem Verwaltungssitz im Inland handele und nicht um die Gründung einer Zweigniederlassung in Deutschland. Die Entscheidung des LG Potsdam wurde durch ein Urteil des OLG Brandenburg vom 31. Mai 2000 bestätigt[195], wobei das Gericht explizit in seiner Entscheidungsbe-

---

[190] *NJW 1999, S. 1993 (1996).*

[191] *Kindler, NJW 1999, S. 1993 (1996 f.);* so auch: *W. H. Roth, C.M.L.Rev. 2000, S. 147 (154); Hueck/Fastrich, GmbH-Gesetz, Einl., Rn. 29, § 4a, Rn. 10, § 12, Rn. 8.*

[192] *Ebke, JZ 1999, S. 656 (660); ders., FS Lutter, S. 17 (25);* vgl. auch: *W. H. Roth, C.M.L.Rev. 2000, S. 147 (154).*

[193] *RIW 2000, S. 145 f.; IPRax 2001, S. 134 ff.*

[194] In diese Richtung tendiert auch der BGH, wie sich aus dem Vorlagebeschluß vom 30.3.2000 ergibt (*Az. VII ZR 370/98*; vgl. den teilweisen Abdruck in: *DB 2000, S. 1114 ff.; BB 2000, S. 1106 ff.*).

[195] *NJW-RR 2001, S. 29 f.;* vgl. hierzu: *Müller, EWiR 2001, S. 67 f.*

Indes befaßt sich eine jüngere Entscheidung des OLG Zweibrücken mit der Frage der Parteifähigkeit einer Gesellschaft mit beschränkter Haftung, die in Costa Rica zunächst wirksam errichtet wurde und später im Inland einen Insolvenzantrag gestellt hat (*OLG Zweibrücken, RIW 2001, S. 373 ff.*). Hier

gründung darauf verwies, die *Centros*-Entscheidung habe an der Bewertung dieser Frage nichts geändert, da in diesem Fall entsprechend der Vorlagefrage des nationalen Gerichts davon auszugehen gewesen sei, daß es sich auch nach dänischem Recht um eine wirksame Gesellschaftsgründung handelte.

Für den Fall der Verlegung des statutarischen und des effektiven Verwaltungssitzes einer inländischen GmbH nach England entschied das OLG Hamm mit Beschluß vom 1. Februar 2001, die *Centros*-Entscheidung ändere nichts daran, daß die Sitzverlegung einer inländischen Gesellschaft in das EG-Ausland zu einer Auflösung der Gesellschaft führe und daher nicht in das Handelsregister eingetragen werden könne[196]. Jedenfalls für Fälle des Wegzugs von Gesellschaften in einen anderen Mitgliedstaat der Gemeinschaft sei die *Centros*-Entscheidung ohne Bedeutung[197].

Vereinzelt ist die *Centros*-Entscheidung von den Gerichten in Deutschland nicht berücksichtigt worden, obwohl die Sachverhaltsgestaltung dies eigentlich nahegelegt hätte. So ging das OLG Frankfurt in einer Entscheidung vom 23. Juni 1999[198] gar nicht auf das Urteil des EuGH ein. Statt dessen hat es die Gründungstheorie auf den Fall angewendet, daß der effektive Verwaltungssitz einer Gesellschaft nicht genau bestimmt werden kann. In casu ging es um eine nach englischem Recht gegründete private limited company, die nach Überzeugung des Gerichts über keinen tatsächlichen Gesellschaftssitz in England – etwa durch ein Büro, Personal oder sonstige Einrichtungen – verfügte und nach deren Gesellschaftsvertrag die Sitzungen der Geschäftsleitung außerhalb Englands stattfinden mußten. Einen Bezug zum Inland wies die Gesellschaft durch eine *Repräsentanz* in München auf. Zudem hatte der einzige Gesellschafter des fraglichen Unternehmens, der auch maßgeblich an der Geschäftsführung der Gesellschaft beteiligt war, in München seinen Lebensmittelpunkt. Das Gericht kam dennoch zu dem Ergebnis, die Gesellschaft sei – zwar nicht nach der Sitztheorie, so doch – nach der Gründungstheorie parteifähig, da es sich um eine *sitzlose* Gesellschaft handele, der aufgrund ihrer wirksamen Gründung nach englischem Recht die so zuerkannte Rechtsfähigkeit nicht mit der Folge aberkannt werden könne, daß die Gesellschaft rechtlos gestellt werde[199].

---

verneinte das OLG Zweibrücken die Relevanz der *Centros*-Entscheidung, auf welche sich die Antragstellerin berief, um die Versagung der Parteifähigkeit zu rügen, mit der zutreffenden Begründung, die nicht nach dem Recht eines Mitgliedstaats gegründete Gesellschaft könne aus gemeinschaftsrechtlichen Bestimmungen keinerlei Rechte für sich herleiten.

[196] *ZIP 2001, S. 791 ff.; BB 2001, S. 744 f.*

[197] Auch das OLG Düsseldorf entschied durch Beschluß vom 26. März 2001, die Verlegung des Sitzes einer GmbH in die Niederlande sei weder nach geltendem deutschen Recht noch nach gegenwärtigem EU-Recht oder dem Vorentwurf einer 14. Richtlinie im Bereich des Gesellschaftsrechts zur Verlegung des Gesellschaftssitzes innerhalb der EU möglich. Ein entsprechender Sitzverlegungsbeschluß könne daher nicht im deutschen Handelsregister eingetragen werden (*ZIP 2001, S. 790 f.; BB 2001, S. 901 f.*; vgl. hierzu: *Emde, BB 2001, S. 902 f.*).

[198] *RIW 1999, S. 783; IPRax 2001, S. 132 f.*; vgl. hierzu: *Haack, RIW 2000, S. 56 f.; Bechtel, IPRax 2001, S. 21 ff.*

[199] *Borges* hat an der Entscheidung des OLG Frankfurt kritisiert, sie beruhe auf einem falschen Verständnis der Sitztheorie. Die Sitztheorie kenne nicht den Fall einer *sitzlosen* Gesellschaft. In Fällen wie dem der Entscheidung zugrunde liegenden Sachverhalt sei die Parteifähigkeit nach § 56 ZPO festzustellen, wobei die Regeln über die Darlegungs- und Beweislast zu beachten seien (*Borges, RIW 2000,*

III. Eigene Stellungnahme

Der Europäische Gerichtshof bejaht zunächst zutreffend die Anwendbarkeit von Gemeinschaftsrecht auf den zur Vorabentscheidung vorgelegten Sachverhalt. Denn entgegen den Ausführungen Dänemarks, das darauf verwies, die Eheleute Bryde seien beide dänische Staatsangehörige und die in England durch sie gegründete Gesellschaft entfalte keinerlei tatsächliche Geschäftstätigkeit im Vereinigten Königreich, sondern solle eine wirtschaftliche Betätigung nur mittels einer Zweigniederlassung in Dänemark ausüben[200], weshalb ein rein interner Sachverhalt vorliege, geht es im Kern um die gemeinschaftsrechtliche Zulässigkeit einer Verweigerung der effektiven Gewährleistung des Rechts auf Niederlassungsfreiheit

---

S. 167 (168); vgl. auch: *Münch-Komm-Kindler, Internationales Gesellschaftsrecht, Rn. 327 ff.; ders., NJW 1999, S. 1993 (1994); Zöller-Vollkommer, Zivilprozeßordnung, § 56, Rn. 8 f.*). Daher sei mangels Feststellbarkeit des effektiven Verwaltungssitzes die Parteifähigkeit zu verneinen gewesen (*Borges, RIW 2000, S. 167 (168 f.)*). *Borges* argumentiert weiter, hierdurch werde die Gesellschaft nicht rechtlos gestellt, da ausländische Kapitalgesellschaften, die im Inland nicht anerkannt würden, deren tatsächliche Struktur aber der einer Personenhandelsgesellschaft nach dem inländischen numerus clausus des Gesellschaftsrechts entspreche, als solche behandelt würden (*Borges, RIW 2000, S. 167 (169);* vgl. auch: *Münch-Komm-Kindler, Internationales Gesellschaftsrecht, Rn. 344 ff.; ders., NJW 1999, S. 1993 (1994); v. Bar, Internationales Privatrecht II, Rn. 623*). Daher bestehe bei der Einordnung einer solchen Gesellschaft als OHG immerhin eine Teilrechtsfähigkeit (vgl. hierzu: *Münch-Komm-Kindler, Internationales Gesellschaftsrecht, Rn. 352; Ebenroth/Sura, RabelsZ 43 (1979), S. 315 (340 f.)*; a.A.: *Staudinger-Großfeld, Internationales Gesellschaftsrecht, Rn. 427 ff.*).
Nach Auffassung des OLG Frankfurt ist nur in den Fällen, in denen überhaupt kein effektiver Verwaltungssitz nachgewiesen werden kann und damit auch keine Umgehungsabsicht nationalen Rechts besteht, die Rechts- und damit verbunden die aktive Parteifähigkeit einer ausländischen juristischen Person zu bejahen. Darin ist keine Abkehr vom Grundsatz der Bestimmung des auf eine Gesellschaft anwendbaren Rechts nach der Sitztheorie zu sehen. Vielmehr wird allein die Reichweite des Schutzbedürfnisses der nationalen Rechtssphäre, deren Respektierung die Sitztheorie dient, konkretisiert. So kann – ohne in einen Konflikt mit den Zielsetzungen der Sitztheorie zu gelangen – die Rechtsfähigkeit dann nach dem Gründungsrecht beurteilt werden, wenn der effektive Verwaltungssitz nicht genau bestimmbar ist und kein Interesse an der Anwendung des eigenen nationalen Rechts besteht. Denn die der Entscheidung zugrunde liegende Kernfrage war, ob ein deutsches Gericht einer ausländischen juristischen Person die gerichtliche Durchsetzung ihrer Forderungen im Inland allein aufgrund des Umstands verweigern sollte, daß nach der im deutschen Richterrecht entwickelten Sitztheorie eine Bestimmung des auf die Gesellschaft anwendbaren Rechts nicht möglich war, sie aber nach dem Gründungsrecht unstreitig wirksam errichtet und als rechtlich existent behandelt wurde. Letztlich hat das Gericht die Unmöglichkeit einer Bestimmung des effektiven Verwaltungssitzes der Gesellschaft nicht zu Lasten dieser ausländischen juristischen Person gehen lassen und sich damit zugunsten des Prinzips der effektiven Rechtsgewährung entschieden.
Würde der BGH in seiner Rechtsprechung dazu übergehen, die Sitztheorie dogmatisch konsequent anzuwenden, so würde die Frage der Rechtsfähigkeit in Fallkonstellationen wie denjenigen, die der Entscheidung des OLG Frankfurt oder dem Vorlagebeschluß des BGH zum EuGH zugrunde liegen, rechtlich keine Schwierigkeiten mehr aufweisen, da eine Rechtsfähigkeit der ausländischen juristischen Person als deutsche Personengesellschaft bejaht werden könnte, womit die aktive und passive Parteifähigkeit nach § 50 ZPO gegeben wäre (vgl. hierzu allgemein: *K. Schmidt, ZGR 1999, S. 20 (24 ff.); Bechtel, IPRax 2001, S. 21 (22); Müller, EWiR 2001, S. 67 (68); Kindler, NJW 1999, S. 1993 (1994); v. Bar, Internationales Privatrecht, Band II, Rn. 623; Ebenroth/Sura, RabelsZ 43 (1979), S. 315 (340 f.); Zimmer, BB 2000, S. 1361 (1363);* ablehnend: *Staudinger-Großfeld, Internationales Gesellschaftsrecht, Rn. 427 ff.*). Im Aktivprozeß würde die Zulässigkeit der Klage nach § 253 Absatz 2 Nr. 1 ZPO nicht daran scheitern, daß der Kläger nicht mit der zutreffenden Rechtsform bezeichnet wird, solange die Identität der Partei offensichtlich erkennbar ist (*Thomas/Putzo, ZPO, § 253, Rn. 7*).
[200] *EuGH, Urt. v. 9.3.1999, Rs. 212/97 (Centros), Slg. 1999, S. I-1459, Rn. 16.*

einer nach dem Recht eines Mitgliedstaats wirksam gegründeten und damit in einem andern Mitgliedstaat der Gemeinschaft rechtlich existenten Gesellschaft[201]. Die Nationalität der Gesellschafter und der beabsichtigte Schwerpunkt der wirtschaftlichen Betätigung sind in diesem Zusammenhang unerheblich[202].

Entscheidend war aus Sicht des Gerichtshofs daher vorrangig allein die Frage, ob die Centros Ltd. als Rechtssubjekt zu behandeln sei, dem eine Berufung auf die gemeinschaftsrechtliche Gewährleistung der Niederlassungsfreiheit möglich ist, mithin die Frage, ob der persönliche Geltungsbereich der Niederlassungsfreiheit eröffnet ist. Das Gemeinschaftsrecht trifft selbst keine Aussage darüber, unter welchen Voraussetzungen eine Gesellschaft wirksam entsteht. Die Frage der wirksamen Errichtung von Gesellschaften ist damit ausschließlich nach dem anwendbaren nationalen Recht desjenigen Mitgliedstaates zu beurteilen, an den sich die Gründungsgesellschafter zwecks Errichtung der Gesellschaft gewendet haben[203]. Dies ergibt sich bereits aus dem Wortlaut von Artikel 48 Absatz 1 EG (Art. 58 Abs. 1 EGV), wonach *die nach den Rechtsvorschriften eines Mitgliedstaats gegründeten Gesellschaften, die ihren satzungsmäßigen Sitz, ihre Hauptverwaltung oder ihre Hauptniederlassung innerhalb der Gemeinschaft haben*, für die Anwendung des Kapitels über die Niederlassungsfreiheit als gleichgestellt behandelt werden[204]. Vorliegend stand außer Zweifel, daß die Centros Ltd. wirksam errichtet wurde und durch die Eintragung in das – aufgrund des satzungsmäßigen Sitzes der Gesellschaft – zuständige Register für England und Wales in Cardiff[205] Rechtsfähigkeit erlangt hatte. Da mit der Gesellschaft zudem ein Erwerbszweck verfolgt werden sollte, handelte es sich um eine Gesellschaft im Sinne von Artikel 48 Absatz 2 EG (Art. 58 Abs. 2 EGV).

Folgerichtig mußte der Gerichtshof davon ausgehen, daß die von der Familie Bryde gegründete private limited company die Voraussetzungen, die Artikel 48 EG

---

[201] *EuGH, Urt. v. 9.3.1999, Rs. 212/97 (Centros), Slg. 1999, S. I-1459, Rn. 17.*

[202] So weist *Bleckmann* zutreffend darauf hin, Artikel 48 EG (Art. 58 EGV) gehe von einer strikten Trennung der Rechtspositionen der juristischen Personen und ihrer Anteilseigner aus (*Bleckmann, WiVerw 1987, S. 119 (124);* vgl. auch: *v. Halen, Das Gesellschaftsstatut nach der Centros-Entscheidung des EuGH, S. 73*).
A.A. *Zimmer*, nach dessen Meinung es nicht *um die Errichtung einer dänischen Zweigniederlassung durch einen in Großbritannien existierenden und aktiven Rechtsträger* ging, sondern *um den Griff dänischer Staatsbürger, die in Dänemark residieren, nach einer Gesellschaftsform fremden Rechts zum alleinigen Gebrauch in Dänemark* (*ZHR 164 (2000), S. 23 (39 f.)*). Dies ist aber nicht entscheidend. Wichtig ist in diesem Zusammenhang nur, wie auch der EuGH betont, daß die Gesellschaft wirksam nach dem Recht eines Mitgliedstaats errichtet wurde und damit als Rechtssubjekt existiert. Ist dies der Fall, so hat auch das Gemeinschaftsrecht zunächst einmal von der Existenz des Rechtssubjekts auszugehen. Ein zweiter Schritt ist die Frage, ob etwa unter dem Aspekt des Rechtsmißbrauchs eine Beschränkung der grundsätzlich anwendbaren gemeinschaftsrechtlichen Gewährleistungen zulässig ist.

[203] *Dauses/Roth, Handbuch des EU-Wirtschaftsrechts, E I, Rn. 59; Groeben/Thiesing/Ehlermann/Troberg, Kommentar zum EU-/EG-Vertrag, Art. 58, Rn. 6.*

[204] Dabei definiert Artikel 48 EG (Art. 58 EGV) allein den persönlichen Geltungsbereich der Bestimmungen über das Niederlassungsrecht (*vgl. Kapitel 4 C.*; siehe auch: *EuGH, Urt. v. 17.6.1997, Rs. 70/95 (Sodemare), Slg. 1997, S. I-3395, Rn. 25; Schlußanträge des Generalanwalts Fennelly vom 6.2.1997 in der Rs. 70/95 (Sodemare), Slg. 1997, S. I-3395, Rn. 21*).

[205] Vgl. zur Zuständigkeit des Registers in Cardiff: *Mayson/French/Ryan, Company Law, S. 36.*

(Art. 58 EGV) für die Gleichstellung von Gesellschaften mit natürlichen Personen hinsichtlich der Anwendbarkeit der Bestimmungen über die Niederlassungsfreiheit aufstellt, erfüllt. Weil die private limited company als Gesellschaft mit eigener Rechtspersönlichkeit[206] die Gründung einer Zweigniederlassung in Dänemark verfolgte, lag offensichtlich kein rein interner Sachverhalt vor, so daß von der Anwendbarkeit von Gemeinschaftsrecht auszugehen war[207].

In *Centros* weicht der EuGH inhaltlich nicht von der Definition des Niederlassungsbegriffs ab, die er bereits in *Factortame II* zugrunde gelegt hatte, wonach eine Berufung auf die Niederlassungsfreiheit dann zulässig ist, wenn die tatsächliche Ausübung einer wirtschaftlichen Betätigung im Sinne selbständiger Erwerbstätigkeiten durch eine feste Niederlassung in einem anderen Mitgliedstaat auf unbestimmte Dauer verfolgt wird[208]. Denn wie sich aus den Entscheidungen *Reyners* und *Gebhard* ergibt, ist es für eine Berufung auf die Niederlassungsfreiheit ausreichend, wenn die Ausübung einer wirtschaftlichen Betätigung angestrebt wird, da das Niederlassungsrecht bereits die Aufnahme selbständiger Erwerbstätigkeiten erfaßt[209]. Daher war in casu unerheblich, daß die Centros Ltd. bisher in Großbritannien keine wirtschaftliche Betätigung entfaltet hatte, eine solche vielmehr erstmalig durch die Zweigniederlassung in Dänemark ausgeübt werden sollte.

Auch stellt die *Centros*-Entscheidung keineswegs eine Abkehr des EuGH von seiner bisherigen Rechtsprechung im Bereich der Niederlassungsfreiheit von Gesellschaften dar. Vielmehr knüpft der Gerichtshof konsequent an die Grundsätze an, die er bereits zuvor in *Segers*[210] aufgestellt hatte. Danach sind die Artikel 43 und 48

---

[206] *Art. 1, 13 CA 1985;* vgl. hierzu näher: *Mayson/French/Ryan, Company Law, S. 1 ff.*
Genauso wie es eine autonome Entscheidung der Mitgliedstaaten der Gemeinschaft darstellt, den Kreis ihrer Staatsangehörigen zu bestimmen (*Hailbronner/Klein/Magiera/Müller-Graff, Handkommentar zum Vertrag über die Europäische Union, Art. 52, Rn. 23*), liegt es im alleinigen Zuständigkeitsbereich der Mitgliedstaaten festzulegen, unter welchen Voraussetzungen eine juristische Person entsteht (*EuGH, Urt. v. 27.9.1988, Rs. 81/87 (Daily Mail), Slg. 1988, S. 5483, Rn. 20 f.*; vgl. allgemein: *Nachbaur, Niederlassungsfreiheit, S. 21 ff.*).

[207] Zweifelnd zeigt sich insofern etwa *Steindorff*, nach dessen Auffassung die These der dänischen Regierung, es handele sich um einen reinen Inlandssachverhalt, bei *Centros* besonders nahe liege (*JZ 1999, S. 1140 (1141)*).

[208] *EuGH, Urt. v. 25.7.1991, Rs. 221/89 (Factortame II), Slg. 1991, S. I-3905, Rn. 20 f.*

[209] *EuGH, Urt. v. 21.6.1974, Rs. 2/74 (Reyners), Slg. 1974, S. 631, Rn. 46 f.; EuGH, Urt. v. 30.11.1995, Rs. 55/94 (Gebhard), Slg. 1995, S. I-4165, Rn. 31.*
So wird in *Gebhard* auf die Möglichkeit für Angehörige eines Mitgliedstaats abgestellt, ihr Niederlassungsrecht auszuüben (*EuGH, Urt. v. 30.11.1995, Rs. 55/94 (Gebhard), Slg. 1995, S. I-4165, Rn. 32*). Allerdings ergingen die Entscheidungen *Reyners* und *Gebhard* im Bereich der primären Niederlassungsfreiheit. Für den Bereich der sekundären Niederlassungsfreiheit besteht nach dem Wortlaut von Artikel 43 Absatz 1 Satz 2 EG (Art. 52 Abs. 1 S. 2 EGV) ein Ansässigkeitserfordernis. Dem Ansässigkeitserfordernis mißt der EuGH bei Gesellschaften jedoch offensichtlich keine Bedeutung bei, sofern es um die erstmalige Aufnahme einer wirtschaftlichen Betätigung geht (*EuGH, Urt. v. 9.3.1999, Rs. 212/97 (Centros), Slg. 1999, S. I-1459, Rn. 17; Kapitel 4, Fn. 51*; hierzu kritisch: *Looijestijn-Clearie, International and Comparative Law Quarterly, Volume 49, July 2000, S. 621 (630 ff.); Koppensteiner, FS Lutter, S. 141 (144 f.);* a.A.: *Behrens, RabelsZ 52 (1988), S. 498 (520); Schnichels, Die Reichweite der Niederlassungsfreiheit, S. 58*).

[210] In diesem Fall hatte ein holländischer Staatsangehöriger ebenfalls in England eine private limited company gegründet, um ein Einzelhandelsunternehmen in den Niederlanden als Zweigniederlassung

EG (Art. 52 und 58 EGV) dahin auszulegen, *daß sie es nicht zulassen, daß die zuständigen Stellen eines Mitgliedstaats dem Geschäftsführer einer Gesellschaft eine Leistung aufgrund einer nationalen Krankenversicherungsregelung nur aus dem Grund verweigern, weil die Gesellschaft nach den Rechtsvorschriften eines anderen Mitgliedstaats, in dem sie auch ihren Sitz hat, gegründet wurde, auch wenn sie dort keine Geschäftstätigkeiten entfaltet*[211].

Dies begründete der Gerichtshof damit, Artikel 48 EG (Art. 58 EGV) würde ausgehöhlt, wenn der Niederlassungsstaat ungehindert eine ungleiche Behandlung allein deshalb vornehmen könne, weil sich der Sitz einer Gesellschaft in einem anderen Mitgliedstaat befinde. Zudem wurde hinsichtlich der Bedeutung der Tatsache, daß die Gesellschaft englischen Rechts im Vereinigten Königreich offensichtlich keine Geschäftstätigkeit entfaltete, darauf verwiesen, daß Artikel 48 EG (Art. 58 EGV) für die Anwendung der Bestimmungen über das Niederlassungsrecht von Gesellschaften nur verlange, daß sie nach den Rechtsvorschriften eines Mitgliedstaats gegründet seien und ihren satzungsmäßigen Sitz, ihre Hauptverwaltung oder ihre

---

eben dieser Gesellschaft betreiben zu können (*EuGH, Urt. v. 10.7.1986, Rs. 79/85 (Segers), Slg. 1986, S. 2375*). Zwar ging es hier zentral um die Frage, ob Ansprüche des Klägers als Geschäftsführer der *ausländischen* private limited company auf staatliche Krankenversicherungsleistungen in den Niederlanden bestanden, die dort Geschäftsführern inländischer Gesellschaften gewährt wurden. Dennoch hatte der Gerichtshof in diesem Zusammenhang zu prüfen, ob die durch den Kläger gewählte Konstruktion nach dem Gemeinschaftsrecht schutzwürdig war, bevor er zu der eigentlichen Frage – hinsichtlich der Gleichbehandlung – Stellung nehmen konnte (vgl. zu dieser Entscheidung: *Eyles, Das Niederlassungsrecht der Kapitalgesellschaften in der Europäischen Gemeinschaft, S. 344 ff.*).
Im Zusammenhang mit der Würdigung der *Centros*-Entscheidung wird häufig verkannt, daß der Gerichtshof die der Entscheidung zugrunde liegende Kernfrage bereits in *Segers* beantwortet hat. So wird etwa nach *Luttermann* durch *Centros* die *Rechtslage für innerhalb der Europäischen Union ansässige, von Staatsangehörigen eines Mitgliedstaats errichtete Kapitalgesellschaften und deren Zweigniederlassungen – oder Agenturen oder eine Tochtergesellschaft – in einem anderen Mitgliedstaat geklärt* (*Luttermann, ZEuP 2000, S. 907 (909)*). Um diese Behauptung zu untermauern, müßte dargelegt werden, inwieweit in *Centros* über *Segers* hinausgegangen wird. Nicht maßgeblich ist insoweit der Umstand, daß in *Centros* überwiegende Allgemeinwohlinteressen als mögliche Rechtfertigungsgründe geprüft wurden, wohingegen dies in *Segers* nicht der Fall war. Denn im Hinblick auf die den Entscheidungen zugrunde liegenden Sachverhalte führt dies zu keinem unterschiedlichen Ergebnis.

211 *EuGH, Urt. v. 10.7.1986, Rs. 79/85 (Segers), Slg. 1986, S. 2375, Rn. 16.*
Wie hier auch: *W. H. Roth, C.M.L.Rev. 2000, S. 147 f., 151 f.; Looijestijn-Clearie, International and Comparative Law Quarterly, Volume 49, July 2000, S. 621 (622).*
Nicht zu folgen ist daher *Kieninger* hinsichtlich der Auffassung, daß die *Centros*-Entscheidung *wohl als Erweiterung des Begriffs der Zweigniederlassung und damit als Erweiterung der sekundären Niederlassungsfreiheit* betrachtet werden müsse (*ZGR 1999, S. 724 (735)*). Denn der EuGH hat bereits in der *Segers*-Entscheidung die sekundäre Niederlassungsfreiheit auf einen ähnlich gelagerten Sachverhalt angewendet und in casu die Verletzung der gemeinschaftsrechtlichen Gewährleistung bejaht (*EuGH, Urt. v. 10.7.1986, Rs. 79/85 (Segers), Slg. 1986, S. 2375*). Die *Centros*-Entscheidung bestätigt bloß die ältere Rechtsprechung des Gerichtshofs. Bereits *Ebenroth/Eyles* haben im übrigen darauf hingewiesen, daß sich die *Segers*-Entscheidung *im Grauzonebereich zwischen primärer und sekundärer Niederlassungsfreiheit* abspiele (*DB 1989, S. 363 (370)*). *Müller-Huschke* stellt in diesem Zusammenhang denn auch zutreffend fest, auf eine tatsächliche und dauerhafte Verbindung von Gesellschaften (neben dem reinen satzungsmäßigen Sitz innerhalb der Gemeinschaft) mit der Wirtschaft eines Mitgliedstaats, so wie sie noch das *Allgemeine Programm zur Aufhebung der Beschränkungen der Niederlassungsfreiheit innerhalb der Gemeinschaft* (*ABl. 1962, S. 36*) vorgesehen habe, komme es nicht an (*Schwarze/Müller-Huschke, EU-Kommentar, Art. 48, Rn. 11*).

Hauptniederlassung innerhalb der Gemeinschaft hätten[212]. Folglich ist für die Begründung einer Zweigniederlassung offensichtlich nicht erforderlich, daß eine Hauptniederlassung besteht[213].

Damit ist eine vorgelagerte Frage der *Segers*-Entscheidung und auch der *Centros*-Entscheidung allein, unter welchen Bedingungen Gesellschaften aus gemeinschaftsrechtlicher Sicht gegenseitig anzuerkennen sind[214]. Dies wird richtigerweise auf Grundlage von Artikel 48 EG (Art. 58 EGV) beantwortet, so daß eine Anerkennung stets dann gegeben ist, wenn eine Gesellschaft nach dem Recht eines Mitgliedstaates wirksam gegründet wurde, da sich bei juristischen Personen zumindest der satzungsmäßige Sitz immer in dem Staat befinden muß, nach dessen Recht sie errichtet wurden[215].

Ein Umgehungsschutz dadurch, daß die Gesellschaft in ihrem Heimatstaat eine effektive wirtschaftliche Betätigung ausüben muß, besteht nicht. Denn grundsätzlich betrifft die Frage, unter welchen Bedingungen ein Mitgliedstaat im Rahmen seines nationalen Gesellschaftsrechts bestimmte Gesellschaftsformen zur Verfügung stellt, den freien Gestaltungsspielraum des jeweiligen nationalen Gesetzgebers. Ermöglicht es ein Mitgliedstaat Gesellschaftsgründern, eine Kapitalgesellschaft zu errichten, deren einziger Zweck es ist, im Ausland wirtschaftlich aktiv zu sein, so verhält sich das Gemeinschaftsrecht hierzu neutral, da es sich um eine autonome Entscheidung des nationalen Gesetzgebers im Rahmen seiner gemeinschaftsrechtlich unangetasteten Rechtsetzungskompetenz handelt. Dann ist es aber auch folgerichtig und im EG-Vertrag so angelegt, diese Entscheidung als

---

[212] *EuGH, Urt. v. 10.7.1986, Rs. 79/85 (Segers), Slg. 1986, S. 2375, Rn. 16.*

[213] A.A. *W. H. Roth*, der kritisiert, daß *in „Centros" krampfhaft daran festgehalten wird, die (Haupt-) Niederlassung in Dänemark – gemäß der Vorlagefrage – als Zweigniederlassung zu behandeln, um die gestellte Frage auf der Grundlage der (unmittelbar anwendbaren) sekundären Niederlassungsfreiheit zu beantworten und diesbezüglich eine Korrektur von „Daily Mail" vermeiden zu können* (*ZGR 2000, S. 311 (324)*).

[214] Vgl. zur Anerkennungsproblematik: *Kapitel 2 A.*

[215] Denn nach dem satzungsmäßigen Sitz richtet sich die Zuständigkeit des jeweiligen Registers, in das die Gesellschaft eingetragen werden muß, um ihre Rechtsfähigkeit zu erlangen (*Kreuzer, Die grenzüberschreitende Mobilität von Gesellschaften im Gemeinsamen Markt, S. 15; Behrens, ZGR 1994, S. 1 (5); ders., EuZ 1999, S. 78*). Selbst wenn eine nationale Rechtsordnung auf kollisionsrechtlicher Ebene der Gründungstheorie folgt, ist daher erforderlich, daß sich der satzungsmäßige Sitz der Gesellschaft im Gründungsstaat befindet (*Vischer, FS Mann, S. 639 (645)*). Folglich ist bei Gesellschaften, die nach den Rechtsvorschriften eines Mitgliedstaats gegründet wurden, immer das erste Kriterium des satzungsmäßigen Sitzes verwirklicht, worauf etwa *Behrens* zutreffend verweist (*EuZ 1999, S. 78*). Die Kriterien der Hauptverwaltung oder der Hauptniederlassung können jedoch kumulativ hinzutreten (a.A.: *Ebenroth/Eyles, DB 1989, S. 413 (415 f.)*). So führt *Behrens* aus, Artikel 48 EG (Art. 58 EGV) zwinge sämtliche Mitgliedstaaten, *alle Gesellschaften als Rechtssubjekte anzuerkennen, die nach den Rechtsvorschriften irgendeines Mitgliedstaats als juristische Personen wirksam entstanden sind*, so daß die Anerkennung einer Gesellschaft im Anwendungsbereich des EG-Vertrags nicht mehr davon abhängig gemacht werden könne, daß im Gründungsstaat neben dem Satzungssitz auch der Verwaltungssitz lokalisiert sei (*Behrens, EuZ 1999, S. 78 (80)*).
Vgl. zur Bedeutungslosigkeit des Fehlens eines völkerrechtlichen Abkommens auf Grundlage von Artikel 293 lit. 3, 1. Alternative EG (Art. 220 lit. 3, 1. Alt. EGV): *EuGH, Urt. v. 11.7.1985, Rs. 137/84 (Mutsch), Slg. 1985, S. 2681, Rn. 11; Kapitel 3 A. II.*

Ausgangspunkt für die Gewährleistung der Niederlassungsfreiheit von Gesellschaften zu nehmen.

Im Ergebnis ist der Gerichtshof den Ausführungen der Eheleute Bryde gefolgt, die geltend gemacht hatten, daß sich das Recht zur Gründung einer Zweigniederlassung allein nach Artikel 48 EG (Art. 58 EGV) richte, nicht indes zusätzlich nach dem Erfordernis der effektiven Ausübung einer Geschäftstätigkeit im Gründungsstaat[216]. Daher sei es unerheblich, ob die Gesellschaft eine Geschäftstätigkeit allein über Filialen, Agenturen oder Zweigniederlassungen in einem oder mehreren Mitgliedstaaten ausübe[217]. Diese Auffassung wurde durch das Vereinigte Königreich mit der Begründung unterstützt, ein anderslautendes Ergebnis sei mit dem in der Niederlassungsfreiheit enthaltenen Prinzip der gegenseitigen Anerkennung von Gesellschaften nicht vereinbar[218]. Insbesondere dürfe ein Gläubigerschutz als legitimes Schutzinteresse nicht mit unverhältnismäßigen Mitteln verfolgt werden, sondern allein mit weniger einschneidenden Maßnahmen als der Verweigerung des Rechts auf sekundäre Niederlassung[219].

Liegt daher nach dem Recht eines Mitgliedstaates eine wirksame Gesellschaftsgründung vor, so können auf diese Gesellschaft die Regelungen der (sekundären) Niederlassungsfreiheit Anwendung finden[220], auch wenn das Unternehmen bisher keine wirtschaftliche Aktivität aufweist[221]. Daher setzt der Gerichtshof in *Segers* und *Centros* grundsätzlich an der richtigen Stelle an[222], wenn auch die Zuordnung

---

[216] Nach einer Literaturauffassung handelt es sich in Fällen wie dem der *Centros*-Entscheidung zugrunde liegenden um solche, bei denen erstmalig eine Hauptniederlassung begründet wird, so daß insofern die primäre Niederlassungsfreiheit Anwendung finde, nicht aber die sekundäre Niederlassungsfreiheit (*Kieninger, ZGR 1999, S. 724 (729 f.);* vgl. zu der insofern parallelen Ausgangslage in *Segers: Eyles, Das Niederlassungsrecht der Kapitalgesellschaften in der Europäischen Gemeinschaft, S. 246 ff.; Roussos, EBLR 2001, S. 7 (15)*). So meint *Kieninger*, der EuGH hätte die *Daily Mail*-Entscheidung nicht aufrecht erhalten, wenn er den der *Centros*-Entscheidung zugrunde liegenden Sachverhalt unter die primäre Niederlassungsfreiheit subsumiert hätte. Denn entgegen den in der *Daily Mail*-Entscheidung aufgestellten Grundsätzen gehe der Gerichtshof in der *Centros*-Entscheidung von einer unmittelbaren Anwendbarkeit der Niederlassungsfreiheit auch bei fehlender Harmonisierung aus (*ZGR 1999, S. 724 (739)*). Allerdings ist zu beachten, daß es in *Daily Mail* um einen Wegzugsfall ging und sich Wegzugsbeschränkungen gemeinschaftsrechtlich – in Ermangelung einer Harmonisierung der relevanten Bereiche – nur über das Beschränkungsverbot kontrollieren lassen, welches im Zeitpunkt der *Daily Mail*-Entscheidung im Bereich der Niederlassungsfreiheit keine Anwendung fand. Dies berücksichtigt *Kieninger* bei ihrer hypothetischen Betrachtung nicht.

[217] Vgl. zu diesem Vortrag der Eheleute Bryde: *Schlußanträge des Generalanwalts La Pergola vom 16. Juli 1998 in der Rs. 212/97 (Centros), Slg. 1999, S. I-1461, Rn. 4.*

[218] *Schlußanträge des Generalanwalts La Pergola vom 16. Juli 1998 in der Rs. 212/97 (Centros), Slg. 1999, S. I-1461, Rn. 5.*

[219] *Schlußanträge des Generalanwalts La Pergola vom 16. Juli 1998 in der Rs. 212/97 (Centros), Slg. 1999, S. I-1461, Rn. 5.*

[220] So im Ergebnis auch: *Ebke, JZ 1999, S. 656 (658).*

[221] Kritisch hierzu: *Kieninger, ZGR 1999, S. 724 (729, 736 f.).*

[222] Bereits im Zusammenhang mit der *Segers*-Entscheidung wurde bemängelt, daß der Gerichtshof auf das Kriterium der *Ansässigkeit* nicht eingegangen sei, welches in Artikel 43 Absatz 1 Satz 2 EG (Art. 52 Abs. 1 S. 2 EGV) für den Bereich der sekundären Niederlassungsfreiheit genannt werde. Denn, so die Überlegung, dem Ansässigkeitskriterium könne nicht allein durch Vorweisen eines satzungsmäßigen Sitzes innerhalb der Gemeinschaft Genüge getan werden, weshalb das Bestehen einer Hauptniederlassung erforderlich sei, bevor sich eine Gesellschaft als juristische Person auf die

der Sachverhaltskonstellation unter die sekundäre Niederlassungsfreiheit in Ermangelung einer tatsächlich bestehenden Hauptniederlassung unter Zugrundelegung des nationalen Rechtsverständnisses zunächst einmal überrascht[223].

Nicht erstaunt indes, daß der EuGH in der *Centros*-Entscheidung die Frage der Vereinbarkeit kollisionsrechtlicher Normen mit der Niederlassungsfreiheit nicht thematisiert hat[224]. Denn sie hätte allenfalls dann eine eigenständige Bedeutung erlangt, wenn zumindest eine der beteiligten Rechtsordnungen die Rechtsfähigkeit von Kapitalgesellschaften nach dem Sitzrecht beurteilt hätte. Dies ist aber weder in Großbritannien noch in Dänemark der Fall[225]. Wird die Rechtsfähigkeit einer Gesellschaft von den am Niederlassungsvorgang beteiligten Rechtsordnungen nicht in Frage gestellt, da aufgrund einer entsprechenden Ausgestaltung der beteiligten nationalen Kollisionsrechte der Lokalisierung des effektiven Verwaltungssitzes keine eigenständige Bedeutung zukommt, so resultiert aus dieser Rechtslage keine Beschränkung der sekundären Niederlassungsfreiheit.

---

sekundäre Niederlassungsfreiheit berufen könne (*Eyles, Das Niederlassungsrecht der Kapitalgesellschaften in der Europäischen Gemeinschaft, S. 347 f.; Hailbronner/Nachbaur, WiVerw 1992, S. 57 (66)).*

[223] So wird zu Recht darauf verwiesen, daß es sich bei der einzutragenden Zweigniederlassung rein tatsächlich um eine Hauptniederlassung handelt (*Koppensteiner, FS Lutter, S. 141 (142)*). Teilweise wird hieraus gefolgert, der EuGH überlasse es der Disposition der jeweils Niederlassungswilligen, ob sie sich durch entsprechende Deklaration auf die primäre oder auf die sekundäre Niederlassungsfreiheit berufen wollen (*v. Halen, Das Gesellschaftsstatut nach der Centros-Entscheidung des EuGH, S. 84 f.*). Dies würde aber der autonomen Auslegung und Anwendung des Gemeinschaftsrechts zuwiderlaufen und ist folglich nicht haltbar.

[224] Dann hätte sich der Gerichtshof zu einem Problemkreis geäußert, der für die Entscheidung im konkreten Fall nicht erheblich war. Selbst wenn ihm die Frage der Vereinbarkeit der Sitztheorie mit dem Gemeinschaftsrecht gestellt worden wäre, so hätte er hierzu voraussichtlich nicht Stellung genommen. Denn hinsichtlich der Vorlage rein hypothetischer Fragestellungen hat der Gerichtshof klargestellt, daß es nicht seiner Funktion im Rahmen eines Vorabentscheidungsverfahrens entspreche, zu solchen Fragen Stellung zu nehmen (*EuGH, Urt. v. 15.12.1995, Rs. 415/93 (Bosman), Slg. 1995, S. I-4921, Rn. 61; EuGH, Urt. v. 26.10.1995, Rs. 143/94 (Furlanis), Slg. 1995, S. I-3633, Rn. 12; EuGH, Urt. v. 16.7.1992, Rs. 83/91 (Meilicke), Slg. 1992, S. I-4871, Rn. 32*). *W. H. Roth* bringt dies auf die griffige Formulierung: *Jede Stellungnahme zur Vereinbarkeit der Sitztheorie mit der Niederlassungsfreiheit erweist sich (...) als ein Schritt über „Centros" hinaus* (*ZGR 2000, S. 311 (313)*).

[225] Für England, vgl.: *Collins, in: Dicey and Morris on the Conflict of Laws, S. 1103; North/Fawcett, in: Cheshire and North's, Private International Law, S. 171 ff.; Mayss, Principles of Conflict of Laws, S. 14 ff.; Morris/McClean, The Conflict of Laws, S. 43 ff.; O'Brian, Conflict of Laws, S. 84 ff.; Stone, The Conflict of Laws, S. 106 ff.; Charlesworth & Morse, Company Law, S. 70.*

Für Dänemark, vgl.: *Alsted/Hansen, in: Hohloch (Hrsg.), EU Handbuch Gesellschaftsrecht, Dänemark, Rn. 8; Andersen/Sørensen, 6 MJ 1 (1999), S. 47 (55); Carruthers/Villiers, EBLR 2000, S. 91 (92); Münch-Komm-Kindler, Internationales Gesellschaftsrecht, Rn. 382, Fn. 803; ders., NJW 1999, S. 1993 (1994), Fn. 24; Werlauff, ZIP 1999, S. 867 (874).*

Auch in der *Segers*-Entscheidung war die Kollisionsrechtsproblematik nicht von entscheidungserheblicher Bedeutung, da sowohl nach dem Recht Großbritanniens als auch der Niederlande als den im Ausgangsverfahren beteiligten Rechtsordnungen die Gründungstheorie Anwendung findet (vgl. zur kollisionsrechtlichen Lage in den Niederlanden: *Mehring, in: Hohloch (Hrsg.), EU Handbuch Gesellschaftsrecht, Niederlande, Rn. 6; Rammeloo, in: Wouters/Schneider (Hrsg.), Current Issues of Cross-Border Establishment of Companies in the European Union, S. 47 ff.; Timmerman, ZGR 1999, S. 147 (148)*).

Davon zu trennen ist die Frage, wie weit die Grundfreiheiten reichen und somit letztendlich auch in den Bereich der nationalen Rechtsordnungen hineinwirken können[226]. Dabei läßt sich der Gerichtshof in seinen Entscheidungen regelmäßig vom *effet-utile*-Gedanken leiten, um eine möglichst einheitliche Tragweite der Grundfreiheiten in den Rechtsordnungen der einzelnen Mitgliedstaaten zu erzielen[227]. Als Kehrseite hiervon greift das Gemeinschaftsrecht in seinem Anwendungsbereich potentiell stärker in diejenigen Rechtsordnungen ein, die eine höhere Regelungsdichte aufweisen und daher die entsprechenden gemeinschaftsrechtlichen Gewährleistungen tendenziell stärker beeinträchtigen.

Die *Centros*-Entscheidung hebt sich insofern von der *Segers*-Entscheidung ab, als im Rahmen der Prüfung etwaiger Rechtfertigungsgründe auf überwiegende Allgemeinwohlinteressen abgestellt wird[228]. Zwar ging es in *Centros* um die Frage des Zugangs zum Markt eines anderen Mitgliedstaats, so daß die Niederlassungsfreiheit in diesem Fall im Sinne eines Beschränkungsverbots auszulegen ist[229]. Allerdings handelte es sich vorliegend um eine indirekte Diskriminierung der nach englischem Recht gegründeten Gesellschaft, da die Eintragungspraxis nur ausländische juristische Personen traf, die in Dänemark eine Zweigniederlassung errichten wollten und deren Kapitalausstattung nicht mit derjenigen einer entsprechenden dänischen Kapitalgesellschaft vergleichbar war[230].

In *Centros* macht der EuGH bei der Prüfung der für den bezweckten Umgehungsschutz angeführten Rechtfertigungsgründe deutlich, daß sie einer vollen Kontrolle am Maßstab des Gemeinschaftsrechts unterliegen, wonach nationale Maßnahmen, *die die Ausübung der durch den EG-Vertrag garantierten Grundfreiheiten behindern oder weniger attraktiv machen können, zulässig [sind], wenn vier Voraussetzungen erfüllt sind: Sie müssen in nichtdiskriminierender Weise angewendet werden, sie müssen zwingenden Gründen des Allgemeininteresses entsprechen, sie müssen zur Erreichung des verfolgten Zieles geeignet sein, und sie dürfen nicht über das hinausgehen, was zur Erreichung dieses Zieles erforderlich ist*[231]. Allerdings verweist der Gerichtshof darauf, dem Gläubigerschutz werde durch die bestehende Rechtsvereinheitlichung und den Umstand hinreichend Rechnung

---

[226] Auch im Bereich der Dienstleistungsfreiheit differenziert der Gerichtshof zunächst danach, ob der Anwendungsbereich der Grundfreiheit eröffnet ist, um sodann in einem zweiten Schritt die Frage zu erörtern, ob Maßnahmen, die eine Umgehung nationaler Bestimmungen der Mitgliedstaaten verhindern sollen, gemeinschaftsrechtlich zulässig sind (*EuGH, Urt. v. 5.10.1994, Rs. 23/93 (TV 10), Slg. 1994, S. I-4795, Rn. 15; EuGH, Urt. v. 10.5.1995, Rs. 384/93 (Alpine Investments), Slg. 1995, S. I-1141, Rn. 25 ff.*).

[227] *Dauses/Bleckmann, Handbuch des EU-Wirtschaftsrechts, B I, Rn. 19; Lenz/Borchardt, EG-Vertrag, Art. 220, Rn. 18.*

[228] *EuGH, Urt. v. 9.3.1999, Rs. 212/97 (Centros), Slg. 1999, S. I-1459, Rn. 34.*

[229] *Vgl. Kapitel 4 B. IV.*

[230] Dänische Gesellschaften konnten naturgemäß nicht von dieser Verwaltungspraxis betroffen sein, da sie den Gründungserfordernissen des dänischen Gesellschaftsrechts entsprachen und somit über die geforderte Mindestkapitalausstattung verfügten.

[231] *EuGH, Urt. v. 9.3.1999, Rs. 212/97 (Centros), Slg. 1999, S. I-1459, Rn. 34;* unter Verweis auf: *EuGH, Urt. v. 31.3.1993, Rs. 19/92 (Kraus), Slg. 1993, S. I-1663, Rn. 32; EuGH, Urt. v. 30.11.1995, Rs. 55/94 (Gebhard), Slg. 1995, S. I-4165, Rn. 37;* vgl. auch: *EuGH, Urt. v. 4.7.2000, Rs. 424/97 (Haim), Slg. 2000, S. I-5123, Rn. 57.*

getragen, daß die Gesellschaft englischen Rechts in Dänemark als solche auftrete und daher für Dritte deutlich werde, daß sie nicht dem dänischen Gesellschafts- und Haftungsrecht unterliege.

Die Quintessenz der *Centros*-Entscheidung lautet folglich: Ist nach dem Recht eines Mitgliedstaats die Errichtung einer Gesellschaft auch dann möglich, wenn sie ihre wirtschaftliche Betätigung allein über eine Zweigniederlassung im EG-Ausland ausüben soll, so kann der Mitgliedstaat, der von der wirtschaftlichen Betätigung der Gesellschaft tatsächlich am meisten betroffen ist, durch Maßnahmen[232] des nationalen Rechts mit Blick auf die gemeinschaftsrechtliche Gewährleistung der (sekundären) Niederlassungsfreiheit eine solche wirtschaftliche Betätigung nur dann beschränken, wenn überwiegende Allgemeinwohlinteressen dies rechtfertigen. Der Gerichtshof geht noch einen Schritt weiter, indem er klarstellt, daß die Ausübung des Kernbereichs einer Grundfreiheit für sich genommen stets unter den Schutz des Gemeinschaftsrechts fällt und nicht durch nationale Maßnahmen unter Berufung auf einen Rechtsmißbrauch und damit gemeinschaftsrechtlich unter Berufung auf überwiegende Allgemeinwohlinteressen in Frage gestellt werden kann. Folglich sind die Gestaltungsmöglichkeiten, welche die nationalen Gesellschaftsrechte der Mitgliedstaaten zur Verfügung stellen, grundsätzlich gegenseitig anzuerkennen.

Als rechtsdogmatisch problematisch mag erscheinen, daß der Gerichtshof sowohl in *Centros* als auch in *Segers* die Unterschiede zwischen primärer und sekundärer Niederlassungsfreiheit verwischt. Denn er läßt es genügen, daß eine Gesellschaft nach den Rechtsvorschriften eines anderen Mitgliedstaats, in dem sie auch ihren Sitz hat, gegründet wurde, selbst wenn sie dort keine wirtschaftliche Betätigung entfaltet, um sie in den Genuß der sekundären Niederlassungsfreiheit gelangen zu lassen[233]. Anerkanntermaßen ist es aber gerade das Charakteristikum der primären Niederlassungsfreiheit bei natürlichen Personen, daß keine gewerbliche Niederlassung oder nur eine solche von untergeordneter Bedeutung im Herkunftsland verbleibt, während der Mittelpunkt der Betriebs- oder Geschäftstätigkeit in das Gastland verlagert wird[234]. Damit erfaßt die primäre Niederlassungsfreiheit den

[232] Neben dem Begriff der nationalen Maßnahme verwendet der Gerichtshof teilweise gleichbedeutend denjenigen der nationalen Regelung bzw. Bestimmung, obwohl vom Begriff der Maßnahme nicht nur Rechts- und Verwaltungsvorschriften, sondern auch Einzelfallentscheidungen erfaßt werden. Dies erklärt sich daraus, daß der Terminus der Regelung bzw. Bestimmung als der in der Praxis wichtigste Fall beschränkender nationaler Maßnahmen anzusehen ist (*Jarass, EuR 2000, S. 705 (712 f.)*).

[233] Der fehlenden wirtschaftlichen Betätigung im Herkunftsstaat mißt der Gerichtshof allein im Zusammenhang mit der Frage eines Mißbrauchs von Vorschriften des Gemeinschaftsrechts Bedeutung bei. Ansonsten nimmt der EuGH keine Differenzierung zwischen der Hauptniederlassung und sonstigen Niederlassungen anhand objektiver Kriterien vor (*EuGH, Urt. v. 10.7.1986, Rs. 79/85 (Segers), Slg. 1986, S. 2375, Rn. 16; EuGH, Urt. v. 9.3.1999, Rs. 212/97 (Centros), Slg. 1999, S. I-1459, Rn. 11, 17*). Damit fehlt es dem Gerichtshof an einem Abgrenzungskriterium, um zu bestimmen, ob eine Gesellschaft von der primären oder der sekundären Niederlassungsfreiheit Gebrauch macht.

[234] *Schwarze/Schlag, EU-Kommentar, Art. 43, Rn. 19; Ebenroth/Eyles, DB 1989, S. 363 (364).*
So wird im Zusammenhang mit der *Centros*-Entscheidung vorgetragen, eine Zweigniederlassung setze begrifflich den Bestand einer Hauptniederlassung voraus (*Freitag, EuZW 1999, S. 267 (268); Kieninger, ZGR 1999, S. 724 (725 f., 729); Sonnenberger/Großerichter, RIW 1999, S. 721 (731); Leible, NZG 2001, S. 460 (461);* a.A.: *Ebke, JZ 1999, S. 656 (658)*). Auch die tatsächlich erstmalige Begrün-

grenzüberschreitenden Wechsel der Ansässigkeit von selbständig erwerbstätigen natürlichen Personen[235]. Hierzu gehören auch die Fälle, in denen vor dem grenzüberschreitenden Wechsel der Ansässigkeit im Herkunftsstaat keine selbständige erwerbswirtschaftliche Betätigung ausgeübt wurde, sondern diese erstmals in einem anderen Mitgliedstaat aufgenommen werden soll[236].

Indes verbleibt im Rahmen der sekundären Niederlassungsfreiheit der Betriebsschwerpunkt im Herkunftsland, wobei nur ein Betriebsteil ins EG-Ausland verlagert oder dort neu errichtet wird. Insoweit stellt der EG-Vertrag im Wortlaut von Artikel 43 Absatz 1 Satz 2 EG (Art. 52 Abs. 1 S. 2 EGV) klar, daß das Verbot von Beschränkungen der sekundären Niederlassungsfreiheit nur für Angehörige eines Mitgliedstaats greift, die im Hoheitsgebiet eines Mitgliedstaats ansässig sind[237].

Offensichtlich gilt diese Differenzierung nicht in gleicher Weise bei Gesellschaften im Sinne des Artikels 48 Absatz 2 EG (Art. 58 Abs. 2 EGV)[238], obwohl nach dem eindeutigen Wortlaut von Artikel 48 Absatz 1 EG (Art. 58 Abs. 1 EGV) Gesellschaften unter den dort genannten Voraussetzungen natürlichen Personen, die Angehörige der Mitgliedstaaten sind, gleichgestellt werden sollen. Denn wie aus *Centros* und *Segers* zu entnehmen ist, reicht bei Gesellschaften für das im Bereich der sekundären Niederlassungsfreiheit bestehende Erfordernis der Ansässigkeit nach Artikel 43 Absatz 1 Satz 2 EG (Art. 52 Abs. 1 S. 2 EGV) aus, daß sie wirksam nach dem Recht eines Mitgliedstaats errichtet wurden[239].

Zu beachten ist hierbei, daß das Ansässigkeitserfordernis dazu dient, die sekundäre Niederlassungsfreiheit allein Gesellschaften zu gewähren, die über eine wirtschaftliche Verbindung zur Gemeinschaft verfügen, um zu vermeiden, daß Gesellschaften mit alleiniger wirtschaftlicher Betätigung in Drittstaaten in ihren Genuß kommen. Folglich kann das Ansässigkeitskriterium nicht dazu verwendet werden, Gesellschaften auszugrenzen, die überhaupt noch keine wirtschaftliche Betätigung

---

dung einer Hauptniederlassung in einem anderen Staat als demjenigen, in dem sich der statutarische Gesellschaftssitz befinde, müsse rechtlich der primären Niederlassungsfreiheit unterfallen (*Kieninger, ZGR 1999, S. 724 (728 ff.)*). Vgl. zum Begriff der Hauptniederlassung: *Schwarze/Müller-Huschke, EU-Kommentar, Art. 48, Rn. 10.*

235 *Dauses/Roth, Handbuch des EU-Wirtschaftsrechts, E I, Rn. 35; Schwarze/Schlag, EU-Kommentar, Art. 43, Rn. 19.*

236 *Schwarze/Schlag, EU-Kommentar, Art. 43, Rn. 19.*

237 So wies das Landesgericht Salzburg in seinem Vorabentscheidungsersuchen an den EuGH darauf hin, bei Umgehungsgründungen liege regelmäßig keine Hauptniederlassung vor, so daß auch keine Zweigniederlassung errichtet werden könne (*Landesgericht Salzburg, ZIP 2001, S. 460 (461);* vgl. hierzu bereits: *Kapitel 1 B.*). Zudem sei das Ansässigkeitserfordernis gemäß Artikel 43 Absatz 1 Satz 2 EG (Art. 52 Abs. 1 S. 2 EGV) so zu verstehen, daß hiermit der Ort gemeint sei, an dem der Niederlassungswillige seine gewerbliche Tätigkeit ausübe (*Landesgericht Salzburg, ZIP 2001, S. 460 (461)*).

238 *EuGH, Urt. v. 10.7.1986, Rs. 79/85 (Segers), Slg. 1986, S. 2375, Rn. 16; EuGH, Urt. v. 9.3.1999, Rs. 212/97 (Centros), Slg. 1999, S. I-1459, Rn. 17;* vgl. auch: *Schwarze/Müller-Huschke, EU-Kommentar, Art. 48, Rn. 11; Schön, FS Lutter, S. 685 (688);* a.A.: *Groeben/Thiesing/Ehlermann/Troberg, Kommentar zum EU-/EG-Vertrag, Art. 58, Rn. 8; Lenz/Scheuer, EG-Vertrag, Art. 48, Rn. 4; Dauses/Roth, Handbuch des EU-Wirtschaftsrechts, E I, Rn. 60.*

239 So bereits: *Behrens, ZGR 1994, S. 1 (17).*

aufgenommen haben, dies aber innerhalb des Binnenmarktes beabsichtigen[240]. Dem Ansässigkeitserfordernis ist daher bereits in den Fällen Genüge getan, um in den Genuß der sekundären Niederlassungsfreiheit zu gelangen, in denen sich zumindest der satzungsmäßige Gesellschaftssitz in einem Mitgliedstaat der Gemeinschaft befindet, sofern die Gesellschaft überhaupt noch keine wirtschaftliche Betätigung aufgenommen hat[241]. Damit wird das Ansässigkeitskriterium bei der Ausübung der sekundären Niederlassungsfreiheit erst relevant, wenn eine Gesellschaft im Sinne des Artikels 48 EG (Art. 58 EGV) bereits eine wirtschaftliche Betätigung ausübt, da in diesen Fällen die Gefahr besteht, daß sich ihr unternehmerischer Schwerpunkt in einem Drittstaat außerhalb der Europäischen Gemeinschaft befindet[242].

Wo, so läßt sich fragen, ist der Unterschied zwischen dem Fall, in dem eine Gesellschaft in einem Mitgliedstaat gegründet wird und ihre alleinige wirtschaftliche Betätigung nach Eintragung einer Zweigniederlassung in einem anderen Mitgliedstaat ausübt und dem Fall, daß die Gesellschaft nach ihrer Gründung den effektiven Verwaltungssitz ins Ausland verlegt, um dort – ohne Errichtung einer Zweigniederlassung – eine wirtschaftliche Betätigung auszuüben[243]? Müßte nicht in beiden Fällen eigentlich die primäre Niederlassungsfreiheit einschlägig sein?

---

[240] *Schlußanträge des Generalanwalts La Pergola vom 16. Juli 1998 in der Rs. 212/97 (Centros), Slg. 1999, S. I-1461, Rn. 12, 18;* a.A.: *Lackhoff, Die Niederlassungsfreiheit des EGV – nur ein Gleichheits- oder auch ein Freiheitsrecht?, S. 196 f.*

[241] Möglicherweise wird hier versucht, dem Umstand Rechnung zu tragen, daß in Artikel 48 EG (Art. 58 EGV) neben dem satzungsmäßigen Sitz auch die Hauptverwaltung und die Hauptniederlassung als alternative Kriterien genannt werden. Dabei wird unter dem Kriterium der Hauptniederlassung allgemein der Ort verstanden, an dem sich die wesentlichen Personal- und Sachmittel eines Unternehmens befinden (*Schwarze/Müller-Huschke, EU-Kommentar, Art. 48, Rn. 10*). Würde man bei Gesellschaften zur Abgrenzung zwischen primärer und sekundärer Niederlassungsfreiheit wie bei natürlichen Personen auf den Betriebsschwerpunkt abstellen, so fände ein Kriterium Anwendung, welches bereits für die Bestimmung der Gleichstellung von Gesellschaften mit natürlichen Personen, die Angehörige der Mitgliedstaaten sind, Bedeutung hat.

[242] *Schlußanträge des Generalanwalts La Pergola vom 16. Juli 1998 in der Rs. 212/97 (Centros), Slg. 1999, S. I-1461, Rn. 12;* vgl. auch: *Grothe, Die «ausländische Kapitalgesellschaft & Co.», S. 177.* So reduziert der EuGH nach *v. Halen* das Ansässigkeitserfordernis *teleologisch auf diejenigen Fälle (...), in denen sich eine EU-ausländische Gesellschaft innerhalb der Gemeinschaft niederlassen will* (*v. Halen, Das Gesellschaftsstatut nach der Centros-Entscheidung des EuGH, S. 72*).

[243] Verschiedentlich wurde bereits darauf hingewiesen, daß es keinen Unterschied machen könne, ob eine ausländische Zweigniederlassung unter Beibehaltung des statutarischen Gesellschaftssitzes gegründet wird, wobei die alleinige Geschäftstätigkeit über die Zweigniederlassung ausgeübt werden soll, oder ob der effektive Verwaltungssitz einer Gesellschaft im Rahmen einer Sitzverlegung ins Ausland verlegt wird (*Bungert, DB 1999, S. 1841 (1843); Leible, NZG 1999, S. 300 (301)*). Die der *Centros*-Entscheidung zugrunde liegende Fallkonstellation wird daher teilweise als Variante einer Ausübung der primären Niederlassungsfreiheit gesehen (*Looijestijn-Clearie, International and Comparative Law Quarterly, Volume 49, July 2000, S. 621 (625 f.)*). Insofern vermag das von *Zimmer* vorgebrachte Argument, die Ausübung der sekundären Niederlassungsfreiheit betreffe die Mitgliedstaaten potentiell weniger stark als das Gebrauchmachen von der primären Niederlassungsfreiheit, weshalb der EuGH die Reichweite der primären Niederlassungsfreiheit in seiner *Daily Mail*-Entscheidung restriktiver ausgelegt habe, als die sekundäre Niederlassungsfreiheit in der *Centros*-Entscheidung (*Zimmer, ZHR 164 (2000), S. 23 (33)*), nicht zu überzeugen. Wenn die sekundäre Niederlassungsfreiheit nach der Rechtsprechung des Gerichtshofs selbst im Fall einer Umgehung nationalen Rechts greifen soll, indem eine Auslandsgründung zu dem einzigen Zweck erfolgt, danach eine wirtschaftliche Betätigung mittels einer Zweigniederlassung in einem anderen Mitgliedstaat der

Die Erklärung für eine unterschiedliche Abgrenzung von primärer und sekundärer Niederlassungsfreiheit bei natürlichen Personen einerseits sowie Gesellschaften im Sinne des Artikels 48 EG (Art. 58 EGV) andererseits kann darin gesehen werden, daß der Gerichtshof versucht, den spezifischen Besonderheiten von Gesellschaften Rechnung zu tragen. So sind nach Artikel 43 Absatz 1 Satz 1 EG (Art. 52 Abs. 1 S. 1 EGV) die Beschränkungen der freien Niederlassung von Staatsangehörigen eines Mitgliedstaats im Hoheitsgebiet eines anderen Mitgliedstaats verboten, wobei die nach den Rechtsvorschriften eines Mitgliedstaats gegründeten Gesellschaften, die ihren satzungsmäßigen Sitz, ihre Hauptverwaltung oder ihre Hauptniederlassung innerhalb der Gemeinschaft haben, nach Artikel 48 Absatz 1 EG (Art. 58 Abs. 1 EGV) den natürlichen Personen, die Staatsangehörige der Mitgliedstaaten sind, für die Anwendung des Kapitels über die Niederlassungsfreiheit gleichgestellt werden. Die gemeinschaftsrechtliche Fiktion der Gleichstellung kann aber nur so weit reichen, wie dies aufgrund der bestehenden Unterschiede zwischen Gesellschaften und natürlichen Personen möglich ist.

So entstehen Kapitalgesellschaften – wie in *Centros* eine nach englischem Recht gegründete private limited company – als eigenständige juristische Personen, wenn die spezifischen Gründungsvoraussetzungen des nationalen Rechts erfüllt sind, das für die Errichtung der Gesellschaft maßgeblich ist. Eine *Ansässigkeit* innerhalb der Gemeinschaft kann bei juristischen Personen bereits dann vorliegen, wenn sich zumindest ihr statutarischer Sitz innerhalb der Gemeinschaft befindet, der nach allen gemeinschaftlichen Rechtsordnungen für die Bestimmung des Registrierungsorts und damit des Gründungsrechts ausschlaggebend ist[244]. Läßt sich damit der rechtliche *Lebensmittelpunkt* der Gesellschaft bestimmen, so soll dies offensichtlich dem Kriterium der Ansässigkeit genügen, sofern kein Drittstaatenbezug besteht. Allerdings handelt es sich bei dem Ansässigkeitskriterium in Artikel 43 Absatz 1 Satz 2 EG (Art. 52 Abs. 1 S. 2 EGV) um keine rechtliche Kategorie. Vielmehr ist damit die wirtschaftliche Verbundenheit mit einem Mitgliedstaat gemeint, welche nicht durch die rechtliche Verbundenheit indiziert wird.

Der vorgenannte Ansatz des Gerichtshofs deutet darauf hin, daß er der Abgrenzung zwischen primärer und sekundärer Niederlassungsfreiheit bei Gesellschaften keine vorrangige Bedeutung einräumt. Dies kann konsequenterweise nur dann geschehen, wenn sowohl die primäre als auch die sekundäre Niederlassungsfreiheit als Teilaspekte einer einheitlichen Gewährleistung gleich ausgelegt werden[245], es mithin nicht darauf ankommt, ob sich eine Gesellschaft formell darauf beruft, eine Zweig-

---

Gemeinschaft zu entfalten, der von Anfang an als Zielstaat anvisiert war, so kann hierdurch eine herkömmliche Sitzverlegung und damit die Beanspruchung der primären Niederlassungsfreiheit ersetzt werden.

[244] *Kreuzer, Die grenzüberschreitende Mobilität von Gesellschaften im Gemeinsamen Markt, S. 15.*

[245] Die Differenzierung in Artikel 43 Absatz 1 EG (Art. 52 Abs. 1 EGV) zwischen primärer und sekundärer Niederlassungsfreiheit bietet damit keine Grundlage für die Annahme, es handele sich um Gewährleistungen verschiedener Reichweite. Vielmehr handelt es sich hierbei um verschiedene Aspekte einer einheitlichen Gewährleistung, so daß eine klare Abgrenzung zwischen primärer und sekundärer Niederlassungsfreiheit keinerlei rechtliche Bedeutung zukommt (*Schön, FS Lutter, S. 685 (696 f.)*).

niederlassung zu errichten, auch wenn es sich faktisch um die Errichtung einer ersten (Haupt-) Niederlassung handelt. Denn ansonsten läge es in der Hand der hinter den jeweiligen Gesellschaften stehenden Anteilseigner, durch Berufung auf die sekundäre Niederlassungsfreiheit mittels Scheinauslandsgründungen gemeinschaftsrechtlich von einer weitergehenden Gewährleistung der Niederlassungsfreiheit zu profitieren als dies unter Berufung auf die primäre Niederlassungsfreiheit möglich wäre.

Dies würde aber zu einem unvertretbaren Ergebnis führen, da bei gleichgelagerten Sachverhalten unterschiedliche Entscheidungen möglich wären, abhängig davon, ob im Rahmen eines Verfahrens die primäre oder die sekundäre Niederlassungsfreiheit als Überprüfungsmaßstab zugrunde gelegt würde. Ein entsprechendes Resultat wäre bereits mit dem allgemeinen Gleichheitssatz als einem Grundprinzip des EG-Rechts unvereinbar, das der EuGH in seiner Rechtsprechung entwickelt hat und das als Differenzierungsverbot bei vergleichbaren Sachverhalten verstanden wird, sofern nicht eine Differenzierung im Einzelfall aufgrund objektiver Kriterien gerechtfertigt ist[246]. Eine Berufung auf die sekundäre Niederlassungsfreiheit darf daher bei ansonsten praktisch identischen Sachverhalten nicht zu einer umfassenderen Gewährung der Niederlassungsfreiheit führen als eine Berufung auf die primäre Niederlassungsfreiheit.

An dieser Stelle ist zu fragen, ob die *Centros*-Entscheidung eine Abkehr von der bisherigen Rechtsprechung zur Niederlassungsfreiheit von Gesellschaften innerhalb der Gemeinschaft darstellt, dies insbesondere mit Blick auf die *Daily Mail*-Entscheidung, die zur primären Niederlassungsfreiheit von Kapitalgesellschaften innerhalb der Gemeinschaft ergangen ist.

E. Die *Daily Mail*-Entscheidung – Beschränkung der primären Niederlassungsfreiheit von Gesellschaften?

Das Urteil des Gerichtshofs in der Rechtssache *Daily Mail* erging am 27. September 1988 und damit über zehn Jahre vor der *Centros*-Entscheidung. Für das richtige Verständnis der *Daily Mail*-Entscheidung ist zum einen der zeitliche Kontext von Bedeutung, der maßgeblich für den damaligen Entwicklungsstand der Rechtsprechungsdogmatik ist, zum anderen die besondere Sachverhaltskonstellation, die dem Ausgangsverfahren zugrunde lag.

---

[246] Vgl. hierzu: *Kischel, EuGRZ 1997, S. 1 ff.; Oppermann, Europarecht, Rn. 490 ff.*; vgl. zur Anwendbarkeit der gemeinschaftlichen Grundrechte auf juristische Personen: *Lenz/Borchardt, EG-Vertrag, Art. 220, Rn. 34.*

I. *Daily Mail*, der Sachverhalt und die Entscheidung des EuGH

Die Daily Mail and General Trust Plc., eine Holding- und Investitionsgesellschaft[247], beabsichtigte, ihre Geschäftsleitung und damit das nach damaligem britischen Steuerrecht relevante Anknüpfungskriterium für die steuerliche Ansässigkeit in- wie ausländischer Gesellschaften aus dem Vereinigten Königreich in die Niederlande zu verlegen[248]. Durch die Verlegung der Geschäftsleitung sollte das zwischen Großbritannien und den Niederlanden bestehende Körperschaftssteuergefälle ausgenutzt werden, um Teile der Papiere des Betriebsvermögens zu verkaufen und aus dem Erlös eigene Aktien zurückkaufen zu können, ohne hierfür Steuern entrichten zu müssen. Allerdings war gemäß section 482 (1) (a) des britischen Einkommens- und Körperschaftssteuergesetzes 1970 für die Aufgabe des steuerlichen Sitzes im Vereinigten Königreich die Zustimmung des britischen Finanzministeriums erforderlich[249]. Die 1984 beim Finanzministerium beantragte Zustimmung zur Verlegung des Sitzes der Geschäftsleitung in die Niederlande wurde nicht erteilt. Daraufhin erhob die Gesellschaft unter Berufung auf die gemeinschaftsrechtliche Niederlassungsfreiheit Klage vor dem High Court of Justice, Queen' s Bench Division[250]. Das Gericht rief den EuGH um Vorabentscheidung an. Der EuGH stellte im ersten Tenor seiner Entscheidung fest: *Die Artikel 52 und 58 EWG-Vertrag gewähren beim derzeitigen Stand des Gemeinschaftsrechts einer Gesellschaft, die nach dem Recht eines Mitgliedstaats gegründet ist und in diesem ihren satzungsmäßigen Sitz hat, nicht das Recht, den Sitz ihrer Geschäftsleitung in einen anderen Mitgliedstaat zu verlegen.*

---

[247] *EuGH, Urt. v. 27.9.1988, Rs. 81/87 (Daily Mail), Slg. 1988, S. 5483, Rn. 6.*
Bei der Daily Mail and General Trust Plc. handelte es sich um eine public limited company, die in etwa der deutschen Aktiengesellschaft entspricht (*vgl. Artikel 1 der Kapitalrichtlinie 77/91/EWG*). Daneben besteht als *limited company* die *private limited company*, die am ehesten mit der deutschen GmbH gleichzusetzen ist (*vgl. Artikel 1 der Einpersonen-GmbH-Richtlinie 89/667/EWG*), im Gegensatz zu dieser aber insbesondere über kein Mindestkapitalerfordernis verfügt. Allerdings sind private und public limited companies zwei *Spielarten* einer Kapitalgesellschaftsform, für die im Companies Act 1985 im wesentlichen ein einheitliches Regelungswerk besteht (*section 1 (3) CA 1985*).

[248] Denn nach dem im fraglichen Zeitraum geltenden britischen Steuerrecht unterlagen nur Gesellschaften, die ihren steuerlichen Sitz – welcher als Ort des Sitzes der Geschäftsleitung definiert wurde – im Vereinigten Königreich hatten, der britischen Körperschaftssteuer.

[249] *EuGH, Urt. v. 27.9.1988, Rs. 81/87 (Daily Mail), Slg. 1988, S. 5483, Rn. 4 f.*
Dabei definiert section 482 (7) Income and Corporation Taxes Act 1970 die Anknüpfung *Sitz im Vereinigten Königreich* wie folgt: *Eine Gesellschaft hat ihren Sitz im Vereinigten Königreich, wenn ihre Geschäftsleitung dort ausgeübt wird* (*Sitzungsbericht in der Rs. 81/87, Slg. 1988, S. 5484*).
Der Income and Corporation Taxes Act 1970 wurde durch den Income and Corporation Taxes Act 1988 abgelöst. Die Neuregelung findet sich in section 767 (1) Income and Corporation Taxes Act 1988. Nunmehr wird die steuerliche Ansässigkeit im Inland für in- und ausländische Gesellschaften nicht mehr nach einheitlichen Grundsätzen bestimmt, sondern differenziert geregelt, um die Möglichkeiten einer Steuerflucht aus Großbritannien einzudämmen (*Gillessen, Europäische transnationale Sitzverlegung und Fusion im Vereinigten Königreich und in Irland, S. 73 f.*).

[250] *EuGH, Urt. v. 27.9.1988, Rs. 81/87 (Daily Mail), Slg. 1988, S. 5483, Rn. 6-8.*

II. Vorherrschende Interpretation in der deutschsprachigen Literatur und Rechtsprechung

Nach der ganz überwiegend vertretenen Auffassung in Literatur und Rechtsprechung hat sich der EuGH in der *Daily Mail*-Entscheidung eindeutig für eine Konformität der Sitztheorie als Kollisionsnorm des Internationalen Gesellschaftsrechts mit der gemeinschaftsrechtlichen Niederlassungsfreiheit ausgesprochen. Lediglich die Begründungen dieses vermeintlich eindeutigen Ergebnisses variieren.

So vertritt *Behrens* die These, der EuGH habe in *Daily Mail* im Ergebnis *genau genommen eine andere Frage beantwortet als die, welche ihm gestellt* worden sei. Er habe sich in der Frage der Reichweite der den Gesellschaften im Gemeinschaftsrecht eingeräumten Niederlassungsfreiheit ohne zwingenden Anlaß festgelegt, weil es im Kern um die Vereinbarkeit eines steuerrechtlichen Zustimmungserfordernisses mit dem Gemeinschaftsrecht gegangen sei[251]. Dabei sei der Gerichtshof zu dem Ergebnis gekommen, das Gemeinschaftsrecht gewähre den in Artikel 48 EG (Art. 58 EGV) angesprochenen Gesellschaften nicht dasselbe Recht zur Primärniederlassung in einem anderen Mitgliedstaat, wie es natürlichen Personen in Artikel 43 EG (Art. 52 EGV) zuerkannt sei[252]. Vielmehr verweise er zur Lösung des Problems der grenzüberschreitenden Sitzverlegung von Gesellschaften aufgrund der zwischen den mitgliedstaatlichen Rechtsordnungen bestehenden Divergenzen auf das Instrumentarium der Rechtsangleichung über Artikel 44 Absatz 2 lit. g EG (Art. 54 Abs. 3 lit. g EGV) beziehungsweise den Abschluß eines Abkommens gemäß Artikel 293 EG (Art. 220 EGV), womit der Gerichtshof davon ausgehe, daß *im hier relevanten Bereich die Herstellung der Niederlassungsfreiheit von der vorherigen Angleichung des Internationalen Gesellschaftsrechts abhängig* sei[253].

Allerdings, so *Behrens*, setze sich der EuGH mit dieser Entscheidung in Widerspruch zu zuvor formulierten gemeinschaftsrechtlichen Grundsätzen wie der unmittelbaren Anwendbarkeit der Niederlassungsfreiheit. Denn der Gerichtshof gehe grundsätzlich davon aus, *daß sich die unmittelbare Anwendbarkeit des Art. 52 EWG-Vertrag auch auf die in Art. 58 EWG-Vertrag genannten Gesellschaften*

---

[251] *IPRax 1989, S. 354 (357).*
Hierauf verweisen auch andere Autoren, so etwa: *Drobnig, in: v. Bar (Hrsg.), Europäisches Gemeinschaftsrecht und Internationales Privatrecht, S. 185 (204); Ebenroth/Eyles, DB 1989, S. 413 (414); W. H. Roth, RabelsZ 55 (1991), S. 623 (647).*

[252] *Behrens, IPRax 1989, S. 354 (357);* vgl. auch: *Kruse, Sitzverlegung von Kapitalgesellschaften innerhalb der EG, S. 201; Dietrich, Sitzverlegung im Binnenmarkt und ihre Besteuerung, S. 130 ff.; Gormley, Introduction to the Law of the European Communities, S. 734; Hailbronner/Nachbaur, WiVerw 1992, S. 57 (91 f.).*

[253] *Behrens, IPRax 1989, S. 354 (357); ders., EuZW 1998, S. 353.*
Auch *Steindorff* geht davon aus, der EuGH habe in *Daily Mail* entschieden, daß die primäre Niederlassungsfreiheit für Gesellschaften nicht unmittelbar anwendbar sei (*JZ 1999, S. 1140 (1141); ders., EG-Vertrag und Privatrecht, S. 235 f.*). Dieser Argumentation bediente sich die Rechtsprechung in Deutschland bis zum Vorabentscheidungsersuchen des BGH, um die Gemeinschaftsrechtskonformität der Sitztheorie zu begründen und eine etwaige Vorlageverpflichtung nach Artikel 234 EG (Art. 177 EGV) zu verneinen (vgl. etwa: *BayObLG, DB 1992, S. 1400 f.; OLG Hamm, DB 1997, S. 1865; BayObLG, DB 1998, S. 2318*).

erstrecke und nicht von einer vorangehenden Rechtsangleichung abhängig sei[254]. Wenn daher die Niederlassungsfreiheit auch für Gesellschaften unmittelbare Geltung besitze, dann wäre ein Hinweis auf die Rechtsgrundlagen zur Angleichung der nationalen Gesellschaftsrechte und zum Abschluß eines völkerrechtlichen Abkommens nicht erforderlich gewesen[255]. Es wäre wünschenswert gewesen, wenn der Gerichtshof hinsichtlich des Rechts der Primärniederlassung von Gesellschaften wenigstens der Kommission gefolgt wäre, nach deren Auffassung ein solches Recht zumindest in den Fällen, in denen nach den beteiligten nationalen Rechtsordnungen eine Sitzverlegung gesellschaftsrechtlich möglich sei, sie auch gemeinschaftsrechtlich durch die Niederlassungsfreiheit geschützt werden solle, so daß *das Gemeinschaftsrecht nicht ohne Not hinter dem erreichten Stand der mitgliedstaatlichen Regelungen* zurückgeblieben wäre[256]. Daher sieht *Behrens* in Gesellschaften trotz der niederlassungsrechtlichen Bestimmungen im primären Gemeinschaftsrecht *Niederlassungsberechtigte minderen Rechts*[257].

Indes ging es nach Auffassung von *Großfeld/König* in *Daily Mail vordergründig um die Vereinbarkeit britischen Steuerrechts mit der Niederlassungsfreiheit der Art. 52, 58 EWG-Vertrag. Hintergrund der Auseinandersetzung war aber die Frage, ob die Niederlassungsfreiheit die (unbeschränkte) Geltung der Gründungstheorie erfordert*[258]. Mit seinem Urteil habe der EuGH die Vereinbarkeit der Sitztheorie mit dem Gemeinschaftsrecht dokumentiert[259].

Nach Einschätzung von *Ebenroth/Auer* hat der EuGH in *Daily Mail* einen generellen Vorrang des nationalen Rechts in den Bereichen statuiert, in denen eine Harmonisierung innerhalb der Gemeinschaft noch nicht genügend vorangeschritten sei[260]. Dies begründen sie damit, der Gerichtshof, der zur Frage der Vereinbarkeit einer steuerrechtlichen Wegzugssperre mit dem Gemeinschaftsrecht angerufen worden sei, habe die Gelegenheit genutzt, um umfassend zum europäischen Gesellschaftsrecht Stellung zu nehmen und somit die Niederlassungsfreiheit von Gesellschaften weiter zu konkretisieren, wobei er mittelbar die Vereinbarkeit der Sitztheorie mit dem Gemeinschaftsrecht bejaht habe[261]. Nicht zuletzt lasse sich seit der Entscheidung des Gerichtshofs, der in seiner Urteilsbegründung explizit auf den derzeitigen Stand des Gemeinschaftsrechts Bezug genommen habe, keine nennenswerte Weiterentwicklung im Bereich des Gesellschaftsrechts feststellen,

---

[254] *Behrens, IPRax 1989, S. 354 (357);* unter Verweis auf: *EuGH, Urt. v. 21.6.1974, Rs. 2/74 (Reyners), Slg. 1974, S. 631, Rn. 29/31.*
[255] *Behrens, IPRax 1989, S. 354 (358).*
[256] *Behrens, IPRax 1989, S. 354 (359).*
[257] *EuZW 1998, S. 353;* so bereits in: *EuZW 1991, S. 97.*
[258] *RIW 1992, S. 433 (434).*
[259] *Großfeld/Luttermann, JZ 1989, S. 386 (387);* vgl. auch: *Lever, C.M.L.Rev. 1989, S. 331 (333).*
[260] *GmbHR 1994, S. 16 (19).*
Nachbaur spricht indes von einem *Vorbehalt* zugunsten des nationalen Rechts (*Nachbaur, Niederlassungsfreiheit, S. 28*).
[261] *Ebenroth/Auer, GmbHR 1994, S. 16 (19 f.);* vgl. auch: *Ebenroth/Eyles, DB 1989, S. 363 (372), 413 (414).*

die eine Neubewertung rechtfertige. Daher behielten die Aussagen weiterhin ihre Bedeutung[262].

Auch *Sandrock*, der in der Sitztheorie *ein Kind des nationalstaatlichen Denkens* sieht, da sie auf der Idee der *„Einzigartigkeit" einer rechtlichen Treuebindung zwischen einer Gesellschaft und einem Staat* beruhe[263], entnimmt der *Daily Mail*-Entscheidung, daß sie eine klare Aussage zugunsten der Vereinbarkeit der Sitztheorie mit dem Gemeinschaftsrecht beinhalte[264]. Dabei verweist er auf die Aussage des Gerichtshofs zur Notwendigkeit einer Rechtsetzung auf Grundlage von Artikel 44 Absatz 2 lit. g EG (Art. 54 Abs. 3 lit. g EGV) beziehungsweise Artikel 293 EG (Art. 220 EGV) sowie auf die Formulierung, daß die Probleme der grenzüberschreitenden Sitzverlegung durch das Niederlassungsrecht nicht gelöst seien und gelangt zu der Schlußfolgerung, der EuGH lehne die Geltung der Niederlassungsfreiheit für Gesellschaften derzeit ab[265]. Vielmehr gehe der Gerichtshof davon aus, das für Gesellschaften geltende nationale Recht sei der Gewährleistung der Niederlassungsfreiheit *vorgelagert*, weshalb die Niederlassungsfreiheit auf Gesellschaften nur dann Anwendung finde, wenn das für Gesellschaften geltende nationale (Heimat-) Recht einen Wegzug rechtlich zulasse[266].

Nur vereinzelt ist den vorgenannten Auffassungen widersprochen worden. So kann nach *Meilicke* die *Daily Mail*-Entscheidung bereits deshalb nicht als Rechtfertigung für die Gemeinschaftsrechtskonformität der Sitztheorie herangezogen werden, weil sich der EuGH in dieser Entscheidung allein mit der Frage zu befassen hatte, *ob ein Mitgliedstaat den Wegzug einer Gesellschaft, die sich im anderen EG-Mitgliedstaat bessere Aussichten für die Geschäftsentwicklung ausrechnet, verhindern darf*[267]. Zudem habe der Gerichtshof bereits in *Segers* entschieden, daß *Art. 58 EWG-Vertrag für die Anwendung der Bestimmungen über das Niederlassungsrecht lediglich verlangt, daß sie nach den Rechtsvorschriften eines Mitgliedstaats gegründet sind und ihren satzungsmäßigen Sitz sowie ihre Hauptverwaltung oder*

---

262 *Ebenroth/Auer, GmbHR 1994, S. 16 (21 f.).*

263 *RIW 1989, S. 505 (508).*
Dies, so betont *Sandrock*, stehe in Widerspruch zur Dualität von staatsbürgerlichem und marktbürgerlichem Status, da jeder Staatsangehörige eines Mitgliedstaats zugleich Markt- und Gemeinschaftsbürger der EG sei (*RIW 1989, S. 505 (508 f.)*).

264 *Sandrock, RIW 1989, S. 505 (511); ders., BB 1999, S. 1337 ff.*
So faßt etwa *Sandrock* die Quintessenz der *Daily Mail*-Entscheidung wie folgt zusammen: *Solange diejenigen, die für die Entwicklung der nationalen Kollisionsrechte der einzelnen Mitgliedstaaten die Verantwortung tragen – um es salopp zu sagen – ihre „kollisionsrechtlichen Hausaufgaben nicht gemacht* haben, so lange könnten deren Gesellschaften auch nicht in den vollen Genuß der Niederlassungsfreiheit kommen (*BB 1999, S. 1337 (1339)*). Allerdings lasse sich andererseits für ihn aus *Centros* die *geradezu überraschende* Erkenntnis ableiten, das Kollisionsrecht für Gesellschaften solle für die Verwirklichung von deren Niederlassungsfreiheit im Rahmen von Artikel 43 und 48 EG (Art. 52 und 58 EGV) keine Rolle mehr spielen, so daß die *Daily Mail*-Entscheidung insofern auf den Kopf gestellt werde (*BB 1999, S. 1337 (1341)*).

265 *Sandrock, RIW 1989, S. 505 (511).*

266 *Sandrock/Austmann, RIW 1989, S. 249 (250).*

267 *Meilicke, RIW 1990, S. 449.*

-niederlassung innerhalb der Gemeinschaft haben, ohne daß es darauf ankomme, ob die Gesellschaft ihre Tätigkeit ausschließlich in einem anderen Staat ausübe[268].

III. Eigene Entscheidungsinterpretation unter Berücksichtigung des Urteils *Centros*

Ausgangspunkt für eine Interpretation der Entscheidung ist die erste Vorlagefrage, so wie sie der Gerichtshof umformuliert hat. Danach sah es der Gerichtshof aufgrund seiner Auslegung des Vorlagebeschlusses zunächst als klärungsbedürftig an, *ob die Artikel 52 und 58 EWG-Vertrag einer Gesellschaft, die nach dem Recht eines Mitgliedstaats gegründet ist und in diesem ihren satzungsmäßigen Sitz hat, das Recht gewähren, den Sitz ihrer Geschäftsleitung in einen anderen Mitgliedstaat zu verlegen*[269]. Dabei hatte der Gerichtshof in den Entscheidungsgründen bereits zuvor erwähnt, daß weder das britische noch das niederländische Internationale Gesellschaftsrecht diesem Vorgang entgegenstünden[270], sondern vielmehr ein materiellrechtliches Zustimmungserfordernis des britischen Finanzministeriums[271].

Somit hielt der Gerichtshof nicht – auch nicht irrig – eine kollisionsrechtliche Fragestellung aus dem Bereich des Internationalen Gesellschaftsrechts für entscheidungsrelevant[272]. Zudem handelte es sich bei der Daily Mail and General Trust Plc. unstreitig um eine Gesellschaft im Sinne von Artikel 48 EG (Art. 58 EGV), so daß der persönliche Geltungsbereich der Niederlassungsfreiheit vorliegend eröffnet war[273].

---

[268] *Meilicke, RIW 1990, S. 449 (450).*

[269] *EuGH, Urt. v. 27.9.1988, Rs. 81/87 (Daily Mail), Slg. 1988, S. 5483, Rn. 11.*

[270] Vgl. insofern die Erklärungen der Kommission im Sitzungsbericht der mündlichen Verhandlung (*Slg. 1988, S. 5483 (5498)*).

[271] So heißt es unter Randnummer 3 der Entscheidungsgründe zu *Daily Mail*: *Nach den Akten gestattet es das britische Gesellschaftsrecht einer Gesellschaft wie der Klägerin, die nach britischem Recht gegründet wurde und im Vereinigten Königreich ihren satzungsmäßigen Sitz (registered office) hat, ihre Geschäftsleitung außerhalb des Vereinigten Königreichs einzurichten, ohne ihre Rechtspersönlichkeit oder ihre Eigenschaft als Gesellschaft britischen Rechts zu verlieren.* Entsprechende Ausführungen zum holländischen Kollisionsrecht finden sich unter Randnummer 6 der Entscheidungsgründe.
Insofern weist die *Daily Mail* zugrunde liegende Sachverhaltskonstellation keinerlei Besonderheit gegenüber anderen Entscheidungen auf, die teilweise im Zusammenhang mit der Frage der Niederlassungsfreiheit von Gesellschaften innerhalb der Europäischen Gemeinschaft Erwähnung finden. So ging es in *Fearon* um eine Enteignungsproblematik (*EuGH, Urt. v. 6.11.1984, Rs. 182/83 (Fearon), Slg. 1984, S. 3677*). In dem Urteil zur Rs. 270/83 (*Kommission ./. Frankreich*) standen steuerrechtliche Bestimmungen im Mittelpunkt (*EuGH, Urt. v. 28.1.1986, Slg. 1986, S. 273*), wohingegen in *Segers* die Gemeinschaftsrechtskonformität einer sozialversicherungsrechtlichen Regelung den zentralen Gegenstand des Verfahrens bildete (*EuGH, Urt. v. 10.7.1986, Rs. 79/85 (Segers), Slg. 1986, S. 2375*).

[272] Dennoch wird in der Literatur die Auffassung vertreten, in dem Verfahren sei es nur vordergründig um die Vereinbarkeit britischen Steuerrechts mit der Niederlassungsfreiheit gegangen, da Hintergrund vielmehr die Frage gewesen sei, ob die Niederlassungsfreiheit die (unbeschränkte) Geltung der Gründungstheorie erfordere (*Großfeld/König, RIW 1992, S. 433 (434)*). Allerdings fehlt es an einer schlüssigen Begründung für diese Behauptung.

[273] Anders war die Situation in einem vom LG München durch Urteil vom 22.7.1999 entschiedenen Fall, wo die Anwendbarkeit der gemeinschaftsrechtlichen Bestimmungen über die Niederlassungsfreiheit auf eine Vorgesellschaft zutreffend mit dem Hinweis abgelehnt wurde, ihre Errichtung (Gründung

Legt man weiter für die gemeinschaftsrechtliche Beurteilung des Sachverhalts das Diskriminierungsverbot als Überprüfungsmaßstab zugrunde, so bedeutet dies, daß allein eine direkte oder indirekte Diskriminierung aus Gründen der Staatsangehörigkeit gegen das Recht auf Niederlassungsfreiheit der nach englischem Recht wirksam gegründeten Gesellschaft verstoßen hätte. Die britische Regelung des Steuerrechts enthielt aber keine diskriminierende Beschränkung der Niederlassungsfreiheit, da weder direkt noch indirekt die Staatsangehörigkeit der Gesellschaft relevant war[274]. Denn die Regelung für den Fall der Verlegung des effektiven Verwaltungssitzes von Gesellschaften ins Ausland war nicht geeignet, zumindest indirekt ausländische Gesellschaften mehr zu treffen als inländische Gesellschaften[275].

Hat damit ein Zustimmungserfordernis, wie es dem Ausgangsverfahren zugrunde lag, allgemeinen und nichtdiskriminierenden Charakter, so daß es weder bezweckt noch bewirkt, inländischen Gesellschaften einen direkten oder indirekten Vorteil gegenüber Gesellschaften aus anderen Mitgliedstaaten zu verschaffen, dann kann

---

und Eintragung) sei nach dem anwendbaren spanischen Recht nicht wirksam erfolgt (*IPRax 2001, S. 137 f.*).

[274] Von diesem Verständnis geht der BFH in einer Entscheidung zur Zulässigkeit der Wegzugsbesteuerung aus (*EuZW 1998, S. 383 f.*). Hier stellt der BFH fest, die Bestimmung des § 6 Abs. 1 AStG verstoße nicht gegen das Verbot der Diskriminierung aus Gründen der Staatsangehörigkeit, da nicht an die Staatsangehörigkeit angeknüpft werde.

[275] A.A. *Everling*, der es für eine *Fehlinterpretation* hält darauf abzustellen, daß der Gerichtshof *die Art. 52 ff. EGV als Diskriminierungs- und nicht als Beschränkungsverbot* verstand, da es darauf nicht angekommen sei. Vielmehr seien *die grundlegenden Unterschiede der nationalen Rechtsvorschriften, die den Status der zur Niederlassung berechtigten Gesellschaften bestimmen*, ausschlaggebend für die Entscheidung des EuGH gewesen (*Everling, GS Knobbe-Keuk, S. 607 (613)*; so auch die Vermutung von: *Behrens, IPRax 1989, S. 354 (359)*). Der Auffassung von *Everling* kommt von daher besonderes Gewicht zu, als er selbst als Richter des EuGH an der Entscheidung direkt mitgewirkt hat (*Everling, GS Knobbe-Keuk, S. 607 (608)*). Allerdings bleibt er eine Begründung für seine Auffassung schuldig, daß es für die Entscheidung nicht auf die Auslegung der Niederlassungsfreiheit als Diskriminierungs- bzw. als Beschränkungsverbot ankam. Zwar ist *Everling* stets von einem weiten Verständnis des Diskriminierungsverbots ausgegangen, um nationale Maßnahmen unter Zugrundelegung des Diskriminierungsverbots einer möglichst weitreichenden Überprüfung am Maßstab des Gemeinschaftsrechts zu unterziehen. So ging er etwa bei der Rechtssache *Klopp* davon aus, Überprüfungsmaßstab des Gerichtshofs sei das Diskriminierungsverbot gewesen (*Everling, EuR 1989, S. 338 (343)*; a.A.: *Groeben/Thiesing/Ehlermann/Troberg, Kommentar zum EU-/EG-Vertrag, Art. 52, Rn. 45*, wonach der Gerichtshof hier die Grenze vom Diskriminierungs- zum Beschränkungsverbot zu überschreiten scheint). Aber auch nach einem weiten Verständnis des Diskriminierungsverbots kann nicht davon ausgegangen werden, daß eine den Wegzug von Gesellschaften beschränkende Regelung zumindest indirekt ausländische Gesellschaften mehr trifft als inländische Gesellschaften. Daher kann die beschränkende Wirkung einer solchen Regelung nur auf Grundlage der Dogmatik zum Beschränkungsverbot als Eingriff in die Gewährleistung der Niederlassungsfreiheit gewertet werden. So mag zwar tragendes Motiv für die Entscheidung des Gerichtshofs gewesen sein, nicht *die dem Richterrecht gesetzten Grenzen zu überschreiten, wenn er den durch sehr unterschiedliche nationale Rechtsvorschriften begründeten Status der zur Niederlassung berechtigten juristischen Personen aus Art. 52 EGV ableiten würde* (*Everling, GS Knobbe-Keuk, S. 607 (613)*; vgl. zur Problematik der Rechtsangleichung durch Richterrecht: *Everling, RabelsZ 50 (1986), S. 193 ff.*). Allerdings war dies unter Beachtung der Auslegung der Niederlassungsfreiheit als Diskriminierungsverbot auch konsequent.

eine solche Regelung nur eine Beschränkung der grenzüberschreitenden Niederlassungsfreiheit darstellen, nicht aber eine Diskriminierung[276].

Zu wenig beachtet werden in diesem Zusammenhang die Ausführungen des Gerichtshofs unter der Randnummer 18: *Die britische Rechtsvorschrift, um die im Ausgangsverfahren gestritten wird, beschränkt solche Niederlassungsvorgänge in keiner Weise. Sie verhindert auch nicht die teilweise oder selbst vollständige Übertragung des Kapitals einer Gesellschaft britischen Rechts auf eine in einem anderen Mitgliedstaat neu gegründete Gesellschaft, gegebenenfalls nach Liquidierung und damit nach Abschluß der Steuerrechnung der britischen Gesellschaft. Die Zustimmung des Finanzministeriums ist nur für den Fall vorgeschrieben, daß diese Gesellschaft unter Beibehaltung ihrer Rechtspersönlichkeit und ihrer Eigenschaft als Gesellschaft britischen Rechts den Sitz ihrer Geschäftsleitung aus dem Vereinigten Königreich verlegen will*[277]. Abgestellt wird hier deutlich auf die Wegzugsproblematik.

So gesehen ist der erste Tenor der Entscheidung des EuGH, in welchem explizit auf den *derzeitigen Stand des Gemeinschaftsrechts* verwiesen wird, ein wichtiger Hinweis dahingehend, daß der Gerichtshof sich zwar der uneinheitlichen Entwicklung der Rechtsdogmatik im Bereich der Grundfreiheiten bewußt war, weil er die Niederlassungsfreiheit im Gegensatz zur Warenverkehrs- und Dienstleistungsfreiheit zum damaligen Zeitpunkt nur im Sinne eines Diskriminierungsverbots, nicht aber als Beschränkungsverbot ausgelegte[278]. Die hieraus resultierende Folge,

---

[276] Vgl. auch: *Behrens, IPRax 1989, S. 354 (359 f.); Calliess/Ruffert/Bröhmer, Kommentar zu EU-Vertrag und EG-Vertrag, Art. 43, Rn. 19; Lackhoff, Die Niederlassungsfreiheit des EGV – nur ein Gleichheits- oder auch ein Freiheitsrecht?, S. 356.*
So hat der Gerichtshof im Bereich der Arbeitnehmerfreizügigkeit nationale Bestimmungen, die einen Staatsangehörigen daran hindern oder davon abhalten, sein Herkunftsland zu verlassen, um von seinem Recht auf Freizügigkeit Gebrauch zu machen, am Maßstab des allgemeinen Beschränkungsverbots überprüft, um eine Beeinträchtigung der Grundfreiheit bejahen zu können (*EuGH, Urt. v. 15.12.1995, Rs. 415/93 (Bosman), Slg. 1995, S. I-4921, Rn. 95 f.*). Dabei führte der Gerichtshof aus, Bestimmungen, die einen Staatsangehörigen eines Mitgliedstaats daran hinderten oder ihn davon abhielten, sein Herkunftsland zu verlassen, stellten Beeinträchtigungen dieser Freiheit dar, auch wenn sie unabhängig von der Staatsangehörigkeit der betroffenen Arbeitnehmer Anwendung fänden (*EuGH, Urt. v. 15.12.1995, Rs. 415/93 (Bosman), Slg. 1995, S. I-4921, Rn. 96*). Ebenso ging es in *ICI* mit den Worten von Generalanwalt *Tesauro* um *eine „typische Beschränkung" beim Verlassen des Landes (Schlußanträge von Generalanwalt Tesauro vom 16.12.1997 in der Rs. 264/96 (ICI), Slg. 1998, S. I-4698, Rn. 18*).

[277] *EuGH, Urt. v. 27.9.1988, Rs. 81/87 (Daily Mail), Slg. 1988, S. 5483, Rn. 18.*

[278] Vgl. hierzu: *Kapitel 4 B. III.*
Zwar wird in *Daily Mail* scheinbar ein Verständnis der Niederlassungsfreiheit im Sinne eines Beschränkungsverbots angedeutet, indem der Gerichtshof darauf verweist, Beschränkungen der Wegzugsfreiheit seien unzulässig, da die durch die Niederlassungsfreiheit gewährten Rechte sinnentleert wären, wenn der jeweilige Herkunftsstaat es seinen Unternehmen verbieten könne auszuwandern, um sich in einem anderen Mitgliedstaat niederzulassen (*EuGH, Urt. v. 27.9.1988, Rs. 81/87 (Daily Mail), Slg. 1988, S. 5483, Rn. 16*). Jedoch legt er bei seiner Überprüfung nicht das Beschränkungsverbot als Überprüfungsmaßstab zugrunde, sondern nimmt die eigentliche Sachprüfung am Maßstab des Diskriminierungsverbots vor (a.A. *Sack, JuS 1990, S. 352 (354)*). Dieser scheinbare Widerspruch erklärt sich daraus, daß der Gerichtshof mit der Frage des Rechts auf Wegzug die Eröffnung des persönlichen Geltungsbereichs der Niederlassungsfreiheit klärt. Hierbei handelt es sich um eine *notwendige Vorbedingung für den anschließenden Eintritt des EuGH in die eigentliche Sachprüfung* im Sinne

daß allein die Zuzugsproblematik durch das Diskriminierungsverbot im Rahmen der negativen Integration gelöst werden konnte, nicht aber der Fall des Wegzugs von Gesellschaften, wird dabei offensichtlich gewesen sein[279].

Daß der Gerichtshof von seiner Rechtsprechungsdogmatik zur Niederlassungsfreiheit zum damaligen Zeitpunkt dennoch nicht abweichen wollte, obwohl dies für eine volle Gewährung der Niederlassungsfreiheit von Gesellschaften im Sinne des Artikels 48 Absatz 2 EG (Art. 58 Abs. 2 EGV) erforderlich gewesen wäre, mag seine Ursache in der Befürchtung gehabt haben, womöglich *die dem Richterrecht gesetzten Grenzen zu überschreiten*[280]. Entscheidender als das Motiv ist aber der

---

einer näheren Bestimmung der inhaltlichen Reichweite des Niederlassungsrechts, wie *Nachbaur* zu Recht betont (*Nachbaur, Niederlassungsfreiheit, S. 91*).

[279] Hierfür spricht die vorangehende Passage der Urteilsbegründung: *Wie die Kommission zu Recht ausgeführt hat, wären die in Artikel 52 ff. gewährten Rechte sinnentleert, wenn der Herkunftsstaat Unternehmen verbieten könnte, auszuwandern, um sich in einem anderen Mitgliedstaat niederzulassen. Für natürliche Personen ist das Recht zur Ausreise aus dem Hoheitsgebiet zu diesem Zweck ausdrücklich in der Richtlinie 73/148 geregelt, die Gegenstand der zweiten Vorlagefrage ist* (*EuGH, Urt. v. 27.9.1988, Rs. 81/87 (Daily Mail), Slg. 1988, S. 5483, Rn. 16*). Durch eine Gegenüberstellung der Randnummern 16 und 18 der Entscheidung wird das Dilemma deutlich, in dem sich der EuGH befand. Denn einerseits ist unbestreitbar für eine effektive Gewährung der Niederlassungsfreiheit erforderlich, daß Staatsangehörige eines Mitgliedstaats – bzw. über Artikel 48 EG (Art. 58 EGV) Gesellschaften im Sinne der Bestimmung – sich nur dann in einem anderen Mitgliedstaat niederlassen können, wenn ihnen die Möglichkeit der Ausreise gewährt wird. Rechtsdogmatisch läßt sich dieses Problem aber in Ermangelung einer gemeinschaftsrechtlichen Regelung – wie der RL 73/143/EWG für natürliche Personen – im Rahmen der negativen Integration nicht mit der Anwendung der Grundsätze zum Diskriminierungsverbot handhaben, da das Verbot von Diskriminierungen ja nur ein Gebot zur Inländergleichbehandlung bedeutet.

[280] So: *Everling, GS Knobbe-Keuk, S. 607 (613)*); vgl. allgemein zu den Grenzen der Gemeinschaftsgerichtsbarkeit: *Calliess/Ruffert/Wegener, Kommentar zu EU-Vertrag und EG-Vertrag, Art. 220, Rn. 12 f.*

Anders die Auffassung von *W. H. Roth*: *The Court did not want to get involved in the somewhat problematic issue of the relationship between traditional conflict-of-laws rules and freedom of establishment, leaving this issue to a convention to be concluded among Member States (under Article 293 (ex 220)) or to a harmonization effort based on Article 44 (2) (g)* (*C.M.L.Rev. 2000, S. 147 (153)*). *Behrens* weist darauf hin, in *Daily Mail* habe der Gerichtshof bereits angedeutet, die Niederlassungsfreiheit im Sinne eines Beschränkungsverbots auszulegen (*Behrens, IPRax 1989, S. 354 (360);* unter Verweis auf*: EuGH, Urt. v. 27.9.1988, Rs. 81/87 (Daily Mail), Slg. 1988, S. 5483, Rn. 16)*. Diese Auffassung vertreten auch *Ebenroth/Eyles* (*DB 1989, S. 413*), wobei sie insoweit eine Parallele zur *Klopp*-Entscheidung des EuGH ziehen, aus der sie folgern, daß der Gerichtshof über die Auslegung der Niederlassungsfreiheit im Sinne eines Diskriminierungsverbots hinausgegangen sei. In seinen Schlußanträgen zu *ICI* weist Generalanwalt *Tesauro* ebenfalls auf die vorgenannte Urteilspassage aus *Daily Mail* hin, wonach die Bestimmungen über die Niederlassungsfreiheit nicht nur die Inländergleichbehandlung im Aufnahmestaat sicherstellen sollten, sondern es auch dem Herkunftsstaat verböten, die Niederlassung seiner Staatsangehörigen oder einer nach seinem Recht gegründeten – der Definition des Artikels 48 EG (Art. 58 EGV) genügenden – Gesellschaft in einem anderen Mitgliedstaat zu behindern (*Schlußanträge des Generalanwalts Tesauro vom 16.12.1997 in der Rs. 264/96 (ICI), Slg. 1998, S. I-4698, Rn. 17 f.;* unter Verweis auf: *EuGH, Urt. v. 27.9.1988, Rs. 81/87 (Daily Mail), Slg. 1988, S. 5483, Rn. 16*). Diesen Verweis griff der Gerichtshof in seiner Entscheidung auf (*EuGH, Urt. v. 16.7.1998, Rs. 264/96 (ICI), Slg. 1998, S. I-4695, Rn. 21;* vgl. auch: *EuGH, Urt. v. 13.4.2000, Rs. 251/98 (Baars), Slg. 2000, S. I-2787, Rn. 28 f.*).

Indes verweist *Troberg* darauf, das Niederlassungsrecht wirke grundsätzlich zugunsten der Angehörigen eines EG-Staates gegenüber der öffentlichen Gewalt eines anderen Mitgliedstaats, so daß die Bestimmung nach ihrem Aufbau als einseitiges Zuzugsbeschränkungsverbot anzusehen sei. Das in

Umstand, daß sich das der *Daily Mail*-Entscheidung zugrunde liegende Ergebnis aufgrund der Entwicklung der Rechtsprechungsdogmatik zum damaligen Zeitpunkt widerspruchslos vertreten ließ, es mithin insbesondere nicht erforderlich war, daß der Gerichtshof die Gewährung der Niederlassungsfreiheit für Gesellschaften generell oder allein auf die volle Gewährung der sekundären Niederlassungsfreiheit beschränkte.

Bei der Gegenthese, der EuGH habe in seiner *Daily Mail*-Entscheidung einen *Schritt zurück* gemacht, wird verkannt, daß es in denjenigen Fällen, in denen sich der EuGH mit der Ausübung der sekundären Niederlassungsfreiheit befaßte[281], um Zuzugsfälle ging, wobei das Recht der sekundären Niederlassungsfreiheit entweder direkt oder indirekt aufgrund diskriminierender Bestimmungen erschwert wurde[282]. Selbst der Lebenssachverhalt, welcher der *Centros*-Entscheidung zugrunde liegt, führt bereits am Überprüfungsmaßstab des Diskriminierungsverbots zur Bejahung einer Verletzung der sekundären Niederlassungsfreiheit der nach englischem Recht gegründeten private limited company[283].

Unter Berücksichtigung dieser Umstände weisen die zentralen Begründungspassagen des Urteils keine größeren Verständnisprobleme auf, in denen auf die bestehenden steuer- und gesellschaftsrechtlichen Unterschiede in den mitgliedstaatlichen Rechtsordnungen verwiesen wird, um zu dem Schluß zu gelangen, eine Lösung für die effektive Gewährung der Niederlassungsfreiheit von Gesellschaften müsse auf dem Wege des Vertragsschlusses zwischen den Mitgliedstaaten oder der

---

Daily Mail statuierte Verbot von Behinderungen des Wegzugs der eigenen Staatsangehörigen unterstreiche den allgemeinen Binnenmarktcharakter der Niederlassungsfreiheit und sei von daher sicherlich richtig, stelle aber angesichts des Aufbaus der Bestimmungen über die Niederlassungsfreiheit *eine „analoge" Anwendung von Artikel 52 auf einen Tatbestand* dar, der vom Wortlaut dieses Artikels nicht direkt erfaßt werde (*Groeben/Thiesing/Ehlermann/Troberg, Kommentar zum EU-/EG-Vertrag, Art. 52, Rn. 65 f.*).

[281] Grundsätzlich geht auch Generalanwalt *Darmon* in seinen Schlußanträgen zu *Daily Mail* davon aus, daß die Niederlassungsfreiheit neben dem Recht der Gründung einer Gesellschaft und der sekundären Niederlassungsfreiheit das Recht umfasse, den Sitz der Geschäftsleitung einer Gesellschaft zu verlegen, der häufig mit dem wahren Gesellschaftssitz gleichgestellt werde (*Schlußanträge v. 7.6.1988, Rs. 81/87 (Daily Mail), Slg. 1988, S. 5500, Rn. 4*). Bemerkenswert in diesem Zusammenhang ist, daß Generalanwalt *Darmon* den Begriff der Geschäftsleitung bzw. der (Haupt-) Niederlassung nicht vorrangig als rechtlichen, sondern als wirtschaftlichen Begriff betrachtet (*Schlußanträge v. 7.6.1988, Slg. 1988, S. 5500, Rn. 4 f.*). Denn der Begriff der Geschäftsleitung könne für sich allein kein Kriterium darstellen, das die sichere Bestimmung des Sitzes einer Gesellschaft aus einer formellen juristischen Beurteilung ermögliche, da viele faktische Elemente zu berücksichtigen seien, deren jeweilige Tragweite je nach Art der fraglichen Gesellschaft variieren könnten (*Generalanwalt Darmon, Schlußanträge vom 7.6.1988, Rs. 81/87 (Daily Mail), Slg. 1988, S. 5500, Rn. 7*).

[282] Vgl. etwa: *EuGH, Urt. v. 10.7.1986, Rs. 79/85 (Segers), Slg. 1986, S. 2375; EuGH, Urt. v. 28.1.1986, Rs. 270/83 (Kommission ./. Frankreich), Slg. 1986, S. 273.*

[283] So heißt es in der relevanten Passage der *Centros*-Entscheidung (*EuGH, Urt. v. 9.3.1999, Rs. 212/97 (Centros), Slg. 1999, S. I-1459, Rn. 17*) lapidar: *Eine Sachlage, in der eine nach dem Recht eines Mitgliedstaats, in dem sie ihren satzungsgemäßen Sitz hat, gegründete Gesellschaft eine Zweigniederlassung in einem anderen Mitgliedstaat gründen will, fällt unter das Gemeinschaftsrecht. Daß die Gesellschaft im ersten Mitgliedstaat nur errichtet wurde, um sich in dem zweiten Mitgliedstaat niederzulassen, in dem die Geschäftstätigkeit im wesentlichen oder ausschließlich ausgeübt werden soll, ist dabei ohne Bedeutung (vgl. in diesem Sinne das Urteil Segers, Randnr. 16).*

Rechtsetzung auf Gemeinschaftsebene gefunden werden[284]. Sie beinhalten zunächst einmal Tatsachenfeststellungen und allgemeine Erwägungen, die deutlich machen sollen, daß der Gemeinschaftsgesetzgeber gefordert ist[285].

Hierfür spricht, daß nicht nur rein gesellschaftsrechtliche Probleme, wie die Gründung von Gesellschaften und deren Verbundenheit zu einer nationalen Rechtsordnung, angedeutet werden, sondern auch steuerrechtliche Probleme[286]. Der Gerichtshof ordnet damit den dem Vorabentscheidungsersuchen zugrunde liegenden Sachverhalt des Ausgangsverfahrens in einen allgemeineren Rahmen ein, um so den Problemkreis zu bestimmen, in dem sich die spezifisch gemeinschaftsrechtliche Problematik abspielt.

Hieraus kann nicht gefolgert werden, der Gerichtshof wolle auf eine – in casu nicht relevante – kollisionsrechtliche Problematik eingehen. Liegt vielmehr dem konkreten Fall keine Diskriminierung zugrunde, so läßt sich – wenn man von der Möglichkeit einer Auslegung der Niederlassungsfreiheit im Sinne eines Beschränkungsverbots und damit einer Änderung der bisherigen Rechtsprechung absieht – mangels eines Verstoßes gegen die Grundfreiheit eine effektive Gewährung des grenzüberschreitenden identitätswahrenden Wegzugs von Gesellschaften innerhalb der Gemeinschaft nicht über eine gemeinschaftsrechtskonforme Anwendung des nationalen Rechts erreichen. Der Gerichtshof mußte daher feststellen, daß nach dem unzweideutigen Wortlaut des Artikels 48 EG (Art. 58 EGV) zwar Gesellschaften grundsätzlich von den Bestimmungen des Gemeinschaftsrechts in gleicher Weise profitieren sollen wie natürliche Personen, die Verlegung des Sitzes der Geschäftsleitung einer Gesellschaft von Großbritannien in die Niederlande als zu entscheidende Wegzugsproblematik aufgrund der Ausgestaltung der beteiligten Rechtsordnungen jedoch vereitelt wurde, ohne daß es ihm unter Beibehaltung seiner bisherigen Rechtsprechung zur Reichweite der Niederlassungsfreiheit möglich war, im Rahmen seiner Zuständigkeiten diese Situation zu verändern.

Nach den vorgenannten Erwägungen erscheint die etwas weit und damit unglücklich gefaßte Begründung in einem anderen Licht, wonach die mit der grenzüberschreitenden Sitzverlegung zusammenhängenden Probleme *einer Lösung im Wege der Rechtsetzung oder des Vertragsschlusses bedürfen*[287]. Bereits zuvor wird in der

---

[284] *EuGH, Urt. v. 27.9.1988, Rs. 81/87 (Daily Mail), Slg. 1988, S. 5483, Rn. 20 – 23.*

[285] Dabei orientiert sich der Gerichtshof an den Feststellungen, die Generalanwalt *Darmon* in seinen Schlußanträgen vom 7. Juni 1988 in der einleitenden Passage traf (*Schlußanträge, Slg. 1988, S. 5500, Rn. 1 und 2*). Der Generalanwalt führte hier aus, der Ausgangsrechtsstreit betreffe das Zusammenspiel von Gesellschafts- und Steuerrecht. Dabei bestünden zwischen den nationalen Rechtsordnungen der Mitgliedstaaten erhebliche Divergenzen, die durch *Unterschiede im Inhalt der Referenzbegriffe noch verschärft* würden. Dadurch hervorgerufene Unterschiede ließen sich nur durch eine Harmonisierung auf Gemeinschaftsebene oder durch Übereinkommen zwischen den Mitgliedstaaten überwinden. Gerade der Umstand, daß der Gerichtshof an die Einleitungspassage der Schlußanträge des Generalanwalts anknüpft, macht aber deutlich, daß es sich auch bei der Urteilspassage um Tatsachenfeststellungen und allgemeine Begründungserwägungen handelt.

[286] *EuGH, Urt. v. 27.9.1988, Rs. 81/87 (Daily Mail), Slg. 1988, S. 5483, Rn. 20.*

[287] *EuGH, Urt. v. 27.9.1988, Rs. 81/87 (Daily Mail), Slg. 1988, S. 5483, Rn. 23.*
Hier ist davon auszugehen, daß der EuGH sich nicht in Widerspruch zu früheren Entscheidungen setzen wollte, wonach die Niederlassungsfreiheit seit dem Ende der Übergangszeit direkt anwendbar

Entscheidung darauf verwiesen, daß Gesellschaften im Gegensatz zu natürlichen Personen *aufgrund einer Rechtsordnung, beim gegenwärtigen Stand des Gemeinschaftsrechts aufgrund einer nationalen Rechtsordnung, gegründet* werden[288]. Und weiter heißt es in der deutschen Textfassung des Urteils: *Jenseits der jeweiligen nationalen Rechtsordnung, die ihre Gründung und ihre Existenz regelt, haben sie keine Realität*[289].

Brödermann hat aufgrund eines Vergleichs der verschiedenen Sprachfassungen des Urteils bereits nachgewiesen, daß der Gerichtshof durch diese Formulierung nicht den Bestand von Gesellschaften jenseits ihrer nationalen Rechtsordnungen in Frage stellen wollte[290]. Gemeint ist mit der Passage, daß die verschiedenen nationalen Rechtsordnungen die alleinige Existenzgrundlage von Gesellschaften bilden[291]. Dies ergibt sich aus der englischen und der französischen Fassung des Urteils sowie aus der nichtamtlichen deutschen Übersetzung[292]. Dies entspricht der klaren Formulierung von Artikel 48 EG (Art. 58 EGV), wonach *die nach den Rechtsvorschriften eines Mitgliedstaats gegründeten* Gesellschaften, sofern sie zumindest eines der drei genannten Kriterien – Satzungssitz, Hauptverwaltung oder Hauptniederlassung innerhalb der Gemeinschaft – erfüllen, natürlichen Personen für den Bereich der Niederlassungsfreiheit gleichgestellt werden. Hier wird im Wortlaut der Norm dem Umstand Rechnung getragen, daß Gesellschaften nach den

---

ist und ihr entgegenstehende nationale Vorschriften unanwendbar sind. Die unmittelbare Geltung besteht dabei nach den Ausführungen des EuGH unabhängig davon, ob Rechtsangleichungsmaßnahmen nach den Artikeln 44, 47 EG (Art. 54, 57 EGV) stattgefunden haben oder nicht (*EuGH, Urt. v. 21.6.1974, Rs. 2/74 (Reyners), Slg. 1974, S. 631, Rn. 29/31*). Auch steht ihre unmittelbare Geltung nicht unter dem Vorbehalt, daß zuvor ein völkerrechtliches Abkommen gemäß Artikel 293 EG (Art. 220 EGV) abgeschlossen wurde (*EuGH, Urt. v. 28.1.1986, Rs. 270/83 (Kommission ./. Frankreich), Slg. 1986, S. 273, Rn. 26*).

[288] *EuGH, Urt. v. 27.9.1988, Rs. 81/87 (Daily Mail), Slg. 1988, S. 5483, Rn. 19.*

[289] *EuGH, Urt. v. 27.9.1988, Rs. 81/87 (Daily Mail), Slg. 1988, S. 5483, Rn. 19.*

[290] *Brödermann, in: Brödermann/Iversen, Gemeinschaftsrecht und Internationales Privatrecht, Rn. 215 ff.*; vgl. auch: *Forsthoff, EuR 2000, S. 167 (173); Halbhuber, Limited Company statt GmbH?, Europarechtlicher Rahmen und deutscher Widerstand, S. 34.*

[291] So lautet die englischsprachige Fassung der Urteilspassage: *In that regard it should be borne in mind that, unlike natural persons, companies are creatures of the law and, in the present state of Community law, creatures of national law. They exist only by virtue of the varying legislation which determines their incorporation and functioning.*

Die französischsprachige Fassung lautet: *A cet égard, il convient de rappeler que, contrairement aux personnes physiques, les sociétés sont des entités créés en vertu d'un ordre juridique et, en l'état actuel du droit communautaire, d'un ordre juridique national. Elles n'ont d'existence qu'à travers les différentes législations nationales qui en déterminent la constitution et le fonctionnement.*

[292] *Kurse, Sitzverlegung von Kapitalgesellschaften innerhalb der EG, S. 202*; unter Verweis auf die Urteilsübersetzung in: *JZ 1989, S. 384 (385); Brödermann, in: Brödermann/Iversen, Gemeinschaftsrecht und Internationales Privatrecht, Rn. 215.*

Auch kann aus der Bezugnahme des Gerichtshofs auf den Umstand, daß Gesellschaften ihre Existenz jeweils einer nationalen Rechtsordnung verdanken, nicht gefolgert werden, hierbei handele es sich um einen Verweis nicht nur auf das nationale Sach-, sondern auch auf das nationale Kollisionsrecht. Zwar umfaßt das nationale Recht natürlich auch die nationalen kollisionsrechtlichen Bestimmungen. Im allgemeinen Sprachgebrauch ist jedoch regelmäßig das nationale Sachrecht gemeint, so daß eine weitergehendere Interpretation die vom Gerichtshof getroffene Aussage *überfrachten* würde (*Kurse, Sitzverlegung von Kapitalgesellschaften innerhalb der EG, S. 202 f.; Brödermann, in: Brödermann/Iversen, Gemeinschaftsrecht und Internationales Privatrecht, Rn. 221 f.*).

Bestimmungen einer nationalen (mitgliedstaatlichen) Rechtsordnung errichtet werden müssen[293].

Entscheidend für die richtige Interpretation der Urteilspassage unter Randnummer 19 ist letztendlich, welche Sprachfassung des Urteils maßgeblich ist. Nach Artikel 31 der Verfahrensordnung des EuGH ist verbindlich *die Fassung in der Verfahrenssprache oder, falls der Gerichtshof gemäß Artikel 29 eine andere Sprache zugelassen hat, die Fassung in dieser Sprache.* Da in *Daily Mail* die Verfahrenssprache Englisch war, ist mithin die englische Sprachfassung des Urteils maßgeblich. Interpretationen der Entscheidung, die auf der amtlichen deutschsprachigen Übersetzung mit ihren sprachlichen Besonderheiten aufbauen, können daher bereits von ihrem Ansatz her nicht überzeugen.

Damit handelt es sich bei der vorgenannten Urteilspassage in der maßgeblichen englischen Sprachfassung um einen klaren Verweis auf das Fehlen supranationaler Gesellschaftsformen, obwohl etwa die Idee zur Schaffung einer societas europea auf das Jahr 1959 zurückgeht und dementsprechend schon 1966 der Vorentwurf einer Verordnung erstellt wurde, der aufgrund vielfältiger Kritik zwar 1975, 1989 und 1991 geändert wurde[294], über den aber erst über zwölf Jahre nach *Daily Mail* eine politische Einigung erzielt werden konnte[295]. Der EuGH sah offensichtlich die Rechtsetzung auf Gemeinschaftsebene als ein wirksames Instrument für die Verwirklichung der Niederlassungsfreiheit von Gesellschaften und möglicherweise als Rechtfertigung dafür, im zu entscheidenden Fall nicht über das Diskriminierungsverbot als Überprüfungsmaßstab hinauszugehen.

Hier ist daran zu erinnern, daß der EuGH in seinem Urteil explizit auf die für natürliche Personen geltende sekundärrechtliche Regelung der Richtlinie 73/148/EWG[296] verwies, die jedoch nicht juristische Personen erfaßt[297]. In Artikel 2 Absatz 1 Satz 1 der Richtlinie ist ein Wegzugsrecht normiert. Nur aufgrund dieser sekundärrechtlichen Regelung ist es natürlichen Personen möglich gewesen, unter Auslegung der Niederlassungsfreiheit im Sinne eines Diskriminierungsverbotes ein gemeinschaftsrechtlich abgesichertes Wegzugsrecht gegenüber dem eigenen Herkunftsstaat geltend zu machen. Indem der Gerichtshof ausführte, die Richtlinie sei aufgrund ihres Wortlauts nicht auf den Wegzug juristischer Personen aus ihrem Herkunftsstaat anwendbar und insofern auf eine erforderliche Rechtsangleichung

---

[293] Aus der Normstruktur von Artikel 48 EG (Art. 58 EGV) folgt zugleich, daß die Gründung nach den Rechtsvorschriften eines Mitgliedstaates als Ansatzpunkt für die Eröffnung des Geltungsbereichs der Bestimmungen zum Niederlassungsrecht dient. Danach muß eine Gesellschaft zunächst wirksam nach den Bestimmungen eines Mitgliedstaates gegründet worden sein, bevor – sofern eines der drei Kriterien des satzungsmäßigen Sitzes, der Hauptverwaltung oder der Hauptniederlassung innerhalb der Gemeinschaft gegeben ist – der persönliche Geltungsbereich der Bestimmungen über die Niederlassungsfreiheit eröffnet ist.

[294] *Habersack, Europäisches Gesellschaftsrecht, Rn. 396.*

[295] *Bulletin Quotidien Europe Nr. 7868 vom 21. Dezember 2000, S. 9.*

[296] *Richtlinie vom 21.5.1973 zur Aufhebung der Reise- und Aufenthaltsbeschränkungen für Staatsangehörige der Mitgliedstaaten innerhalb der Gemeinschaft auf dem Gebiet der Niederlassung und des Dienstleistungsverkehrs (ABl. Nr. L 172/14).*

[297] *EuGH, Urt. v. 27.9.1988, Rs. 81/87 (Daily Mail), Slg. 1988, S. 5483, Rn. 28f.*

verwies, gab er klar zu verstehen, daß die im Zeitpunkt der Entscheidung in den Mitgliedstaaten bestehenden Hindernisse der Wegzugsfreiheit nicht im Rahmen der negativen Integration – unter Anwendung der Grundsätze zum Diskriminierungsverbot – zu beseitigen waren[298]. Zugleich machte der EuGH deutlich, daß er die ihm zugewiesenen Aufgaben überschreiten würde, wenn er über den Wortlaut der Richtlinie 73/148/EWG hinausgehend aus dieser ein Recht auf Wegzugsfreiheit für Gesellschaften ableiten würde.

Folglich strebte der Gerichtshof gerade keine Sonderstellung juristischer Personen im Sinne einer Schlechterstellung gegenüber natürlichen Personen an, sondern konstatierte eine solche aufgrund unzureichender sekundärrechtlicher Regelungen, ohne als *Ersatzgesetzgeber* durch eine Fortentwicklung seiner Rechtsprechungsdogmatik die Grundsätze des allgemeinen Beschränkungsverbots auf den Bereich der Niederlassungsfreiheit anwenden zu wollen[299]. Dies klingt in den Entscheidungsgründen zu *Daily Mail* an[300]: *Zwar sollen diese Bestimmungen ihrer Fassung nach insbesondere die Inländerbehandlung im Aufnahmemitgliedstaat sicherstellen, sie verbieten es aber auch dem Herkunftsstaat, die Niederlassung seiner Staatsangehörigen oder einer nach seinem Recht gegründeten, der Definition des Artikels 58 genügenden Gesellschaft in einem anderen Mitgliedstaat zu behindern. Wie die Kommission zu Recht ausgeführt hat, wären die in Artikel 52 ff. gewährten Rechte sinnentleert, wenn der Herkunftsstaat Unternehmen verbieten könnte, auszuwandern, um sich in einem anderen Mitgliedstaat niederzulassen. Für natürliche Personen ist das Recht zur Ausreise aus dem Hoheitsgebiet zu diesem Zweck ausdrücklich in der Richtlinie 73/148 geregelt, die Gegenstand der zweiten Vorlagefrage ist*[301].

Auch ist der Verweis des Gerichtshofs auf gemeinschaftsrechtliche Rechtsangleichungsmöglichkeiten und das Instrument des Abschlusses eines völkerrechtlichen Abkommens zwecks Lösung der bestehenden Probleme bei innergemeinschaftlichen Sitzverlegungen nicht in dem Sinne zu verstehen, hierbei handele es sich um eine *aufschiebende Bedingung*, von deren Vorliegen die Anwendbarkeit der primären Niederlassungsfreiheit auf Gesellschaften abhänge. Denn in *Daily Mail* ist nicht erkennbar, daß der EuGH von früheren fundamentalen Entscheidungen im Bereich dieser Grundfreiheit abweichen wollte. So hat der Gerichtshof die Niederlassungsfreiheit bereits in einem grundlegenden Urteil seit dem Ende der Übergangszeit mit

---

[298] So betont *Jarass*, daß sich ein Wegzugsrecht für natürliche und juristische Personen nur dann aus Artikel 43 EG (Art. 52 EGV) ableiten läßt, wenn man die Bestimmung im Sinne eines Beschränkungsverbots auslegt (*Jarass, EuR 1995, S. 202 (215 f.)*). Dem folgen im Ergebnis auch *Schweizer/Hummer* mit der Begründung, zwar habe der EuGH entschieden, juristische Personen dürften sich frei in jedem Mitgliedstaat niederlassen, unterlägen hinsichtlich des Wegzugsrechts aber den nationalen Rechtsvorschriften des Heimatstaates (*Schweizer/Hummer, Europarecht, Rn. 1177;* vgl. auch: *Steindorff, EuR 1988, S. 19 (21)*).

[299] Diese Selbstbeschränkung des Gerichtshofs besteht nicht mehr, da die Niederlassungsfreiheit – wie die übrigen Grundfreiheiten – nunmehr im Sinne eines allgemeinen Beschränkungsverbots interpretiert wird. A.A. *Streinz*, der davon ausgeht, der Gerichtshof lege in *Daily Mail* das Beschränkungsverbot als Überprüfungsmaßstab für die Wegzugsproblematik zugrunde (*Streinz, Europarecht, Rn. 678*).

[300] *EuGH, Urt. v. 27.9.1988, Rs. 81/87 (Daily Mail), Slg. 1988, S. 5483, Rn. 16.*

[301] *EuGH, Urt. v. 27.9.1988, Rs. 81/87 (Daily Mail), Slg. 1988, S. 5483, Rn. 16.*

der Folge für direkt anwendbar erklärt, daß ihr entgegenstehende nationale Vorschriften unanwendbar sind[302]. Die unmittelbare Geltung besteht dabei nach den Ausführungen des EuGH unabhängig davon, ob Rechtsangleichungsmaßnahmen nach den Artikeln 44, 47 EG (Art. 54, 57 EGV) stattgefunden haben oder nicht[303]. Zudem hat der Gerichtshof in einer anderen richtungsweisenden Entscheidung geklärt, daß die unmittelbare Geltung nicht unter dem Vorbehalt des vorherigen Abschlusses eines völkerrechtlichen Abkommens nach Artikel 293 EG (Art. 220 EGV) steht[304].

Die viel zitierte Formulierung *Somit gewähren die Artikel 52 und 58 EWG-Vertrag den Gesellschaften nationalen Rechts kein Recht, den Sitz ihrer Geschäftsleitung unter Bewahrung ihrer Eigenschaft als Gesellschaften des Mitgliedstaats ihrer Gründung in einen anderen Mitgliedstaat zu verlegen*[305] täuscht leicht darüber hinweg, daß der Gerichtshof über eine materiellrechtliche Wegzugssperre zu entscheiden hatte und der Sitz der Geschäftsleitung als *effektiver Verwaltungssitz* international-gesellschaftsrechtlich allein das relevante Anknüpfungskriterium bei der Sitztheorie bildet, der die beteiligten Rechtsordnungen des Ausgangsverfahrens nicht folgten. Durch die Formulierung wird vielmehr die Grenze der negativen Integration im Bereich der Niederlassungsfreiheit bei Zugrundelegung des Diskriminierungsverbots als Überprüfungsmaßstab bestimmt.

Dafür spricht die der vorgenannten Begründungserwägung nachfolgende Passage, wonach *die Artikel 52 und 58 EWG-Vertrag beim derzeitigen Stand des Gemeinschaftsrechts einer Gesellschaft, die nach dem Recht eines Mitgliedstaats gegründet ist und in diesem ihren satzungsmäßigen Sitz hat, nicht das Recht gewähren, den Sitz ihrer Geschäftsleitung in einen anderen Mitgliedstaat zu verlegen*[306]. Denn hier wird nur das erste in Artikel 48 Absatz 1 EG (Art. 58 Abs. 1 EGV) aufgeführte Kriterium des satzungsmäßigen Sitzes genannt, welches allein bei der Gründungstheorie, nicht aber bei der Sitztheorie als relevantes Anknüpfungskriterium dient und im übrigen bei allen juristischen Personen, die nach dem Recht eines Mitgliedstaats gegründet wurden, zu bejahen ist, unabhängig davon, ob ein Mitgliedstaat auf kollisionsrechtlicher Ebene der Sitz- oder der Gründungstheorie folgt. Keine Erwähnung finden die Kriterien der Hauptverwaltung und der Hauptniederlassung, die gleichfalls in Artikel 48 Absatz 1 EG (Art. 58 Abs. 1 EGV) aufgeführt werden. Auch der erste Entscheidungstenor des Urteils erwähnt mit dem

---

[302] Vgl. hierzu bereits: *Kapitel 4 B. I.*

[303] *EuGH, Urt. v. 21.6.1974, Rs. 2/74 (Reyners), Slg. 1974, S. 631, Rn. 29/31*; vgl. hierzu auch: *Kapitel 4 B. I.*

[304] *EuGH, Urt. v. 28.1.1986, Rs. 270/83 (Kommission ./. Frankreich), Slg. 1986, S. 273, Rn. 26.*

[305] *EuGH, Urt. v. 27.9.1988, Rs. 81/87 (Daily Mail), Slg. 1988, S. 5483, Rn. 24.*

[306] *EuGH, Urt. v. 27.9.1988, Rs. 81/87 (Daily Mail), Slg. 1988, S. 5483, Rn. 25.*
Aus der Formulierung wird in der Literatur vielfach gefolgert, der EuGH habe das nationale Gesellschaftskollisionsrecht – welches in der Formulierung nicht explizit angesprochen wird – aus der sachlichen Reichweite des Verbotstatbestands herausnehmen wollen (so etwa: *Ebke, RabelsZ 62 (1998), S. 195 (208 f.); Ebenroth/Eyles, DB 1989, S. 413 f.; W. H. Roth, ZGR 2000, S. 311 (323); Sandrock, BB 1999, S. 1337 (1338)*). Nach einer anderen Meinung ist die Unanwendbarkeit der Bestimmungen über die Niederlassungsfreiheit im kollisionsrechtlichen Bereich mit einem Vorrang des Internationalen Privatrechts zu begründen (*Kindler, NJW 1999, S. 1993 (1997)*).

satzungsmäßigen Sitz lediglich das erste in Artikel 48 Absatz 1 EG (Art. 58 Abs. 1 EGV) genannte, nicht jedoch alle drei dort aufgeführten und nach dem eindeutigen Wortlaut der Norm gleichwertigen Kriterien.

Gerade wenn der EuGH eine grundlegende Aussage zum Verhältnis von nationalem Kollisionsrecht zum Gemeinschaftsrecht hätte treffen wollen, so hätte er wohl auf alle drei Kriterien verwiesen. Greift aber der Gerichtshof mit dem satzungsmäßigen Sitz nur das erste in Artikel 48 Absatz 1 EG (Art. 58 Abs. 1 EGV) genannte Kriterium auf, das lediglich bei der Gründungstheorie, nicht aber bei der Sitztheorie als relevantes Anknüpfungskriterium dient, so macht dies deutlich, daß aufgrund des dem Ausgangsverfahren zugrunde liegenden Sachverhalts allein auf den persönlichen Geltungsbereich der Niederlassungsfreiheit für die Daily Mail and General Trust Plc. abgestellt wird. Es scheint gar, als habe der Gerichtshof, um Mißverständnissen durch eine zu weitreichende Interpretation vorzubeugen, bewußt nur das Kriterium des satzungsmäßigen Sitzes erwähnt. Dies wird durch den Umstand indiziert, daß der EuGH in seiner Spruchpraxis im Zusammenhang mit Artikel 48 EG (Art. 58 EGV) ansonsten in den Entscheidungsgründen regelmäßig alle drei in Artikel 48 Absatz 1 EG (Art. 58 Abs. 1 EGV) genannten Kriterien nennt oder aber pauschal bei Gesellschaften darauf verweist, daß sie der *Definition des Art. 58 des Vertrages* entsprechen müßten[307].

Wird damit sowohl im ersten Entscheidungstenor von *Daily Mail* als auch in der für dessen Verständnis auslegungsrelevanten Begründungspassage allein auf den satzungsmäßigen Sitz als eines der drei in Artikel 48 EG (Art. 58 EGV) aufgeführten Kriterien verwiesen, weil für die Gewährung von Rechten aus dem EG-Vertrag für juristische Personen zunächst einmal entscheidend ist, daß sie dem persönlichen Geltungsbereich der einschlägigen gemeinschaftsrechtlichen Bestimmung unterfallen, so wurde an dieser Stelle gerade nicht die Vereinbarkeit von Kollisionsrecht mit Gemeinschaftsrecht thematisiert.

Diese These bestätigt sich bei einer Gegenüberstellung des ersten Tenors der *Daily Mail*-Entscheidung – wonach *die Artikel 52 und 58 EWG-Vertrag (...) beim derzeitigen Stand des Gemeinschaftsrechts einer Gesellschaft, die nach dem Recht eines Mitgliedstaats gegründet ist und* ***in diesem ihren satzungsmäßigen Sitz hat****, nicht das Recht [gewähren], den Sitz ihrer Geschäftsleitung in einen anderen Mitgliedstaat zu verlegen* – mit dem Tenor des Urteils *Segers*, wonach die Art. 52 und 58 EWGV dahin auszulegen sind, *daß sie es nicht zulassen, daß die zuständi-*

---

[307] *EuGH, Urt. v. 16.7.1998, Rs. 264/96 (ICI), Slg. 1998, S. I-4695, Rn. 20 f.;* vgl. auch: *EuGH, Urt. v. 6.11.1984, Rs. 182/83 (Fearon), Slg. 1984, S. 3677, Rn. 8; EuGH, Urt. v. 28.1.1986, Rs. 270/83 (Kommission ./. Frankreich), Slg. 1986, S. 273, Rn. 18; EuGH, Urt. v. 10.7.1986, Rs. 79/85 (Segers), Slg. 1986, S. 2375, Rn. 13; EuGH, Urt. v. 13.7.1993, Rs. 330/91 (Commerzbank), Slg. 1993, S. I-4017, Rn. 13; EuGH, Urt. v. 17.6.1997, Rs. 70/95 (Sodemare), Slg. 1997, S. I-3395, Rn. 25; EuGH, Urt. v. 9.3.1999, Rs. 212/97 (Centros), Slg. 1999, S. I-1459, Rn. 19.*
Häufig wird auch darauf verwiesen, daß die in Artikel 48 EG (Art. 58 EGV) genannten Anknüpfungskriterien dieselbe Beziehung von einer Gesellschaft zu einer nationalen Rechtsordnung herstellten, wie die Staatsangehörigkeit bei natürlichen Personen (so etwa: *EuGH, Urt. v. 28.1.1986, Rs. 270/83 (Kommission ./. Frankreich), Slg. 1986, S. 273, Rn. 18; EuGH, Urt. v. 13.7.1993, Rs. 330/91 (Commerzbank), Slg. 1993, S. I-4017, Rn. 13*).

gen Stellen eines Mitgliedstaats dem Geschäftsführer einer Gesellschaft eine Leistung aufgrund einer nationalen Krankenversicherungsregelung nur aus dem Grund verweigern, weil die Gesellschaft nach den Rechtsvorschriften eines anderen Mitgliedstaats, ***in dem sie auch ihren Sitz hat****, gegründet wurde, auch wenn sie dort keine Geschäftstätigkeiten entfaltet*[308]. Denn auch in *Segers* ging es um eine nach englischem Recht gegründete Gesellschaft, die von der Gewährleistung der Niederlassungsfreiheit profitieren wollte, weshalb der Gerichtshof im Tenor nur das zur Eröffnung des persönlichen Geltungsbereichs der Niederlassungsfreiheit für diese Gesellschaft entscheidende Kriterium herausgriff. Gleiches gilt für den Tenor der *Centros*-Entscheidung[309].

In allen drei Entscheidungssätzen findet konsequenterweise nur dasjenige in Artikel 48 Absatz 1 EG (Art. 58 Abs. 1 EGV) genannte Kriterium Erwähnung, das für die entscheidungsrelevante Frage, ob der persönliche Geltungsbereich der Niederlassungsfreiheit von Gesellschaften im konkreten Fall eröffnet ist, erheblich war. Dabei handelte es sich nie um die Kriterien der Hauptverwaltung oder der Hauptniederlassung, sondern jeweils um das des satzungsmäßigen Sitzes, weil es in den zur Vorabentscheidung vorgelegten Sachverhaltskonstellationen stets um nach englischem Recht gegründete Gesellschaften ging, die sich auf das Recht der Niederlassungsfreiheit beriefen.

Im Umkehrschluß folgt daraus, daß der EuGH in keiner der drei vorgenannten Entscheidungen zur Vereinbarkeit der Sitztheorie mit dem Gemeinschaftsrecht Stellung genommen hat. Vielmehr ist die Beurteilung dieser Frage ein Schritt über *Daily Mail* sowie *Segers* und *Centros* hinaus, wobei *Daily Mail* keine weiterreichende Bedeutung zukommt als den beiden anderen Entscheidungen[310]. Auch weicht der Gerichtshof in *Daily Mail* nicht von seiner bis dahin gängigen Rechtsprechungslinie im Bereich der Niederlassungsfreiheit ab[311]. Folglich ist die in

---

308 *EuGH, Urt. v. 10.7.1986, Rs. 79/85 (Segers), Slg. 1986, S. 2375.*
Hervorhebungen jeweils durch Verfasser.

309 So lautet der erste Satz des Entscheidungstenors in *Centros*: *Ein Mitgliedstaat, der die Eintragung der Zweigniederlassung einer Gesellschaft verweigert, die in einem anderen Mitgliedstaat,* ***in dem sie ihren Sitz hat****, rechtmäßig errichtet worden ist, aber keine Geschäftstätigkeit entfaltet, verstößt gegen die Artikel 52 und 58 EG-Vertrag, wenn die Zweigniederlassung es der Gesellschaft ermöglichen soll, ihre gesamte Geschäftstätigkeit in dem Staat auszuüben, in dem diese Zweigniederlassung errichtet wird, ohne dort eine Gesellschaft zu errichten und damit das dortige Recht über die Errichtung von Gesellschaften zu umgehen, das höhere Anforderungen an die Einzahlung des Mindestgesellschaftskapitals stellt.*

310 So verweist *Everling* darauf, der Gerichtshof beschränke sich regelmäßig nur auf die Beantwortung der ihm vorgelegten Fragen, da er nicht davon ausgehe, daß es die Aufgabe von Gerichten sei, über den konkreten, auf einen Sachverhalt bezogenen Streitfall hinaus weitere Fragen zu beantworten oder gar Doktrinen zu entwickeln (*Everling, FS Lutter, S. 31 (40)*). Vgl. zu den Interpretationsproblemen bei *Daily Mail* und *Centros*: *Flessner, ZEuP 2000, S. 1 ff.*

311 Allerdings ist man aufgrund der Urteilsfassung der *Daily Mail*-Entscheidung und anderer Urteile zur Niederlassungsfreiheit geneigt, der Auffassung von *Everling* beizupflichten, wonach die Rechtsprechung des Gerichtshofs zur Niederlassungsfreiheit alles andere als deutlich sei und ihre letzte Form offensichtlich noch nicht gefunden habe (*Everling, DB 1990, S. 1853*). An anderer Stelle relativiert *Everling* die vorgenannte Aussage nur graduell, indem er attestiert, dem Gerichtshof sei es offenbar nicht durchweg gelungen, *seine Urteile als das Ergebnis rationaler Rechtsgewinnung (...) darzustellen* (*Everling, EuR 1994, S. 127 (129)*).

Daily Mail getroffene Aussage, daß *die Artikel 52 und 58 EWG-Vertrag beim derzeitigen Stand des Gemeinschaftsrechts einer Gesellschaft, die nach dem Recht eines Mitgliedstaats gegründet ist und in diesem ihren satzungsmäßigen Sitz hat, nicht das Recht [gewähren], den Sitz ihrer Geschäftsleitung in einen anderen Mitgliedstaat zu verlegen*, weit weniger spektakulär, als es zunächst einmal erscheinen mag. Das Urteil enthält allein eine Aussage zur gemeinschaftsrechtlichen Zulässigkeit materiellrechtlicher Wegzugssperren unter Zugrundelegung des Diskriminierungsverbots als Überprüfungsmaßstab[312].

Auch ein weiteres Argument spricht dafür, daß der EuGH sich in *Daily Mail* nicht zur Frage der Vereinbarkeit von Kollisionsrecht mit Gemeinschaftsrecht dergestalt geäußert hat, daß er die Niederlassungsfreiheit für Gesellschaften generell oder aber auf die sekundäre Niederlassungsfreiheit beschränkt hätte[313]. Denn im Zusammenhang mit der Anwendbarkeit der Niederlassungsfreiheit auf Gesellschaften verweist er stets ohne Einschränkung darauf, daß sich Gesellschaften im Sinne des Artikels 48 EG (Art. 58 EGV) genauso wie natürliche Personen auf diese berufen könnten[314]. Hätte der Gerichtshof eine so entscheidende Einschränkung wie eine Beschränkung der Niederlassungsfreiheit auf das Recht der sekundären Niederlassungsfreiheit vorgenommen, so wäre diese Formulierung nicht haltbar. Dies deutet im Umkehrschluß darauf, daß es Beschränkungen der Niederlassungsfreiheit für Gesellschaften, welche dazu führen würden, daß sie von dieser Grundfreiheit weniger profitieren könnten als natürliche Personen, nicht gibt[315].

Bestätigt wird diese Auffassung bei einer Analyse der Rechtsprechung des Gerichtshofs zur Dienstleistungsfreiheit. Denn wie der EuGH betont, kann die Dienstleistungsfreiheit nicht nur von Staatsangehörigen der Mitgliedstaaten mit Sitz in einem anderen Mitgliedstaat als dem des Dienstleistungsnehmers in Anspruch genommen werden, sondern auch von einem Unternehmen, sofern die Leistungen gegenüber Dienstleistungsnehmern erbracht werden, die in einem anderen Mitgliedstaat ansässig sind[316]. Dies bedeutet, daß auch in der Rechtsprechung des Gerichtshofs zur Dienstleistungsfreiheit Gesellschaften im Sinne des

---

[312] Auch nach *Everling* kommt der *Daily Mail*-Entscheidung allein für die Auswanderungsfreiheit Bedeutung zu (*DB 1990, S. 1853 (1856), Fn. 24;* vgl. auch: *Meilicke, DB 1999, S. 627; Leible, NZG 1999, S. 724 (739); Forsthoff, EuR 2000, S. 167 (177 f.)*).

[313] Vgl. zu dieser These: *Ebke, RabelsZ 62 (1998), S. 195 (208);* a.A.: *Halbhuber, Limited Company statt GmbH?, Europarechtlicher Rahmen und deutscher Widerstand, S. 38, 55.*

[314] *Vgl. Kapitel 4 C.*

[315] Auch die Begründungserwägungen in *Segers* sind in diesem Zusammenhang von Bedeutung. Nach Auffassung des Gerichtshofs ist hervorzuheben, *daß im Falle einer Gesellschaft ihr Sitz im angegebenen Sinn, ebenso wie die Staatsangehörigkeit bei natürlichen Personen, dazu dient, ihre Zugehörigkeit zur Rechtsordnung eines Mitgliedstaats zu bestimmen. Eine Gesellschaft, die nach den Rechtsvorschriften eines anderen Mitgliedstaats errichtet worden ist (...), kann von der Anwendung des oben genannten Grundsatzes nicht ausgenommen werden.* Denn Artikel 48 EG (Art. 58 EGV) würde ausgehöhlt, wenn man es zuließe, *daß der Niederlassungsstaat ungehindert eine ungleiche Behandlung allein deshalb vornehmen kann, weil sich der Sitz einer Gesellschaft in einem anderen Mitgliedstaat befindet* (*EuGH, Urt. v. 10.7.1986, Rs. 79/85 (Segers), Slg. 1986, S. 2375, Rn. 13 f.*).

[316] *EuGH, Urt. v. 26.2.1991, Rs. 154/89 (Kommission ./. Frankreich), Slg. 1991, S. I-659, Rn. 9 f.; EuGH, Urt. v. 14.7.1994, Rs. 379/92 (Peralta), Slg. 1994, S. I-3453, Rn. 41; EuGH, Urt. v. 5.10.1994, Rs. 381/93 (Kommission ./. Frankreich), Slg. 1994, S. I-5145, Rn. 14.*

Artikels 48 EG (Art. 58 EGV) über die Verweisungsbestimmung des Artikels 55 EG (Art. 66 EGV) einschränkungslos mit natürlichen Personen gleichgestellt werden, welche die Staatsbürgerschaft eines Mitgliedstaats der Gemeinschaft besitzen. Da Artikel 55 EG (Art. 66 EGV) die Regelung des Artikels 48 EG (Art. 58 EGV) auch für die Bestimmung des persönlichen Geltungsbereichs der Dienstleistungsfreiheit für anwendbar erklärt, ist davon auszugehen, daß letztere Bestimmung im Zusammenhang mit der Dienstleistungsfreiheit nicht anders ausgelegt werden kann als im Bereich der Niederlassungsfreiheit. Hieraus folgt, daß der Gerichtshof offensichtlich nicht von einer Beschränkung des persönlichen Geltungsbereichs der Grundfreiheiten bei Gesellschaften ausgeht.

Zwar läßt sich gegen diese Schlußfolgerung einwenden, die Dienstleistungsfreiheit entspreche funktional der sekundären Niederlassungsfreiheit[317], weshalb sich Grundsätze hinsichtlich der Reichweite der Dienstleistungsfreiheit von Gesellschaften nur auf den Bereich der sekundären Niederlassungsfreiheit übertragen ließen. Dieser Einwand findet allerdings in der Rechtsprechung des EuGH keinen Halt, da der Gerichtshof – wie dargelegt – der Differenzierung zwischen primärer und sekundärer Niederlassungsfreiheit bei Gesellschaften mangels Berücksichtigung des Ansässigkeitserfordernisses bei fehlender Drittstaatenproblematik keine Bedeutung beimißt[318]. All dies gibt Anlaß zu der Folgerung, daß der Gerichtshof in *Daily Mail* entsprechend seiner ständigen Spruchpraxis einen konkreten Sachverhalt aus gemeinschaftsrechtlicher Sicht gewürdigt hat, so daß sich aus der Entscheidung nicht rechtsdogmatische Grundsätze – wie das Verhältnis von Internationalem Gesellschaftsrecht zum Gemeinschaftsrecht – ableiten lassen.

IV. Folgerungen

Die hier vertretene Auffassung vermag schlüssig zu erklären, warum die *Daily Mail*-Entscheidung in dem Urteil *Centros* keine Erwähnung fand und auch in *Daily Mail* nicht auf die zeitlich frühere *Segers*-Entscheidung verwiesen wurde. Denn weder ist der EuGH in *Daily Mail* von Grundsätzen der Entscheidung *Segers* abgewichen noch in *Centros* von Grundsätzen, die vermeintlich zuvor in

---

[317] Vgl. hierzu: *Drobnig, in: v. Bar (Hrsg.), Europäisches Gemeinschaftsrecht und Internationales Privatrecht, S. 185 (186)*; *Loussouran, RTD eur. 1990, S. 229 (232); ders., Rev. Jur. Comm. 1990, S. 145 (149)*.

[318] *Vgl. Kapitel 4 D. III.*
Zudem verweist der Gerichtshof in seiner *Centros*-Entscheidung zur sekundären Niederlassungsfreiheit von Gesellschaften auf seine ständige Rechtsprechung zu den allgemeinwohlbezogenen Rechtfertigungsgründen für Beschränkungen der Niederlassungsfreiheit (*EuGH, Urt. v. 9.3.1999, Rs. 212/97 (Centros), Slg. 1999, S. I-1459, Rn. 34*). Dabei führt er die Entscheidungen *Kraus* und *Gebhard* (*EuGH, Urt. v. 31.3.1993, Rs. 19/92 (Kraus), Slg. 1993, S. I-1663, Rn. 32; EuGH, Urt. v. 30.11.1995, Rs. 55/94 (Gebhard), Slg. 1995, S. I-4165, Rn. 37*) an, bei denen es um die primäre Niederlassungsfreiheit natürlicher Personen ging. Auch dies spricht dafür, daß der Gerichtshof grundsätzlich von einer einheitlichen Bestimmung der Reichweite von primärer und sekundärer Niederlassungsfreiheit ausgeht (*Ebke, RabelsZ 62 (1998), S. 195 (208)*), wobei es wiederum an einer Differenzierung zwischen natürlichen und juristischen Personen fehlt, die aber erforderlich wäre, wenn die Gewährleistungen für beide Gruppen der Niederlassungsberechtigten unterschiedlich weitreichend sein sollen.

Daily Mail aufgestellt wurden[319]. Zudem hat der Gerichtshof in *Daily Mail* zu einer Wegzugsproblematik im Bereich der primären Niederlassungsfreiheit Stellung genommen, wohingegen die beiden anderen Entscheidungen Zuzugsfälle zum Gegenstand hatten. In *Daily Mail* konnte im Ergebnis keine Verletzung des Gemeinschaftsrechts durch den Gerichtshof bejaht werden, weil das Diskriminierungsverbot nationalen, nichtdiskriminierenden Wegzugssperren nicht entgegensteht[320]. Bei Zuzugsbeschränkungen greift indes bereits das Diskriminierungsverbot, wie der Fall *Segers* anschaulich gezeigt hat.

In diesem Zusammenhang ist erneut darauf zu verweisen, daß *Centros* im Vergleich zu *Segers* bei der Überprüfung am Maßstab des Gemeinschaftsrechts lediglich insoweit Unterschiede aufweist, als es sich in *Centros* auf der Tatbestandsebene um eine indirekte Diskriminierung durch die dänische Eintragungspraxis handelte und bei der Prüfung von Rechtfertigungsgründen nicht allein auf die in Artikel 46 EG (Art. 56 EGV) genannten Rechtfertigungsgründe zurückgegriffen wurde, sondern auch unbenannte Rechtfertigungsgründe geprüft wurden. Bei *Segers* lag indes eine direkte Diskriminierung der nach englischem Recht gegründeten Gesellschaft vor, so daß der Gerichtshof nur das Vorliegen von Rechtfertigungsgründen nach Artikel 46 EG (Art. 56 EGV) prüfte.

V. Kritische Betrachtung der bisherigen Urteilsinterpretationen von *Daily Mail*

Ausgehend von der hier vertretenen Interpretation der *Daily Mail*-Entscheidung soll nachfolgend unter Berücksichtigung des Urteils *Centros* eine Bewertung verschiedener Thesen vorgenommen werden, die im Zusammenhang mit *Daily Mail* aufgestellt wurden. Dabei steht die Frage im Vordergrund, ob die entsprechenden Auffassungen zum Verhältnis von Gemeinschaftsrecht zu den mitgliedstaatlichen Internationalen Gesellschaftsrechten haltbar sind.

---

[319] A.A. *Kieninger*, die davon ausgeht, die der *Centros*-Entscheidung zugrunde liegende Fallgestaltung hätte im Rahmen der primären Niederlassungsfreiheit und damit unter Berücksichtigung des Urteils in der Rechtssache *Daily Mail* gewürdigt werden müssen (*ZGR 1999, S. 724 (738 f.);* ihr folgend: *Bachner/Winner, GesRZ 2000, S. 73 (78)*). Auch andere Autoren sehen in der *Centros*-Entscheidung eine Abweichung von den zuvor in *Daily Mail* aufgestellten Grundsätzen (so etwa: *Behrens, EuZ 1999, S. 78 (79)*). Wer jedoch die Auffassung vertritt, *Centros* habe die *Daily Mail*-Entscheidung – wenn auch nur für den Bereich der sekundären Niederlassungsfreiheit – eingeschränkt, der müßte konsequenterweise vertreten, daß der EuGH zuvor bereits durch die *Daily Mail*-Entscheidung die in *Segers* aufgestellten Grundsätze revidiert habe. Hierfür gibt es jedoch in den Entscheidungen des EuGH keine Anhaltspunkte, da weder in *Daily Mail* auf *Segers*, noch in *Centros* auf *Daily Mail* verwiesen wird. Daher ist die These, durch *Centros* würden in *Daily Mail* getroffene Feststellungen zumindest teilweise revidiert, nicht haltbar.

[320] So betonte Generalanwalt *Mayras* bereits in den Schlußanträgen der Rechtssache *Reyners*, bei der Niederlassungsfreiheit handele es sich *weniger um die Freiheit der Niederlassung als um das Recht auf Gleichbehandlung bei der beruflichen Niederlassung, das heißt um ein Verbot jeder unmittelbaren oder verschleierten Diskriminierung aus Gründen der Staatsangehörigkeit* (*Generalanwalt Mayras, Schlußanträge v. 28.5.1974, Slg. 1974, S. 657 (660)*).

1) Vorrang des Internationalen Gesellschaftsrechts der Mitgliedstaaten vor Gemeinschaftsrecht?

Häufig wird mit unterschiedlicher Begründung die Auffassung vertreten, der EuGH habe in *Daily Mail* die Internationalen Gesellschaftsrechte der Mitgliedstaaten einer Kontrolle durch das Gemeinschaftsrecht entziehen wollen[321]. So liege etwa der *Daily Mail*-Entscheidung *die Konzeption eines Vorrangs des nationalen IPR zugrunde*, da die Niederlassungsfreiheit nicht vorschreibe, *ob das nationale IPR an Verwaltungssitz oder Gründungsort/-recht anzuknüpfen hat*[322].

Dieser Auffassung ist nicht zu folgen. Denn in *Daily Mail* ging es um eine steuerrechtliche Wegzugssperre in Form eines Zustimmungserfordernisses für den Fall, daß der Verwaltungssitz als steuerrechtlich relevanter Anknüpfungspunkt für eine Steuerpflichtigkeit ins Ausland verlegt wird, nicht aber um kollisionsrechtliche Anknüpfungen des Internationalen Gesellschaftsrechts, da sowohl Großbritannien als auch die Niederlande als beteiligte Rechtsordnungen der Gründungstheorie folgten[323]. Die Errichtung einer Niederlassung als Produktionsstandort und die

---

[321] So die gängige Auffassung, vgl. etwa: *Ebenroth/Auer, GmbHR 1994, S. 16 (19 f.); Habersack, Europäisches Gesellschaftsrecht, Rn. 12; Kindler, NJW 1999, S. 1993 (1996 ff.); Ebke, JZ 1999, S. 656 (660); W. H. Roth, RabelsZ 55 (1991), S. 623 (647); ders., ZGR 2000, S. 311 (323 ff.); Brödermann, in: Brödermann/Iversen, Europäisches Gemeinschaftsrecht und Internationales Privatrecht, Rn. 256 f.; Drobnig, in: v. Bar (Hrsg.), Europäisches Gemeinschaftsrecht und Internationales Privatrecht, S. 185 (204 ff.); Kreuzer, in: Müller-Graff, Gemeinsames Privatrecht in der Europäischen Gemeinschaft, S. 457 (515);* für die Rechtsprechung: *BayObLG, DB 1992, S. 1400 f.; OLG Hamm, DB 1997, S. 1865; BayObLG, DB 1998, S. 2318.*
So argumentiert beispielsweise *W. H. Roth*, der EuGH habe in *Daily Mail* die *sachliche Reichweite des Verbotstatbestandes konkretisiert, mit der Folge, daß sich das nationale Gesellschaftskollisionsrecht insoweit als unangreifbar erweist* (*W. H. Roth, ZGR 2000, S. 311 (323)*). *W. H. Roth* begründet dies damit, *Daily Mail* handele von *der Verlegung des Sitzes der Geschäftsleitung als Anknüpfungspunkt für das anwendbare Recht, nicht aber von der davon strikt zu trennenden Frage der Centros-Entscheidung, ob in einem anderen Staat als dem Inkorporationsstaat eine Niederlassung gegründet werden kann. Errichtung einer Niederlassung als Produktionsstandort und Verlegung der Geschäftsleitung als IPR-relevanter Anknüpfungspunkt sind zweierlei* (*W. H. Roth, ZGR 2000, S. 311 (314)*). Und weiter heißt es bei *W. H. Roth* an anderer Stelle: *In other words: the connecting factors referred to in Article 48 cannot be regarded as a prohibited restriction under Articles 43 and 48* (*W. H. Roth, C.M.L.Rev. 2000, S. 147 (153)*). Nach *W. H. Roth* ist daher zwar der Statutenwechsel selbst dem Beschränkungsverbot der Niederlassungsfreiheit entzogen, nicht aber die *materiellrechtlichen Regelungen, die – über den Statutenwechsel hinausgehend – einen Umzug in Europa erschweren* (*ZGR 2000, S. 311 (325)*).

[322] *Bungert, DB 1999, S. 1841 (1842).*

[322] In diese Richtung auch: *Kindler, NJW 1999, S. 1993 (1997); Koch, NJW 1992, S. 404 (412); Münch-Komm-Sonnenberger, Bd. 10, Einl. IPR, Rn. 149 f.; Sonnenberger/Großerichter, RIW 1999, S. 721 (726); Habersack, Europäisches Gesellschaftsrecht, Rn. 13 f.; Hailbronner/Klein/Magiera/Müller-Graff, Handkommentar zum Vertrag über die Europäische Union, Art. 58, Rn. 15; Klinke, ZGR 1993, S. 1 (7); Großfeld, WM 1992, S. 2121 (2123).*

[323] So lautet die Randnummer 3 der *Daily Mail*-Entscheidung: *Nach den Akten gestattet es das britische Gesellschaftsrecht einer Gesellschaft wie der Klägerin, die nach britischem Recht gegründet wurde und im Vereinigten Königreich ihren satzungsmäßigen Sitz (registered office) hat, ihre Geschäftsleitung außerhalb des Vereinigten Königreichs einzurichten, ohne ihre Rechtspersönlichkeit oder ihre Eigenschaft als Gesellschaft britischen Rechts zu verlieren.* Und weiter heißt es unter Randnummer 6: *Deren Recht [gemeint sind die Niederlande] steht der dortigen Einrichtung der*

Verlegung der Geschäftsleitung sind nur aus Sicht derjenigen Staaten als IPR-relevanter Anknüpfungspunkt von Bedeutung, die der Sitztheorie folgen, nicht aber aus Sicht solcher Staaten, die in ihrem Internationalen Gesellschaftsrecht von der Gründungstheorie ausgehen[324] und nur bedingt aus gemeinschaftsrechtlicher Sicht[325].

Entscheidend ist, daß eine Gesellschaft zunächst wirksam nach dem Recht eines Mitgliedstaats entsteht und ihren satzungsmäßigen Sitz, ihre Hauptverwaltung oder ihre Hauptniederlassung innerhalb der Gemeinschaft hat, wie unmittelbar aus dem Wortlaut von Artikel 48 EG (Art. 58 EGV) folgt. Ist eine juristische Person nach dem Recht eines Mitgliedstaats wirksam errichtet worden und erfüllt sie eines der vorgenannten Kriterien, was immer bejaht werden kann, da sich der satzungsmäßige Sitz von nach dem Recht eines Mitgliedstaats gegründeten Gesellschaften stets innerhalb dieses Mitgliedstaats befinden muß[326], so kann nicht unter Verweis darauf, diese Rechtsfähigkeit werde nach dem Recht eines anderen Mitgliedstaats nicht anerkannt, der Schutz des Gemeinschaftsrechts wieder aufgehoben werden. Denn Artikel 48 EG (Art. 58 EGV), der allein den persönlichen Geltungsbereich der Niederlassungsfreiheit für Gesellschaften regelt[327], formuliert eine umfängliche Verweisung auf die Bestimmungen des EG-Vertrags zur Niederlassungsfreiheit.

Zudem läßt der Verweis des Gerichtshofs in Randnummer 20 der *Centros*-Entscheidung auf die alternativen Anknüpfungskriterien des satzungsmäßigen Sitzes, der Hauptverwaltung oder der Hauptniederlassung, der wortgleich mit einer entsprechenden Passage unter Randnummer 21 der *Daily Mail*-Entscheidung ist, sowie der Verweis auf die Parallele zwischen der Staatsangehörigkeit natürlicher und juristischer Personen nicht den Schluß zu, der EuGH wolle die Vereinbarkeit von Kollisionsrecht mit Gemeinschaftsrecht unangetastet lassen[328]. Zwar verhält

---

Geschäftsleitung von Gesellschaften ausländischen Rechts nicht entgegen (EuGH, Urt. v. 27.9.1988, Rs. 81/87, Slg. 1988, S. 5483).

[324] *Vgl. Kapitel 2 B. III.*

Werden die Urteile des EuGH bei einer Betrachtung aus nationaler Sichtweise gegenübergestellt, so kommt diese Auffassung nicht umhin, dem Gerichtshof bei dadurch entstehenden vermeintlichen Widersprüchen zwischen einzelnen Judikaten ein fehlendes Verständnis der zugrundeliegenden Problematik zu unterstellen. *Everling* betont zu Recht, aufgrund des Vorrangs der einheitlichen Anwendung des Gemeinschaftsrechts könnten nationale Besonderheiten einzelner Rechtsordnungen, auch wenn aus ihnen das zu entscheidende Vorabentscheidungsersuchen stamme, nur sehr bedingt berücksichtigt werden, weshalb es verfehlt sei, Urteile des EuGH nur vom Standpunkt der jeweils eigenen Rechtsordnung aus zu beurteilen (*Everling, FS Lutter, S. 31 (40)*).

[325] Artikel 48 EG (Art. 58 EGV) enthält mit dem *satzungsmäßigen Sitz*, der *Hauptverwaltung* und der *Hauptniederlassung* drei Kriterien, die grundsätzlich gleichwertig nebeneinander stehen, so daß bereits das Vorliegen eines dieser Kriterien für die Eröffnung des Geltungsbereichs der Vorschriften über die Niederlassungsfreiheit für Gesellschaften ausreicht, sofern sie nach den Rechtsvorschriften eines Mitgliedstaats der Gemeinschaft wirksam gegründet wurden und von Artikel 48 Absatz 2 EG (Art. 58 Abs. 2 EGV) erfaßt werden.

[326] *Kreuzer, Die grenzüberschreitende Mobilität von Gesellschaften im Gemeinsamen Markt, S. 15; Behrens, ZGR 1994, S. 1 (5); ders., EuZ 1999, S. 78.*

[327] Vgl.: *Kapitel 4 C.*

[328] So aber: *Kindler, NJW 1999, S. 1993 (1998).*

sich das Gemeinschaftsrecht zu Fragen der *Staatsangehörigkeit* natürlicher und juristischer Personen grundsätzlich neutral. Dies ist aber nicht entscheidend.

Wurde durch einen Mitgliedstaat einer natürlichen oder juristischen Person die *Staatsangehörigkeit* verliehen, so muß diese Entscheidung von den anderen Mitgliedstaaten grundsätzlich anerkannt und darf folglich nicht negiert werden, um sie dem persönlichen Geltungsbereich einer gemeinschaftsrechtlichen Gewährleistung wieder zu entziehen[329]. Ansonsten stünde es im Belieben der einzelnen Mitgliedstaaten, die einheitliche Tragweite gemeinschaftsrechtlicher Gewährleistungen zu unterlaufen. Zudem ist es als eine wesentlich stärkere Diskriminierung

---

[329] Denn für nach den Rechtsvorschriften eines Mitgliedstaats gegründete Gesellschaften, die ihren satzungsmäßigen Sitz, ihre Hauptverwaltung oder ihre Hauptniederlassung innerhalb der Gemeinschaft haben, ist der Sitz in dem vorgenannten Sinne mit der Staatsangehörigkeit bei natürlichen Personen gleichzusetzen, die dazu dient, ihre Zugehörigkeit zur Rechtsordnung eines Staates zu bestimmen (*EuGH, Urt. v. 28.1.1986 (Kommission ./. Frankreich), Slg. 1986, S. 273, Rn. 18; EuGH, Urt. v. 13.7.1993, Rs. 330/91 (Commerzbank), Slg. 1993, S. I-4017, Rn. 13; EuGH, Urt. v. 15.5.1997, Rs. 250/95 (Futura & Singer), Slg. 1997, S. I-2471, Rn. 24; EuGH, Urt. v. 16.7.1998, Rs. 264/96 (ICI), Slg. 1998, S. I-4695, Rn. 20*).
Nicht zuzustimmen ist *Kindlers* These, der EuGH zwinge durch sein großherziges Verständnis der Niederlassungsfreiheit *die Gründungstheorie-Staaten dazu, die – im Centros-Fall deutlich hervorgetretenen – Schutzdefizite ihrer Anknüpfungsregel bis zur bitteren Neige auszukosten*, während er davon ausgeht, das Urteil habe *keine unmittelbaren Auswirkungen auf die rechtliche Behandlung von Scheinauslandsgesellschaften durch Sitztheorie-Staaten* (*Kindler, NJW 1999, S. 1993 (1999)*). Nach *Kindlers* Auffassung wird durch die *Centros*-Entscheidung für Staaten, die der Gründungstheorie folgen, *eine "Rückfahrkarte" zum Recht des tatsächlichen Verwaltungssitzes der Gesellschaft* auch bei einer offen erklärten Umgehungsabsicht nicht ausgestellt, so daß die Niederlassungsfreiheit in diesen Fällen die Umgehungsabsicht legitimiere (*Kindler, NJW 1999, S. 1993 (1999)*). Hierdurch stellt sich *Kindler* in Widerspruch zu seiner zuvor vertretenen – und hier geteilten – Auffassung, wonach Kollisionsrecht reines Verweisungsrecht ist. So führt *Kindler* an anderer Stelle aus: *Wie jede andere Kollisionsnorm bezeichnet die Sitzanknüpfung lediglich das anwendbare Recht (Art. 3 I 1 EGBGB). Diese Zusammenhänge werden von den Vertretern der Gründungstheorie häufig verkannt* (*Kindler, NJW 1999, S. 1993 (1994)*). Wenn die Sitztheorie wie jede andere Kollisionsnorm zu behandeln ist, so läßt sich nicht schlüssig begründen, warum materiellrechtliche Vorschriften im Bereich des Gesellschaftsrechts derjenigen Mitgliedstaaten, die im Internationalen Gesellschaftsrecht der Gründungstheorie folgen, anders zu behandeln sind als materiellrechtliche Vorschriften im gesellschaftsrechtlichen Bereich derjenigen Mitgliedstaaten, welche der Sitztheorie folgen. In diesem Zusammenhang ist an die Schlußanträge von Generalanwalt *Darmon* zu *Daily Mail* zu erinnern, wo der Generalanwalt treffend in Form eines Understatements ausführte, daß nicht sein kann, was nicht sein darf: *Es wäre paradox, wenn ein Staat, der die Liquidierung nicht fordert, gemeinschaftsrechtlich hinsichtlich seiner Steueransprüche benachteiligt würde, wo doch sein Gesellschaftsrecht den gemeinschaftlichen Zielen auf dem Gebiet des Niederlassungsrechts entspricht* (*Schlußanträge des Generalanwalts Darmon vom 7. Juni 1988 in der Rs. 81/87 (Daily Mail), Slg. 1988, S. 5483, Rn. 13;* in diese Richtung auch: *Leible, NZG 2001, S. 460 (461)*).
Der Auffassung von *Kindler* folgt im Ergebnis *W. H. Roth* (*C.M.L.Rev. 2000, S. 147 (154)*): *Member States that follow the incorporation theory are left with a regulative dilemma: they will have to extend creditor protection regulations also to foreign companies that conduct some business in the State of incorporation in order to evade the reproach of inconsistency; or they may switch to the real seat criterion.* Dem widerspricht *Zimmer* mit dem Hinweis, der EuGH habe in der *Centros*-Entscheidung keine Differenzierung dergestalt herbeiführen wollen, daß diejenigen Staaten, die der Sitztheorie folgen, weiterhin ohne Einschränkungen diese Anknüpfung praktizieren dürften, während all diejenigen Mitgliedstaaten, welche der Gründungstheorie folgten, ohne Einschränkung zur Gewährung der Niederlassungsfreiheit verpflichtet seien (*Zimmer, ZHR 164 (2000), S. 23 (31 ff.)*).

anzusehen, wenn die eigenständige Rechtspersönlichkeit einer Gesellschaft nicht anerkannt wird als wenn sie *lediglich* ungleich behandelt wird.

In diesem Zusammenhang ist eine Feststellung des Gerichtshofs von zentraler Bedeutung, die sich in der *Daily Mail*-Entscheidung findet, wonach *zunächst im Einklang mit einer ständigen Rechtsprechung des Gerichtshofes darauf hinzuweisen [ist], daß die Niederlassungsfreiheit eine der grundlegenden Vorschriften der Gemeinschaft darstellt und daß die entsprechenden Bestimmungen des EWG-Vertrags seit dem Ablauf der Übergangszeit unmittelbar anwendbar sind. Diese Bestimmungen gewähren das Recht auf Niederlassung in einem anderen Mitgliedstaat nicht nur den Gemeinschaftsbürgern, sondern auch den in Artikel 58 bezeichneten Gesellschaften*[330]. Diese Formulierung entspricht inhaltlich den in *Reyners* getroffenen Feststellungen, wonach es sich beim Grundsatz der Inländerbehandlung um einen der zentralen Grundsätze der Gemeinschaft handelt, der seinem Wesen nach geeignet ist, von den Angehörigen der Mitgliedstaaten unmittelbar geltend gemacht zu werden[331]. Damit knüpft der EuGH in *Daily Mail* hinsichtlich der Niederlassungsfreiheit von Gesellschaften ohne Einschränkungen an diejenigen allgemeinen Prinzipien an, die er bereits in der Grundsatzentscheidung *Reyners* aufgestellt hatte. Wenn der EuGH einen Vorrang des Internationalen Gesellschaftsrechts der Mitgliedstaaten hätte statuieren wollen, hätte er die erfolgte Gleichstellung von Gesellschaften und natürlichen Personen gerade nicht vornehmen können[332].

Auch aus nationaler Sicht ist die These eines Vorrangs des Internationalen Gesellschaftsrechts vor Gemeinschaftsrecht nicht zu halten. So bleiben nach Artikel 3 Absatz 2 Satz 2 EGBGB *Regelungen in Rechtsakten der Europäischen Gemeinschaft* unberührt und gehen damit den Bestimmungen der Artikel 3 ff. EGBGB vor. Die Bestimmung, die sich an Artikel 20 des EG-Schuldvertragsübereinkommens anlehnt, besitzt aufgrund des gemeinschaftsrechtlichen Anwendungsvorrangs allein deklaratorischen Charakter, wie sich auch aus den Gesetzgebungsmotiven ergibt[333]. Sie verdeutlicht aber, daß nationales deutsches Kollisionsrecht bereits von sich aus keinen Vorrang vor Gemeinschaftsrecht beansprucht. Auch wenn das Internationale Gesellschaftsrecht in Deutschland nicht kodifiziert ist, so kann doch kein Zweifel daran bestehen, daß Artikel 3 Absatz 2 Satz 2 EGBGB auch im Hinblick auf die Sitztheorie beachtlich ist[334].

Zudem trägt die Annahme, der Gerichtshof habe Teile der mitgliedstaatlichen Rechtsordnungen einer Kontrolle durch das Gemeinschaftsrecht entziehen wollen, der rein kassatorischen Funktion der Rechtsprechung des Gerichtshofs im Bereich der Grundfreiheiten und der starken Fallbezogenheit der jeweiligen Urteilsbegrün-

---

[330] *EuGH, Urt. v. 27.9.1988, Rs. 81/87 (Daily Mail), Slg. 1988, S. 5483, Rn. 15.*

[331] *EuGH, Urt. v. 21.6.1974, Rs. 2/74 (Reyners), Slg. 1974, S. 631, Rn. 24/28.*

[332] Vgl. bereits zur Gleichstellung von Gesellschaften mit natürlichen Personen: *Kapitel 4 C.*

[333] *BT-Drucks. 10/5632, S. 39.*

[334] Auch *Grothe* bejaht eine Kontrolle nationalen Kollisionsrechts am Maßstab des Gemeinschaftsrechts unter Verweis auf den gemeinschaftsrechtlichen Anwendungsvorrang und die Regelung in Artikel 3 Absatz 2 Satz 2 EGBGB (*Grothe, Die «ausländische Kapitalgesellschaft & Co.», S. 125*).

dungen[335] nicht hinreichend Rechnung. Denn der EuGH stellt durch eine rechtliche Würdigung konkreter Sachverhalte fest, ob im Einzelfall ein Verstoß gegen Gemeinschaftsrecht gegeben ist oder nicht. Selbst wenn ein solcher Verstoß bejaht wird, schreibt der Gerichtshof dem jeweiligen Mitgliedstaat nicht vor, wie ein gemeinschaftsrechtskonformer Zustand herzustellen ist[336]. Daher läßt sich aus Einzelentscheidungen in der Regel auch keine Dogmatik ableiten. Es besteht lediglich eine Vermutung dahingehend, daß ein vergleichbarer Sachverhalt entsprechend entschieden wird. Allgemeine Rechtsgrundsätze lassen sich aus der Rechtsprechung des Gerichtshofs nur dann entnehmen, wenn er in einer Entscheidung explizit eine Rechtsfrage klärt[337] oder wenn er sich in einer Mehrzahl von Entscheidungen zu einer Rechtsfrage nach einheitlichen Grundsätzen geäußert hat[338].

Nicht zuletzt steht die Auffassung, die Internationalen Gesellschaftsrechte der Mitgliedstaaten seien einer gemeinschaftsrechtlichen Kontrolle entzogen, in Widerspruch zu den Grundsätzen der Autonomie, des Vorrangs und der unmittelbaren Wirkung des Gemeinschaftsrechts.

Der elementare Grundsatz der Autonomie des Gemeinschaftsrechts wurde vom Gerichtshof bereits in seiner frühen Rechtsprechung entwickelt. So hat der EuGH

---

335 Vgl. hierzu: *Everling, FS Lutter, S. 31 (40 ff.).*

336 Vgl. hierzu bereits: *Kapitel 2 B. I.*

337 Vgl. folgende Entscheidungen, in denen der Gerichtshof seine Rechtsprechung geändert hat: *EuGH, Urt. v. 22.5.1990, Rs. 70/88 (Parlament ./. Rat), Slg. 1990, S. I-2041, Rn. 12 ff.; EuGH, Urt. v. 17.10.1990, Rs. 10/89 (Sucal ./. Hag), Slg. 1990, S. I-3711, Rn. 10; EuGH, Urt. v. 24.11.1993, Verb. Rs. 267/91 und 268/91 (Keck & Mithouard), Slg. 1993, S. I-6097, Rn. 16.*
So führte der Gerichtshof beispielsweise in *Keck* aus, entgegen der bisherigen Rechtsprechung seien nationale Bestimmungen im Sinne von Verkaufsmodalitäten nicht geeignet, den Handel zwischen den Mitgliedstaaten im Sinne der *Dassonville*-Formel zu behindern, sofern sie nichtdiskriminierend seien (*EuGH, Urt. v. 24.11.1993, Verb. Rs. 267 und 268/91 (Keck & Mithouard), Slg. 1993, S. I-6097, Rn. 14, 16*).
Das Gemeinschaftsrecht kennt zudem keine Bindung des Gerichtshofs an frühere Entscheidungen, die eine Änderung der bisherigen Rechtsprechung beschränken würde (*Anderson, References to the European Court, S. 300 ff.*).

338 Als Beispiel hierfür läßt sich die Rechtsprechung des Gerichtshofs zum Mißbrauch gemeinschaftsrechtlicher Gewährleistungen anführen. So verweist der EuGH etwa in der *Centros*-Entscheidung auf seine Rechtsprechung zur mißbräuchlichen Berufung auf gemeinschaftsrechtliche Gewährleistungen, die für die verschiedenen Grundfreiheiten nach einheitlichen Grundsätzen erfolgt (*EuGH, Urt. v. 9.3.1999, Rs. 212/97 (Centros), Slg. 1999, S. I-1459, Rn. 24*).
Nicht zuzustimmen ist *W. H. Roth* in seiner Schlußfolgerung, eine Korrektur der Sitztheorie durch die Niederlassungsfreiheit sei allein dann möglich, wenn der Gerichtshof die von ihm in *Daily Mail* vorgenommene Begrenzung der Reichweite des Beschränkungsverbots korrigiere, was nur schwer möglich sei, da er die Aussage durch Auslegung von Artikel 48 EG (Art. 58 EGV) gewonnen habe (*ZGR 2000, S. 311 (329)*). Denn in *Daily Mail* legte der Gerichtshof nicht das Beschränkungsverbot als Überprüfungsmaßstab zugrunde, sondern das Diskriminierungsverbot. Bereits aus diesem unterschiedlichen Überprüfungsrahmen läßt sich zu einer anderen Bewertung hinsichtlich der Gemeinschaftsrechtskonformität des der Entscheidung zugrunde liegenden Sachverhalts kommen. Zudem war in *Daily Mail* die Vereinbarkeit der Sitztheorie mit dem Gemeinschaftsrecht nicht entscheidungsrelevant, wie bereits aus dem Tenor der Entscheidung folgt, wo nur der satzungsmäßige Sitz als eine von drei in Artikel 48 EG (Art. 58 EGV) genannten Anknüpfungen erwähnt wird (vgl. hierzu eingehender: *Kapitel 4 E. III.*).

in einer Entscheidung aus dem Jahre 1959[339] zum EGKS-Vertrag anerkannt, daß das nationale Recht nicht auf das autonome Gemeinschaftsrecht einwirken könne. Daher seien Übergriffe des nationalen Rechts auf das Gemeinschaftsrecht unzulässig, dies selbst unter Berufung auf nationales Verfassungsrecht. So wies der Gerichtshof in dem genannten Urteil die auch auf eine Verletzung von Grundsätzen des deutschen Verfassungsrechts gestützte Klage eines deutschen Unternehmens gegen eine Entscheidung der Hohen Behörde zurück[340]. In *van Gend & Loos* hat der Gerichtshof den Grundsatz der Autonomie des Gemeinschaftsrechts dahingehend präzisiert, daß er das Gemeinschaftsrecht als *eine neue Rechtsordnung (...), zu deren Gunsten die Staaten, wenn auch in begrenztem Rahmen, ihre Souveränitätsrechte eingeschränkt haben*, charakterisiert[341].

Maßgeblich für das Verständnis gemeinschaftsrechtlicher Bestimmungen kann daher nicht die jeweilige Ausgestaltung nationalen Rechts sein. Dies um so mehr, als auch der Grundsatz des Vorrangs des Gemeinschaftsrechts einer solchen Auffassung diametral entgegensteht[342]. Denn durch den Vorrang des Gemeinschaftsrechts soll die notwendige Einheit des europäischen Rechts sichergestellt werden, da es sich bei den einzelstaatlichen Rechtsordnungen im Gegensatz zum Gemeinschaftsrecht um partikulare Rechtsordnungen handelt [343]. *Pescatore* hat die Bedeutung des gemeinschaftsrechtlichen Vorrangs wie folgt herausgearbeitet: *Aus dieser Situation, dieser Beziehung zwischen dem Ganzen und dem Teil, zwischen dem gemeinsamen Interesse und dem Einzelinteresse ergibt sich als unausweichliche Konsequenz der Vorrang derjenigen Rechtsordnung, die die größere Ausdehnung hat. Denn die Einheit dieser Rechtsordnung oder, um das gleiche genauer zu sagen: die Existenz dieses Systems als einheitliche Rechtsordnung wäre in dem Maße in Frage gestellt, wie im Konfliktsfalle die nationale Rechtsordnung und das natio-*

---

[339] *EuGH, Urt. v. 4.2.1959, Rs. 1/58 (Stork), Slg. 1959, S. 45*; vgl. hierzu: *Pescatore, NJW 1969, S. 2065 (2067).*

[340] *EuGH, Urt. v. 4.2.1959, Rs. 1/58 (Stork), Slg. 1959, S. 45 (63 f.).*

[341] *EuGH, Urt. v. 5.2.1963, Rs. 26/62 (van Gend & Loos), Slg. 1963, S. 3 (25).*
In einer nachfolgenden Grundsatzentscheidung führte der Gerichtshof aus: *Zum Unterschied von gewöhnlichen internationalen Verträgen hat der EWG-Vertrag eine eigene Rechtsordnung geschaffen, die bei seinem Inkrafttreten in die Rechtsordnungen der Mitgliedstaaten aufgenommen worden und von ihren Gerichten anzuwenden ist. Denn durch die Gründung einer Gemeinschaft für unbegrenzte Zeit, die mit eigenen Organen, mit der Rechts- und Geschäftsfähigkeit, mit internationaler Handlungsfähigkeit und insbesondere mit echten, aus der Beschränkung der Zuständigkeit der Mitgliedstaaten oder der Übertragung von Hoheitsrechten der Mitgliedstaaten auf die Gemeinschaft herrührenden Hoheitsrechten ausgestattet ist, haben die Mitgliedstaaten, wenn auch auf einem begrenzten Gebiet, ihre Souveränitätsrechte beschränkt und so einen Rechtskörper geschaffen, der für ihre Angehörigen und sie selbst verbindlich ist* (*EuGH, Urt. v. 15.7.1964, Rs. 6/64 (Costa ./. ENEL), Slg. 1964, S. 1251 (1269)*). Hervorzuheben ist im Zusammenhang mit diesem Verfahren, daß die italienische Regierung die Anrufung des Gerichtshofs durch ein nationales Gericht mit der Begründung als unzulässig gerügt hatte, das nationale Gericht habe ein internes Gesetz anzuwenden und dürfe daher dem EuGH keine Fragen zur Vorabentscheidung vorlegen (*Pescatore, NJW 1969, S. 2065 (2067)*).

[342] Vgl. zum grundlegenden Konzept des Anwendungsvorrangs: *Oppermann, Europarecht, Rn. 633 f.; Graig/Búrca, EU Law, S. 256 ff.*

[343] *Pescatore, NJW 1969, S. 2065 (2069).*

nale Interesse sich ihrer vollen Verwirklichung mit Erfolg widersetzen könnten[344].

Diese Argumentation findet sich bereits in der Entscheidung *Costa ./. ENEL*, wobei der Gerichtshof ausführt, die Aufnahme der auf Grundlage der Gegenseitigkeit basierenden gemeinschaftsrechtlichen Bestimmungen in die Rechtsordnungen der Mitgliedstaaten habe zur Folge, daß es den Mitgliedstaaten unmöglich sei, gegen sie nachträglich einseitige Maßnahmen ins Feld zu führen, da es eine Gefahr für die Verwirklichung der Vertragsziele darstellen würde, wenn das Gemeinschaftsrecht je nach der nachträglichen innerstaatlichen Gesetzgebung von einem Staat zum anderen unterschiedliche Geltung haben könne[345]. Folglich, so der Gerichtshof weiter, könnten dem Gemeinschaftsrecht *keine wie auch immer gearteten Vorschriften vorgehen (...), wenn ihm nicht sein Charakter als Gemeinschaftsrecht aberkannt und wenn nicht die Rechtsgrundlage der Gemeinschaft selbst in Frage gestellt werden soll*[346]. Auffällig an der Formulierung des EuGH ist die bewußt weite Fassung, indem betont wird, alle *wie auch immer gearteten Vorschriften* – und damit solche des nationalen Kollisionsrechts eingeschlossen – unterlägen dem Vorrang des Gemeinschaftsrechts[347].

Durch das Bundesverfassungsgericht wurden die vorgenannten Grundsätze unlängst anerkannt. Zwar stellte es in seinem *Solange-I-Beschluß* zunächst klar, daß grundlegende Verfassungsprinzipien nur durch eine Verfassungsänderung modifiziert werden könnten. Daher könne der Vorrang des Gemeinschaftsrechts nicht *die Identität der geltenden Verfassung der Bundesrepublik Deutschland durch Einbruch in die sie konstituierenden Strukturen aufheben*. Ihre Änderung sei insbesondere auch nicht durch eine Kompetenzübertragung nach Artikel 24 GG a. F. (nunmehr: Art. 23 Abs. 1 GG) möglich[348]. In seinem *Solange-II-Beschluß* verzichtete das Bundesverfassungsgericht allerdings vorerst auf eine Überprüfung des

---

[344] *Pescatore, NJW 1969, S. 2065 (2069);* vgl. auch: *Oppermann, Europarecht, Rn. 627 f.*

[345] *EuGH, Urt. v. 15.7.1964, Rs. 6/64 (Costa ./. ENEL), Slg. 1964, S. 1251 (1269).*

[346] *EuGH, Urt. v. 15.7.1964, Rs. 6/64 (Costa ./. ENEL), Slg. 1964, S. 1251 (1270).*

[347] In seiner *Simmenthal II*-Entscheidung führte der EuGH aus: *Aus alledem folgt, daß jeder im Rahmen seiner Zuständigkeit angerufene staatliche Richter verpflichtet ist, das Gemeinschaftsrecht uneingeschränkt anzuwenden und die Rechte, die es den einzelnen verleiht, zu schützen, indem er jede möglicherweise entgegenstehende Bestimmung des nationalen Rechts, gleichgültig, ob sie früher oder später als die Gemeinschaftsnorm ergangen ist, unangewendet läßt. Sonach wäre jede Bestimmung der nationalen Rechtsordnung oder jede Gesetzgebungs-, Verwaltungs- oder Gerichtspraxis mit den in der Natur des Gemeinschaftsrechts liegenden Erfordernissen unvereinbar, die dadurch zu einer Abschwächung der Wirksamkeit des Gemeinschaftsrechts führen würde, daß dem für die Anwendung dieses Rechts zuständigen Gericht die Befugnis abgesprochen wird, bereits zum Zeitpunkt dieser Anwendung alles Erforderliche zu tun, um diejenigen innerstaatlichen Rechtsvorschriften auszuschalten, die unter Umständen ein Hindernis für die volle Wirksamkeit des Gemeinschaftsrechts bilden* (*EuGH, Urt. v. 9.3.1978, Rs. 106/77 (Simmenthal II), Slg. 1978, S. 629, Rn. 21 ff.*). Dies bedeutet, daß primäres und sekundäres Gemeinschaftsrecht selbst nationalem Verfassungsrecht vorgeht (*EuGH, Urt. v. 13.12.1979, Rs. 44/79 (Hauer), Slg. 1979, S. 3727, Rn. 14; Oppermann, Europarecht, Rn. 634; Ipsen, in: Handbuch des Staatsrechts VII, § 181*; hierzu kritisch: *Nettesheim, GS Grabitz, S. 447 (455 f.);* differenziert: *Isensee/Kirchhoff, Handbuch des Staatsrechts, Band I, § 15, Rn. 33 f.*, unter Verweis auf die Möglichkeit des Austritts.).

[348] *BVerfGE 37, S. 271 (279 f.).*

EG-Rechts am Maßstab des Grundrechtskatalogs, da und sofern das EG-Recht einen gleichwertigen Grundrechtsschutz gewährleiste[349].

Zudem stellte das Bundesverfassungsgericht in seiner *Maastricht*-Entscheidung[350] fest, der Vorrang des Gemeinschaftsrechts sei solange und soweit zu akzeptieren, als hierdurch nicht gegen die Wesensgehaltsgarantie der in Deutschland verbrieften Grundrechte und gegen fundamentale Prinzipien des Grundgesetzes verstoßen werde. Eine Übertragung von Hoheitsrechten auf die Gemeinschaft unter Verletzung dieser Grenzen wäre daher unzulässig[351]. Damit wird aus nationaler Sicht lediglich das eigene Verfassungsrecht dann nicht durch Gemeinschaftsrecht überlagert, wenn es sich bei den fraglichen Bestimmungen um Grundwertentscheidungen handelt, die nicht zur Disposition des nationalen Gesetzgebers stehen und daher auch nicht im Rahmen der Gemeinschaftsrechtsordnung Einschränkungen erfahren können[352].

Die These eines Vorrangs der mitgliedstaatlichen Internationalen Gesellschaftsrechte vor der Gewährleistung der Niederlassungsfreiheit steht zudem in Widerspruch zu dem Grundsatz der unmittelbaren Wirkung des Gemeinschaftsrechts. Aus dem Grundsatz der unmittelbaren Wirkung des Gemeinschaftsrechts folgt, daß sich diejenigen Teile des Gemeinschaftsrechts, denen eine unmittelbare Wirkung zukommt, direkt an natürliche und juristische Personen wenden, die von ihrem persönlichen Anwendungsbereich erfaßt werden. Der Grundsatz findet bereits in der Entscheidung *van Gend & Loos* Anklang, wo der Gerichtshof ausführte, Artikel 12 EG (Art. 6 EGV) erzeuge unmittelbare Wirkung und begründe individuelle Rechte, welche die staatlichen Gerichte zu beachten hätten[353]. Wie die Grundsätze der Autonomie und des Vorrangs gehört der Grundsatz der unmittelbaren Wirkung zu den elementaren Grundsätzen des Gemeinschaftsrechts[354].

Zudem wäre es mit der einheitlichen Tragweite[355] des Gemeinschaftsrechts unvereinbar, wenn eine identische Sachverhaltsgestaltung eine unterschiedliche rechtliche Bewertung erführe, abhängig davon, aus Sicht welcher nationalen

---

349 *BVerfGE 73, S. 339 ff.*

350 *BVerfGE 89, S. 155 ff.*

351 Vgl. zur *Maastricht*-Entscheidung des BVerfG: *Hirsch, NJW 1996, S. 2457 ff.*
Diese Grundsätze liegen auch der *Euro*-Entscheidung (*BVerfG, DÖV 1998, S. 550 ff.*) als Prüfungsmaßstab zugrunde. Damit werden die in der *Maastricht*-Entscheidung aufgestellten Grundsätze bestätigt.

352 Das BVerfG hält in seinen jüngeren Entscheidungen an der bisherigen Rechtsprechung zur Überprüfbarkeit von Gemeinschaftsrecht am Maßstab der Grundrechte fest (*vgl. BVerfG, NJW 2000, S. 2015 f.; BVerfG, JZ 2000, S. 1155 ff.*).

353 *EuGH, Urt. v. 5.2.1963, Rs. 26/62 (van Gend & Loos), Slg. 1963, S. 3 (25).*

354 Vgl. etwa: *EuGH, Urt. v. 16.6.1966, Rs. 57/65 (Lütticke), Slg. 1966, S. 239, Rn. 5 f.; EuGH, Urt. v. 26.2.1991, Rs. 120/88 (Kommission ./. Italien), Slg. 1991, S. I-621, Rn. 9 ff.*

355 Eine Definition des Begriffs der Tragweite gemeinschaftsrechtlicher Bestimmungen findet sich in den Schlußanträgen von Generalanwalt *Tesauro* zu *Kefalas*, wonach unter Tragweite die volle Wirksamkeit und einheitliche Anwendung einer Gemeinschaftsbestimmung zu verstehen ist (*Schlußanträge des Generalanwalts Tesauro vom 4. Februar 1998 in der Rs. 367/96 (Kefalas), Slg. 1998, S. I-2845, Rn. 17*).

Rechtsordnung sie bewertet würde[356]. Denn das Gemeinschaftsrecht stellt eine eigenständige Rechtsordnung dar, die von denjenigen der Mitgliedstaaten unabhängig ist[357] und ihnen gegenüber Anwendungsvorrang genießt[358]. Hieraus folgt aber, daß das Gemeinschaftsrecht als autonome Rechtsquelle einheitlich und unmittelbar in allen Mitgliedstaaten gelten muß[359]. Bereits Generalanwalt *Mayras* hat in seinen Schlußanträgen zur Rechtssache *Reyners* auf dieses grundlegende Erfordernis für die Auslegung der Grundfreiheiten und der vertraglich vorgesehenen Ausnahmebestimmungen hingewiesen: *Die Vertragsvorschriften müssen einheitlich angewandt werden. Ihre Tragweite muß in allen Mitgliedstaaten die gleiche sein*[360]. Aufgrund entgegenstehender elementarer gemeinschaftsrechtlicher Grundsätze ist ein Vorrang der Internationalen Gesellschaftsrechte der Mitgliedstaaten vor gemeinschaftsrechtlichen Bestimmungen nach alledem nicht begründbar. Dieses

---

356 *Forsthoff, EuR 2000, S. 167 (177);* vgl. allgemein zum Grundsatz der einheitlichen Wirksamkeit und Tragweite des Gemeinschaftsrechts: *Nettesheim, GS Grabitz, S. 447 ff.*
Nettesheim leitet den Grundsatz der einheitlichen Tragweite des Gemeinschaftsrechts aus den Doktrinen des Vorrangs und der unmittelbaren Wirksamkeit des Gemeinschaftsrechts sowie aus dem Verbot der Wirksamkeitsbeeinträchtigung ab (*Nettesheim, GS Grabitz, S. 447 (454 f.)*). Wie *Nettesheim* betont, ist die einheitliche Tragweite des Gemeinschaftsrechts zweckrational geboten, um Kosten und Nutzen der Integration im Sinne des ausgehandelten politischen Kompromisses zu verteilen und *einen „Betrug" einzelner Mitgliedstaaten (free-raider-Prinzip) zu verhindern* (*Nettesheim, GS Grabitz, S. 447 (451)*). Auch in der Rechtsprechung des EuGH wird betont, daß die einheitliche Anwendung gemeinschaftsrechtlicher Bestimmungen ein Grunderfordernis der gemeinschaftlichen Rechtsordnung sei (*EuGH, Urt. v. 21.2.1991, Verb. Rs. 143/88 und 92/89 (Zuckerfabrik Süderdithmarschen), Slg. 1991, S. I-415, Rn. 26*). Allerdings ist die einheitliche Tragweite des Gemeinschaftsrechts bereits eine unmittelbare Konsequenz des gemeinschaftsrechtlichen Anwendungsvorrangs vor nationalem Recht, so daß daran gezweifelt werden kann, ob der einheitlichen Wirksamkeit bzw. Tragweite des Gemeinschaftsrechts tatsächlich die Bedeutung eines eigenständigen Rechtsgrundsatzes zukommt.

357 *Oppermann, Europarecht, Rn. 616.*

358 *EuGH, Urt. v. 5.2.1963, Rs. 26/62 (van Gend & Loos), Slg. 1963, S. 3 (25 f.); EuGH, Urt. v. 15.7.1964, Rs. 6/64 (Costa/ENEL), Slg. 1964, S. 1251 (1269 f.); EuGH, Urt. v. 17.12.1970, Rs. 11/70 (Internationale Handelsgesellschaft), Slg. 1970, S. 1125, Rn. 3 f.; EuGH, Urt. v. 9.3.1978, Rs. 106/77 (Simmenthal II), Slg. 1978, S. 629, Rn. 14 ff.*

359 *Oppermann, Europarecht, Rn. 627.*
Für eine solch einheitliche, gemeinschaftsweit uniforme und allgemeine Geltung wäre es mit den Worten *Oppermanns unerträglich, wenn nationales Recht gleich welcher Rangstufe mit irgendwelchen, noch so fundamentalen Begründungen erfolgreich beanspruchen könnte, partikular in Teilen der EG im Widerspruch zu erlassenem Gemeinschaftsrecht fortzugelten* (*Oppermann, Europarecht, Rn. 628*).

360 *Generalanwalt Mayras, Schlußanträge v. 28.5.1974, Slg. 1974, S. 657 (665).*
So weist Generalanwalt *Colomer* in seinen Schlußanträgen zu *Überseering* darauf hin, die Probleme, die sich aus der grenzüberschreitenden Verlegung eines Gesellschaftssitzes ergäben, richteten sich in Anbetracht einer fehlenden Harmonisierung nach den Regelungen der Mitgliedstaaten, die allerdings das materielle Gemeinschaftsrecht beachten müßten (*Schlußanträge des Generalanwalts Colomer vom 4.12.2001 in der Rs. 208/00 (Überseering), NZG 2002, S. 16, Rn. 39*).
Der EuGH verwendet den Begriff der Tragweite im Zusammenhang mit der Bestimmung der Reichweite der EG-vertraglichen *ordre public*-Vorschriften (vgl. etwa: *EuGH, Urt. v. 4.12.1974, Rs. 41/74 (van Duyn), Slg. 1974, S. 1337, Rn. 18/19; EuGH, Urt. v. 28.10.1975, Rs. 36/75 (Rutili), Slg. 1975, S. 1219, Rn. 26/28; EuGH, Urt. v. 15.3.1988, Rs. 147/86 (Kommission ./. Griechenland), Slg. 1988, S. 1637, Rn. 7; EuGH, Urt. v. 29.10.1998, Rs. 114/97 (Kommission ./. Spanien), Slg. 1998, S. I-6717, Rn. 34*).

Ergebnis wird durch die eindeutige Rechtslage in Deutschland und die Rechtsprechung des Bundesverfassungsgerichts bestätigt.

2) Vorliegen einer Bereichsausnahme?

Auch kann nicht davon ausgegangen werden, hinsichtlich der primären Niederlassungsfreiheit von Gesellschaften liege eine Bereichsausnahme vor[361]. Zwar sind in einigen Bereichen des primären Gemeinschaftsrechts Bereichsausnahmen geregelt. So finden nach Artikel 39 Absatz 4 EG (Art. 48 Abs. 4 EGV) die Bestimmungen der Arbeitnehmerfreizügigkeit keine Anwendung auf die Beschäftigung in der öffentlichen Verwaltung[362]. Artikel 86 Absatz 2 EG (Art. 90 Abs. 2 EGV) enthält eine Bereichsausnahme für Unternehmen, die mit Dienstleistungen von allgemeinem wirtschaftlichen Interesse betraut sind oder den Charakter eines Finanzmonopols haben, sofern durch die Anwendung der wettbewerbsrechtlichen Bestimmungen die Erfüllung der ihnen übertragenen besonderen Aufgaben rechtlich oder tatsächlich verhindert wird. Die geschriebenen Bereichsausnahmen werden im Rahmen der Rechtsprechung des Gerichtshofs restriktiv gehandhabt[363]. Eine entsprechende Bereichsausnahme besteht aufgrund des eindeutigen Wortlauts von Artikel 48 EG (Art. 58 EGV) aber gerade nicht für den Bereich der Niederlassungsfreiheit von Gesellschaften[364].

Abgesehen von den explizit geregelten Bereichsausnahmen hat der Gerichtshof keine weiteren *ungeschriebenen* Bereichsausnahmen anerkannt. Zwar wurde in der Literatur bereits vereinzelt die Frage aufgeworfen, ob nicht womöglich für einzelne Bereiche wie den Sport[365] oder kulturelle Tätigkeiten[366] Bereichsausnahmen bestehen. Hierbei handelt es sich aber stets darum, die Grenzen des sachlichen Geltungsbereichs gemeinschaftsrechtlicher Gewährleistungen zu bestimmen, nicht indes um das Aufzeigen echter Bereichsausnahmen. Allerdings hat der Gerichtshof den Anwendungsbereich der gemeinschaftsrechtlichen Grundfreiheiten stets sehr weit ausgelegt und daher eine Kontrollfunktion auch in den vorgenannten Bereichen ausgeübt, sofern er den sachlichen Geltungsbereich der einschlägigen Gewährleistungen wegen einer Teilnahme am Wirtschaftsleben eröffnet sah[367].

---

[361] *Forsthoff, DB 2000, S. 1109 (1111); ders., EuR 2000, S. 167 (177 ff.); Koblenzer, EWS 1999, S. 418 (419),* welcher der *Centros*-Entscheidung allgemeine Bedeutung für Fälle des Zuzugs beimißt.

[362] Vgl. hierzu etwa: *Görlich, DÖV 1987, S. 1038 ff.*

[363] Vgl. im einzelnen zur Bereichsausnahme des Artikels 39 Absatz 4 EG (Art. 48 Abs. 4 EGV): *Groeben/Thiesing/Ehlermann/Wölker, Kommentar zum EU-/EG-Vertrag, Art. 48, Rn. 114 ff.; Eschmann, Die Freizügigkeit der EG-Bürger und der Zugang zur öffentlichen Verwaltung, S. 60 ff.*

[364] *Schön, FS Lutter, S. 685 (701).*

[365] *Streinz, SpuRt 1998, S. 1 ff.*

[366] *W. H. Roth, ZUM 1989, S. 101 ff.*

[367] *EuGH, Urt. v. 12.12.1974, Rs. 36/74 (Walrave), Slg. 1974, S. 1405, Rn. 4; EuGH, Urt. v. 14.7.1976, Rs. 13/76 (Donà), Slg. 1976, S. 1333, Rn. 12; EuGH, Urt. v. 15.12.1995, Rs. 415/93 (Bosman), Slg. 1995, S. I-4921, Rn. 73*; vgl. allgemein: *Oppermann, Europarecht, Rn. 1518.*
So kann selbst die Ausübung sportlicher Tätigkeiten dem Geltungsbereich des Gemeinschaftsrechts unterfallen, sofern sie zum Wirtschaftsleben im Sinne von Artikel 2 EG (Art. 2 EGV) gehört.

Die Annahme, der EuGH habe in *Daily Mail* eine Bereichsausnahme hinsichtlich der Niederlassungsfreiheit von Gesellschaften festgestellt, findet in der bisherigen Rechtsprechung des EuGH somit kein Präjudiz. Gegen die Annahme einer Bereichsausnahme spricht weiterhin, daß der Gerichtshof in seiner Rechtsprechung offensichtlich keinen Bereich der mitgliedstaatlichen Rechtsordnungen – und somit auch nicht den Bereich des Kollisionsrechts – einer Kontrolle am Maßstab gemeinschaftsrechtlicher Bestimmungen entzieht, wenn ihr Anwendungsbereich eröffnet ist. Zwar wurde die Frage der Vereinbarkeit mitgliedstaatlichen Kollisionsrechts mit Gemeinschaftsrecht in der Rechtsprechung des Gerichtshofs – soweit ersichtlich – bisher nicht judiziert. Allerdings findet nationales Kollisionsrecht in einzelnen Entscheidungen des Gerichtshofs Erwähnung.

So führte der EuGH in *Grosso* aus, die Qualifizierung einer in einem anderen Mitgliedstaat gewährten Leistung der sozialen Sicherheit habe im Hinblick auf die Antikumulierungsvorschriften eines Mitgliedstaats nach dem anwendbaren innerstaatlichen Recht unter Berücksichtigung der Normen des Kollisionsrechts zu erfolgen, da die Gemeinschaftsvorschriften nicht einschlägig seien[368]. Bereits zuvor stellte der Gerichtshof in *Viola*[369] klar, die Anwendung innerstaatlicher Antikumulierungsbestimmungen im sozialversicherungsrechtlichen Bereich richte sich in Ermangelung einschlägiger Gemeinschaftsvorschriften nach dem anwendbaren innerstaatlichen Recht unter Berücksichtigung der Normen des Kollisionsrechts. Erweise sich jedoch die Anwendung des einschlägigen innerstaatlichen Rechts als weniger günstig als die des Zusammenrechnungs- und Proratisierungsverfahrens, so sei letzteres anzuwenden[370].

In seinen Schlußanträgen zum Vorabentscheidungsverfahren in der Rechtssache 430/97 (*Johannes*) thematisierte Generalanwalt *Colomer* die Frage, ob es Artikel 12 EG (Art. 6 EGV) widerspreche, wenn die Kollisionsnormen eines Mitgliedstaats für die Bestimmung des für die Scheidungsfolgen anwendbaren Rechts auf die Staatsangehörigkeit der Ehegatten abstelle, wenn man berücksichtige, daß die Anwendung des Familienrechts des Staates, dem der Gemeinschaftsbeamte angehöre, für ihn schwerwiegendere Konsequenzen haben könne als die, die er zu tragen hätte, wenn er Staatsangehöriger eines anderen Mitgliedstaats wäre. Aufgrund der konkreten Sachverhaltsgestaltung beantwortete der Generalanwalt die Frage nicht, da nur ein rein interner Sachverhalt vorlag und stellte daher fest, daß das für die Entscheidung des Rechtsstreits zuständige Gericht aufgrund des Umstands, daß der vorliegende Sachverhalt nicht in den Anwendungsbereich des Gemeinschaftsrechts falle, weder verpflichtet sei, seine Rechtsvorschriften gemeinschaftsrechtskonform auszulegen, noch sie unangewendet zu lassen[371]. Aufgrund dieser Ausführungen läßt sich aber darauf schließen, daß der Generalanwalt grundsätzlich von einer Überprüfbarkeit kollisionsrechtlicher Bestimmungen als Teil der

---

[368] *EuGH, Urt. v. 6.4.1995, Rs. 325/93 (Grosso), Slg. 1995, S. I-939, Rn. 31.*

[369] *EuGH, Urt. v. 5.10.1978, Rs. 26/78 (Viola), Slg. 1978, S. 1771.*

[370] *EuGH, Urt. v. 5.10.1978, Rs. 26/78 (Viola), Slg. 1978, S. 1771, Rn. 16 – 21.*

[371] *Schlußanträge des Generalanwalts Colomer vom 18.3.1999, Rs. 430/97 (Johannes), Slg. 1999, S. I-3475, Rn. 30 ff.*

nationalen Rechtsordnungen der Mitgliedstaaten am Maßstab des Gemeinschaftsrechts ausgegangen ist.

Den vorgenannten Ausführungen läßt sich entnehmen, daß auch Kollisionsrecht als Teil der mitgliedstaatlichen Rechtsordnungen in gemeinschaftsrechtsrelevanten Bereichen grundsätzlich nicht einer Kontrolle am Maßstab des Gemeinschaftsrechts entzogen ist, allerdings – wie besonders in der Entscheidung *Viola* deutlich wird – aus gemeinschaftsrechtlicher Sicht stets allein erheblich ist, ob eine vorgefundene Situation die einheitliche Tragweite des Gemeinschaftsrechts im Ergebnis in unzulässiger Weise beeinträchtigt[372]. Entscheidend ist mithin, daß aus der Summe der auf einen Sachverhalt anzuwendenden nationalen Bestimmungen eine Beeinträchtigung gemeinschaftsrechtlicher Gewährleistungen resultiert, nicht aber, ob dieses Ergebnis lediglich durch materiellrechtliche Bestimmungen oder auch durch nationales Kollisionsrecht beeinflußt wird[373]. Wird eine Beeinträchtigung durch eine nationale Maßnahme festgestellt, für die keine gemeinschaftsrechtliche Rechtfertigung existiert, so ist unerheblich, ob es sich um nationales materielles oder Verweisungsrecht handelt[374].

Weder unter Berufung auf einen Vorrang der mitgliedstaatlichen Internationalen Gesellschaftsrechte vor Gemeinschaftsrecht noch durch eine Bereichsausnahme läßt sich daher begründen, warum Fragen des Internationalen Gesellschaftsrechts nicht einer Kontrolle am Maßstab des Gemeinschaftsrechts unterliegen sollten.

F. Schlußfolgerungen aus *Daily Mail* und *Centros* für die Niederlassungsfreiheit von Kapitalgesellschaften

Sowohl in dem Urteil *Centros* als auch in der *Daily Mail*-Entscheidung wurde nicht die Vereinbarkeit von Kollisionsrecht mit Gemeinschaftsrecht thematisiert, sondern die Frage, ob und wenn ja, unter welchen Bedingungen Maßnahmen eines Mitgliedstaats es verhindern dürfen, daß eine Gesellschaft ihre Geschäftsleitung und damit ihr Entscheidungszentrum grenzüberschreitend verlegt oder ein solches erstmalig in einem anderen Mitgliedstaat als dem Gründungsstaat errichtet[375]. Die Entscheidungen enthalten damit keine direkte Aussage zur Gemeinschaftsrechtskonformität von Bestimmungen des Internationalen Gesellschaftsrechts. Daß der grenzüberschreitenden Verlegung oder Errichtung des Verwaltungssitzes einer Gesellschaft in den Rechtsordnungen mancher Mitgliedstaaten als Anknüpfungskri-

372 Vgl. hierzu bereits: *Kapitel 2 B. I.*

373 Vgl. zur Frage, ob durch Kollisionsrecht überhaupt Beschränkungen gemeinschaftsrechtlicher Gewährleistungen möglich sind: *Kapitel 2 B. I.*

374 Vgl. allgemein zum Verhältnis des gemeinschaftsrechtlichen Anwendungsvorrangs zum Internationalen Privatrecht: *Lunas Dias, R.D.C.E. 1998, S. 473 ff.*

375 Nicht zu folgen ist daher der teilweise in der Literatur vertretenen Auffassung, in *Centros* hätten sich die in *Daily Mail* abgehandelten kollisionsrechtlichen Fragen nicht gestellt (so etwa: *W. H. Roth, ZGR 2000, S. 311 (326); Ebke, JZ 1999, S. 656 (658); Sonnenberger/Großerichter, RIW 1999, S. 721 (726)*). Denn weder in *Daily Mail* noch in *Centros* ging es um kollisionsrechtliche Fragestellungen.

terium eine besondere Bedeutung für die Bestimmung des Gesellschaftsstatuts zukommt, war bei beiden Sachverhaltsausgestaltungen irrelevant.

Die Frage der Vereinbarkeit des deutschen Internationalen Gesellschaftsrechts mit dem Gemeinschaftsrecht ist daher anhand der allgemeinen Grundsätze zu beurteilen, die der Europäische Gerichtshof zur Niederlassungsfreiheit entwickelt hat. Dabei besteht aus gemeinschaftsrechtlicher Sicht kein sachlicher Grund, die Reichweite der Niederlassungsfreiheit von Gesellschaften im Sinne des Artikels 48 Absatz 2 EG (Art. 58 Abs. 2 EGV) nach anderen Grundsätzen zu beurteilen als bei natürlichen Personen, sofern eine entsprechende Gleichstellung nach Artikel 48 Absatz 1 EG (Art. 58 Abs. 1 EGV) vorliegt.

Dies wird durch die Schlußanträge von Generalanwalt *Colomer* zu *Überseering* bestätigt[376]. Nach seiner Auffassung findet sich keine Differenzierung des Gewährleistungsgehalts der Niederlassungsfreiheit zwischen natürlichen und juristischen Personen[377]. Auch richteten sich die Probleme, die sich aus der grenzüberschreitenden Verlegung eines Gesellschaftssitzes ergäben, in Anbetracht einer fehlenden Harmonisierung nach den Regelungen der Mitgliedstaaten, die allerdings das materielle Gemeinschaftsrecht beachten müßten[378].

Ist das Gemeinschaftsrecht grundsätzlich auch für die Frage der Zulässigkeit von grenzüberschreitenden Sitzverlegungen im Binnenmarkt beachtlich, so gilt es aus gemeinschaftsrechtlicher Sicht zu bewerten, ob nationale Maßnahmen in diesem Bereich den gemeinschaftsrechtlichen Anforderungen der Niederlassungsfreiheit entsprechen oder aber durch Anwendungsvorrang genießendes Primärrecht *überlagert* werden. Sofern sich im Einzelfall Normenkonflikte zwischen innerstaatlichem Recht und Gemeinschaftsrecht feststellen lassen, sind diese stets nach dem Grundsatz des Vorrangs des Gemeinschaftsrechts zu lösen[379], wenn den

---

[376] *Schlußanträge des Generalanwalts Colomer vom 4.12.2001 in der Rs. 208/00 (Überseering), NZG 2002, S. 16.*

[377] *Schlußanträge des Generalanwalts Colomer vom 4.12.2001 in der Rs. 208/00 (Überseering), NZG 2002, S. 16, Rn. 26 f.*

So heißt es unter Randnummer 43 der Schlußanträge: *Ich meine daher, daß die Vereinbarkeit der Vorschriften, die eine Beschränkung der Ausübung der Niederlassungsfreiheit durch nach Artikel 48 EG geschützte juristische Personen zum Ziel oder zur Folge haben, im Rahmen der bestehenden Rechtsprechung in Übereinstimmung mit den vom Gerichtshof festgelegten allgemeinen Leitlinien geprüft werden kann, wonach diese Beschränkungen als solche nicht diskriminierend sein dürfen, aus zwingenden Interessen des Allgemeininteresses gerechtfertigt sowie im Hinblick auf das angestrebte Ziel geeignet und verhältnismäßig sein müssen* (*Schlußanträge des Generalanwalts Colomer vom 4.12.2001 in der Rs. 208/00 (Überseering), NZG 2002, S. 16, Rn. 43*).

[378] *Schlußanträge des Generalanwalts Colomer vom 4.12.2001 in der Rs. 208/00 (Überseering), NZG 2002, S. 16, Rn. 39.*

Insbesondere, so der Generalanwalt, lasse sich der Randnummer 23 des Urteils *Daily Mail* entnehmen, die Gemeinschaftsvorschriften über die Niederlassungsfreiheit sähen nicht vor, *daß die Mitgliedstaaten die Kriterien festlegen können, nach denen der Status von juristischen Personen sowie Fragen betreffend die Verlegung des satzungsmäßigen oder wahren Sitzes einer Gesellschaft nationalen Rechts von einem Mitgliedstaat in einen anderen zu beurteilen sind* (*Schlußanträge des Generalanwalts Colomer vom 4.12.2001 in der Rs. 208/00 (Überseering), NZG 2002, S. 16, Rn. 26 f.*).

[379] So bereits: *EuGH, Urt. v. 13.2.1969, Rs. 14/68 (Wilhelm), Slg. 1969, S. 13;* vgl. auch: *EuGH, Urt. v. 9.3.1999, Rs. 212/97 (Centros), Slg. 1999, S. I-1459, Rn. 25.*

Mitgliedstaaten nicht im Einzelfall gemeinschaftsrechtlich anerkannte Rechtfertigungsgründe zur Seite stehen, die eine Beschränkung legitimieren können. Denn wie der EuGH etwa in seinem Urteil *Kraus* festgestellt hat, *sind die Mitgliedstaaten nach Artikel 5 EWG-Vertrag verpflichtet, alle geeigneten Maßnahmen allgemeiner oder besonderer Art zur Erfüllung der Verpflichtungen zu treffen, die sich aus dem Vertrag ergeben, und alle Maßnahmen zu unterlassen, die die Verwirklichung der Ziele des Vertrages gefährden könnten*[380].

Den Urteilen *Daily Mail* und *Centros* kommt in diesem Kontext allein insoweit eine besondere Bedeutung zu, als sich der Gerichtshof in ihnen direkt mit materiellrechtlichen Beschränkungen der Niederlassungsfreiheit von Gesellschaften auseinandergesetzt hat, dies allerdings, ohne die mit dem Themenkomplex verbundenen Fragestellungen einer abschließenden rechtlichen Bewertung zu unterziehen.

Regelmäßig beruhen Vorabentscheidungsersuchen auf einer Kollision von Bestimmungen des nationalen Rechts mit solchen des Gemeinschaftsrechts. Ist der Anwendungsbereich der gemeinschaftsrechtlichen Bestimmungen gegeben und liegt tatsächlich ein Kollisionsfall vor, so wird dieser stets zugunsten des Gemeinschaftsrechts gelöst, sofern nicht ausnahmsweise gemeinschaftsrechtlich anerkannte Rechtfertigungsgründe vorliegen.

[380] *EuGH, Urt. v. 31.3.1993, Rs. 19/92 (Kraus), Slg. 1993, S. I-1663, Rn. 31;* vgl. auch: *EuGH, Urt. v. 7.5.1991, Rs. 340/89 (Vlassopoulou), Slg. 1991, S. I-2357, Rn. 14; EuGH, Urt. v. 28.4.1977, Rs. 71/76 (Thieffry), Slg. 1977, S. 765, Rn. 16.*

Kapitel 5 – Gemeinschaftsrechtskonformität nationaler Maßnahmen, die inter-mitgliedstaatliche Sitzverlegungen von Gesellschaften beschränken

Aufgrund der vorangehenden Analyse der Rechtsprechung des EuGH zur Niederlassungsfreiheit von Gesellschaften[1] läßt sich feststellen, daß die Frage der Vereinbarkeit der unter anderem im deutschen Internationalen Gesellschaftsrecht Verwendung findenden Sitztheorie und ihrer materiellrechtlichen Folgewirkungen mit dem Gemeinschaftsrecht nicht explizit geklärt wurde[2]. So hatte sich der EuGH in *Daily Mail* mit einer materiellrechtlichen Wegzugsbeschränkung zu befassen, die aufgrund der damaligen Interpretation der Niederlassungsfreiheit im Sinne eines Diskriminierungsverbots nicht als gemeinschaftsrechtswidrig angesehen werden konnte. Daher war im Wege der negativen Integration unter Zugrundelegung der primären Niederlassungsfreiheit eine effektive Gewährung des Wegzugsrechts für die Gesellschaft nicht möglich. Auch in *Segers* und *Centros* ging es um materiellrechtliche Regelungen, welche die Niederlassungsfreiheit beschränkten. Allerdings konnte in diesen Fällen die tatsächliche Gewährleistung eines Zuzugs von Gesellschaften – im Rahmen der sekundären Niederlassungsfreiheit – bereits auf Grundlage der Rechtsprechung zum Diskriminierungsverbot erzielt werden[3].

Wegen der starken Einzelfallbezogenheit der vorgenannten Entscheidungen und des aktuellen Integrationsstands im Bereich der negativen Integration gilt es im folgenden die Frage der Vereinbarkeit der Sitztheorie und der mit ihr zusammenhängenden materiellrechtlichen Folgewirkungen mit dem Gemeinschaftsrecht zu klären. Dabei werden die Bereiche des Zuzugs und des Wegzugs von Gesellschaften getrennt behandelt[4]. Dies ist nicht zuletzt erforderlich, weil aus der Sitztheorie und ihren materiellrechtlichen Folgewirkungen in beiden Fällen unterschiedliche Rechtsfolgen abgeleitet werden[5] und teilweise unterschiedliche Schutzgesichtspunkte als Rechtfertigungsgründe zum Tragen kommen.

Beim Zu- und Wegzug werden zunächst allein die Fälle einer (isolierten) Verlegung des effektiven Verwaltungssitzes von Gesellschaften behandelt (Abschnitte A. und B.). Denn für eine effektive Gewährleistung der Niederlassungsfreiheit ist seine *Mobilität* innerhalb der Gemeinschaft von zentraler Bedeutung.

---

[1] *Vgl. Kapitel 4.*

[2] Eine Klärung dieser Frage durch den EuGH ist frühestens mit der Entscheidung über das eingangs erwähnte Vorabentscheidungsersuchen des BGH zu erwarten (*vgl. Kapitel 1 B.*).

[3] *Vgl. Kapitel 4 D. III. und E. III.*

[4] Insofern gilt: *Kollisionsrechtlicher Natur ist nur die Frage nach dem Wechsel des auf eine Gesellschaft anwendbaren Gesellschaftsstatuts. Ein solcher Statutenwechsel wird dadurch bewirkt, daß das maßgebliche Anknüpfungsmerkmal (nach der Gründungstheorie: der Satzungssitz, nach der Sitztheorie: der Verwaltungssitz) über die Grenze verlegt wird. Dagegen ist die Frage nach den Konsequenzen eines solchen Statutenwechsels für die Existenz der Gesellschaft materiellrechtlicher Natur* (*Behrens, IPRax 1999, S. 323 (329)*).

[5] *Vgl. Kapitel 2 B. III. 3).*

Unterschieden wird zwischen den Fällen des *echten* und des *unechten* Zu- beziehungsweise Wegzugs von Gesellschaften. Unter echtem Zu- oder Wegzug werden dabei diejenigen Fälle erfaßt, in denen zunächst eine Gesellschaft nach dem Recht eines Mitgliedstaats wirksam gegründet wurde und auch eine wirtschaftliche Betätigung ausgeübt hat, bevor eine grenzüberschreitende Verlegung des effektiven Verwaltungssitzes stattfinden soll (Abschnitte A. I. und B. I.). Indes werden unter den Begriffen unechter Zu- bzw. Wegzug diejenigen Fälle behandelt, in denen zwar zunächst eine Gesellschaft nach den Rechtsvorschriften eines Mitgliedstaats wirksam gegründet wird, jedoch eine wirtschaftliche Betätigung direkt in einem anderen Mitgliedstaat ausgeübt werden soll (Abschnitte A. II. und B. II.). Auf die Fälle der isolierten Verlegung des statutarischen Gesellschaftssitzes und seiner gleichzeitigen Verlegung zusammen mit dem effektiven Verwaltungssitz wird später eingegangen (Abschnitte C. und D.). Die Ergebnisse des Kapitels und der vorliegenden Arbeit werden sodann in den Abschnitten E. und F. zusammengefaßt.

Grundlage der nachfolgenden Untersuchung ist die Reichweite der Niederlassungsfreiheit, die für Gesellschaften im Sinne von Artikel 48 EG (Art. 58 EGV) in gleichem Umfang Geltung beansprucht wie für natürliche Personen, oder mit den Worten des Gerichtshofs: *Das in Artikel 52 EG-Vertrag in Verbindung mit Artikel 58 EG-Vertrag (jetzt Artikel 48 EG) verankerte Niederlassungsrecht steht sowohl natürlichen Personen, die Angehörige eines Mitgliedstaats der Gemeinschaft sind, als auch juristischen Personen im Sinne von Artikel 48 EG zu. Vorbehaltlich der vorgesehenen Ausnahmen und Bedingungen umfaßt dieses Recht die Aufnahme und Ausübung selbständiger Tätigkeiten jeder Art, die Gründung und Leitung von Unternehmen und die Errichtung von Agenturen, Zweigniederlassungen und Tochtergesellschaften im Hoheitsgebiet jedes anderen Mitgliedstaats*[6].

---

[6] *EuGH, Urt. v. 11.5.1999, Rs. 255/97 (Pfeiffer), Slg. 1999, S. I-2835, Rn. 18;* vgl. hierzu bereits ausführlich: *Kapitel 4 C.*
Zur Gesellschaftsmobilität stellt die Kommission der Europäischen Gemeinschaften im Zusammenhang mit dem Vorentwurf einer 14. Richtlinie im Bereich des Gesellschaftsrechts zur Ermöglichung der grenzüberschreitenden Sitzverlegung von Kapitalgesellschaften fest: *Die Verlegung des Sitzes einer Gesellschaft in einen anderen Mitgliedstaat ist eine Form der Ausübung des Niederlassungsrechts, das die Gemeinschaft konkret ermöglichen muß* (*5. Begründungserwägung des Richtlinienvorentwurfs einer 14. gesellschaftsrechtlichen Richtlinie, KOM XV/6002/97 v. 20.4.1997;* vgl. Abdruck in: *Schwarz, Europäisches Gesellschaftsrecht, Sign. 14; ZIP 1997, S. 1721 ff.; ZGR 1999, S. 157 ff.*).
Und weiter heißt es an anderer Stelle: *Von einer Verlegung des Gesellschaftssitzes kann nur dann die Rede sein, wenn die Gesellschaft nicht vor der Sitzverlegung im Wegzugsstaat aufgelöst werden muß, d.h. wenn sie unter Wahrung ihrer Identität im Zuzugsstaat eingetragen werden kann.*
Behrens spricht im Zusammenhang mit der grenzüberschreitenden identitätswahrenden Sitzverlegung von der Möglichkeit für Gesellschaften, *unter Wahrung ihrer Identität „aus-" bzw. „einwandern"* zu können (*Behrens, IPRax 1989, S. 354*; vgl. auch: *Knobbe-Keuk, ZHR 154 (1990), S. 325 (345); Luchsinger, Die Niederlassungsfreiheit der Kapitalgesellschaften in der EG, den USA und der Schweiz, S. 13; Schön, ZHR 160 (1996), S. 221 (244 f.)*).

A. Gemeinschaftsrechtliche Zulässigkeit beschränkender nationaler Maßnahmen bei einer grenzüberschreitenden Verlegung des effektiven Verwaltungssitzes einer Gesellschaft aus dem EG-Ausland nach Deutschland

In diesem Abschnitt ist zunächst zu klären, ob nationale Zuzugsbeschränkungen, welche die Verlegung des effektiven Verwaltungssitzes einer nach dem Recht eines anderen Mitgliedstaates wirksam errichteten Gesellschaft, die bereits zuvor eine wirtschaftliche Betätigung ausgeübt hat, ins Inland beschränken, diskriminierenden Charakter haben, oder aber, ohne eine diskriminierende Wirkung zu zeitigen, die Niederlassungsfreiheit weniger attraktiv machen[7]. Die Beurteilung, ob eine Diskriminierung oder eine nichtdiskriminierend wirkende Beschränkung vorliegt, ist für die Frage von Bedeutung, welche Rechtfertigungsgründe der jeweilige Mitgliedstaat anführen kann, um die Gemeinschaftsrechtskonformität seiner nationalen Maßnahmen darzulegen. Sodann ist auf die Frage einzugehen, welche Rechtfertigungsgründe bei direkten Diskriminierungen[8], sowie bei indirekten Diskriminierungen und nichtdiskriminierenden Beschränkungen geltend gemacht werden können[9]. Da beschränkende nationale Maßnahmen, unabhängig davon, ob sie diskriminierend wirken oder nicht, durch den EuGH einer Verhältnismäßigkeitsprüfung unterzogen werden, wird sodann eine Überprüfung anhand der Kriterien der Geeignetheit, Erforderlichkeit und Angemessenheit vorgenommen[10].

Ausgegangen wird bei der nachfolgenden Untersuchung von der geltenden Rechtslage in Deutschland. Für den Fall, daß sich die Sitztheorie mit ihren materiellrechtlichen Folgewirkungen als nicht zu rechtfertigende Beschränkung der Niederlassungsfreiheit von Gesellschaften aus dem EG-Ausland darstellt, wird die Frage behandelt, ob eine modifizierte Anwendung der Sitztheorie ausreicht, um der gemeinschaftsrechtlichen Gewährleistung des Artikels 43 EG (Art. 52 EGV) für Kapitalgesellschaften zu genügen[11]. Ergänzend findet die Thematik der Zulässigkeit von Zuzugsbeschränkungen für Gesellschaften aus Drittstaaten Berücksichtigung[12].

Bei möglichen Rechtfertigungsgründen der Sitztheorie in ihrem Verständnis als Schutztheorie werden nur solche berücksichtigt, denen eine zentrale Bedeutung zukommt. Dies sind beim Zuzug von Gesellschaften aus anderen Mitgliedstaaten der Gemeinschaft der Schutz des inländischen Rechtsverkehrs, also von Vertragspartnern und Gläubigern, sowie die unternehmerische Mitbestimmung. Sind diese zentralen Schutzanliegen der Sitztheorie nicht als ausreichend zu erachten, Beschränkungen der Niederlassungsfreiheit zu rechtfertigen, so kommen sonstige Schutzanliegen von eher untergeordneter Bedeutung nicht zum Tragen, da bei

[7] *Abschnitt A. I. 1) und 2).*
[8] *Abschnitt A. I. 3).*
[9] *Abschnitt A. I. 4).*
[10] *Abschnitt A. I. 5) und 6).*
[11] *Abschnitt A. I. 7).*
[12] *Abschnitt A. I. 8).*

ihnen erst recht davon auszugehen ist, daß sie wegen ihrer akzidentiellen Bedeutung für die Verfolgung der Schutzziele der Sitztheorie nicht zu einer gemeinschaftsrechtlichen Rechtfertigung führen können.

Wird in Abschnitt A. I. die Thematik des echten Zuzugs behandelt, so gilt es in Abschnitt A. II. zu klären, ob auch reine Umgehungsgründungen, bei denen eine Gesellschaft zunächst nach dem Recht eines anderen Mitgliedstaats errichtet wird, um sodann im Inland erstmals eine wirtschaftliche Betätigung auszuüben, sich auf die Niederlassungsfreiheit berufen können. In entsprechenden Fällen eines unechten Zuzugs stellt sich die Frage, ob es den Mitgliedstaaten möglich ist, eine Ausübung des Niederlassungsrechts unter dem Gesichtspunkt der mißbräuchlichen Berufung auf gemeinschaftsrechtliche Gewährleistungen zu versagen. Ausgangspunkt ist hierbei die Rechtsprechung des EuGH zur mißbräuchlichen Berufung auf gemeinschaftsrechtliche Gewährleistungen.

In Abschnitt A. III. wird sodann exemplarisch dargelegt, wie Mitgliedstaaten legitime Schutzinteressen im Zusammenhang mit der Niederlassungsfreiheit von Kapitalgesellschaften gemeinschaftsrechtskonform absichern können. Dabei werden als legitime Schutzinteressen der Schutz des inländischen Rechtsverkehrs und die unternehmerische Mitbestimmung berücksichtigt.

I. Echter Zuzug

Läßt man die Entscheidungen *Segers* und *Centros*[13] außer Acht, so kann zunächst zweifelhaft erscheinen, ob nationale Maßnahmen im Bereich des Zuzugs am Maßstab des Diskriminierungs- oder des Beschränkungsverbots zu messen sind. *Ebenroth/Eyles*[14] stellen darauf ab, ob eine ausländische Gesellschaft im Inland die gleichen Rechte hat wie eine inländische Gesellschaft gegenüber dem ausländischen Staat. Daher fehle es in bezug auf Gesellschaftsgründungen und Sitzverlegungen bereits am formalen Merkmal der Ungleichbehandlung, wenn beide beteiligten Rechtsordnungen der Sitztheorie folgten. Zwar sei dies anders, wenn eine beteiligte Rechtsordnung der Gründungstheorie folge, die andere indes der Sitztheorie, da die Gründungstheorie durch die Rückverweisung auf das Gründungsrecht anerkennungsfreundlicher sei. Dieser Unterschied erreiche jedoch nicht *die Beachtlichkeitsschwelle der Art. 52, 58 EWGV*, da sich die Rechtsfolge aus dem *Aufdrängungseffekt der Gründungstheorie und dem Anwendungsbefehl einer ausländischen Rechtsordnung* (Rückverweisung) ergebe, wobei es der ausländische Staat jederzeit durch Korrektur seiner kollisionsrechtlichen Anknüpfungsmerkmale in der Hand habe, solche Ungleichbehandlungen abzustellen[15].

---

[13] Vgl. hierzu eingehend: *Kapitel 4 D. III., E. IV.*

[14] *Ebenroth/Eyles, DB 1989, S. 413 ff.*

[15] *Ebenroth/Eyles, DB 1989, S. 413 (416); dies., DB 1988, Beilage 2, S. 14;* vgl. auch: *Groeben/Thiesing/Ehlermann/Troberg, Kommentar zum EU-/EG-Vertrag, Art. 58, Rn. 18; Ebke, ZGR 1987, S. 245 (255 f.); Lauterfeld, EBLR 2001, S. 79 (84); Schümann, EuZW 1994, S. 269 (273),* die generell davon ausgehen, die Sitztheorie entfalte keine diskriminierende Wirkung.

Nach einer anderen Literaturauffassung liegt bei einer Behinderung des Zuzugs von Gesellschaften aus dem EG-Ausland ein Verstoß gegen das Diskriminierungsverbot vor[16]. So verweist *Behrens* darauf, daß der Sitztheorie teilweise eine diskriminierende Wirkung zukomme. *Denn ihr Regelungsgehalt kann folgendermaßen formuliert werden: Hat eine Gesellschaft ihren Verwaltungssitz im Inland, dann wird ihre Rechtsfähigkeit nur anerkannt, wenn sie eine inländische Gesellschaft ist, nicht wenn sie eine ausländische Gesellschaft ist; hat eine Gesellschaft ihren Verwaltungssitz im Ausland, dann wird ihre Rechtsfähigkeit nur anerkannt, wenn sie eine ausländische Gesellschaft ist, nicht wenn sie eine inländische Gesellschaft ist. Der letzte Halbsatz enthält eine gemeinschaftskonforme Inländerdiskriminierung, der erste hingegen enthält eine gemeinschaftswidrige Ausländerdiskriminierung*[17]. Die Sitztheorie zwinge daher nach ausländischem Recht gegründete Gesellschaften im Falle eines Zuzugs nach Deutschland zu einem Wechsel des Gesellschaftsstatuts und damit der Staatsangehörigkeit[18].

Der Auffassung von *Behrens* ist zu folgen. Die Nichtanerkennung ausländischer juristischer Personen, die ihren effektiven Verwaltungssitz aus dem EG-Ausland nach Deutschland verlegen, ist mit einer indirekten Diskriminierung aus Gründen der Staatsangehörigkeit bei natürlichen Personen gleichzusetzen[19]. Zwar erfolgt die kollisionsrechtliche Anknüpfung an den effektiven Verwaltungssitz als solche neutral, da sie auf alle Rechtsgebilde in gleicher Weise Anwendung findet. Die hieraus resultierenden materiellrechtlichen Folgewirkungen unterscheiden sich aber erheblich, abhängig davon, ob eine Gesellschaft mit effektivem Verwaltungssitz im Inland nach inländischem Recht wirksam errichtet wurde, oder aber nach fremdem Recht. Aus der Sitztheorie resultiert daher eine indirekte Diskriminierung aufgrund des ausländischen statutarischen Gesellschaftssitzes für den Fall, daß sich der effektive Verwaltungssitz im Inland befindet[20]. Denn das Auseinanderfallen von

---

[16] Für die Auffassung, entsprechende nationale Maßnahmen seien am Maßstab des Diskriminierungsverbots zu messen: *Behrens, RabelsZ 52 (1988), S. 498 (517 ff.); ders., ZGR 1994, S. 1 (18 f.); Knobbe-Keuk, DB 1990, S. 2573 (2580 f.); Meilicke, RIW 1990, S. 449 (450 f.); Sandrock, RIW 1989, S. 505 (508 ff.); Wessel-Ziegenhein, GmbHR 1988, S. 423 (427 f.).*

[17] *Behrens, IPRax 1999, S. 323 (328 f.);* vgl. auch: *ders., RabelsZ 52 (1988), S. 498 (518); ders., ZGR 1994, S. 1 (18).*

[18] *Behrens, ZGR 1994, S. 1 (18).*

[19] *Knobbe-Keuk* sieht in den Auswirkungen der Sitztheorie eine Zugangssperre für ausländische Gesellschaften, die aus dem alleinigen Grund bestehe, weil es sich um eine Gesellschaft fremder Nationalität handele (*Knobbe-Keuk, ZHR 154 (1990), S. 325 (344)*). Nach ihr ist *die Abschirmung des Inlandsmarktes vor einer ausländischen Gesellschaft durch ihre Einstufung als „nicht existente Rechtsperson" (...) in Wirklichkeit eine massive fremdenrechtliche Maßnahme* (*Knobbe-Keuk, ZHR 154 (1990), S. 325 (345)*).
Indes vertritt *Schnichels* die Auffassung, die Sitztheorie wirke nicht diskriminierend. Von daher hält er Artikel 46 EG (Art. 56 EGV) als Rechtfertigungsgrund für beschränkende nationale Maßnahmen nicht für einschlägig (*Schnichels, Die Reichweite der Niederlassungsfreiheit, S. 180*). Teilweise wird eine Anwendbarkeit des Artikels 46 EG (Art. 56 EGV) mit der Begründung verneint, daß in Artikel 48 EG (Art. 58 EGV) eine vorrangige kollisionsrechtliche Norm zu sehen sei (*Drobnig, in: v. Bar (Hrsg.), Europäisches Gemeinschaftsrecht und Internationales Privatrecht, S. 185 (192 ff.);* vgl. hierzu eingehender: *Kapitel 2 B. II.*).

[20] Diskriminierungen aufgrund des Sitzes finden sich auch in anderen Entscheidungen zur Dienstleistungs- und Niederlassungsfreiheit. Vgl. etwa aus jüngerer Zeit: *EuGH, Urt. v. 14.11.1995,*

statutarischem Gesellschaftssitz und effektivem Verwaltungssitz bedeutet, daß die eigenständige Rechtspersönlichkeit der Gesellschaft im Inland nicht anerkannt und ihr daher die Rechts- und Parteifähigkeit versagt wird[21]. Dies, obwohl die Gesellschaft nach dem Recht desjenigen EG-Mitgliedstaates, in dem sie wirksam errichtet wurde, weiterhin Rechts- und Parteifähigkeit besitzt[22].

Eine Diskriminierung resultiert bei der derzeitigen Rechtslage in Deutschland zudem daraus, daß die Sitztheorie aufgrund vorrangiger Staatsverträge nicht unumschränkt gilt. So regelt der deutsch-spanische Niederlassungsvertrag vom 23.04.1970[23] in seinem Artikel 15 Absatz 2 die kollisionsrechtliche Behandlung von Gesellschaften, die nach dem Recht der Unterzeichnerstaaten gegründet wurden. Dabei findet als Anknüpfungskriterium für die Bestimmung des auf diese Gesellschaften anwendbaren Rechts allein das Gründungsstatut Anwendung, ohne daß es auf den effektiven Verwaltungssitz der Gesellschaft ankäme[24]. Folglich werden spanische Kapitalgesellschaften gegenüber solchen aus anderen Mitgliedstaaten der Gemeinschaft privilegiert, so daß aus identischen Sachverhaltskonstellationen – Verlegung des effektiven Verwaltungssitzes aus dem EG-Ausland nach Deutschland – unterschiedliche rechtliche Folgen resultieren.

Rs. 484/93 (Svensson & Gustavsson), Slg. 1995, S. I-3955; EuGH, Urt. v. 26.10.1999, Rs. 294/97 (Eurowings), Slg. 1999, S. I-7447; EuGH, Urt. v. 18.1.2001, Rs. 162/99 (Kommission ./. Italien), Slg. 2001, S. I-541.

[21] Vgl. hierzu ausführlich: *Kapitel 2 B. III. 3).*

[22] Etwas süffisant führt *Knobbe-Keuk* hierzu aus: *Wäre es möglich, daß ein Mitgliedstaat unter Berufung auf die Sitztheorie einer aus einem anderen Mitgliedstaat zuziehenden Gesellschaft höflichst erklären dürfte, sie sei nicht nach seinem Recht gegründet, also existiere sie gar nicht, so würde die primäre Niederlassungsfreiheit für Gesellschaften ins Leere stoßen* (*Knobbe-Keuk, ZHR 154 (1990), S. 325 (344 f.)*).

[23] *BGBl. 1972 II, S. 1041 ff.*

[24] Vgl. hierzu: *Ebenroth/Bippus, NJW 1988, S. 2137 (2144 f.); dies., DB 1988, S. 842 (843 f.); Soergel-Lüderitz, Kommentar zum Bürgerlichen Gesetzbuch, Anh. Art. 10 EGBGB, Rn. 13; Knobbe-Keuk, ZHR 154 (1990), S. 325 (330);* zweifelnd: *v. Bar, Internationales Privatrecht II, Rn. 629; Bungert, ZVglRWiss 93 (1994), S. 117 (136);* dagegen: *Steiger, Grenzüberschreitende Fusion und Sitzverlegung von Kapitalgesellschaften innerhalb der EU nach spanischem und portugiesischem Recht, S. 169 ff.; ders., RIW 1999, S. 169 ff.; Werner, Der Nachweis des Verwaltungssitzes ausländischer juristischer Personen, S. 24.*

Gegen die teilweise vertretene Auffassung, das deutsch-spanische Niederlassungsübereinkommen regele allein die Frage der Anerkennung, nicht aber die Frage, ob eine identitätswahrende grenzüberschreitende Sitzverlegung möglich sei, spricht neben der dem deutsch-amerikanischen Niederlassungsvertrag ähnlichen Textfassung der Umstand, daß im Zeitpunkt des Abschlusses dieses völkerrechtlichen Vertrags in beiden Unterzeichnerstaaten die Anerkennung der Rechtsfähigkeit juristischer Personen bereits seit langem gängige Praxis war, ihre Aufnahme in den Vertrag mithin allein deklaratorische Bedeutung gehabt hätte. Indes bestand ein praktisches Klarstellungsbedürfnis hinsichtlich der Frage der Zulässigkeit einer identitätswahrenden grenzüberschreitenden Sitzverlegung, da die spanische Rechtslage diesbezüglich unklar war. In diesem Zusammenhang kann auch nicht auf den Entwurf des EWG-Übereinkommens vom 28. Februar 1968 verwiesen werden, das primär die rechtliche Anerkennung von Gesellschaften betrifft. Denn hier war die Interessenlage insofern anders, als zumindest in Frankreich *der Gedanke von der territorial beschränkten originären Existenz* juristischer Personen noch existierte (*Drobnig, in: v. Bar (Hrsg.), Europäisches Gemeinschaftsrecht und Internationales Privatrecht, S. 185 (189);* unter Verweis auf: *Goldmann, RabelsZ 31 (1967), S. 201 (204 f.)*).

Daher gilt es zu überprüfen, ob sich bestehende indirekte Diskriminierungen von Gesellschaften beim echten Zuzug aus dem EG-Ausland nach Deutschland gemeinschaftsrechtlich rechtfertigen lassen. Insofern finden sich im EG-Vertrag für den Bereich der Niederlassungsfreiheit in Artikel 46 EG (Art. 56 EGV) Rechtfertigungsgründe, die eine Durchbrechung der Freizügigkeitsregelung nach den Wertungen der Mitgliedstaaten als *Herren der Verträge* gerechtfertigt erscheinen lassen[25]. Hierdurch soll eine hinreichende Berücksichtigung legitimer öffentlicher Interessen der Mitgliedstaaten sichergestellt werden, die im Zusammenhang mit zentralen Aspekten des innerstaatlichen *ordre public* stehen[26]. Daneben bestehen die vom Gerichtshof anerkannten Rechtfertigungsgründe aus überwiegenden Allgemeinwohlinteressen. Klärungsbedürftig ist zunächst, ob bei indirekten Diskriminierungen nur die *benannten* Rechtfertigungsgründe des Artikels 46 EG (Art. 56 EGV) greifen oder auch überwiegende Allgemeinwohlinteressen als *unbenannte* Rechtfertigungsgründe Berücksichtigung finden können.

1) Rechtfertigungsgründe bei indirekten Diskriminierungen

Nach dem Wortlaut von Artikel 46 EG (Art. 56 EGV) scheint eine Rechtfertigung sowohl im Falle direkter als auch indirekter (mittelbarer) Diskriminierungen nur aus Gründen der öffentlichen Ordnung, Sicherheit und Gesundheit in Betracht zu kommen. Eine entsprechende Schlußfolgerung läßt sich auch den Schlußanträgen von Generalanwalt *Jacobs* zur *Alpine Investments*-Entscheidung entnehmen. Hier führte der Generalanwalt aus[27]: *Beschränkungen, die diskriminierend sind, lassen sich mit dem Vertrag nur dann vereinbaren, wenn sie unter eine ausdrücklich abweichende Bestimmung, wie z.B. Artikel 56, fallen. Beschränkungen, die nichtdiskriminierend sind, können mit dem Vertrag selbst dann vereinbar sein, wenn für sie keine ausdrücklich abweichende Bestimmung gilt.*

Diesem Differenzierungsansatz wird in der Literatur teilweise gefolgt[28]. Allerdings hat der EuGH in seiner *Centros*-Entscheidung die nationale Eintragungspraxis von Zweigniederlassungen ausländischer Gesellschaften bei Umgehungsgründungstatbeständen auf der Rechtfertigungsebene nicht nur am etwaigen Vorliegen in

---

[25] Ist die Beschränkung einer Grundfreiheit festgestellt, so wird damit ihre Gemeinschaftsrechtswidrigkeit indiziert. Beschränkungen können allein bei Vorliegen eines entsprechenden Rechtfertigungsgrundes zulässig sein, wobei die Beweislast für das Bestehen eines Rechtfertigungsgrundes im Einzelfall bei dem Mitgliedstaat liegt, von dem die beschränkende Maßnahme ausgeht. Ist daher der Anwendungsbereich einer Grundfreiheit eröffnet, so ist der Marktteilnehmer, der sich auf sie beruft, von der weiteren Beweislast befreit, welche nunmehr – auf Ebene der Rechtfertigungsgründe – bei dem jeweiligen Mitgliedstaat liegt, der die beschränkende Maßnahme zu verantworten hat (*Groeben/Thiesing/Ehlermann/Troberg, Kommentar zum EU-/EG-Vertrag, Art. 52, Rn. 55; Jarass, EuR 2000, S. 705 (717 f.)*).

[26] Vgl. für Artikel 30 EG (Art. 36 EGV): *Oppermann, Europarecht, Rn. 1306.*

[27] *Generalanwalt Jacobs, Schlußanträge vom 26.1.1995, Rs. 384/93 (Alpine Investments), Slg. 1995, S. I-1141, Rn. 64.*

[28] Vgl. etwa: *Emmert, Europarecht, S. 397 f.; Kingreen, Die Struktur der Grundfreiheiten des Europäischen Gemeinschaftsrechts, S. 120 f.; Schweitzer/Hummer, Europarecht, Rn. 1137; Becker, EuR 1994, S. 162 (166); Groeben/Thiesing/Ehlermann/Müller-Graff, Kommentar zum EU-/EG-Vertrag, Art. 30, Rn. 196; Hirsch, ZEuS 1999, S. 503 (510).*

Artikel 46 EG (Art. 56 EGV) benannter Gründe auf eine gemeinschaftsrechtliche Zulässigkeit hin überprüft. Vielmehr ging der Gerichtshof auch auf die Frage ein, ob die nationale Eintragungspraxis von Zweigniederlassungen ausländischer juristischer Personen nicht aus überwiegenden Allgemeinwohlinteressen gerechtfertigt sein könne. Dies, obwohl die zugrunde liegende Eintragungspraxis als indirekt diskriminierend anzusehen war, da sie nur ausländische juristische Personen traf, die in Dänemark eine Zweigniederlassung eröffnen wollten und deren Kapitalausstattung nicht mit derjenigen einer entsprechenden dänischen Kapitalgesellschaft vergleichbar war[29].

Auch in einer Vielzahl anderer Entscheidungen hat der Gerichtshof überwiegende Allgemeinwohlinteressen und damit unbenannte Rechtfertigungsgründe herangezogen[30], obwohl sich die Sachverhalte jeweils als indirekte Diskriminierungen darstellten. So prüfte der EuGH in *Gebhard*, ob ein gegen einen in Mailand niedergelassenen deutschen Rechtsanwalt durch die Rechtsanwaltskammer Mailand zeitweise verhängtes Berufsverbot wegen des Führens der Bezeichnung *avvocato* aus überwiegenden Allgemeinwohlinteressen gerechtfertigt sein könne[31]. Bereits zuvor hatte der Gerichtshof in mehreren Entscheidungen nationale Regelungen, welche die Aufnahme und Ausübung einer selbständigen Tätigkeit in einem anderen Mitgliedstaat betrafen, am Maßstab des Diskriminierungsverbots gemessen und hierbei, sofern die Frage des Vorliegens etwaiger Rechtfertigungsgründe relevant war, das Vorhandensein überwiegender Allgemeinwohlinteressen erörtert[32].

---

[29] Vgl. insoweit auch die Bezugnahme in *Centros* auf die *Segers*-Entscheidung (*EuGH, Urt. v. 9.3.1999, Rs. 212/97 (Centros), Slg. 1999, S. I-1459, Rn. 17;* unter Verweis auf: *EuGH, Urt. v. 10.7.1986, Rs. 79/85 (Segers), Slg. 1986, S. 2375, Rn. 16*).
So wurde in der *Segers*-Entscheidung, auf die der Gerichtshof in *Centros* verwies, das Diskriminierungsverbot als Überprüfungsmaßstab zugrunde gelegt. In beiden Fällen hatte eine nach britischem Recht gegründete Gesellschaft in Großbritannien keine Geschäftstätigkeit entfaltet, da die Auslandsgründung allein einer Umgehung strengerer inländischer Gründungserfordernisse diente (vgl. hierzu näher: *Kapitel 4 D. III.*).

[30] Vgl. zur Einordnung der *Allgemeinwohlinteressen* als Rechtfertigungsgründe: *Jarass, EuR 2000, S. 705 (719); Gundel, JURA 2001, S. 79; Hirsch, ZEuS 1999, S. 503 (511); Emmert, Europarecht, S. 398.*
Teilweise wird in der Literatur darauf verwiesen, bei den zwingenden Erfordernissen handele es sich um *immanente Schranken* der Grundfreiheiten (so für Artikel 28 EG (Art. 30 EGV): *Grabitz/Hilf/Leible, Kommentar zur Europäischen Union, Art. 28, Rn. 20; Schweitzer/Hummer, Europarecht, Rn. 1135*). Allerdings ist durch diese Aussage noch keine dogmatische Einordnung dahingehend vorgenommen, ob es sich um Rechtfertigungsgründe handelt, die analog den geschriebenen Rechtfertigungstatbeständen zu behandeln sind, oder um negative Tatbestandsmerkmale (*Schütz, JURA 1998, S. 631 (636);* vgl. für letzteres: *Dauses, Handbuch des EU-Wirtschaftsrechts, C. I, Rn. 108; Becker, EuR 1994, S. 162 (166)*). Für die Einordnung der überwiegenden Allgemeinwohlinteressen als Rechtfertigungsgründe spricht, daß bei ihnen stets eine Abwägung mit kollidierenden Rechtsgütern im Rahmen einer Verhältnismäßigkeitsprüfung stattfindet (*Jarass, EuR 1995, S. 202 (224 f.)*). Zudem spricht der Gerichtshof in seiner Judikatur stets von einer Rechtfertigung des Eingriffs in eine gemeinschaftsrechtliche Gewährleistung durch überwiegende Allgemeinwohlinteressen.

[31] *EuGH, Urt. v. 30.11.1995, Rs. 55/94 (Gebhard), Slg. 1995, S. I-4165, Rn. 35 ff.*

[32] *EuGH, Urt. v. 28.4.1977, Rs. 71/76 (Thieffry), Slg. 1977, S. 765; EuGH, Urt. v. 12.7.1984, Rs. 107/83 (Klopp), Slg. 1984, S. 2971.*

Die mittlerweile durch die Rechtsprechung des EuGH herbeigeführte Konvergenz der Grundfreiheiten erstreckt sich nach der hier vertretenen Auffassung nicht allein auf die Tatbestandsebene[33], sondern auch auf die Rechtfertigungssystematik. Dabei zeigt eine Analyse der Rechtsprechung des Gerichtshofs zu den Grundfreiheiten – mit Ausnahme der Kapitalverkehrsfreiheit[34] – eine einheitliche Struktur, wonach sowohl im Bereich der indirekten Diskriminierungen als auch bei Beschränkungen auf der Rechtfertigungsebene überprüft wird, ob nationale Maßnahmen aus überwiegenden Allgemeinwohlinteressen und damit unbenannten Rechtfertigungsgründen gerechtfertigt sind. Eine innerhalb der Rechtsprechung zu den einzelnen Grundfreiheiten wechselnde und teilweise ungenaue Terminologie kann über diesen Befund nicht hinwegtäuschen.

So lag etwa im Bereich der Warenverkehrsfreiheit der *Cassis-de-Dijon*-Entscheidung eine typische indirekte Diskriminierung zugrunde. Dennoch entwickelte der Gerichtshof hier die Rechtfertigungssystematik weiter und prüfte, ob die nationale deutsche Regelung, welche die Vermarktung von Johannisbeerlikör mit einem Weingeistgehalt von weniger als 30 % verbot, aus überwiegenden Allgemeinwohlinteressen gerechtfertigt sein könne[35]. Dieselben Grundsätze finden in jüngeren Entscheidungen zur Warenverkehrsfreiheit Anwendung. So nahm der EuGH in *Aher-Waggon* zu einer nationalen Regelung Stellung, nach der eine Erstzulassung von Flugzeugen aus anderen Mitgliedstaaten von der Einhaltung der inländischen Lärmgrenzwerte abhängig war, die strenger als die insofern vorgesehenen gemeinschaftlichen Werte waren, jedoch Flugzeuge, die vor Umsetzung der EG-Richtlinie im Inland zugelassen wurden, von der Einhaltung der strengen Lärmgrenzwerte freistellte[36]. Eine indirekt diskriminierende Wirkung lag hier zweifelsohne vor, auch wenn der EuGH in seiner Urteilsbegründung teilweise von

---

[33] *Kapitel 4 B. IV. und V.*

[34] Vgl. hierzu: *Graig/Búrca, EU Law, S. 645 ff.*

[35] Damit legte der Gerichtshof den Grundstein für die Unterscheidung zwischen direkt und indirekt diskriminierenden Maßnahmen auf der Rechtfertigungsebene. Während im Bereich der Warenverkehrsfreiheit für direkte Diskriminierungen nur geschriebene Rechtfertigungsgründe nach Artikel 30 EG (Art. 36 EGV) herangezogen werden können, greifen bei indirekten Diskriminierungen auch ungeschriebene Rechtfertigungsgründe. Allerdings sind die Ausführungen des Gerichtshofs in der *Cassis*-Entscheidung insofern ungenau, als er bei den ungeschriebenen Rechtfertigungsgründen auch den Schutz der öffentlichen Gesundheit anführt, der aber bereits in Artikel 30 EG (Art. 36 EGV) Erwähnung findet (*EuGH, Urt. v. 20.2.1979, Rs. 120/78 (Cassis de Dijon), Slg. 1979, S. 649, Rn. 8;* vgl. hierzu: *Schütz, JURA 1998, S. 631 (636)*).

In der Rechtssache 229/83 (*Leclerc*) führte der Gerichtshof indes noch bezüglich einer nationalen Buchpreisbindung im Zusammenhang mit dem Reimport von Büchern aus, diese könne allein aus in Artikel 30 EG (Art. 36 EGV) genannten Gründen gerechtfertigt werden, welche aber nicht vorlägen (*EuGH, Urt. v. 10.1.1985, Rs. 229/83 (Leclerc), Slg. 1985, S. 1*). Allerdings differenzierte der Gerichtshof in den Entscheidungsgründen zwischen zwei Fallgruppen, dem Import ausländischer Bücher einerseits sowie dem Reimport inländischer Bücher aus dem Ausland andererseits. Für die erste Fallgruppe ging er dabei offensichtlich davon aus, daß die nationale Regelung eine direkte Diskriminierung darstelle (*EuGH, Urt. v. 10.1.1985, Rs. 229/83 (Leclerc), Slg. 1985, S. 1, Rn. 25*). Da der Gerichtshof bei der Prüfung des Vorliegens von Rechtfertigungsgründen nicht zwischen den beiden zuvor ausdifferenzierten Fallgruppen unterschied, stellte er allein auf das Vorliegen geschriebener Rechtfertigungsgründe ab (*EuGH, Urt. v. 10.1.1985, Rs. 229/83 (Leclerc), Slg. 1985, S. 1, Rn. 28 ff.*).

[36] *EuGH, Urt. v. 14.7.1998, Rs. 389/96 (Aher-Waggon), Slg. 1998, S. I-4473, Rn. 18.*

einer Beschränkung oder Beeinträchtigung des innergemeinschaftlichen Handels als Oberbegriff für alle diskriminierenden und nichtdiskriminierenden Einwirkungen durch nationale Maßnahmen auf die Grundfreiheiten spricht[37]. Auf der Rechtfertigungsebene bejahte der Gerichtshof in seinem Urteil sodann die Zulässigkeit einer Berufung auf Erwägungen der öffentlichen Gesundheit und des Umweltschutzes, die seitens des Mitgliedstaats angeführt wurden, wobei eine Rechtfertigung in casu allerdings an der fehlenden Verhältnismäßigkeit der nationalen Maßnahme scheiterte[38].

In *TK Heimdienst Sass* ging es um die Gemeinschaftsrechtskonformität einer reisegewerblichen Bestimmung, wonach entsprechende Tätigkeiten nur von Gewerbetreibenden ausgeübt werden durften, die das betreffende Gewerbe auch in einer ortsfesten Betriebsstätte im selben Verwaltungsbezirk oder einer angrenzenden Gemeinde ausübten[39]. Hier lag der indirekt diskriminierende Charakter der Regelung auf der Hand, so daß trotz des Vorliegens einer *Verkaufsmodalität* die *Keck*-Rechtsprechung nicht einschlägig war[40]. Im Rahmen der Prüfung von Rechtfertigungsgründen verwies der Gerichtshof darauf, die Notwendigkeit, eine Verschlechterung der Nahversorgungsbedingungen in relativ abgelegenen Gebieten eines Mitgliedstaats zu verhindern, könne unter bestimmten Umständen eine Behinderung des innergemeinschaftlichen Handels rechtfertigen. Geprüft wurde damit das Vorliegen von überwiegenden Allgemeinwohlinteressen, wobei eine Rechtfertigung allerdings aufgrund der Unverhältnismäßigkeit der fraglichen Regelung abgelehnt wurde[41].

Der Gerichtshof stellte in *de Agostini* unter Verweis auf die Entscheidung *Leclerc*[42] fest, daß mitgliedstaatliche Regelungen, die eine Fernsehwerbung in einem bestimmten Sektor untersagten, Verkaufsmodalitäten im Sinne der *Keck*-Rechtsprechung beträfen, soweit sie eine bestimmte Absatzmethode von Erzeugnissen verböten[43]. Daher falle das gegenständliche nationale Verbot von Werbung, die an Kinder unter 12 Jahren gerichtet sei, unter Artikel 30 EG (Art. 36 EGV), wenn es den Absatz der inländischen Erzeugnisse und der Erzeugnisse aus anderen Mitgliedstaaten rechtlich wie tatsächlich nicht in gleicher Weise berühre[44]. Sollte dies der Fall sein und damit eine indirekte Diskriminierung vorliegen, müsse

---

[37] *EuGH, Urt. v. 14.7.1998, Rs. 389/96 (Aher-Waggon), Slg. 1998, S. I-4473, Rn. 18, 20.*

[38] *EuGH, Urt. v. 14.7.1998, Rs. 389/96 (Aher-Waggon), Slg. 1998, S. I-4473, Rn. 20 ff.;* vgl. weiter zur Rechtfertigungssystematik im Bereich der Warenverkehrsfreiheit: *Roth, WRP 2000, S. 979 ff.*

[39] *EuGH, Urt. v. 13.1.2000, Rs. 254/98 (TK-Heimdienst Sass), Slg. 2000, S. I-151, Rn. 3.*

[40] *EuGH, Urt. v. 13.1.2000, Rs. 254/98 (TK-Heimdienst Sass), Slg. 2000, S. I-151, Rn. 24 ff.;* vgl. ausführlich zur *Keck*-Rechtsprechung: *Kapitel 4 B. IV.*

[41] *EuGH, Urt. v. 13.1.2000, Rs. 254/98 (TK-Heimdienst Sass), Slg. 2000, S. I-151, Rn. 34.*

[42] *EuGH, Urt. v. 29.6.1995, Rs. 412/93 (Leclerc), Slg. 1995, S. I-179.*

[43] *EuGH, Urt. v. 9.7.1997, Verb. Rs. 34-36/95 (De Agostini), Slg. 1997, S. I-3843, Rn. 40.*

[44] *EuGH, Urt. v. 9.7.1997, Verb. Rs. 34-36/95 (De Agostini), Slg. 1997, S. I-3843, Rn. 44.* *W. H. Roth* sieht die *De Agostini*-Entscheidung als Beleg dafür, daß der EuGH auch bei formal diskriminierenden nationalen Maßnahmen überwiegende Allgemeinwohlinteressen als mögliche Rechtfertigungsgründe heranziehe (*W. H. Roth, WRP 2000, S. 979 (984)*). Betrachtet man aber den Sachverhalt und nicht die etwas unglückliche Formulierung der Begründungserwägungen, so ging es in diesem Fall eindeutig um eine indirekte, nicht indes um eine formale Diskriminierung.

das vorlegende Gericht prüfen, ob das Verbot aus zwingenden Gründen des Allgemeininteresses oder zur Erreichung eines der in Artikel 30 EG (Art. 36 EGV) genannten Ziele erforderlich sei, ob es hierzu in einem angemessenen Verhältnis stehe und ob diese Ziele oder zwingenden Gründe nicht durch Maßnahmen hätten erreicht werden können, die den innergemeinschaftlichen Handel weniger beeinträchtigten[45].

In demselben Urteil überprüfte der EuGH das Fernsehwerbeverbot am Maßstab der Dienstleistungsfreiheit. Dabei verwies er auf die Entscheidung *Collectieve Antennevoorziening Gouda* und die Problematik der indirekten Diskriminierung dadurch, daß nationale Regelungen *auf im Gebiet eines anderen Mitgliedstaats ansässige Erbringer von Dienstleistungen angewandt werden, die bereits den Rechtsvorschriften dieses Mitgliedstaats genügen müssen*[46]. In einem solchen Fall, so der Gerichtshof weiter, habe das Vorlagegericht zu prüfen, ob diese Vorschriften aus zwingenden Gründen des Allgemeininteresses oder zur Erreichung eines der in Artikel 46 EG (Art. 56 EGV) aufgeführten Ziele erforderlich seien, ob sie hierzu in einem angemessenen Verhältnis stünden und ob diese Ziele oder zwingenden Gründe nicht durch weniger einschneidende Maßnahmen hätten erreicht werden können[47]. Diese Entscheidung veranschaulicht nicht nur auf besondere Weise die Konvergenz der Grundfreiheiten, sondern auch, daß beim Vorliegen einer indirekten Diskriminierung im Rahmen der Prüfung auf der Rechtfertigungsebene die Rechtsprechung zu den zwingenden Allgemeinwohlinteressen heranzuziehen ist, so daß nach dem eindeutigen Wortlaut der Entscheidung nicht nur die benannten Rechtfertigungsgründe Anwendung finden[48].

Im Bereich der Dienstleistungsfreiheit bejahte der Gerichtshof bereits in *Ramrath* zunächst das Vorliegen einer indirekten Diskriminierung im Zusammenhang mit einer mitgliedstaatlichen Regelung, wonach die Tätigkeit als Wirtschaftsprüfer nur unter der Bedingung einer ständigen Präsenz im Inland ausgeübt werden durfte[49]. Auch hier führte der EuGH im Rahmen der Rechtfertigungsprüfung aus, die indirekte Diskriminierung könne allein dann als gemeinschaftsrechtskonform

---

45 *EuGH, Urt. v. 9.7.1997, Verb. Rs. 34-36/95 (De Agostini), Slg. 1997, S. I-3843, Rn. 45.*
In diesem Zusammenhang weist *Gundel* darauf hin, daß aufgrund der *Keck*-Rechtsprechung vertriebsbezogene nationale Maßnahmen nicht durch ungeschriebene Rechtfertigungsgründe im Sinne der *Cassis*-Formel gerechtfertigt werden könnten, wenn nur die geschriebenen Rechtfertigungsgründe auf alle Formen von Diskriminierungen Anwendung fänden. Dies sei aber nicht der Fall, wie sich aus der *De Agostini*-Entscheidung ergebe. Im Umkehrschluß folge hieraus, daß die ungeschriebenen Rechtfertigungsgründe auch auf indirekte Diskriminierungen Anwendung fänden (*Gundel, JURA 2001, S. 79 (83)*).

46 *EuGH, Urt. v. 9.7.1997, Verb. Rs. 34-36/95 (De Agostini), Slg. 1997, S. I-3843, Rn. 51;* unter Verweis auf: *EuGH, Urt. v. 25.7.1991, Rs. 288/89 (Collectieve Antennevoorziening Gouda), Slg. 1991, S. I-4007, Rn. 12.*

47 *EuGH, Urt. v. 9.7.1997, Verb. Rs. 34-36/95 (De Agostini), Slg. 1997, S. I-3843, Rn. 52.*

48 A.A. *Drasch*, wonach der EuGH im Bereich der Dienstleistungsfreiheit – *anders als im Fall des Art. 30 EGV – nur formell diskriminierende Regelungen von einer Rechtfertigung* am Maßstab des Allgemeininteresses ausnehmen wolle, so daß insoweit auf der Rechtfertigungsebene keine Konvergenz der Grundfreiheiten gegeben sei (*Drasch, Das Herkunftslandprinzip im internationalen Privatrecht, S. 170*).

49 *EuGH, Urt. v. 20.5.1992, Rs. 106/91 (Ramrath), Slg. 1992, S. I-3351, Rn. 4 ff.*

angesehen werden, wenn nachgewiesen werde, daß in dem betreffenden Tätigkeitsbereich zwingende Gründe des Allgemeininteresses bestünden, die den Kriterien der Erforderlichkeit und Angemessenheit entsprächen[50].

Allerdings scheint diese Rechtsprechung im Bereich der Dienstleistungsfreiheit – wie bei der Warenverkehrsfreiheit[51] – nicht durchgängig. So entschied der EuGH in seinem Urteil zur Rechtssache *Svensson & Gustavsson*, die festgestellte indirekte Diskriminierung könne *nur aus den Gründen des Allgemeininteresses gerechtfertigt sein, die in Artikel 56 Absatz 1 des Vertrages genannt sind, auf den Artikel 66 verweist*[52]. Danach prüfte der Gerichtshof allerdings, ob der nicht in Artikel 46 EG (Art. 56 EGV) enthaltene Rechtfertigungsgrund des Schutzes eines kohärenten Steuersystems greife, was im Ergebnis verneint wurde[53]. Die Begründung der Entscheidung kann aufgrund der inneren Widersprüchlichkeit nicht überzeugen, das Ergebnis indes schon.

Auch im Bereich der Arbeitnehmerfreizügigkeit prüft der Gerichtshof bei indirekten Diskriminierungen Rechtfertigungsgründe nicht allein auf Grundlage des in Artikel 39 Absatz 3 EG (Art. 48 Abs. 3 EGV) genannten Katalogs, sondern fragt – wie bei der Prüfung von Rechtfertigungsgründen nichtdiskriminierender nationaler Maßnahmen, welche die Gewährleistung einschränken oder weniger attraktiv machen – danach, ob überwiegende Allgemeinwohlinteressen den Eingriff gerecht-

---

[50] *EuGH, Urt. v. 20.5.1992, Rs. 106/91 (Ramrath), Slg. 1992, S. I-3351, Rn. 31.*
So verwiesen *Hailbronner/Nachbaur* bereits 1992 aufgrund einer Rechtsprechungsanalyse zur Dienstleistungsfreiheit darauf, gegebenenfalls erübrige sich in Zukunft *die bislang übliche Unterscheidung zwischen mittelbaren/versteckten Diskriminierungen und sonstigen Beschränkungen* (*Hailbronner/Nachbaur, EuZW 1992, S. 105 (112)*).

[51] Vgl. hierzu: *EuGH, Urt. v. 10.1.1985, Rs. 229/83 (Leclerc), Slg. 1985, S. 1.*

[52] *EuGH, Urt. v. 14.11.1995, Rs. 484/93 (Svensson & Gustavsson), Slg. 1995, S. I-3955, Rn. 15.*
In diesem Fall resultierte die indirekte Diskriminierung daraus, daß nach einer luxemburgischen Verordnung eine Wohnungsbaubeihilfe nur dann gewährt wurde, wenn der Wohnungsbaukredit bei einer inländischen Bank aufgenommen wurde. Ein in Luxemburg lebendes schwedisches Ehepaar hatte den Kredit aber im benachbarten Belgien bei einer dortigen Bank aufgenommen.

[53] *EuGH, Urt. v. 14.11.1995, Rs. 484/93 (Svensson & Gustavsson), Slg. 1995, S. I-3955, Rn. 16 ff.*
Aufgrund dieser und anderer Unstimmigkeiten ist die Entscheidung zu Recht kritisiert worden (vgl. näher: *Gundel, JURA 2001, S. 79 (81)*).
Auch in *Ciola* ging der Gerichtshof hinsichtlich der Kontingentierung von Bootsliegeplätzen für in einem anderen Mitgliedstaat ansässige Bootseigner von einer indirekt diskriminierenden Regelung aus, prüfte das Vorliegen etwaiger Rechtfertigungsgründe aber allein am Maßstab des Artikels 46 EG (Art. 56 EGV), um im Ergebnis einen Verstoß gegen die Dienstleistungsfreiheit zu bejahen (*EuGH, Urt. v. 29.4.1999, Rs. 224/97 (Ciola), Slg. 1999, S. I-2517, Rn. 10-16*). Allerdings wurden im Rahmen des Verfahrens keinerlei Allgemeinwohlinteressen vorgetragen, die doch noch zur Bejahung eines Rechtfertigungsgrundes hätten führen können. Daher ist der Entscheidung im Ergebnis, nicht aber der inhaltlichen Begründung zuzustimmen. Für Irritationen hat die Entscheidung deshalb gesorgt, weil in ihr scheinbar von den Urteilen *Decker* und *Kohll* abgewichen wird, in denen der EuGH auf der Rechtfertigungsebene überwiegende Allgemeinwohlinteressen angesprochen hatte (*EuGH, Urt. v. 28.4.1998, Rs. 120/95 (Decker), Slg. 1998, S. I-1831, Rn. 41 ff.; EuGH, Urt. v. 28.4.1998, Rs. 158/96 (Kohll), Slg. 1998, S. I-1931, Rn. 45*). Auch hier ging es mit nationalen Regelungen, welche die Sozialversicherten dazu veranlaßten, ihre Brillen nicht in anderen Mitgliedstaaten zu erwerben bzw. kieferorthopädische Behandlungen im Inland durchführen zu lassen, um indirekt diskriminierende nationale Maßnahmen (vgl. hierzu. *Nowak/Schnitzler, EuZW 2000, S. 627 (628 ff.)*).

fertigt erscheinen lassen[54]. In diesen Entscheidungen wird regelmäßig angeführt, die Arbeitnehmerfreizügigkeit erfasse nicht nur offenkundige Diskriminierungen aufgrund der Staatsangehörigkeit, sondern auch alle verschleierten Formen der Diskriminierung, die unter Anwendung anderer Unterscheidungsmerkmale tatsächlich zu demselben Ergebnis führten.

Beispielsweise führte der EuGH in *O'Flynn* aus, wie sich aus der bisherigen Rechtsprechung des Gerichtshofs zur Arbeitnehmerfreizügigkeit ergebe, sei *eine Vorschrift des nationalen Rechts, sofern sie nicht objektiv gerechtfertigt ist und in einem objektiven Verhältnis zum verfolgten Zweck steht, als mittelbar diskriminierend anzusehen, wenn sie sich ihrem Wesen nach eher auf die Wanderarbeitnehmer als auf inländische Arbeitnehmer auswirken kann und folglich die Gefahr besteht, daß sie Wanderarbeitnehmer besonders benachteiligt*[55]. Hinsichtlich der Rechtfertigungsmöglichkeiten merkte der Gerichtshof in der vorangehenden Urteilspassage an[56]: *Anders verhält es sich nur dann, wenn diese Vorschriften durch objektive, von der Staatsangehörigkeit der betroffenen Arbeitnehmer unabhängige Erwägungen gerechtfertigt sind und in einem angemessenen Verhältnis zu dem Zweck stehen, der mit den nationalen Rechtsvorschriften zulässigerweise verfolgt wird.*

In *Angonese*[57] betonte der Gerichtshof, es stelle eine *gegen Artikel 48 des Vertrages verstoßende Diskriminierung aufgrund der Staatsangehörigkeit dar*, wenn ein Arbeitgeber den Zugang eines Bewerbers zu einem Auswahlverfahren zur Einstellung von Personal davon abhängig mache, daß er seine Sprachkenntnisse ausschließlich mit einem Diplom nachweise, das in einer einzigen Provinz eines Mitgliedstaats ausgestellt werde[58]. Trotz der ungenauen Ausführungen, die auf eine direkte Diskriminierung hindeuten, handelte es sich um eine indirekte Diskriminierung, die mit den Worten des Gerichtshofs nur gerechtfertigt werden könne, *wenn sie auf sachliche Erwägungen gestützt wäre, die unabhängig von der Staatsangehörigkeit der betroffenen Personen und in bezug auf das berechtigterweise verfolgte Ziel verhältnismäßig sind*[59].

---

[54] *EuGH, Urt. v. 12.2.1974, Rs. 152/73 (Sotgiu), Slg. 1974, S. 153, Rn. 12; EuGH, Urt. v. 28.11.1989, Rs. 379/87 (Groener), Slg. 1989, S. 3967, Rn. 19; EuGH, Urt. v. 2.8.1993, Verb. Rs. 259/91, 331 und 332/91 (Allué), Slg. 1993, S. I-4309, Rn. 13 ff.; EuGH, Urt. v. 23.5.1996, Rs. 237/94 (O'Flynn), Slg. 1996, S. I-2617, Rn. 18 ff.; EuGH, Urt. v. 7.5.1998, Rs. 350/96 (Clean Car Autoservice), Slg. 1998, S. I-2521, Rn. 29 ff.; EuGH, Urt. v. 6.6.2000, Rs. 281/98 (Angonese), Slg. 2000, S. I-4139, Rn. 42.*

[55] *EuGH, Urt. v. 23.5.1996, Rs. 237/94 (O'Flynn), Slg. 1996, S. I-2617, Rn. 20.*
Der Gerichtshof trennt hier in seiner Formulierung nicht sauber zwischen der Tatbestands- und der Rechtfertigungsebene, so daß der Eindruck entsteht, bei Vorliegen eines Rechtfertigungsgrundes entfalle die mittelbare Diskriminierung auf der Tatbestandsebene.

[56] *EuGH, Urt. v. 23.5.1996, Rs. 237/94 (O'Flynn), Slg. 1996, S. I-2617, Rn. 19.*
Gegenständlich ging es um die Frage, ob ein nach nationalem Recht vorgesehenes Bestattungsgeld für Inlandsbestattungen auch an einen Wanderarbeitnehmer mit inländischem Wohnsitz zu zahlen sei, der die Bestattung des Angehörigen in seinem Heimatstaat hatte durchführen lassen.

[57] *EuGH, Urt. v. 6.6.2000, Rs. 281/98 (Angonese), Slg. 2000, S. I-4139.*

[58] *EuGH, Urt. v. 6.6.2000, Rs. 281/98 (Angonese), Slg. 2000, S. I-4139, Rn. 45.*

[59] *EuGH, Urt. v. 6.6.2000, Rs. 281/98 (Angonese), Slg. 2000, S. I-4139, Rn. 42.*

Das für die Bereiche der Warenverkehrs- und der Dienstleistungsfreiheit sowie der Arbeitnehmerfreizügigkeit geschilderte Vorgehen findet sich ebenso in der Rechtsprechung des Gerichtshofs zur Niederlassungsfreiheit, wie bereits anhand der Entscheidungen *Centros* und *Gebhard* dargestellt wurde. Sowohl in der älteren als auch in der jüngeren Judikatur zur Niederlassungsfreiheit lassen sich weitere Beispiele anführen. So ging es in *Futura & Singer* um die Gemeinschaftsrechtskonformität einer nationalen Regelung, wonach der Verlustvortrag durch eine steuerpflichtige Gesellschaft, die in dem betreffenden Mitgliedstaat eine Zweigniederlassung, nicht aber ihren Sitz hatte, davon abhängig war, daß die Verluste in wirtschaftlichem Zusammenhang mit den Einkünften standen, die das steuerpflichtige Unternehmen in diesem Mitgliedstaat erzielt hatte und daß die Gesellschaft während des Geschäftsjahres, in dem die Verluste entstanden waren, in diesem Staat Bücher über seine Tätigkeiten geführt und aufbewahrt hatte, die den einschlägigen nationalen Bestimmungen entsprachen[60]. Auch hier prüfte der Gerichtshof im Rahmen der Rechtfertigung, ob die nationale *Maßnahme ein legitimes Ziel verfolgt, das mit dem EG-Vertrag vereinbar und durch zwingende Gründe des öffentlichen Interesses gerechtfertigt ist*[61].

Bereits in seinem Urteil *Thieffry*[62] aus dem Jahre 1977 verwies der Gerichtshof darauf, die Gewährung der Niederlassungsfreiheit gehöre – unter Beachtung im Allgemeininteresse gerechtfertigter Berufsregelungen – zu den Zielen des Vertrages[63]. Der Umstand allein, daß die Rechtsvorschriften eines Mitgliedstaats eine Anerkennung der Gleichwertigkeit nur zu akademischen Zwecken vorsähen, rechtfertige nicht die Weigerung, eine derartige Anerkennung der Gleichwertigkeit als Nachweis beruflicher Befähigung gelten zu lassen[64].

---

[60] *EuGH, Urt. v. 15.5.1997, Rs. 250/95 (Futura & Singer), Slg. 1997, S. I-2471, Rn. 16.*

[61] *EuGH, Urt. v. 15.5.1997, Rs. 250/95 (Futura & Singer), Slg. 1997, S. I-2471, Rn. 26.*
Erforderlich, so der Gerichtshof weiter, sei zudem, daß *die Maßnahme zur Erreichung des fraglichen Zieles geeignet ist und nicht über das hinausgeht, was hierzu erforderlich* ist (*EuGH, Urt. v. 15.5.1997, Rs. 250/95 (Futura & Singer), Slg. 1997, S. I-2471, Rn. 26;* unter Verweis auf: *EuGH, Urt. v. 30.11.1995, Rs. 55/94 (Gebhard), Slg. 1995, S. I-4165, Rn. 37; EuGH, Urt. v. 31.3.1993, Rs. 19/92 (Kraus), Slg. 1993, S. I-1663, Rn. 32; EuGH, Urt. v. 15.12.1995, Rs. 415/93 (Bosman), Slg. 1995, S. I-4921, Rn. 104;* vgl. auch: *EuGH, Urt. v. 9.3.1999, Rs. 212/97 (Centros), Slg. 1999, S. I-1459, Rn. 34; EuGH, Urt. v. 4.7.2000, Rs. 424/97 (Haim), Slg. 2000, S. I-5123, Rn. 57*).
Indes prüfte der EuGH in *Bank of Scotland* Rechtfertigungsgründe für eine steuerliche Ungleichbehandlung, die abhängig vom Sitz der steuerpflichtigen Gesellschaft war, allein am Maßstab von Artikel 46 EG (Art. 56 EGV), um zum Ergebnis der Gemeinschaftsrechtswidrigkeit der fraglichen mitgliedstaatlichen Regelung zu gelangen (*EuGH, Urt. v. 29.4.1999, Rs. 311/97 (Bank of Scotland), Slg. 1999, S. I-2651, Rn. 24 - 33*). Auch in *Saint-Gobain* prüfte der EuGH nur das Vorliegen von Rechtfertigungsgründen nach Artikel 46 EG (Art. 56 EGV) und kam zu dem Ergebnis, die Niederlassungsfreiheit stehe einer nationalen Regelung entgegen, nach der einer im Inland gelegenen Betriebsstätte einer Kapitalgesellschaft mit Sitz in einem anderen Mitgliedstaat nicht unter den gleichen Voraussetzungen wie Kapitalgesellschaften mit Sitz im Inland die streitgegenständlichen steuerlichen Vergünstigungen gewährt wurden (*EuGH, Urt. v. 21.9.1999, Rs. 307/97 (Saint-Gobain ZN), Slg. 1999, S. I-6161, Rn. 44 ff., 64*). Allerdings wurden in beiden Fällen nur Rechtfertigungsgründe vorgetragen, die unter Artikel 46 EG (Art. 56 EGV) fielen.

[62] *EuGH, Urt. v. 28.4.1977, Rs. 71/76 (Thieffry), Slg. 1977, S. 765.*

[63] *EuGH, Urt. v. 28.4.1977, Rs. 71/76 (Thieffry), Slg. 1977, S. 765, Rn. 15/18.*

[64] *EuGH, Urt. v. 28.4.1977, Rs. 71/76 (Thieffry), Slg. 1977, S. 765, Rn. 24/26.*

In der Rechtssache 96/85 (*Kommission ./. Frankreich*) ging es um ein Verbot für Ärzte aus anderen Mitgliedstaaten, in Frankreich eine Zweitpraxis einzurichten, auch wenn sich ihre Hauptpraxis in unmittelbarer Grenznähe befand. Indes gestattete die französische Ärztekammer es inländischen Ärzten, in geringer Entfernung von der Hauptpraxis eine Zweitpraxis zu eröffnen[65]. Hierzu führte der Gerichtshof aus[66]: *Führen diese Vorschriften jedoch zur Beschränkung der Freizügigkeit der Arbeitnehmer, der Niederlassungsfreiheit und des freien Dienstleistungsverkehrs innerhalb der Gemeinschaft, so sind sie mit dem EWG-Vertrag nur vereinbar, wenn die in ihnen enthaltenen Beschränkungen wirklich in Anbetracht allgemeiner Verpflichtungen gerechtfertigt sind, von denen die ordnungsgemäße Ausübung der fraglichen Berufe abhängt, und wenn sie unterschiedslos für die eigenen Staatsangehörigen gelten. Dies ist nicht der Fall, wenn die Beschränkungen geeignet sind, eine Diskriminierung der in anderen Mitgliedstaaten niedergelassenen Ärzte und Zahnärzte zu bewirken oder den Zugang zum Beruf über das zur Erreichung der genannten Ziele erforderliche Maß hinaus zu behindern.* Daher kam der Gerichtshof zu dem Ergebnis, das Verbot der Zweitniederlassung in Frankreich sei *zu absolut und zu allgemein*, als daß es durch die Notwendigkeit gerechtfertigt werden könne, die Kontinuität der Krankenversorgung sicherzustellen oder das inländische Standesrecht anzuwenden[67].

Zusammenfassend führte Generalanwalt *van Gerven* in seinen Schlußanträgen zu *Vlassopoulou* aus[68]: *In der Rechtsprechung des Gerichtshofs zur Freizügigkeit der Arbeitnehmer, zur Niederlassungsfreiheit sowie zum freien Dienstleistungs- und Warenverkehr ist es seit langem anerkannt, daß die Vorschriften über die Gleichbehandlung nicht nur offensichtliche Diskriminierungen aufgrund der Staatsangehörigkeit, sondern auch alle versteckten Formen der Diskriminierung, die durch die Anwendung anderer Unterscheidungsmerkmale tatsächlich zu dem gleichen Ergebnis führen, verbieten. Diese Auslegung hält der Gerichtshof für geboten, um die Wirksamkeit eines der Grundprinzipien des Gemeinschaftsrechts zu wahren. Speziell im Hinblick auf die Gewährleistung der praktischen Wirksamkeit der Grundlagen der Gemeinschaft hat der Gerichtshof außerdem entschieden, daß eine nationale Regelung, selbst wenn sie keine unmittelbar nachweisbare Diskriminierung aufgrund der Staatsangehörigkeit enthält, doch mit dem Gemeinschaftsrecht unvereinbar ist, sofern sie grenzüberschreitende Niederlassungen innerhalb der Gemeinschaft erschwert, ohne daß hierfür ein objektiver Rechtfertigungsgrund angeführt werden kann.* Mit dem Verweis auf objektive Rechtfertigungsgründe werden dabei überwiegende Allgemeinwohlinteressen und damit ungeschriebene Rechtfertigungsgründe angesprochen. Auch der Gerichtshof bejahte in seinem Urteil zunächst zutreffend eine mittelbare Diskriminierung, um sodann dezidiert zu erörtern, wie weit aus überwiegenden Allgemeinwohlinteressen die Niederlas-

---

[65] *EuGH, Urt. v. 30.4.1986, Rs. 96/85 (Kommission ./. Frankreich), Slg. 1986, S. 1485, Rn. 12.*
[66] *EuGH, Urt. v. 30.4.1986, Rs. 96/85 (Kommission ./. Frankreich), Slg. 1986, S. 1485, Rn. 11.*
[67] *EuGH, Urt. v. 30.4.1986, Rs. 96/85 (Kommission ./. Frankreich), Slg. 1986, S. 1485, Rn. 14.*
[68] *Generalanwalt van Gerven, Schlußanträge v. 28.11.1990 in der Rs. 340/89 (Vlassopoulou), Slg. 1991, S. I-2357, Rn. 6.*

sungsfreiheit eingeschränkt werden darf, um bestehenden Unterschieden im Bereich der Berufszugangsvoraussetzungen Rechnung zu tragen[69].

2) Folgerungen für die rechtliche Überprüfung indirekt diskriminierender nationaler Maßnahmen

Aufgrund der angeführten Rechtsprechung des Gerichtshofs ist die in der Literatur teilweise vertretene These abzulehnen, die benannten Rechtfertigungsgründe würden abschließend sowohl für direkte als auch für mittelbare Diskriminierungen gelten[70]. Unzutreffend ist indes andererseits die Annahme, die unbenannten Rechtfertigungsgründe seien unumschränkt auf jegliche Form von Diskriminierungen anzuwenden, so daß es sowohl für diskriminierende als auch für beschränkende nationale Maßnahmen eine einheitliche Rechtfertigungssystematik gebe[71]. Denn der EuGH prüft auch in jüngeren Entscheidungen, denen eine direkte Diskriminierung zugrunde liegt, lediglich benannte Rechtfertigungsgründe[72].

Nicht gefolgt werden kann zudem der Auffassung, der EuGH gehe im Rahmen seiner jüngeren Rechtsprechung zur Niederlassungsfreiheit dazu über, *auch diskriminierende Maßnahmen daraufhin zu überprüfen, ob sie durch zwingende Gründe des öffentlichen Interesses gerechtfertigt* seien[73]. Zum einen wird hier keine Differenzierung zwischen direkten und mittelbaren Diskriminierungen vorgenommen.

---

[69] *EuGH, Urt. v. 7.5.1991, Rs. 340/89 (Vlassopoulou), Slg. 1991, S. I-2357, Rn. 15 ff.;* vgl. hierzu auch: *EuGH, Urt. v. 16.6.1992, Rs. 351/90 (Kommission ./. Luxemburg), Slg. 1992, S. I-3945, Rn. 14 ff., 23.*

[70] So etwa: *Emmert, Europarecht, S. 397 f.; Groeben/Thiesing/Ehlermann/Müller-Graff, Kommentar zum EU-/EG-Vertrag, Art. 30, Rn. 198; Kingreen, Die Struktur der Grundfreiheiten des Europäischen Gemeinschaftsrechts, S. 120 f.; Schwarze/Schlag, EU-Kommentar, Art. 46, Rn. 3; Schweitzer/Hummer, Europarecht, Rn. 1137; Callies/Ruffert/Bröhmer, Kommentar zum EG/EU-Vertrag, Art. 46, Rn. 1,* der allgemein auf diskriminierende Rechts- und Verwaltungsvorschriften abstellt, ohne zwischen direkten und mittelbaren Diskriminierungen zu differenzieren.

[71] Vgl. hierzu: *Lenz/Hakenberg, EG-Vertrag, Art. 49/50, Rn. 26; Hakenberg, Grundzüge des Europäischen Gemeinschaftsrechts, S. 98 f., 113, 119; Novak, DB 1997, S. 2589 ff.; Weiß, EuZW 1999, S. 493 (497 f.);* in diese Richtung auch: *Groeben/Thiesing/Ehlermann/Troberg, Kommentar zum EU-/EG-Vertrag, Art. 52, Rn. 56-58.*

[72] Vgl. etwa folgende jüngere Entscheidungen: *EuGH, Urt. v. 29.5.2001, Rs. 263/99 (Kommission ./. Italien), Slg. 2001, S. I-4195, Rn. 15; EuGH, Urt. v. 31.5.2001, Rs. 283/99 (Kommission ./. Italien, Slg. 2001, S. I-4363, Rn. 18 ff.*
Zwar lag der erstgenannten Entscheidung bei genauer Betrachtung eine indirekte Diskriminierung zugrunde, da der fragliche Zugang zur Betätigung als Berater auf dem Gebiet des Verkehrs von Beförderungsmitteln nach nationalem Recht nur italienischen Staatsangehörigen oder Staatsbürgern eines anderen Mitgliedstaats der Gemeinschaft offenstand, die über einen Wohnsitz in Italien verfügten. Der Gerichtshof folgte hier aber offensichtlich dem Vortrag der Kommission, es handele sich um eine Diskriminierung aus Gründen der Staatsangehörigkeit und stellte daher nur fest, die italienische Regierung berufe sich nicht auf *Gründe des Allgemeininteresses im Sinne des Artikels 56 Abs. 1 EG-Vertrag* (*EuGH, Urt. v. 29.5.2001, Rs. 263/99 (Kommission ./. Italien), Slg. 2001, S. I-4195, Rn. 7, 10, 15*).

[73] *Koenig/Haratsch, Europarecht, Rn. 574;* in diese Richtung auch: *Nowak/Schnitzler, EuZW 2000, S. 627 (631),* die allerdings bemängeln, der EuGH habe hinsichtlich der schrankensystematischen Behandlung mittelbar bzw. versteckt diskriminierender Eingriffe der Mitgliedstaaten in die Grundfreiheiten im Bereich der sozialen Sicherheit kein einheitliches Konzept verfolgt.

Nur in letzterem Fall berücksichtigt der EuGH überwiegende Allgemeinwohlinteressen als unbenannte Rechtfertigungsgründe[74]. Zudem werden auch in älteren Entscheidungen bereits überwiegende Allgemeinwohlinteressen als mögliche Rechtfertigungsgründe bei indirekten Diskriminierungen geprüft.

Somit unterscheidet der EuGH auf der Rechtfertigungsebene – wenn auch nicht in ausnahmslos allen Entscheidungen[75] – danach, ob eine direkte Diskriminierung vorliegt oder aber eine indirekte Diskriminierung beziehungsweise eine Beschränkung der Grundfreiheiten. In ersterem Fall finden allein die geschriebenen Rechtfertigungsgründe Anwendung, wohingegen in letzterem Fall grundsätzlich geprüft wird, ob überwiegende Allgemeinwohlinteressen den Eingriff in die jeweilige gemeinschaftsrechtliche Gewährleistung rechtfertigen können[76].

Das Vorgehen des EuGH läßt sich dadurch erklären, daß der Übergang von einer indirekt diskriminierenden nationalen Maßnahme zu einer nichtdiskriminierenden, aber die Grundfreiheiten dennoch beschränkenden nationalen Maßnahme fließend ist, bei einem weiten Verständnis des Diskriminierungsverbots daher noch eine Diskriminierung bejaht werden kann, wohingegen bei einem engeren Begriffsverständnis die Annahme einer nichtdiskriminierenden, aber die Grundfreiheiten beschränkenden Maßnahme naheläge[77]. Kritisch ließe sich hierzu anmerken, die

---

[74] So auch: *Gundel, JURA 2001, S. 79 ff.*

[75] So verweist *Gundel* darauf, der einzige Fall, in dem der Gerichtshof eine formal diskriminierende nationale Maßnahme mit ungeschriebenen Rechtfertigungsgründen gerechtfertigt habe, sei das Urteil des EuGH zum Einfuhrverbot ausländischer Abfälle (*EuGH, Urt. v. 9.7.1992, Rs. 2/90 (Kommission ./. Belgien), Slg. 1992, S. I-4431*), da der Gerichtshof es hier vorgezogen habe, den diskriminierenden Charakter der Regelung zu verneinen, *anstatt das Tabu einer ungeschriebenen Zulassung von formal diskriminierenden Eingriffen anzutasten* (*Gundel, JURA 2001, S. 79 (82);* a.A.: *Roth, WRP 2000, S. 979 (984)*; vgl. ausgiebig zu dieser Entscheidung: *Groeben/Thiesing/Ehlermann/Müller-Graff, Kommentar zum EU-/EG-Vertrag, Art. 30, Rn. 197*).

[76] So kommt *Drasch* für die Rechtsprechung des EuGH im Bereich der Dienstleistungsfreiheit zu dem Ergebnis, der Gerichtshof unterscheide *hinsichtlich des Begriffs der "Diskriminierung" streng zwischen materieller Diskriminierung als Unterfall einer Beschränkung der Dienstleistungsfreiheit und dem Erfordernis unterschiedsloser Geltung der nationalen Regelung als Kriterium für die Rechtfertigung einer Beschränkung dieser Freiheit aus Gründen des Allgemeininteresses.* Der Gerichtshof mache daher nur offene Diskriminierungen von einer Rechtfertigung durch benannte Rechtfertigungsgründe abhängig, wohingegen er bei versteckten Diskriminierungen auch eine Rechtfertigung über zwingende Gründe des Allgemeininteresses zulasse (*Drasch, Das Herkunftslandprinzip im internationalen Privatrecht, S. 170*).

[77] Vgl. hierzu allgemein: *Groeben/Thiesing/Ehlermann/Troberg, Kommentar zum EU-/EG-Vertrag, Art. 52, Rn. 58;* für eine generelle Gleichbehandlung von indirekten Diskriminierungen und Beschränkungen mit der Folge, daß indirekte Diskriminierungen stets aus zwingenden Gründen des Allgemeininteresses gerechtfertigt werden können: *Lackhoff, Die Niederlassungsfreiheit des EGV – nur ein Gleichheits- oder auch ein Freiheitsrecht?, S. 457 f.;* für den Bereich der Dienstleistungsfreiheit: *Callies/Ruffert/Kluth, Kommentar zum EG/EU-Vertrag, Art. 50, Rn. 56 f.*
Die Schwierigkeit einer genauen Grenzziehung wird besonders bei der Rechtsprechung des Gerichtshofs zur Niederlassungsfreiheit deutlich. So nehmen viele Autoren an, die Grenze einer Auslegung der Niederlassungsfreiheit vom reinen Diskriminierungs- zum Beschränkungsverbot sei bereits in der Entscheidung *Klopp* überschritten worden (vgl. hierzu: *Kapitel 4 B. III.*). Auch wird die Auffassung vertreten, der EuGH gehe in *Daily Mail* zumindest implizit davon aus, die Niederlassungsfreiheit enthalte ein Beschränkungsverbot (*Behrens, IPRax 1989, S. 354 (360); Ebenroth/Eyles, DB 1989, S. 413*).

Berücksichtigung überwiegender Allgemeinwohlinteressen als Rechtfertigungsgründe bei indirekten Diskriminierungen könne für die Mitgliedstaaten Veranlassung sein, nationale Maßnahmen nicht als direkte, sondern als indirekte Diskriminierungen auszugestalten, um so in den Genuß erweiterter Rechtfertigungsmöglichkeiten zu gelangen[78]. Allerdings vermag dieser Gesichtspunkt nicht zu überzeugen, da über die Prüfung der Kriterien der Geeignetheit, Erforderlichkeit und Angemessenheit für den Gerichtshof im Einzelfall die Möglichkeit besteht, jeweils geltend gemachte Allgemeinwohlinteressen auf ihre Stichhaltigkeit hin zu überprüfen. Zudem wirken indirekte Diskriminierungen weniger final als direkte Diskriminierungen[79]. Eine Gefahr für die einheitliche Tragweite des Gemeinschaftsrechts dadurch, daß Mitgliedstaaten nationale Regelungen nicht als direkte, sondern als indirekte Diskriminierungen ausgestalten könnten, um gezielt Binnenmarktschranken zu errichten, kann daher im Rahmen der Rechtfertigungsprüfung anhand der Kriterien der Geeignetheit, Erforderlichkeit und Angemessenheit unterbunden werden[80].

Zudem trägt die Rechtfertigungssystematik des Gerichtshofs dem Umstand Rechnung, daß im Bereich der indirekt diskriminierenden nationalen Maßnahmen ein höheres Bedürfnis für Mitgliedstaaten besteht, Zielsetzungen zu verfolgen, die unter den Begriff der Allgemeinwohlinteressen fallen. Dabei gilt es zu berücksichtigen, daß die indirekt diskriminierende Wirkung bei nationalen Maßnahmen zunächst gar nicht augenscheinlich sein muß, sondern sich eine Gemeinschaftsrechtswidrigkeit häufig erst später herausstellt[81]. Auch mit Blick auf den *effet-utile*-Gedanken besteht keine Notwendigkeit der Gemeinschaftsrechtsordnung, mehr auf die – autonomen – Rechtsordnungen der Mitgliedstaaten einzuwirken, als dies zur

---

[78] Vgl. hierzu: *Groeben/Thiesing/Ehlermann/Müller-Graff, Kommentar zum EU-/EG-Vertrag, Art. 30, Rn. 196.*
Kingreen verweist darauf, eine entsprechende *Privilegierung des versteckten Protektionismus* sei offensichtlich sachwidrig (*Kingreen, Die Struktur der Grundfreiheiten des Europäischen Gemeinschaftsrechts, S. 121*).

[79] *Gundel, JURA 2001, S. 79 (82 f.).*

[80] *Nowak/Schnitzler, EuZW 2000, S. 627 (631); Pache, NVwZ 1999, S. 1033 ff.; Schilling, EuGRZ 2000, S. 3 (24); Gundel, JURA 2001, S. 79.*

[81] *Gundel, JURA 2001, S. 79 (82).*
Ein Beispiel hierfür bietet das Urteil *Corsten* (*EuGH, Urt. v. 3.10.2000, Rs. 58/98 (Corsten), Slg. 2000, S. I-7919*). Hier befand der Gerichtshof, die Dienstleistungsfreiheit stehe einer mitgliedstaatlichen Regelung entgegen, welche die Verrichtung handwerklicher Tätigkeiten im eigenen Hoheitsgebiet durch in anderen Mitgliedstaaten ansässige Dienstleistungserbringer von einem Verfahren zur Erteilung einer Erlaubnis abhängig mache, das geeignet sei, die Ausübung des Rechts auf freien Dienstleistungsverkehr zu verzögern oder zu erschweren, nachdem die Voraussetzungen für die Aufnahme der betreffenden Tätigkeiten bereits geprüft worden seien und festgestellt worden sei, daß die Voraussetzungen vorlägen. Auch dürfe das etwaige Erfordernis einer Eintragung in die Handwerksrolle des Aufnahmelandes weder zusätzliche Verwaltungskosten noch die obligatorische Zahlung von Beiträgen an eine Handwerkskammer nach sich ziehen. Die Frage einer möglichen Gemeinschaftsrechtswidrigkeit der betreffenden nationalen Regelungen wurde zuvor nicht aufgeworfen. Zu einer Überprüfung kam es erst, nachdem ein deutscher Architekt, der ein niederländisches Unternehmen mit der Ausführung handwerklicher Arbeiten in Deutschland beauftragt hatte, ein Bußgeld wegen eines Verstoßes gegen das Gesetz zur Bekämpfung der Schwarzarbeit zahlen sollte, da das niederländische Unternehmen nicht in Deutschland in die Handwerksrolle eingetragen war.

Zweckerreichung – Absicherung des Binnenmarktes über die Grundfreiheiten – erforderlich ist.

Die vorgenannte Rechtfertigungssystematik ist bei der Überprüfung der Gemeinschaftsrechtskonformität der Sitztheorie und ihrer materiellrechtlichen Folgewirkungen zu berücksichtigen. Daß nachfolgend dennoch zunächst analysiert wird, ob die bei diskriminierenden nationalen Maßnahmen im Bereich der Niederlassungsfreiheit in Betracht kommenden Rechtfertigungsgründe des Artikels 46 EG (Art. 56 EGV) die von der Sitztheorie und ihren materiellrechtlichen Folgewirkungen ausgehenden Beschränkungen rechtfertigen können, hat seinen Grund einmal darin, daß die benannten Rechtfertigungsgründe nicht nur bei direkten Diskriminierungen greifen, sondern auch bei indirekt diskriminierenden und beschränkenden nationalen Maßnahmen als überwiegende Allgemeinwohlinteressen beachtlich sind. Eine entsprechende Analyse ist zudem deshalb erforderlich, weil später die Frage geklärt werden soll, welche Gestaltungsmöglichkeiten den Mitgliedstaaten auf nationaler Ebene zur Verfügung stehen, um selbst definierte Schutzbelange durch gesetzliche Regelungen abzusichern. Jedenfalls bei nationalen Maßnahmen, die nur für ausländische juristische Personen gelten, kommt hier allein eine Rechtfertigung auf Grundlage von Artikel 46 EG (Art. 56 EGV) in Betracht.

3) Gemeinschaftsrechtliche Rechtfertigungsmöglichkeiten durch benannte Rechtfertigungsgründe

Da die in Deutschland vorgefundene Rechtslage aufgrund ihrer indirekt diskriminierenden Wirkung einen Zuzug von Kapitalgesellschaften aus anderen Mitgliedstaaten der Gemeinschaft zwecks Verfolgung nationaler Schutzbelange vereitelt, wird nachfolgend überprüft, ob diese Beschränkung der Niederlassungsfreiheit juristischer Personen nicht bereits aus Gründen gerechtfertigt ist, die im EG-Vertrag als Rechtfertigungsgründe benannt sind. Dabei wird zunächst die Rechtsprechung zu Gründen der öffentlichen Ordnung und Sicherheit[82] in den Artikeln 39 Absatz 3 und 46 Absatz 1 EG (Art. 48 Abs. 3 und 56 Abs. 1 EGV) skizziert[83].

Die Begriffe der öffentlichen Ordnung und Sicherheit finden – mit Ausnahme des Bereichs der Warenverkehrsfreiheit[84] – in der Rechtsprechung des Gerichtshofs eine einheitliche Auslegung, ohne daß inhaltliche Unterschiede in bezug auf die

---

[82] Der daneben in den Artikeln 39 Absatz 3 und 46 Absatz 1 EG (Art. 48 Abs. 3 und 56 Abs. 1 EGV) genannte Rechtfertigungsgrund der öffentlichen Gesundheit ist für die vorliegende Thematik ohne Belang.

[83] Letztere Bestimmung gilt über Artikel 55 EG (Art. 66 EGV) auch für den Bereich der Dienstleistungsfreiheit.

[84] Im Bereich der Warenverkehrsfreiheit wird der Begriff der öffentlichen Ordnung als Begriff mit *allumfassendem Charakter* verstanden, der *die Gesamtheit der hoheitlich festgelegten, unverzichtbaren Grundregeln, die im Interesse der politischen und sozialen Struktur der Gesellschaft erlassen werden, sowie den dadurch angestrebten Zustand* umfaßt (*Groeben/Thiesing/Ehlermann/Müller-Graff, Kommentar zum EU-/EG-Vertrag, Art. 36, Rn. 49 f.*).

Gewährung bestimmter Grundfreiheiten gegeben wären[85]. So verweist der EuGH beispielsweise in seiner Entscheidung *Scientology International Reserves Trust*[86] hinsichtlich der Zulässigkeit von Beschränkungen aus Gründen der öffentlichen Ordnung auf seine bisherige Rechtsprechung zu den Artikeln 48, 52 und 59 EGV[87]. Von daher stehen der Heranziehung der zu Artikel 39 Absatz 3 EG (Art. 48 Abs. 3 EGV) ergangenen Judikate zur Präzisierung der Reichweite der benannten Rechtfertigungsgründe des Artikels 46 EG (Art. 56 EGV) keine Bedenken entgegen. Angeführt werden auch solche Entscheidungen, denen eine indirekte Diskriminierung zugrunde liegt, die aber Ausführungen zu den benannten Rechtfertigungsgründen enthalten.

(a) Rechtsprechung zu Artikel 39 Absatz 3 EG (Art. 48 Abs. 3 EGV)

In *van Duyn*[88] nahm der EuGH erstmals zur Zulässigkeit von Beschränkungen der Freizügigkeit der Arbeitnehmer aus Gründen der öffentlichen Sicherheit und Ordnung Stellung. In casu hatte Großbritannien einer niederländischen Staatsangehörigen die Einreise mit der Begründung verweigert, sie wolle eine Berufstätigkeit als Sekretärin bei der Church of Scientology aufnehmen. Die Politik der damaligen britischen Regierung zielte darauf ab, ein Anwachsen des Sektenkults im Inland zu verhindern.

In seiner Entscheidung betonte der Gerichtshof, der Begriff der öffentlichen Ordnung sei im Gemeinschaftsrecht eng auszulegen, da er eine Ausnahme vom wesentlichen Grundsatz der Freizügigkeit der Arbeitnehmer darstelle[89]. Seine Tragweite dürfe insbesondere nicht einseitig von den Mitgliedstaaten ohne Nachprüfung durch die Organe der Gemeinschaft bestimmt werden[90]. Allerdings sei bei einer Prüfung der gemeinschaftsrechtlichen Zulässigkeit entsprechender Gründe zu berücksichtigen, daß besondere Umstände, die eine Berufung auf die öffentliche Ordnung rechtfertigen könnten, je nach Mitgliedstaat und zeitlichem Kontext gegebenenfalls unterschiedlich zu beurteilen seien, *so daß insoweit den zuständigen innerstaatlichen Behörden ein Beurteilungsspielraum innerhalb der durch den Vertrag gesetzten Grenzen zuzubilligen* sei[91]. Daher hielt der Gerichtshof das Einreiseverbot aus Gründen der öffentlichen Ordnung für gerechtfertigt[92].

---

[85] Für die einheitliche Begriffsverwendung in den Artikeln 39 Absatz 3 und 46 Absatz 1 EG (Art. 48 Abs. 3 und 56 Abs. 1 EGV): *Gormley, Introduction to the Law of the European Communities, S. 739; Groeben/Thiesing/Ehlermann/Troberg, Kommentar zum EU-/EG-Vertrag, Art. 56, Rn. 4; Nicolaysen, Europarecht II, S. 145, 179, 189; Oppermann, Europarecht, Rn. 1624.*

[86] *EuGH, Urt. v. 14.3.2000, Rs. 54/99, Slg. 2000, S. I-1335.*

[87] *EuGH, Urt. v. 14.3.2000, Rs. 54/99 (Scientology International Reserves Trust), Slg. 2000, S. I-1335, Rn. 16.*

[88] *EuGH, Urt. v. 4.12.1974, Rs. 41/74 (van Duyn), Slg. 1974, S. 1337.*

[89] *EuGH, Urt. v. 4.12.1974, Rs. 41/74 (van Duyn), Slg. 1974, S. 1337, Rn. 18/19.*
Dieser Grundsatz findet sich nicht nur in der Rechtsprechung zu Artikel 39 Absatz 3 EG (Art. 48 Abs. 3 EGV), sondern ist in einer Vielzahl von Entscheidungen als allgemeiner Rechtsgrundsatz bekräftigt worden.

[90] *EuGH, Urt. v. 4.12.1974, Rs. 41/74 (van Duyn), Slg. 1974, S. 1337, Rn. 18/19;* vgl. auch: *EuGH, Urt. v. 28.10.1975, Rs. 36/75 (Rutili), Slg. 1975, S. 1219, Rn. 26/28.*

[91] *EuGH, Urt. v. 4.12.1974, Rs. 41/74 (van Duyn), Slg. 1974, S. 1337, Rn. 18/19.*

Auch in *Rutili*[93] judizierte der EuGH, die Mitgliedstaaten könnten weiterhin kraft des Vorbehalts in Artikel 39 Absatz 3 EG (Art. 48 Abs. 3 EGV) im wesentlichen frei nach ihren nationalen Bedürfnissen bestimmen, welchen Schutz die öffentliche Ordnung verlange. Der Grundsatz des Artikels 39 Absatz 3 EG (Art. 48 Abs. 3 EGV) sei jedoch im Gemeinschaftsrecht *eng zu verstehen*, so daß seine Tragweite nicht von jedem Mitgliedstaat einseitig ohne Nachprüfung durch die Organe der Gemeinschaft bestimmt werden könne[94]. Der EuGH verdeutlicht in dieser Entscheidung weiter, daß die Ausübung gemeinschaftsrechtlich gesicherter Rechte für sich genommen keine Störung der öffentlichen Ordnung sein und damit nicht als Rechtfertigungsgrund für beschränkende nationale Maßnahmen dienen kann[95].

Bereits in *Bonsignore*[96] betonte der Gerichtshof im Zusammenhang mit der Anwendung der Richtlinie 64/221/EWG[97], bei Ausweisungen von EG-Staatsangehörigen aus Gründen der öffentlichen Ordnung und Sicherheit müsse jeweils auf das persönliche Verhalten der betreffenden Einzelperson abgestellt werden, so daß eine Ausweisung nicht auf generalpräventive Gesichtspunkte wie den Zweck der Abschreckung anderer Ausländer gestützt werden könne[98].

Die anfänglich zurückhaltende Judikatur des Gerichtshofs zur Kontrolle der Berufung auf *ordre public*-Vorschriften änderte sich in der nachfolgenden Rechtsprechung[99]. So führte der EuGH bereits in seiner Entscheidung *Bouchereau*[100] aus,

---

Dabei stellt der Gerichtshof ausdrücklich auf die spezifische Situation in einem Mitgliedstaat und den zeitlichen Kontext ab, die bei der Beurteilung der Gemeinschaftsrechtskonformität zu berücksichtigen seien. Der *ordre public* wird also nicht statisch, sondern in einem dynamischen Sinne verstanden, so daß im Einzelfall stets alle besonderen Umstände zu berücksichtigen sind.

[92] *EuGH, Urt. v. 4.12.1974, Rs. 41/74 (van Duyn), Slg. 1974, S. 1337, Rn. 21/23.*

[93] *EuGH, Urt. v. 28.10.1975, Rs. 36/75 (Rutili), Slg. 1975, S. 1219.*

[94] *EuGH, Urt. v. 28.10.1975, Rs. 36/75 (Rutili), Slg. 1975, S. 1219, Rn. 26/28.*

[95] *EuGH, Urt. v. 28.10.1975, Rs. 36/75 (Rutili), Slg. 1975, S. 1219, Rn. 29/31, 46/49.*

[96] *EuGH, Urt. v. 26.2.1975, Rs. 67/74 (Bonsignore), Slg. 1975, S. 297.*

[97] *Richtlinie 64/221/EWG des Rates zur Koordinierung der Sondervorschriften für die Einreise und den Aufenthalt von Ausländern, soweit sie aus Gründen der öffentlichen Ordnung, Sicherheit und Gesundheit gerechtfertigt sind, ABl. 1964, S. 850;* vgl. zur Richtlinie 64/221/EWG: *Groeben/Thiesing/Ehlermann/Wölker, Kommentar zum EU-/EG-Vertrag, Art. 48, Rn. 99 ff.*

[98] *EuGH, Urt. v. 26.2.1975, Rs. 67/74 (Bonsignore), Slg. 1975, S. 297, Leitsätze 2 und 3;* vgl. in diesem Zusammenhang auch: *Artikel 3 Absatz 1 der Richtlinie 64/221/EWG.*
Dieser Grundsatz wurde unlängst in *Calfa* bestätigt (*EuGH, Urt. v. 19.1.1999, Rs. 348/96 (Calfa), Slg. 1999, S. I-11*). Nach dem der Entscheidung zugrunde liegenden Sachverhalt wurden Staatsangehörige anderer Mitgliedstaaten, die wegen eines Verstoßes gegen das Betäubungsmittelgesetz verurteilt worden waren, automatisch auf Lebenszeit ausgewiesen, sofern nicht wichtige Gründe – insbesondere familiärer Art – ihren Verbleib im Inland rechtfertigen konnten. Der EuGH sah entsprechende nationale Maßnahmen als gemeinschaftsrechtswidrig an (*EuGH, Urt. v. 19.1.1999, Rs. 348/96 (Calfa), Slg. 1999, S. I-11, Rn. 26, 29*). Erheblich war dabei, daß die Ausweisung auf Lebenszeit wegen einer strafrechtlichen Verurteilung automatisch verfügt wurde, ohne daß das persönliche Verhalten des Täters oder die von ihm ausgehende Gefährdung der öffentlichen Ordnung Berücksichtigung fanden (*EuGH, Urt. v. 19.1.1999, Rs. 348/96 (Calfa), Slg. 1999, S. I-11, Rn. 27*).

[99] Vgl. hierzu: *Groeben/Thiesing/Ehlermann/Wölker, Kommentar zum EU-/EG-Vertrag, Art. 48, Rn. 96 ff.; Demaret/de la Graete, Cah. dr. eur. 1983, S. 261 (282 ff.); Stein, NJW 1976, S. 1553 (1554 ff.); Martiny, in: v. Bar (Hrsg.), Europäisches Gemeinschaftsrecht und Internationales Privatrecht, S. 211 (215 ff.).*

[100] *EuGH, Urt. v. 27.10.1977, Rs. 30/77 (Bouchereau), Slg. 1977, S. 1999.*

für eine zulässige Beschränkung der Arbeitnehmerfreizügigkeit unter Berufung auf den Schutz der öffentlichen Ordnung genüge nicht jede Störung. Ein Rückgriff auf den Begriff der öffentlichen Ordnung setze vielmehr voraus, daß eine *tatsächliche und hinreichend schwere Gefährdung [besteht], die ein Grundinteresse der Gesellschaft berührt*[101]. Damit führte der Gerichtshof bei einer Berufung der Mitgliedstaaten auf Artikel 39 Absatz 3 EG (Art. 48 Abs. 3 EGV) eine Verhältnismäßigkeitsprüfung mit der Folge einer *inhaltlichen Begrenzung der mitgliedstaatlichen Regelungshoheit* ein[102].

Auch verwies der Gerichtshof in diesem Urteil darauf, Artikel 3 Absatz 2 der Richtlinie 64/221/EWG, wonach strafrechtliche Verurteilungen ohne weiteres Beschränkungen der Arbeitnehmerfreizügigkeit begründen können, sei dahingehend auszulegen, daß frühere strafrechtliche Verurteilungen nur insoweit berücksichtigt werden dürften, als die ihnen zugrunde liegenden Umstände ein persönliches Verhalten erkennen ließen, das eine gegenwärtige Gefährdung der öffentlichen Ordnung darstelle[103]. Damit wurde auf die Geeignetheit eines Kriteriums zur Erreichung der verfolgten Zielsetzungen – hier die frühere Straffälligkeit als Beurteilungskriterium für das Vorliegen einer Gefährdung der öffentlichen Ordnung – abgestellt.

Auf den Grundsatz der Verhältnismäßigkeit ging der Gerichtshof in einer späteren Entscheidung (*Adoui & Cornuaille*) näher ein[104]. In dem Ausgangsverfahren wurde zwei französischen Staatsangehörigen eine Aufenthaltserlaubnis in Belgien mit der Begründung verweigert, ihr persönliches Verhalten als *Kellnerinnen* in einer in sittlicher Hinsicht bedenklichen Bar führe dazu, daß ihr Aufenthalt in Belgien unerwünscht sei. Allerdings war Prostitution in Belgien nicht verboten, sondern nur bestimmte damit verbundene und sozialschädliche Tätigkeiten, wie die Ausnutzung der Prostitution durch Dritte oder verschiedene Formen der Verleitung zur Unzucht[105]. Der Gerichtshof stellte in *Adoui & Cornuaille* klar, daß für eine wirksame Berufung auf Gründe der öffentlichen Ordnung eine tatsächliche und hinreichend schwere Gefährdung bestehen müsse, die ein Grundinteresse der Gesellschaft gefährde. Hiervon sei aber nicht auszugehen. Denn *auch wenn das Gemeinschaftsrecht den Mitgliedstaaten hinsichtlich der Beurteilung von Verhaltensweisen, die als im Widerspruch zur öffentlichen Ordnung stehend angesehen werden können, keine einheitliche Wertskala vorschreibt, so ist doch festzustellen, daß ein Verhalten nicht als hinreichend schwerwiegend betrachtet werden kann, um im Gebiet*

---

[101] *EuGH, Urt. v. 27.10.1977, Rs. 30/77 (Bouchereau), Slg. 1977, S. 1999;* vgl. auch: *EuGH, Urt. v. 18.5.1982, Verb. Rs. 115 und 116/81 (Adoui & Cornuaille), Slg. 1982, S. 1665, Rn. 8.*

[102] *Martiny, in: v. Bar (Hrsg.), Europäisches Gemeinschaftsrecht und Internationales Privatrecht, S. 211 (217);* allgemein zu den Begriffen der öffentlichen Ordnung und Sicherheit: *Callies/Ruffert/Brechmann, Kommentar zum EG/EU-Vertrag, Art. 39, Rn. 93.*
Föhlisch verweist darauf, der EuGH habe die Einführung der Verhältnismäßigkeitsprüfung bereits zuvor in seinem Urteil *Bonsignore* (*EuGH, Urt. v. 26.2.1975, Rs. 67/74, Slg. 1975, S. 297*) angedeutet (*Föhlisch, Der gemeineuropäische „ordre public", S. 32 f.*).

[103] *EuGH, Urt. v. 27.10.1977, Rs. 30/77 (Bouchereau), Slg. 1977, S. 1999, 4. Leitsatz.*

[104] *EuGH, Urt. v. 18.5.1982, Verb. Rs. 115 & 116/81 (Adoui & Cornuaille), Slg. 1982, S. 1665.*

[105] *EuGH, Urt. v. 18.5.1982, Verb. Rs. 115 & 116/81 (Adoui & Cornuaille), Slg. 1982, S. 1665, Rn. 6.*

eines Mitgliedstaats Beschränkungen der Einreise oder des Aufenthalts eines Angehörigen eines anderen Mitgliedstaats zu rechtfertigen, wenn der erstgenannte Staat gegenüber dem gleichen Verhalten, das von eigenen Staatsangehörigen ausgeht, keine Zwangsmaßnahmen oder andere tatsächliche und effektive Maßnahmen zur Bekämpfung dieses Verhaltens ergreift[106].

(b) Rechtsprechung zu Artikel 46 EG (Art. 56 EGV)

Nach Artikel 46 EG (Art. 56 EGV), der als Ausnahmebestimmung von den Grundsätzen der Niederlassungsfreiheit – und über Artikel 55 EG (Art. 66 EGV) der Dienstleistungsfreiheit – restriktiv auszulegen ist, können diskriminierende nationale Maßnahmen allein aus Gründen der öffentlichen Ordnung, Sicherheit oder Gesundheit gerechtfertigt sein[107]. Direkt diskriminierende innerstaatliche Vorschriften[108] verstoßen folglich nur dann nicht gegen die Dienstleistungs- oder die Niederlassungsfreiheit, wenn sie unter die im EG-Vertrag enthaltene Ausnahmevorschrift des Artikels 46 EG (Art. 56 EGV) fallen[109]. Allein unter dieser

---

[106] *EuGH, Urt. v. 18.5.1982, Verb. Rs. 115 & 116/81 (Adoui & Cornuaille), Slg. 1982, S. 1665, Rn. 8.*

[107] *EuGH, Urt. v. 26.4.1988, Rs. 352/85 (Bond van Adverteerders), Slg. 1988, S. 2085, Rn. 32 ff.; EuGH, Urt. v. 18.6.1991, Rs. 260/89 (ERT), Slg. 1991, S. I-2925, Rn. 24; EuGH, Urt. v. 25.7.1991, Rs. 288/89 (Collectieve Antennevoorziening Gouda), Slg. 1991, S. I-4007, Rn. 11; EuGH, Urt. v. 29.4.1999, Rs. 311/97 (Bank of Scotland), Slg. 1999, S. I-2651, Rn. 32.*
So entschied der EuGH bei der Frage einer Steuerabzugsfähigkeit von Verlusten nicht gebietsansässiger Tochtergesellschaften, Steuermindereinnahmen gehörten nicht zu den in Artikel 46 EG (Art. 56 EGV) genannten Gründen, die eine Beschränkung der Niederlassungsfreiheit rechtfertigen könnten (*EuGH, Urt. v. 16.7.1998, Rs. 264/96 (ICI), Slg. 1998, S. I-4695, Rn. 28;* vgl. auch: *EuGH, Urt. v. 21.9.1999, Rs. 307/97 (Saint-Gobain ZN), Slg. 1999, S. I-6161, Rn. 50;* vgl. zur Gefahr der Steuerflucht: *EuGH, Urt. v. 28.1.1986, Rs. 270/83 (Kommission ./. Frankreich), Slg. 1986, S. 273, Rn. 25*).
Auch wirtschaftliche Ziele lassen sich nicht auf Grundlage von Artikel 46 EG (Art. 56 EGV) rechtfertigen (*EuGH, Urt. v. 14.11.1995, Rs. 484/93 (Svensson & Gustavsson), Slg. 1995, S. I-3955, Rn. 15;* unter Verweis auf: *EuGH, Urt. v. 25.7.1991, Rs. 288/89 (Collectieve Antennevoorziening Gouda), Slg. 1991, S. I-4007, Rn. 11;* vgl. auch: *EuGH, Urt. v. 5.6.1997, Rs. 398/95 (SETTG), Slg. 1997, S. I-3091, Rn. 23; EuGH, Urt. v. 25.7.1991, Rs. 353/89 (Kommission ./. Niederlande), Slg. 1991, S. I-4069, Rn. 35; EuGH, Urt. v. 26.4.1988, Rs. 352/85 (Bond van Adverteerders), Slg. 1988, S. 2085, Rn. 34.*

[108] Nach ständiger Rechtsprechung liegt eine Diskriminierung vor, wenn unterschiedliche Vorschriften auf gleichartige Situationen angewendet werden oder wenn dieselbe Vorschrift auf unterschiedliche Situationen angewendet wird (*EuGH, Urt. v. 11.8.1995, Rs. 80/94 (Wielockx), Slg. 1995, S. I-2493, Rn. 17; EuGH, Urt. v. 27.6.1996, Rs. 107/94 (Asscher), Slg. 1996, S. I-3089, Rn. 40;* vgl. auch: *Schlußanträge des Generalanwalts Fennelly vom 6.2.1997 in der Rs. 70/95 (Sodemare), Slg. 1997, S. I-3395, Rn. 36*). Die Ungleichbehandlung zweier Gruppen kann als Diskriminierung im Sinne des Vertrags angesehen werden, wenn kein objektiver Unterschied zwischen ihnen besteht, der eine solche Ungleichbehandlung rechtfertigen könnte (*EuGH, Urt. v. 27.6.1996, Rs. 107/94 (Asscher), Slg. 1996, S. I-3089, Rn. 42; EuGH, Urt. v. 13.7.1993, Rs. 330/91 (Commerzbank), Slg. 1993, S. I-4017, Rn. 15 f.*).

[109] *EuGH, Urt. v. 25.7.1991, Rs. 288/89 (Collectieve Antennevoorziening Gouda), Slg. 1991, S. I-4007, Rn. 11;* unter Verweis auf: *EuGH, Urt. v. 26.4.1988, Rs. 352/85 (Bond van Adverteerders), Slg. 1988, S. 2085, Rn. 32 ff.*
Auch im Bereich der Ausnahmen bei Tätigkeiten in Ausübung öffentlicher Gewalt ist die Rechtsprechung des Gerichtshofs sehr restriktiv. So stellte er bereits in *Reyners* fest: *Wegen der grundlegenden Bedeutung, die im Rahmen des Vertrages die Grundsätze der Niederlassungsfreiheit und der Inländerbehandlung haben, können die in Artikel 55 Absatz 1 zugelassenen Ausnahmen nicht weiter*

Voraussetzung besteht *die Möglichkeit einer Negation der durch den Vertrag gewährten Rechte aus übergeordneten staatlichen Interessen*[110].

Der Begriff der öffentlichen Sicherheit erfaßt den Schutz der Allgemeinheit und des Einzelnen gegen Bedrohungen des Bestands des Staates und seiner Einrichtungen sowie des Lebens, der Gesundheit, der Freiheit, der Ehre und des Vermögens des Einzelnen. Zur öffentlichen Ordnung gehört indes der Schutz gegen Bedrohungen eines geordneten menschlichen und staatsbürgerlichen Zusammenlebens, insbesondere wenn es durch ungeschriebene Regeln für das Verhalten der Menschen in der Öffentlichkeit gesichert wird und diese Sicherung die unerläßliche Voraussetzung eines geordneten Gemeinwesens ist[111]. Neben straf- und polizeirechtlichen Vorschriften unterfallen dem Vorbehalt insbesondere auch solche Bestimmungen, die gewerberechtlichen Charakter haben[112].

Allerdings greifen die in Artikel 46 EG (Art. 56 EGV) genannten Gründe – wie bei Artikel 39 Absatz 3 EG (Art. 48 Abs. 3 EGV) – nur dann ein, wenn eine gewisse Erheblichkeitsschwelle überschritten ist[113]. So stellte der Gerichtshof im Zusammenhang mit Sicherheitsunternehmen fest, ein Wohnsitzerfordernis bei

---

reichen, als der Zweck es erfordert, um dessentwillen sie vorgesehen sind (EuGH, Urt. v. 21.6.1974, Rs. 2/74 (Reyners), Slg. 1974, S. 631, Rn. 43). In anderen Entscheidungen führte der EuGH aus, daß es sich bei Artikel 45 EG (Art. 55 EGV) – gegebenenfalls in Verbindung mit Artikel 55 EG (Art. 66 EGV) – um eine Ausnahmeregelung handele; sie sei so auszulegen, daß *sich ihre Tragweite auf das beschränkt, was zur Wahrung der Interessen, die diese Bestimmung den Mitgliedstaaten zu schützen erlaubt, unbedingt erforderlich ist (EuGH, Urt. v. 15.3.1988, Rs. 147/86 (Kommission ./. Griechenland), Slg. 1988, S. 1637, Rn. 7; EuGH, Urt. v. 29.10.1998, Rs. 114/97 (Kommission ./. Spanien), Slg. 1998, S. I-6717, Rn. 34*). Bei der Ausnahmeregelung des Artikels 45 EG (Art. 55 EGV) muß es sich daher um Tätigkeiten handeln, die als solche eine unmittelbare und spezifische Teilnahme an der Ausübung öffentlicher Gewalt darstellen (*EuGH, Urt. v. 21.6.1974, Rs. 2/74 (Reyners), Slg. 1974, S. 631, Rn. 45, 54; EuGH, Urt. v. 13.6.1993, Rs. 42/92 (Thijsen), Slg. 1993, S. I-4047, Rn. 8; EuGH, Urt. v. 29.10.1998, Rs. 114/97 (Kommission ./. Spanien), Slg. 1998, S. I-6717, Rn. 35*).

[110] *Groeben/Thiesing/Ehlermann/Wölker, Kommentar zum EU-/EG-Vertrag, Art. 48, Rn. 91.*

[111] Definitionen von: *Groeben/Thiesing/Ehlermann/Troberg, Kommentar zum EU-/EG-Vertrag, Art. 56, Rn. 10;* vgl. auch: *Nicolaysen, Europarecht II, S. 71.*
So sind die Begriffe der öffentlichen Ordnung und Sicherheit im Bereich der Niederlassungsfreiheit inhaltlich nicht mit dem *ordre public* des Internationalen Privatrechts gleichzusetzen, sondern erfassen vornehmlich das Ausländerpolizeirecht (*Groeben/Thiesing/Ehlermann/Troberg, Kommentar zum EU-/EG-Vertrag, Art. 56, Rn. 10*).

[112] In der *Centros*-Entscheidung wird insofern auf *Vorschriften über die Ausübung bestimmter beruflicher Tätigkeiten* verwiesen (*EuGH, Urt. v. 9.3.1999, Rs. 212/97 (Centros), Slg. 1999, S. I-1459, Rn. 26*).
Allerdings kennt das Gemeinschaftsrecht kein eigenständiges Konzept der öffentlichen Ordnung und Sicherheit, so daß die Begriffe zunächst durch die jeweiligen Mitgliedstaaten nach ihrem eigenen Verständnis ausgefüllt werden müssen und die Ergebnisse allein einer Einzelfallkontrolle durch den Gerichtshof am Maßstab des Gemeinschaftsrechts unterliegen, wonach grundsätzlich nur *gerechtfertigte Beschränkungen* aus den explizit genannten Ausnahmegründen zulässig sind (*Groeben/Thiesing/Ehlermann/Wölker, Kommentar zum EU-/EG-Vertrag, Art. 48, Rn. 94 ff.; Hubeau, Cah. dr. eur. 1981, S. 207 (210 ff.); Schnichels, Die Reichweite der Niederlassungsfreiheit, S. 98 f.;* implizit: *Callies/Ruffert/Bröhmer, Kommentar zum EG/EU-Vertrag, Art. 46, Rn. 3*).

[113] *EuGH, Urt. v. 29.10.1998, Rs. 114/97 (Kommission ./. Spanien), Slg. 1998, S. I-6717, Rn. 46; EuGH, Urt. v. 27.10.1977, Rs. 30/77 (Bouchereau), Slg. 1977, S. 1999, Rn. 35;* vgl. auch: *EuGH, Urt. v. 19.1.1999, Rs. 348/96 (Calfa), Slg. 1999, S. I-11, Rn. 21.*

Geschäftsführern und Direktoren aller Sicherheitsunternehmen in Spanien behindere die Niederlassungsfreiheit[114]. Die in Artikel 46 EG (Art. 56 EGV) genannten Gründe seien nur dann relevant, wenn eine tatsächliche und hinreichend schwere Gefahr vorliege, die ein Grundinteresse der Gesellschaft berühre. Hierbei griff der Gerichtshof explizit auf die entsprechende Formulierung in *Bouchereau* zur Arbeitnehmerfreizügigkeit zurück[115].

Liegen andererseits die Voraussetzungen für eine Anwendung von Artikel 46 EG (Art. 56 EGV) vor, so erlaubt der Vorbehalt es den Mitgliedstaaten auch, *gegenüber den Staatsangehörigen anderer Mitgliedstaaten aus den in diesen Bestimmungen genannten Gründen, u.a. aus Gründen der öffentlichen Ordnung, Maßnahmen zu ergreifen, die sie bei ihren eigenen Staatsangehörigen insoweit nicht anwenden könnten, als sie nicht die Befugnis haben, diese aus dem nationalen Hoheitsgebiet zu entfernen oder ihnen die Einreise in das nationale Hoheitsgebiet zu untersagen*[116].

Generalanwalt *La Pergola* faßte die Rechtsprechung des Gerichtshofs zu Artikel 46 EG (Art. 56 EGV) in seinen Schlußanträgen zu *Centros* zusammen: *Andererseits können die Mitgliedstaaten gemäß Artikel 56 des Vertrages vom Verbot von die Niederlassung in ihrem Gebiet beschränkenden Maßnahmen abweichen und eine aus Gründen der öffentlichen Ordnung, Sicherheit oder Gesundheit gerechtfertigte Sonderregelung für ausländische (natürliche oder juristische) Personen vorsehen, denen das ihnen von der Gemeinschaftsrechtsordnung zuerkannte Recht zusteht. Artikel 56 ist, da er eine Ausnahme von einem grundlegenden Prinzip des Vertrages vorsieht, eng auszulegen. Seine Anwendbarkeit hängt daher vom Vorliegen einer effektiven und hinreichend schweren Bedrohung eines der grundlegenden Allgemeininteressen, darunter des Interesses an der Verhinderung etwaiger Mißbräuche und an der Sicherstellung einer angemessenen Durchführung der nationalen Vorschriften der sozialen Sicherheit ab*[117].

---

[114] *EuGH, Urt. v. 29.10.1998, Rs. 114/97 (Kommission ./. Spanien), Slg. 1998, S. I-6717, Rn. 44 f.*; vgl. auch zum Wohnsitzerfordernis: *EuGH, Urt. v. 25.7.1991, Rs. 221/89 (Factortame), Slg. 1991, S. I-3905, Rn. 32.*

[115] *EuGH, Urt. v. 29.10.1998, Rs. 114/97 (Kommission ./. Spanien), Slg. 1998, S. I-6717, Rn. 46*; unter Verweis auf: *EuGH, Urt. v. 27.10.1977, Rs. 30/77 (Bouchereau), Slg. 1977, S. 1999, Rn. 35.*
Kürzlich bejahte der EuGH in einem Vertragsverletzungsverfahren einen Verstoß gegen die Artikel 43 und 49 EG (Art. 52 und 59 EGV) durch eine nationale Regelung, wonach die Tätigkeiten privater Sicherheitsdienste einschließlich derjenigen zur Überwachung oder Bewachung von beweglichem oder unbeweglichem Eigentum im italienischen Hoheitsgebiet vorbehaltlich einer Lizenz nur von italienischen *privaten Sicherheitsunternehmen* ausgeübt werden und als *vereidigte private Wachleute* nur italienische Staatsangehörige mit der entsprechenden Lizenz eingestellt werden konnten. Die von der italienischen Regierung vorgetragenen Rechtfertigungsgründe ließ der Gerichtshof nicht gelten (*EuGH, Urt. v. 31.5.2001, Rs. 283/99 (Kommission ./. Italien), Slg. 2001, S. I-4363, Rn. 18 ff.*).

[116] *EuGH, Urt. v. 17.6.1997, Verb. Rs. 65/95 und 111/95 (Shingara & Radiom), Slg. 1997, S. I-3343, Rn. 28;* unter Verweis auf: *EuGH, Urt. v. 18.5.1982, Rs. 115/81 und 116/81 (Adoui & Cornuaille), Slg. 1982, S. 1665, Rn. 7;* vgl. auch: *EuGH, Urt. v. 4.12.1974, Rs. 41/74 (van Duyn), Slg. 1974, S. 1337, Rn. 22 f.; EuGH, Urt. v. 19.1.1999, Rs. 348/96 (Calfa), Slg. 1999, S. I-11, Rn. 20.*

[117] *Schlußanträge des Generalanwalts La Pergola vom 16. Juli 1998 in der Rs. 212/97 (Centros), Slg. 1999, S. I-1461, Rn. 14.*

(c) Schlußfolgerungen für die Möglichkeit einer Rechtfertigung aus Gründen der öffentlichen Sicherheit und Ordnung

Der EuGH hat zu den Artikeln 39 Absatz 3 und 46 Absatz 1 EG (Art. 48 Abs. 3 und 56 Abs. 1 EGV) eine Kasuistik entwickelt, die nach einheitlichen Grundsätzen eine Überprüfung der Rechtfertigung von direkt diskriminierenden Eingriffen in die Bereiche der Arbeitnehmerfreizügigkeit, der Dienstleistungs- und der Niederlassungsfreiheit erlaubt. Im Einzelfall kommt eine Rechtfertigung nur dann in Betracht, wenn eine tatsächliche und hinreichend schwere Gefahr vorliegt, die ein benanntes und damit aus gemeinschaftsrechtlicher Sicht besonders schützenswertes öffentliches Interesse beeinträchtigt, sofern den Kriterien der Geeignetheit, Erforderlichkeit und Angemessenheit Rechnung getragen wird. Generalpräventive Regelungen genügen diesen Anforderungen grundsätzlich nicht, sofern sie nicht hinreichend auf die besonderen Umstände des Einzelfalls Rücksicht nehmen.

Da Artikel 48 Absatz 1 EG (Art. 58 Abs. 1 EGV) Gesellschaften für die Anwendung des Kapitels über die Niederlassungsfreiheit den natürlichen Personen gleichstellt, eine Gleichstellung aber die bestehenden Unterschiede zwischen natürlichen und juristischen Personen zu berücksichtigen hat, wird teilweise die Frage aufgeworfen, ob die vorgenannten Grundsätze direkt auf Gesellschaften übertragen werden können[118]. Aufgrund der ständigen Rechtsprechung des EuGH zur Frage der Gleichstellung natürlicher und juristischer Personen im Bereich der Niederlassungsfreiheit kann hieran jedoch nicht gezweifelt werden.

So stellt Artikel 48 EG (Art. 58 EGV) nach der Judikatur des Gerichtshofs die nach den Rechtsvorschriften eines Mitgliedstaats gegründeten Gesellschaften, die ihren satzungsmäßigen Sitz, ihre Hauptverwaltung oder ihre Hauptniederlassung innerhalb der Gemeinschaft haben, für die Anwendung des Kapitels über das Niederlassungsrecht den natürlichen Personen gleich, die Angehörige der Mitgliedstaaten sind[119]. Dabei ist der Sitz in dem vorgenannten Sinne mit der Staatsangehörigkeit bei natürlichen Personen gleichzusetzen, die dazu dient, ihre Zugehörigkeit zur Rechtsordnung eines Staates zu bestimmen[120]. Auch in der Anwendung der Bestimmungen über die Niederlassungsfreiheit auf konkrete Sachverhaltskonstellationen ist keine Differenzierung des EuGH dahingehend erkennbar, daß Gesellschaften wegen der Verweisungsbestimmung des Artikels 48 EG (Art. 58 EGV) anders behandelt würden als natürliche Personen[121].

---

[118] *Forsthoff, EWS 2001, S. 59 (61 f.).*

[119] *EuGH, Urt. v. 17.6.1997, Rs. 70/95 (Sodemare), Slg. 1997, S. I-3395, Rn. 25.*

[120] *EuGH, Urt. v. 28.1.1986 (Kommission ./. Frankreich), Slg. 1986, S. 273, Rn. 18; EuGH, Urt. v. 13.7.1993, Rs. 330/91 (Commerzbank), Slg. 1993, S. I-4017, Rn. 13 f.; EuGH, Urt. v. 12.4.1994, Rs. 1/93 (Halliburton), Slg. 1994, S. I-1137, Rn. 15; EuGH, Urt. v. 15.5.1997, Rs. 250/95 (Futura & Singer), Slg. 1997, S. I-2471, Rn. 24; EuGH, Urt. v. 16.7.1998, Rs. 264/96 (ICI), Slg. 1998, S. I-4695, Rn. 20; EuGH, Urt. v. 29.4.1999, Rs. 311/97 (Bank of Scotland), Slg. 1999, S. I-2651, Rn. 23; EuGH, Urt. v. 21.9.1999, Rs. 307/97 (Saint-Gobain ZN), Slg. 1999, S. I-6161, Rn. 36;* vgl. hierzu auch: *Kapitel 4 C.*

[121] Vgl. hierzu bereits ausführlich: *Kapitel 4 C. bis F.*

Zu einem anderen Ergebnis kommt *Forsthoff*, der nationale Maßnahmen, die typisierend bestimmte Fallgruppen erfassen, unter bestimmten Voraussetzungen für zulässig hält. So könnten bei

Stellt man auf die Sitztheorie und ihre materiellrechtlichen Folgewirkungen ab, so ist zunächst festzuhalten, daß die Kollisionsnorm der Bestimmung des Gesellschaftsstatuts dient und Rechtsgebilde stets dem inländischen Recht unterwirft, sofern sich der effektive Verwaltungssitz nach den durch die Rechtsprechung herausgearbeiteten Kriterien im Inland befindet. Die materiellrechtlichen Folgen greifen dann mit ihrer Sanktionswirkung, wenn die Gesellschaft ihren effektiven Verwaltungssitz als relevantes kollisionsrechtliches Anknüpfungskriterium im Inland hat, sie aber nicht nach dem numerus clausus des inländischen Gesellschaftsrechts errichtet wurde.

Allerdings unterliegt die Anwendbarkeit von Vorschriften, die den Bereichen der öffentlichen Sicherheit und Ordnung zuzuordnen sind, nicht dem Gesellschaftsstatut, sondern muß gesondert angeknüpft werden[122]. Die Sitztheorie und ihre materiellrechtlichen Folgewirkungen zielen folglich nicht auf die Durchsetzung strafrechtlicher, polizeirechtlicher oder gewerberechtlicher Bestimmungen ab, die durch die Begriffe der öffentlichen Sicherheit und Ordnung in Artikel 46 EG (Art. 56 EGV) erfaßt werden[123]. So verweist *Behrens* darauf, daß die Sitztheorie nicht inländische Schutznormen als zwingendes Recht gegenüber ausländischen Gesellschaften zur Geltung bringe, sondern ihr Schutzanliegen dadurch verwirkliche, daß die Gesellschaft über einen effektiven Verwaltungssitz im Inland verfüge[124]. Diese Auffassung wird durch die *Centros*-Entscheidung bestätigt, wo der EuGH zu dem Ergebnis kommt, der mit dem Mindestkapitalerfordernis bei Gesellschaften mit beschränkter Haftung verfolgte Zweck des Schutzes privater und öffentlicher Gläubiger vor der etwaigen Gefahr eines betrügerischen Bankrotts wegen Zahlungsunfähigkeit sei im Hinblick auf Artikel 46 EG (Art. 56 EGV) bedeutungslos[125].

Folglich kann die Nichtanerkennung einer ausländischen juristischen Person mit effektivem Verwaltungssitz im Inland nicht mit der Durchsetzung des in Artikel 46 EG (Art. 56 EGV) enthaltenen *ordre-public*-Vorbehalts begründet werden[126],

---

Gesellschaften und warenbezogenen Dienstleistungen nicht nur nationale Maßnahmen gerechtfertigt werden, die individuell auf die konkrete Fallgestaltung abstellten, sondern auch generelle Regelungen. Die unterschiedliche Prüfung einer Rechtfertigung im Rahmen von Artikel 46 EG (Art. 56 EGV) begründet *Forsthoff* damit, im Gegensatz zur Staatsangehörigkeit natürlicher Personen sei hier ein anderer Bezugspunkt vorhanden (*Forsthoff, EWS 2001, S. 59 (61 f.)*).

[122] *Behrens, IPRax 1999, S. 323 (327).*

[123] *Behrens, EuZ 1999, S. 78 (81).*

[124] *Behrens, IPRax 1999, S. 323 (327 f.).*

Weiterhin folgert *Behrens* aus der *Centros*-Entscheidung, daß *für eine gemeinschaftsrechtliche Rechtfertigung nur solche inländischen Normen in Betracht kommen, die unabhängig vom Gesellschaftsstatut gesondert angeknüpft und ohne Rücksicht auf das ausländische Gesellschaftsstatut angewendet werden. Solche zwingenden Normen kann es auch im Gesellschaftsrecht geben* (*Behrens, IPRax 1999, S. 323 (328)*).

[125] *EuGH, Urt. v. 9.3.1999, Rs. 212/97 (Centros), Slg. 1999, S. I-1459, Rn. 32 – 34.*

[126] *Behrens, IPRax 1999, S. 323 (327); Brödermann, in: Brödermann/Iversen, Europäisches Gemeinschaftsrecht und Internationales Privatrecht, S. 151 ff.;* wohl auch: *Drobnig, in: v. Bar (Hrsg.), Europäisches Gemeinschaftsrecht und Internationales Privatrecht, S. 185 (196).*

So weist der EuGH in seiner *Centros*-Entscheidung explizit darauf hin, die unter Berufung auf Artikel 46 EG (Art. 56 EGV) von der dänischen Regierung vorgetragenen Gründe, die als Rechtfertigung für

zumal eine weite Auslegung von Artikel 46 EG (Art. 56 EGV) und der in ihm enthaltenen Begriffe nach der Rechtsprechung des EuGH nicht möglich ist. Da allerdings die Sitztheorie im Falle des Zuzugs indirekt diskriminierend wirkt, so daß nicht nur im EG-Vertrag benannte Rechtfertigungsgründe in Betracht kommen, sondern auch überwiegende Allgemeinwohlinteressen als unbenannte Rechtfertigungsgründe, wird nachfolgend untersucht, ob die Sitztheorie möglicherweise aufgrund überwiegender Allgemeinwohlinteressen als gemeinschaftsrechtskonform anzusehen ist.

4) Bestehen von Allgemeinwohlinteressen, die geeignet sind, eine Beschränkung der Niederlassungsfreiheit beim Zuzug von Gesellschaften zu rechtfertigen

Der EuGH definiert den Begriff der überwiegenden Allgemeinwohlinteressen in seiner Judikatur nicht selbst. Vielmehr räumt er den Mitgliedstaaten grundsätzlich das Recht ein, im Rahmen ihrer (Rechtsetzungs-) Autonomie Schutzbelange frei zu definieren und hierbei den nationalen Besonderheiten Rechnung zu tragen[127]. Die überwiegenden Allgemeinwohlinteressen lassen sich daher nicht in einen abschließenden Katalog fassen. Vielmehr ermöglicht die Prüfung, ob im Einzelfall überwiegende Allgemeinwohlinteressen vorliegen, dem EuGH eine dynamische Rechtsprechung, durch die nicht zuletzt vermieden wird, im Rahmen der negativen Integration über das erforderliche Maß hinaus in den autonomen mitgliedstaatlichen Gestaltungsbereich einzugreifen[128].

Allerdings können nicht alle mitgliedstaatlichen Interessen als zwingende Allgemeinwohlbelange angeführt werden. Eine Grenze ist dort zu ziehen, wo sich die nationalen Zielsetzungen in Widerspruch zu denen des EG-Vertrags setzen[129]. Dies folgt bereits aus dem gemeinschaftsrechtlichen Anwendungsvorrang und der einheitlichen Tragweite des Gemeinschaftsrechts[130]. Zudem muß die Bedeutung geltend gemachter Allgemeinwohlinteressen von einigem Gewicht sein, um Beschränkungen einer Grundfreiheit rechtfertigen zu können[131].

die Versagung der Eintragung der Zweigniederlassung in Dänemark angeführt wurden, seien ohne Belang (*EuGH, Urt. v. 9.3.1999, Rs. 212/97 (Centros), Slg. 1999, S. I-1459, Rn. 34*).

[127] So müssen überwiegende Allgemeinwohlinteressen nach rechtsstaatlichen Grundsätzen allgemeinen Zielen dienen, objektiv nachvollziehbar und nicht willkürlich sein (*Everling, GS Knobbe-Keuk, S. 607 (620 f.)*).

[128] Die Rechtfertigungsgründe bei Beschränkungen der Niederlassungsfreiheit sind mit denen identisch, die auch in den Bereichen der Arbeitnehmerfreizügigkeit und der Dienstleistungsfreiheit anerkannt worden sind (*Lenz/Scheuer, EG-Vertrag, Art. 43, Rn. 11*). Vgl. zu den in der Rechtsprechung des EuGH im Bereich der Dienstleistungsfreiheit anerkannten Allgemeinwohlbelangen: *Lenz/Hakenberg, EG-Vertrag, Art. 49/50, Rn. 26; Drasch, Das Herkunftslandprinzip im internationalen Privatrecht, S. 151 ff.*

[129] *Bleckmann, EuR 1987, S. 28 (47); Lackhoff, Die Niederlassungsfreiheit des EGV – nur ein Gleichheits- oder auch ein Freiheitsrecht?, S. 458 f.*

[130] Vgl. hierzu: *Kapitel 4 F. III.*

[131] *Bleckmann, EuR 1987, S. 28 (46 ff.).*

Von den Vertretern der Sitztheorie werden vielfältige Gründe angeführt, die als Allgemeinwohlinteressen für eine Rechtfertigung von Beschränkungen aus gemeinschaftsrechtlicher Sicht in Betracht kommen. Zentrale Bedeutung haben insofern der Schutz des Rechtsverkehrs – insbesondere von Gläubigern – und die unternehmerische Mitbestimmung[132]. Letztere wird von *Großfeld/Jasper* als Hauptargument für die Verweigerung einer grenzüberschreitenden identitätswahrenden Sitzverlegung von Gesellschaften angeführt. Sie bezeichnen die Frage der unternehmerischen Mitbestimmung der Arbeitnehmer in den Organen von Gesellschaften als *Achillesferse* aller Vorschläge, die auf eine effektive Gewährleistung der Niederlassungsfreiheit abzielen. Denn die unternehmerische Mitbestimmung dürfe nicht dem Belieben der Gesellschaftsgründer ausgeliefert werden[133]. Nach *Großfeld/Jasper* ist die unternehmerische Mitbestimmung der Arbeitnehmer in den Gesellschaftsorganen nur dann gewährleistet, wenn die Sitztheorie als Kollisionsnorm sicherstelle, daß alle Gesellschaften mit effektivem Verwaltungssitz im Inland dem nationalen Gesellschaftsrecht unterworfen seien.

In seiner *Centros*-Entscheidung hat der EuGH das Argument des Gläubigerschutzes aufgegriffen und dann die Stichhaltigkeit des Rechtfertigungsgrundes im konkreten Fall am Maßstab seiner zu den unbenannten Rechtfertigungsgründen entwickelten Kriterien überprüft[134]. Damit wird der Gläubigerschutz als zwingendes Allgemeinwohlinteresse anerkannt. Ausgegangen werden kann davon, daß auch dem Gläubigerschutz vergleichbare Schutzinteressen aus gemeinschaftsrechtlicher Sicht als zwingende Allgemeinwohlinteressen zu werten sind, unabhängig davon, ob sie dem Innen- oder dem Außenrecht der nationalen Gesellschaftsrechte zuzuordnen sind[135] oder ob sie unabhängig vom Gesellschaftsstatut Bedeutung haben. Auch ist in der Rechtsprechung des EuGH anerkannt, daß sozialpolitische Belange und hier insbesondere der Schutz der Interessen der Arbeitnehmer als zwingende Gründe des Allgemeininteresses zu werten sind[136], so daß die überbetriebliche Mitbestimmung als im öffentlichen Interesse erlassenes Sozialordnungsrecht und damit Teil des inländischen *ordre public*[137] dem Grunde nach als Rechtfertigung für indirekte Diskriminierungen oder nichtdiskriminierende Beschränkungen der Niederlassungsfreiheit von Gesellschaften in Betracht kommt[138].

---

[132] *Eyles, Das Niederlassungsrecht der Kapitalgesellschaften innerhalb der Europäischen Gemeinschaft, S. 360 f.; Lauterfeld, EBLR 2001, S. 79 (84).*

[133] *Großfeld/Jasper, RabelsZ 53 (1989), S. 52 (56).*

[134] *EuGH, Urt. v. 9.3.1999, Rs. 212/97 (Centros), Slg. 1999, S. I-1459, Rn. 32-35.*

[135] *Behrens, IPRax 1999, S. 323 (327).*

[136] Vgl. hierzu die Nachweise bei: *Lenz/Hakenberg, EG-Vertrag, Art. 49/50, Rn. 26.*

[137] *Staudinger-Großfeld, Internationales Gesellschaftsrecht, Rn. 510; Ulmer, JZ 1999, S. 662 (663).*

[138] Auch Generalanwalt *Colomer* verweist in seinen Schlußanträgen zu *Überseering* darauf, die Belange des Gläubigerschutzes, des Schutzes abhängiger Gesellschaften, von Anteilseignern mit Minderheitsbeteiligungen und die unternehmerische Mitbestimmung seien als zwingende Gründe des Allgemeininteresses im Sinne der Rechtsprechung des Gerichtshofs anzusehen (*Schlußanträge des Generalanwalts Colomer vom 4.12.2001 in der Rs. 208/00 (Überseering), NZG 2002, S. 16, Rn. 50;* unter Verweis auf: *EuGH, Urt. v. 16.3.1999, Rs. 222/97 (Trummer & Mayer), Slg. 1999, S. I-1661, Rn. 30; EuGH, Urt. v. 9.3.1999, Rs. 212/97 (Centros), Slg. 1999, S. I-1459, Rn. 35; EuGH, Urt. v. 17.12.1981, Rs. 279/80 (Webb), Slg. 1981, S. 3305, Rn. 19*).

Allerdings besagt die Feststellung, daß entsprechende Regelungen grundsätzlich geeignet sind, aus überwiegenden Gründen des Allgemeinwohls die Gewährleistung der Niederlassungsfreiheit einzuschränken nicht, daß im konkreten Fall auch tatsächlich der Rechtfertigungsgrund durchgreift, da jede die Grundfreiheiten beschränkende nationale Maßnahme bestimmte Kriterien erfüllen muß. Wie der EuGH in seiner *Centros*-Entscheidung unter Anknüpfung an eine bereits zuvor in *Gebhard* gewählte Formulierung betont, *sind nach der Rechtsprechung des Gerichtshofes nationale Maßnahmen, die die Ausübung der durch den EG-Vertrag garantierten Grundfreiheiten behindern oder weniger attraktiv machen können, zulässig, wenn vier Voraussetzungen erfüllt sind: sie müssen in nichtdiskriminierender Weise angewandt werden, sie müssen zwingenden Gründen des Allgemeininteresses entsprechen, sie müssen zur Erreichung des verfolgten Zieles geeignet sein, und sie dürfen nicht über das hinausgehen, was zur Erreichung dieses Zieles erforderlich ist*[139]. Daher gilt es zu überprüfen, ob die Gründe, die in Deutschland als überwiegende Allgemeinwohlinteressen für Zuzugsbeschränkungen ausländischer juristischer Personen angeführt werden, einer Verhältnismäßigkeitsprüfung an den Kriterien der Geeignetheit, Erforderlichkeit und Angemessenheit standhalten.

5) Überprüfung der Geeignetheit, Erforderlichkeit und Angemessenheit nationaler Maßnahmen

Die Sitztheorie nimmt für sich in Anspruch, diejenige Rechtsordnung zur Anwendung zu bringen, die von den Aktivitäten einer Gesellschaft am meisten betroffen ist[140], um somit legitime Schutzinteressen, wie den Schutz des Rechtsverkehrs und der unternehmerischen Mitbestimmung, effektiv zu gewährleisten. Aus der Sitztheorie resultierende zuzugsbeschränkende Wirkungen bei inter-mitgliedstaatlichen Sitzverlegungen werden zwar mit Belangen begründet, die gemeinschaftsrechtlich als überwiegende Allgemeinwohlinteressen anzusehen sind. Ob die Sitztheorie mit ihren materiellrechtlichen Folgewirkungen als gemeinschaftsrechtskonform angesehen werden kann, hängt jedoch davon ab, ob sie den Kriterien der Geeignetheit, Erforderlichkeit und Angemessenheit genügt[141].

---

[139] *EuGH, Urt. v. 9.3.1999, Rs. 212/97 (Centros), Slg. 1999, S. I-1459, Rn. 34;* unter Verweis auf: *EuGH, Urt. v. 31.3.1993, Rs. 19/92 (Kraus), Slg. 1993, S. I-1663, Rn. 32; EuGH, Urt. v. 30.11.1995, Rs. 55/94 (Gebhard), Slg. 1995, S. I-4165, Rn. 37;* vgl. auch: *EuGH, Urt. v. 15.5.1997, Rs. 250/95 (Futura & Singer), Slg. 1997, S. I-2471, Rn. 26; EuGH, Urt. v. 15.12.1995, Rs. 415/93 (Bosman), Slg. 1995, S. I-4921, Rn. 104; EuGH, Urt. v. 11.5.1999, Rs. 255/97 (Pfeiffer), Slg. 1999, S. I-2835, Rn. 19.*

[140] So gewährleistet die Sitztheorie als Schutztheorie nach Auffassung des BayObLG, daß *regelmäßig das Recht des Staates durchgesetzt wird, der am meisten betroffen ist; sie hat den Vorzug der Sachnähe, ermöglicht eine wirksame staatliche Kontrolle und bietet den größtmöglichen Schutz der Gläubigerinteressen* (*BayObLG, NJW-RR 1993, S. 43 (44)*; vgl. auch: *KG, NJW-RR 1997, S. 1127 (1128)*).

[141] Das im Zusammenhang mit einer Rechtfertigung aus überwiegenden Allgemeinwohlinteressen angeführte Kriterium der Anwendung in nichtdiskriminierender Weise zielt auf direkte Diskriminierungen ab, die nur aus im EG-Vertrag benannten Gründen im Einzelfall gerechtfertigt werden können (vgl.: *Kapitel 5 A. I. 1) und 2)*). Die nachfolgend angesprochenen Kriterien der Geeignetheit,

Nicht zu folgen ist indes der Auffassung, es sei eine mehr oder weniger umfangreiche funktionale Rechtsvergleichung – zumindest außerhalb des bereits weitgehend harmonisierten Aktiengesellschaftsrechts – erforderlich, um die Frage beantworten zu können, ob der Verweis auf den Schutz des Rechtsverkehrs ein geeigneter Rechtfertigungsgrund sei, um Beschränkungen der Niederlassungsfreiheit im Falle eines Zuzugs zu rechtfertigen[142]. Denn hierbei wird außer Acht gelassen, daß die gemeinschaftsrechtlichen Gewährleistungen grundsätzlich autonom auszulegen sind, eine Überprüfung an den Kriterien der Geeignetheit, Erforderlichkeit und Angemessenheit daher gerade nicht eines Rückgriffs auf rechtsvergleichende Analysen bedarf.

(a) Geeignetheit

Erfolgen Beschränkungen der Grundfreiheiten aus Gründen, die gemeinschaftsrechtlich grundsätzlich als Rechtfertigungsgründe anerkannt sind, so muß die nationale Maßnahme im konkreten Fall zunächst geeignet sein, das mit ihr verfolgte Ziel zu erreichen. So führte Generalanwalt *Slynn* für den Bereich der Warenverkehrsfreiheit im Rahmen seiner Schlußanträge in der Rechtssache 178/84 zum deutschen Reinheitsgebot aus: *Aufgrund der Beweislage bin ich daher der Ansicht, daß die Bundesrepublik keine stichhaltigen Gründe für eine „ernste" oder „wirkliche Gefahr" für die Gesundheit dargetan hat, die diese absolute Beschränkung rechtfertigen könnten; das generalisierende Vorbringen der Notwendigkeit der Begrenzung von Zusatzstoffen reicht meines Erachtens nicht einmal zur Glaubhaftmachung aus, zumal die Beschränkung, wie der Gerichtshof so oft hervorgehoben hat, am Grundsatz des freien Warenverkehrs zu messen ist. Überdies hat der Gerichtshof zwar entschieden, daß die den Mitgliedstaaten obliegende Verpflichtung zur Erleichterung von Grenzkontrollen zusammenzuarbeiten und Untersuchungsnachweise aus anderen Mitgliedstaaten zu berücksichtigen, die Mitgliedstaaten nicht am Erlaß ihrer eigenen Rechtsvorschriften zum Schutz der Gesundheit hindert; meines Erachtens muß aber bei der Entscheidung darüber,*

Erforderlichkeit und Angemessenheit spielen nicht nur bei beschränkenden, sondern auch bei diskriminierenden nationalen Maßnahmen im Rahmen der Prüfung von Rechtfertigungsgründen eine entscheidende Rolle. Da den Kriterien eine identische Bedeutung zukommt, unabhängig davon, ob die nationalen Maßnahmen eine beschränkende oder eine diskriminierende Wirkung zeitigen, wird sowohl auf Rechtsprechung Bezug genommen, die eine Überprüfung diskriminierender nationaler Maßnahmen zum Gegenstand hat, als auch auf Urteile, bei denen es um die Überprüfung der Gemeinschaftsrechtskonformität beschränkender nationaler Maßnahmen geht (wie hier implizit: *Nicolaysen, Europarecht II, S. 181;* a.A.: *Jarass, EuR 1995, S. 202 (224 f.); Streinz, Europarecht, Rn. 702*, wonach die Beurteilungsspielräume hinsichtlich der Geeignetheit und Erforderlichkeit großzügiger zu bemessen seien, wenn es sich um die Überprüfung beschränkender nationaler Maßnahmen handele, da hier im Gegensatz zu Artikel 46 EG (Art. 56 EGV) keine Vermutung der Rechtswidrigkeit bestehe.). Weil die Kriterien der Geeignetheit, Erforderlichkeit und Angemessenheit zudem im Bereich der verschiedenen Grundfreiheiten eine einheitliche Anwendung finden, wird nicht nur auf Rechtsprechung zur Niederlassungsfreiheit, sondern auch zu anderen Grundfreiheiten Bezug genommen. Angemerkt sei vorweg, daß die Kriterien dann schwerer zu erfüllen sind, wenn durch eine nationale Maßnahme in den Kernbereich einer Gewährleistung eingegriffen wird. Dies folgt bereits aus dem *effet-utile*-Gedanken, da ansonsten die einheitliche Tragweite des Gemeinschaftsrechts in Frage gestellt wäre.

[142] So etwa: *Knobbe-Keuk, ZHR 154 (1990), S. 325 (347); W. H. Roth, ZGR 2000, S. 311 (332).*

ob eine solche pauschale Beschränkung wirklich notwendig sein kann, mit berücksichtigt werden a) welche Maßstäbe in anderen Mitgliedstaaten gelten, in denen herkömmlicherweise beträchtliche Mengen Bier getrunken werden, ohne daß stichhaltige Beweise für Gesundheitsschäden infolge der Art der dort zugelassenen Zusatzstoffe vorlägen, und b) was von den Lebensmittelausschüssen der Gemeinschaft und anderen internationalen Gesundheitsorganisationen als Grenzwert angesehen wird[143].

Dieser Argumentation des Generalanwalts folgte der Gerichtshof. So führte er in seiner Entscheidungsbegründung aus, die deutsche Zusatzstoffregelung für Bier führe zum einen zum Ausschluß aller in den anderen Mitgliedstaaten zugelassenen Zusatzstoffe, nicht aber zu einem Ausschluß einzelner dieser Stoffe, der mit konkreten Gefahren unter Berücksichtigung der Ernährungsgewohnheiten der deutschen Bevölkerung gerechtfertigt werde. Zum anderen sehe sie kein Verfahren vor, mit dessen Hilfe die Wirtschaftsteilnehmer erreichen könnten, daß die Verwendung eines bestimmten, in einem anderen Mitgliedstaat zugelassenen Zusatzstoffs bei der Herstellung von Bier durch einen Rechtsakt von allgemeiner Wirkung zugelassen werden könne[144]. Durch einen Verweis auf allgemeine Gefahren für Menschen durch die Aufnahme von Zusatzstoffen aus Lebensmitteln könne eine Beschränkung der Warenverkehrsfreiheit nicht gerechtfertigt werden, zumal einige für die Herstellung von Bier in den anderen Mitgliedstaaten der Gemeinschaft gebräuchlichen Zusatzstoffe auch in Deutschland für die Verwendung in anderen Lebensmitteln zulässig seien[145].

Die Stringenz, mit der legitime Schutzinteressen auf nationaler Ebene verfolgt werden, war auch in den Schlußanträgen von Generalanwalt *Slynn* zu der Rechtssache 205/84[146] von zentraler Bedeutung. Hier ging es um Bestimmungen des deutschen Rechts, wonach Versicherungsunternehmen aus anderen Mitgliedstaaten der Gemeinschaft, die in der Bundesrepublik durch Vertreter, Bevollmächtigte, Agenten oder andere Vermittler Dienstleistungen auf dem Gebiet des Direktversicherungswesens erbringen wollten, durch das Versicherungsaufsichtsgesetz dem Erfordernis einer Niederlassung in Deutschland unterworfen wurden.

Die zur Rechtfertigung dieses Erfordernisses durch die Bundesrepublik Deutschland vorgetragenen Gründe, so der Generalanwalt, seien zwar als dem Schutz von Allgemeinwohlinteressen dienend anzusehen. Dennoch könnten die Regelungen im Ergebnis nicht überzeugen, da sie es einem Bürger in der Bundesrepublik einerseits erlaubten, mit einem Versicherer in einem anderen Mitgliedstaat direkt Versicherungsverträge abzuschließen, ein Vertragsabschluß andererseits bei Zwischenschal-

---

[143] *Schlußanträge des Generalanwalts Sir Gordon Slynn vom 18. September 1986 in der Rs. 178/84 (Kommission ./. Deutschland), Slg. 1987, S. 1246 (1260).*

[144] *EuGH, Urt. v. 12.3.1987, Rs. 178/84 (Kommission ./. Deutschland), Slg. 1987, S. 1262, Rn. 47.*

[145] *EuGH, Urt. v. 12.3.1987, Rs. 178/84 (Kommission ./. Deutschland), Slg. 1987, S. 1262, Rn. 48 ff.*; vgl. hierzu die Entscheidung des EuGH zur griechischen Gesetzgebung über die Herstellung und Vermarktung von Bier: *EuGH, Urt. v. 12.3.1987, Rs. 176/84 (Kommission ./. Griechenland), Slg. 1987, S. 1193, Rn. 27 ff.*

[146] *Schlußanträge des Generalanwalts Sir Gordon Slynn vom 20. März 1986 in der Rs. 205/84 (Kommission ./. Deutschland), Slg. 1986, S. 3783 ff.*

tung eines deutschen Versicherungsmaklers unzulässig sei. Hierzu führte der Generalanwalt aus: *Da es für einen Bürger, der nur Deutsch versteht, gegebenenfalls praktisch ist, einen Makler einzuschalten, der ständige Geschäftsbeziehungen zu einem Versicherer in einem anderen Mitgliedstaat unterhält, stellt es sich für mich so dar, als werde dadurch gerade einer der geltend gemachten Schutzgesichtspunkte aufgegeben*[147].

In *Stanton*[148] ging es um eine mitgliedstaatliche Regelung, wonach Personen, die hauptberuflich einer unselbständigen Erwerbstätigkeit in diesem Mitgliedstaat nachgingen, von der Pflicht zur Entrichtung von Beiträgen zum System für Selbständige befreit wurden, diese Befreiung aber Personen versagt war, die hauptberuflich einer unselbständigen Erwerbstätigkeit in einem anderen Mitgliedstaat nachgingen. Hier stellte der Gerichtshof fest, daß nationale Regelungen, die den Betroffenen keinen zusätzlichen – etwa sozialen – Schutz böten, als Hindernis für die Ausübung einer Erwerbstätigkeit in mehr als nur einem Mitgliedstaat keinesfalls gerechtfertigt sein könnten[149]. Auch in *Inasti*[150] betonte der Gerichtshof, eine Regelung wie die im Ausgangsverfahren streitige biete dem Betroffenen keinen zusätzlichen sozialen Schutz, weshalb das Hindernis für die Ausübung einer Erwerbstätigkeit in mehr als nur einem Mitgliedstaat keinesfalls aus diesem Grund gerechtfertigt sein könne[151].

In der jüngeren Judikatur des EuGH hat die Frage der Geeignetheit nationaler Maßnahmen an Bedeutung gewonnen. So rügte der Gerichtshof in *ICI*, im vorliegenden Fall bestehe kein unmittelbarer Zusammenhang zwischen dem Steuervorteil, der einem Konsortium für die Verluste einer im Vereinigten Königreich ansässigen Tochtergesellschaft einerseits gewährt werde, und der Besteuerung

---

[147] *Schlußanträge des Generalanwalts Sir Gordon Slynn vom 20. März 1986 in der Rs. 205/84 (Kommission ./. Deutschland), Slg. 1986, S. 3783 (3787).*
In seinem Urteil stellte der Gerichtshof nicht auf die Geeignetheit, sondern auf die Erforderlichkeit und Angemessenheit ab (*EuGH, Urt. v. 4.12.1986, Rs. 205/84 (Kommission ./. Deutschland), Slg. 1986, S. 3755, Rn. 54 ff.*). Vgl. auch zur Prüfung des Gerichtshofs im Rahmen der Geeignetheit einer die Grundfreiheiten beschränkenden Regelung, ob das an sich legitime Regelungsziel konsequent verfolgt wird: *EuGH, Urt. v. 14.7.1988, Rs. 407/85 (Drei Glocken), Slg. 1988, S. 4233, Rn. 20 ff.*

[148] *EuGH, Urt. v. 7.7.1988, Rs. 143/87 (Stanton), Slg. 1988, S. 3877.*

[149] *EuGH, Urt. v. 7.7.1988, Rs. 143/87 (Stanton), Slg. 1988, S. 3877, Rn. 15.*

[150] *EuGH, Urt. v. 15.2.1996, Rs. 53/95 (Inasti), Slg. 1996, S. I-703.*
In diesem Verfahren ging es um die Frage, ob eine Pflicht zur Zahlung von Beiträgen in das belgische Sozialversicherungssystem für Selbständige in den Fällen besteht, in denen der Betreffende bereits in seinem Herkunftsstaat, in dem er stets über einen Wohnsitz verfügt hat, dem dortigen System der sozialen Sicherheit für Selbständige angehört. Der Gerichtshof bejahte aufgrund der Doppelbelastung einen Verstoß gegen die Niederlassungsfreiheit.

[151] *EuGH, Urt. v. 15.2.1996, Rs. 53/95 (Inasti), Slg. 1996, S. I-703, Rn. 13;* vgl. auch: *EuGH, Urt. v. 4.7.2000, Rs. 424/97 (Haim), Slg. 2000, S. I-5123, Rn. 57.*
In der Literatur wird teilweise die Auffassung vertreten, bei der Überprüfung der Geeignetheit sei eine Förderung des mit der nationalen Maßnahme verfolgten Zwecks ausreichend, da an die Geeignetheit keine zu hohen Anforderungen gestellt werden dürften (*Jarass, EuR 2000, S. 705 (721 f.);* in diese Richtung auch: *Kingreen, Die Struktur der Grundfreiheiten des Europäischen Gemeinschaftsrechts, S. 169*). Allerdings kann dieser Ansicht mit Blick auf die vorgenannte Rechtsprechung nicht gefolgt werden, da viele nationale Maßnahmen nach der Judikatur des EuGH bereits dem Erfordernis der Geeignetheit nicht genügen, auch wenn eine Zweckförderung nicht unbedingt zu negieren ist.

der Gewinne der außerhalb des Vereinigten Königreichs ansässigen Tochtergesellschaften andererseits, so daß der Gedanke der Kohärenz der betreffenden Steuerregelung nicht zum Tragen komme[152].

In dem Ausgangssachverhalt, welcher der Entscheidung *Saint-Gobain ZN*[153] zugrunde lag, wurde die deutsche Zweigniederlassung einer französischen Aktiengesellschaft steuerrechtlich als Betriebsstätte der französischen Gesellschaft mit der Folge behandelt, daß in Deutschland eine beschränkte Steuerpflichtigkeit sowohl hinsichtlich der im Inland erzielten Einkünfte als auch auf ihr Vermögen bestand. Die deutschen Behörden hatten der Niederlassung keine Steuerbefreiung aus Dividenden an Auslandsbeteiligungen zuerkannt, obwohl nach bestehenden Doppelbesteuerungsabkommen für in Deutschland unbeschränkt steuerpflichtige Kapitalgesellschaften eine Befreiung (internationales Schachtelprivileg) vorgesehen war. Zwischen den Verfahrensbeteiligten war unstreitig, daß dem Unternehmen die benachteiligende Behandlung hätte erspart werden können, wenn es als inländische Gesellschaft organisiert gewesen wäre[154].

Im Verfahren trug die Bundesrepublik Deutschland vor, die Lage von Nichtansässigen, deren Steuerpflicht auf ihre in Deutschland erzielten Gewinne beschränkt sei, könne nicht mit der von Inländern verglichen werden, die unbeschränkt steuerpflichtig seien und daher hinsichtlich sämtlicher Einkünfte (Welteinkommen) dem Steuerrecht des betreffenden Staates unterlägen. Daher sei eine Diskriminierung zu verneinen[155]. Allerdings war – worauf die Kommission hinwies – widersprüchlich, warum bei Tochtergesellschaften grundsätzlich das Welteinkommen und bei Betriebsstätten das Inlandseinkommen zu besteuern sei, um Bestimmungen zu rechtfertigen, deren Wirkung im ersteren Fall die sei, daß das Gewicht des nichtinländischen Teils des Welteinkommens verringert und damit das Welteinkommen dem Inlandseinkommen angenähert werde. Dadurch gelange man zu dem

---

[152] *EuGH, Urt. v. 16.7.1998, Rs. 264/96 (ICI), Slg. 1998, S. I-4695, Rn. 29.*
Die Notwendigkeit der Wahrung der Kohärenz eines Steuersystems wird generell als Rechtfertigungsgrund für die Grundfreiheiten beschränkende Regelungen anerkannt (*EuGH, Urt. v. 28.1.1992, Rs. 204/90 (Bachmann), Slg. 1992, S. I-249; EuGH, Urt. v. 28.1.1992, Rs. 300/90 (Kommission ./. Belgien), Slg. 1992, S. I-305; EuGH, Urt. v. 16.7.1998, Rs. 264/96 (ICI), Slg. 1998, S. I-4695, Rn. 29*).

[153] *EuGH, Urt. v. 21.9.1999, Rs. 307/97 (Saint-Gobain ZN), Slg. 1999, S. I-6161.*

[154] *Schlußanträge des Generalanwalts Mischo vom 2. März 1999 in der Rs. 307/97 (Saint-Gobain ZN), Slg. 1999, S. I-6161, Rn. 28.*

[155] *Schlußanträge des Generalanwalts Mischo vom 2. März 1999 in der Rs. 307/97 (Saint-Gobain ZN), Slg. 1999, S. I-6161, Rn. 42 f.*
Bei der Einkommensbesteuerung natürlicher Personen hatte der Gerichtshof zuvor festgestellt, daß sich in einem bestimmten Staat ansässige Personen und Gebietsfremde in der Regel nicht in einer gleichartigen Situation befänden, da bei ihnen sowohl hinsichtlich der Einkunftsquelle als auch hinsichtlich der persönlichen Steuerkraft oder der persönlichen Lage objektive Unterschiede bestünden (*EuGH, Urt. v. 14.2.1995, Rs. 279/93 (Schumacker), Slg. 1995, S. I-225, Rn. 31 ff.; EuGH, Urt. v. 11.8.1995, Rs. 80/94 (Wielockx), Slg. 1995, S. I-2493, Rn. 18; EuGH, Urt. v. 27.6.1996, Rs. 107/94 (Asscher), Slg. 1996, S. I-3089, Rn. 41*).

paradoxen Ergebnis, daß nur die ausländischen, nicht aber die inländischen Kapitalgesellschaften hinsichtlich ihrer Beteiligungen besteuert würden[156].

Der Gerichtshof führte in seiner Entscheidungsbegründung aus, die unterschiedliche Behandlung der Zweigniederlassungen ausländischer und inländischer Gesellschaften sowie die Einschränkung der freien Wahl der Form des Zweigbetriebs seien *als ein einheitlicher Verstoß gegen die Artikel 52 und 58 EG-Vertrag anzusehen*, für den keine Rechtfertigung bestehe[157]. Daher stünden diese Bestimmungen einer Regelung entgegen, nach der einer in Deutschland gelegenen Betriebsstätte einer Kapitalgesellschaft mit Sitz in einem anderen Mitgliedstaat nicht unter den gleichen Voraussetzungen wie Kapitalgesellschaften mit Sitz in Deutschland die streitgegenständlichen steuerlichen Vergünstigungen gewährt würden[158]. Die nationalen Maßnahmen waren mithin nicht geeignet, das mit ihnen nach dem Vortrag der Bundesregierung verfolgte Ziel einer adäquaten Besteuerung zu erreichen.

Nicht zuletzt hat der Gerichtshof in seiner *Centros*-Entscheidung die dänische Eintragungspraxis von Zweigniederlassungen, welche die Beachtung des in Dänemark für Gesellschaften mit beschränkter Haftung bestehenden Mindestkapitalerfordernisses zum Schutz vor Umgehungsgründungen sicherstellen sollte, als die Niederlassungsfreiheit beschränkend und im Ergebnis gemeinschaftsrechtswidrig gewertet, da die nationale Maßnahme nicht zur Erreichung des verfolgten Zwecks geeignet sei[159]. Denn, so das Argument des Gerichtshofs, hätte die Gesellschaft über eine Hauptniederlassung mit effektiver Geschäftstätigkeit im Ausland verfügt, dann wäre die Zweigniederlassung in Dänemark eingetragen worden, so daß der inländische Rechtsverkehr in diesem Fall auch nicht besser geschützt wäre als bei dem im Ausgangsverfahren zugrunde liegenden Sachverhalt.

(b) Überprüfung der Rechtslage in Deutschland am Kriterium der Geeignetheit

Die Geeignetheit der Sitztheorie und ihrer materiellrechtlichen Folgen läßt sich nur im Hinblick auf die mit ihr verfolgten Zielsetzungen beurteilen. Wird mit der Rechtslage in einem Mitgliedstaat allerdings bezweckt, generalpräventiv eine grenzüberschreitende identitätswahrende Sitzverlegung von Gesellschaften zu unterbinden und somit nicht nur klassische Mißbrauchsfälle zu erfassen, so

---

[156] *Schlußanträge des Generalanwalts Mischo vom 2. März 1999 in der Rs. 307/97 (Saint-Gobain ZN), Slg. 1999, S. I-6161, Rn. 47.*

[157] *EuGH, Urt. v. 21.9.1999, Rs. 307/97 (Saint-Gobain ZN), Slg. 1999, S. I-6161, Rn. 44 ff.*
In seinen Schlußanträgen zu *Saint-Gobain* wies Generalanwalt *Mischo* darauf hin, daß jede unterschiedliche Behandlung in einem Punkt, bei dem die Situation vergleichbar sei, durch ein nach dem Gemeinschaftsrecht anerkanntes zwingendes Erfordernis gerechtfertigt werden müsse. Denn die unterschiedliche Behandlung von Gesellschaften durch den Staat der Niederlassung aufgrund des Sitzes in einem anderen Mitgliedstaat führe zu einer Aushöhlung der Niederlassungsfreiheit (*Schlußanträge des Generalanwalts Mischo vom 2. März 1999 in der Rs. 307/97 (Saint-Gobain ZN), Slg. 1999, S. I-6161, Rn. 54 f.;* unter Verweis auf: *EuGH, Urt. v. 13.7.1993, Rs. 330/91 (Commerzbank), Slg. 1993, S. I-4017, Rn. 13*).

[158] *EuGH, Urt. v. 21.9.1999, Rs. 307/97 (Saint-Gobain ZN), Slg. 1999, S. I-6161, Rn. 64.*

[159] *EuGH, Urt. v. 9.3.1999, Rs. 212/97 (Centros), Slg. 1999, S. I-1459, Rn. 35.*

indiziert dieser Eingriff in die Kerngewährleistung der Niederlassungsfreiheit von Gesellschaften nach der vorgenannten Rechtsprechung[160] bereits eine Unzulässigkeit entsprechender nationaler Maßnahmen im Geltungsbereich des Gemeinschaftsrechts[161]. Dessen ungeachtet wird nachfolgend zunächst der Schutz des Rechtsverkehrs angesprochen. Danach ist auf die Problematik der unternehmerischen Mitbestimmung einzugehen, um zu ermitteln, ob die derzeitige Rechtslage in Deutschland dem Erfordernis der Geeignetheit beschränkender nationaler Maßnahmen entspricht.

(i) Schutz des Rechtsverkehrs

Die Sitztheorie nimmt für sich in Anspruch, das Recht desjenigen Staates zur Anwendung zu bringen, der von den Aktivitäten einer Gesellschaft am meisten betroffen ist, wobei von der Prämisse ausgegangen wird, die stärkste Betroffenheit sei in dem Staat vorhanden, in dem sich der effektive Verwaltungssitz der Gesellschaft lokalisieren lasse. Allerdings ist in Deutschland in grenznahen Regionen häufig festzustellen, daß Unternehmen jenseits der Grenze sich allein auf den deutschen Markt ausgerichtet haben und auf diesem unter Ausnutzung der Warenverkehrs- und der Dienstleistungsfreiheit Waren und Leistungen anbieten. Dies ist nach den Zielsetzungen der Europäischen Gemeinschaft mit der Schaffung des Binnenmarktes ein gewolltes Ziel. Obwohl der Schwerpunkt der Leistungserbringung in diesen Fällen regelmäßig im Inland liegt, entfaltet die Sitztheorie hier keine Wirkung, da sie als Kriterium an den effektiven Verwaltungssitz der jeweiligen Gesellschaft anknüpft, die damit verbundene Vermutung der tatsächlich höchsten Betroffenheit der sich am effektiven Verwaltungssitz einer Gesellschaft befindlichen Verkehrskreise in den vorgenannten Fällen aber unzutreffend ist[162]. Zudem erscheint zweifelhaft, ob sich bei gemeinschaftsweit tätigen Gesellschaften die zu schützenden Interessen ohne weiteres schwerpunktmäßig am Verwaltungssitz lokalisieren lassen[163].

---

[160] *Vgl. Kapitel 5 A. I. 3) (c).*

[161] Zwar wird für die Sitztheorie ihre generalpräventive Wirkung gegenüber unseriösen Unternehmensgründungen angeführt (*Staudinger-Großfeld, Internationales Gesellschaftsrecht, Rn. 39 ff.; Bachner/Winner, GesRZ 2000, S. 73 (75)*). Allerdings sind generalpräventive Erwägungen nach der Rechtsprechung des EuGH grundsätzlich nicht geeignet, Beschränkungen der Niederlassungsfreiheit zu rechtfertigen (*vgl. Kapitel 5 A. I. 3) (a)*).

[162] Vgl. hierzu die bereits angeführten Schlußanträge des Generalanwalts *Slynn* (*Schlußanträge des Generalanwalts Sir Gordon Slynn vom 20. März 1986 in der Rs. 205/84 (Kommission ./. Deutschland), Slg. 1986, S. 3783 (3787)*).

[163] *Behrens, RabelsZ 52 (1988), S. 498 (512 f.); ders., IPRax 1999, S. 323 (328).*
Zur Begründung verweist *Behrens* darauf, eine staatliche Kontrolle werde im wesentlichen durch öffentlich-rechtliche Normen ausgeübt, die unabhängig vom Gesellschaftsstatut anzuknüpfen seien (*Behrens, IPRax 1999, S. 323 (328)*).
Nicht zuletzt läßt sich in stark exportorientierten Branchen und bei im E-Commerce-Bereich tätigen Unternehmen nicht automatisch die höchste Betroffenheit des Rechtsverkehrs in dem Land bejahen, in dem der effektive Verwaltungssitz des jeweiligen Unternehmens belegen ist.

Indem die Rechtsprechung das Schutzanliegen der Sitztheorie und ihrer materiellrechtlichen Folgewirkungen undifferenziert dadurch verwirklicht, daß gegenüber ausländischen juristischen Personen die Sanktion der Nichtanerkennung ausgesprochen wird, wenn sich der effektive Verwaltungssitz im Inland befindet, nicht aber der statutarische Gesellschaftssitz, erscheint zudem aus anderen Gründen ihre Geeignetheit für eine zulässige Beschränkung der Niederlassungsfreiheit fraglich. Denn die Sanktion der Nichtanerkennung besteht unabhängig vom Vorliegen einer konkreten Gefährdung bestimmter Schutzinteressen wie dem Gläubigerschutz, der bei Kapitalgesellschaften in Deutschland unter anderem durch ein bestimmtes Mindestkapital als Haftungsmasse sichergestellt werden soll. Sie trifft vielmehr auch Gesellschaften, deren Mindestkapitalausstattung höher ist als bei einer vergleichbaren inländischen Gesellschaftsform. So liegt das Mindestkapitalerfordernis bei einer englischen public limited company nach sections 11, 118 (1) CA 1985 bei 50.000 britischen Pfund und damit nach derzeitigen Wechselkursen deutlich höher als bei einer deutschen Aktiengesellschaft, deren Mindestkapitalerfordernis gemäß § 7 AktG 50.000 € beträgt. Auch wird nicht im Einzelfall auf das tatsächlich vorhandene Gesellschaftsvermögen abgestellt[164].

In der Vergangenheit wurde bereits vielfach die Geeignetheit der Sanktion der Nichtanerkennung ausländischer juristischer Personen mit effektivem Verwaltungssitz im Inland in Frage gestellt, um den bezweckten Schutz des inländischen

---

[164] Das Mindestkapitalerfordernis bei Kapitalgesellschaften wird im deutschen Recht als *Seriositätsschwelle* für ihre Errichtung betrachtet (vgl. etwa: *K. Schmidt, Gesellschaftsrecht, S. 522, 539*). Eine solche Seriositätsschwelle kann verhindern, daß Unternehmer unverantwortliche wirtschaftliche Aktivitäten entfalten (*moral hazard*), auch wenn sie aufgrund der Haftungsbeschränkung nicht in vollem Umfang für die Folgen ihres Handelns einstehen müssen (*Bauer, Gläubigerschutz und die materielle Nennkapitalziffer, S. 95*). Indes ist wohl anerkannt, daß ein gesetzlich vorgeschriebenes Mindestkapital keine Gewähr dafür bietet, daß eine Gesellschaft über ein hinreichendes Eigenkapital für den verfolgten Gesellschaftszweck verfügt (*K. Schmidt, Gesellschaftsrecht, S. 522; Vonnemann, Haftung der GmbH-Gesellschafter bei materieller Unterkapitalisierung, S. 32 ff.; Bauer, Gläubigerschutz und die materielle Nennkapitalziffer, S. 133 ff.*). Daher war bei der GmbH in Deutschland bereits die Notwendigkeit einer Erhöhung des Mindestkapitalerfordernisses von 20.000 DM auf 50.000 DM hoch umstritten (vgl. hierzu: *Ballerstedt, ZHR 135 (1971), S. 383 (384 ff.)*). Zudem ist die *Seriositätsschwelle* nur scheinbar eine konstante Größe. Seit der Anhebung des Mindestkapitalerfordernisses bei der GmbH im Rahmen der GmbH-Reform von 1980 auf 50.000 DM hat keine inflationsbereinigende Anpassung stattgefunden, so daß die Aufbringung des Mindestkapitalerfordernisses heute faktisch leichter ist als von zwanzig Jahren.
Zwar ist das Insolvenzrisiko bei einer Gesellschaft, die über kein nennenswertes Eigenkapital verfügt, höher einzustufen als bei vergleichbaren Gesellschaften mit entsprechender Mindestkapitalausstattung. Dieses Argument darf aber aus zwei Gründen nicht überbewertet werden. Einmal besteht das generelle Risiko einer Kapitalaufzehrung im Rahmen des Geschäftsbetriebs (vgl. zur Bedeutung des Mindestkapitalerfordernisses als Gläubigerschutzinstrument im Zusammenhang mit Unternehmensinsolvenzen: *Halbhuber, Limited Company statt GmbH?, Europarechtlicher Rahmen und deutscher Widerstand, S. 151 f.*). Andererseits ist ein Mindestkapitalerfordernis von 25.000 € – wie bei der deutschen GmbH – keine sichere Haftungsgrundlage, da der tatsächliche Kapitalbedarf häufig weit höher liegt. Ein Mindestkapitalerfordernis kann im Ergebnis nur dann eine hohe Gewähr für einen effektiven Gläubigerschutz bieten, wenn eine Korrelation zu den tatsächlichen Kapitalerfordernissen besteht, die für die Verfolgung des konkreten Gesellschaftszwecks notwendig sind. Allerdings erscheint auch die gesetzliche Festschreibung eines *angemessenen Gesellschaftskapitals* nicht praktikabel (vgl. hierzu: *Bauer, Gläubigerschutz und die materielle Nennkapitalziffer, S. 128*).

Rechtsverkehrs zu bewirken[165]. So können inländische Vertragspartner ausländischer juristischer Personen regelmäßig nicht beurteilen, an welchem Ort sich der effektive Verwaltungssitz der Gesellschaft tatsächlich befindet und ob sie daher im Inland überhaupt als rechtsfähig anerkannt wird[166]. Dies schafft gerade keine Rechtssicherheit, sondern Rechtsunsicherheit.

Zudem führt die undifferenzierte Nichtanerkennung zu einer Fülle von Folgeproblemen, die für die einzelnen Beteiligten in der Regel weder vorhersehbar noch ohne intensive Rechtsberatung handhabbar sind[167]. *Zimmer* kommt denn auch aufgrund einer eingehenden Analyse zum Interessenschutz bei den verschiedenen kollisionsrechtlichen Anknüpfungen im Bereich des Internationalen Gesellschaftsrechts zu dem Ergebnis, daß der Verkehrsschutz unter Anwendung der Sitztheorie eher geringer sei als unter Zugrundelegung der Gründungstheorie, da bei der Sitztheorie die Vertragspartner einer Gesellschaft, die von den Sanktionen der Sitztheorie betroffen seien, Ansprüche gegen eine rechtlich nicht existente juristische Person durchsetzen müßten[168]. Zwar schafft der Wegfall des Haftungsprivilegs und die damit verbundene Möglichkeit eines Haftungsdurchgriffs auf das Vermögen der Gesellschafter einen gewissen Ausgleich. Allerdings kann hieraus nicht gefolgert werden, daß dem Verkehrsschutz durch die Sitztheorie besser Rechnung getragen wird als durch die Gründungstheorie[169].

In Anbetracht dieser Rechtslage hat beispielsweise das Finanzministerium Brandenburg im Zusammenhang mit Grundstücksgeschäften ausländischer *Briefkastengesellschaften* am 19. April 1994 einen Erlaß verkündet[170]. Sind danach bei Grundstücksgeschäften auf der Käufer- oder Verkäuferseite ausländische Gesellschaften bestimmter, in einer Anlage zum Erlaß genannter Länder beteiligt, wozu neben den Bermudas und Panama auch England, Irland, die Niederlande und Luxemburg gehören, so soll durch eine Anfrage bei der Informationszentrale Ausland des Bundesamtes für Finanzen stets geprüft werden, ob es sich um *Briefkastengesellschaften* handelt. Denn nur wenn eine Gesellschaft unter Anwendung der Sitztheorie im Inland anerkannt wird, kann nach derzeitiger Rechtslage ein

---

[165] Vgl. nur: *Bungert, ZVglRWiss 93 (1994), S. 117 (169 f.); Knobbe-Keuk, ZHR 154 (1990), S. 325 (337 ff.); K. Schmidt, ZGR 1999, S. 20 (23 ff.); Meilicke, RIW 1990, S. 449 f.*

[166] *Meilicke, RIW 1990, S. 449 (450);* vgl. allgemein zu den mit der Anwendung der Sitztheorie verbundenen Folgen: *Kapitel 2 B. III. 3).*

[167] Vgl. hierzu bereits: *Kapitel 2 B. III. 3).*

[168] *Zimmer, Internationales Gesellschaftsrecht, S. 246 ff., 291 ff., 331.*

Teilweise wird eine ausländische juristische Person entsprechend der Lehre von der Scheingesellschaft behandelt, um somit selbst für Ansprüche der anderen Vertragsseite haften zu können (*Rehbinder, IPRax 1985, S. 324; OLG Nürnberg, IPRax 1985, S. 342*). Allerdings ist die Anwendung der Lehre von der Scheingesellschaft abzulehnen, da sie nur für Fälle gilt, in denen gutgläubigen Dritten gegenüber in zurechenbarer Weise der Schein gesetzt wird, die Gesellschaft sei in einer bestimmten Rechtsform organisiert. Relevant sind hier u.a. die Fallgestaltungen, bei denen eine GmbH als OHG firmiert (*BGH, NJW 1975, S. 1166 ff.*). Dies ist bei ausländischen juristischen Personen aber gerade nicht der Fall, da sie regelmäßig nach außen hin als das auftreten, was sie sind, nämlich eine ausländische juristische Person.

[169] *Zimmer, Internationales Gesellschaftsrecht, S. 246 ff., 291 ff.*

[170] Gleichlautende Erlasse sind in allen Bundesländern ergangen (vgl. etwa für Baden-Württemberg: *DB 1994, S. 1163;* für Rheinland-Pfalz: *DStR 1994, S. 905*).

wirksamer Vertrag zustande kommen, so daß eine Grunderwerbssteuer zu zahlen ist[171]. Sorgt sich der Staat aufgrund der Sitztheorie und ihrer materiellrechtlichen Folgewirkungen um seine Steuereinnahmen, so dürften die Sorgen der jeweiligen Vertragspartner der nicht anerkannten ausländischen juristischen Person nicht geringer sein.

Bedenken gegen die Geeignetheit der Sitztheorie und ihrer materiellrechtlichen Folgewirkungen resultieren zudem aus der mangelnden Stringenz, mit der ein Schutz des inländischen Rechtsverkehrs auf nationaler Ebene verfolgt wird. Denn das Schutzanliegen müßte in Deutschland konsequent verfolgt werden. Dies ist nicht der Fall, weil im Rahmen bestehender Abkommen teilweise die Anwendung der Gründungstheorie zugrunde gelegt wird, um in ihrem Geltungsbereich das auf Gesellschaften anwendbare Recht nach einheitlichen Grundsätzen zu beurteilen.

So gilt nach Artikel 25 Absatz 5 Satz 2 des insoweit vorrangigen deutsch-amerikanischen Freundschafts-, Handels- und Schiffahrtsvertrages vom 29. Oktober 1954[172] der kollisionsrechtliche Grundsatz, daß die Frage der Anerkennung amerikanischer Gesellschaften allein nach der Gründungstheorie zu beurteilen ist[173]. Ein Vorbehalt zugunsten der Sitztheorie für Gesellschaften mit effektivem Verwaltungssitz im Inland wurde nicht vereinbart, so daß für die Anerkennung einer amerikanischen Gesellschaft der wirksame Gründungsakt und ein statutarischer Sitz im Gründungsstaat genügt[174]. Eine Ausnahme von diesem Grundsatz besteht nur für den Fall, daß die Gesellschaft allein zwecks Umgehung deutschen Rechts in den Vereinigten Staaten gegründet wurde, ansonsten aber kein weiterer relevanter Bezug (*genuine link*) zu den Vereinigten Staaten besteht. Dies leitet die Rechtsprechung trotz des Fehlens eines expliziten *ordre public*-Vorbehalts im Abkommen aus dem Verbot des Rechtsmißbrauchs ab[175].

---

[171] Vgl. den Abdruck in: *BB 1994, S. 927;* hierzu kritisch: *Schuck, BB 1994, S. 1538 (1539 f.).*

[172] *BGBl. 1956 II, S. 487 (500).*
Nach Artikel 3 Absatz 2 Satz 1 EGBGB haben völkerrechtliche Verträge wie der deutsch-amerikanische Freundschafts-, Handels- und Schiffahrtsvertrag Vorrang vor den nationalen Bestimmungen des IPR.

[173] *OLG Zweibrücken, NJW 1987, S. 2168; OLG Düsseldorf, NJW-RR 1995, S. 1124; Ebenroth/Bippus, NJW 1988, S. 2137 (2141 ff.); dies., DB 1988, S. 842 f.; Dinkhoff, Internationale Sitzverlegung von Kapitalgesellschaften unter besonderer Berücksichtigung des Internationalen Gesellschaftsrechts und des Steuerrechts, S. 30 f.; Soergel-Lüderitz, Kommentar zum Bürgerlichen Gesetzbuch, Anh. Art. 10 EGBGB, Rn. 13; Wiedemann, Gesellschaftsrecht I, S. 796; Ulmer, IPRax 1996, S. 100 f.; Großfeld/Erlinghagen, JZ 1993, S. 217 (224); Wessel-Ziegenhein, GmbHR 1988, S. 423 (427 f.);* differenzierter: *Bungert, ZVglRWiss 93 (1994), S. 117 (139 ff., 175 f.)* [sog. Spaltungslösung mit Anwendbarkeit des Sitzrechts auf das Innenverhältnis].
Wessel/Ziegenhain treten für die Anwendbarkeit des *concept of pseudo-foreign corporations* im Rahmen des Staatsvertrages ein (*GmbHR 1988, S. 423 (431)*). Nach anderer Auffassung findet indes der deutsche *ordre public* Anwendung, soweit er sachlich mit dem amerikanischen *ordre public* übereinstimmt (*OLG Düsseldorf, NJW-RR 1995, S. 1124 (1125);* unter Verweis auf: *Ebenroth/Bippus, DB 1988, S. 842 (844 ff.); dies., NJW 1988, S. 2137 (2138)*).

[174] *OLG Düsseldorf, NJW-RR 1995, S. 1124 (1125).*

[175] *OLG Düsseldorf, NJW-RR 1995, S. 1124 (1125).*

Auch der deutsch-spanische Niederlassungsvertrag vom 23. April 1970[176] regelt in seinem Artikel 15 Absatz 2 die kollisionsrechtliche Behandlung von Gesellschaften, die nach dem Recht der Unterzeichnerstaaten gegründet wurden. Dabei findet im Rahmen des Abkommens als Anknüpfungskriterium für die Bestimmung des auf Gesellschaften anwendbaren Rechts allein das Gründungsstatut Verwendung, ohne daß es auf ihren effektiven Verwaltungssitz ankäme[177].

Nicht zuletzt folgt das Londoner Schuldenabkommen vom 27. Februar 1953[178] der Gründungstheorie[179]. Daneben bestehen zahlreiche bilaterale Kapitalschutzabkommen zwischen Deutschland und anderen Staaten, in denen für die Anerkennung von Gesellschaften und juristischen Personen der jeweiligen Vertragspartner ausreichend ist, daß sie nach dem Recht der Vertragsparteien wirksam gegründet wurden oder registriert sind, auch wenn sich ihr tatsächlicher Sitz in einem anderen Staat befindet[180]. Allerdings gewähren diese Abkommen kein Recht auf eine grenzüberschreitende Verlegung des Verwaltungssitzes, da nur eine partielle Anerkennung so lange erfolgt, wie der effektive Verwaltungssitz nicht ins Inland verlegt wird[181].

Nach alledem genügt die Sitztheorie hinsichtlich der Verfolgung des Zieles eines Schutzes des Rechtsverkehrs nicht dem in der Rechtsprechung des EuGH für eine Rechtfertigung diskriminierender und beschränkender nationaler Maßnahmen aufgestellten Kriterium der Geeignetheit, da es bereits an einem Nachweis fehlt, daß durch die Sanktion der Nichtanerkennung ein effektiver Schutz des Rechtsverkehrs gewährleistet wird[182]. Zudem wird die Sanktion der Nichtanerkennung ausländischer juristischer Personen aus generalpräventiven Gründen auch dann unumschränkt ausgesprochen, wenn eine konkrete Gefährdung des Rechtsverkehrs nicht vorliegt. Nicht zuletzt findet die Sitztheorie mit ihren materiellrechtlichen

---

[176] *BGBl. 1972 II, S. 1041 ff.;* vgl. hierzu bereits: *Kapitel 5 A. I.*

[177] Vgl. hierzu: *Ebenroth/Bippus, NJW 1988, S. 2137 (2144 f.); dies., DB 1988, S. 842 (843 f.); Soergel-Lüderitz, Kommentar zum Bürgerlichen Gesetzbuch, Anh. Art. 10 EGBGB, Rn. 13; Knobbe-Keuk, ZHR 154 (1990), S. 325 (330); Dinkhoff, Internationale Sitzverlegung von Kapitalgesellschaften unter besonderer Berücksichtigung des Internationalen Gesellschaftsrechts und des Steuerrechts, S. 31;* zweifelnd: *v. Bar, Internationales Privatrecht II, Rn. 629; Bungert, ZVglRWiss 93 (1994), S. 117 (136);* dagegen: *Steiger, Grenzüberschreitende Fusion und Sitzverlegung von Kapitalgesellschaften innerhalb der EU nach spanischem und portugiesischem Recht, S. 169 ff.; ders., RIW 1999, S. 169 ff.*

[178] *ABl. 1953 II, S. 331.*

[179] *Soergel-Lüderitz, Kommentar zum Bürgerlichen Gesetzbuch, Anh. Art. 10 EGBGB, Rn. 13; Werner, Der Nachweis des Verwaltungssitzes ausländischer juristischer Personen, S. 24.*

[180] Vgl. insofern die detaillierte Aufzählung bei: *Soergel-Lüderitz, Kommentar zum Bürgerlichen Gesetzbuch, Anh. Art. 10 EGBGB, Rn. 13;* vgl. auch: *v. Bar, Internationales Privatrecht II, Rn. 630; Ebenroth/Bippus, RIW 1988, S. 336 ff.*

[181] *Bechtel, Umzug von Kapitalgesellschaften unter der Sitztheorie, S. 71.*

[182] So schließt sich auch Generalanwalt *Colomer* in seinen Schlußanträgen zu *Überseering* der Skepsis an, die bereits zuvor Generalanwalt *La Pergola* und der Gerichtshof in *Centros* hinsichtlich der Geeignetheit eines festen Mindestkapitalerfordernisses als Instrument des Gläubigerschutzes geäußert hatten (*Schlußanträge des Generalanwalts Colomer vom 4.12.2001 in der Rs. 208/00 (Überseering), NZG 2002, S. 16, Rn. 53;* unter Verweis auf: *EuGH, Urt. v. 9.3.1999, Rs. 212/97 (Centros), Slg. 1999, S. I-1459, Rn. 35; Schlußanträge des Generalanwalts La Pergola vom 16. Juli 1998 in der Rs. 212/97 (Centros), Slg. 1999, S. I-1461, Rn. 21*).

Folgen keine konsequente Anwendung, weil aufgrund vorrangiger Abkommen nicht stets auf den effektiven Verwaltungssitz zur Bestimmung des Gesellschaftsstatuts abgestellt wird.

(ii) Unternehmerische Mitbestimmung

Als zweites zentrales Argument für die Sitztheorie wird die Absicherung der überbetrieblichen Mitbestimmung in Deutschland angeführt. Denn die Anwendung der Regelungen zur überbetrieblichen Mitbestimmung ist – neben der Beschäftigtenzahl – abhängig von der Gesellschaftsform, da die Normen der überbetrieblichen Mitbestimmung zwingend vorschreiben, wie sich der Aufsichtsrat einer Gesellschaft zusammensetzt[183]. So findet das deutsche überbetriebliche Mitbestimmungsrecht auf eine Gesellschaft mit ausländischem Gesellschaftsstatut keine Anwendung[184]. Im Fall des Zuzugs einer ausländischen juristischen Person unterläge sie folglich auch dann nicht den Bestimmungen des Mitbestimmungsrechts, wenn dies bei einer inländischen Gesellschaft vergleichbarer Rechtsform der Fall wäre. Hierdurch besteht nach *Großfeld* die Gefahr, daß beim Zuzug ausländischer juristischer Personen das deutsche Mitbestimmungsrecht als *im öffentlichen Interesse erlassenes Sozialordnungsrecht* keine durchgängige Beachtung findet[185]. Fraglich ist daher, ob sich die Sitztheorie mit ihren materiellrechtlichen Folgewirkungen zur Absicherung des inländischen überbetrieblichen Mitbestimmungsrechts eignet.

Hier ist zunächst festzustellen, daß beim Zuzug einer ausländischen juristischen Person nicht danach differenziert wird, ob sie von den Beschäftigtenzahlen her überhaupt den gesetzlich vorgesehenen Schwellenwert überschreitet und daher – das Rechtsformkriterium außer Acht gelassen – in den Anwendungsbereich der überbetrieblichen Mitbestimmung gelangen würde[186]. Zudem wird durch die Negation der eigenständigen Rechtspersönlichkeit als juristische Person fremden Rechts die Rechtsträgerin vernichtet, die ansonsten – durch eine entsprechende Anpassung der Mitbestimmungsregelungen zwecks Erstreckung auf ausländische juristische Personen vergleichbarer Rechtsform mit effektivem Verwaltungssitz im Inland – als Adressatin der unternehmerischen Mitbestimmung zu ihrer Beachtung

---

[183] *Staudinger-Großfeld, Internationales Gesellschaftsrecht, Rn. 510.*

[184] Für das MitbestG folgt dies bereits aus der gesetzlichen Formulierung, da hier auf die Gesellschaftsformen des deutschen Rechts Bezug genommen wird (*Staudinger-Großfeld, Internationales Gesellschaftsrecht, Rn. 511*). *Steindorff* weist indes darauf hin, für die Auslandseigenschaft komme es auf den tatsächlichen Sitz des Unternehmens an, nicht indes darauf, nach welchem Recht die Gesellschaft errichtet worden sei (*Steindorff, ZHR 141 (1977), S. 457 (460)*).

[185] *Staudinger-Großfeld, Internationales Gesellschaftsrecht, Rn. 510.*

[186] Die unternehmerische Mitbestimmung kann nur in den Bereichen als Rechtfertigungsgrund geltend gemacht werden, in denen es um Großunternehmen geht, welche die Schwellenwerte der Mitbestimmungsregelungen hinsichtlich der Zahl der beschäftigten Arbeitnehmer überschreiten. Bereits eingangs wurde darauf hingewiesen, daß Großunternehmen ein weit geringeres Bedürfnis haben, von der Restrukturierungsform der Sitzverlegung Gebrauch zu machen, als dies bei kleinen oder mittleren Unternehmen der Fall ist (*vgl. Kapitel I C.*).

verpflichtet werden könnte[187]. *Zimmer* verweist in diesem Zusammenhang darauf, eine konsequente Anwendung der Mitbestimmungsregelungen auf deutsche Arbeitnehmer im Inland scheitere bereits derzeit daran, daß diese Bestimmungen nicht ausländische juristische Personen erfaßten, die im Inland über eine Niederlassung die für ein Eingreifen der Mitbestimmungsregelungen erforderlichen Mitarbeiterzahlen beschäftigten[188]. Insoweit fehlt es an der vom EuGH eingeforderten Stringenz die Grundfreiheiten in zulässiger Weise beschränkender nationaler Maßnahmen. Da die Sanktion der Nichtanerkennung bereits vom Ansatz her nicht geeignet ist, eine Anwendung der deutschen Mitbestimmungsregelungen abzusichern, läßt sich auch unter diesem Gesichtspunkt eine Beschränkung des Zuzugs juristischer Personen im inter-mitgliedstaatlichen Bereich zum Schutze überwiegender Allgemeinwohlinteressen nicht rechtfertigen.

(c) Erforderlichkeit

Eng verknüpft mit der Überprüfung der Geeignetheit einer nationalen Maßnahme ist das Kriterium der Erforderlichkeit. So führte der EuGH in einer Entscheidung aus, das Erfordernis einer festen Niederlassung für Versicherungsunternehmen in einem anderen Mitgliedstaat der Gemeinschaft zwecks Erbringung von Dienstleistungen sei nur zulässig, wenn der Nachweis gelinge, daß das Niederlassungserfordernis eine unerläßliche Voraussetzung für die Erreichung des verfolgten Zwecks

---

[187] *Knobbe-Keuk, ZHR 154 (1990), S. 325 (348 f.).*
Denn hierfür wäre eine Qualifikation des jeweiligen Verbands als vergleichbare inländische Gesellschaftsform mit der Folge erforderlich, daß der Anwendungsbereich des deutschen überbetrieblichen Mitbestimmungsrechts eröffnet wäre (vgl. hierzu: *Ebenroth/Bippus, DB 1988, S. 842 (848 f.)*; *Raiser, Mitbestimmungsgesetz, § 1, Rn. 14*).

[188] *Zimmer, BB 2000, S. 1361 (1366).*
Großfeld weist zudem darauf hin, daß transnationale Unternehmen zunehmend dazu übergehen, ihre Tochtergesellschaften in Deutschland als Kapitalgesellschaft & Co. KG zu gründen, um somit die deutsche unternehmerische Mitbestimmung zu umgehen (*Großfeld, Internationales und Europäisches Unternehmensrecht, S. 91;* vgl. hierzu allgemein: *ders., IPRax 1986, S. 351 ff.; Kronke, RIW 1990, S. 799 ff.; OLG Zweibrücken, IPRax 1990, S. 324 ff.*). Die Mitbestimmungsregeln greifen normalerweise, wenn eine deutsche Kapitalgesellschaft Komplementärin einer KG ist und die mitbestimmungsrechtlichen Schwellenwerte überschritten werden. Anders ist es indes, wenn eine nach ausländischem Recht gegründete Kapitalgesellschaft Komplementärin ist, da die deutschen Mitbestimmungsregelungen an deutsche Gesellschaftsformen anknüpfen, nicht aber auf entsprechende Gesellschaftsformen fremden Rechts Anwendung finden. Die Möglichkeit für eine Kapitalgesellschaft ausländischer Rechtsform, sich im Inland an einer KG als persönlich unbeschränkt haftende Gesellschafterin zu beteiligen, besteht dann, wenn ihre im Ausland erworbene allgemeine Rechtsfähigkeit im Inland anerkannt wird und es ihr nach dem auf sie anwendbaren nationalen Recht nicht an der Fähigkeit fehlt, sich an einer solchen Gesellschaft zu beteiligen (*BayObLG, DB 1986, S. 1325 (1326)*; vgl. hierzu: *Großfeld, IPRax 1986, S. 351 (354); Ebke, ZGR 1987, S. 245 (265 ff.)*; für den Fall der Beteiligung einer schweizerischen AG an einer inländischen KG: *OLG Saarbrücken, DB 1989, S. 1076 f.*; vgl. hierzu: *Ebenroth-Hopp, JZ 1989, S. 883 ff.*).
Groß verweist in diesem Zusammenhang zu Recht darauf, es läge ein Verstoß gegen das gemeinschaftsrechtliche Diskriminierungsverbot vor, wenn man juristischen Personen aus dem Gemeinschaftsausland – die im Inland nach den dort geltenden Bestimmungen des Internationalen Gesellschaftsrechts anerkannt würden – verböte, sich im Inland an einer Personengesellschaft zu beteiligen, wenn dies für inländische juristische Personen zulässig sei (*Groß, in: Henssler/Kolbeck/Moritz/Rehm, Europäische Integration und globaler Wettbewerb, S. 391 (395)*).

sei[189]. Dafür genüge nicht, daß die Erfüllung der Tätigkeit der Aufsichtsbehörden des Bestimmungsstaates erleichtert werde, wenn die für eine behördliche Aufsicht erforderlichen Unterlagen an Ort und Stelle vorhanden seien. Vielmehr müsse dargelegt werden, daß die Behörden im Rahmen einer Zulassungsregelung ihre Überwachungsaufgabe nicht wirksam durchführen könnten, wenn das Unternehmen in dem betreffenden Mitgliedstaat nicht über eine feste Niederlassung mit allen erforderlichen Unterlagen verfüge, was aber nicht geschehen sei[190]. Zudem, so der Gerichtshof, könne eine entsprechende Aufsicht anhand von Abschriften von Bilanzen, Kontenbüchern und Geschäftsunterlagen einschließlich der Versicherungsbedingungen und Tätigkeitspläne ausgeübt werden, die vom Niederlassungsstaat übersandt und von dessen Behörden ordnungsgemäß beglaubigt würden. Im Rahmen einer Zulassungsregelung sei es möglich, Unternehmen entsprechenden Aufsichtsbedingungen im Zulassungsbescheid zu unterwerfen und deren Einhaltung – gegebenenfalls durch Widerruf dieses Bescheids – zu gewährleisten[191].

Folglich ist im Einzelfall zu prüfen, ob für die Grundfreiheiten beschränkende nationale Maßnahmen alternative Gestaltungsmöglichkeiten bestehen, welche die Zielverfolgung in gleichem Maße ermöglichen, aber weniger einschneidend sind. *Überschießende* Regelungen erfüllen daher nie das Kriterium der Erforderlichkeit. Dies gilt selbst in Bereichen, die – wie das Versicherungswesen – zweifelsohne einer erhöhten staatlichen Kontrolle und Reglementierung bedürfen. Auch wenn nationale Stellen durch entsprechende nationale Maßnahmen erst in die Lage versetzt werden sollen, ihre Aufsichtsfunktionen auszuüben, muß daher hinterfragt werden, ob nicht etwa durch eine die Grenzen der Mitgliedstaaten übergreifende Behördenzusammenarbeit das Ziel der wirksamen Überwachung bereits erreicht werden kann.

Wie der EuGH des weiteren im Zusammenhang mit der Tätigkeit von Wertpapiermaklern in anderen Mitgliedstaaten der Gemeinschaft festgestellt hat, kann die Aufnahme und Ausübung selbständiger Tätigkeiten von der Einhaltung durch das Allgemeininteresse gerechtfertigter Rechts- und Verwaltungsvorschriften, namentlich von Vorschriften über Organisation, Befähigung, Standespflichten, Kontrolle, Verantwortlichkeit und Haftung, abhängig gemacht werden[192]. So seien die Mitgliedstaaten nicht gehindert, von den Maklergesellschaften aus anderen Mitgliedstaaten zu verlangen, daß sie Auskünfte erteilten und Papiere übergäben, die speziell die Tätigkeit ihrer Nebenstellen in diesem Staat beträfen. Auch könnten die Mitgliedstaaten eine Tätigkeitsaufnahme davon abhängig machen, daß sie

---

[189] *EuGH, Urt. v. 4.12.1986, Rs. 205/84 (Kommission ./. Deutschland), Slg. 1986, S. 3755, Rn. 52.*

[190] *EuGH, Urt. v. 4.12.1986, Rs. 205/84 (Kommission ./. Deutschland), Slg. 1986, S. 3755, Rn. 54 f.*

[191] *EuGH, Urt. v. 4.12.1986, Rs. 205/84 (Kommission ./. Deutschland), Slg. 1986, S. 3755, Rn. 55.*

[192] *EuGH, Urt. v. 6.6.1996, Rs. 101/94 (Kommission ./. Italien), Slg. 1996, S. I-2691, Rn. 10;* vgl. auch: *EuGH, Urt. v. 30.11.1995, Rs. 55/94 (Gebhard), Slg. 1995, S. I-4165, Rn. 35.*
Nach einer mitgliedstaatlichen Regelung wurden hier Wertpapiermaklertätigkeiten außerhalb von Banken auf solche Gesellschaften beschränkt, die ihren Geschäftssitz im eigenen Hoheitsgebiet hatten. Dadurch wurde der Marktzugang für Wertpapiermaklergesellschaften aus anderen Mitgliedstaaten der Gemeinschaft beschränkt, da eine Geschäftstätigkeit nicht über bestimmte Niederlassungsformen wie Geschäftsstellen oder Zweigniederlassungen ausgeübt werden konnte. Zudem wurde ihnen die Möglichkeit vollständig genommen, von der Dienstleistungsfreiheit Gebrauch zu machen.

Mitgliedstaaten eine Tätigkeitsaufnahme davon abhängig machen, daß sie finanzielle Garantien zur Deckung der im eigenen Hoheitsgebiet getätigten Geschäfte verlangten und mit den Behörden der anderen Mitgliedstaaten Vereinbarungen über die Zusammenarbeit bei der Überwachung der Märkte und der Zwischenhändler träfen[193].

Zulässig sei, wenn diese Vorschriften vorsähen, daß die Ausübung bestimmter Tätigkeiten Personen vorbehalten sei, die bestimmte Garantien böten und einer Ordnung und Kontrolle unterlägen, so daß auch Angehörige anderer Mitgliedstaaten grundsätzlich die Bedingungen über die Ausübung bestimmter Tätigkeiten im Aufnahmestaat erfüllen müßten[194]. Allerdings hat der Gerichtshof bereits zuvor in *Vlassopoulou* im Zusammenhang mit der Anerkennung von Diplomen und Befähigungsnachweisen klargestellt, daß eine genaue Prüfung der Gleichwertigkeit im Herkunftsstaat erworbener Qualifikationen stattfinden muß und bei fehlender Gleichwertigkeit Ausgleichsmaßnahmen gefordert werden können[195]. Damit fordert der Gerichtshof sehr dezidiert den geringstmöglichen Eingriff, so daß den Mitgliedstaaten eine in der älteren Judikatur zugebilligte Ermessensprärogative de facto versagt wird.

In seiner *Karella*-Rechtsprechung[196] hat der EuGH im Zusammenhang mit der Auslegung von Artikel 25 der zweiten gesellschaftsrechtlichen Richtlinie (77/91/EWG) des Rates vom 13. Dezember 1976 deutlich gemacht, daß das mit der Richtlinie verfolgte Ziel der Angleichung relevanter Schutzbestimmungen im Bereich des Gesellschaftsrechts ernstlich in Frage gestellt wäre, wenn die Mitgliedstaaten von den Bestimmungen der Richtlinie abweichen könnten, indem sie Regelungen beibehielten, die nicht mit den Vorgaben der Richtlinie übereinstimmten, ohne daß eine entsprechende Abweichung in der Richtlinie selbst vorgesehen sei[197]. In Bereichen, die sekundärrechtlich harmonisiert wurden, verneint der EuGH daher grundsätzlich eine Erforderlichkeit nationaler Maßnahmen, welche die Grundfreiheiten beschränken, sofern den Mitgliedstaaten nicht in der einschlägigen sekundärrechtlichen Regelung selbst die Befugnis zum Erlaß von Sonder- oder

---

[193] *EuGH, Urt. v. 6.6.1996, Rs. 101/94 (Kommission ./. Italien), Slg. 1996, S. I-2691, Rn. 19 ff.* Allerdings, so der Gerichtshof in der vorgenannten Entscheidung weiter, garantierten die verschiedenen *von den Mitgliedstaaten bei der Aufstellung der Anforderungen hinsichtlich des Eigenkapitals verwendeten Methoden allgemein ein gleiches Maß an Sicherheit, selbst wenn eine Methode im Einzelfall einen stärkeren Schutz* gewähre als eine andere (*EuGH, Urt. v. 6.6.1996, Rs. 101/94 (Kommission ./. Italien), Slg. 1996, S. I-2691, Rn. 17*). Daher sei das Vorbringen zurückzuweisen, die Vorschriften über den Zugang zum Maklerberuf in den verschiedenen Mitgliedstaaten seien, insbesondere was das Eigenkapital der Gesellschaften betreffe, nicht vergleichbar (*EuGH, Urt. v. 6.6.1996, Rs. 101/94 (Kommission ./. Italien), Slg. 1996, S. I-2691, Rn. 18*).

[194] *EuGH, Urt. v. 6.6.1996, Rs. 101/94 (Kommission ./. Italien), Slg. 1996, S. I-2691, Rn. 10 f.;* unter Verweis auf: *EuGH, Urt. v. 30.11.1995, Rs. 55/94 (Gebhard), Slg. 1995, S. I-4165, Rn. 36.*

[195] *EuGH, Urt. v. 7.5.1991, Rs. 340/89 (Vlassopoulou), Slg. 1991, S. I-2357, Rn. 15 ff.*

[196] *EuGH, Urt. v. 30.5.1991, Verb. Rs. 19 und 20/90 (Karella & Karellas), Slg. 1991, S. I-2691;* sowie Folgeentscheidungen: *EuGH, Urt. v. 24.3.1992, Rs. 381/89 (Evangelikis Ekklisias), Slg. 1992, S. I-2111; EuGH, Urt. v. 12.11.1992, Verb. Rs. 134 und 135/91 (Kerafina), Slg. 1992, S. I-5699; EuGH, Urt. v. 12.3.1996, Rs. 441/93 (Pafitis), Slg. 1996, S. I-1347.*

[197] *EuGH, Urt. v. 30.5.1991, Verb. Rs. 19 und 20/90 (Karella & Karellas), Slg. 1991, S. I-2691, Rn. 25 ff.*

Ausnahmeregelungen eingeräumt worden ist[198]. Der Nachweis, daß es keine ebenso wirksamen, die Niederlassungsfreiheit aber weniger beschränkenden Maßnahmen gibt, ist allein dann erbracht, wenn die streitigen Maßnahmen die einzig möglichen sind und der Zweck nicht wirksam mit anderen Mitteln verfolgt werden kann[199].

(d) Überprüfung der Rechtslage in Deutschland am Kriterium der Erforderlichkeit

Auch bei der Erforderlichkeitsprüfung wird zwischen dem Schutz des Rechtsverkehrs und der Mitbestimmungsfrage als zentralen Schutzanliegen der Sitztheorie und ihrer materiellrechtlichen Folgewirkungen beim Zuzug unterschieden.

(i) Schutz des Rechtsverkehrs

Bereits durch die zweite EG-Richtlinie im Bereich des Gesellschaftsrechts hat der Gemeinschaftsgesetzgeber für die Gründung von Aktiengesellschaften sowie für die Aufrechterhaltung, Erhöhung und Herabsetzung ihres Kapitals zum Schutz der Aktionäre und der Gesellschaftsgläubiger einen Mindeststandard geschaffen[200]. Besteht eine Rechtsvereinheitlichungsmaßnahme auf Gemeinschaftsebene, die Mindeststandards festlegt, so kann sich ein Mitgliedstaat nach der vorgenannten Rechtsprechung nicht darauf berufen, diese Standards seien unzureichend. Da, wie sich aus den Begründungserwägungen zur zweiten gesellschaftsrechtlichen Richtlinie ergibt, neben dem Aktionärsschutz auch der Gläubigerschutz als Zweck verfolgt wird, kommt eine Berufung auf den Gläubigerschutz gegenüber Aktiengesellschaften aus dem europäischen Ausland nicht in Betracht, weil es insofern an dem Kriterium der Erforderlichkeit mangelt[201].

Allerdings gilt die zweite gesellschaftsrechtliche Richtlinie nicht für Gesellschaften mit beschränkter Haftung, wie sich aus Artikel 1 der Richtlinie ergibt. Der Rechtsverkehr könnte bei dieser Gesellschaftsform möglicherweise davon ausgehen, auch

---

[198] Nach anderer Auffassung wird in diesen Fällen der gemeinschaftsrechtliche Gewährleistungsrahmen durch den Sekundärrechtsakt abgesteckt, so daß die Grundfreiheiten insoweit bereits tatbestandlich nicht einschlägig sind (*Kingreen, Die Struktur der Grundfreiheiten des Europäischen Gemeinschaftsrechts, S. 151*).

[199] *Schlußanträge des Generalanwalts Tesauro vom 16.12.1997 in der Rs. 264/96 (ICI), Slg. 1998, S. I-4698, Rn. 30.*

[200] *Vgl. Begründungserwägungen der Richtlinie 77/91/EWG, ABl. Nr. L 26/1.*

[201] So bereits: *Eyles, Das Niederlassungsrecht der Kapitalgesellschaften in der Europäischen Gemeinschaft, S. 362.*
In diesem Zusammenhang ist darauf zu verweisen, daß auch fortbestehende Divergenzen aufgrund der Harmonisierungstiefe oder eine vermeintlich nicht hinreichende Umsetzung der Sekundärrechtsakte in einzelnen Mitgliedstaaten nicht als Argument für ein Erfordernis von restriktiven Schutzbestimmungen angeführt werden können. Denn probates Mittel zur Lösung dieser Probleme ist gemeinschaftsrechtlich die weitere Nutzung der Rechtsangleichungskompetenzen (*Eyles, Das Niederlassungsrecht der Kapitalgesellschaften in der Europäischen Gemeinschaft, S. 362*) bzw. des im EG-Vertrag vorgesehenen Instrumentariums, um die Mitgliedstaaten zur Einhaltung bestehender Umsetzungsverpflichtungen zu bewegen (vgl. allgemein zum Vertragsverletzungsverfahren: *Oppermann, Europarecht, Rn. 733 ff.*).

für eine ausländische juristische Person, wie eine englische private limited company, bestünde ein Mindestkapitalerfordernis, das dem einer deutschen GmbH vergleichbar sei. Jedoch fehlt es für eine Beschränkung der Niederlassungsfreiheit von Gesellschaften aus diesem Grunde ebenfalls am Kriterium der Erforderlichkeit[202]. Denn nach Artikel 4 der ersten gesellschaftsrechtlichen Richtlinie[203] sind auf allen Briefen und Bestellscheinen Rechtsform und Sitz der Gesellschaft sowie das Register anzugeben, bei dem bestimmte Offenlegungspflichten zu erfüllen sind, die Artikel 2 der Richtlinie nennt. So besteht nach Artikel 2 der ersten gesellschaftsrechtlichen Richtlinie eine Offenlegungspflicht bezüglich der Bilanz sowie der Gewinn- und Verlustrechnung für jedes Geschäftsjahr. Auch ist der Betrag des gezeichneten Kapitals aufzuführen, falls der Errichtungsakt oder die Satzung ein genehmigtes Kapital erwähnen. Diese Angaben müssen gemäß Artikel 3 der Richtlinie in jedem Mitgliedstaat bei einem zentralen Register oder bei einem Handels- oder Gesellschaftsregister gesammelt und auf Verlangen vollständig oder auszugsweise gegen Aufwandsentschädigung zugesendet werden. Eine Vergleichbarkeit der Jahresabschlüsse ist für die AG, die GmbH sowie die KGaA durch die vierte gesellschaftsrechtliche Richtlinie[204] sichergestellt. Damit ist das Informationsrisiko für den Rechtsverkehr auch bei Gesellschaften mit beschränkter Haftung, die nach dem Recht eines anderen Mitgliedstaats der Gemeinschaft errichtet wurden, auf ein zumutbares Maß beschränkt.

Ein blindes Vertrauen dahingehend, ausländische juristische Personen, deren Rechtsform der einer inländischen Kapitalgesellschaftsform vergleichbar ist, verfügten über eine entsprechende Mindestkapitalausstattung, die möglicherweise als Haftungsmasse dienen könne, ist indes nicht schutzwürdig. So stellt der EuGH selbst in seiner Rechtsprechung zum Verbraucherschutz, bei dem innerhalb der Gemeinschaft von einem hohen Schutzniveau auszugehen ist[205], auf die Gewährleistung richtiger und umfassender Informationen ab, die es dem Verbraucher ermöglichen sollen, sich ein genaues Bild von der jeweiligen Sachlage zu verschaffen. Weitergehende Beschränkungen der Warenverkehrsfreiheit sind regelmäßig unzulässig[206], sofern nicht besondere Umstände hinzutreten.

---

[202] A.A. *Ebke*, der eine Erforderlichkeit der Sitztheorie und ihrer materiellrechtlichen Folgewirkungen bejaht, solange nicht durch eine hinreichende Rechtsangleichung eine Gleichwertig- und Gleichartigkeit der Gesellschafts- und Unternehmensrechte in den Mitgliedstaaten der Gemeinschaft sichergestellt sei (*Ebke, ZGR 1987, S. 245 (259)*).

[203] *Erste Richtlinie 68/151/EWG des Rates zur Koordinierung der Schutzbestimmungen, die in den Mitgliedstaaten den Gesellschaften im Sinne des Artikels 58 Absatz 2 des Vertrages im Interesse der Gesellschafter sowie Dritter vorgeschrieben sind, um diese Bestimmungen gleichwertig zu gestalten, ABl. Nr. L 65/8.*

[204] *Vierte Richtlinie 78/660/EWG des Rates über den Jahresabschluß von Gesellschaften bestimmter Rechtsform, ABl. Nr. L 193/1.*

[205] *Vgl. Artikel 95 Absatz 3 und 153 Absatz 1 EG (Art. 100a Abs. 3 und 129 Abs. 1 EGV).*

[206] Vgl. hierzu etwa die Rechtsprechung des EuGH zu Etikettierungspflichten: *EuGH, Urt. v. 9.12.1981, Rs. 193/80 (Kommission ./. Italien), Slg. 1981, S. 3019, Rn. 24 ff.; EuGH, Urt. v. 26.11.1985, Rs. 182/84 (Miro), Slg. 1985, S. 3731, Rn. 14 ff.; EuGH, Urt. v. 12.3.1987, Rs. 176/84 (Kommission ./. Griechenland), Slg. 1987, S. 1193, Rn. 29; EuGH, Urt. v. 7.3.1990, Rs. 362/88 (GB-INNO-BM), Slg. 1990, S. I-667, Rn. 17; EuGH, Urt. v. 14.7.1994, Rs. 17/93 (van der Veldt), Slg. 1994, S. I-3537, Rn. 19 ff.; EuGH, Urt. v. 26.10.1995, Rs. 51/94 (Kommission ./. Deutschland),*

Von diesem Grundsatz eines Vorrangs hinreichender Informationen der relevanten Verkehrskreise vor weitergehenden Beschränkungen der gemeinschaftsrechtlichen Gewährleistungen geht der Gerichtshof auch im Bereich der Niederlassungsfreiheit aus[207]. So stellt der EuGH in seiner *Centros*-Entscheidung klar, Gläubigerschutzinteressen werde durch hinreichende Informationen genügend Rechnung getragen. Zudem gebe es andere Sicherungsmöglichkeiten für Gläubiger, so daß unter diesem Gesichtspunkt keine Beschränkung der (sekundären) Niederlassungsfreiheit gerechtfertigt werden könne[208].

Folglich geht die Sanktion der Nichtanerkennung einer ausländischen juristischen Person mit effektivem Verwaltungssitz im Inland über das eigentlich Erforderliche hinaus und ist zudem nicht konsequent. Denn wird das eigene nationale Recht auf ein Rechtsgebilde für anwendbar erklärt, so muß es nach dem nationalen numerus clausus des Gesellschaftsrechts als inländische Gesellschaft qualifiziert und auch als solche behandelt werden. Dies würde dem Belang einer effektiven Wahrung der inländischen Verkehrsschutzinteressen im Zuzugsstaat im Ergebnis besser Rechnung tragen als eine Nichtanerkennung, da einem entsprechenden Verband als inländische Personengesellschaft Rechts- und Parteifähigkeit zuzuerkennen wäre[209].

Die überwiegend vertretene völlige Versagung der Rechts- und Parteifähigkeit eines Verbands, der in einem anderen Mitgliedstaat der Gemeinschaft zunächst nach dortigem Recht wirksam gegründet wurde und aufgrund einer grenzüberschreitenden Sitzverlegung über einen effektiven Verwaltungssitz im Inland verfügt[210], ist mithin nicht notwendig, um inländischen Verkehrsschutzinteressen Rechnung zu tragen. Mehr noch, im Ergebnis kann diese Situation dem verfolgten Ziel eines Schutzes des inländischen Rechtsverkehrs im Einzelfall sogar schaden[211]. Damit mangelt es der Sitztheorie und den mit ihr verbundenen materiellrechtlichen Folgewirkungen hinsichtlich des Schutzes des Rechtsverkehrs im Fall des Zuzugs ausländischer juristischer Personen an dem Erforderlichkeitskriterium, dessen Beachtung für die Gemeinschaftsrechtskonformität nationaler Maßnahmen, die beschränkend auf die Grundfreiheiten einwirken, notwendig ist.

Slg. 1995, S. I-3599, Rn. 35; EuGH, Urt. v. 22.10.1998, Rs. 184/96 (Kommission ./. Frankreich), Slg. 1998, S. I-6197, Rn. 22; EuGH, Urt. v. 9.2.1999, Rs. 383/97 (van der Laan), Slg. 1999, S. I-371, Rn. 23 ff.; gegen eine Übertragbarkeit dieser Grundsätze: *W. H. Roth, ZGR 2000, S. 311 (334).*

[207] So stellt *Merkt* treffend fest: *Der EuGH – ganz in Übereinstimmung mit dem modernen marktorientierten Ansatz anglo-amerikanischer Herkunft – räumt dem (Fremd- und Eigen-) Kapitalgeberschutz durch Publizität gegenüber dem traditionell-kontinentalen Gläubigerschutz allein durch verbandsrechtliche Ge- und Verbote (Mindestkapital und sein Schutz durch Aufbringungs- und Erhaltungspflichten) den Vorzug ein, was sich in EG-vertraglichen Kategorien durch die bessere Vereinbarkeit des erstgenannten Ansatzes mit der Niederlassungsfreiheit darstellt* (*Merkt, RIW Heft 8/2000, Die erste Seite*).

[208] *EuGH, Urt. v. 9.3.1999, Rs. 212/97 (Centros), Slg. 1999, S. I-1459, Rn. 36 f.*

[209] Vgl. hierzu bereits: *Kapitel 2 B. III. 3).*

[210] Vgl. zur Ausnahme der passiven Parteifähigkeit: *OLG Nürnberg, IPRax 1985, S. 342; Staudinger-Großfeld, Internationales Gesellschaftsrecht, Rn. 446 ff.*

[211] *Knobbe-Keuk, ZHR 154 (1990), S. 325 (328);* vgl. hierzu auch: *Kapitel 5 A. I. 5) (b) (i).*

(ii) Unternehmerische Mitbestimmung

Auch hinsichtlich der Mitbestimmungsfrage fehlt es am Kriterium der Erforderlichkeit, da aufgrund der Selbstbeschränkung des deutschen überbetrieblichen Mitbestimmungsrechts auf Gesellschaften bestimmter nationaler Rechtsformen seine Regelungen nicht auf sonstige Gesellschaften Anwendung finden, die von der Beschäftigtenzahl her das Größenkriterium erfüllen würden. Das Ziel der Sicherung der unternehmerischen Mitbestimmung im Inland könnte bereits dadurch erreicht werden, daß die Mitbestimmungsregelungen auch auf ausländische juristische Personen erstreckt würden, deren effektiver Verwaltungssitz sich im Inland befände. Insofern auftretende Anpassungsprobleme wären qualitativ nicht anders als bei inländischen Gesellschaften mbH, die der unternehmerischen Mitbestimmung unterliegen[212].

Ein entsprechender Ansatz wäre zur Absicherung der unternehmerischen Mitbestimmung ausreichend und weniger einschneidend als eine generalpräventive Sanktion der Nichtanerkennung aller ausländischen juristischen Personen mit effektivem Verwaltungssitz im Inland[213]. Folglich ist es nicht erforderlich, die effektive Gewährleistung der Niederlassungsfreiheit im inter-mitgliedstaatlichen Bereich zu beschränken, um die überbetriebliche Mitbestimmung als im öffentlichen Interesse erlassenes Sozialordnungsrecht zu wahren.

(e) Angemessenheit (Verhältnismäßigkeit im engeren Sinne)

Verklammert werden die Kriterien der Geeignetheit und Erforderlichkeit durch das der Angemessenheit und damit der Verhältnismäßigkeit im engeren Sinne. Nach der Rechtsprechung des EuGH kommt es für die Frage, ob eine Vorschrift dem Grundsatz der Verhältnismäßigkeit entspricht, zunächst darauf an, ob die gewählten Mittel zur Erreichung des angestrebten Zwecks geeignet sind und ob sie das Maß des hierzu Erforderlichen nicht übersteigen[214]. Denn selbst nationale Bestimmungen, mit denen ein gemeinschaftsrechtlich anerkanntes Allgemeinwohlinteresse

---

[212] *Knobbe-Keuk, ZHR 154 (1990), S. 325 (348 f.); Grothe, Die «ausländische Kapitalgesellschaft & Co.», S. 318 ff.*

[213] *Zimmer, BB 2000, S. 1361 (1366);* vgl. auch: *Forsthoff, DB 2000, S. 1109 (1114); Hammen, WM 1999, S. 2487 (2493 f.); W. H. Roth, ZGR 2000, S. 311 (333).*

[214] *EuGH, Urt. v. 12.3.1987, Rs. 176/84 (Kommission ./. Griechenland), Slg. 1987, S. 1193, Rn. 25; EuGH, Urt. v. 12.11.1996, Rs. 84/94 (Vereinigtes Königreich ./. Rat), Slg. 1996, S. I-5755, Rn. 57; EuGH, Urt. v. 13.5.1997, Rs. 233/94 (Deutschland ./. Parlament & Rat), Slg. 1997, S. I-2405, Rn. 54. Damit verstößt diese Voraussetzung, die spezifisch Gesellschaften mit Sitz in einem anderen Mitgliedstaat trifft, grundsätzlich gegen Artikel 52 EG-Vertrag. Etwas anderes gilt nur, wenn die Maßnahme ein legitimes Ziel verfolgt, das mit dem EG-Vertrag vereinbar und durch zwingende Gründe des öffentlichen Interesses gerechtfertigt ist. Erforderlich ist zudem, daß die Maßnahme zur Erreichung des fraglichen Zieles geeignet ist und nicht über das hinausgeht, was hierzu erforderlich [ist] (EuGH, Urt. v. 15.5.1997, Rs. 250/95 (Futura & Singer), Slg. 1997, S. I-2471, Rn. 26;* unter Verweis auf: *EuGH, Urt. v. 30.11.1995, Rs. 55/94 (Gebhard), Slg. 1995, S. I-4165, Rn. 37; EuGH, Urt. v. 31.3.1993, Rs. 19/92 (Kraus), Slg. 1993, S. I-1663, Rn. 32; EuGH, Urt. v. 15.12.1995, Rs. 415/93 (Bosman), Slg. 1995, S. I-4921, Rn. 104).*

verfolgt wird, dürfen nicht über das hinausgehen, was für die Gewährleistung des Schutzes dieses Interesses erforderlich ist, so daß sie zu dem verfolgten Zweck außer Verhältnis stehen[215].

Folglich genießen weniger einschneidende Regelungen Vorrang[216]. Zu prüfen ist daher stets, ob nationale Bestimmungen aus gemeinschaftsrechtlich anerkannten zwingenden Allgemeinwohlinteressen erforderlich sind, ob sie hierzu in einem angemessenen Verhältnis stehen und ob diese Ziele oder zwingenden Gründe durch Maßnahmen hätten erreicht werden können, welche die Grundfreiheiten weniger beeinträchtigen[217]. Jedoch bedeutet der Umstand, daß in einem Mitgliedstaat strengere Bestimmungen in einem gegebenen Bereich bestehen als in einem anderen Mitgliedstaat nicht automatisch, daß die Bestimmungen des ersteren Mitgliedstaats unverhältnismäßig und daher mit dem Gemeinschaftsrecht unvereinbar wären[218].

Über das Angemessenheitskriterium wird somit die Effizienz beschränkender nationaler Maßnahmen in gemeinschaftsrechtsrelevanten Bereichen im Sinne einer Zweck-Mittel-Relation hinterfragt[219]. Beispielsweise entschied der Gerichtshof, ein französisches Verbot, einen Arzt oder Zahnarzt, der bereits in einem anderen Mitgliedstaat zugelassen war, in Frankreich zuzulassen, sei *zu absolut und zu allgemein*, als daß es durch die Notwendigkeit gerechtfertigt werden könne, die

---

[215] *EuGH, Urt. v. 25.7.1991, Rs. 76/90 (Säger), Slg. 1991, S. I-4221, Rn. 17, 20; EuGH, Urt. v. 10.7.1991, Rs. 294/89 (Kommission ./. Frankreich), Slg. 1991, S. I-3591, Rn. 32 ff.; EuGH, Urt. v. 31.3.1993, Rs. 19/92 (Kraus), Slg. 1993, S. I-1663, Rn. 32; EuGH, Urt. v. 30.11.1995, Rs. 55/94 (Gebhard), Slg. 1995, S. I-4165, Rn. 37.*

[216] *EuGH, Urt. v. 25.7.1991, Rs. 288/89 (Collectieve Antennevoorziening Gouda), Slg. 1991, S. I-4007, Rn. 15; EuGH, Urt. v. 26.2.1991, Rs. 154/89 (Kommission ./. Frankreich), Slg. 1991, S. I-659, Rn. 14 f.; EuGH, Urt. v. 26.2.1991, Rs. 180/89 (Kommission ./. Italien), Slg. 1991, S. I-709, Rn. 17 f.; EuGH, Urt. v. 26.2.1991, Rs. 198/89 (Kommission ./. Griechenland), Slg. 1991, S. I-727, Rn. 18 f.*

[217] Vgl. etwa für den innergemeinschaftlichen Handel: *EuGH, Urt. v. 17.9.1997, Verb. Rs. 34/95 bis 36/95 (De Agostini), Slg. 1997, S. I-3843, Rn. 54; EuGH, Urt. v. 12.3.1987, Rs. 176/84 (Kommission ./. Griechenland), Slg. 1987, S. 1193, Rn. 25.*

[218] *EuGH, Urt. v. 10.5.1995, Rs. 384/93 (Alpine Investments), Slg. 1995, S. I-1141, Rn. 51; EuGH, Urt. v. 12.12.1996, Rs. 3/95 (Reisebüro Broede), Slg. 1996, S. I-6511, Rn. 42.*

[219] Allerdings kommt *Bleckmann* zu dem Ergebnis, der EuGH scheine dieses Verhältnismäßigkeitsprinzip im engeren Sinne nur sehr ungern anwenden zu wollen, da hierdurch der Beurteilungsspielraum der Mitgliedstaaten stark eingeschränkt werde, auch wenn dem Gerichtshof eine entsprechende Interessenabwägung nicht fremd sei (*Bleckmann, EuR 1987, S. 28 (48)*). Kritisch sieht *Kingreen* die Angemessenheitsprüfung mit der Begründung, sie gerate aufgrund fehlender verbindlicher Abwägungsmaßstäbe schnell in den *Grenzbereich zur Politik*, da die gerichtliche Einschätzung an die Stelle der gesetzgeberischen gesetzt werde (*Kingreen, Die Struktur der Grundfreiheiten des Europäischen Gemeinschaftsrechts, S. 173*). Allerdings wird hierbei nicht berücksichtigt, daß der Gerichtshof die Wahrung der einheitlichen Tragweite des Gemeinschaftsrechts nur durch eine Würdigung konkreter Sachverhalte aus gemeinschaftsrechtlicher Sicht absichern kann, wobei ihm die Aufgabe zukommt, das Binnenmarktziel, dessen Flankierung die Grundfreiheiten dienen, gegen mitgliedstaatliche Regelungsbedürfnisse abzuwägen. Daher ist im Einzelfall das gemeinschaftliche Gesamtinteresse im Sinne einer staatsübergreifenden Wertung zugrunde zu legen, ohne aber spezifische Besonderheiten der jeweiligen Rechtsordnung, die Ausdruck einer bestimmten Tradition oder Werteordnung sind und die sozio-ökonomische Wirklichkeit prägen, außer Betracht zu lassen (*Everling, GS Knobbe-Keuk, S. 607 (621 f.)*).

Kontinuität der Krankenversorgung sicherzustellen oder in Frankreich das französische Standesrecht anzuwenden[220].

Selbst bei nationalen Maßnahmen, die nicht undifferenziert wirken, werden an die Verhältnismäßigkeit hohe Anforderungen gestellt, um dem *effet-utile*-Gedanken des Gemeinschaftsrechts zur vollen Geltung zu verhelfen. So entschied etwa der Gerichtshof in *Kraus*[221], für sich genommen sei es nicht mit zwingenden Erfordernissen des Gemeinschaftsrechts unvereinbar, wenn ein Mitgliedstaat ein Verfahren für die Erteilung behördlicher Genehmigungen zur Führung akademischer Grade vorsehe, die in einem anderen Mitgliedstaat aufgrund eines Postgraduiertenstudiums erworben wurden, sofern diese Regelungen bestimmte Voraussetzungen erfüllten[222]. So dürfe das Genehmigungsverfahren nur bezwecken zu überprüfen, ob der aufgrund eines Postgraduiertenstudiums erworbene akademische Grad ordnungsgemäß verliehen worden sei[223]. Das Verfahren müsse leicht zugänglich sein und dürfe nicht von der Zahlung überhöhter Verwaltungsgebühren abhängen. Jede Entscheidung, mit der eine Genehmigung abgelehnt werde, müsse gerichtlich überprüft werden können. Zudem müsse der Betroffene von den Gründen Kenntnis erlangen können, die dieser Entscheidung zugrunde lägen, und die für den Fall der Nichtbeachtung des Genehmigungsverfahrens vorgesehenen Sanktionen dürften nicht außer Verhältnis zu der Schwere des Verstoßes stehen[224].

---

220 *EuGH, Urt. v. 30.4.1986, Rs. 96/85 (Kommission ./. Frankreich), Slg. 1986, S. 1485, Rn. 14.*

221 *EuGH, Urt. v. 31.3.1993, Rs. 19/92 (Kraus), Slg. 1993, S. I-1663.*

222 *EuGH, Urt. v. 31.3.1993, Rs. 19/92 (Kraus), Slg. 1993, S. I-1663, Rn. 36 f.*
Im entscheidungsrelevanten Zeitraum galt allein die Richtlinie 89/48/EWG des Rates vom 21. Dezember 1988 über eine allgemeine Regelung zur Anerkennung der Hochschuldiplome, die eine mindestens dreijährige Berufsausbildung abschließen (*ABl. Nr. L 19/16*). Die Richtlinie 92/51/EWG des Rates vom 18. Juni 1992 über eine zweite allgemeine Regelung der Anerkennung beruflicher Befähigungsnachweise in Ergänzung zur Richtlinie 89/48/EWG (*ABl. Nr. L 209/25*), welche die Anerkennungsregelung auf Diplome erweitert, die einen mindestens einjährigen Ausbildungsgang abschließen, erging erst zu einem Zeitpunkt, als die dem Ausgangsverfahren zugrunde liegenden Vorgänge bereits abgeschlossen waren (*EuGH, Urt. v. 31.3.1993, Rs. 19/92 (Kraus), Slg. 1993, S. I-1663, Rn. 25 f.*).

223 Bereits in *Webb* betonte der Gerichtshof, es gehe *über das angestrebte Ziel hinaus*, wenn die Anforderungen, von denen die Erteilung einer Genehmigung im Staat der Niederlassung abhingen, zu einer bloßen Wiederholung der Nachweise und Sicherheiten führen würden, die im Herkunftsstaat verlangt würden. Denn die Beachtung des Grundsatzes des freien Dienstleistungsverkehrs verlange zum einen, daß der Mitgliedstaat, in dem die Leistung erbracht werden solle, bei der Prüfung der Anträge auf Genehmigung und bei der Genehmigungserteilung in keiner Weise nach der Staatsangehörigkeit oder dem Niederlassungsort des Leistungserbringers unterscheide, und zum anderen, daß er die Nachweise und Sicherheiten berücksichtige, die der Leistungserbringer bereits für die Ausübung seiner Tätigkeit im Mitgliedstaat der Niederlassung erbracht habe (*EuGH, Urt. v. 17.12.1981, Rs. 279/80 (Webb), Slg. 1981, S. 3305, Rn. 20*).

224 *EuGH, Urt. v. 31.3.1993, Rs. 19/92 (Kraus), Slg. 1993, S. I-1663, Rn. 42;* vgl. auch zur Verhältnismäßigkeit: *EuGH, Urt. v. 5.12.1989, Rs. 3/88 (Kommission ./. Italien), Slg. 1989, S. 4035, Rn. 11.*

(f) Überprüfung der Rechtslage in Deutschland am Kriterium der Angemessenheit

Durch die fehlende Geeignetheit und Erforderlichkeit der Sitztheorie und ihrer materiellrechtlichen Folgen zur Absicherung bestehender Allgemeinwohlinteressen wird bereits die fehlende Angemessenheit indiziert. Denn die Sanktion der Nichtanerkennung beim Zuzug ausländischer juristischer Personen aus anderen Mitgliedstaaten der Gemeinschaft ermöglicht weder einen höheren Schutz des Rechtsverkehrs, als er bestünde, wenn die Rechtspersönlichkeit der zugezogenen Gesellschaft weiterhin anerkannt würde, noch erfolgt im Ergebnis eine Absicherung der deutschen überbetrieblichen Mitbestimmung, da das Rechtsgebilde, das Adressat der mitbestimmungsrechtlichen Regelungen sein könnte, im Inland vernichtet wird.

Dabei ist die Nichtanerkennung im Inland weder zum Schutz des Rechtsverkehrs noch zur Absicherung der unternehmerischen Mitbestimmung erforderlich. Denn ein hinreichender Schutz des Rechtsverkehrs wird über die gemeinschaftsrechtlich angeglichenen Publizitätsregeln sichergestellt. So führt der Gerichtshof in *Centros* an, die mit den dänischen gesetzlichen Bestimmungen, welche die Gründung der Zweigniederlassung im Inland verhinderten, verfolgten Zielsetzungen wie der Schutz öffentlicher Gläubiger hätten auch durch mildere - die Niederlassungsfreiheit weniger beschränkende Maßnahmen - erreicht werden können[225]. Dem Bedürfnis nach Absicherung der unternehmerischen Mitbestimmung könnte schon dadurch Rechnung getragen werden, daß ihre Regelungen auf ausländische juristische Personen mit effektivem Verwaltungssitz im Inland angewendet würden. Auch Generalanwalt *Colomer* stellt daher in seinen Schlußanträgen zu *Überseering* fest, die im vorliegenden Fall aberkannte Klagemöglichkeit einer in einem anderen Mitgliedstaat der Gemeinschaft wirksam gegründeten Gesellschaft mit effektivem Verwaltungssitz im Inland sei nicht geeignet, die angeblich verfolgten berechtigten Ziele zu erreichen und gehe über das hinaus, was zum Erreichen dieser Ziele erforderlich sei[226], womit eine Verhältnismäßigkeit der Maßnahme verneint wird.

Bestehen weniger einschneidende Möglichkeiten, um an sich legitime Schutzinteressen durch nationale Maßnahmen zu verfolgen, so steht die Negation der Existenz einer ausländischen juristischen Person für den Fall, daß sie ihren effektiven Verwaltungssitz aus einem anderen Mitgliedstaat nach Deutschland verlegt, außer Verhältnis zu den hiermit verfolgten Zielsetzungen. Die generalpräventive Sanktion der Nichtanerkennung ist mithin zu absolut und allgemein, um einer Verhältnismäßigkeitsprüfung anhand der vom EuGH entwickelten Maßstäbe standzuhalten[227].

---

[225] *EuGH, Urt. v. 9.3.1999, Rs. 212/97 (Centros), Slg. 1999, S. I-1459, Rn. 37.*

[226] *Schlußanträge des Generalanwalts Colomer vom 4.12.2001 in der Rs. 208/00 (Überseering), NZG 2002, S. 16, Rn. 49 ff.*

[227] A.A. *Ebke*, der die Angemessenheit der Sitztheorie und ihrer materiellrechtlichen Folgewirkungen mit der Begründung bejaht, sie diene der Absicherung zwingenden Unternehmensrechts und schütze

6) Schlußfolgerungen

Wie sich gezeigt hat, vermögen dem Grunde nach legitime Allgemeinwohlinteressen nicht, die in Deutschland bestehende restriktive Rechtslage im Falle des Zuzugs juristischer Personen aus anderen Mitgliedstaaten der Gemeinschaft zu rechtfertigen[228]. Das vorgefundene Ergebnis vermag mit Blick auf die gemeinschaftlichen Zielsetzungen zu überzeugen. Denn wäre die derzeitige Rechtslage in Deutschland gemeinschaftsrechtskonform, so hätte dies zur Folge, daß Gesellschaften von der Gewährleistung der (primären) Niederlassungsfreiheit ausgeschlossen wären. Weil eine Standortverlegung als Restrukturierungsvorgang von entscheidender Bedeutung sein kann, ist sie für Kapitalgesellschaften innerhalb Deutschlands möglich. Eine rechtliche Unmöglichkeit darf nicht daraus resultieren, daß im Rahmen der Sitzverlegung eine mitgliedstaatliche Grenze überschritten wird, weil es gerade Ziel des Binnenmarktes ist, einen Raum ohne Binnengrenzen zu schaffen. Zu bedenken ist bei alledem, daß eine ausländische juristische Person mit effektivem Verwaltungssitz im Inland, deren eigenständige Rechtspersönlichkeit nach der derzeitigen Rechtslage in Deutschland negiert wird, in ihrem Gründungsstaat weiterhin als rechtsfähig behandelt wird. Nicht zuletzt haben die Gesellschaftsgründer sich bei Errichtung der Gesellschaft bewußt für eine bestimmte Gesellschaftsform entschieden und dabei – völlig legitim – auch Gesichtspunkte wie eine Haftungsbeschränkung auf das Gesellschaftsvermögen angestrebt.

Stehen daher vitale mitgliedstaatliche Interessen einem Zuzug ausländischer juristischer Personen nicht entgegen, so kann der Gewährleistungsgehalt der Niederlassungsfreiheit keine Einschränkung erfahren. Klärungsbedürftig ist an dieser Stelle, ob die Sitztheorie bei konsequenter Anwendung und Einordnung des zugezogenen Verbands aus einem anderen Mitgliedstaat unter den inländischen numerus clausus des Gesellschaftsrechts[229] als gemeinschaftsrechtskonform zu werten wäre. Dieser Frage kommt auch insoweit besondere Bedeutung zu, als ein im Ergebnis vorgefundener gemeinschaftsrechtswidriger Zustand im Internationalen Gesellschafts-

---

auf mitgliedstaatlicher Ebene vor Mißbrauch und damit die Verwirklichung gemeinschaftsrechtlicher Ziele (*Ebke, ZGR 1987, S. 245 (263 f.)*).

[228] Gemeinschaftsrechtswidrig ist bei Zuzugsfällen aus den vorgenannten Gründen auch die Rechtslage in Spanien und Italien, die einer bipolaren Anknüpfung folgen (vgl. zur Rechtslage in Italien und Spanien: *Kapitel 2, Fn. 76*).

[229] Vgl. hierzu: *K. Schmidt, ZGR 1999, S. 20 (22 ff.); W. H. Roth, ZIP 2000, S. 1597 (1599 ff.); Hoffmann, ZHR 164 (2000), S. 43 (47); Bechtel, IPRax 2001, S. 21 (22); Müller, EWiR 2001, S. 67 (68); Münch-Komm-Kindler, Internationales Gesellschaftsrecht, Rn. 344 ff.; ders., NJW 1999, S. 1993 (1994); Zimmer, BB 2000, S. 1361 (1363).*

Teilweise wird vertreten, ausländische juristische Personen mit effektivem Verwaltungssitz im Inland könnten als Vorgesellschaften behandelt werden, die im Stadium vor der Eintragung in das Handelsregister stünden (*Bechtel, IPRax 2001, S. 21 (22 f.)*; vgl. auch differenzierter: *Dinkhoff, Internationale Sitzverlegung von Kapitalgesellschaften unter besonderer Berücksichtigung des Internationalen Gesellschaftsrechts und des Steuerrechts, S. 127 ff.*; a.A.: *Münch-Komm-Kindler, Internationales Gesellschaftsrecht, Rn. 347*). Dies setzt allerdings voraus, daß die Anteilseigner die Absicht haben, die Gesellschaft in Deutschland zur Eintragung in das Handelsregister zu bringen, was wiederum die Bereitschaft impliziert, den Anforderungen des deutschen Gesellschaftsrechts durch eine entsprechende Anpassung der Gesellschaftssatzung Rechnung zu tragen. Eine solche Absicht wird aber regelmäßig zu verneinen sein.

recht einer mitgliedstaatlichen Rechtsordnung auf zweierlei Weise behoben werden kann, durch eine Anpassung auf Ebene des Kollisionsrechts oder durch eine Änderung im materiellen Recht[230]. Nur wenn letzteres nicht möglich erschiene, wäre von einer Verpflichtung zur Anpassung des Kollisionsrechts auszugehen.

7) Gemeinschaftsrechtskonformität der in der Literatur vertretenen konsequenten Anwendung der Sitztheorie?

Die Sitztheorie als Kollisionsnorm besagt nur, daß das Recht desjenigen Staates auf eine Gesellschaft anzuwenden ist, in dem sie ihren effektiven Verwaltungssitz hat[231]. Befindet sich der effektive Verwaltungssitz einer Gesellschaft, die nach fremdem Recht gegründet wurde, in Deutschland, so hat dies nach der kollisionsrechtlichen Verweisung zur Folge, daß auf den Verband inländisches materielles Recht anzuwenden ist[232].

Es handelt sich dann um einen Verband, auf den grundsätzlich die gleichen Regelungen anzuwenden sind wie in Fällen der Rechtsformverfehlung einer inländischen Gesellschaft[233], womit regelmäßig davon auszugehen wäre, daß es sich um eine Personengesellschaft in Form einer OHG oder einer GbR handelt, sofern der Verband von mehreren Personen gebildet wurde und einen Erwerbszweck verfolgt[234]. Einem entsprechenden Verband müßte es daher möglich sein, eigene Rechte gerichtlich geltend zu machen, unabhängig davon, ob es sich um eine OHG[235] oder um eine GbR handelt, da auch der GbR durch den BGH kürzlich die Rechts- und Parteifähigkeit zuerkannt wurde[236].

---

[230] Vgl. hierzu bereits: *Kapitel 2 B. I.*

[231] *Vgl. Kapitel 2 B. III.*

[232] *Kindler* verweist darauf, daß die unmittelbare Folge der Sitzanknüpfung keineswegs die Nichtanerkennung der Gesellschaft sei, werde gerade auch von den Anhängern der Gründungstheorie in Deutschland häufig verkannt (*NJW 1999, S. 1993 (1994);* unter Verweis auf: *Knobbe-Keuk, ZHR 154 (1990), S. 325; Meilicke, DB 1999, S. 627*). Jedoch bringt der BGH in seinem Vorlagebeschluß an den EuGH klar zum Ausdruck, daß er einer ausländischen juristischen Person mit effektivem Verwaltungssitz im Inland auch weiterhin keine Rechts- und damit Parteifähigkeit als inländische Personengesellschaft einräumen will, so daß dem Argument in der Rechtspraxis bisher keine Bedeutung zukommt (vgl. zum Vorlagebeschluß: *Kapitel 1 B.*).

[233] *K. Schmidt, ZGR 1999, S. 20 (24 ff.); Münch-Komm-Kindler, Internationales Gesellschaftsrecht, Rn. 344 ff.; Forsthoff, DB 2000, S. 1109.*

[234] *Münch-Komm-Kindler, Internationales Gesellschaftsrecht, Rn. 348 ff.; ders., NJW 1999, S. 1993 (1994); Wiedemann, FS Kegel, S. 187 (197); Ebenroth/Sura, RabelsZ 43 (1979), S. 315 (340 f.); Bogler, DB 1991, S. 848 (850); Zimmer, Internationales Gesellschaftsrecht, S. 300; Schuck, BB 1994, S. 1538 (1539); Rehbinder, IPRax 1985, S. 324.*

Sofern die ausländische juristische Person mit effektivem Verwaltungssitz im Inland nur einen Anteilseigner hat, kommt allein eine Behandlung als Einzelkaufmann oder Einzelperson in Betracht, da die Regeln über die Gesamthand eine Verbindung von mindestens zwei Personen voraussetzen (*Münch-Komm-Kindler, Internationales Gesellschaftsrecht, Rn. 348 f.; Zimmer, Internationales Gesellschaftsrecht, S. 304 f.; Bogler, DB 1991, S. 848 (850)*). Dieser Fall wird nachfolgend nicht berücksichtigt.

[235] *Münch-Komm-Kindler, Internationales Gesellschaftsrecht, Rn. 344 ff.; Forsthoff, DB 2000, S. 1109 (1110).*

Aufgrund des im deutschen Recht geltenden formellen Parteibegriffs ist es dabei auch unbedeutend, ob ein Rechtsschutz unter der Firma der ausländischen juristischen Person beantragt wird. Denn eine

Nicht negiert würde folglich die Existenz des Verbands als solchem. Allerdings fände eine Klassifikation anhand des deutschen Gesellschaftsrechts statt. Nur da es an den Voraussetzungen fehlte, die das deutsche Recht an die wirksame Gründung einer Kapitalgesellschaft stellt und zudem keine Eintragung in das zuständige Handelsregister vorläge, wäre der Verband als inländische Personengesellschaft zu behandeln[237]. Nach den Vertretern dieser konsequenten Anwendung der Sitztheorie und der aus ihr resultierenden materiellrechtlichen Folgen würde bestehenden Schutzanliegen bereits dadurch Rechnung getragen, daß etwaige Haftungsbeschränkungen des nach ausländischem Gesellschaftsrecht gegründeten Verbands wegfielen und durch eine direkte und unbeschränkte Gesellschafterhaftung Gläubigerinteressen hinreichend Berücksichtigung fänden[238].

Auch bei diesem Ansatz ist eine beschränkende Wirkung hinsichtlich der Niederlassungsfreiheit juristischer Personen aus anderen Mitgliedstaaten der Gemeinschaft nicht von der Hand zu weisen, da die Gesellschaft im Inland nicht als das, was sie ursprünglich im Herkunftsland war und dort immer noch ist – nämlich eine Kapitalgesellschaft – anerkannt würde. Mithin läge eine indirekte Diskriminierung vor[239]. Die rechtlichen Folgen der Neuklassifikation gingen zu Lasten der Anteilseigner, da die nach ausländischem Recht verliehene Rechtspersönlichkeit und mit ihr etwaige Haftungsbeschränkungen im Zuzugsstaat verloren gingen. Auch wären die Rechte und Pflichten der Anteilseigner einem neuen Recht unterworfen[240]. Die Neuklassifikation des Verbands und der mit ihr einhergehende Eingriff in die Niederlassungsfreiheit der ausländischen juristischen Person müßte aus gemeinschaftsrechtlicher Sicht einer Überprüfung an den Kriterien der Geeignetheit, Erforderlichkeit und Angemessenheit standhalten. Unberücksichtigt bleiben kann in diesem Zusammenhang die überbetriebliche Mitbestimmung, da durch die Qualifikation eines Verbands als inländische Personengesellschaft oder Einzelunternehmen keine Gesellschaftsform vorhanden ist, auf welche die Regelungen des überbetrieblichen Mitbestimmungsrechts Anwendung fänden.

Eidenmüller/Rehm haben sich bereits eingehend mit der Frage beschäftigt, ob die Sitztheorie ihrem Anspruch als Schutztheorie für den inländischen Rechtsverkehr gerecht wird[241]. Dabei gingen sie für ihre Überlegungen von der Annahme aus, eine ausländische juristische Person würde mit den Folgewirkungen der Sitztheorie nicht bereits im Zeitpunkt der Sitzverlegung nach Deutschland konfrontiert, sondern erst nach Ausübung wirtschaftlicher Aktivitäten im Inland. Entsprechend

---

unrichtige Parteibezeichnung kann berichtigt werden, ohne daß die Identität der Partei in Frage gestellt wird (*W. H. Roth, ZIP 2000, S. 1597 (1601); Forsthoff, DB 2000, S. 1109 (1110); Müller, EWiR 2001, S. 67 (68); Zöller/Vollkommer, Zivilprozeßordnung, § 50, Rn. 7*).

[236] *BGH, NJW 2001, S. 1056 ff.*; vgl. hierzu: *K. Schmidt, NJW 2001, S. 993 ff.*

[237] *Zimmer, ZHR 164 (2000), S. 23 (25); ders., Internationales Gesellschaftsrecht, S. 302 f.; K. Schmidt, ZGR 1999, S. 20 (24 ff.); Münch-Komm-Kindler, Internationales Gesellschaftsrecht, Rn. 348 ff.; ders., NJW 1999, S. 1993 (1994).*

[238] *K. Schmidt, ZGR 1999, S. 20 (24 f.); Forsthoff, DB 2000, S. 1109 (1110).*

[239] Vgl. hierzu bereits: *Kapitel 5 A. I.*

[240] *Borges, RIW 2000, S. 167 (170).*

[241] *ZGR 1997, S. 89 ff.*; vgl. auch zur Haftung von ausländischen Kapitalgesellschaften mit Inlandssitz: *Müller, ZIP 1997, S. 1049 ff.*

der vorgenannten Literaturansicht – aber entgegen der ständigen Rechtsprechung – gingen sie bei ihrer Untersuchung zudem davon aus, die ausländische juristische Person sei nach dem numerus clausus des Gesellschaftsrechts einer inländischen Personengesellschaftsform zuzuordnen, sofern sie nicht als Einzelunternehmen zu behandeln sei[242]. Bei ihrer Untersuchung kamen sie zu dem Ergebnis, daß die Sitztheorie auch in diesem Fall nicht geeignet sei, die mit ihr verfolgten Schutzzwecke wirksam zu erreichen, da aus der Qualifikation des Verbands als inländische Personengesellschaft im Rechtsalltag mannigfaltige Probleme resultierten:

So kommt im Rechtsverkehr ein Vertragsschluß mit einer Offenen Handelsgesellschaft beziehungsweise einer Gesellschaft bürgerlichen Rechts in Betracht, sofern der Verband mehrere Anteilseigner aufweist[243]. Allerdings ist gemäß der §§ 133, 157 BGB eine Auslegung dahingehend regelmäßig nicht möglich, daß anstatt der ausländischen juristischen Person das tatsächliche Rechtsgebilde Vertragspartei bei Vertragsabschlüssen sein soll[244]. Zwar sind Dritte im Vorteil, wenn anstatt einer ausländischen juristischen Person auf der Käuferseite wegen der rechtlichen Behandlung dieses Verbands als inländische Personengesellschaft die Gesellschafter neben dem Gesellschaftsvermögen persönlich für die eingegangenen Verbindlichkeiten haften. Leitet man seitens der nicht anerkannten ausländischen juristischen Person den Vertragsabschluß nicht aus den Grundsätzen über die unternehmensbezogenen Geschäfte ab[245], so kann jedoch kein Wille des für die

---

[242] Dieser Schluß wird in der Rechtsprechung und in Teilen der Literatur aber nicht gezogen (*vgl. Kapitel 2 B. III. 2) und 3)*), da auf den jeweiligen Verband das deutsche Gesellschaftsrecht nur so weit Anwendung finden soll, wie dies nötig ist, um einen Haftungsadressaten zu schaffen, gegen den gerichtlich Ansprüche geltend gemacht werden können. Dieses Ergebnis ist nicht schlüssig und daher abzulehnen (*K. Schmidt, ZGR 1999, S. 20 (22 f.); Münch-Komm-Kindler, Internationales Gesellschaftsrecht, Rn. 344 ff.; Forsthoff, DB 2000, S. 1109*).

[243] *Münch-Komm-Kindler, Internationales Gesellschaftsrecht, Rn. 348 ff.; ders., NJW 1999, S. 1993 (1994); Wiedemann, FS Kegel, S. 187 (197); Ebenroth/Sura, RabelsZ 43 (1979), S. 315 (340 f.); Bogler, DB 1991, S. 848 (850); Zimmer, Internationales Gesellschaftsrecht, S. 300.*

[244] *ZGR 1997, S. 89 (92 ff.).*

Nach anderer Auffassung sind für den Fall, daß das Rechtsgebilde im Inland als OHG behandelt wird, die Grundsätze über unternehmensbezogene Geschäfte anwendbar, so daß bei einem Handeln für ein Unternehmen im Zweifel das Geschäft mit dem wirklichen Unternehmensträger zustande komme, auch wenn der Inhaber unrichtig bezeichnet sei (*Müller, ZIP 1997, S. 1049 (1051)*).

[245] *Zimmer, Internationales Gesellschaftsrecht, S. 300; BGH, NJW 1996, S. 1053 (1054).*

Gegen die Anwendung der Grundsätze über die unternehmensbezogenen Geschäfte spricht, daß diese nur die Abgrenzung von Eigen- zu Fremdgeschäften betreffen, nicht aber die Frage, welcher unter verschiedenen in Betracht kommenden Dritten durch das gegenständliche Geschäft verpflichtet sein soll, so daß es sich unzweifelhaft um ein Fremdgeschäft handelt (*Eidenmüller/Rehm, ZGR 1997, S. 89 (93)*). Zudem dürften Verträge, selbst wenn man etwa unter Anwendung der Grundsätze über die unternehmensbezogenen Geschäfte von einem wirksamen Vertragsabschluß ausginge (*BGH, NJW 1995, S. 43 (44); BGH, NJW 1996, S. 1053 (1054); Zimmer, Internationales Gesellschaftsrecht, S. 300;* a.A.: *Eidenmüller/Rehm, ZGR 1997, S. 89 (93)*), jedenfalls nach § 119 BGB durch den Vertreter der nicht anerkannten ausländischen juristischen Person anfechtbar sein. Denn seine zum Vertragsabschluß führende Willenserklärung ist nach den Irrtumsregeln anfechtbar, wenn er sich nicht bewußt war, daß er für eine im Zuzugsland – in dem sich der effektive Verwaltungssitz der Gesellschaft befindet – mangels Anerkennung rechtlich nicht existente Gesellschaft gehandelt hat (*Eidenmüller/Rehm, ZGR 1997, S. 89 (97)*). Dieses Ergebnis läßt sich nur dann nicht vertreten, wenn man von einem Vertragsschluß kraft Gesetzes ausgeht, da in diesem Fall die übergeordneten

Gesellschaft handelnden Vertreters angenommen werden, eine persönliche Haftung der Anteilseigner zu bewirken, auch wenn sie im Fall der Anwendung der Regelungen der OHG auf § 128 HGB beruht und nicht auf der abgegebenen Willenserklärung[246].

Zudem würde der Vertreter der nicht anerkannten ausländischen juristischen Person Gefahr laufen, selbst als falsus procurator nach § 179 BGB zu haften[247]. Daher kommen *Eidenmüller/Rehm* durch Auslegung zu dem Ergebnis, daß aufgrund des entgegenstehenden Willens seitens des Vertreters der als inländische Personengesellschaft behandelten ausländischen juristischen Person kein wirksamer Vertragsabschluß mit der Gesellschaft auf der Käuferseite angenommen werden kann[248].

Entsprechendes gilt für den Fall, daß der Verband auf der Verkäuferseite aktiv ist. Denn auch hier wird der Vertreter der im Inland nicht anerkannten ausländischen juristischen Person regelmäßig nicht wollen, daß die Anteilseigner persönlich für die Erfüllung der Verbindlichkeiten einzustehen haben, so daß im Rahmen einer Auslegung seiner Willenserklärung weder von dem tatsächlichen noch einem mutmaßlichen Willen ausgegangen werden kann, die Willenserklärung nicht für die ausländische juristische Person, sondern für eine inländische Personengesellschaft abgegeben zu haben[249]. Bei anderen Vertragstypen kommt teilweise hinzu, daß die Identität einer Vertragspartei für die andere Seite von entscheidender Bedeutung ist, so daß auch unter diesem Gesichtspunkt eine entsprechende Vertragsauslegung scheitern muß[250].

Nur dann, wenn die Gesellschafter der Personengesellschaft mit den Vertretern der Gesellschaft personenidentisch sind, kann von einer Vertretungsmacht ausgegangen werden. Denn da die ausländische juristische Person als solche im Inland nicht

---

Wertungen der Sitztheorie einem Anfechtungsrecht entgegenstehen würden (*Eidenmüller/Rehm, ZGR 1997, S. 89 (97, Fn. 22)*).

[246] *Eidenmüller/Rehm, ZGR 1997, S. 89 (93 f.).*

[247] So etwa unter Ablehnung einer analogen Anwendung der §§ 11 Abs. 2 GmbHG und 41 Abs. 1 S. 2 AktG: *Soergel-Lüderitz, Kommentar zum Bürgerlichen Gesetzbuch, Art. 10 Anh., Rn. 8;* a.A.: *Staudinger-Großfeld, Internationales Gesellschaftsrecht, Rn. 443.*

[248] *Eidenmüller/Rehm, ZGR 1997, S. 89 (93 f.).*
Indes vertritt *Schuck* die Auffassung, der Beschluß der Gesellschafter der ausländischen Gesellschaft über die Vertretung der Gesellschaft durch das dafür bestimmte Gesellschaftsorgan wirke als Auftrag und Vollmacht auch nach der Sitzverlegung unter Anwendung der Sitztheorie mit der Folge fort, daß die Gesellschaft wirksam vertreten werde. Der Umfang der Vertretungsmacht sowie der Bevollmächtigte könnten daher aus dem Register ersehen werden (*BB 1994, S. 1534 (1539)*).

[249] *Eidenmüller/Rehm, ZGR 1997, S. 89 (94).*

[250] *Eidenmüller/Rehm, ZGR 1997, S. 89 (94 f.).*
Auch eine Umdeutung in entsprechender Anwendung von § 140 BGB – da keine Nichtigkeit vorliegt, sondern keine Einigung erzielt wurde – kommt regelmäßig nicht in Betracht, weil keiner Partei eine weitergehende Verpflichtung auferlegt werden darf, als sie übernehmen wollte. Die Annahme eines Vertragsschlusses kraft Gesetzes scheitert daran, daß dies der vertraglichen Parteiautonomie widersprechen würde, da eine Gewährung vertraglicher Ansprüche trotz fehlerhafter Vertragsgrundlage nur in wenigen Ausnahmefällen anerkannt ist, sofern ansonsten keine hinreichende alternative Vertragsabwicklungsgrundlage besteht (*Eidenmüller/Rehm, ZGR 1997, S. 89 (95 f.);* a.A.: *Schuck, BB 1994, S. 1538 (1539)*).

anerkannt wird, können auch ihre Organe nicht für sie handeln. Dieses Problem läßt sich weder über eine Umdeutung noch durch eine Anwendung von Artikel 12 EGBGB oder nach Rechtsscheingrundsätzen lösen[251].

Nicht nur bei Vertragsabschlüssen, sondern auch im Zusammenhang mit der Einigung bei Eigentumsübertragungen tauchen vielfältige Schwierigkeiten auf, wie *Eidenmüller/Rehm* am Beispiel der dinglichen Einigung bei Immobiliargeschäften dargelegt haben[252]. Denn in Betracht kommt hier jeweils nur ein Erwerb durch die Personengesellschaft, nicht aber durch die im Inland nicht anerkannte ausländische juristische Person[253]. Selbst wenn notarielle Beurkundungen mit einer ausländischen juristischen Person, deren effektiver Verwaltungssitz sich im Inland befindet, vorgenommen werden, wird in der Urkunde regelmäßig die ausländische juristische Person als Vertragspartei genannt werden, nicht jedoch deren Anteilseigner. Damit kommt die Identität der im Inland allein existenten Personengesellschaft mit der in der Urkunde genannten ausländischen juristischen Person nicht zum Ausdruck, so daß selbst nach der Andeutungstheorie[254] keine hinreichende Individualisierung der Vertragspartei aus der Urkunde erfolgen kann[255].

---

[251] *Eidenmüller/Rehm, ZGR 1997, S. 89 (97 f.).*
Teilweise wird der Rechtsgedanke des Artikels 12 EGBGB zugrunde gelegt, wonach ein Vertragspartner auf die Vertretungsbefugnis der ausländischen Kapitalgesellschaft vertrauen darf (*MünchKomm-Ebenroth, 2. Auflage, nach Art. 10 EGBGB, Rn. 264 ff.; Palandt-Heldrich, Kommentar zum Bürgerlichen Gesetzbuch, Anh. Art. 12 EGBGB, Rn. 10*). Allerdings besteht kein sachlicher Grund für eine Privilegierung des deutschen Vertragspartners, wenn aufgrund der Anwendung der Sitztheorie und ihrer materiellrechtlichen Folgen die ausländische Kapitalgesellschaft als inländische Personengesellschaft bzw. Einzelunternehmen eingestuft wird. Behandelt das deutsche Recht das Unternehmen nach den Bestimmungen des deutschen Gesellschaftsrechts, so sind diese umfänglich anzuwenden, so daß grundsätzlich kein Analogiebedürfnis und daher auch keine Grundlage für eine entsprechende Anwendung von Artikel 12 EGBGB besteht. Ein Analogiebedürfnis kann auch nicht mit dem Argument gerechtfertigt werden, die Sitztheorie wolle dem Unternehmen die Eigenschaft als ausländische juristische Person aberkennen, ohne aber geschlossenen Verträgen die Wirksamkeit zu nehmen.

[252] *Eidenmüller/Rehm, ZGR 1997, S. 89 (106 ff.);* vgl. auch: *Meilicke, RIW 1990, S. 449 (450); Zimmer, FS Lutter, S. 231 (234).*

[253] Vgl. auch: *Schuck, BB 1994, S. 1538 (1539).*
Allerdings geht *Schuck* vor dem Hintergrund der alten Rechtsprechung zur fehlenden Rechtsfähigkeit der GbR davon aus, daß besondere Probleme nur dann bestünden, wenn das ausländische Rechtsgebilde im Inland als BGB-Gesellschaft zu qualifizieren sei, nicht aber, sofern es sich nach deutschem Recht um eine OHG handele, da diese mit ihrer Firma in das Grundbuch eingetragen werden könne. Dem ist nicht zu folgen. Denn einerseits wird die Firma der Gesellschaft einen entsprechenden ausländischen Rechtsformzusatz haben und somit auf die Eigenschaft als – wenn auch im Inland nicht anerkannte – ausländische Kapitalgesellschaft hinweisen. Andererseits darf nicht vergessen werden, daß die ausländische juristische Person, auch wenn sie im Inland nicht anerkannt wird, in anderen Ländern durchaus auch weiterhin als rechtlich existent behandelt werden kann.

[254] Vgl. hierzu: *Medicus, Allgemeiner Teil des BGB, Rn. 328.*

[255] *Eidenmüller/Rehm, ZGR 1997, S. 89 (98 f.).*
Auf diese rechtliche Problematik haben die Länderfinanzministerien 1994 mit gleichlautenden Erlassen im Zusammenhang mit der Grunderwerbssteuer bei Grundstücksgeschäften hingewiesen (Abdruck in: *BB 1994, S. 927; DB 1994, S. 1163; DStR 1994, S. 905;* vgl. hierzu: *BFH, BB 1995, S. 2099; Schuck, BB 1998, S. 616 ff.;* siehe hierzu bereits: *Kapitel 5 A. I. 5) (b) (i)*). Danach sei der Kaufvertrag nichtig und eine Grunderwerbssteuer nicht festzusetzen, wenn aufgrund der im deutschen Internationalen Gesellschaftsrecht anzuwendenden Sitztheorie eine nach ausländischem Recht gegründete Gesellschaft ihren effektiven Verwaltungssitz im Inland habe und daher als nicht rechtsfähig gelte. Dieser Befund steht in klarem Widerspruch zur Zielsetzung der Niederlassungsfreiheit. Denn

Auch die in Teilen der Literatur geforderte konsequente Anwendung der Sitztheorie führt damit gerade im vertragsrechtlichen Bereich zu erheblichen Folgeproblemen, die zwingend den Schluß nahelegen, daß sie aus gemeinschaftsrechtlicher Sicht nicht geeignet ist, das mit ihr unter anderem verfolgte Anliegen eines Schutzes des Rechtsverkehrs als überwiegendes Allgemeinwohlinteresse zu verwirklichen. Dies wäre aber eine Voraussetzung dafür, ihre die Niederlassungsfreiheit von juristischen Personen aus anderen Mitgliedstaaten der Gemeinschaft beschränkende Wirkung zu rechtfertigen.

Zudem hat der EuGH in seiner Rechtsprechung wiederholt herausgestellt, bei Gesellschaften diene der *Sitz im genannten Sinne, ebenso wie die Staatsangehörigkeit bei natürlichen Personen, dazu [...], ihre Zugehörigkeit zur Rechtsordnung eines Staates zu bestimmen*[256]. Zwar kommt der Nationalität einer Gesellschaft nicht der gleiche Stellenwert zu wie der Nationalität einer natürlichen Person. Dennoch richtet sich das *Leben und Vergehen* der Gesellschaft grundsätzlich nach der Rechtsordnung, durch die ihr die eigenständige Rechtsfähigkeit verliehen wurde. Wird die maßgebliche Rechtsordnung ausgewechselt, so bedeutet diese *naturalisation forcé*[257] einen erheblichen Eingriff in das Leben des Verbands, und zwar gegen den Willen des Staates, der ihn zum Entstehen gebracht hat[258]. Damit wird aber die jedem Mitgliedstaat durch den EG-Vertrag zugebilligte Befugnis negiert, die Voraussetzungen, unter denen Gesellschaften in den persönlichen Geltungsbereich der Niederlassungsfreiheit gelangen können, autonom festzulegen.

Folglich ist auch die in Teilen der Literatur vertretene konsequente Anwendung der Sitztheorie, welche die Behandlung des ausländischen Gesellschaftsgebildes nach

---

wie der EuGH ausführt, stellt insbesondere das Recht, im Hoheitsgebiet eines anderen Mitgliedstaats Immobilien zu erwerben, zu nutzen und darüber zu verfügen, die notwendige Ergänzung der Niederlassungsfreiheit dar, wie sich aus Artikel 44 Absatz 2 lit. e EG (Art. 54 Abs. 3 lit. e EGV) und aus dem Allgemeinen Programm zur Aufhebung der Beschränkungen der Niederlassungsfreiheit vom 18. Dezember 1961 (*ABl. 1962, S. 36*) ergibt (*EuGH, Urt. v. 30.5.1989, Rs. 305/87 (Kommission ./. Griechenland), Slg. 1989, S. 1461, Rn. 22*).

[256] *EuGH, Urt. v. 16.7.1998, Rs. 264/96 (ICI), Slg. 1998, S. I-4695, Rn. 20;* vgl. auch: *EuGH, Urt. v. 17.6.1997, Rs. 70/95 (Sodemare), Slg. 1997, S. I-3395, Rn. 25.*

[257] Vgl. zu diesem Begriff: *Goldmann/Lyon-Caen/Vogel, Droit commercial européen, S. 106.*

[258] In diesem Zusammenhang ist auf die in sich nicht ganz widerspruchsfreie Position von *Behrens* hinzuweisen. Einerseits nimmt er im kollisionsrechtlichen Bereich an, die Sitztheorie verstoße bereits von daher gegen das Diskriminierungsverbot, als sie nach ausländischem Recht gegründete Gesellschaften im Fall eines Zuzugs in die Bundesrepublik zu einem Wechsel des Gesellschaftsstatuts und damit der Staatsangehörigkeit zwinge (*Behrens, ZGR 1994, S. 1 (18); ders., IPRax 1999, S. 323 (329); Hachenburg/Behrens, GmbHG, Allgemeine Einleitung B, Rn. 170*). Im materiellrechtlichen Bereich soll dies aber keine Rolle spielen, da er hier eine entsprechende Anwendung der Regelungen über die formwechselnde Umwandlung für einen adäquaten Lösungsansatz hält, obwohl auch hierdurch ein Wechsel des Gesellschaftsstatuts und damit der Staatsangehörigkeit bewirkt wird (*Behrens, RIW 1986, S. 590 ff.*).

Für den Fall des Zuzugs nach Deutschland haben zudem *Großfeld/Jasper* die analoge Anwendung der nationalen Umwandlungsregelungen vorgeschlagen, um die jeweilige Gesellschaft durch eine formwechselnde Umwandlung an das deutsche Gesellschaftsrecht anzupassen (*Großfeld/Jasper, RabelsZ 53 (1989), S. 52 (58 ff.);* vgl. auch: *Großfeld/König, IPRax 1991, S. 380 (381 f.); dies., RIW 1992, S. 433 (437); Großfeld/Luttermann, JZ 1989, S. 386 (387); W. H. Roth, RabelsZ 55 (1991), S. 623 (650); K. Schmidt, ZGR 1999, S. 20 (28)*).

Maßgabe des inländischen Personengesellschaftsrechts vorsieht, nicht als gemeinschaftsrechtskonform anzusehen. Die Änderung der materiellrechtlichen Folgewirkungen reicht daher nicht aus, einen gemeinschaftsrechtskonformen Zustand herzustellen.

8) Zulässigkeit des echten Zuzugs einer Gesellschaft mit effektivem Verwaltungssitz in einem Drittstaat

Dem Zuzug von Gesellschaften aus Drittstaaten kann aus gemeinschaftsrechtlicher Sicht insoweit Bedeutung zukommen, als der Geltungsbereich der Niederlassungsfreiheit dann eröffnet ist, wenn der jeweilige Verband wirksam nach dem Recht eines Mitgliedstaats errichtet wurde. Abzugrenzen sind daher intermitgliedstaatliche Sachverhalte von solchen, bei denen nur auf der einen Seite ein Mitgliedstaat beteiligt ist. Wird der effektive Verwaltungssitz einer Gesellschaft aus einem Drittstaat, der nicht der EG angehört, in einen Mitgliedstaat verlegt und wurde die Gesellschaft nicht nach dem Recht eines Mitgliedstaats errichtet, so wären die rechtlichen Folgen allein unter Anwendung der beteiligten Rechtsordnungen zu beurteilen, ohne daß die gemeinschaftsrechtliche Gewährleistung der Niederlassungsfreiheit von Gesellschaften beachtlich wäre. So könnte für den Fall, daß Deutschland der Zuzugsstaat wäre, die Sitztheorie in ihrer derzeit geltenden Form unumschränkt Anwendung finden und der Gesellschaft die Anerkennung der Rechtsfähigkeit versagt werden[259].

Anders wäre es indes, wenn die Gesellschaft wirksam nach dem Recht eines Mitgliedstaats der EG gegründet wurde und sich folglich ihr statutarischer Gesellschaftssitz in diesem Mitgliedstaat befände, da dies nach Artikel 48 EG (Art. 58 EGV) ausreichend ist, um den persönlichen Geltungsbereich der Niederlassungsfreiheit zu eröffnen[260]. Daher wäre etwa gemeinschaftsrechtlich der identitätswahrende Zugzug einer wirksam nach englischem Recht gegründeten Gesellschaft nach Deutschland möglich, auch wenn sich ihr effektiver Verwaltungssitz vor dem Zuzug in einem Drittstaat befände.

Bei einer gemeinschaftsrechtskonformen Weiterentwicklung müßte die Sitztheorie als Kollisionsnorm des Internationalen Gesellschaftsrechts daher lauten: Auf Gesellschaften ist das Recht anzuwenden, das am Ort ihres effektiven Verwaltungssitzes gilt, es sei denn, daß es sich um Gesellschaften im Sinne des Artikels 48 Absatz 2 EG (Art. 58 Abs. 2 EGV) handelt, die wirksam nach dem Recht eines der Mitgliedstaaten der Europäischen Gemeinschaft gegründet wurden und die

---

[259] Vgl. etwa: *Sack, JuS 1990, S. 352 (356).*

[260] *Grabitz/Hilf/Randelzhofer, Kommentar zur Europäischen Union, Art. 58, Rn. 12.*
Dem Ansässigkeitskriterium käme nur im Zusammenhang mit der Gründung einer Zweigniederlassung innerhalb der Gemeinschaft Bedeutung zu (vgl. hierzu: *Schwarze/Schlag, EU-Kommentar, Art. 43, Rn. 29*). Wäre eine Gesellschaft nach dem Recht eines Mitgliedstaats wirksam errichtet worden und würde sie eine wirtschaftliche Betätigung in einem Drittstaat ausüben, so könnte sie allein ihren effektiven Verwaltungssitz unter Berufung auf die primäre Niederlassungsfreiheit in einen Mitgliedstaat der Gemeinschaft verlegen, nicht aber unter Berufung auf die sekundäre Niederlassungsfreiheit eine Niederlassung errichten.

zumindest ihren satzungsmäßigen Sitz innerhalb der Gemeinschaft haben, sofern sie nicht in einem Drittstaat ansässig sind und im Inland eine Niederlassung errichten wollen. Durch die letzte Einschränkung würde dem Umstand Rechnung getragen, daß Gesellschaften, die allein in einem Drittstaat ansässig sind, nicht in den Genuß der sekundären Niederlassungsfreiheit gelangen sollen, auch wenn sie nach dem Recht eines Mitgliedstaats der Gemeinschaft wirksam errichtet wurden. Durch die genannte Formel wird auf kollisionsrechtlicher Ebene den Erfordernissen des Gemeinschaftsrechts Rechnung getragen, ohne aber weiter zu gehen als aus gemeinschaftsrechtlicher Sicht notwendig ist.

II. Unechter Zuzug

Die Sitztheorie und ihre materiellrechtlichen Folgewirkungen erfassen nicht nur die Fälle des echten Zuzugs, sondern auch Umgehungsgründungen, bei denen Gesellschaften nach dem Recht eines liberalen Staates gegründet werden, um danach ihre wirtschaftliche Betätigung direkt im Inland aufzunehmen. Gerade für diese Fälle des unechten Zuzugs kommt der Sitztheorie nach Auffassung ihrer Vertreter eine besondere Schutzfunktion zu. Neben den Rechtfertigungsgründen, die bereits im Rahmen des echten Zuzugs erörtert wurden, um die in Deutschland bestehende rechtliche Unmöglichkeit einer inter-mitgliedstaatlichen Sitzverlegung zu rechtfertigen, ist im Fall des unechten Zuzugs der Gesichtspunkt des Rechtsmißbrauchs relevant, da die Gesellschaftsgründung im Ausland allein dazu dient, die Anwendung strengeren inländischen Rechts zu verhindern[261]. Möglicherweise läßt der Gesichtspunkt der mißbräuchlichen Berufung auf Gemeinschaftsrecht einen Schutz der Gemeinschaftsrechtsordnung entfallen, so daß die derzeitige Anwendungspraxis der Sitztheorie und ihrer materiellrechtlichen Folgewirkungen bei Umgehungsgründungen nicht gegen Gemeinschaftsrecht verstieße.

Voraussetzung für die Möglichkeit eines unechten Zuzugs ist, daß eine Gesellschaft zunächst wirksam nach dem Recht eines Mitgliedstaats errichtet wurde. Denn andernfalls wäre der persönliche Geltungsbereich der Niederlassungsfreiheit nicht eröffnet und würde sich die Frage der Anerkennung als ausländische juristische Person im Zusammenhang mit der Ausübung der Gewährleistung nicht stellen[262]. Wie bereits dargelegt, kommt dem Umstand keine weitere Bedeutung zu, daß in Fällen des unechten Zuzugs formal eine Berufung auf die sekundäre Niederlas-

[261] Die Frage, ob die erstmalige Aufnahme einer wirtschaftlichen Betätigung einer nach dem Recht eines Mitgliedstaats gegründeten juristischen Person in einem anderen Mitgliedstaat unter die gemeinschaftsrechtliche Gewährleistung der Niederlassungsfreiheit für Gesellschaften nach den Artikeln 43, 48 EG (Art. 52, 58 EGV) fällt, hat der Gerichtshof bereits in den Entscheidungen *Segers* und *Centros* geklärt (*vgl. Kapitel 4 D. III.*).

[262] Denn die Bestimmungen über die Niederlassungsfreiheit finden auf juristische Personen nur unter der Bedingung Anwendung, daß sie wirksam nach dem Recht eines Mitgliedstaats errichtet wurden und ihren satzungsmäßigen Sitz, ihre Hauptverwaltung oder ihre Hauptniederlassung innerhalb der Gemeinschaft haben (*EuGH, Urt. v. 28.1.1986, Rs. 270/83 (Kommission ./. Frankreich), Slg. 1986, S. 273, Rn. 18; EuGH, Urt. v. 10.7.1986, Rs. 79/85 (Segers), Slg. 1986, S. 2375, Rn. 13; EuGH, Urt. v. 13.7.1993, Rs. 330/91 (Commerzbank), Slg. 1993, S. I-4017, Rn. 13; EuGH, Urt. v. 16.7.1998, Rs. 264/96 (ICI), Slg. 1998, S. I-4695, Rn. 20*).

sungsfreiheit stattfindet. Denn der Gerichtshof mißt dem Kriterium der Ansässigkeit bei Gesellschaften jedenfalls dann keine Bedeutung bei, wenn es sich um die erstmalige Aufnahme einer wirtschaftlichen Betätigung handelt[263].

1) Zur Relevanz des Mißbrauchseinwands

Im Rahmen der nachfolgenden Rechtsprechungsanalyse werden Entscheidungen des Gerichtshofs zu der Frage herangezogen, ob eine Berufung auf die Grundfreiheiten unter dem Gesichtspunkt des Mißbrauchs gemeinschaftsrechtlicher Gewährleistungen unzulässig ist[264]. In diesen Fällen findet eine Berufung auf Gemeinschaftsrecht regelmäßig zwecks Umgehung von Bestimmungen einer mitgliedstaatlichen Rechtsordnung statt. Die Ursache hierfür liegt – wie bei *Centros* – darin, daß zwischen den mitgliedstaatlichen Rechtsordnungen in Einzelbereichen nicht unerhebliche Regelungsgefälle bestehen. Sind solche Regelungsgefälle auf Gemeinschaftsebene in wirtschaftlich relevanten Bereichen vorhanden, kann es für Marktteilnehmer von Vorteil sein, entsprechende Divergenzen auszunutzen. In diesem Zusammenhang kommt es häufig vor, daß Marktteilnehmer versuchen, rein interne Sachverhalte zu gemeinschaftsrechtlich relevanten Sachverhalten zu *wandeln*[265], um somit in den Geltungsbereich gemeinschaftsrechtlicher Bestimmungen zu gelangen[266].

---

[263] *Vgl. Kapitel 4 D. III.*

[264] So führte der Gerichtshof etwa in *Kraus* aus, das Gemeinschaftsrecht verbiete es einem Mitgliedstaat nicht, in Ermangelung einer Harmonisierung Maßnahmen zu erlassen, die verhindern sollen, daß die durch den EWG-Vertrag geschaffenen Erleichterungen mißbräuchlich und in einer dem berechtigten Interesse dieses Staates zuwiderlaufenden Weise in Anspruch genommen würden (*EuGH, Urt. v. 31.3.1993, Rs. 19/92 (Kraus), Slg. 1993, S. I-1663, Rn. 34;* unter Verweis auf: *EuGH, Urt. v. 7.2.1979, Rs. 115/78 (Knoors), Slg. 1979, S. 399, Rn. 25*).

[265] Als Beispiel hierfür läßt sich der Versuch einer Umgehung nationaler Buchpreisbindungen dadurch nennen, daß Bücher, die für den inländischen Verkauf bestimmt sind, zunächst exportiert werden, um sie danach zu reimportieren und somit der Buchpreisbindung zu entziehen (vgl. hierzu: *EuGH, Urt. v. 10.1.1985, Rs. 229/83 (Leclerc), Slg. 1985, S. 1*). Denn sofern bestimmte Vertriebsverbote für eingeführte Waren gemeinschaftsrechtswidrig sind, bedeutet dies nicht automatisch, daß Inländer bei reinen Inlandssachverhalten diesen Regelungen nicht unterworfen wären. Solche Fälle der *umgekehrten Diskriminierung* werden aufgrund ihres rein internen Charakters einerseits nicht durch das Gemeinschaftsrecht erfaßt, verstoßen nach überwiegender Auffassung andererseits nicht gegen nationales Verfassungsrecht, da die Ungleichbehandlung nicht von einem identischen Normgeber herrührt (*Schwarze/Becker, EU-Kommentar, Art. 28, Rn. 21; Sachs/Osterloh, GG, Art. 3, Rn. 71;* für den Bereich der Niederlassungsfreiheit: *Groeben/Thiesing/Ehlermann/Troberg, Kommentar zum EU-/EG-Vertrag, Art. 52, Rn. 63*; vgl. auch: *Bleckmann, Europarecht, Rn. 1759 ff.; ders., RIW 1985, S. 917 f.; Groeben/Thiesing/Ehlermann, Kommentar zum EU-/EG-Vertrag, Art. 6, Rn. 15; Kewenig, JZ 1990, S. 20 ff.; Schilling, JZ 1994, S. 8 ff.*).

Allerdings wird die Zulässigkeit der Inländerdiskriminierung in den mitgliedstaatlichen Rechtsordnungen teilweise uneinheitlich bewertet. So ist der Österreichische Verfassungsgerichtshof in einer Entscheidung vom 9.12.1999 (*GewArch 2000, S. 113 ff.*) zu dem Ergebnis gekommen, eine gegen die österreichische Verfassung verstoßende Inländerdiskriminierung resultiere daraus, daß EG-Ausländern aufgrund einer EG-rechtlichen Anerkennungsrichtlinie der Zugang zu handwerklichen Berufen ohne Besitz des im Inland erforderlichen Befähigungsnachweises ermöglicht werde, wohingegen Inländer diesem Zugangserfordernis unterworfen seien, ohne in gleicher Weise wie EG-Ausländer einen Ausnahmestatus erlangen zu können. Anders lautet indes die ständige Rechtsprechung des Bundesverwaltungsgerichts, wonach ein Verstoß gegen die Grundrechte und damit eine

Eine Analyse der Rechtsprechung des EuGH zur mißbräuchlichen Berufung auf Gemeinschaftsrecht erlaubt die Beantwortung der Frage, ob der Gerichtshof einen eigenständigen Rechtsgrundsatz entwickelt hat, der die Ausübung eines durch die Gemeinschaftsordnung begründeten Rechts in bestimmten Fallgestaltungen für unzulässig erklärt. Dies kann allein dann bejaht werden, wenn sich die Rechtsprechung des Gerichtshofs nicht darin erschöpft, eine mißbräuchliche oder betrügerische Berufung auf Gemeinschaftsrecht für unzulässig zu erklären. Ein eigenständiger Rechtsgrundsatz liegt vielmehr nur dann vor, wenn durch die Rechtsprechung des EuGH Kriterien entwickelt wurden, die im Einzelfall eine Beurteilung dahingehend erlauben, ob eine bestimmte Verhaltensweise den Schutz gemeinschaftsrechtlicher Bestimmungen genießt oder nicht. An einem eigenständigen Rechtsgrundsatz würde es daher fehlen, wenn die Beurteilung der Frage, ob eine mißbräuchliche Berufung auf Gemeinschaftsrecht vorliegt, allein unter Anwendung anderer Prinzipien beantwortet würde, somit im Ergebnis kein Bedürfnis zur Entwicklung eines eigenständigen Rechtsgrundsatzes in diesem Bereich bestünde.

Zudem gilt es zu klären, ob – und wenn ja, in welchem Umfang – die Mitgliedstaaten nationale Vorschriften, die einem Schutz vor Rechtsumgehung dienen, auf Sachverhalte, bei denen die Grundfreiheiten beachtlich sind, anwenden dürfen. Diese Frage ist mit der vorangehenden nach dem Bestehen eines eigenständigen Rechtsgrundsatzes im Gemeinschaftsrecht insoweit verknüpft, als das Fehlen eines Rechtsgrundsatzes auf der höheren Ebene des Gemeinschaftsrechts notwendigerweise einen Rückgriff auf die nationalen Rechtsmißbrauchsdogmen erforderlich macht. Denn wird ein allgemeiner Rechtsgrundsatz im Sinne eines geschlossenen Mißbrauchskonzepts nicht bereits im Gemeinschaftsrecht vorgegeben, so kann als Ansatzpunkt für die Frage, ob ein mißbräuchliches Verhalten vorliegt, allein von den nationalen Rechtsordnungen und ihrem Verständnis von Rechtsmißbrauch ausgegangen werden.

Für eine grundsätzliche Anwendbarkeit mitgliedstaatlicher Maßnahmen, die einer Vermeidung von Rechtsmißbrauch dienen, auf gemeinschaftsrechtsrelevante Sachverhalte sprechen gewichtige Gründe. So besteht aus Sicht der Mitgliedstaaten ein

---

Verfassungswidrigkeit umgekehrter Diskriminierungen verneint wird (vgl. etwa: *BVerwG, GewArch 1999, S. 108 (109); BVerwG, GewArch 1998, S. 470; BVerwG, GewArch 1970, S. 129 (130)*).

[266] Denn eine Berufung auf Gemeinschaftsrecht kommt nur dann in Betracht, wenn im konkreten Fall Berührungspunkte mit irgendeinem der Sachverhalte vorhanden sind, auf die das Gemeinschaftsrecht abstellt und die mit einem relevanten Element über die Grenzen eines Mitgliedstaats hinausweisen (vgl. etwa für die Freizügigkeit der Arbeitnehmer, auf die im Rahmen der Analyse der Mißbrauchsrechtsprechung des EuGH besonders verwiesen wird: *EuGH, Urt. v. 28.1.1992, Rs. 332/90 (Steen), Slg. 1992, S. I-341, Rn. 9; EuGH, Urt. v. 5.6.1997, Verb. Rs. 64/96 und 65/96 (Uecker & Jacquet), Slg. 1997, S. I-3171, Rn. 16;* für den Bereich der Dienstleistungsfreiheit: *EuGH, Urt. v. 18.3.1980, Rs. 52/79 (Debauve), Slg. 1980, S. 833, Rn. 9; EuGH, Urt. v. 23.4.1991, Rs. 41/90 (Höfer & Elser), Slg. 1991, S. I-1979, Rn. 37; EuGH, Urt. v. 5.10.1994, Rs. 23/93 (TV 10), Slg. 1994, S. I-4795, Rn. 14; EuGH, Urt. v. 12.12.1996, Rs. 3/95 (Reisebüro Broede), Slg. 1996, S. I-6511, Rn. 14; EuGH, Urt. v. 17.6.1997, Rs. 70/95 (Sodemare), Slg. 1997, S. I-3395, Rn. 38;* für die Niederlassungsfreiheit: *EuGH, Urt. v. 16.11.1995, Rs. 152/94 (van Buynder), Slg. 1995, S. I-3981, Rn. 10; EuGH, Urt. v. 7.12.1995, Rs. 17/94 (Gervais), Slg. 1995, S. I-4353, Rn. 24*).

Schutzbedürfnis für all diejenigen Fallkonstellationen, in denen der Gesetzgeber oder die Judikatur bestimmte Handlungsweisen als mit der bestehenden Rechtsordnung unvereinbar definieren. Denn nur so kann die Einhaltung von Regelungen gewährleistet werden, die Ausdruck einer nationalen Werteordnung sind, um ein ungewolltes Gebrauchmachen von eingeräumten Rechten zu verhindern. Zudem ist ein gemeinschaftsrechtlicher Einfluß auf die nationalen Rechtsordnungen der Mitgliedstaaten bei rein internen Sachverhalten und solchen mit Drittstaatenbezug zu verneinen. In diesen Fällen findet daher nationales Recht Anwendung, ohne daß es zu Kollisionen mit dem Gemeinschaftsrecht käme. Um die innere Geschlossenheit der mitgliedstaatlichen Rechtsordnungen möglichst weitgehend zu wahren, wäre es vom Ansatz her zweckmäßig, auch bei Sachverhalten mit Bezug zum Gemeinschaftsrecht vom nationalen Rechtsverständnis auszugehen[267]. Nicht zuletzt sprechen Praktikabilitätserwägungen dafür, vom nationalen Verständnis auszugehen, da ein Gemeinschaftsrechtsbezug im Einzelfall zumindest fraglich sein kann[268].

Indes deuten die Schlußanträge Generalanwalt *La Pergolas* zu *Centros* auf das Bestehen eines eigenständigen gemeinschaftsrechtlichen Mißbrauchskonzepts hin. Denn in ihnen führte der Generalanwalt aus: *Sicherlich entspricht der Grundsatz, daß „die mißbräuchliche oder betrügerische Berufung auf Gemeinschaftsrecht nicht gestattet [ist]", der ständigen Rechtsprechung des Gerichtshofes, und er gehört zu den grundlegenden Prinzipien des Gemeinschaftsrechts*[269].

2) Mißbrauchsrechtsprechung des EuGH zu Bereichen, in denen gemeinschaftliches Sekundärrecht besteht, unter besonderer Berücksichtigung der Rechtsprechung zu nationalen Berufsregelungen

Der Gerichtshof hat in seiner Rechtsprechung zur Dienstleistungs- und Niederlassungsfreiheit früh anerkannt, daß die mißbräuchliche oder betrügerische Berufung auf Gemeinschaftsrecht nicht zulässig ist. Bereits mit seiner *van Binsbergen*-Entscheidung begründete er eine Rechtsprechungslinie, die in späteren Judikaten bestätigt und ausgebaut wurde[270]. So kann nach den Ausführungen des Gerichtshofs in *van Binsbergen* einem Mitgliedstaat nicht das Recht zum Erlaß von Vorschriften abgesprochen werden, die verhindern sollen, daß ein Dienstleistungserbringer, dessen Tätigkeit ganz oder vorwiegend auf das Gebiet dieses Staates

[267] Dies entspräche den Grundsätzen der Subsidiarität und der Verhältnismäßigkeit, die in Artikel 5 EG (Art. 3b EGV) verankert sind und denen im Bereich der positiven Integration eine zentrale Bedeutung zukommt.

[268] So trug etwa Dänemark im Verfahren zu *Centros* vor, es handele sich um einen Sachverhalt ohne Gemeinschaftsbezug, weshalb Gemeinschaftsrecht keine Anwendung finden könne (*EuGH, Urt. v. 9.3.1999, Rs. 212/97 (Centros), Slg. 1999, S. I-1459, Rn. 16;* in diese Richtung auch: *Steindorff, JZ 1999, S. 1140 (1141)*).

[269] *Schlußanträge des Generalanwalts La Pergola vom 16. Juli 1998 in der Rs. 212/97 (Centros), Slg. 1999, S. I-1461, Rn. 20.*

[270] *EuGH, Urt. v. 3.12.1974, Rs. 33/74 (van Binsbergen), Slg. 1974, S. 1299, Rn. 13;* vgl. etwa zu den Nachfolgeentscheidungen: *EuGH, Urt. v. 5.10.1994, Rs. 23/93 (TV 10), Slg. 1994, S. I-4795, Rn. 21; EuGH, Urt. v. 12.5.1998, Rs. 367/96 (Kefalas), Slg. 1998, S. I-2843, Rn. 20.*

ausgerichtet ist, sich die durch Artikel 49 EG (Art. 59 EGV) garantierte Freiheit zunutze macht, um sich den Berufsregelungen zu entziehen, die auf ihn Anwendung fänden, wenn er im Gebiet dieses Staates ansässig wäre[271]. Denn es sei denkbar, daß in einem solchen Fall nicht das Kapitel über Dienstleistungen, sondern das über die Niederlassungsfreiheit anwendbar sei[272]. Für den Fall, daß inländische Vorschriften die Leistungserbringung im Inland Ansässiger von der Einhaltung bestimmter Berufsregelungen abhängig machen, die Ausdruck mitgliedstaatlicher Allgemeininteressen sind, wie Bestimmungen über Organisation, Befähigung, Berufspflichten, Kontrolle, Verantwortlichkeit und Haftung, können sie daher grundsätzlich auch dann beachtlich sein, wenn sich ein Marktteilnehmer aus dem EG-Ausland formal zutreffend auf die Dienstleistungsfreiheit beruft.

In der Folgerechtsprechung verdient die Rechtssache *Knoors*[273] Beachtung. Hier ging es um die Frage, ob sich auch Staatsangehörige gegenüber ihrem Herkunftsstaat auf die Richtlinie 64/427/EWG[274] berufen können. Ein lange Jahre in Belgien wohnhafter niederländischer Staatsangehöriger war während seines Aufenthalts in Belgien in einem Klempnerei- und Installationsbetrieb beschäftigt und hatte danach den Beruf auch selbständig ausgeübt. Obwohl er die Voraussetzungen der Richtlinie 64/427/EWG erfüllte, wurde ihm in den Niederlanden das Recht

---

271 *EuGH, Urt. v. 3.12.1974, Rs. 33/74 (van Binsbergen), Slg. 1974, S. 1299;* vgl. auch: *EuGH, Urt. v. 7.2.1979, Rs. 115/78 (Knoors), Slg. 1979, S. 399, Rn. 25; EuGH, Urt. v. 4.12.1986, Rs. 205/84 (Kommission ./. Deutschland), Slg. 1986, S. 3755, Rn. 22; EuGH, Urt. v. 27.9.1989, Rs. 130/88 (van de Bijl), Slg. 1989, S. 3057, Rn. 26; EuGH, Urt. v. 16.12.1992, Rs. 211/91 (Kommission ./. Belgien), Slg. 1992, S. I-6757, Rn. 12; EuGH, Urt. v. 3.2.1993, Rs. 148/91 (Veronica), Slg. 1993, S. I-487, Rn. 12; EuGH, Urt. v. 5.10.1994, Rs. 23/93 (TV 10), Slg. 1994, S. I-4795, Rn. 20.*

272 *EuGH, Urt. v. 3.12.1974, Rs. 33/74 (van Binsbergen), Slg. 1974, S. 1299, Rn. 13;* vgl. auch: *EuGH, Urt. v. 26.11.1975, Rs. 39/75 (Coenen), Slg. 1975, S. 1547, Rn. 9; EuGH, Urt. v. 4.12.1986, Rs. 205/84 (Kommission ./. Deutschland), Slg. 1986, S. 3755, Rn. 22.*
Seine *van Binsbergen*-Rechtsprechung hat der Gerichtshof in der *Rs. 211/91 (Kommission ./. Belgien)* präzisiert: *Das Argument, das die belgische Regierung dem Urteil vom 3. Dezember 1974 in der Rechtssache 33/74 (van Binsbergen, Slg. 1974, 1299) entnehmen zu können glaubt, nämlich daß der Erbringer einer Leistung sich nicht den Rechtsvorschriften entziehen könne, denen in dem Mitgliedstaat, auf den seine Tätigkeit ausgerichtet sei, ansässige Leistungserbringer unterworfen seien, greift nicht durch. Zwar trifft es zu, daß nach Randnummer 13 dieses Urteils der Bestimmungsstaat Maßnahmen treffen kann, um zu verhindern, daß die durch Artikel 59 EWG-Vertrag gewährleistete Freiheit von dem Erbringer der Leistung, dessen Tätigkeit ganz oder hauptsächlich auf das Gebiet dieses Staates ausgerichtet ist, dazu genutzt wird, sich den Berufsregelungen zu entziehen, die für ihn gelten würden, wenn er im Gebiet des genannten Staates ansässig wäre; hieraus folgt jedoch nicht, daß es einem Mitgliedstaat gestattet wäre, ein allgemeines Verbot der Erbringung bestimmter Dienstleistungen durch in anderen Mitgliedstaaten ansässige Marktteilnehmer zu erlassen, da dies auf die Beseitigung des freien Dienstleistungsverkehrs hinauslaufen würde (EuGH, Urt. v. 16.12.1992, Rs. 211/91 (Kommission ./. Belgien), Slg. 1992, S. I-6757, Rn. 12).*

273 *EuGH, Urt. v. 7.2.1979, Rs. 115/78 (Knoors), Slg. 1979, S. 399.*

274 *Richtlinie 64/427/EWG des Rates über die Einzelheiten der Übergangsmaßnahmen auf dem Gebiet der selbständigen Tätigkeiten der be- und verarbeitenden Gewerbe der CITI-Hauptgruppen 23 – 40 (Industrie und Handwerk), ABl. 1964, S. 1863.*
Zwischenzeitlich wurde mit Datum vom 7. Juni 1999 die Richtlinie 1999/42/EG des Europäischen Parlaments und des Rates über ein Verfahren zur Anerkennung der Befähigungsnachweise für die unter die Liberalisierungs- und Übergangsvorschriften fallenden Berufstätigkeiten in Ergänzung der allgemeinen Regelung zur Anerkennung der Befähigungsnachweise verabschiedet (*ABl. 1999, Nr. L 201/77*).

verwehrt, dort entsprechende Tätigkeiten auszuüben, da er nicht über die nach niederländischem Recht erforderlichen beruflichen Qualifikationen verfügte.

Der EuGH führte in den Entscheidungsgründen aus, die Arbeitnehmerfreizügigkeit, die Dienstleistungs- und die Niederlassungsfreiheit seien nicht voll verwirklicht, wenn die Mitgliedstaaten die Vergünstigungen der gemeinschaftsrechtlichen Bestimmungen denjenigen ihrer Staatsangehörigen versagen dürften, die von den Erleichterungen auf dem Gebiet des Verkehrs und der Niederlassung Gebrauch gemacht und die dank dieser Erleichterungen die in der Richtlinie erwähnten beruflichen Qualifikationen in einem anderen Mitgliedstaat als demjenigen erworben hätten, dessen Staatsangehörigkeit sie besäßen[275]. Indessen dürfe nicht verkannt werden, daß ein Mitgliedstaat ein berechtigtes Interesse daran haben könne zu verhindern, daß sich einige seiner Staatsangehörigen unter Mißbrauch der durch den Vertrag geschaffenen Erleichterungen der Anwendung nationaler Berufsausbildungsvorschriften zu entziehen versuchten[276]. Im vorliegenden Fall hätten jedoch in Anbetracht der Art der in Frage stehenden Berufe die in Artikel 3 der Richtlinie 64/427/EWG aufgestellten klaren Voraussetzungen hinsichtlich der Dauer der beruflichen Beschäftigung zur Folge, daß in den genannten Sektoren die von der niederländischen Regierung aufgezeigte Gefahr eines Mißbrauchs ausgeschlossen sei[277].

Daraus läßt sich folgern, daß eine Beschränkung der Grundfreiheiten zum Schutz vor einer Umgehung nationaler Bestimmungen dann nicht gemeinschaftsrechtlich zulässig ist, wenn die relevanten Bereiche durch hinreichend detaillierte Sekundärrechtsakte geregelt wurden. Dies gilt selbst dann, wenn sich – wie im Bereich der beruflichen Qualifikationen – der Staatsangehörige eines Mitgliedstaats gegenüber seinem Heimatstaat auf gemeinschaftsrechtliche Bestimmungen beruft, die eine Anerkennung der Gleichwertigkeit regeln.

Diese Rechtsprechung wurde in dem Urteil *van de Bijl*[278] weiter konkretisiert. In *van de Bijl* stellte der Gerichtshof zunächst fest, Artikel 3 der Richtlinie 64/427/EWG sei so auszulegen, daß sich die Wendung *die tatsächliche Ausübung der betreffenden Tätigkeit in einem anderen Mitgliedstaat (...) bei ununterbrochener [mehr]jähriger Tätigkeit* nur auf die tatsächliche Ausübung der betreffenden Tätigkeit während eines bestimmten Zeitraums beziehe, die allenfalls *wegen (kurzer) Krankheit oder (üblicher) Urlaubszeiten* unterbrochen worden sein dürfe[279]. Bei der Prüfung der Anerkennung in einem anderen Mitgliedstaat erworbener Qualifikationen sei der Aufnahmestaat grundsätzlich an die inhaltlichen Feststellungen der Bestätigung des Herkunftsstaates im Sinne von Artikel 4 der Richtlinie 64/427/EWG gebunden, so daß insbesondere die Richtigkeit der in der

---

[275] *EuGH, Urt. v. 7.2.1979, Rs. 115/78 (Knoors), Slg. 1979, S. 399, Rn. 25 f.*
Dieser Grundsatz wird in Nachfolgeentscheidungen bestätigt (vgl. etwa: *EuGH, Urt. v. 3.10.1990, Rs. 61/89 (Bouchoucha), Slg. 1990, S. I-3551, Rn. 13*).
[276] *EuGH, Urt. v. 7.2.1979, Rs. 115/78 (Knoors), Slg. 1979, S. 399, Rn. 25.*
[277] *EuGH, Urt. v. 7.2.1979, Rs. 115/78 (Knoors), Slg. 1979, S. 399, Rn. 26 f.*
[278] *EuGH, Urt. v. 27.9.1989, Rs. 130/88 (van de Bijl), Slg. 1989, S. 3057.*
[279] *EuGH, Urt. v. 27.9.1989, Rs. 130/88 (van de Bijl), Slg. 1989, S. 3057, Rn. 19.*

Bestätigung enthaltenen Angaben der zuständigen Stelle des Herkunftslandes im Aufnahmeland nicht in Frage gestellt werden könne[280]. Allein wenn im Aufnahmeland objektive Umstände Grund zu der Annahme gäben, daß die vorgelegte Bestätigung offensichtliche Unrichtigkeiten enthalte, stehe es ihm frei, das Herkunftsland um zusätzliche Auskünfte zu bitten[281].

Ein sekundärrechtliches System der gegenseitigen Anerkennung erworbener Qualifikationen kann daher nur unter sehr engen Voraussetzungen im Einzelfall nicht angewendet werden. Denn es ist davon auszugehen, daß an die vom Gerichtshof geforderten objektiven Umstände hohe Anforderungen zu stellen sind, so daß gewöhnliche Verdachtsmomente, die etwa auf der allgemeinen Lebenserfahrung beruhen, regelmäßig nicht ausreichend sein dürften[282].

In der Entscheidung *Paletta II*[283], bei der es um die Auslegung sekundären Gemeinschaftsrechts im Bereich der Arbeitnehmerfreizügigkeit ging, hat der EuGH die Unzulässigkeit einer mißbräuchlichen Geltendmachung von Gemeinschaftsrecht unter Verweis auf seine bisherige Rechtsprechung weiter konkretisiert[284].

---

[280] *EuGH, Urt. v. 27.9.1989, Rs. 130/88 (van de Bijl), Slg. 1989, S. 3057, Rn. 20-23*; vgl. auch: *EuGH, Urt. v. 3.6.1992, Rs. 45/90 (Paletta I), Slg. 1992, S. I-3458, Rn. 27 f.*
In der *Paletta I*-Entscheidung judizierte der EuGH, daß der zuständige Träger des Systems der sozialen Sicherheit bzw. der Arbeitgeber an die vom entsprechenden Träger des Wohn- oder Aufenthaltsortes getroffenen ärztlichen Feststellungen über den Eintritt und die Dauer der Arbeitsunfähigkeit gebunden sei, sofern er die betreffende Person nicht durch einen Arzt seiner Wahl habe untersuchen lassen, wozu ihn Artikel 18 Absatz 5 der VO 574/72/EWG ermächtige (*EuGH, Urt. v. 3.6.1992, Rs. 45/90 (Paletta I), Slg. 1992, S. I-3458, Rn. 28*). Allerdings ist eine solche Möglichkeit – wie dem EuGH wohl bewußt sein mußte – bei einem deutschen Arbeitgeber, dessen Arbeitnehmer sich während eines Auslandsaufenthalts krank meldet, eher eine hypothetische denn eine tatsächlich praktikable Option.

[281] *EuGH, Urt. v. 27.9.1989, Rs. 130/88 (van de Bijl), Slg. 1989, S. 3057, Rn. 24.*
Etwas anderes gilt – wie in dem konkret entschiedenen Fall – dann, wenn die betreffende Person, welche die Anerkennung erworbener Qualifikationen einfordert, im Zeitraum der Berufstätigkeit eine Versicherungs- oder Beschäftigungszeit im Inland zurückgelegt hat. Unter diesen Voraussetzungen ist das Aufnahmeland nicht verpflichtet, Vorgänge außer Acht zu lassen, die sich im eigenen Hoheitsgebiet zugetragen haben und aus denen hervorgeht, daß die zur Anerkennung der Gleichwertigkeit von Qualifikationen erforderlichen Berufsausübungszeiträume nicht eingehalten wurden (*EuGH, Urt. v. 27.9.1989, Rs. 130/88 (van de Bijl), Slg. 1989, S. 3057, Rn. 25-27;* unter Verweis auf: *EuGH, Urt. v. 3.12.1974, Rs. 33/74 (van Binsbergen), Slg. 1974, S. 1299; EuGH, Urt. v. 7.2.1979, Rs. 115/78 (Knoors), Slg. 1979, S. 399*).

[282] Vgl. hierzu: *EuGH, Urt. v. 3.6.1992, Rs. 45/90 (Paletta I), Slg. 1992, S. I-3458, Rn. 28.*

[283] *EuGH, Urt. v. 2.5.1996, Rs. 206/94 (Paletta II), Slg. 1996, S. I-2382.*
Das BAG hatte hier den EuGH zwecks Auslegung der Artikel 18 und 22 der VO 1408/71/EWG um Vorabentscheidung angerufen (*EuZW 1994, S. 574*). Die Fragen stellten sich im Zusammenhang mit der Weigerung des deutschen Arbeitgebers eines italienischen Staatsangehörigen, das Arbeitsentgelt gemäß dem Lohnfortzahlungsgesetz vom 27.7.1969 (*BGBl. I, S. 946*) zu zahlen. Das BAG wollte durch sein Vorabentscheidungsersuchen eine Präzisierung der vorangegangenen Entscheidung des Gerichtshofs in gleicher Sache (*EuGH, Urt. v. 3.6.1992, Rs. 45/90 (Paletta I), Slg. 1992, S. I-3458*) erreichen.

[284] *EuGH, Urt. v. 2.5.1996, Rs. 206/94 (Paletta II), Slg. 1996, S. I-2382, Rn. 24;* unter Verweis auf: *EuGH, Urt. v. 3.12.1974, Rs. 33/74 (van Binsbergen), Slg. 1974, S. 1299; EuGH, Urt. v. 5.10.1994, Rs. 23/93 (TV 10), Slg. 1994, S. I-4795; EuGH, Urt. v. 10.1.1985, Rs. 229/83 (Leclerc), Slg. 1985, S. 1, Rn. 27; EuGH, Urt. v. 21.6.1988, Rs. 39/86 (Lair), Slg. 1988, S. 3161, Rn. 43; EuGH, Urt. v. 3.3.1993, Rs. 8/92 (General Milk Produkts), Slg. 1993, S. I-779, Rn. 21.*

Danach können die nationalen Gerichte *das mißbräuchliche oder betrügerische Verhalten des Betroffenen auf Grundlage objektiver Kriterien zwar in Rechnung stellen, um ihm gegebenenfalls die Berufung auf das einschlägige Gemeinschaftsrecht zu verwehren*, dies allerdings nicht, ohne bei der Würdigung des Sachverhalts die Ziele der fraglichen Bestimmungen zu beachten[285].

Im Umkehrschluß bedeutet dies, daß ein aus nationaler Sicht aufgrund objektiver Kriterien mißbräuchliches Verhalten gemeinschaftsrechtlich zulässig sein kann, wenn andernfalls die wesentliche Zielsetzung der jeweiligen gemeinschaftsrechtlichen Gewährleistung in Frage gestellt würde. Somit verdeutlicht der Gerichtshof in *Paletta II*, daß die Ausübung des Kernbereichs einer gemeinschaftsrechtlichen Gewährleistung für sich genommen nie rechtsmißbräuchlich sein kann. Insofern läßt sich der Gerichtshof vom *effet-utile*-Gedanken leiten, um im Einzelfall eine Grenzziehung zwischen zulässigen und unzulässigen Beschränkungen gemeinschaftsrechtlicher Gewährleistungen vorzunehmen.

3) Mißbrauchsrechtsprechung des EuGH zu Bereichen, in denen kein sekundäres Gemeinschaftsrecht besteht

Das Gemeinschaftsrecht verbietet es einem Mitgliedstaat in Ermangelung einer Harmonisierung auf Gemeinschaftsebene grundsätzlich nicht, Maßnahmen zu erlassen, die verhindern sollen, daß die durch den EG-Vertrag geschaffenen Erleichterungen mißbräuchlich und in einer dem berechtigten Interesse dieses Staates zuwiderlaufenden Weise in Anspruch genommen werden[286]. Allerdings haben die Mitgliedstaaten die ihnen verbliebenen Befugnisse selbst in Bereichen, die nicht in die Zuständigkeit der Gemeinschaft fallen, unter Wahrung des Gemeinschaftsrechts auszuüben[287].

---

285 *EuGH, Urt. v. 2.5.1996, Rs. 206/94 (Paletta II), Slg. 1996, S. I-2382, Rn. 25.*
Vgl. auch zum Erfordernis des Vorliegens objektiver Kriterien: *EuGH, Urt. v. 18.1.1979, Verb. Rs. 110/78 & 111/78 (van Wesemael), Slg. 1979, S. 35, Rn. 29; EuGH, Urt. v. 21.6.1988, Rs. 39/86 (Lair), Slg. 1988, S. 3161, Rn. 43.*
Das Erfordernis des Vorliegens objektiver Umstände bzw. Kriterien findet sich auch in der Rechtsprechung des Gerichtshofs zur Warenverkehrsfreiheit. So betont der EuGH in *Leclerc*, ein nationales Verbot zum Verkauf von Büchern unter Einstandspreis, das den Bereich des Reimports erfasse, sei zwar grundsätzlich als Maßnahme gleicher Wirkung im Sinne von Artikel 28 EG (Art. 30 EGV) anzusehen, könne aber gerechtfertigt sein, wenn objektive Umstände vorlägen, aus denen sich ergebe, daß Bücher allein zum Zweck der Wiedereinfuhr ausgeführt worden seien (*EuGH, Urt. v. 10.1.1985, Rs. 229/83 (Leclerc), Slg. 1985, S. 1, Rn. 26-30*).

286 *EuGH, Urt. v. 31.3.1993, Rs. 19/92 (Kraus), Slg. 1993, S. I-1663, Rn. 34*; unter Verweis auf: *EuGH, Urt. v. 7.2.1979, Rs. 115/78 (Knoors), Slg. 1979, S. 399, Rn. 25.*

287 *EuGH, Urt. v. 4.10.1991, Rs. 246/89 (Kommission ./. Vereinigtes Königreich), Slg. 1991, S. I-4585, Rn. 12; EuGH, Urt. v. 14.2.1995, Rs. 279/93 (Schumacker), Slg. 1995, S. I-225, Rn. 21; EuGH, Urt. v. 11.8.1995, Rs. 80/94 (Wielockx), Slg. 1995, S. I-2493, Rn. 16; EuGH, Urt. v. 27.6.1996, Rs. 107/94 (Asscher), Slg. 1996, S. I-3089, Rn. 36; EuGH, Urt. v. 15.5.1997, Rs. 250/95 (Futura & Singer), Slg. 1997, S. I-2471, Rn. 19; EuGH, Urt. v. 29.4.1999, Rs. 311/97 (Bank of Scotland), Slg. 1999, S. I-2651, Rn. 19.*

So führte der Gerichtshof in *ICI*[288] aus, zu der im Verfahren vorgetragenen Rechtfertigung des Schutzes vor der Gefahr einer Steuerumgehung genüge die Feststellung, daß die im Ausgangsverfahren in Rede stehenden Rechtsvorschriften nicht speziell bezweckten, rein künstliche Konstruktionen, die auf eine Umgehung des Steuerrechts des Vereinigten Königreichs gerichtet seien, von einem Steuervorteil auszuschließen, sondern generell jede Situation erfaßten, in der die Mehrzahl der Tochtergesellschaften eines Konzerns ihren Sitz, aus welchen Gründen auch immer, außerhalb des Vereinigten Königreichs hätten. Die Niederlassung einer Gesellschaft außerhalb des Vereinigten Königreichs impliziere aber als solche nicht eine Steuerumgehung, da die betreffende Gesellschaft auf jeden Fall dem Steuerrecht des Niederlassungsstaats unterliege[289].

Damit ist ein generalpräventiver Schutz, der undifferenziert wirkt und typisierte Situationen erfassen soll, die häufig Umgehungszwecken dienen, auch in Ermangelung von Rechtsangleichungsmaßnahmen auf Gemeinschaftsebene in grundfreiheitsrelevanten Bereichen nicht zulässig. Zudem können nach der Rechtsprechung des Gerichtshofs Erwägungen administrativer Art es nicht rechtfertigen, daß ein Mitgliedstaat von den gemeinschaftsrechtlichen Vorgaben abweicht. Diese Erwägung gilt erst recht, wenn eine derartige Abweichung darauf hinausläuft, die Ausübung einer der im EG-Vertrag garantierten Grundfreiheiten auszuschließen[290].

Zwar entschied der EuGH in *TV 10*[291], ein Mitgliedstaat könne eine Hörfunk- und Fernsehanstalt, die sich in einem anderen Mitgliedstaat niedergelassen habe, um dort für das Gebiet des ersten Staates bestimmte Dienstleistungen zu erbringen, als inländische Sendeanstalt behandeln, wenn durch diese Maßnahme verhindert werden solle, daß sich Anstalten, die sich in einem anderen Mitgliedstaat niederließen,

---

288 *EuGH, Urt. v. 16.7.1998, Rs. 264/96 (ICI), Slg. 1998, S. I-4695.*
Im Ausgangsverfahren machte eine in Großbritannien niedergelassene Gesellschaft einen anteiligen Verlustabzug geltend, der aus einer Beteiligung an einer Holdinggesellschaft resultierte, deren einziger Zweck im Halten von Beteiligungen an insgesamt 23 Aktiengesellschaften bestand, von denen vier – um die allein es im Ausgangsverfahren ging – in Großbritannien niedergelassen waren. Das House of Lords rief den EuGH um Vorabentscheidung an, da es Zweifel an der Gemeinschaftsrechtskonformität der einschlägigen Steuervorschriften hatte, die den anteiligen Verlustabzug nicht zuließen.

289 *EuGH, Urt. v. 16.7.1998, Rs. 264/96 (ICI), Slg. 1998, S. I-4695, Rn. 26.*
Zudem wies der Gerichtshof darauf hin, die Gefahr einer Verlagerung von Belastungen, welche die Rechtsvorschriften verhindern sollten, hänge keineswegs davon ab, ob eine Mehrzahl von Tochtergesellschaften ihren Sitz im Vereinigten Königreich habe, da bereits die Existenz einer einzigen gebietsfremden Tochtergesellschaft genüge, damit die von der Regierung des Vereinigten Königreichs erwähnte Gefahr eintreten könne (*EuGH, Urt. v. 16.7.1998, Rs. 264/96 (ICI), Slg. 1998, S. I-4695, Rn. 27*).
In eine ähnliche Richtung geht die Argumentation des EuGH in seiner Entscheidung zum deutschen Reinheitsgebot. Hier führte der Gerichtshof aus, allein mit dem Hinweis auf potentielle Gefahren durch die Aufnahme von Zusatzstoffen im allgemeinen und auf den Umstand, daß Bier ein in erheblichem Umfang konsumiertes Nahrungsmittel sei, könne die Einführung einer strengeren Regelung für Bier im Vergleich zu sonstigen Lebensmitteln nicht gerechtfertigt werden (*EuGH, Urt. v. 12.3.1987, Rs. 178/84 (Kommission ./. Deutschland), Slg. 1987, S. 1262, Rn. 49*).

290 *EuGH, Urt. v. 4.12.1986, Rs. 205/84 (Kommission ./. Deutschland), Slg. 1986, S. 3755, Rn. 54;* unter Verweis auf: *EuGH, Urt. v. 3.2.1983, Rs. 29/82 (van Luipen), Slg. 1983, S. 151;* vgl. auch: *EuGH, Urt. v. 3.10.2000, Rs. 58/98 (Corsten), Slg. 2000, S. I-7919, Rn. 34.*

291 *EuGH, Urt. v. 5.10.1994, Rs. 23/93 (TV 10), Slg. 1994, S. I-4795.*

mittels der Ausübung der im Vertrag garantierten Freiheiten in mißbräuchlicher Weise den Verpflichtungen entzögen, die sich aus den inländischen Rechtsvorschriften ergäben[292]. Diese Wertung steht allerdings nicht in Widerspruch zur *ICI*-Entscheidung.

Offensichtlich will der Gerichtshof in *TV 10* – wie bereits zuvor in *van Binsbergen*[293] – dem Umstand Rechnung tragen, daß in manchen Fallkonstellationen zwar eine Anwendung der gemeinschaftsrechtlichen Bestimmungen grundsätzlich zu bejahen ist, ein solcher Bezug aber eher zufälliger Natur ist oder gezielt zur Umgehung nationaler Bestimmungen genutzt wird[294]. In diesen Fällen löst der EuGH die Mißbrauchsproblematik, indem er davon ausgeht, nicht die Regelungen zur Dienstleistungs-, sondern diejenigen über die Niederlassungsfreiheit seien anwendbar. Nationale Beschränkungen betreffen in entsprechenden Fallkonstellationen damit nicht mehr die Frage des Marktzugangs im Rahmen der Dienstleistungsfreiheit, sondern Modalitäten der Ausübung der Niederlassungsfreiheit.

---

[292] *EuGH, Urt. v. 5.10.1994, Rs. 23/93 (TV 10), Slg. 1994, S. I-4795, Rn. 21;* vgl. auch: *EuGH, Urt. v. 3.2.1993, Rs. 148/91 (Veronica), Slg. 1993, S. I-487.*
Daraus folgt, daß ein Mitgliedstaat eine Hörfunk- und Fernsehanstalt, die sich in einem anderen Mitgliedstaat niederläßt, um dort für das Gebiet des ersten Staates bestimmte Dienstleistungen zu erbringen, als eine inländische Sendeanstalt ansehen kann, denn durch diese Maßnahme soll verhindert werden, daß sich die Anstalten, die sich in einem anderen Mitgliedstaat niederlassen, mittels der Ausübung der im Vertrag garantierten Freiheiten in mißbräuchlicher Weise den Verpflichtungen entziehen können, die sich aus den inländischen Rechtsvorschriften ergeben, im vorliegenden Fall den Verpflichtungen, durch die der pluralistische und nichtkommerzielle Inhalt der Programme gewährleistet werden soll (*EuGH, Urt. v. 5.10.1994, Rs. 23/93 (TV 10), Slg. 1994, S. I-4795, Rn. 21*). Unter diesen Umständen, so der Gerichtshof, könne die Gleichstellung solcher Anstalten mit inländischen Anstalten nicht als mit den Vorschriften der Artikel 49 und 50 EG (Art. 59 und 60 EGV) unvereinbar angesehen werden (*EuGH, Urt. v. 5.10.1994, Rs. 23/93 (TV 10), Slg. 1994, S. I-4795, Rn. 22*).
Die Entscheidung knüpft an *van Binsbergen* an. Nach den Ausführungen des Gerichtshofs in diesem Urteil kann das Gebrauchmachen von der Dienstleistungsfreiheit zu dem Zweck, sich den Berufsregelungen eines Mitgliedstaats zu entziehen, auf den der Dienstleistungserbringer seine Tätigkeit ganz oder vorwiegend ausgerichtet hat, dazu führen, daß nicht das Kapitel über Dienstleistungen, sondern das über das Niederlassungsrecht anwendbar ist (*EuGH, Urt. v. 3.12.1974, Rs. 33/74 (van Binsbergen), Slg. 1974, S. 1299, Rn. 13*). Allerdings wird in *TV 10* das Ergebnis anders begründet, indem nicht auf die Anwendung des Kapitels über die Niederlassungsfreiheit abgestellt, sondern rechtsdogmatisch konsequent von der Anwendung der Dienstleistungsfreiheit ausgegangen wird, wobei eine Einschränkung der Gewährleistung mit dem Schutz vor Mißbrauch begründet wird (*EuGH, Urt. v. 5.10.1994, Rs. 23/93 (TV 10), Slg. 1994, S. I-4795, Rn. 21*). Jedoch ist die *TV 10*-Entscheidung insofern unklar, als einerseits die gegenständlich mit der nationalen Beschränkung verfolgten Ziele der Kulturpolitik als im Allgemeininteresse liegende Ziele charakterisiert (*Rn. 19*), andererseits Formulierungen aus der van *Binsbergen*-Entscheidung aufgegriffen werden (*Rn. 21*).
[293] *EuGH, Urt. v. 3.12.1974, Rs. 33/74 (van Binsbergen), Slg. 1974, S. 1299, Rn. 13;* vgl. auch: *EuGH, Urt. v. 26.11.1975, Rs. 39/75 (Coenen), Slg. 1975, S. 1547, Rn. 9; EuGH, Urt. v. 4.12.1986, Rs. 205/84 (Kommission ./. Deutschland), Slg. 1986, S. 3755, Rn. 22.*
[294] So war in *van Binsbergen* ein inter-mitgliedstaatlicher Bezug zu bejahen, da ein seinen Mandanten in einem Verfahren vor einem niederländischen Gericht vertretender niederländischer Rechtsanwalt während des Verfahrens seinen Wohnsitz aus den Niederlanden nach Belgien verlegte und somit grenzüberschreitend tätig wurde. In *TV 10* bestand das inter-mitgliedstaatliche Element darin, daß eine Sendeanstalt ihren Sitz in einem Mitgliedstaat der Gemeinschaft hatte und ihre Sendungen auf das Gebiet eines anderen Mitgliedstaats ausgerichtet waren.

Im Gegensatz zu *van Binsbergen* und *TV 10* ging es in *ICI* mit der Frage der steuerrechtlichen Gleichbehandlung beim anteiligen Verlustabzug um eine Problemstellung, die das gemeinschaftliche Ziel der Verwirklichung eines einheitlichen Binnenmarktes zwischen den Mitgliedstaaten tatsächlich in wesentlich größerem Maße tangierte. Diese Unterschiede im Detail zwischen *ICI* einerseits und *van Binsbergen* sowie *TV 10* andererseits legen den Schluß nahe, daß der Gerichtshof bereitwilliger ist, Beschränkungen der Grundfreiheiten zu akzeptieren, wenn im konkreten Einzelfall der gemeinschaftliche Bezug akzidentiell ist. Andererseits folgt aus *ICI*, daß in Bereichen, die essentiell die gemeinschaftsrechtlichen Zielsetzungen berühren, nationale Maßnahmen, die undifferenziert bestimmte typisierte Situationen erfassen, nicht den gemeinschaftsrechtlichen Erfordernissen entsprechen und daher nicht unter Hinweis auf eine mißbräuchliche Berufung auf gemeinschaftsrechtliche Bestimmungen gerechtfertigt werden können.

Dieser Befund wird durch die *Centros*-Entscheidung bestätigt, der zweifelsohne ein der *TV 10*-Entscheidung vergleichbarer Versuch zur Umgehung nationaler (Schutz-) Bestimmungen zugrunde lag[295]. Denn die Eheleute Bryde als Gesellschafter der Centros Ltd. stellten im Rahmen des Verfahrens nicht in Abrede, die Gesellschaft in England nur zu dem Zweck gegründet zu haben, um im Anschluß allein über eine Zweigniederlassung in Dänemark eine wirtschaftliche Betätigung zu entfalten[296], so daß die Gesellschaftsgründung in Großbritannien lediglich dazu diente, die strengeren Gründungsanforderungen des dänischen Kapitalgesellschaftsrechts zu umgehen. Dennoch bejahte der Gerichtshof in *Centros* mit kurzer Begründung einen Verstoß gegen die Niederlassungsfreiheit, um sodann das Vorliegen eines Rechtfertigungsgrundes und eine etwaige mißbräuchliche Berufung auf gemeinschaftsrechtliche Gewährleistungen zu prüfen[297]. Beides wurde unter Hinweis darauf verneint, daß es vorliegend um die Frage der Errichtung von Gesellschaften gehe, nicht aber um Vorschriften über die Ausübung bestimmter beruflicher Tätigkeiten, womit insbesondere eine mißbräuchliche Berufung auf die Gewährleistung der Niederlassungsfreiheit ausscheide[298].

---

[295] Bedenkt man, daß die Dienstleistungsfreiheit strukturell der sekundären Niederlassungsfreiheit nicht unähnlich ist, da in beiden Fällen – vom Grundsatz her – die Hauptniederlassung im Herkunftsstaat verbleibt, wohingegen die grenzüberschreitende Aktivität von untergeordneter Bedeutung ist, so ist man versucht zu folgern, daß in *Centros* wie in *TV 10* aufgrund des ganz überwiegenden Bezugs zu nur einer Rechtsordnung auf überwiegenden Allgemeinwohlinteressen beruhende Schutzbestimmungen wie Mindestkapitalerfordernisse zulässig sein müßten.

[296] *EuGH, Urt. v. 9.3.1999, Rs. 212/97 (Centros), Slg. 1999, S. I-1459, Rn. 18;* vgl. auch die Ausgangslage in: *EuGH, Urt. v. 10.7.1986, Rs. 79/85 (Segers), Slg. 1986, S. 2375.*

[297] *EuGH, Urt. v. 9.3.1999, Rs. 212/97 (Centros), Slg. 1999, S. I-1459, Rn. 19 ff.*

[298] *EuGH, Urt. v. 9.3.1999, Rs. 212/97 (Centros), Slg. 1999, S. I-1459, Rn. 26.*
Ziel der Vertragsbestimmungen über die Niederlassungsfreiheit – so der EuGH – sei jedoch gerade, den nach dem Recht eines Mitgliedstaats errichteten Gesellschaften, die ihren satzungsmäßigen Sitz, ihre Hauptverwaltung oder ihre Hauptniederlassung in der Gemeinschaft hätten, zu erlauben, mittels einer Agentur, Zweigniederlassung oder Tochtergesellschaft in anderen Mitgliedstaaten tätig zu werden (*EuGH, Urt. v. 9.3.1999, Rs. 212/97 (Centros), Slg. 1999, S. I-1459, Rn. 26*). Daher könne es für sich allein genommen keine mißbräuchliche Ausnutzung der Niederlassungsfreiheit darstellen, wenn ein Staatsangehöriger eines Mitgliedstaats, der eine Gesellschaft gründen wolle, diese in dem Mitgliedstaat errichte, dessen gesellschaftsrechtliche Vorschriften ihm die größte Freiheit ließen und in anderen Mitgliedstaaten Zweigniederlassungen gründe, da das Recht, eine Gesellschaft nach dem

Der Gerichtshof bestätigt in *Centros*, daß die Ausübung des Kernbereichs einer gemeinschaftsrechtlichen Gewährleistung für sich genommen nie rechtsmißbräuchlich sein kann[299]. Bevor sich daher überhaupt die Frage eines Mißbrauchs stellt, ist zunächst einmal der Kernbereich der geltend gemachten Gewährleistung zu definieren. Fällt der konkret zur Entscheidung vorgelegte Sachverhalt hierunter, so kommt eine mißbräuchliche oder betrügerische Berufung auf Gemeinschaftsrecht logischerweise bereits gar nicht in Betracht, da die Gewährleistung ihrer Funktion und Zielsetzung entsprechend genutzt wird[300]. Könnte der Kernbereich einer gemeinschaftsrechtlichen Gewährleistung in Frage gestellt werden, so wäre dies mit einer Negation des Rechts gleichzusetzen, was sich mit den Zielsetzungen und

---

Recht eines Mitgliedstaats zu errichten und in anderen Mitgliedstaaten Zweigniederlassungen zu gründen, im Binnenmarkt unmittelbar aus der im EG-Vertrag gewährleisteten Niederlassungsfreiheit folge (*EuGH, Urt. v. 9.3.1999, Rs. 212/97 (Centros), Slg. 1999, S. I-1459, Rn. 27*). Dabei verweist der EuGH darauf, diesem Ergebnis stehe auch nicht die bisher unvollständige Harmonisierung auf Gemeinschaftsebene im Bereich des Gesellschaftsrechts entgegen, da es den Mitgliedstaaten unbenommen sei, notwendige Rechtsangleichungsmaßnahmen vorzunehmen (*EuGH, Urt. v. 9.3.1999, Rs. 212/97 (Centros), Slg. 1999, S. I-1459, Rn. 28*).

In seinen Schlußanträgen zu den verbundenen Rechtssachen 147/97 & 148/97 bekräftigte Generalanwalt *La Pergola* seine bereits in *Centros* geäußerte Rechtsauffassung, wonach in den Fällen, in denen die Niederlassungsfreiheit und die Dienstleistungsfreiheit erst einmal in Einklang mit dem Vertrag ausgeübt worden seien, die individuellen Erwägungen oder Beweggründe des Betreffenden, auf denen diese Wahl beruhe, nicht berücksichtigt und daher auch nicht gerichtlich überprüft werden könnten. Diese Grundsätze seien vom Gerichtshof im Urteil *Centros* bestätigt worden, indem er entschieden habe, es sei mit den Artikeln 43 und 48 EG (Art. 52, 58 EGV) unvereinbar, wenn ein Mitgliedstaat die Eintragung der Zweigniederlassung einer Gesellschaft verweigere, die in einem anderen Mitgliedstaat, in dem sie ihren Sitz habe, rechtmäßig errichtet worden sei, aber keine Geschäftstätigkeit entfalte (*Schlußanträge des Generalanwalts La Pergola vom 1.6.1999 in den Verb. Rs. 147/97 & 148/97 (Deutsche Post AG), Slg. 2000, S. I-825, Rn. 15*). So habe der Gerichtshof in *Centros* implizit anerkannt, der von der dänischen Verwaltung eingenommene Standpunkt, die nationalen Vorschriften über das Mindestkapital, mit dem Gesellschaften mit beschränkter Haftung bei ihrer Errichtung ausgestattet werden müßten, seien zwingend anwendbar, laufe dem Gemeinschaftsrecht zuwider. Der dänische Standpunkt sei auf der Annahme begründet gewesen, daß die Ausübung einer Unternehmenstätigkeit durch dänische Staatsbürger, die im wesentlichen auf den dänischen Markt ausgerichtet sei, von ihrer Hauptniederlassung im Inland aus erfolgen müsse (*Schlußanträge des Generalanwalts La Pergola vom 1.6.1999 in den Verb. Rs. 147/97 & 148/97 (Deutsche Post AG), Slg. 2000, S. I-825, Rn. 22*).

[299] Vgl. hierzu bereits: *EuGH, Urt. v. 10.7.1986, Rs. 79/85 (Segers), Slg. 1986, S. 2375, Rn. 16; EuGH, Urt. v. 2.5.1996, Rs. 206/94 (Paletta II), Slg. 1996, S. I-2382, Rn. 25.*

Nach Auffassung von *Schön* gilt aufgrund der *Centros*-Entscheidung, daß rein gesellschaftsrechtliche Regelungsinteressen wie der Gläubigerschutz keine Beschränkung der Niederlassungsfreiheit unter dem Gesichtspunkt des Rechtsmißbrauchs zulassen, wohingegen dies in anderen Rechtsgebieten wie dem Berufsrecht möglich sein soll (*Schön, FS Lutter, S. 685 (694 f.)*). Diesem Differenzierungsansatz ist nicht zu folgen. Entscheidend für eine gemeinschaftsrechtliche Beurteilung von Rechtfertigungsgründen kann nicht sein, welchen Rechtsgebieten entsprechende nationale Maßnahmen zuzuordnen sind. Dies widerspricht bereits der autonomen Auslegung und der einheitlichen Tragweite des Gemeinschaftsrechts. Entscheidend ist vielmehr, ob nationale beschränkende Maßnahmen mit Blick auf das Binnenmarktziel den Kernbereich einer gemeinschaftsrechtlichen Gewährleistung berühren, oder nur das *Wie* der Ausübung einer Grundfreiheit betreffen (vgl. hierzu: *Kapitel 4. B. IV. und V.*).

[300] Dieser Punkt wird regelmäßig in Entscheidungen thematisiert, in denen es um die Abgrenzung zwischen Dienstleistungs- und Niederlassungsfreiheit geht (vgl. etwa: *EuGH, Urt. v. 25.7.1991, Rs. 76/90 (Säger), Slg. 1991, S. I-4221, Rn. 13*).

Grundprinzipien[301] des Gemeinschaftsrechts schlechterdings nicht vereinbaren ließe[302].

Damit ist der Grund genannt, warum der Gerichtshof in *TV 10* die Beschränkung gemeinschaftsrechtlicher Gewährleistungen für zulässig, in *Centros* jedoch die gegenständliche Beschränkung der Niederlassungsfreiheit für gemeinschaftsrechtswidrig erklärt hat. Denn in *TV 10* ging es um eine nationale Maßnahme, die – da der Gerichtshof bejahte, daß das fragliche Unternehmen als inländische Gesellschaft behandelt werden könne – lediglich Modalitäten der Ausübung einer wirtschaftlichen Betätigung betraf, nicht aber die effektive Gewährleistung der Grundfreiheit selbst in Frage stellte. Letzteres war indes bei *Centros* der Fall, da mit der Frage der Zulässigkeit der Errichtung einer Zweigniederlassung der Kernbereich der Gewährung der sekundären Niederlassungsfreiheit in Frage gestellt wurde[303]. Selbst in all denjenigen Fällen, die zwar einen ganz überwiegenden Bezug zu nur einer Rechtsordnung aufweisen, kann folglich der Mißbrauchseinwand nur dann durchgreifen, wenn hierdurch nicht der Kernbereich der einschlägigen gemeinschaftsrechtlichen Gewährleistung in Frage gestellt wird.

Anzumerken ist, daß die in der *TV 10*-Entscheidung erkennbaren Voraussetzungen für die Zulässigkeit von Beschränkungen der Dienstleistungsfreiheit unter dem Gesichtspunkt des Rechtsmißbrauchs weiter verschärft wurden. So führte der Gerichtshof in *VT 4*[304] aus, allein aus dem Umstand, daß alle Sendungen und

---

[301] Vgl. zu den Grundsätzen der Autonomie, des Vorrangs und der unmittelbaren Wirkung des Gemeinschaftsrechts: *Kapitel 4 E. V. 1).*

[302] Daß hiermit implizit die Wahl eines anteilseignerfreundlichen Gesellschaftsrechts ermöglicht wird, ist Konsequenz eines Binnenmarktes, der mehrere nationale Rechtsordnungen umfaßt, die nur in Teilbereichen harmonisiert sind. Die Mitgliedstaaten haben die Herbeiführung des Binnenmarktes in Kenntnis der unvollkommenen Vereinheitlichung aller relevanten Rahmenbedingungen – auch im Bereich des Gesellschaftsrechts – gewollt und bewußt herbeigeführt, so daß sie die Ausübung des Kernbereichs der Gewährleistung nicht unter Berufung auf ein mißbräuchliches oder betrügerisches Verhalten wieder negieren können.

[303] Diese Ausführungen des Gerichtshofs stehen in Einklang mit seiner früheren Rechtsprechung zur Niederlassungsfreiheit. Danach können die Mitgliedstaaten die Aufnahme und Ausübung selbständiger Tätigkeiten von der Beachtung bestimmter durch das Allgemeininteresse gerechtfertigter Rechts- und Verwaltungsvorschriften – wie Vorschriften über Organisation, Qualifikation, Standespflichten, Kontrolle und Haftung – abhängig machen (so bereits: *EuGH, Urt. v. 28.4.1977, Rs. 71/76 (Thieffry), Slg. 1977, S. 765, Rn. 12;* vgl. auch: *EuGH, Urt. v. 12.7.1984, Rs. 107/83 (Klopp), Slg. 1984, S. 2971, Rn. 20*). Entsprechende Vorschriften können insbesondere vorsehen, daß die Ausübung einer spezifischen Tätigkeit je nach Lage des Falles den Inhabern eines Diploms, Prüfungszeugnisses oder sonstigen Befähigungsnachweises, den Angehörigen eines bestimmten Berufsstandes oder den Personen vorbehalten ist, die einer bestimmten Ordnung oder Kontrolle unterliegen (*EuGH, Urt. v. 30.11.1995, Rs. 55/94 (Gebhard), Slg. 1995, S. I-4165, Rn. 35*).
Jarass verweist darauf, während im Bereich der Warenverkehrsfreiheit zwischen Produktregelungen und Verkaufsmodalitäten differenziert werde, unterscheide der EuGH bei den Personenverkehrsfreiheiten zwischen Marktzutrittsverboten und bloßen Ausübungsregelungen. In ersterem Fall sei typischerweise von einer Beeinträchtigung der jeweils einschlägigen Grundfreiheit auszugehen, wohingegen in letzterem Fall gerade nicht von dieser Annahme ausgegangen werden könne (*Jarass, EuR 2000, S. 705 (712)*; vgl. hierzu: *Kapitel 4 B. IV. und V.*).

[304] In der Entscheidung *VT 4* (*EuGH, Urt. v. 5.6.1997, Rs. 56/96 (VT 4), Slg. 1997, S. I-3143*) ging es um eine Gesellschaft englischen Rechts, die von einer luxemburgischen Gesellschaft zu dem Zweck in Großbritannien gegründet wurde, um nach Erteilung einer *non-domestic satellite licence* Rundfunk-

Werbemitteilungen einer nach englischem Recht in Großbritannien gegründeten Sendeanstalt ausschließlich für ein flämisches Publikum bestimmt seien, könne nicht geschlossen werden, daß die Rundfunk- und Fernsehanstalt nicht als im Vereinigten Königreich ansässig anzusehen sei. Denn der Vertrag verbiete es einem Unternehmen, das keine Dienste in dem Mitgliedstaat anbiete, in dem es ansässig sei, nicht, die Dienstleistungsfreiheit auszuüben[305]. Damit weicht der Gerichtshof von seinem Urteil *TV 10* ab, indem er für die Bewertung entsprechender Sachverhaltskonstellationen von der Dienstleistungsfreiheit als Überprüfungsmaßstab ausgeht. Selbst bei einer eher akzidentiellen Betroffenheit gemeinschaftsrechtlicher Gewährleistungen greift der Mißbrauchseinwand bei Umgehungssachverhalten daher allenfalls noch in Ausnahmefällen.

Der Gerichtshof erkennt folglich rein unternehmerische Gründe als ausschlaggebende Faktoren für eine Standortwahl innerhalb der Gemeinschaft als legitim an und gewährt im Geltungsbereich der Grundfreiheiten den Schutz des Gemeinschaftsrechts, so daß – aufgrund der Verneinung einer mißbräuchlichen Berufung auf gemeinschaftsrechtliche Gewährleistungen – die Mitgliedstaaten auch in diesen Fällen grundsätzlich daran gehindert sind, einen möglichen Standortwettbewerb durch beschränkende nationale Maßnahmen zu unterbinden. Dies läßt sich damit erklären, daß sowohl in Fällen der essentiellen als auch der akzidentiellen Betroffenheit gemeinschaftsrechtlicher Gewährleistungen der Frage der einheitlichen Anwendung und damit der Tragweite des Gemeinschaftsrechts unter Beachtung des Binnenmarktziels eine zentrale Leitfunktion zukommt.

4) Zwischenergebnis

Als Quintessenz lassen sich aus den vorgenannten Entscheidungen des EuGH zwei Schlußfolgerungen ziehen. Einmal ist der Gerichtshof bei Sachverhalten, die einen starken Bezug zu der Rechtsordnung nur eines Mitgliedstaats haben und bei denen der grenzüberschreitende Bezug allein akzidentiell ist, tendenziell eher bereit, Beschränkungen der Grundfreiheiten durch nationale Maßnahmen unter dem Gesichtspunkt der mißbräuchlichen Berufung auf gemeinschaftsrechtliche Gewährleistungen zu akzeptieren, wobei er allerdings zunehmend strengere Anforderungen stellt[306]. Andererseits läßt der EuGH bereits in frühen Entscheidungen

---

und Fernsehprogramme für ein flämisches Publikum auszustrahlen. Der flämische Minister für Kultur und Brüsseler Angelegenheiten lehnte durch Erlaß die Aufnahme des Fernsehprogramms von *VT 4* in das Kabelrundfunknetz unter Hinweis darauf ab, daß die Gesellschaft nicht entsprechend der einschlägigen gesetzlichen Bestimmungen als privater Kabelfernsehveranstalter zugelassen sei und auch nicht als Kabelfernsehveranstalter aus dem EG-Ausland im Sinne von Artikel 2 Absatz 1 der Richtlinie 89/552/EWG angesehen werden könne, da es sich in Wirklichkeit um einen flämischen Veranstalter handele, der sich allein zu dem Zweck in einem anderen Mitgliedstaat niedergelassen habe, um sich der Anwendung der Rechtsvorschriften der flämischen Gemeinschaft zu entziehen (*EuGH, Urt. v. 5.6.1997, Rs. 56/96 (VT 4), Slg. 1997, S. I-3143, Rn. 9*).

[305] *EuGH, Urt. v. 5.6.1997, Rs. 56/96 (VT 4), Slg. 1997, S. I-3143, Rn. 22.*

[306] *EuGH, Urt. v. 5.6.1997, Rs. 56/96 (VT 4), Slg. 1997, S. I-3143, Rn. 22.*

wie *Knoors* und der Folgerechtsprechung[307] keinen Zweifel daran aufkommen, daß die Kerngewährleistung einer jeden Grundfreiheit unangetastet bleiben muß, um sie nicht ihrer eigenständigen Bedeutung zu berauben[308]. Was zum Kernbereich der jeweiligen Gewährleistung gehört, ist dabei unter Berücksichtigung des Binnenmarktziels zu beurteilen, dessen Absicherung die Grundfreiheiten dienen, wobei auch dem jeweiligen Integrationsstand Bedeutung zukommt.

Allerdings wird durch die vorgenannten Urteile nicht die Frage beantwortet, ob der EuGH im Rahmen seiner Entscheidungen zur mißbräuchlichen Berufung auf Gemeinschaftsrecht eine eigenständige Mißbrauchsdogmatik im Sinne eines allgemeinen Rechtsgrundsatzes entwickelt hat, der die mißbräuchliche Ausübung gemeinschaftsrechtlicher Gewährleistungen erfaßt. Wichtige Hinweise zur Beantwortung dieser Frage finden sich in der Entscheidung *Kefalas*.

5) Die *Kefalas*-Entscheidung des EuGH

In *Kefalas* setzten sich sowohl Generalanwalt *Tesauro* als auch der Gerichtshof grundlegend mit dem Einwand des Rechtsmißbrauchs auseinander[309]. In dem Ausgangsverfahren wehrten sich die Aktionäre einer griechischen Aktiengesellschaft gegen eine verfügte Kapitalerhöhung unter Berufung auf Artikel 25 Absatz 1 der Richtlinie 77/91/EWG[310]. Die Aktiengesellschaft war zuvor unter Anwendung der einschlägigen Bestimmungen des griechischen Rechts wegen wirtschaftlicher Schwierigkeiten unter die Zwangsverwaltung einer staatlichen Holding gestellt worden.

In seinen Schlußanträgen zu *Kefalas* wies Generalanwalt *Tesauro* darauf hin, durch das Vorabentscheidungsersuchen solle im Kern über die Frage entschieden werden, ob *gegenüber einem durch das Gemeinschaftsrecht begründeten subjektiven Recht der Vorwurf des Rechtsmißbrauchs erhoben werden* könne, oder genauer, ob der

---

[307] Beispielhaft zu nennen sind hier die Entscheidungen *Segers* (*EuGH, Urt. v. 10.7.1986, Rs. 79/85 (Segers), Slg. 1986, S. 2375*) und *Centros* (*EuGH, Urt. v. 9.3.1999, Rs. 212/97 (Centros), Slg. 1999, S. I-1459*).
Auch hat der Gerichtshof bei den benannten Ausnahmen im Bereich der Arbeitnehmerfreizügigkeit bereits früh anerkannt, daß die Ausübung gemeinschaftsrechtlich gesicherter Rechte für sich genommen keine Störung der öffentlichen Ordnung sein und damit nicht als Rechtfertigungsgrund für beschränkende nationale Maßnahmen dienen könne (*EuGH, Urt. v. 28.10.1975, Rs. 36/75 (Rutili), Slg. 1975, S. 1219, Rn. 29/31, 46/49*). Dies bedeutet im Ergebnis nichts anderes, als daß der Kern einer gemeinschaftsrechtlichen Gewährleistung, welche der Realisierung des Binnenmarktes dient, nicht durch nationale Maßnahmen beschränkt werden kann. So führt der EuGH in *Rutili* aus, die Tragweite der wesentlichen Grundsätze der Gleichbehandlung und der Freizügigkeit der Arbeitnehmer dürfe nicht *von jedem Mitgliedstaat einseitig ohne Nachprüfung durch die Organe der Gemeinschaft bestimmt werden* (*EuGH, Urt. v. 28.10.1975, Rs. 36/75 (Rutili), Slg. 1975, S. 1219, Rn. 26/28*).

[308] Ein Mißbrauch kann folglich nur dann vorliegen, wenn von der Freiheit ein eindeutig sinnwidriger Gebrauch gemacht wird (*Behrens, IPRax 1999, S. 323 (326)*).

[309] *EuGH, Urt. v. 12.5.1998, Rs. 367/96 (Kefalas), Slg. 1998, S. I-2843.*

[310] *Zweite Richtlinie 77/91/EWG zur Koordinierung der Schutzbestimmungen, die in den Mitgliedstaaten den Gesellschaften im Sinne des Artikels 58 Absatz 2 des Vertrages im Interesse der Gesellschafter sowie Dritter für die Gründung der Aktiengesellschaft sowie für die Erhaltung und Änderung ihres Kapitals vorgesehen sind, um diese Bestimmungen gleichwertig zu gestalten, ABl. Nr. L 26/1.*

Grundsatz des Rechtsmißbrauchs, wie er in einem bestimmten nationalen System ausgestaltet sei, auch dann Anwendung finden könne, wenn das Recht, auf das sich der Betreffende berufe, durch Gemeinschaftsbestimmungen begründet worden sei[311]. Dazu führte Generalanwalt *Tesauro* aus:

Der Gerichtshof hat es also, kurz gesagt, bisher zugelassen, daß jede nationale Rechtsordnung durchaus auf ihre eigenen allgemeinen Rechtsnormen (...) zurückgreifen kann, um die Möglichkeit einer Berufung auf Gemeinschaftsbestimmungen in genau umschriebenen Fällen auszuschließen, in denen die Bestimmungen letztlich nicht angewandt werden sollen und sich hieraus somit keine Beeinträchtigungen für die einheitliche Anwendung des Gemeinschaftsrechts ergeben können. Noch einmal: In diesen Fällen kann sich eine Auslegung durch den Gerichtshof als notwendig erweisen, um die Ziele und Grenzen der betreffenden Bestimmung zu definieren und damit Verstößen gegen Erfordernisse vorzubeugen, die das Gemeinschaftsrecht schützen will und die im vorliegenden Fall auf die Harmonisierung des Gesellschaftsrechts zurückzuführen sind. Im Ergebnis läßt sich gegenwärtig in der Gemeinschaftsrechtsordnung kein gemeinschaftsrechtlicher allgemeiner Rechtsgrundsatz ausmachen, der die mißbräuchliche Ausübung eines durch das Gemeinschaftsrecht begründeten Rechts ahndet; selbst wenn er aber bestehen sollte, könnte er jedenfalls doch nicht in der Weise angewendet werden, daß er letztlich zur Billigung eines Verstoßes gegen eine Gemeinschaftsregelung führt, was aber hier der Fall wäre[312].

Der Argumentation des Generalanwalts schloß sich der Gerichtshof in seiner Entscheidungsbegründung an[313]:

Es kann daher nicht als gemeinschaftsrechtswidrig angesehen werden, daß nationale Gerichte eine innerstaatliche Rechtsvorschrift, wie Artikel 281 des griechischen Zivilgesetzbuchs, anwenden, um zu beurteilen, ob ein sich aus einer Gemeinschaftsbestimmung ergebendes Recht mißbräuchlich ausgeübt wird.

---

[311] *Schlußanträge des Generalanwalts Tesauro vom 4. Februar 1998 in der Rs. 367/96 (Kefalas), Slg. 1998, S. I-2845, Rn. 1.*
Vgl. auch Randnummer 11 der Schlußanträge: *Mit der ersten Frage will das vorlegende Gericht vom Gerichtshof mithin klären lassen, ob die etwaige mißbräuchliche Ausübung eines durch eine Gemeinschaftsbestimmung begründeten Rechts von ihm nach den einschlägigen Bestimmungen der eigenen nationalen Rechtsordnung beurteilt werden kann oder ob diese Prüfung nach den allgemeinen Grundsätzen des Gemeinschaftsrechts zu erfolgen hat, eben wie die gerichtlich geltend gemachte Rechtslage auf das Gemeinschaftsrecht zurückgeht. (...) Die erste Frage ist also zutreffend dahingehend zu verstehen, daß damit geklärt werden soll, aufgrund welcher Rechtsordnung, der nationalen oder der gemeinschaftsrechtlichen, das Vorliegen eines Rechtsmißbrauchs zu prüfen ist. (...)*

[312] *Schlußanträge des Generalanwalts Tesauro vom 4. Februar 1998 in der Rs. 367/96 (Kefalas), Slg. 1998, S. I-2845, Rn. 27.*
In diese Richtung – jedoch ungenauer – argumentierte auch Generalanwalt *Darmon* in seinen Schlußanträgen zu *Daily Mail*: *Allgemein bleibt dem nationalen Gericht die Beurteilung überlassen, ob in einem gegebenen Fall nun unter den gegebenen Umständen Rechtsmißbrauch oder Gesetzesumgehung vorliegen und ob erforderlichenfalls die Anwendung des Gemeinschaftsrechts auszuschließen ist* (*Schlußanträge des Generalanwalts Darmon vom 7. Juni 1988 in der Rs. 81/87 (Daily Mail), Slg. 1988, S. 5483, Rn. 9*).

[313] *EuGH, Urt. v. 12.5.1998, Rs. 367/96 (Kefalas), Slg. 1998, S. I-2843, Rn. 21 f.*

Zwar kann der Gerichtshof nicht seine Beurteilung an die Stelle der Beurteilung der nationalen Gerichte setzen, die für die Feststellung des Sachverhalts der Rechtssache, mit der sie befaßt sind, allein zuständig sind; jedoch ist daran zu erinnern, daß die Anwendung einer solchen nationalen Rechtsvorschrift nicht die volle Wirksamkeit und die einheitliche Anwendung des Gemeinschaftsrechts in den Mitgliedstaaten beeinträchtigen darf. Insbesondere können die nationalen Gerichte bei der Beurteilung der Ausübung eines sich aus einer Gemeinschaftsbestimmung ergebenden Rechtes nicht die Tragweite dieser Bestimmung verändern oder die mit ihr verfolgten Zwecke vereiteln[314].

Folglich läßt sich der Judikatur des EuGH keine eigenständige Mißbrauchsdogmatik entnehmen[315]. Die Frage des Durchgreifens von Rechtfertigungsgründen für beschränkend wirkende nationale Maßnahmen wird auch im Zusammenhang mit einer Berufung auf die mißbräuchliche Ausübung gemeinschaftsrechtlicher Gewährleistungen einzelfallbezogen unter Anwendung des Grundsatzes des gemeinschaftsrechtlichen Anwendungsvorrangs zwecks Wahrung der einheitlichen Tragweite des Gemeinschaftsrechts gelöst, sofern der persönliche und sachliche Geltungsbereich der jeweils einschlägigen gemeinschaftsrechtlichen Bestimmung eröffnet sind[316].

Die in *Kefalas* dargelegten Grundsätze hat der EuGH in *Diamantis* bestätigt[317]. Danach ist es grundsätzlich gemeinschaftsrechtlich zulässig, daß die nationalen Gerichte eine Bestimmung des nationalen Rechts anwenden, nach der sie prüfen, ob ein Recht aus einer gemeinschaftsrechtlichen Gewährleistung mißbräuchlich ausgeübt wird. Zwar sei eine mißbräuchliche oder betrügerische Berufung auf Gemeinschaftsrecht nicht gestattet. Das etwaige Vorliegen eines mißbräuchlichen Verhaltens sei auf Grundlage objektiver Kriterien in Rechnung zu stellen, wobei jedoch die mit der gemeinschaftsrechtlichen Bestimmung verfolgten Zwecke zu

---

[314] Hierdurch konkretisiert der Gerichtshof, wie die nachfolgende Passage der *Pafitis*-Entscheidung zu verstehen ist: *Auch wenn es mangels einer dahin gehenden Frage des vorlegenden Gerichts nicht erforderlich ist, auf die Frage einzugehen, ob es im Rahmen der Gemeinschaftsrechtsordnung zulässig ist, eine nationale Vorschrift anzuwenden, um zu prüfen, ob ein durch die betreffenden Gemeinschaftsvorschriften begründetes Recht mißbräuchlich ausgeübt wird, ist jedenfalls festzustellen, daß die Anwendung einer solchen Vorschrift die volle Wirksamkeit und die einheitliche Anwendung des Gemeinschaftsrechts in den Mitgliedstaaten nicht beeinträchtigen darf* (*EuGH, Urt. v. 12.3.1996, Rs. 441/93 (Pafitis), Slg. 1996, S. I-1347, Rn. 68*).

[315] So auch: *Kjellgren, EBLR 2000, S. 179 (190 ff.);* a.A. *Ranieri*, wonach der Gerichtshof diese Frage bewußt offen gelassen habe (*Ranieri, ZEuP 2001, S. 165 (171)*).

[316] Dies entspricht den Grundsätzen, die der EuGH bereits in seiner grundlegenden Entscheidung *Kraus* aufgestellt hat, mit der er erstmals die Niederlassungsfreiheit im Sinne eines Beschränkungsverbots auslegte (*EuGH, Urt. v. 31.3.1993, Rs. 19/92 (Kraus), Slg. 1993, S. I-1663*). Hier führte der Gerichtshof aus: *Jedoch setzt das Gemeinschaftsrecht der Ausübung dieser Befugnis durch die Mitgliedstaaten insoweit Grenzen, als die hierzu ergangenen nationalen Rechtsvorschriften kein Hindernis für die tatsächliche Ausübung der durch die Artikel 48 und 52 EWG-Vertrag garantierten grundlegenden Freiheiten darstellen dürfen* (*EuGH, Urt. v. 31.3.1993, Rs. 19/92 (Kraus), Slg. 1993, S. I-1663, Rn. 28;* unter Verweis auf: *EuGH, Urt. v. 15.10.1987, Rs. 222/86 (Heylens), Slg. 1987, S. 4097, Rn. 11*).

[317] *EuGH, Urt. v. 23.3.2000, Rs. 373/97 (Diamantis), Slg. 2000, S. I-1705.*

beachten seien. Folglich dürften bei der Überprüfung die einheitliche Anwendung des Gemeinschaftsrechts und seine Wirksamkeit nicht beeinträchtigt werden[318].

Die Argumentationslinie stimmt mit derjenigen überein, die der Gerichtshof seiner *Centros*-Entscheidung[319] zugrunde gelegt hat. So verweist der Gerichtshof in *Centros* zunächst auf seine umfassende Rechtsprechung, welche die Frage einer mißbräuchlichen oder betrügerischen Berufung auf Gemeinschaftsrecht zum Gegenstand hat und nach der eine *mißbräuchliche oder betrügerische Berufung auf Gemeinschaftsrecht (...) nicht gestattet* ist[320]. Danach bringt er die Quintessenz seiner Judikatur in folgender Formel zum Ausdruck: *Zwar können die nationalen Gerichte unter solchen Umständen im Einzelfall mißbräuchliche oder betrügerische Verhalten der Betroffenen auf der Grundlage objektiver Kriterien in Rechnung stellen, um ihnen gegebenenfalls die Berufung auf das einschlägige Gemeinschaftsrecht zu verwehren; sie haben jedoch bei der Würdigung eines solchen Verhaltens die Ziele der fraglichen Bestimmungen zu beachten*[321].

---

[318] *EuGH, Urt. v. 23.3.2000, Rs. 373/97 (Diamantis), Slg. 2000, S. I-1705, Rn. 32-34, 43.*
Auch in *Diamantis* wird durch das explizite Abstellen auf die mit der einschlägigen gemeinschaftsrechtlichen Bestimmung verfolgten Zwecke der *effet-utile*-Gedanke zugrunde gelegt, wie er nicht nur in *Kefalas*, sondern bereits in Vorläuferentscheidungen regelmäßig Erwähnung findet (vgl. etwa: *EuGH, Urt. v. 2.5.1996, Rs. 206/94 (Paletta II), Slg. 1996, S. I-2382, Rn. 25*).

[319] *EuGH, Urt. v. 9.3.1999, Rs. 212/97 (Centros), Slg. 1999, S. I-1459.*

[320] *EuGH, Urt. v. 9.3.1999, Rs. 212/97 (Centros), Slg. 1999, S. I-1459, Rn. 24;* unter Verweis auf: *EuGH, Urt. v. 3.12.1974, Rs. 33/74 (van Binsbergen), Slg. 1974, S. 1299, Rn. 13; EuGH, Urt. v. 3.2.1993, Rs. 148/91 (Veronica), Slg. 1993, S. I-487, Rn. 12; EuGH, Urt. v. 5.10.1994, Rs. 23/93 (TV 10), Slg. 1994, S. I-4795, Rn. 21; EuGH, Urt. v. 7.2.1979, Rs. 115/78 (Knoors), Slg. 1979, S. 399, Rn. 25; EuGH, Urt. v. 3.10.1990, Rs. 61/89 (Bouchoucha), Slg. 1990, S. I-3551, Rn. 14; EuGH, Urt. v. 10.1.1985, Rs. 229/83 (Leclerc), Slg. 1985, S. 1, Rn. 27; EuGH, Urt. v. 2.5.1996, Rs. 206/94 (Paletta II), Slg. 1996, S. I-2382, Rn. 24; EuGH, Urt. v. 21.6.1988, Rs. 39/86 (Lair), Slg. 1988, S. 3161, Rn. 43; EuGH, Urt. v. 3.3.1993, Rs. 8/92 (General Milk Products), Slg. 1993, S. I-779, Rn. 21; EuGH, Urt. v. 12.5.1998, Rs. 367/96 (Kefalas), Slg. 1998, S. I-2843, Rn. 20.*
Die Entscheidungen, auf welche der Gerichtshof in diesem Zusammenhang verweist, stammen aus den Bereichen des freien Warenverkehrs, der Freizügigkeit der Arbeitnehmer, des freien Dienstleistungsverkehrs, der Niederlassungsfreiheit und den Gebieten der sozialen Sicherheit sowie der gemeinsamen Agrarpolitik. Damit wird deutlich, daß es sich hierbei um ein allgemeines Prinzip des Gemeinschaftsrechts handelt, welches generell und somit auch für den Bereich der Niederlassungsfreiheit von Gesellschaften zu berücksichtigen ist. Dies bringt Generalanwalt *La Pergola* in seinen Schlußanträgen zu *Centros* zum Ausdruck: *Sicherlich entspricht der Grundsatz, daß "die mißbräuchliche oder betrügerische Berufung auf Gemeinschaftsrecht nicht gestattet [ist]", der ständigen Rechtsprechung des Gerichtshofes, und er gehört zu den grundlegenden Prinzipien des Gemeinschaftsrechts (Schlußanträge des Generalanwalts La Pergola vom 16. Juli 1998 in der Rs. 212/97 (Centros), Slg. 1999, S. I-1459, Rn. 20).*

[321] *EuGH, Urt. v. 9.3.1999, Rs. 212/97 (Centros), Slg. 1999, S. I-1459, Rn. 25;* unter Verweis auf: *EuGH, Urt. v. 2.5.1996, Rs. 206/94 (Paletta II), Slg. 1996, S. I-2382, Rn. 24;* vgl. auch: *Schlußanträge des Generalanwalts Tesauro vom 4. Februar 1998 in der Rs. 367/96 (Kefalas), Slg. 1998, S. I-2845, Rn. 25.*
Höfling schließt aus der Unterscheidung des Gerichtshofs zwischen der Errichtung von Gesellschaften und der Ausübung bestimmter Tätigkeiten, daß es einer nach den Vorschriften eines anderen Mitgliedstaats errichteten Gesellschaft gemeinschaftsrechtlich möglich sei, sich in einem anderen Mitgliedstaat niederzulassen. Daraus folge aber nicht, daß *eine Gesellschaft bezüglich tätigkeitsbezogener Regelungen ebenfalls dem Gründungsrecht unterworfen* sei (*Höfling, DB 1999, S. 1206*). Daher könne eine Scheinauslandsgesellschaft (pseudo-foreign corporation) *nur bezüglich dessen was sie „ist", bezüglich*

6) Folgerungen für die Geltendmachung des Mißbrauchseinwands

Zwar sind die Mitgliedstaaten grundsätzlich befugt, ihre nationale Mißbrauchsdogmatik auch in Fällen anzuwenden, die einen Bezug zum Gemeinschaftsrecht aufweisen[322]. Besteht eine gemeinschaftsrechtliche Relevanz, so darf die Anwendung nationalen Rechts jedoch nicht dazu führen, das gemeinschaftsrechtliche Grundprinzip des Anwendungsvorrangs in Frage zu stellen, was die einheitliche Tragweite und damit die volle Wirksamkeit des Gemeinschaftsrechts hinfällig werden ließe[323]. Kollisionen zwischen nationalem Recht und Gemeinschaftsrecht werden daher generell über den gemeinschaftsrechtlichen Anwendungsvorrang gelöst. Dabei ist im Vorfeld jeweils die Frage nach dem Schutzgehalt der einschlägigen gemeinschaftsrechtlichen Bestimmung zu stellen. Denn berührt ein Sachverhalt bereits nicht den Geltungsbereich gemeinschaftsrechtlicher Bestimmungen, so kommt es zu keinem Konfliktfall zwischen Gemeinschaftsrecht und nationalem Recht.

In diesem Zusammenhang ist die schon angesprochene Frage nach der Abgrenzung gemeinschaftsrechtlich relevanter Sachverhalte von rein internen Sachverhalten entscheidend, da letztere nicht vom Geltungsbereich der Grundfreiheiten erfaßt werden[324]. Allerdings sind rein interne Sachverhalte nur solche, denen jeglicher Bezug zu irgendeinem der Tatbestände fehlt, die das Gemeinschaftsrecht regelt, deren Merkmale damit sämtlich nicht über die Grenzen eines Mitgliedstaats

---

ihrer wirksamen Gründung auf das Recht eines anderen Mitgliedstaats verweisen. Bezüglich dessen, was sie „tut", dürfte sie weitgehend dem Sitzrecht unterworfen bleiben (Höfling, DB 1999, S. 1206 f.).

[322] Genauso wie der Gerichtshof für den Bereich des Gemeinschaftsrechts keine eigenständige Mißbrauchsdogmatik entwickelt hat, kennt das Gemeinschaftsrecht im Bereich der benannten Ausnahmen kein eigenständiges Konzept der öffentlichen Ordnung und Sicherheit, so daß die Begriffe zunächst durch die jeweiligen Mitgliedstaaten nach ihrem eigenen Verständnis ausgefüllt werden müssen und einer Einzelfallkontrolle durch den Gerichtshof am Maßstab des Gemeinschaftsrechts unterliegen, wonach allein *gerechtfertigte Beschränkungen* aus den explizit genannten Ausnahmegründen zulässig sind (*Groeben/Thiesing/Ehlermann/Wölker, Kommentar zum EU-/EG-Vertrag, Art. 48, Rn. 94 ff.; Callies/Ruffert/Bröhmer, Kommentar zum EU/EG-Vertrag, Art. 46, Rn. 3; Hubeau, Cah. dr. eur. 1981, S. 207 (210 ff.)*).

[323] Insofern gilt es zu berücksichtigen, daß etwa der Rechtsmißbrauchsgedanke nicht in allen Rechtsordnungen der Mitgliedstaaten bekannt ist (*Schlußanträge des Generalanwalts Tesauro vom 4. Februar 1998 in der Rs. 367/96 (Kefalas), Slg. 1998, S. I-2845, Rn. 22*). Die einheitliche Tragweite des Gemeinschaftsrechts kann daher allein über den Anwendungsvorrang gemeinschaftsrechtlicher Bestimmungen gewährleistet werden.

[324] *EuGH, Urt. v. 20.4.1988, Rs. 204/87 (Bekaert), Slg. 1988, S. 2029, Rn. 12; EuGH, Urt. v. 23.4.1991, Rs. 41/90 (Höfner und Elser), Slg. 1991, S. I-1979, Rn. 37; EuGH, Urt. v. 28.1.1992, Rs. 332/90 (Steen), Slg. 1992, S. I-341, Rn. 9; EuGH, Urt. v. 16.2.1995, Verb. Rs. 29-34/94 (Aubertin), Slg. 1995, S. I-301, Rn. 9; EuGH, Urt. v. 16.1.1997, Rs. 134/95 (USSL), Slg. 1997, S. I-195, Rn. 19. Betrifft der Rechtsstreit vor dem nationalen Gericht also einen Sachverhalt, der nicht in den Anwendungsbereich des Gemeinschaftsrechts fällt, so ist dieses Gericht nach dem Gemeinschaftsrecht weder verpflichtet, seine Rechtsvorschriften gemeinschaftsrechtskonform auszulegen, noch, sie unangewendet zu lassen. Falls ein und dieselbe Vorschrift in einer in den Anwendungsbereich des Gemeinschaftsrechts fallenden Situation unangewendet bleiben müßte, in einer nicht in diesen Anwendungsbereich fallenden Situation jedoch weiterhin angewandt werden könnte, wäre das zuständige Organ des betreffenden Staates verpflichtet, diese Rechtsunsicherheit zu beseitigen, soweit sie die sich aus Gemeinschaftsvorschriften ergebenden Rechte beeinträchtigen könnte (EuGH, Urt. v. 16.7.1998, Rs. 264/96 (ICI), Slg. 1998, S. I-4695, Rn. 34).*

hinausweisen[325]. Ist indes diese Schwelle überschritten, finden die Grundfreiheiten Anwendung, auch wenn der gemeinschaftsrechtliche Bezug bewußt herbeigeführt wurde[326] und die Intensität der Einwirkung auf die Grundfreiheiten als gering einzustufen ist. Sind aber nur akzidentielle Bereiche gemeinschaftsrechtlicher Gewährleistungen betroffen, so führt die *gemeinschaftsrechtliche Dimension* unter engeren Voraussetzungen dazu, sich beschränkenden nationalen Maßnahmen entziehen zu können[327], als wenn eine Betroffenheit essentieller gemeinschaftsrechtlicher Gewährleistungen bejaht werden kann.

Zwar können gegen das Fehlen einer eigenständigen Mißbrauchsdogmatik im Gemeinschaftsrecht insofern Bedenken geäußert werden, als Gemeinschaftsrecht unbedingten Vorrang vor entgegenstehendem nationalem Recht und damit auch vor der Anwendung nationaler Schutzbestimmungen verlangt, mit denen in den Mitgliedstaaten Zielsetzungen verfolgt werden, die Ausdruck der jeweiligen Werteordnung sind. Eine gemeinschaftsrechtliche Mißbrauchsdogmatik würde ein höheres

---

[325] *EuGH, Urt. v. 23.4.1991, Rs. 41/90 (Höfner und Elser), Slg. 1991, S. I-1979, Rn. 37; EuGH, Urt. v. 28.1.1992, Rs. 332/90 (Steen), Slg. 1992, S. I-341, Rn. 9; EuGH, Urt. v. 16.2.1995, Verb. Rs. 29-34/94 (Aubertin), Slg. 1995, S. I-301, Rn. 9; EuGH, Urt. v. 16.1.1997, Rs. 134/95 (USSL), Slg. 1997, S. I-195, Rn. 19.*

[326] *EuGH, Urt. v. 9.3.1999, Rs. 212/97 (Centros), Slg. 1999, S. I-1459, Rn. 16 – 21;* vgl. auch: *Carruthers/Villiers, EBLR 2000, S. 91 (96).*

[327] So befürwortete Generalanwalt *Darmon* in seinen Schlußanträgen zu *Daily Mail* eine Beschränkung der Niederlassungsfreiheit von Gesellschaften in den Fällen, in denen sich aus objektiven Umständen ergibt, daß Bestimmungen des nationalen Rechts unter Ausnutzung der gemeinschaftsrechtlichen Grundfreiheiten umgangen werden sollen (*Schlußanträge vom 7.6.1988, Slg. 1988, S. 5500, Rn. 9 ff.;* unter Verweis auf: *EuGH, Urt. v. 10.1.1985, Rs. 229/83 (Leclerc), Slg. 1985, S. 1, Rn. 27*). Der Gedanke, daß ein aufgrund objektiver Kriterien nachgewiesenes mißbräuchliches Verhalten des Betroffenen gegebenenfalls zu einem Ausschluß der Berufung auf Gemeinschaftsrecht führen kann, ist in der Entscheidung *Paletta* aufgegriffen und dahingehend präzisiert worden, daß bei einer entsprechenden Würdigung des Verhaltens die Ziele der fraglichen Bestimmungen zu beachten seien (*EuGH, Urt. v. 2.5.1996, Rs. 206/94 (Paletta II), Slg. 1996, S. I-2357, Rn. 25*).
An den vorgenannten Gedanken knüpft der Gerichtshof in seiner *Centros*-Entscheidung an, indem er ausführt: *Zwar können die nationalen Gerichte unter solchen Umständen im Einzelfall das mißbräuchliche oder betrügerische Verhalten der Betroffenen auf der Grundlage objektiver Kriterien in Rechnung stellen, um ihnen gegebenenfalls die Berufung auf das einschlägige Gemeinschaftsrecht zu verwehren; sie haben jedoch bei der Würdigung eines solchen Verhaltens die Ziele der fraglichen Bestimmungen zu beachten* (*EuGH, Urt. v. 9.3.1999, Rs. 212/97 (Centros), Slg. 1999, S. I-1459, Rn. 25*). Dies bedeutet, daß wegen eines mißbräuchlichen Verhaltens jedenfalls in den Fällen durch nationale Maßnahmen in den Gewährleistungsrahmen der Niederlassungsfreiheit von Gesellschaften eingegriffen werden kann, in denen – unabhängig vom eigentlichen Niederlassungs- und damit Restrukturierungsvorgang, der auch der Ausnutzung eines Regelungsgefälles zwischen den Mitgliedstaaten dienen kann – konkrete Umstände vorliegen, die auf eine Gefährdung überwiegender Allgemeinwohlinteressen hindeuten. Dabei geht der EuGH grundsätzlich davon aus, daß bestehende Regelungsgefälle zwischen den Rechtsordnungen der Mitgliedstaaten der Gemeinschaft im Wege von Rechtsangleichung nivelliert werden müssen und durch die Mitgliedstaaten daher nicht als Begründung dafür herangezogen werden können, um gemeinschaftsrechtliche Gewährleistungen zu beschränken (*EuGH, Urt. v. 9.3.1999, Rs. 212/97 (Centros), Slg. 1999, S. I-1459, Rn. 28*). In Ermangelung einer Harmonisierung kommt folglich keine einseitige Beschränkung der Reichweite der gemeinschaftsrechtlichen Gewährleistungen durch die Mitgliedstaaten in Betracht (vgl. etwa für den Bereich der Dienstleistungsfreiheit: *EuGH, Urt. v. 10.5.1995, Rs. 384/93 (Alpine Investments), Slg. 1995, S. I-1141, Rn. 27;* unter Verweis auf: *EuGH, Urt. v. 14.7.1994, Rs. 379/92 (Peralta), Slg. 1994, S. I-3453, Rn. 48*).

Maß an Rechtssicherheit dadurch ermöglichen, daß gemeinschaftsweit nach klaren Kriterien bestimmt würde, unter welchen Voraussetzungen eine Berufung auf die Grundfreiheiten als rechtsmißbräuchlich und damit unzulässig anzusehen wäre.

Indem der Gerichtshof auf die Entwicklung einer eigenständigen Mißbrauchsdogmatik verzichtet, kann er allerdings den Besonderheiten der mitgliedstaatlichen Rechtsordnungen in höherem Maße Rechnung tragen und nicht zuletzt – durch eine weitgehende Respektierung der Wertungen der mitgliedstaatlichen Gesetzgeber und Gerichte als Ausdruck des jeweiligen nationalen Rechtsverständnisses – ein hohes Maß an Akzeptanz erreichen, ohne Gefahr zu laufen, die ihm zugewiesenen Kompetenzen durch eine ausufernde Rechtsschöpfung im Rahmen der negativen Integration zu überschreiten.

Für die Frage der Vereinbarkeit der Sitztheorie und ihrer materiellrechtlichen Folgewirkungen mit dem Gemeinschaftsrecht in Fällen des unechten Zuzugs läßt sich aus der vorgenannten Rechtsprechung des EuGH folgern, daß ein reiner Umgehungsgründungstatbestand für sich genommen noch nicht eine Berufung auf die gemeinschaftsrechtliche Gewährleistung der Niederlassungsfreiheit ausschließt. Denn der unechte Zuzug ist eine Form der Restrukturierung für Gesellschaften innerhalb der Gemeinschaft, die von der (sekundären) Niederlassungsfreiheit erfaßt wird[328]. Wäre in entsprechenden Fällen eine Berufung auf die Gewährleistung unter Verweis auf ein mißbräuchliches Verhalten nicht möglich, so würde die Gewährleistung insoweit leer laufen und die Niederlassungsfreiheit nicht ihrer Funktion zur Absicherung des Binnenmarkts gerecht werden. Der EuGH bringt dies in *Centros* unmißverständlich zum Ausdruck: *Damit kann es für sich allein keine mißbräuchliche Ausnutzung des Niederlassungsrechts darstellen, wenn ein Staatsangehöriger eines Mitgliedstaats, der eine Gesellschaft gründen möchte, diese in dem Mitgliedstaat errichtet, dessen gesellschaftsrechtliche Vorschriften ihm die größte Freiheit lassen, und in anderen Mitgliedstaaten Zweigniederlassungen gründet. Das Recht, eine Gesellschaft nach dem Recht eines Mitgliedstaats zu errichten und in anderen Mitgliedstaaten Zweigniederlassungen zu gründen, folgt nämlich im Binnenmarkt unmittelbar aus der vom EG-Vertrag gewährleisteten Niederlassungsfreiheit*[329].

Auch bei Umgehungstatbeständen, die dem Gewährleistungsbereich der Niederlassungsfreiheit unterfallen, kann folglich nicht maßgeblich sein, ob aus dem nationalen Rechtsverständnis heraus ein mißbräuchliches Verhalten vorliegt, das – wenn vorrangig anwendbares Gemeinschaftsrecht nicht beachtlich wäre – nach dem maßgeblichen Recht für gewöhnlich dazu führen würde, einen entsprechenden Vorgang zu vereiteln. Denn ansonsten würden der Anwendungsvorrang und die einheitliche Tragweite des Gemeinschaftsrechts in Frage gestellt. Zudem könnte ein nationaler Gesetzgeber durch eine bestimmte Ausgestaltung seines nationalen Rechts den Geltungsbereich des Gemeinschaftsrechts einseitig beschränken[330].

---

[328] Vgl. hierzu ausführlich: *Kapitel 4 D. III.*

[329] *EuGH, Urt. v. 9.3.1999, Rs. 212/97 (Centros), Slg. 1999, S. I-1459, Rn. 27.*

[330] Vgl. hierzu im Zusammenhang mit der *Centros*-Entscheidung: *Kapitel 4 E. V. 1).*

III. Regelungsmöglichkeiten der Mitgliedstaaten zur Wahrung nationaler Schutzinteressen beim Zuzug juristischer Personen aus dem EG-Ausland

Aufgrund der für Fälle des Zuzugs gemeinschaftsrechtlich gewährleisteten Gesellschaftsmobilität innerhalb des Binnenmarktes stellt sich die Frage, in welcher Form die Mitgliedstaaten bei echten Sitzverlegungen und in Fällen reiner Umgehungsgründungen eigene Schutzinteressen wie einen wirksamen Schutz des Rechtsverkehrs und die Sicherung der Anwendung zwingender Regelungen des eigenen Rechts – etwa im Bereich der Mitbestimmung – in Einklang mit den gemeinschaftsrechtlichen Vorgaben verfolgen können. Wie die Analyse der Rechtsprechung des EuGH zur Rechtfertigungssystematik gezeigt hat, sind direkt diskriminierende nationale Maßnahmen generell unzulässig, sofern sie nicht aus Gründen gerechtfertigt werden können, die in Artikel 46 EG (Art. 56 EGV) explizit als Rechtfertigungsgründe anerkannt sind. Dabei erfassen die in der Bestimmung vorgesehenen Rechtfertigungsmöglichkeiten der öffentlichen Ordnung und Sicherheit nicht die Schutzbereiche, deren Absicherung die Sitztheorie mit ihren materiellrechtlichen Folgewirkungen anstrebt[331].

Folglich kommen nur nationale Maßnahmen in Betracht, die nicht direkt diskriminierend wirken und damit formal zwischen ausländischen und inländischen juristischen Personen differenzieren[332]. Bei nationalen Maßnahmen, die indirekt diskriminierend wirken oder trotz fehlender Diskriminierung eine beschränkende Wirkung entfalten, können indes überwiegende Allgemeinwohlinteressen herangezogen werden, die der EuGH in seiner Rechtsprechung als mögliche Rechtfertigungsgründe zwecks Wahrnehmung legitimer mitgliedstaatlicher Interessen anerkannt hat und die grundsätzlich auch die Schutzziele erfassen, die mit der Sitztheorie und ihren materiellrechtlichen Folgewirkungen verfolgt werden[333]. Hier ist daher im Einzelfall zu prüfen, ob eine nationale Maßnahme den gemeinschaftsrechtlichen Anforderungen genügt, die der EuGH für indirekt diskriminierende und beschränkende nationale Maßnahmen aufgestellt hat.

Beachtlich ist in diesem Zusammenhang nicht zuletzt die *Keck*-Rechtsprechung des EuGH, die auch im Bereich der Niederlassungsfreiheit Gültigkeit hat, da sie den Schutzgehalt der Grundfreiheiten konkretisiert und Ausfluß allgemeiner

[331] Vgl. ausführlich zur Rechtfertigung direkter Diskriminierungen: *Kapitel 5 A. I. 1) und 3).*

[332] Insoweit wird nach der Rechtsprechung des EuGH der Sitz im Sinne des Artikels 48 EG (Art. 58 EGV) mit der Staatsangehörigkeit bei natürlichen Personen gleichgesetzt, die dazu dient, ihre Zugehörigkeit zur Rechtsordnung eines Staates zu bestimmen (*EuGH, Urt. v. 28.1.1986 (Kommission ./. Frankreich), Slg. 1986, S. 273, Rn. 18; EuGH, Urt. v. 13.7.1993, Rs. 330/91 (Commerzbank), Slg. 1993, S. I-4017, Rn. 13; EuGH, Urt. v. 16.7.1998, Rs. 264/96 (ICI), Slg. 1998, S. I-4695, Rn. 20*).

[333] *Kapitel 5 A. I. 2).*

Indes ist nach Auffassung von *Werlauff* mit Blick auf die *Centros*-Entscheidung ein wirksamer Schutz nicht mehr durch eine Kontrolle der *Errichtung* einer Gesellschaft im Inland, sondern nur noch über entsprechende Kautelen hinsichtlich des *Betriebs* von Gesellschaften möglich, sofern diese Regelungen unterschiedslos für alle Gesellschaften gelten (*ZIP 1999, S. 867 (875)*).

gemeinschaftsrechtlicher Grundsätze ist[334]. Danach können beschränkende nationale Maßnahmen, die weder direkt noch indirekt diskriminierend wirken, nur dann am Maßstab des Gemeinschaftsrechts überprüft werden, sofern sie den Marktzugang und damit das *Ob* der Ausübung der Gewährleistung betreffen. Bestehen daher bei nationalen Maßnahmen, die Modalitäten der Ausübung der Niederlassungsfreiheit regeln, keine Differenzierungen zwischen inländischen und ausländischen juristischen Personen, so sind die aus entsprechenden nationalen Maßnahmen resultierenden beschränkenden Wirkungen für die Niederlassungsfreiheit zu ungewiß und zu mittelbar, als daß von einem Eingriff in die Gewährleistung ausgegangen werden könnte[335]. Eine Kontrolle am Maßstab des Gemeinschaftsrechts findet in diesen Fällen nicht statt.

Nachfolgend werden exemplarisch Möglichkeiten angesprochen, die es den Mitgliedstaaten erlauben, eigene Schutzinteressen zu verfolgen, wobei jeweils geprüft wird, ob sie unter Beachtung der hier vertretenen gemeinschaftsrechtlichen Rechtslage als gemeinschaftsrechtskonform anzusehen sind. Dabei wird zwischen den Bereichen des Schutzes des Rechtsverkehrs und der unternehmerischen Mitbestimmung differenziert.

1) Schutz des Rechtsverkehrs

(a) Erstreckung bestehender inländischer Mindestkapitalerfordernisse auf juristische Personen aus anderen Mitgliedstaaten

Zur effektiven Absicherung des Schutzes inländischer Gläubiger sind grundsätzlich nationale Regelungen denkbar, die inländische Mindestkapitalvorschriften auf ausländische juristische Personen mit effektivem Verwaltungssitz im Inland erstrecken[336]. Zweifelhaft erscheint bei einem entsprechenden Regelungsansatz allerdings die Geeignetheit zur Gewährleistung eines Schutzes des Rechtsverkehrs. So wird in der deutschen Literatur regelmäßig nicht in Abrede gestellt, daß ein gesetzliches Mindestkapitalerfordernis nicht ausreichend ist, um einen effektiven Gläubigerschutz zu gewährleisten[337]. Ob die Kapitalausstattung eines Unternehmens hinreichend ist, läßt sich allein mit Blick auf die jeweils verfolgten unternehmerischen Zielsetzungen beurteilen[338]. Bereits 1988 lag die durchschnittliche Kapitalausstattung von Gesellschaften mit beschränkter Haftung in Deutschland bei

---

[334] *Vgl. Kapitel 4 B. IV.*

[335] *Kapitel 4 B. IV. und V.*

[336] Vgl. zu entsprechenden Regelungen in der niederländischen Gesetzgebung: *Timmerman, ZGR 1999, S. 147 ff.; Görk, GmbHR 1999, S. 793 (798).* Für eine Angleichung der Mindestkapitalerfordernisse bei der GmbH: *Deckert, RabelsZ 64 (2000), S. 478 (493).*

[337] Vgl. statt vieler: *K. Schmidt, Gesellschaftsrecht, S. 522; Bauer, Gläubigerschutz und die materielle Nennkapitalziffer, S. 133 ff.*

[338] Hieraus resultiert auch eine Hauptkritik, die in Deutschland gegen das Stammkapitalerfordernis geäußert wird. Denn die Höhe des Stammkapitalerfordernisses für Kapitalgesellschaften orientiert sich nicht an ihrem individuellen Eigenkapitalbedarf. Zudem besteht kein Schutz gegen eine *Auszehrung des Haftungsfonds durch Verluste* (*Roth, GmbHG, Einl. 3.2.2.*).

446.000 DM[339], so daß offensichtlich das gesetzlich vorgesehene inländische Mindestkapitalerfordernis regelmäßig nicht ausreichend ist, die tatsächlichen Kapitalbedürfnisse abzudecken.

Ist ein starres Mindestkapitalerfordernis, das immanent nicht die tatsächlichen Kapitalbedürfnisse einer juristischen Person berücksichtigen kann, bereits nicht geeignet, einen effektiven Gläubigerschutz zu gewährleisten[340], so läßt sich eine nationale Regelung nicht gemeinschaftsrechtlich rechtfertigen, die entsprechende Mindestkapitalerfordernisse auf ausländische juristische Personen mit effektivem Verwaltungssitz im Inland erstreckt. Hätte eine entsprechende Regelung – durch Anknüpfung an die fremde *Nationalität* – eine direkt diskriminierende Wirkung, so ließe sie sich bereits von daher nicht rechtfertigen, weil der Rechtfertigungsgrund des Artikels 46 EG (Art. 56 EGV) allgemeine Verkehrsschutzinteressen nicht erfaßt[341]. Bei einer indirekt wirkenden nationalen Regelung, die nicht direkt auf die *Nationalität* der jeweiligen Gesellschaft abstellt, würde es indes am Kriterium der Geeignetheit mangeln[342].

Daher erscheint eine Regelung wie diejenige des seit 1997 bestehenden niederländischen Gesetzes über formal ausländische Gesellschaften (Wet op de formeel buitenlandse vennootschappen)[343] gemeinschaftsrechtswidrig, da es auf ausländische Gesellschaften, die nach dem Recht eines anderen Mitgliedstaats gegründet wurden, aber nur in den Niederlanden eine wirtschaftliche Betätigung entfalten, die in den Niederlanden geltenden Mindestkapitalerfordernisse erstreckt[344].

---

[339] *Hommelhoff, in: Roth (Hrsg.), Das System der Kapitalgesellschaften im Umbruch, ein internationaler Vergleich, S. 26 (30).*

[340] Mindestkapitalerfordernisse für Gesellschaften mit beschränkter Haftung können damit als Gläubigerschutzvorschriften nicht dadurch gerechtfertigt werden, daß sie der Bekämpfung von mißbräuchlichem oder betrügerischem Verhalten dienen (*Schlußanträge des Generalanwalts La Pergola vom 16. Juli 1998 in der Rs. 212/97 (Centros), Slg. 1999, S. I-1459, Rn. 21 f.; Kieninger, ZGR 1999, S. 724 (742 f.)*).

[341] *Vgl. Kapitel 5 A. I. 3) (c).*

[342] Vgl. zum Kriterium der Geeignetheit: *Kapitel 5 A. I. 5) (a).*

[343] *Staatsblad 1997, S. 697;* vgl. hierzu: *Timmerman, ZGR 1999, S. 147 (148 ff.); ders., FS Lutter, S. 173 (183 ff.).*
Zudem wird nach der niederländischen Gesetzgebung das Leitungsorgan formal ausländischer Gesellschaften einer gesamtschuldnerischen Haftung aus Rechtshandlungen unterworfen, die vor Eintragung der Gesellschaft in das Handelsregister vorgenommen wurden (*Timmerman, ZGR 1999, S. 147 (149 f.); ders., FS Lutter, S. 173 (183); Koppensteiner, FS Lutter, S. 141 (152)*). Auch sind entsprechende Gesellschaften verpflichtet, auf all ihren Dokumenten anzugeben, daß es sich bei ihnen um ausländische juristische Personen handelt (*Timmerman, FS Lutter, S. 173 (184)*).

[344] So diente bei dem der *Centros*-Entscheidung zugrunde liegenden Sachverhalt die Eintragungspraxis von Zweigniederlassungen ausländischer juristischer Personen auch dazu, die Einhaltung des im dänischen Recht bestehenden Mindestkapitalerfordernisses abzusichern, das insbesondere öffentlichen Gläubigern Schutz bieten sollte, da sie im Gegensatz zu privaten Gläubigern nicht die Möglichkeiten haben, ihre Forderungen durch Sicherheiten oder Bürgschaften abzusichern. Zudem sollten die Risiken eines betrügerischen Bankrotts reduziert werden (*Schlußanträge des Generalanwalts La Pergola vom 16. Juli 1998 in der Rs. 212/97 (Centros), Slg. 1999, S. I-1459, Rn. 3*). Der EuGH ging im Ergebnis von einer Gemeinschaftsrechtswidrigkeit der Eintragungspraxis aus. So verweist Generalanwalt *La Pergola* in seinen Schlußanträgen zu *Deutsche Post AG* zutreffend darauf, der Gerichtshof habe in *Centros* implizit anerkannt, der von der dänischen Verwaltung eingenommene Standpunkt, die nationalen Vorschriften über das Mindestkapital, mit dem Gesellschaften mit beschränkter Haftung

Auch der Gesichtspunkt des Rechtsmißbrauchs führt bei Umgehungsgründungen zu keinem anderen Ergebnis[345]. Denn allein der Umstand, daß in anderen Mitgliedstaaten keine oder geringere Mindestkapitalerfordernisse bestehen, läßt nicht den Schluß zu, mit entsprechenden Gründungen würden häufiger oder gar generell unseriöse Zielsetzungen verfolgt[346]. Die reine Umgehungsabsicht zwecks Ausnutzung bestehender Regelungsgefälle ist aus gemeinschaftsrechtlicher Betrachtung für sich genommen nicht rechtsmißbräuchlich[347].

Folglich bietet die Erstreckung inländischer Mindestkapitalerfordernisse auf ausländische juristische Personen mit effektivem Verwaltungssitz im Inland keinen adäquaten Ansatz, dem Schutz des inländischen Rechtsverkehrs Rechnung zu tragen.

(b) Durchgriffshaftung bei qualifizierter materieller Unterkapitalisierung

Bietet das Unterwerfen einer ausländischen juristischen Person mit effektivem Verwaltungssitz im Inland unter für inländische juristische Personen bestehende Mindestkapitalerfordernisse keinen probaten Ansatz, um inländischen Verkehrsschutzinteressen Rechnung zu tragen, so gilt es zu klären, ob ihre Absicherung mittels einer Durchgriffshaftungsregelung erlangt werden kann[348]. In der Literatur wurde insbesondere im Zusammenhang mit der *Centros*-Entscheidung auf diesen Ansatz verwiesen[349]. Von besonderer Bedeutung ist dabei die Fallgruppe der

---

bei ihrer Errichtung ausgestattet werden müßten, seien zwingend anwendbar, laufe dem Gemeinschaftsrecht zuwider (*Schlußanträge des Generalanwalts La Pergola vom 1.6.1999 in den Verb. Rs. 147/97 und 148/97 (Deutsche Post AG), Slg. 2000, S. I-825, Rn. 22*).
Teilweise wird in der Literatur die Auffassung vertreten, für ausländische juristische Personen, die mit einer inländischen GmbH vergleichbar seien, aber nicht über eine entsprechende Kapitalausstattung verfügten, müßten Sonderregelungen eingeführt werden, um Verkehrsschutzinteressen hinreichend Rechnung zu tragen. So ist nach *Koppensteiner* in Erwägung zu ziehen, Sicherheitsleistungen von Gesellschaften zu verlangen, wenn ihre Vermögensausstattung deutlich hinter den Mindestkapitalanforderungen des neuen Sitzstaates zurückbleibe (*Koppensteiner, FS Lutter, S. 141 (153)*).

345 Vgl. zum Mißbrauchseinwand: *Kapitel 5 A. II.*

346 *EuGH, Urt. v. 9.3.1999, Rs. 212/97 (Centros), Slg. 1999, S. I-1459, Rn. 27 f.*

347 *Vgl. Kapitel 5 A. II. 6).*

348 Vgl. zur Bedeutung der Durchgriffsproblematik bei Gesamthandsgesellschaften und juristischen Personen: *K. Schmidt, Gesellschaftsrecht, S. 226 ff.*; zur historischen Entwicklung des Haftungsdurchgriffs in Deutschland: *C. Schmidt, Der Haftungsdurchgriff und seine Umkehrung im internationalen Privatrecht, S. 5 ff.*; zu den Arten der Unterkapitalisierung: *Hachenburg/Ulmer, GmbHG, § 30 Anh., Rn. 20 ff.*; vgl. auch: *Baumbach/Hueck/Fastrich, GmbH-Gesetz, § 13, Rn. 15; Teipel, Die Bedeutung der lex fori für die Anknüpfung des Haftungsdurchgriffs, S. 22 ff.*

349 Vgl. zur Anwendung der Regelungen des Haftungsdurchgriffs auf im Inland tätige Gesellschaften ausländischer Rechtsform wegen materieller Unterkapitalisierung im Zusammenhang mit der *Centros*-Entscheidung: *Ulmer, JZ 1999, S. 662 (664 f.); Zimmer, ZHR 164 (2000), S. 23 (37).*
Großfeld/Jasper haben eine kumulative Haftung nach dem Recht des Wegzugslandes, in dem die Gesellschaft noch registriert ist, und nach den inländischen Haftungsgrundsätzen, so in Deutschland nach den vom BGH entwickelten Grundsätzen über die Vorgesellschaft, gefordert. Danach würden die Gesellschafter der Vorgesellschaft im Inland auf jeden Fall im Rahmen der Differenzhaftung persönlich für die Verbindlichkeiten der Gesellschaft in Höhe ihrer Einlageschuld haften (*Großfeld/Jasper, RabelsZ 53 (1989), S. 52 (61)*).

(qualifizierten) materiellen Unterkapitalisierung, die allein nachfolgend behandelt wird.

Im deutschen Recht wird der Gefahr einer Gläubigerbenachteiligung über das Deliktsrecht – und hier insbesondere das Verbot der sittenwidrigen Gläubigerschädigung gemäß § 826 BGB[350] – sowie durch Anwendung des Grundsatzes von Treu und Glauben Rechnung getragen, wobei es sich allerdings nicht um einen Durchgriff im Sinne eines *lifting the corporate veil* handelt, da die Haftung auf einem besonderen Rechtsgrund beruht und mithin keine Notwendigkeit besteht, sich über die Rechtsform der juristischen Person hinwegzusetzen, die eine Haftungsbeschränkung auf das Gesellschaftsvermögen gewährt[351]. Jedoch bietet das Verbot sittenwidriger Gläubigerschädigung keinen hinreichenden Schutz für den Bereich der materiellen Unterkapitalisierung von Gesellschaften[352], auch wenn die Bestimmung allgemein die Fälle der Gläubigerbenachteiligung erfaßt[353].

In der Rechtsprechung ist eine Haftung wegen materieller Unterkapitalisierung bisher auf Ablehnung gestoßen[354]. Daher stellt sich die Frage, wie eine Durchgriffshaftungsregelung aussehen könnte, die Fälle der materiellen Unterkapitalisierung erfaßt, wobei zu berücksichtigen ist, daß ein entsprechender Ansatz nicht direkt diskriminierend wirken darf, weil eine Rechtfertigung nach Artikel 46 EG (Art. 56 EGV) nicht in Betracht kommt[355]. Folglich müßte eine Regelung grundsätzlich auch inländische juristische Personen erfassen, sofern die allgemeinen Haftungsvoraussetzungen gegeben wären.

---

[350] So etwa: *BGH, WM 1979, S. 229 ff.*; vgl. hierzu: *Hachenburg/Ulmer, GmbHG, § 30 Anh., Rn. 35, 49.* Vgl. zur Möglichkeit der Haftung ausländischer juristischer Personen mit effektivem Verwaltungssitz im Inland nach § 823 Abs. 2 BGB i.V.m. § 263 StGB sowie nach § 826 BGB: *Ulmer, JZ 1999, S. 662 (664 f.); Zimmer, ZHR 164 (2000), S. 23 (37).*

[351] *BGHZ 31, S. 258 (271).*

[352] *BGHZ 31, S. 258 (266)*; vgl. hierzu: *Hachenburg/Ulmer, GmbHG, § 30 Anh., Rn. 32.*

[353] *Palandt-Thomas, Bürgerliches Gesetzbuch, § 826, Rn. 36 ff.*

[354] *BGHZ 68, S. 312 (319).*
Allerdings bestehen einige orbita dicta, in denen die grundsätzliche Möglichkeit einer Haftung wegen materieller Unterkapitalisierung anklingt (*BGHZ 31, S. 258 (269 ff.); BSG, NJW 1984, S. 2117 (2119); OLG Hamburg, BB 1973, S. 1231 (1232)*; vgl. bereits: *RGZ 166, S. 51 (57 f.)*; siehe hierzu eingehender: *Vonnemann, Haftung der GmbH-Gesellschafter bei materieller Unterkapitalisierung, S. 2 ff.*). So betonte das BSG, zwar sei nicht gesetzlich geregelt, daß das Stammkapital einer GmbH nach dem mutmaßlichen Kapitalbedarf der Gesellschaft bemessen werden müsse. Dies bedeute jedoch nicht, daß das haftende Kapital rechtsfolgenlos ganz ohne Rücksicht auf das für die satzungsmäßigen Gesellschaftszwecke benötigte Kapital festgesetzt werden dürfe. Vielmehr müsse eine gewisse Relation zwischen dem nach Art und Umfang der beabsichtigten oder tatsächlichen Geschäftstätigkeit bestehenden Finanzbedarf und dem haftenden Eigenkapital gewährleistet sein, da anderenfalls durch das Institut der juristischen Person die Möglichkeit geschaffen würde, Unternehmen mit einer für ihre Zwecke offensichtlich unzureichenden Kapitalausstattung zu betreiben und das Risiko allein auf die Gläubiger der Gesellschaft abzuwälzen (*BSG, NJW 1984, S. 2117 (2119)*). Allerdings wird in der Rechtsprechung ein Stammkapitalerfordernis, das sich an dem mutmaßlichen Kapitalbedarf der jeweiligen Gesellschaft orientiert, wegen fehlender Rechtssicherheit abgelehnt (*BGHZ 31, S. 258 (268)*).

[355] *Vgl. Kapitel 5 A. I. 3).*

Die theoretischen Grundlagen für eine Herleitung der Durchgriffshaftung reichen in der deutschen Literatur bereits in das Jahr 1955 zurück. Nach der von *Serick*[356] entwickelten Mißbrauchsformel der subjektiven Mißbrauchslehre darf der Mantel der juristischen Person beiseite geschoben und damit das Trennungsprinzip durchbrochen werden, wenn die juristische Person durch die hinter ihr stehenden Anteilseigner zu Zwecken mißbraucht wird, die von der Rechtsordnung nicht vorgesehen sind[357]. Dabei hat *Serick* verschiedene Fallgruppen entwickelt, die vom Mißbrauchsbegriff erfaßt werden sollen. Hierzu gehören die Fälle der Gesetzesumgehung und der Gläubigerbenachteiligung[358]. Allerdings nahm *Serick* keine Wesens- oder Zweckbestimmung juristischer Personen vor, so daß nur im Einzelfall beurteilt werden kann, ob ein Mißbrauch vorliegt[359].

Ein zweiter, als Normanwendungslehre bekannter Ansatz wurde von *Müller-Freienfels*[360] entwickelt. Ihm zufolge ist von der Frage auszugehen, ob und wenn ja, *inwieweit eine bestimmte Norm in einem konkreten Fall auf eine juristische Person ihrem Sinn und Zweck nach im Zuge richtiger Gestaltung der sozialen Ordnung anwendbar ist*[361]. Der Durchgriff wird hier nicht als Problem der juristischen Person selbst behandelt, sondern den Außenbeziehungen zugeordnet[362]. Dieser Ansatz verschließt sich in weit stärkerem Maße abstrakter Fallgruppen, da jeweils auf den konkreten Einzelfall und die in diesem Zusammenhang einschlägige gesetzliche oder vertragliche Regelung abzustellen ist[363].

Vorliegend ist es nicht erforderlich, die Diskussion um den konzeptionellen Ansatz wiederzubeleben, wie Durchgriffsfälle dogmatisch am zweckmäßigsten begründet werden können[364]. *Drobnig* hält denn auch die Frage der richtigen dogmatischen Untermauerung eines Haftungsdurchgriffs für eine Geschmacksfrage[365].

---

[356] *Serick, Rechtsform und Realität juristischer Personen;* vgl. auch: *ders. NJW 1956, S. 895 ff.*
Der Ansatz *Sericks* wurde namentlich von *Drobnig* weiterentwickelt (*Drobnig, Haftungsdurchgriff bei Kapitalgesellschaften;* vgl. hierzu auch: *C. Schmidt, Der Haftungsdurchgriff und seine Umkehrung im internationalen Privatrecht, S. 7 f.; Vonnemann, Haftung der GmbH-Gesellschafter bei materieller Unterkapitalisierung, S. 8 ff.*).

[357] *Serick, Rechtsform und Realität juristischer Personen, S. 70 ff., 99 ff., 203 ff.*

[358] *Serick, Rechtsform und Realität juristischer Personen, S. 203 ff.*

[359] Hierauf weist *Behrens* besonders hin (*RabelsZ 46 (1978), S. 308 (313)*).

[360] *Zur Lehre vom sogenannten «Durchgriff» bei juristischen Personen im Privatrecht, AcP 156 (1957), S. 522 ff.*
Der Ansatz wurde namentlich durch *Rehbinder* weiterentwickelt (*Rehbinder, Konzernaußenrecht und allgemeines Privatrecht*). Vgl. zu der daneben bestehenden Lehre von der Erklärungshaftung, die auf *Erman* zurückgeht, sowie zur Lehre von der Organisationsfehlerhaftung, die von *Reinhardt* begründet wurde: *Vonnemann, Haftung der GmbH-Gesellschafter bei materieller Unterkapitalisierung, S. 10 ff.*

[361] *Müller-Freienfels, AcP 156 (1957), S. 522 (536).*

[362] *C. Schmidt, Der Haftungsdurchgriff und seine Umkehrung im internationalen Privatrecht, S. 8.*

[363] *Müller-Freienfels, AcP 156 (1957), S. 522 (535 ff.).*
K. Schmidt unterscheidet bei den Durchgriffslehren zwischen Mißbrauchslehren, Normanwendungslehren und institutionellen Lehren (*K. Schmidt, Gesellschaftsrecht, S. 228 ff.*).

[364] *Behrens* sieht die Stärke des Normanwendungskonzepts von *Müller-Freienfels* gegenüber der von *Serick* vertretenen Mißbrauchsformel darin, daß die *Durchbrechung des Trennungsprinzips nicht nur als Reaktion auf mißbräuchliche privatautonome Gestaltungen begriffen werden kann, sondern auch als Regelungstechnik des Gesetzgebers* (*RabelsZ 46 (1982), S. 308 (314);* vgl. auch:

Ein Schutz inländischer Gläubiger kann grundsätzlich mittels einer Durchgriffshaftungsregelung dergestalt erreicht werden, daß die Anteilseigner unbeschränkt persönlich und gesamtschuldnerisch für die Verbindlichkeiten einer Gesellschaft ab dem Zeitpunkt haften, in dem ein Fall der qualifizierten materiellen Unterkapitalisierung vorliegt[366]. Begrifflich wäre von einer qualifizierten materiellen Unterkapitalisierung auszugehen, *wenn die Höhe des Kapitals dem wirtschaftlichen Risiko der betreffenden Gesellschaft in evidenter Weise widerspricht*[367]. In entsprechenden Fällen müßte eine widerlegbare Vermutung zu Lasten der Anteilseigner dahingehend bestehen, daß eine bewußte oder fahrlässige Inkaufnahme der Schädigung Dritter vorliegt und im Zeitpunkt des Eintritts der Verbindlichkeit bereits eine Unterkapitalisierung vorlag. Die Haftung könnte auf diejenigen Gesellschaften begrenzt werden, deren effektiver Verwaltungssitz sich im Inland befindet, um die Reichweite des Durchgriffs territorial zu beschränken.

Die Normierung einer entsprechenden Durchgriffshaftungsregelung wäre als gemeinschaftsrechtskonform zu erachten[368]. Denn sie knüpft weder direkt noch indirekt an das Gesellschaftsstatut und damit die *Nationalität* der Gesellschaft an und entfaltet folglich keine diskriminierende Wirkung. Da sie mithin aus gemeinschaftsrechtlicher Sicht allein als beschränkende nationale Maßnahme aufzufassen wäre, welche die Ausübung des Niederlassungsrechts nicht in bezug auf den Marktzugang selbst betrifft, würde sie unter Anwendung der *Keck*-Rechtsprechung des EuGH nicht den Schutzgehalt des Artikels 43 EG (Art. 52 EGV) tangieren und daher keiner Überprüfung am Maßstab der Niederlassungsfreiheit unterliegen. Eine gemeinschaftsrechtliche Kontrolle entfiele wegen eines zu schwach ausgeprägten Bezugs zum Gemeinschaftsrecht, so wie dies im Bereich der Warenverkehrsfreiheit bei vertriebsbezogenen Regelungen der Fall ist[369].

Lutter/Hommelhoff, GmbHG, § 13, Rn. 6; kritisch indes: *Teipel, Die Bedeutung der lex fori für die Anknüpfung des Haftungsdurchgriffs, S. 31 f.*).

[365] *Drobnig, Haftungsdurchgriff bei Kapitalgesellschaften, S. 95.*

Allerdings ist darauf zu verweisen, daß die systematische Einordnung von Haftungsdurchgriffsregelungen von entscheidender Bedeutung für ihre kollisionsrechtliche Anknüpfung ist (*C. Schmidt, Der Haftungsdurchgriff und seine Umkehrung im internationalen Privatrecht, S. 11*).

[366] Von einer entsprechenden Regelung müßten Publikumsgesellschaften ausgenommen werden, da bei ihnen für Anteilseigner die Kapitalanlagefunktion im Vordergrund steht.

[367] *Teipel, Die Bedeutung der lex fori für die Anknüpfung des Haftungsdurchgriffs, S. 24; Lutter/Hommelhoff, GmbHG, § 13, Rn. 6.*

[368] An der Gemeinschaftsrechtskonformität eines entsprechenden Ansatzes kann nach den Ausführungen des EuGH in *Centros* kein Zweifel bestehen, heißt es dort doch: *Kann somit ein Mitgliedstaat die Eintragung der Zweigniederlassung einer nach dem Recht eines anderen Mitgliedstaats, in der sie ihren Sitz hat, errichteten Gesellschaft nicht verweigern, so kann er doch alle geeigneten Maßnahmen treffen, um Betrügereien zu verhindern oder zu verfolgen. Das gilt sowohl – gegebenenfalls im Zusammenwirken mit dem Mitgliedstaat, in dem sie errichtet wurde – gegenüber der Gesellschaft selbst als auch gegenüber ihren Gesellschaftern, wenn diese sich mittels der Errichtung der Gesellschaft ihren Verpflichtungen gegenüber inländischen privaten oder öffentlichen Gläubigern entziehen möchten* (*EuGH, Urt. v. 9.3.1999, Rs. 212/97 (Centros), Slg. 1999, S. I-1459, Rn. 38*).

[369] Vgl. zur Frage der Übertragbarkeit der *Keck*-Rechtsprechung und ihrer Bedeutung für die Bestimmung des Schutzgehalts der Grundfreiheiten: *Kapitel 4 B. IV.*

Problematisch erscheint auch die Auffassung von *Knobbe-Keuk*, daß das Recht, welches auf die Gesellschaft Anwendung finde, durch diejenigen Bestimmungen im Land des effektiven Verwaltungs-

Kollisionsrechtlich richten sich die Voraussetzungen und das Ausmaß eines Haftungsdurchgriffs nach überwiegender Auffassung nach dem Gesellschaftsstatut[370]. Eine solche Anknüpfung würde allerdings nicht dem Bedürfnis Rechnung tragen, einen effektiven Schutz des inländischen Rechtsverkehrs zu gewährleisten, da gerade nicht ausländische juristische Personen mit effektivem Verwaltungssitz im Inland erfaßt würden, so nach der hier vertretenen Auffassung bei innergemeinschaftlichen Zuzugsfällen eine Anwendung der Sitztheorie ausscheidet. Auch das Statut am Ort des Vermögens der herrschenden Person, das teilweise für die Fälle der Rechtsumgehung bejaht wird[371], bietet keinen adäquaten Lösungsansatz.

Zunehmend werden daher in der Literatur differenzierte Positionen vertreten. So stellt *Großfeld* darauf ab, es gebe kein einheitliches Durchgriffsstatut, weshalb im Einzelfall das Vertragsstatut, das Statut der culpa in contrahendo, der Sachwalterhaftung, das Rechtsscheinstatut oder das Deliktsstatut neben dem Gesellschaftsstatut als Ausgangspunkt für eine Durchgriffshaftung maßgeblich sein könne[372]. Indes soll nach Auffassung von *Teipel* grundsätzlich die lex fori für die Fragen des Haftungsdurchgriffs maßgeblich sein, was vor allem mit einer dogmatischen Herleitung in der positiven Funktion des ordre public begründet wird[373]. Soweit die nach deutschem Recht bestehenden Durchgriffshaftungsvoraussetzungen nicht erfüllt seien, könnten gegebenenfalls die durchgriffsfreundlicheren Regelungen des fremden Gesellschaftsstatuts zur Anwendung kommen, da der deutsche ordre public insoweit einem weitergehenden Gläubigerschutz nicht entgegen stehe[374].

Da die qualifizierte materielle Unterkapitalisierung nach eigener Auffassung durch eine deliktische Haftungsregelung erfaßt werden sollte, wäre für sie das Deliktsstatut maßgeblich[375]. Somit fände Artikel 40 EGBGB Anwendung, wonach Ansprüche aus unerlaubter Handlung dem Recht des Staates unterliegen, in dem

---

sitzes überlagert werden solle, die einen besseren Schutz gewährten. So seien auf eine englische private limited company ohne ein der deutschen GmbH vergleichbares Mindestkapital die nationalen Vorschriften für GmbH's, deren Kapital nicht vollständig aufgebracht worden sei (Ausfallhaftung der Gründer und ihrer Rechtsnachfolger), anzuwenden (*Knobbe-Keuk, ZHR 154 (1990), S. 325 (346 f.)*). Denn bei diesem Ansatz handelt es sich um eine nationale Maßnahme, die direkt diskriminierend wirkt und grundsätzlich nicht nach Artikel 46 EG (Art. 56 EGV) gerechtfertigt werden kann (*vgl. Kapitel 5 A. I. 3)*). Auch die Forderung von *Grothe* nach einer entsprechenden Anwendung der nationalen Kapitalerhaltungsvorschriften (*Die „ausländische Kapitalgesellschaft & Co., S. 317 f.*) scheidet aus diesem Grund aus.

[370] *BGH, WM 1957, S. 1047 (1049); BGHZ 78, S. 318 (334); Münch-Komm-Kindler, Internationales Gesellschaftsrecht, Rn. 487 f.; C. Schmidt, Der Haftungsdurchgriff und seine Umkehrung im internationalen Privatrecht, S. 91 ff.*

[371] *Münch-Komm-Kindler, Internationales Gesellschaftsrecht, Rn. 494.*

[372] *Staudinger-Großfeld, Internationales Gesellschaftsrecht, Rn. 353 ff.*; vgl. auch: *LG Frankfurt, AG 1977, S. 321; Kaligin, DB 1985, S. 1449 (1554); Ahrens, IPRax 1986, S. 355 (357 ff.).*
Indes qualifiziert *Grasmann* auf konzeptioneller Grundlage seiner Überlagerungstheorie primär gesellschaftsrechtlich, befürwortet aber eine Verdrängung des Gesellschaftsstatuts nach dem Verkehrsgünstigkeitsprinzip durch das Vornahme- oder Wirkungsstatut (*Grasmann, System des internationalen Gesellschaftsrechts, Rn. 928 f.*). Vgl. zu weiteren Qualifikationsansätzen: (*C. Schmidt, Der Haftungsdurchgriff und seine Umkehrung im internationalen Privatrecht, S. 94 ff.*

[373] *Teipel, Die Bedeutung der lex fori für die Anknüpfung des Haftungsdurchgriffs, S. 97 ff.*

[374] *Teipel, Die Bedeutung der lex fori für die Anknüpfung des Haftungsdurchgriffs, S. 112 ff.*

[375] *Kegel/Schurig, Internationales Privatrecht, S. 624 ff.*

der Ersatzpflichtige gehandelt hat. Allerdings kann der Verletzte verlangen, daß anstelle dieses Rechts das Recht des Staates angewendet wird, in dem der Erfolg eingetreten ist. Die hierdurch erzielten Verweisungsergebnisse sind sachgerecht[376].

Gegen die Maßgeblichkeit des Deliktsstatuts wendet *Kindler* ein, bei einer Unterstellung des Haftungsdurchgriffs unter das Deliktsstatut sei die Kalkulierbarkeit einer rechtlichen Inanspruchnahme aufgehoben, wenn die eine Rechtsordnung einen Haftungsdurchgriff kenne, die andere aber nicht[377]. Dies gilt jedoch nicht, wenn man die Reichweite einer deliktischen Durchgriffshaftungsregelung auf Gesellschaften beschränkt, deren effektiver Verwaltungssitz sich im Inland befindet.

Mit der vorgeschlagenen Durchgriffshaftungsregelung könnte die Umgehungsgründungsproblematik wirksam eingedämmt werden[378]. Zwar sind Umgehungs-

---

[376] Mit Blick auf den angestrebten Verkehrsschutz führt die von *Teipel* befürwortete Anknüpfung an die lex fori hier zu gleichen Ergebnissen.

[377] *Münch-Komm-Kindler, Internationales Gesellschaftsrecht, Rn. 491.*

[378] Neben der Möglichkeit einer Haftung wegen qualifizierter materieller Unterkapitalisierung ist für einen effektiven Gläubigerschutz der Anschein persönlicher Haftung von zentraler Bedeutung. Hierbei handelt es sich nicht um einen Fall der Durchgriffshaftung, sondern um einen selbständigen bürgerlich-rechtlichen Verpflichtungsgrund (*Drobnig, Haftungsdurchgriff bei Kapitalgesellschaften, S. 66 f.; Hachenburg/Ulmer, GmbHG, § 30 Anh., Rn. 27 f.; Behrens, RabelsZ 46 (1982), S. 308 (340)*). Wird bei einer ausländischen juristischen Person der Anschein persönlicher Haftung erweckt, weil *ein Geschäftsführer, ein Gesellschafter oder auch ein Dritter rechtsgeschäftlich für eine Gesellschaft ausländischer Rechtsform gehandelt hat, ohne das Bestehen einer Haftungsbeschränkung hinreichend deutlich zu machen* (*Zimmer, ZHR 164 (2000), S. 23 (36 f.)*), so kann Verkehrsschutzinteressen regelmäßig bereits durch Anwendung der Grundsätze zur Haftung für die Erweckung des Anscheins persönlicher Haftung Rechnung getragen werden (vgl. hierzu ausführlich: *Zimmer, Internationales Gesellschaftsrecht, S. 309 ff.; ders., ZHR 164 (2000), S. 23 (36 f.)*; unter Verweis auf: *BGHZ 64, S. 11 (17 f.); BGH, NJW 1990, S. 2678 (2679); BGH, NJW 1991, S. 2627 (2628);* vgl. auch: *BGH, NJW 1974, S. 1191; BGH, NJW 1981, S. 2569*). Daher bedarf es insoweit keiner Entwicklung eines eigenständigen Schutzes für ausländische juristische Personen mit effektivem Verwaltungssitz im Inland, weil die für die Gesellschaft Handelnden in den Fällen in Anspruch genommen werden können, in denen an ihr eigenes Verhalten gegenüber Gläubigern angeknüpft werden kann (vgl. hierzu allgemein: *Hachenburg-Ulmer, GmbHG, Anh. § 30, Rn. 27 f.; Drobnig, Haftungsdurchgriff bei Kapitalgesellschaften, S. 66 f.*).
Zudem sind relevante Teile der mitgliedstaatlichen Gesellschaftsrechte bereits angeglichen worden. So können gemäß Artikel 8 der ersten gesellschaftsrechtlichen Richtlinie (*68/151/EWG; ABl. Nr. L 65/8*) nach Einhaltung der Offenlegungspflichten hinsichtlich der vertretungsberechtigten Gesellschaftsorgane Mängel bei der Bestellung einer Person, die zur Vertretung der Gesellschaft berechtigt ist, einem Dritten nur dann entgegengehalten werden, wenn der Nachweis gelingt, daß der Dritte den Mangel kannte. Nach Artikel 9 Absatz 1 der ersten gesellschaftsrechtlichen Richtlinie wird eine Gesellschaft selbst dann Dritten gegenüber durch Handlungen ihrer Organe verpflichtet, wenn die Handlungen nicht zum Gegenstand des Unternehmens gehören, es sei denn, daß diese Handlungen die Befugnisse überschreiten, die nach dem Gesetz diesen Organen zugewiesen sind oder zugewiesen werden können. Somit wird durch die Regelung eine unbeschränkte und unbeschränkbare Vertretungsmacht statuiert, dies allerdings nur im Rahmen der bestehenden gesetzlichen Zuständigkeitsordnung des jeweiligen nationalen Rechts (*Habersack, Europäisches Gesellschaftsrecht, Rn. 95, 100, 104*). Jedoch ist es nach der Richtlinie den Mitgliedstaaten für den Fall, daß die Handlungen den Rahmen des Unternehmensgegenstands überschreiten, erlaubt vorzusehen, daß die Gesellschaft nicht verpflichtet wird, wenn sie die diesbezügliche Kenntnis des Dritten beweist bzw. darlegt, daß der Dritte nach den Umständen nicht ohne Kenntnis sein konnte. Hierfür reicht aber eine Bekanntmachung allein in der Satzung nicht aus. Daher können satzungsmäßige oder auf einem Beschluß der

gründungen über die Errichtung von Zweigniederlassungen ausländischer juristischer Personen aus anderen Mitgliedstaaten, in denen sie tatsächlich keine Geschäftstätigkeit ausüben, aufgrund der weiten Auslegung des Gewährleistungsrahmens der Niederlassungsfreiheit von Gesellschaften durch den EuGH grundsätzlich als zulässig anzusehen. Allerdings wird die Wahl entsprechender Umgehungsgründungen dann obsolet, wenn das Primärziel der *Haftungsbeschränkung zum Nulltarif* nicht erreicht werden kann, da bei einem betragsmäßig allenfalls symbolischen Gesellschaftskapital regelmäßig von einer qualifizierten materiellen Unterkapitalisierung auszugehen wäre, unabhängig davon, welcher Gesellschaftszweck mit dem Unternehmen im Einzelfall verfolgt wird.

Nicht zuletzt wäre eine entsprechende Regelung ein wichtiger Impuls für den Gläubigerschutz bei rein internen Sachverhalten. Zwar ist die Mindestkapitalausstattung einer deutschen GmbH im europäischen Vergleich als hoch anzusehen. Jedoch versagt der Gläubigerschutz regelmäßig dann, wenn die Kapitalausstattung der Gesellschaft mit Blick auf die wirtschaftliche Zweckverfolgung von Anfang an völlig unzureichend ist.

(c) Angabe der Nationalität und des Gesellschaftskapitals

Durch die firmenrechtlichen Bestimmungen, die sich nach dem anwendbaren Gesellschaftsstatut richten[379], wird mittels entsprechender Firmenzusätze auf die jeweilige Rechtsform verwiesen. Hierdurch lassen sich Rückschlüsse auf das etwaige Bestehen einer Haftungsbeschränkung auf das Gesellschaftsvermögen ziehen[380]. Auch bei ausländischen juristischen Personen wird somit einer Fehlvorstellung des Rechtsverkehrs dahingehend entgegengewirkt, es handele sich um eine inländische Gesellschaft, die insbesondere den inländischen Regelungen der Mindestkapitalausstattung sowie der Kapitalaufbringung und -erhaltung unterliege. Nur bei einer Kapitalgesellschaft inländischer Rechtsform darf der inländische Rechtsverkehr auf die Einhaltung der für diese Gesellschaften vorgeschriebenen Mindestkapitalerfordernisse vertrauen[381].

In diesem Zusammenhang erscheint es fraglich, ob daneben eine Pflicht zu weiteren Angaben erforderlich und gemeinschaftsrechtlich zulässig ist, wenn ausländische juristische Personen über einen wirtschaftlichen Schwerpunkt im Inland

---

zuständigen Organe beruhende Beschränkungen der Handlungsbefugnis Dritten nie entgegengehalten werden, selbst wenn sie bekannt gemacht worden sind, Artikel 9 Absatz 2 der Richtlinie 68/151/EWG. Eine Ausnahme von diesem Grundsatz besteht nach Artikel 9 Absatz 3 der Richtlinie 68/151/EWG dann, wenn nach den rechtlichen Bestimmungen eines Mitgliedstaats die Befugnis zur Vertretung der Gesellschaft durch die Satzung einer Person oder mehreren Personen gemeinschaftlich übertragen werden kann und die Rechtsvorschriften des Mitgliedstaats vorsehen, daß die Satzungsbestimmungen, sofern sie die Vertretungsbefugnis generell betreffen, Dritten entgegengehalten werden können, wobei allerdings Artikel 3 der Richtlinie beachtlich ist.

[379] *Münch-Komm-Kindler, Internationales Gesellschaftsrecht, Rn. 148 f.; Staudinger-Großfeld, Internationales Gesellschaftsrecht, Rn. 319.*

[380] Vgl. zu klarstellenden Hinweisen in den Firmenbezeichnungen im Zusammenhang mit der *ausländischen* GmbH & Co. KG: *OLG Saarbrücken, JZ 1989, S. 904 (906).*

[381] Vgl. bereits zur Reichweite des Vertrauensschutzes des Rechtsverkehrs: *Kapitel 5 A. I. 5) (d) i).*

verfügen[382]. Zusätzliche Pflichtangaben könnten in der Nennung der *Nationalität* sowie des gezeichneten und eingezahlten Gesellschaftskapitals[383] auf allen Geschäftsbriefen[384] bestehen. So ist zumindest latent die Gefahr der falschen Zuordnung einer Gesellschaft zu einer nationalen Rechtsordnung vorhanden, dies insbesondere, wenn die Rechtsform durch eine zulässige Abkürzung gekennzeichnet wird. Beispielsweise kann die Rechtsformbezeichnung der französischen société anonyme durch die Initialen SA abgekürzt werden[385]. Für die spanische sociedad anónima ist die gleiche Abkürzung gesetzlich erlaubt[386]. Zwar existiert im deutschen Kapitalgesellschaftsrecht keine Verpflichtung zur Angabe des Gesellschaftskapitals[387]. Indes sieht etwa das französische Kapitalgesellschaftsrecht

[382] In diesem Zusammenhang dürfen die typischen Charakteristika eines nationale Grenzen überschreitenden Binnenmarktes nicht außer Acht gelassen werden. So tritt der inländische Rechtsverkehr im Dienstleistungsbereich grenzüberschreitend mit Gesellschaften ausländischer Rechtsform in Geschäftsbeziehungen, was immanent der Verwirklichung der Ziele des EG-Vertrags dient. Obwohl der inländische Rechtsverkehr in diesem Fall nicht anders mit ausländischen juristischen Personen in Rechtsbeziehungen tritt, als wenn sie ihren Sitz im Inland hätten, wird allein ersteres unkritisch betrachtet, letzteres jedoch als Gefährdung gewertet. Dabei besteht im Rahmen normaler Geschäftsbeziehungen lediglich ein gravierender Unterschied zwischen den beiden Konstellationen. Im ersteren Fall findet die Geschäftsbeziehung grenzüberschreitend statt, was der inländischen Partei augenscheinlich bewußt macht, nicht darauf vertrauen zu können, eigenes nationales Recht finde auf die innere und äußere Organisation einer Gesellschaft als Vertragspartnerin sowie auf die Rechtsbeziehungen Anwendung.

[383] Artikel 4 der ersten gesellschaftsrechtlichen Richtlinie (*68/151/EWG*) statuiert keine Pflicht für entsprechende Angaben, sieht aber für den Fall, daß auf Schriftstücken von Gesellschaften das Gesellschaftskapital angeführt wird vor, daß das gezeichnete und das eingezahlte Kapital anzugeben sind.
Teilweise wird darauf verwiesen, durch ausländische Firmenbezeichnungen bestehe die Gefahr, daß für den Verbraucher eine Größe und eine Internationalität des Unternehmens suggeriert werde, die tatsächlich nicht vorhanden sei (*Risse, FAZ vom 30.4.99, S. 22*). Allerdings ist in diesem Zusammenhang darauf zu verweisen, daß hier die allgemeinen firmenrechtlichen Grundsätze, die auch bei der Errichtung einer Niederlassung einer ausländischen juristischen Person im Inland heranzuziehen sind, einen ausreichenden Schutz gewährleisten.

[384] Vgl. zum Begriff der *Geschäftsbriefe*: *Koller/Roth/Morck, HGB, § 37a, Rn. 2.*

[385] *Art. 56 Abs. 1 des Dekrets Nr. 67-236 vom 23. März 1967.*

[386] *Art. 2 (1) des königlichen Dekrets 1564/1989 vom 22. Dezember 1989.*

[387] Allein für den Fall, daß entsprechende Angaben gemacht werden, ist bei Gesellschaften mbH stets sowohl das Stammkapital als auch für den Fall, daß nicht alle in Geld zu leistenden Einlagen eingezahlt wurden, der Gesamtbetrag der ausstehenden Einlagen zu nennen (*§ 35a Absatz 1 Satz 2 GmbHG*). Bei Aktiengesellschaften muß in diesen Fällen neben dem Grundkapital der Gesamtbetrag der ausstehenden Einlagen angegeben werden, wenn auf die Aktien der Ausgabebetrag nicht vollständig eingezahlt ist (*§ 80 Absatz 1 Satz 3 AktG*). In Deutschland ist durch die Bestimmungen der §§ 35a Absatz 4 GmbHG und 80 Absatz 4 AktG zudem sichergestellt, daß die Angaben auf Geschäftsbriefen von Zweigniederlassungen ausländischer Gesellschaften vergleichbarer Rechtsform denjenigen Angaben entsprechen, die für inländische Gesellschaften mit beschränkter Haftung und Aktiengesellschaften vorgesehen sind. So schreibt § 35a Absatz 1 GmbHG vor, daß auf allen Geschäftsbriefen, die an einen bestimmten Empfänger gerichtet werden, die Rechtsform und der Sitz der Gesellschaft, das Registergericht des Sitzes der Gesellschaft und die Nummer, unter der die Gesellschaft in das Handelsregister eingetragen ist sowie alle Geschäftsführer und, sofern die Gesellschaft einen Aufsichtsrat gebildet und dieser einen Vorsitzenden hat, der Vorsitzende des Aufsichtsrats mit dem Familiennamen und mindestens einem ausgeschriebenen Vornamen anzugeben sind. Sofern Angaben über das Kapital der Gesellschaft gemacht werden, müssen in jedem Fall das Stammkapital sowie, wenn nicht alle in Geld zu leistenden Einlagen eingezahlt sind, der Gesamtbetrag der ausstehenden Einlagen angegeben werden. Gleiches gilt nach der entsprechenden Bestimmung in § 80 AktG für Aktiengesellschaften bzw. Zweigniederlassungen ausländischer Aktiengesellschaften im

zwingend die Angabe des Gesellschaftskapitals auf Geschäftsbriefen vor[388]. Würde eine Pflicht für ausländische juristische Personen mit effektivem Verwaltungssitz im Inland zur Angabe des Gesellschaftskapitals statuiert, so wäre für den inländischen Rechtsverkehr ein leichter Zugang zu diesen Informationen sichergestellt, auch wenn nach dem jeweiligen Gesellschaftsstatut solche Angaben eigentlich nicht erforderlich wären.

Eine Pflicht zur Nennung der Nationalität sowie des gezeichneten und eingezahlten Gesellschaftskapitals auf Geschäftsbriefen könnte ein Ansatz sein, Verkehrsschutzinteressen im Zusammenhang mit der grenzüberschreitenden identitätswahrenden Sitzverlegung von Gesellschaften innerhalb der EG besonders Rechnung zu tragen. Allerdings ist hier zu beachten, daß hinsichtlich der Angaben auf Geschäftsbriefen bereits eine Rechtsangleichung auf Gemeinschaftsebene stattgefunden hat, die nicht nur Aktiengesellschaften, sondern auch Gesellschaften mit beschränkter Haftung erfaßt[389].

Unabhängig davon, ob es sich hierbei um Mindest- oder Höchstregelungen handelt[390], ist gemeinschaftsrechtlich eine Beschränkung von Grundfreiheiten unter Berufung auf nationale Schutzinteressen nicht zulässig, wenn die fraglichen Bereiche angeglichen wurden. Daher ist grundsätzlich davon auszugehen, daß eine ausländische juristische Person mit effektivem Verwaltungssitz im Inland den Schutzinteressen des inländischen Rechtsverkehrs hinreichend durch Beachtung der nach dem jeweiligen Gesellschaftsstatut bestehenden Angabepflichten Rechnung

---

Inland (vgl. hierzu: *Artikel 6 und 10 der Zweigniederlassungsrichtlinie 89/666/EWG, ABl. Nr. L 395/36*).

[388] So muß nach Artikel L. 224-1 Nouv. C. com. (*Art. 70 des Gesetzes Nr. 66-537 vom 22. Juli 1966*) der Firma einer société par actions nicht nur die Bezeichnung der Gesellschaftsform vorangehen oder nachfolgen. Zudem ist eine Angabe des Gesellschaftskapitals erforderlich. Entsprechendes gilt für die société à responsabilité limitée (*Art. L. 223-1 Abs. 3 Nouv. C. com. (Art. 34 Abs. 3 des Gesetzes Nr. 66-537 vom 24. Juli 1966)*). Diese Angaben müssen auf allen Gesellschaftsdokumenten enthalten sein. Die Nichtbeachtung wird strafrechtlich sanktioniert (*Artikel L. 246-1 Nouv. C. com. (Art. 462 des Gesetzes Nr. 66-537 vom 24. Juli 1966)* für den Vorstand einer S.A.; *Artikel L. 241-7 Nouv. C. com. (Art. 429 des Gesetzes Nr. 66-537 vom 24. Juli 1966)* für die Geschäftsführer einer S.A.R.L.).

[389] So verweist *Ulmer* darauf, auch wenn durch die einschlägigen gesellschaftsrechtlichen Richtlinien keine vollständige Harmonisierung erzielt worden sei, so könne doch davon ausgegangen werden, daß das mit Artikel 44 Absatz 2 lit. g EG (Art. 54 Abs. 3 lit. g EGV) verfolgte Ziel, die nationalen Vorschriften zum Schutz von Gesellschaftern und Dritten gleichwertig zu gestalten, erreicht worden sei (*Ulmer, JZ 1999, S. 662*).

[390] Während Mindestregelungen den Mitgliedstaaten einen Spielraum einräumen, nationales Recht mit strengeren Bestimmungen auszugestalten, die über das in der Richtlinie festgesetzte Maß hinausgehen, sind sie im Fall von Höchstregelungen an diese gebunden und dürfen keine darüber hinausgehenden nationalen Rechtsakte erlassen. Die einzige zulässige Möglichkeit zur Durchsetzung restriktiverer Bestimmungen bietet bei Höchstregelungen das Gesetzgebungsverfahren auf Gemeinschaftsebene, durch welches eine Änderung im Sinne einer Verschärfung bestehenden Richtlinienrechts erreicht werden kann (*Schwarze/Bievert, EU-Kommentar, Art. 249, Rn. 27*). Die Frage, ob gemeinschaftsrechtliche Richtlinien Mindest- oder Höchstregelungen enthalten, läßt sich nicht generell beantworten. Teilweise geht dies direkt aus dem Sekundärrechtsakt hervor. Ansonsten ist im Einzelfall auf die jeweilige Richtlinienbestimmung abzustellen und durch Auslegung zu ermitteln, um welchen Regelungstypus es sich handelt (*Habersack, Europäisches Gesellschaftsrecht, Rn. 40 ff.*).

trägt[391], weitergehende Anforderungen nach nationalem Recht aufgrund der erfolgten Harmonisierung indes nicht zulässig sind[392].

(d) Publizitätspflichten

Ist die in Deutschland geltende Sitztheorie mit ihren materiellrechtlichen Folgen bei inter-mitgliedstaatlichen Sachverhalten nicht anwendbar, wenn sich der effektive Verwaltungssitz einer nach dem Recht eines anderen Mitgliedstaats wirksam errichteten Gesellschaft im Inland befindet[393], so finden auf diesen Verband nicht automatisch die inländischen Rechnungslegungsvorschriften Anwendung, sofern sie an das lex societatis anknüpfen[394]. Die deutschen registerrechtlichen Bestimmungen erfassen neben Gesellschaften nationalen Rechts nur Zweigniederlassungen ausländischer juristischer Personen. Explizit geregelt werden daher weder die Fälle des echten noch des unechten Zuzugs ausländischer juristischer Personen. Denn nach nationalem Begriffsverständnis liegt eine Zweigniederlassung dann nicht vor, wenn eine Gesellschaft im Ausland lediglich nach den dort geltenden Bestimmungen wirksam errichtet wurde, um sodann im Inland erstmalig eine wirtschaftliche Betätigung auszuüben. Vielmehr wird in diesen Fällen eine inländische Hauptniederlassung errichtet.

Insofern besteht im deutschen Recht eine Regelungslücke, die es zu schließen gilt. Im Fall des unechten Zuzugs bietet sich die Anwendung der nationalen Bestimmungen an, die der Umsetzung der Zweigniederlassungsrichtlinie dienen[395], da der Vorgang aus gemeinschaftsrechtlicher Sicht der sekundären Niederlassungsfreiheit unterfällt[396]. Eine entsprechende registerrechtliche Behandlung ist auch in Fällen des echten Zuzugs zweckmäßig. Angeknüpft werden kann insoweit an

---

391 *Hoffmann, ZHR 164 (2000), S. 43 (54).*

392 So wird im Zusammenhang mit Zweigniederlassungen ausländischer juristischer Personen darauf verwiesen, eine mangelnde Transparenz der ausländischen Inhaberschaft für den inländischen Rechtsverkehr werde durch die handelsrechtlichen Vorschriften zur Eintragungspflicht von Zweigniederlassungen unter der Firma der Hauptniederlassung in das inländische Handelsregister vermieden (*Münch-Komm-Kindler, Internationales Gesellschaftsrecht, Rn. 138;* unter Verweis auf: *§§ 13d ff. HGB*). Würden ausländische juristische Personen mit effektivem Verwaltungssitz im Inland registerrechtlich wie Zweigniederlassungen auf Grundlage der Zweigniederlassungsrichtlinie behandelt, so würde wegen der Pflichtangaben auf Geschäftsbriefen zudem das zuständige Register im Herkunftsstaat sowie das der inländischen Niederlassung angegeben werden.

393 *Vgl. Kapitel 5 A. I. 6) und 7), II. 5).*

394 *Zimmer, Internationales Gesellschaftsrecht, S. 176 ff., 193 f.;* vgl. hierzu auch: *Garcia, RIW 2001, S. 590 f.*
Weitere mögliche Anknüpfungen für eine Anwendbarkeit der internen Rechnungslegungsvorschriften eines Staates sind die Teilnahme einer Gesellschaft an einem Kapitalmarkt oder die Niederlassung in einem Staat (*Zimmer, Internationales Gesellschaftsrecht, S. 176 ff.*).

395 *Elfte Richtlinie 89/666/EWG über die Offenlegung von Zweigniederlassungen, die in einem Mitgliedstaat von Gesellschaften bestimmter Rechtsform errichtet wurden, die dem Recht eines anderen Staates unterliegen, ABl. Nr. L 395/36.*
Vgl. zur Umsetzung der Richtlinie im deutschen Gesellschaftsrecht: *§§ 13a ff. HGB*; siehe auch: *Kindler, NJW 1993, S. 3301 ff.; Seibert, GmbHR 1992, S. 738 ff.*

396 *EuGH, Urt. v. 10.7.1986, Rs. 79/85 (Segers), Slg. 1986, S. 2375, Rn. 16; EuGH, Urt. v. 9.3.1999, Rs. 212/97 (Centros), Slg. 1999, S. I-1459, Rn. 17.*

Artikel 3 Absatz 3 des ersten Vorschlags des KPMG-Reports[397]. Danach ist am neuen Sitz der Gesellschaft nach einer Sitzverlegung für die Mitgliedstaaten – fakultativ – die Einführung einer Registrierungspflicht vorgesehen, die der von Zweigniederlassungen gemäß der Zweigniederlassungsrichtlinie entspricht.

Die Einführung einer solchen Registrierungspflicht bietet einen adäquaten Ansatz für die hinreichende Sicherung der Informationsbedürfnisse des inländischen Rechtsverkehrs im Fall eines Zuzugs juristischer Personen aus anderen Mitgliedstaaten der Gemeinschaft[398]. Denn aufgrund der erfolgten gemeinschaftsrechtlichen Rechtsangleichung durch die Publizitätsrichtlinie[399], die Bilanzrichtlinien[400] und die Prüferbefähigungsrichtlinie[401] bestehen sekundärrechtliche Regelungen, die Schutzinteressen Dritter Rechnung tragen[402]. Hieran knüpft die Zweigniederlassungsrichtlinie[403] an, indem sie in ihrem Anwendungsbereich Zweigniederlassungen ihrer Publizitätspflicht genügen läßt, sofern sie den mit der Publizitäts- und den Bilanzrichtlinien statuierten Offenlegungspflichten durch Hinterlegung der entsprechenden Unterlagen im Inland nachkommen[404]. Somit wird ein effektiver

---

397 Vgl. zum ersten Vorschlag des KPMG-Reports: *Kapitel 3 B. I.*

398 So enthält § 325a Absatz 1 Satz 3 HGB die Verpflichtung, daß alle Unterlagen der Rechnungslegung einer Gesellschaft in deutscher Sprache oder in einer von dem Register der Hauptniederlassung beglaubigten Abschrift einzureichen sind. Diese Verpflichtung bezieht sich auf alle Unterlagen der Rechnungslegung der Hauptniederlassung, die nach dem für die Hauptniederlassung maßgeblichen Recht erstellt, geprüft und offengelegt worden sind (vgl. hierzu im einzelnen: §§ 325, 328 und 329 HGB).

399 *Erste Richtlinie 68/151/EWG zur Koordinierung der Schutzbestimmungen, die in den Mitgliedstaaten den Gesellschaften im Sinne des Artikels 58 Absatz 2 des Vertrages im Interesse der Gesellschafter sowie Dritter vorgeschrieben sind, um diese Bestimmungen gleichwertig zu gestalten, ABl. Nr. L 65/8.*

400 *Vierte Richtlinie 78/660/EWG aufgrund von Artikel 54 Absatz 3 Buchstabe g) des Vertrages über den Jahresabschluß von Gesellschaften bestimmter Rechtsformen, ABl. Nr. L 222/11; Siebte Richtlinie 83/349/EWG aufgrund von Artikel 54 Absatz 3 Buchstabe g) des Vertrages über den konsolidierten Abschluß, ABl. Nr. L 193/1.*

401 *Achte Richtlinie 84/253/EWG aufgrund von Artikel 54 Absatz 3 Buchstabe g) des Vertrages über die Zulassung der mit der Pflichtprüfung der Rechnungslegungsunterlagen beauftragten Personen, ABl. Nr. L 126/20.*
Vgl. eingehender zur bisherigen Rechtsangleichung im Bereich des Europäischen Gesellschaftsrechts: *Habersack, Europäisches Gesellschaftsrecht, Rn. 77 ff.*

402 *Koppensteiner* betont, für den Gläubigerschutz seien hinreichende Informationsmöglichkeiten erforderlich, aber auch ausreichend (*Koppensteiner, FS Lutter, S. 141 (151)*). *Ebke* hat bereits darauf verwiesen, ein Gläubigerschutz durch Informationspflichten auf Gemeinschaftsebene funktioniere nur, wenn gemeinschaftsrechtlich eine hinreichende Rechtsangleichung in den relevanten Bereichen erfolgt sei, die Rechtsangleichungsmaßnahmen in den Mitgliedstaaten umgesetzt worden seien und somit funktionierten, und zudem hinreichende Sanktionen für den Fall bestünden, daß sie nicht befolgt würden (*Ebke, JZ 1999, S. 656 (659)*).

403 *Elfte Richtlinie 89/666/EWG über die Offenlegung von Zweigniederlassungen, die in einem Mitgliedstaat von Gesellschaften bestimmter Rechtsform errichtet wurden, die dem Recht eines anderen Staates unterliegen, ABl. Nr. L 395/36.*
Die Zweigniederlassungsrichtlinie mußte bis zum 1.1.1993 in nationales Recht umgesetzt werden. Der deutsche Gesetzgeber ist seiner Umsetzungsverpflichtung erst durch Gesetz vom 22.7.1993 (*BGBl. I, S. 1282*) nachgekommen.

404 Die Zweigniederlassungsrichtlinie schließt eine Lücke, da die in der Publizitätsrichtlinie und den Bilanzrichtlinien statuierten Offenlegungspflichten sich nicht auf ausländische Zweigniederlassungen

Schutz des Rechtsverkehrs durch einen Zugang zu unternehmensrelevanten Informationen erzielt[405]. Zudem sind nach den bestehenden inländischen Regelungen Zweigniederlassungen ausländischer juristischer Personen registerrechtlich wie inländische Hauptniederlassungen zu behandeln, so daß eine Anmeldung vom zuständigen Registergericht jeweils voll überprüft wird[406].

Eine Erstreckung bestehender Publizitätsregelungen[407] für Zweigniederlassungen ausländischer juristischer Personen auf Fälle der echten und der unechten Sitzverlegung ist mit Blick auf die Judikatur des EuGH unter systematischen Gesichtspunkten angezeigt. So hat der Gerichtshof in seinen Urteilen *Segers* und *Centros* jeweils den Fall einer Umgehungsgründung unter Zugrundelegung der sekundären Niederlassungsfreiheit behandelt und somit anerkannt, daß der Restrukturierungsvorgang aus gemeinschaftsrechtlicher Sicht als Errichtung einer Zweigniederlassung zu werten ist[408].

Folglich besteht nicht die Möglichkeit, für unechte Sitzverlegungen weitergehende Publizitätspflichten zu statuieren. Denn bei den durch die Zweigniederlassungsrichtlinie statuierten Offenlegungspflichten handelt es sich um Maximalregelungen, so daß die Mitgliedstaaten Zweigniederlassungen von Gesellschaften aus anderen Mitgliedstaaten keine darüber hinausgehenden Verpflichtungen auferlegen dürfen[409]. Weil es aber sowohl bei der unechten wie auch bei der echten Sitzverlegung

---

von Gesellschaften erstrecken, sondern nur für – mit eigener Rechtspersönlichkeit ausgestattete – Tochtergesellschaften beachtlich sind (*Habersack, Europäisches Gesellschaftsrecht, Rn. 118*).

[405] *EuGH, Urt. v. 9.3.1999, Rs. 212/97 (Centros), Slg. 1999, S. I-1459, Rn. 36.*

So wird beispielsweise im Rahmen der Eintragung der Zweigniederlassung einer ausländischen juristischen Person überprüft, ob die Firma auch für die inländische Zweigniederlassung verwendet werden kann (*Koller/Roth/Morck, HGB, § 13d, Rn. 7*).

Etwaig hieraus resultierende Beschränkungen des Niederlassungsrechts durch nationale Regelungen, die etwa Geschäftsbezeichnungen gegen Verwechslungsgefahren schützen, sind aus überwiegenden Allgemeinwohlinteressen gerechtfertigt (*EuGH, Urt. v. 11.5.1999, Rs. 255/97 (Pfeiffer), Slg. 1999, S. I-2835, Rn. 21;* unter Verweis auf: *EuGH, Urt. v. 18.3.1980, Rs. 62/79 (Coditel), Slg. 1980, S. 881, Rn. 15*). Sie verstoßen nicht gegen Gemeinschaftsrecht, weil sie dem spezifischen Gegenstand des Schutzes der Geschäftsbezeichnung, nämlich dem Schutz des Inhabers gegen eine Verwechslungsgefahr entsprechen (*EuGH, Urt. v. 11.5.1999, Rs. 255/97 (Pfeiffer), Slg. 1999, S. I-2835, Rn. 22;* unter Verweis auf: *EuGH, Urt. v. 30.11.1993, Rs. 317/91 (Deutsche Renault), Slg. 1993, S. I-6227, Rn. 37*).

[406] *BayObLG, RIW 1986, S. 295 (296); Koller/Roth/Morck, Handelsgesetzbuch, § 13, Rn. 2.*

[407] Im Zusammenhang mit der ausländischen GmbH & Co. KG hat *Grothe* bereits vorgeschlagen, Regelungen des HGB, des AktG und des GmbHG zur registerrechtlichen Publizität entsprechend auf die ausländische Komplementärgesellschaft anzuwenden, um eine hinreichende Information des Rechtsverkehrs sicherzustellen (*Grothe, Die «ausländische Kapitalgesellschaft & Co.», S. 260 ff.*).

[408] *EuGH, Urt. v. 10.7.1986, Rs. 79/85 (Segers), Slg. 1986, S. 2375; EuGH, Urt. v. 9.3.1999, Rs. 212/97 (Centros), Slg. 1999, S. I-1459.*

Der gemeinschaftsrechtliche Begriff der Zweigniederlassung ist nicht nach nationalem Rechtsverständnis zu definieren, sondern gemeinschaftsrechtlich auszulegen. Vgl. allgemein zur Auslegung von Gemeinschaftsrecht: *Oppermann, Europarecht, Rn. 680 ff.*

[409] *Habersack, Europäisches Gesellschaftsrecht, Rn. 122; Seibert, GmbHR 1992, S. 738; ders., DB 1993, S. 1705 ff.*

Allein nach der in der Zweigniederlassungsrichtlinie (*89/666/EWG*) enthaltenen Ausnahmeregelung des Artikels 2 Absatz 2 ist die Statuierung von Offenlegungspflichten zulässig, die über den in Artikel 2 Absatz 1 der RL enthaltenen Katalog hinausgehen. Bei Artikel 2 Absatz 2 handelt es sich um eine

aus nationaler Sicht jeweils faktisch um die erstmalige Errichtung einer Hauptniederlassung im Inland geht, in ersterem Fall jedoch bereits ein Regelungsrahmen vorhanden ist, der nicht überschritten werden kann, ist auch für letzteren Fall eine Anwendung dieser Regelungen angezeigt. Dies gilt nicht zuletzt im Hinblick darauf, daß der EuGH den Informationsbedürfnissen des Rechtsverkehrs bereits durch die bestehenden Angleichungsmaßnahmen hinreichend Rechnung getragen sieht[410]. Durch eine Anwendung der Regelungen der Zweigniederlassungsrichtlinie auf den Bereich der echten Sitzverlegung wird zugleich sichergestellt, daß die Publizitätserfordernisse nicht als unzulässige Beschränkungen der Niederlassungsfreiheit gewertet werden können.

Anzumerken ist in diesem Zusammenhang, daß die derzeit durch die Handelsregister bewerkstelligte Publizität nur sehr zurückhaltend und häufig nicht im Vertragsanbahnungsstadium, sondern im Zusammenhang mit einer rechtlichen Auseinandersetzung in Anspruch genommen wird[411]. Dies liegt teilweise an der immer noch vergleichsweise starken Zersplitterung der Registerzuständigkeit und der relativ langen Bearbeitungszeit von Anfragen[412]. Allerdings sieht das neue Gesetz über elektronische Register und Justizkosten eine generelle Abruferlaubnis auf elektronischem Wege zu Informationszwecken ohne vorherige Genehmigung vor[413]. Weitere Effizienzsteigerungspotentiale in diesem Bereich sollten zügig genutzt werden[414].

---

abschließende Sonderregelung, so daß darüber hinaus durch die Mitgliedstaaten keine von der Richtlinie abweichenden restriktiveren Bestimmungen erlassen werden können.

410 *EuGH, Urt. v. 9.3.1999, Rs. 212/97 (Centros), Slg. 1999, S. I-1459, Rn. 36;* vgl. hierzu auch: *W. H. Roth, ZGR 2000, S. 311 (332).*
Gewollte Folge der Schaffung des Binnenmarktes ist die Verflechtung der nationalen Volkswirtschaften. Dies impliziert einerseits, daß Gläubiger und Anteilseigner von Gesellschaften häufig nicht im selben Mitgliedstaat wohnhaft sind, in dem das Unternehmen seinen wirtschaftlichen Schwerpunkt hat (vgl.: *4. Erwägungsgrund der Jahresabschlußrichtlinie vom 25.7.1978 (ABl. Nr. L 222/11)*). Andererseits unterliegen Gesellschaften bei grenzüberschreitenden Aktivitäten oft einer Pflicht zur Rechnungslegung in verschiedenen Staaten. Um dem bestehenden Verkehrsschutzbedürfnis durch einen hinreichenden Zugang zu vergleichbaren Informationen einerseits sowie der Erleichterung einer grenzüberschreitenden wirtschaftlichen Betätigung von Unternehmen andererseits hinreichend Rechnung zu tragen, ist es aufgrund der erfolgten Harmonisierung der Rechnungslegungsvorschriften innerhalb der Europäischen Gemeinschaft möglich, daß Gesellschaften durch die Beachtung der Rechnungslegungsvorschriften eines Mitgliedstaats gleichzeitig grundsätzlich die Anforderungen an die Rechnungslegung erfüllen, die in den übrigen Mitgliedstaaten bestehen (*García, RIW 2001, S. 590 (591)*).

411 *Noack, BB 2001, S. 1261.*

412 Allerdings wird die Registerführung in den einzelnen Bundesländern zunehmend gebündelt und automatisiert (vgl. etwa zur Bündelung der Registerzuständigkeit in Hessen: *NJW 2000, Heft 19, XLVIII*; zur Einführung des elektronischen Handelsregisters in Hessen: *NJW 2001, Heft 1, XIV*). Vgl. zum teilweise sehr beschwerlichen Weg hin zu einer modernen Registerführung in Deutschland: *Noack, ZGR 1998, S. 592 (604 ff.).*

413 *Gesetz über elektronische Register und Justizkosten für Telekommunikation (ERJuKoG) vom 10.12.2001, BGBl. I, S. 3422.*

414 Hinzuweisen ist im Zusammenhang mit der Registerpublizität auf ein zweites Problem, das nicht spezifisch die Niederlassungsfreiheit von Kapitalgesellschaften innerhalb der Gemeinschaft betrifft, hier aber sicherlich eine gewisse Bedeutung hat. Obwohl in Deutschland ca. 820.000 Kapitalgesellschaften und Personenhandelsgesellschaften ohne persönlich haftende Gesellschafter publizitätspflichtig sind, kommen nur rund 30.000 Unternehmen diesen Verpflichtungen nach (*Noack, BB 2001,*

2) Mitbestimmung

Zwar knüpfen die Regelungen der überbetrieblichen Mitbestimmung an das duale System von Vorstand und Aufsichtsrat an, wie es für die deutsche AG charakteristisch ist. Eine solche zweigliedrige Struktur ist im Kapitalgesellschaftsrecht vieler anderer Mitgliedstaaten unbekannt[415]. Allerdings weist auch die deutsche GmbH regelmäßig keinen Aufsichtsrat auf, da ein solches Gesellschaftsorgan nicht zwingend vorgeschrieben ist. Unterliegt eine deutsche GmbH der unternehmerischen Mitbestimmung, da sie als Rechtsform von den Mitbestimmungsregelungen erfaßt wird[416], so muß die Gesellschaft einen Aufsichtsrat bilden[417]. Vor diesem Hintergrund wird die Anpassung ausländischer juristischer Personen im Fall eines Zuzugs nach Deutschland für möglich gehalten, da die hierbei auftretenden Probleme im Kern nicht anders sind als diejenigen, die bereits durch die Erstreckung der überbetrieblichen Mitbestimmungsregelungen auf die deutsche GmbH auftreten[418].

S. 1261 (1265), unter Verweis auf Erhebungen des Bundesanzeigers). Wie bei inländischen Gesellschaften ist bei ausländischen juristischen Personen eine Abfrage relevanter Handelsregistereintragungen nur dann hilfreich und sinnvoll, wenn eine Gewähr für ihre Aktualität und Vollständigkeit besteht. Vereinzelt wurde bereits die Errichtung eines europäischen Zentralregisters gefordert, um dem bestehenden Informationsbedürfnis im Binnenmarkt gerecht zu werden (vgl. etwa: *Lutter, ZGR 2000, S. 1 (10)*). Zu diesem Zweck ist das European Business Register (EBR) gegründet worden, über das via Internet standardisierte Firmen-, Personen- und Bilanzauszüge abgerufen werden können (www.ebr.org; vgl. hierzu: *Noack, BB 2001, S. 1261 (1266)*). Nicht zuletzt wurden auf Gemeinschaftsebene durch die SLIM-Arbeitsgruppe Vorschläge für eine Überarbeitung der ersten beiden gesellschaftsrechtlichen Richtlinien vorgelegt. So soll insbesondere die Publizitätsrichtlinie dahingehend geändert werden, daß die nach der ersten Richtlinie von der Publizitätspflicht erfaßten Unternehmensunterlagen auf elektronischem Wege abgefragt werden können. Mittelfristiges Ziel ist die Abschaffung der Hinterlegung entsprechender Unternehmensunterlagen in Papierform, so daß die Publizität auf elektronischem Wege die herkömmliche Veröffentlichung ersetzt (*Noack, BB 2001, S. 1261 (1266 f.)*). Durch diese Entwicklung kann im Binnenmarkt für den Rechtsverkehr ein leichter Zugang zu Registerinformationen erzielt werden, unabhängig davon, wo im Einzelfall die Registerdaten erfaßt werden und Gesellschaften zu ihrer Hinterlegung verpflichtet sind.

415 *Ebenroth/Sura, RabelsZ 43 (1979), S. 315 (319).*
Das dualistische System ist etwa in Frankreich bekannt. Als Besonderheit des französischen Rechts besteht bei der S.A. die Möglichkeit, zwischen zwei verschiedenen Organisationsmodellen zu wählen. So kann eine S.A. in der traditionellen Form mit einem Verwaltungsrat (conseil d'administration) und Generaldirektor (président directeur général) als Leitungsorganen gegründet werden (*vgl. Artikel L. 225-17 bis 225-56 Nouv. C. com. (Art. 89 - 117 des Gesetzes Nr. 66-537 vom 24. Juli 1966)*). Andererseits ist es zulässig, eine Struktur mit Vorstand (directoire) und Aufsichtsrat (conseil de surveillance) zu wählen (*vgl. Artikel L. 225-57 bis 225-93 Nouv. C. com. (Art. 118 - 150 des Gesetzes Nr. 66-537 vom 24. Juli 1966)*). Hier hat sich der französische Gesetzgeber am deutschen Vorbild orientiert, ohne aber die dualistische Struktur zwingend allgemein vorzuschreiben (vgl. hierzu allgemein: *Vidal, Droit des sociétés, S. 421 ff.; Ripert/Roblot/Germain, Droit Commercial, Tome 1, Rn. 1257 ff.*).

416 *§ 1 Abs. 1 Nr. 1 MitbestG 1976.*

417 *§ 1 Abs. 1 Nr. 1 i.V.m. § 6 MitbG 1976; § 77 BetrVG 1952.*
Vgl. zur Rechtsform der GmbH bei Großunternehmen mit der Folge einer Anwendbarkeit der Mitbestimmungsregelungen: *Mosthaf, in: Roth (Hrsg.), Das System der Kapitalgesellschaften im Umbruch, S. 62 ff.*

418 *Knobbe-Keuk, ZHR 154 (1990), S. 325 (348 f.); Grothe, Die «ausländische Kapitalgesellschaft & Co.», S. 318 ff.*

In diesem Zusammenhang hat *Drobnig* vorgeschlagen, die deutschen Mitbestimmungsregelungen alternativ an ein deutsches Gesellschaftsstatut oder an einen effektiven Verwaltungssitz der Gesellschaft in der Bundesrepublik Deutschland anzuknüpfen[419]. Hierbei stellen sich zwei zentrale Fragen: die praktische Durchführbarkeit sowie die gemeinschaftsrechtliche Zulässigkeit des Vorschlags.

Eine Mitbestimmung nach deutschem Muster existiert in den übrigen Mitgliedstaaten der Gemeinschaft regelmäßig nicht. Daher können bei der Übertragung der deutschen überbetrieblichen Mitbestimmung auf Gesellschaften ausländischer Rechtsform Anpassungsprobleme auftreten. Besteht keine zweigliedrige Struktur der Verwaltungsorgane bei der jeweiligen Gesellschaft ausländischer Rechtsform, so existieren für die auftretenden Anpassungsprobleme verschiedene Lösungsmöglichkeiten. *Ebenroth/Sura* unterscheiden zwischen drei Ansätzen: die Integration der Arbeitnehmervertreter in das Geschäftsführungsorgan, die Gründung eines eigenständigen Arbeitnehmervertretungsorgans oder die Anpassung der ausländischen Gesellschaft an deutsches Gesellschaftsrecht[420]. Da die beiden erstgenannten Lösungsansätze die geringste Eingriffsintensität hätten, wären sie ein geeigneter Weg, dem deutschen überbetrieblichen Mitbestimmungsrecht zur Geltung zu verhelfen. Möglicherweise auftretende Anpassungsschwierigkeiten dürfen dabei nicht überbewertet werden.

Zudem wird es in der Regel bereits an einer hinreichenden Beschäftigtenzahl als allgemeiner Anwendbarkeitsvoraussetzung des überbetrieblichen Mitbestimmungsrechts fehlen, so daß eine Anpassung nur in wenigen Ausnahmefällen praktisch relevant sein dürfte. Denn grenzüberschreitende Sitzverlegungen sind vor allem für kleine und mittlere Betriebsgrößen von Interesse, da sich für größere Unternehmen Gründungen von Zweigniederlassungen oder Tochtergesellschaften einfacher realisieren lassen[421]. Über 99 % der Gesellschaften innerhalb der Europäischen Gemeinschaft würden bereits aufgrund ihrer Betriebsgröße nicht den Mitbestimmungsregelungen unterliegen, so denn die sonstigen Anwendungsvoraussetzungen des überbetrieblichen Mitbestimmungsrechts vorlägen[422]. Durch eine Anpassung des Anwendungsbereichs der nationalen Mitbestimmungsregeln und ihre Er-

---

[419] *Drobnig, in: v. Bar (Hrsg.), Europäisches Gemeinschaftsrecht und Internationales Privatrecht, S. 185 (196).*
Zur Zulässigkeit der Anwendung nationaler Bestimmungen auf ausländische juristische Personen: *Knobbe-Keuk, ZHR 154 (1990), S. 325 (348 f.);* vgl. auch: *W. H. Roth, ZGR 2000, S. 311 (333).*
Die vergleichbaren Kapitalgesellschaftsformen ließen sich entsprechenden Auflistungen in Sekundärrechtsakten entnehmen. So enthalten die Richtlinien 89/667/EWG vom 21. Dezember 1989 (*ABl. Nr. L 395/40*) und 78/855/EWG vom 9. Oktober 1978 (*ABl. Nr. L 295/36*) Auflistungen der den nationalen Gesellschaften mit beschränkter Haftung bzw. Aktiengesellschaften in den übrigen Mitgliedstaaten der Gemeinschaft entsprechenden Gesellschaften.
[420] *Ebenroth/Sura, RabelsZ 43 (1979), S. 315 (320).*
Diese Lösungsansätze führen aber jeweils zu einem schwerwiegenden Eingriff in die Struktur der Gesellschaft, weshalb die Autoren sie ablehnen (*Ebenroth/Sura, RabelsZ 43 (1979), S. 315 (320)*).
[421] Zur Frage der Relevanz der Mitbestimmungsfrage bei grenzüberschreitenden identitätswahrenden Sitzverlegungen innerhalb der Gemeinschaft: *Schümann, EuZW 1994, S. 269 (274 f.).*
[422] Denn das MitbestG findet nur auf Unternehmen mit in der Regel mehr als 2000 Beschäftigten Anwendung, § 1 Absatz 1 Nr. 2 MitbestG.

streckung auf ausländische juristische Personen mit effektivem Verwaltungssitz im Inland könnte die Mitbestimmungsfrage zufriedenstellend für den Bereich des Zuzugs bei inter-mitgliedstaatlichen Sachverhalten gelöst werden[423], wenn sichergestellt wäre, daß sich der Unternehmensschwerpunkt dauerhaft ins Inland verlagert hat. Das Kriterium der Dauerhaftigkeit ist von daher erforderlich, weil Fälle denkbar sind, in denen sich der effektive Verwaltungssitz eines Unternehmens nur temporär ins Inland verlagert. Die isolierte Anwendung des unscharfen Kriteriums des effektiven Verwaltungssitzes wäre in diesen Grenzfällen unzureichend, um eine sachgerechte Bewertung dahingehend zuzulassen, ob eine ausländische juristische Person den nationalen Mitbestimmungsregelungen unterworfen werden soll oder nicht.

Die Anwendung des deutschen überbetrieblichen Mitbestimmungsrechts auf ausländische juristische Personen mit effektivem Verwaltungssitz im Inland würde eine die Niederlassungsfreiheit beschränkende nationale Maßnahme darstellen[424]. Von einer gemeinschaftsrechtlichen Zulässigkeit wäre aber auszugehen, da eine Anwendung dieser Bestimmungen ohne Unterscheidung aus Gründen der *Nationalität* der Gesellschaft erfolgen würde und keine marktsegmentierende, sondern allein eine marktregulierende Wirkung hätte. Folglich unterläge eine Erstreckung des deutschen überbetrieblichen Mitbestimmungsrechts auf alle juristischen Personen mit effektivem Verwaltungssitz im Inland nicht einer Kontrolle am Maßstab der Niederlassungsfreiheit, da der Gewährleistungsgehalt der Grundfreiheit nicht tangiert wäre[425].

IV. Ergebnis

Die Sitztheorie und ihre materiellrechtlichen Folgen, die beim Zuzug ausländischer juristischer Personen eine indirekt diskriminierende Wirkung entfalten, lassen sich weder im Fall des echten Zuzugs noch bei Umgehungsgründungen aus gemeinschaftsrechtlicher Sicht rechtfertigen. So sind die im EG-Vertrag genannten Rechtfertigungsgründe bereits nicht einschlägig, weil die Schutzziele der Sitztheorie – Schutz des inländischen Rechtsverkehrs und Absicherung der unternehmerischen Mitbestimmung – nicht den in Artikel 46 EG (Art. 56 EGV) genannten Rechtfertigungsgründen der öffentlichen Sicherheit und Ordnung unterfallen. Zwar werden die Schutzziele der Sitztheorie als überwiegende Allgemeinwohlinteressen anerkannt und können daher zur Rechtfertigung eines Eingriffs in die Niederlassungsfreiheit als ungeschriebene Rechtfertigungsgründe herangezogen werden, weil nach der Rechtsprechung des EuGH die ungeschriebenen Rechtfertigungsgründe auch

[423] Zu stark auf die kollisionsrechtliche Betrachtungsweise bezogen ist daher die nachfolgende These *Großfelds*: *Solange der Gesetzgeber die unternehmerische Mitbestimmung will, sollten wir sie nicht durch Theorien zum Internationalen Gesellschaftsrecht „unterlaufen" – unabhängig davon, was wir persönlich von ihr halten* (*Großfeld, Internationales und Europäisches Unternehmensrecht, S. 87*).

[424] Da das Mitbestimmungsrecht bei Vorliegen der seinen Anwendungsbereich eröffnenden Voraussetzungen nicht nur auf ausländische juristische Personen mit effektivem Verwaltungssitz im Inland, sondern gleichermaßen auf inländische juristische Personen Anwendung fände, läge keine Diskriminierung vor, die begrifflich eine – zumindest indirekte – Ungleichbehandlung voraussetzt.

[425] Vgl. insoweit: *Kapitel 4 B. IV. und V.*

bei indirekten Diskriminierungen einschlägig sind. Allerdings führt die Beachtlichkeit unbenannter Rechtfertigungsgründe nicht dazu, daß die Sitztheorie mit ihren materiellrechtlichen Folgen als gemeinschaftsrechtskonform zu werten wäre. Denn sie ist aus gemeinschaftsrechtlicher Sicht weder geeignet, noch erforderlich und angemessen, die mit ihr verfolgten Zielsetzungen zu verwirklichen.

Beim unechten Zuzug führt der Umstand, daß es sich hierbei nach nationalem Rechtsverständnis um einen Umgehungstatbestand handelt, dessen eigentlicher Zweck die Vermeidung der Anwendung nationaler gesellschaftsrechtlicher Bestimmungen ist, für sich allein genommen nicht zu einer Versagung der Berufung auf die gemeinschaftsrechtliche Gewährleistung der Niederlassungsfreiheit für Gesellschaften. Zudem ist die in der Literatur teilweise vertretene Auffassung nicht gemeinschaftsrechtskonform, wonach die Sitztheorie konsequent dahingehend angewendet werden solle, daß eine ausländische juristische Person mit effektivem Verwaltungssitz im Inland als inländische Personengesellschaft mit der Folge zu behandeln sei, daß ihr Rechts- und Parteifähigkeit zukäme. Denn auch hierdurch läßt sich der mit der Sitztheorie angestrebte Verkehrsschutz nicht sicherstellen. Zudem löst der Ansatz nicht die Mitbestimmungsproblematik, da auf inländische Personengesellschaften die Regelungen der überbetrieblichen Mitbestimmung nicht anwendbar sind. Auch wird die ausländische juristische Person als Rechtsträgerin der Gewährleistung der Niederlassungsfreiheit gemäß der Artikel 43 und 48 EG (Art. 52, 58 EGV) nicht anerkannt. Statt dessen findet eine *naturalisation forcé* statt, so daß es juristischen Personen nicht möglich ist, als das, was sie sind, nämlich als nach dem Recht eines Mitgliedstaats wirksam gegründete Kapitalgesellschaften von der Gewährleistung der Niederlassungsfreiheit Gebrauch zu machen.

Führt die Anwendung der Sitztheorie nicht nur bei der derzeitigen Anwendungsform, sondern auch bei einer modifizierten Anwendung im materiellrechtlichen Bereich zu Ergebnissen, die gemeinschaftsrechtswidrig sind, so muß an der kollisionsrechtlichen Verweisung selbst angesetzt werden, um im Geltungsbereich der Niederlassungsfreiheit das Internationale Gesellschaftsrecht so auszugestalten, daß eine Kollision mit Gemeinschaftsrecht vermieden wird. Bestehenden Schutzbedürfnissen kann auf nationaler Ebene auf verschiedenerlei Art und Weise Rechnung getragen werden, ohne hierdurch gegen vorrangiges Gemeinschaftsrecht zu verstoßen. Dies gilt insbesondere für Durchgriffshaftungsregelungen und die Ausweitung des Anwendungsbereichs zwingender nationaler Bestimmungen des Sozialordnungsrechts auf ausländische juristische Personen mit effektivem Verwaltungssitz im Inland.

B. Gemeinschaftsrechtliche Zulässigkeit beschränkender nationaler Maßnahmen bei der grenzüberschreitenden Verlegung des effektiven Verwaltungssitzes von Gesellschaften aus Deutschland in das EG-Ausland

Spätestens aus der *ICI*-Entscheidung folgt, daß der EuGH das Beschränkungsverbot als Überprüfungsmaßstab auch für die Wegzugsfreiheit von Gesellschaften zugrunde legt. Hier führte der Gerichtshof aus[426]: *Auch wenn die Bestimmungen über die Niederlassungsfreiheit nach ihrem Wortlaut insbesondere die Inländerbehandlung im Aufnahmemitgliedstaat sichern sollen, so verbieten sie es doch auch, daß der Herkunftsstaat die Niederlassung seiner Staatsangehörigen oder einer nach seinem Recht gegründeten Gesellschaft, die im übrigen der Definition des Artikels 58 des Vertrages entspricht, in einem anderen Mitgliedstaat behindert.* Dabei verwies der EuGH explizit auf seine *Daily Mail*-Entscheidung, in der er bereits ausgeführt hatte, die Niederlassungsfreiheit wäre sinnentleert, wenn ein Mitgliedstaat es einem Unternehmen verbieten könne, auszuwandern[427].

Im Fall eines Wegzugs von Gesellschaften aus dem Inland sanktioniert die Sitztheorie mit ihren materiellrechtlichen Folgen dieses Bestreben, indem der Sitzverlegungsbeschluß in einen Auflösungsbeschluß umgedeutet wird. Hierdurch soll verschiedenen Schutzinteressen, namentlich dem Schutz des Rechtsverkehrs, dem Schutz von Anteilseignern mit Minderheitsbeteiligungen und der unternehmerischen Mitbestimmung Rechnung getragen werden[428]. Da der Wegzugsproblematik aus deutscher Sicht eine geringere Bedeutung zukommt, weil sich das deutsche Kapitalgesellschaftsrecht wegen seiner Regelungsstrenge und relativ hoher Mindestkapitalerfordernisse nicht für Umgehungsgründungen eignet, wird die Thematik nachfolgend in verkürzter Darstellungsform behandelt. Dabei finden mögliche Alternativregelungen, die geeigneter zur Zielverfolgung sind oder weniger beschränkend wirken, aber in gleichem Maße zur Wahrung nationaler Schutzbelange in Betracht kommen, im Zusammenhang mit der Verhältnismäßigkeitsprüfung Erwähnung.

In Abschnitt I wird zunächst der echte Wegzug behandelt und geprüft, ob die Gründe des Schutzes des Rechtsverkehrs[429], von Anteilseignern mit Minderheitsbeteiligungen[430] und der unternehmerischen Mitbestimmung[431] Beschränkungen der Wegzugsfreiheit rechtfertigen können. Abschnitt II behandelt sodann mit dem unechten Wegzug die Umgehungsgründungsproblematik.

---

[426] *EuGH, Urt. v. 16.7.1998, Rs. 264/96 (ICI), Slg. 1998, S. I-4695, Rn. 21.*

[427] *EuGH, Urt. v. 27. 9.1988, Rs. 81/87 (Daily Mail), Slg. 1988, S. 5483, Rn. 16;* vgl. hierzu: *Kapitel 4 E. III.*

[428] Auch wird hierdurch ein ungewollter Export nationalen Rechts vermieden (vgl. bereits: *Kapitel 2 B. III. 3)*).

[429] *Abschnitt I 1).*

[430] *Abschnitt I 2).*

[431] *Abschnitt I 3).*

I. Echter Wegzug

Die Verhinderung eines Wegzugs von Gesellschaften in andere Mitgliedstaaten der EG verstößt nicht bereits gegen das Diskriminierungsverbot, da hierdurch das Recht auf Niederlassungsfreiheit für juristische Personen beeinträchtigt wird, ohne daß es zu einer direkten oder indirekten Schlechterstellung aus Gründen der *Nationalität* kommt[432]. Daher sind nationale Maßnahmen, die den Wegzug von Gesellschaften mittels Verlegung des effektiven Verwaltungssitzes in einen anderen Mitgliedstaat erschweren oder gar unmöglich machen, als Beschränkungen an der vom EuGH entwickelten Rechtfertigungssystematik zu messen. Daß die mit der Sitztheorie und ihren materiellrechtlichen Folgen verfolgten Zielsetzungen eines Schutzes des Rechtsverkehrs und der unternehmerischen Mitbestimmung aus gemeinschaftsrechtlicher Sicht als überwiegende Allgemeinwohlinteressen einzuordnen sind, wurde bereits dargelegt[433]. Auch der Schutz von Anteilseignern ist als überwiegendes Allgemeinwohlinteresse anzusehen, das grundsätzlich in Betracht kommt, um Beschränkungen der Niederlassungsfreiheit im Einzelfall zu rechtfertigen[434].

Der in Deutschland bestehende Auflösungszwang im Fall des Wegzugs resultiert aus dem materiellen Recht[435]. Zwar greift die gemeinschaftsrechtliche Gewährleistung der Niederlassungsfreiheit erst dann ein, wenn eine Gesellschaft wirksam nach dem Recht eines Mitgliedstaats gegründet wurde. Grundsätzlich richtet sich auch die weitere rechtliche Existenz der Gesellschaft nach nationalem Recht, so daß sich beim Wegzug argumentieren ließe, bei der von den Gerichten vorgenommenen Umdeutung des Sitzverlegungsbeschlusses in einen Auflösungsbeschluß handele es sich um einen rein internen Vorgang, der nicht dem Geltungsbereich des

---

432 *Behrens, ZGR 1994, S. 1 (19);* vgl. hierzu eingehend: *Kapitel 4 E. III.*

433 *Vgl. Kapitel 5 A. I. 4).*

434 So wird der Schutz der Gesellschafter als ein zentraler Belang in Artikel 44 Absatz 2 lit. g EG (Art. 54 Abs. 3 lit. g EGV) genannt.

435 *K. Schmidt, ZGR 1999, S. 20 (22 f.); Hoffmann, ZHR 164 (2000), S. 43 (45 f.); W. H. Roth, ZEuP 1994, S. 5 (20); ders., ZGR 2000, S. 311 (330 f.).*
Beim Wegzug einer Gesellschaft aus Deutschland hat die kollisionsrechtliche Verweisung auf den effektiven Verwaltungssitz zur Folge, daß ein Statutenwechsel stattfindet und somit für alle die Gesellschaft betreffenden Fragestellungen auf das Recht eines anderen Mitgliedstaats verwiesen wird. Indes wird die Anwendung des ursprünglichen Organisationsrechts verweigert. Würde der Zuzugsstaat der Gesellschaft auch der Sitztheorie folgen, so würde – aufgrund der identischen Anknüpfung – die kollisionsrechtliche Verweisung des Herkunftsstaats bestätigt. Folglich würde die Gesellschaft im Einklang beider Rechtsordnungen dem am Ort des effektiven Verwaltungssitzes geltenden Recht unterworfen.
Folgte der Zuzugsstaat indes der Gründungstheorie, so käme es zu einer Rückverweisung auf das deutsche Recht. Die weitere rechtliche Folge wäre nicht davon abhängig, ob es sich bei einer entsprechenden Rückverweisung um eine Sachnorm-Rückverweisung oder um eine IPR-Rückverweisung handelt (vgl. zu den Begriffen: *Kegel/Schurig, Internationales Privatrecht, S. 340 f.*). Denn nach Artikel 4 Absatz 1 Satz 2 EGBGB wird im deutschen Recht auch bei einer IPR-Rückverweisung nationales Sachrecht angewendet und die Verweisungskette damit abgebrochen. Im Fall der Rückverweisung würde damit das deutsche Recht für anwendbar erklärt, welches im Bereich des Sachrechts die Verlegung des effektiven Verwaltungssitzes abstrafen würde.

Gemeinschaftsrechts unterliege. Allerdings ist dieser Einwand aus gemeinschaftsrechtlicher Sicht nicht zutreffend[436].

Allein für die Eröffnung des persönlichen Geltungsbereichs der Bestimmungen über die Niederlassungsfreiheit von Gesellschaften verweist Artikel 48 Absatz 1 EG (Art. 58 Abs. 1 EGV) auf das nationale Recht der Mitgliedstaaten[437]. Gelangt ein Verband in den persönlichen Geltungsbereich gemeinschaftsrechtlicher Bestimmungen, so ist diesen aufgrund des gemeinschaftsrechtlichen Anwendungsvorrangs bei inter-mitgliedstaatlichen Sachverhalten grundsätzlich Beachtung zu schenken. Dies gilt insbesondere auch hinsichtlich der Frage der rechtlichen Fortexistenz einer Gesellschaft bei einer grenzüberschreitenden Sitzverlegung in einen anderen Mitgliedstaat[438], da hier wegen des grenzüberschreitenden Bezugs kein rein interner Sachverhalt vorliegt. Ob eine identitätswahrende grenzüberschreitende Sitzverlegung rechtlich zulässig ist, kann daher auch beim Wegzug nicht allein unter Anwendung der nationalen Bestimmungen der an diesem Vorgang beteiligten Rechtsordnungen beurteilt werden. Vielmehr ist die Niederlassungsfreiheit als Überprüfungsmaßstab beachtlich.

Entscheidend ist mithin, ob die mit der Zwangsauflösung beim Wegzug von inländischen juristischen Personen in einen anderen Mitgliedstaat der Gemeinschaft verfolgten Zielsetzungen hinreichend sind, um als überwiegende Allgemeinwohlinteressen die hieraus resultierende Beschränkung der Niederlassungsfreiheit von Gesellschaften rechtfertigen zu können. Nationale Maßnahmen, welche die Ausübung der gemeinschaftsrechtlichen Grundfreiheiten behindern oder weniger attraktiv machen können, müssen – auch wenn sie nicht diskriminierend wirken – überwiegenden Allgemeinwohlinteressen entsprechen, zur Erreichung des

---

[436] Anders ist die Rechtslage, wenn sich eine Gesellschaft gegen eine interne Regelung wendet, ohne daß ein Zusammenhang mit der Ausübung einer gemeinschaftsrechtlichen Grundfreiheit besteht. So ging es etwa in *Fearon* um eine irische Gesellschaft, die sich gegen eine irische Regelung wandte, wonach staatliche Enteignungen bei juristischen Personen nur dann ausgeschlossen waren, wenn die Anteilseigner auf dem Grundstück des Unternehmens oder in dessen Nachbarschaft wohnten. Hier verneinte der Gerichtshof zutreffend die Einschlägigkeit der Niederlassungsfreiheit zugunsten der Gesellschaft (*EuGH, Urt. v. 6.11.1984, Rs. 182/83 (Fearon), Slg. 1984, S. 3677, Rn. 8*). Indes wurde ein Verstoß gegen Artikel 43 EG (Art. 52 EGV) hinsichtlich der Rechtsstellung der ausländischen Anteilseigner der Gesellschaft mit der – nicht überzeugenden – Begründung verneint, daß keine Diskriminierung vorliege (*EuGH, Urt. v. 6.11.1984, Rs. 182/83 (Fearon), Slg. 1984, S. 3677, Rn. 10 f.*).

[437] *Grabitz/Hilf/Randelzhofer, Kommentar zur Europäischen Union, Art. 58, Rn. 11; Forsthoff, EuR 2000, S. 167 (173 f.)*; a.A.: *Behrens, IPRax 1999, S. 323 (330)*, wonach der EuGH in der Bestimmung eine international-gesellschaftsrechtliche Anerkennungsnorm sieht.

[438] A.A. etwa *Forsthoff*, nach dessen Meinung der EG-Vertrag keine Vorgaben dahingehend enthalte, ob ein Staat die *Auswanderung* seiner Gesellschaften zu gewährleisten habe (*EuR 2000, S. 167 (177, Fn. 44; 183 ff.)*). Allerdings steht dieser Auffassung der insoweit eindeutige Wortlaut der Entscheidungen *Daily Mail* und *ICI* entgegen, wonach die in den Artikeln 43 ff. EG (Art. 52 ff. EGV) gewährten Rechte sinnentleert wären, wenn der Herkunftsstaat es Unternehmen verbieten könnte auszuwandern, um sich in einem anderen Mitgliedstaat niederzulassen (*EuGH, Urt. v. 27.9.1988, Rs. 81/87 (Daily Mail), Slg. 1988, S. 5483, Rn. 16; EuGH, Urt. v. 16.7.1998, Rs. 264/96 (ICI), Slg. 1998, S. I-4695, Rn. 21*). Das Wegzugsrecht ist mittlerweile im Rahmen der negativen Integration dadurch wirksam abgesichert, daß die Niederlassungsfreiheit im Sinne eines Beschränkungsverbots ausgelegt wird, soweit es um den Marktzugang geht (*vgl. Kapitel 4 B. IV. und V.*).

verfolgten Zwecks geeignet sein und dürfen nicht über das hinausgehen, was zur Erreichung des Ziels erforderlich ist[439].

Da generalpräventive Erwägungen grundsätzlich nicht geeignet sind, Eingriffe in den Gewährleistungsrahmen einer Grundfreiheit zu rechtfertigen, wenn hierdurch der Kerngehalt der Gewährleistung selbst negiert wird, ist eine generelle Wegzugsbeschränkung nicht mit den gemeinschaftsrechtlichen Erfordernissen der Niederlassungsfreiheit von Gesellschaften vereinbar[440]. Dennoch wird nachfolgend erörtert, ob sonstige Gründe vorliegen, an denen eine Rechtfertigung der bestehenden Wegzugsbeschränkung scheitert. Unterschieden wird dabei zwischen dem Schutz des Rechtsverkehrs, dem Schutz von Anteilseignern, die eine Minderheitsbeteiligung an der Gesellschaft halten und daher einen Wegzugsbeschluß ins Ausland nicht verhindern können, sowie der unternehmerischen Mitbestimmung. Angesprochen wird in diesem Kontext gleichzeitig, ob und wenn ja, wie die von den Vertretern der Sitztheorie geltend gemachten Schutzinteressen auf eine weniger einschneidende Weise geltend gemacht werden können als durch eine Umdeutung des Sitzverlegungsbeschlusses in einen Auflösungsbeschluß.

1) Schutz des Rechtsverkehrs

Im Fall des Wegzugs einer inländischen Gesellschaft in einen anderen Mitgliedstaat stellt sich der Schutz des Rechtsverkehrs als ein Problem des effektiven Rechtsschutzes dar[441]. Durch die rechtliche Unmöglichkeit einer Sitzverlegung ins Ausland ohne die vorhergehende Liquidation der Gesellschaft im Inland und der damit verbundenen Befriedigung der Gläubiger soll verhindert werden, daß sich Unternehmen durch eine Flucht ins Ausland den heimischen Gläubigern entziehen können.

Bereits *Schlosser* und *Süss* haben dargelegt, daß an das Gläubigerinteresse bei juristischen Personen kein anderer Maßstab angelegt werden dürfe als bei natürlichen Personen[442]. Denn jeder Gläubiger müsse damit rechnen, daß sich die rechtliche Situation seines Schuldners ändere, was letztlich auch durch einen Wegzug in das Hoheitsgebiet eines anderen Staates oder den Wechsel der Staats-

---

[439] *EuGH, Urt. v. 9.3.1999, Rs. 212/97 (Centros), Slg. 1999, S. I-1459, Rn. 34*; unter Verweis auf: *EuGH, Urt. v. 31.3.1993, Rs. 19/92 (Kraus), Slg. 1993, S. I-1663, Rn. 32; EuGH, Urt. v. 30.11.1995, Rs. 55/94 (Gebhard), Slg. 1995, S. I-4165, Rn. 37;* vgl. auch: *EuGH, Urt. v. 15.12.1995, Rs. 415/93 (Bosman), Slg. 1995, S. I-4921, Rn. 104; EuGH, Urt. v. 15.5.1997, Rs. 250/95 (Futura & Singer), Slg. 1997, S. I-2471, Rn. 26.*

[440] Vgl. hierzu bereits: *Kapitel 5 A. I. 3) (c), Kapitel 5 A. I. 5) (b), Kapitel 5 A. II. 6).*

[441] Das Gläubigerschutzanliegen ist im Wegzugsstaat von Bedeutung, da eine Schuldnerflucht ins Ausland verhindert werden soll (*Luchsinger, Die Niederlassungsfreiheit der Kapitalgesellschaften in der EG, den USA und der Schweiz, S. 6 f.*). Insbesondere *Großfeld* verlangt ein hohes Schutzniveau innerhalb der EG. Daher hält er generell die Anwendung derjenigen Normen des nationalen Rechts für notwendig, die den höchsten Schutzstandard gewähren, um einen Mißbrauch der Niederlassungsfreiheit zu verhindern (*Internationales und Europäisches Unternehmensrecht, S. 56*).

[442] *Schlosser, Die gesellschaftlichen Niederlassungen in der Europäischen Wirtschaftsgemeinschaft als Problem des internen und des internationalen Privatrechts, S. 144 ff.; Süss, FS Lewald, S. 603 (610 f.).*

angehörigkeit geschehen könne. Dabei sei die Rechtsverfolgung juristischer Personen im Ausland aufgrund der Publizitätspflichten hinsichtlich des Gesellschaftssitzes und der Offenlegungspflichten häufig einfacher zu realisieren als bei natürlichen Personen[443].

Nicht überzeugen kann daher die nachfolgende Argumentation von *Großfeld*, die sich auf Gesellschaften als Schuldner bezieht: *Der Schuldner, den sie [die Gläubiger] als im Inland verankert ansahen, wandert aus. Seine Bindung an ein bestimmtes Umfeld war oft Voraussetzung eines Kredits, ebenso das Vertrauen auf bestimmte Verhaltensmuster, auf gesellschaftliche Kontrolle, auf Vollstreckung und Währung*[444]. Denn sie trifft genauso auf natürliche wie auf juristische Personen zu. Im Bereich der natürlichen Personen steht außer Zweifel, daß ein Wegzug zwecks Niederlassung in einem anderen Mitgliedstaat zulässig ist und nicht aus Gründen des Gläubigerschutzes negiert werden kann.

Abgesehen davon, daß unter Gläubigerschutzgesichtspunkten kein sachlicher Differenzierungsgrund vorliegt, um zwischen natürlichen und juristischen Personen zu unterscheiden, erscheint die Geeignetheit der Zwangsauflösung zur effektiven Absicherung von Gläubigerschutzinteressen fraglich. Denn Gläubigerinteressen können unter Umständen gerade dadurch gefährdet werden, daß mit der Sitzverlegung eine aus unternehmerischer Sicht sinnvolle Restrukturierungsmaßnahme vereitelt wird, die für den zukünftigen wirtschaftlichen Erfolg des Unternehmens von entscheidender Bedeutung ist[445]. Auch bei Unternehmen, die ihre Aufbauphase abgeschlossen haben und im Rentabilitätsbereich arbeiten, ist die zwangsweise Auflösung der Gesellschaft häufig nicht im Gläubigerinteresse. Dies gilt nicht allein für Kapitalgeber, sondern auch bei Vertragspartnern, die möglicherweise langfristige Verträge mit der Gesellschaft eingegangen sind. Denn ihnen geht durch die Auflösung der Gesellschaft der Vertragspartner verloren, noch bevor die gegenseitigen Leistungspflichten aus bestehenden Vertragsverhältnissen erfüllt werden konnten. Die Umdeutung eines Sitzverlegungsbeschlusses in einen Auflösungsbeschluß wird daher in vielen Fällen nicht den tatsächlichen Gläubigerinteressen entsprechen. Mithin fehlt es dem Auflösungszwang aus gemeinschaftsrechtlicher Sicht an der Geeignetheit[446] zur Verfolgung eines wirksamen Gläubigerschutzes.

---

[443] *Schlosser, Die gesellschaftlichen Niederlassungen in der Europäischen Wirtschaftsgemeinschaft als Problem des internen und des internationalen Privatrechts, S. 145; Süss, FS Lewald, S. 603 (611).*
Teilweise wird unter Verweis auf das Fehlen eines Statutenwechsels bei der grenzüberschreitenden identitätswahrenden Sitzverlegung von Gesellschaften unter Berufung auf die Niederlassungsfreiheit davon ausgegangen, hierdurch ändere sich die Stellung der Gläubiger nicht, weshalb ein Regelungsbedarf zu ihren Gunsten nicht erkennbar sei, zumal das EuGVÜ eine effektive Durchsetzung von Ansprüchen gegen Gesellschaften gewährleiste (*Koppensteiner, FS Lutter, S. 141 (150)*).

[444] *Großfeld, Internationales und Europäisches Unternehmensrecht, S. 85.*
Weiter heißt es bei *Großfeld*: *Die Kreditwürdigkeit beruht auf lokaler Verankerung, diese Verankerung erst macht die Rechtsform glaubwürdig. Die Grundlagen wechseln bei der Sitzverlegung in das Ausland, selbst innerhalb Europas* (*Großfeld, Internationales und Europäisches Unternehmensrecht, S. 86*).

[445] *Süss, FS Lewald, S. 603 (610).*

[446] Vgl. zum Kriterium der Geeignetheit: *Kapitel 5 A. I. 5) (a).*

Beitzke hat zudem bereits darauf hingewiesen, daß Gläubigerinteressen im Fall einer Sitzverlegung ins Ausland durch eine Veröffentlichung des Sitzverlegungsbeschlusses, verbunden mit der Aufforderung an die Gläubiger, die Befriedigung ihrer Ansprüche oder Sicherheitsleistungen zu erlangen, gewahrt würden, wenn die Sitzverlegung erst hiernach durchgeführt werden könnte[447]. Der Ansatz von *Beitzke* hat im Schweizer Recht Berücksichtigung gefunden[448]. Nach Schweizer Recht ist vor dem Wegzug einer Gesellschaft ein Schuldaufruf unter Hinweis auf den bevorstehenden Statutenwechsel durchzuführen[449]. Auch der Vorentwurf einer 14. Richtlinie im Bereich des Gesellschaftsrechts enthält Ansätze, die eine effektive Absicherung von Gläubigerschutzinteressen bezwecken und damit einem wirksamen Schutz des Rechtsverkehrs dienen, ohne daß es im Zusammenhang mit der grenzüberschreitenden Sitzverlegung einer Auflösung und Neugründung der Gesellschaft bedürfte. Vor der grenzüberschreitenden Sitzverlegung einer Gesellschaft sieht der Richtlinienvorentwurf die Aufstellung eines Verlegungsplans vor, Artikel 4 des Entwurfs[450]. Insofern orientiert er sich an Artikel 14 der EWIV-Verordnung[451] sowie an Artikel 8 der Verordnung über das Statut einer europäischen Aktiengesellschaft[452], die beide die Aufstellung eines Verlegungsplans im Zusammenhang mit einer grenzüberschreitenden Sitzverlegung verlangen.

Besteht somit für die Fälle, in denen die Gläubiger vor dem Wegzug der Gesellschaft ihre Zustimmung erteilen, eine Rückzahlung erfolgt oder die Rückzahlung auf andere Weise abgesichert ist, kein Schutzbedürfnis mehr, so ist ein Auflösungszwang in diesen Fällen nicht erforderlich[453] und hält aus gemeinschaftsrechtlicher Sicht einer Verhältnismäßigkeitsprüfung nicht stand. Da der Auflösungszwang juristischer Personen bei einem Wegzug in einen anderen Mitgliedstaat der Gemeinschaft weder zum Schutz des Rechtsverkehrs geeignet ist noch das Maß des Erforderlichen wahrt und somit zu dem verfolgten Zweck außer

---

[447] *Beitzke, ZHR 127 (1965), S. 1 (43).*

[448] So lautet Artikel 164 des Schweizer IPR-Gesetzes [Schulden der Gesellschaft]: *Eine im schweizerischen Handelsregister eingetragene Gesellschaft kann nur gelöscht werden, wenn glaubhaft gemacht wird, daß die Gläubiger befriedigt oder ihre Forderungen sichergestellt sind, oder wenn die Gläubiger mit der Löschung einverstanden sind.*
Bis die Gläubiger befriedigt oder ihre Forderungen sichergestellt sind, kann die Gesellschaft für diese in der Schweiz betrieben werden.

[449] *Schnyder, Das neue IPR-Gesetz, § 25 III.*
Der auf *Beitzke* zurückgehende Regelungsansatz ist zudem in der Literatur vereinzelt aufgegriffen worden (vgl.: *W. H. Roth, ZEuP 1994, S. 5 (20 f.);* implizit: *Behrens, EuZW 1992, S. 550;* für den Fall der Zustimmung von Gläubigern und Gesellschaftern in entsprechender Anwendung der Regelungen der SE: *Großfeld/König, RIW 1992, S. 433 (437)*).

[450] Der Verlegungsplan hat Angaben über den für die Gesellschaft vorgesehenen Sitz, die für die Gesellschaft vorgeschlagene Satzung und gegebenenfalls die neue Firma, die Form der Arbeitnehmermitbestimmung, sofern die Arbeitnehmer vor der Sitzverlegung bereits in den Organen der Gesellschaft vertreten waren, sowie den für die Verlegung vorgesehenen Zeitplan zu enthalten. Er ist nach den in der ersten gesellschaftsrechtlichen Richtlinie (*68/151/EWG*) enthaltenen Bestimmungen offenzulegen, Artikel 4 Absatz 2 des Richtlinienvorentwurfs.

[451] *2137/85/EWG, ABl. Nr. L 199/1.*

[452] *ABl. 2001, Nr. L 294/1.*

[453] Vgl. zum Kriterium der Erforderlichkeit: *Kapitel 5 A. I. 5) (c).*

Verhältnis steht, weshalb es an der Angemessenheit fehlt[454], kann die in Deutschland bestehende Rechtslage nicht mit der Begründung gerechtfertigt werden, sie sei zum Schutz des inländischen Rechtsverkehrs erforderlich.

2) Schutz von Anteilseignern

Bei Anteilseignern kann ein Schutzbedürfnis hinsichtlich derer bejaht werden, die gegen eine Verlegung des effektiven Verwaltungssitzes ins Ausland gestimmt haben, ohne hierdurch den Sitzverlegungsbeschluß verhindern zu können. Bei Anteilseignern, die einem entsprechenden Restrukturierungsvorgang zugestimmt haben, ist indes kein Schutzbedürfnis ersichtlich[455]. Denn entscheiden sich die Anteilseigner zur Verlegung des effektiven Verwaltungssitzes der Gesellschaft ins Ausland, so beruht dies grundsätzlich auf ihrem privatautonomen Willensentschluß, der zu respektieren ist[456].

---

[454] Vgl. zum Kriterium der Angemessenheit: *Kapitel 5 A. I. 5) (e)*.

[455] Wesentlich kritischer ist indes die Einschätzung von *Großfeld* mit Blick auf das Schutzbedürfnis von Anteilseignern: *Ihre Gesellschaft wandert in ein anderes kulturelles und sprachliches Umfeld, ihre Rechte unter dem neuen Gesellschaftsstatut an dem neuen Gerichtsstand sind ungewiß. Selbst wenn man das alte Gesellschaftsstatut fortbestehen läßt, ist es in der neuen Umgebung vor anderen Richtern im Ernstfall nicht dasselbe. Der Buchstabe des Gesetzes ist gegenüber allgemeinen Wertungen der Kultur schwach, schwimmt wie ein Korken auf ihnen. Auf die Fortentwicklung des Wortes in anderer Umwelt dürfen wir nicht vertrauen; das wäre eine gefährliche Illusion zu Lasten Dritter* (*Großfeld, Internationales und Europäisches Unternehmensrecht, S. 86*). Allerdings berücksichtigt diese Betrachtung nicht den Prozeß der europäischen Integration, der gerade im Bereich des Gesellschaftsrechts bereits ein hohes Maß an Rechtsangleichung erzielt hat. Zudem hat *Süss* bereits darauf verwiesen, durch die Auflösung einer Gesellschaft im Fall des Wegzugs werde *der Wille der Gesellschafter, welche die Sitzverlegung ins Ausland beschließen, völlig ignoriert oder zum mindesten ihm Gewalt angetan; denn man kann den Willen, den Sitz einer Gesellschaft ins Ausland zu verlegen, nicht einfach konträr interpretieren in einen Willen, die Gesellschaft zu liquidieren. Nichts liegt hier gerade den Gesellschaftern ferner, die in einem solchen Falle wohl an alles denken mögen, nur nicht an die Auflösung ihrer Gesellschaft* (*Süss, FS Lewald, S. 603 (604)*).

[456] Die Parteiautonomie kann als ein grundlegendes Prinzip der nationalen Rechtsordnung nur in wenigen Fällen Einschränkungen erfahren, um sozialen und wirtschaftlichen Ungleichheiten entgegenzuwirken (vgl. hierzu und zur mittelbaren Drittwirkung von Grundrechten: *BVerfGE 7, S. 198 ff.; BVerfGE 34, S. 269 (280); Palandt/Heinrichs, Kommentar zum Bürgerlichen Gesetzbuch, § 134, Rn. 4, Einf. v. § 145, Rn. 7, § 242, Rn. 7*).
Auch wenn Anteilseigner im umgekehrten Fall eines Zuzugs ausländischer juristischer Personen an diesen Minderheitsbeteiligungen halten, beruht dies auf ihrer privatautonomen Entscheidung. Hier – schutzintensiveres – nationales Recht an Stelle des Rechts, welchem die Gesellschaft ansonsten unterläge, anwenden zu wollen, würde der freien Entscheidung der Gesellschafter zuwider laufen und ihren autonomen Willensentschluß ohne erkennbaren sachlichen Grund mißachten (*Knobbe-Keuk, ZHR 154 (1990), S. 325 (346)*; vgl. auch: *Koppensteiner, FS Lutter, S. 141 (151)*). Daher besteht insoweit kein Schutzbedürfnis, zumal die Rechtsstellung der Minderheitsgesellschafter im Rahmen einer Sitzverlegung nicht dadurch verändert wird, daß der Gesellschaftssitz sich in einem anderen Staat befindet (vgl. hierzu: *Knobbe-Keuk, ZHR 154 (1990), S. 325 (346); Ulmer, JZ 1999, S. 662*). Durch Beteiligungen an ausländischen juristischen Personen wird zudem gerade die wirtschaftliche Verflechtung der Mitgliedstaaten und damit das Ziel der Verwirklichung des Binnenmarktes gefördert. Daher enthält Artikel 294 EG (Art. 221 EGV) eine explizite Regelung, wonach die Mitgliedstaaten unbeschadet der sonstigen Bestimmungen des Vertrages die Staatsangehörigen der anderen Mitgliedstaaten hinsichtlich ihrer Beteiligung am Kapital von Gesellschaften im Sinne des Artikels 48 EG (Art. 58 EGV) den eigenen Staatsangehörigen gleichstellen müssen.

Auch bei Anteilseignern mit Minderheitsbeteiligungen, die der Sitzverlegung nicht zugestimmt haben, führt die Umdeutung des Sitzverlegungsbeschlusses in einen Auflösungsbeschluß regelmäßig nicht dazu, daß ihr Wille volle Geltung erlangt. Denn im Zweifel wird die Fortführung der unternehmerischen Betätigung am ursprünglichen Gesellschaftssitz gewollt sein. Zudem kann die Auflösung nicht generell als *zweitbeste* Wahl angesehen werden, dies insbesondere dann, wenn sich durch die zwangsweise Auflösung der Gesellschaft kein adäquater Erlös für die jeweilige Gesellschaftsbeteiligung erzielen läßt. Die zwangsweise Auflösung einer Gesellschaft im Fall des Wegzugs ist daher bereits nicht geeignet, einen Schutz von Anteilseignern mit Minderheitsbeteiligungen sicherzustellen.

Ein hinreichender Schutz von Anteilseignern mit Minderheitsbeteiligungen kann zudem schon dadurch wirksam erreicht werden, daß ihnen die Möglichkeit gegeben wird, gegen Auszahlung ihrer Beteiligung aus der Gesellschaft auszuscheiden. Daher bedarf es selbst dann keiner Liquidation der Gesellschaft, wenn einige Gesellschafter oder Aktionäre, die insgesamt über kein hinreichendes Stimmgewicht nach den einschlägigen Regeln des Gesellschaftsstatuts zur Verhinderung des Restrukturierungsvorgangs verfügen, einer Sitzverlegung nicht zustimmen[457]. So sieht beispielsweise articulo 149 (2) des spanischen *Ley de Sociedades Anónimas*[458] für den Fall der zulässigen Sitzverlegung einer Aktiengesellschaft ins Ausland zum Schutz der Minderheitsaktionäre – die der Sitzverlegung nicht zugestimmt haben – vor, daß sie ein Recht auf Ausscheiden aus der Gesellschaft zu den Bedingungen haben, die im Fall einer Änderung des Gesellschaftszwecks greifen[459]. Auch die geplante Richtlinie über Übernahmeangebote sieht ein Recht auf Auszahlung der

---

[457] *Lutter/Hommelhoff, GmbHG, § 4a, Rn. 13; Schlosser, Die gesellschaftlichen Niederlassungen in der Europäischen Wirtschaftsgemeinschaft als Problem des internen und des internationalen Privatrechts, S. 147.*
Zutreffend verweist *Schlosser* darauf, daß ein Einstimmigkeitserfordernis für den Sitzverlegungs beschluß nicht erforderlich sei, da hierdurch weder die Gleichheit der Gesellschafter untereinander tangiert werde noch Sonderrechte entzogen würden. Folglich müsse ein Beschluß, den effektiven Verwaltungssitz einer Gesellschaft ins Ausland zu verlegen, unter den Bedingungen einer normalen Satzungsänderung als wirksam angesehen werden. Allerdings könne sich das Erfordernis einer qualifizierten Mehrheit aus den gesetzlichen Anforderungen an eine Satzungsänderung ergeben (*Schlosser, Die gesellschaftlichen Niederlassungen in der Europäischen Wirtschaftsgemeinschaft als Problem des internen und des internationalen Privatrechts, S. 150 f.*).

[458] Articulo 149 (2) de la Ley de Sociedades Anónimas lautet: *Los accionistas que no hayan votado a favor del acuerdo y los accionistas sin voto tendrán derecho de separación en los mismos términos y con las mismas consecuencias establecidas en el articulo 147.*

[459] Nach spanischem Recht ist lediglich die Verlegung des effektiven Verwaltungssitzes einer Gesellschaft aus dem Inland ins Ausland ohne gleichzeitigen Wechsel des statutarischen Sitzes zulässig. Wird allein oder gleichzeitig der statutarische Sitz gewechselt, so verliert die Gesellschaft ihre Staatsangehörigkeit und es tritt ein Statutenwechsel ein (*Steiger, Grenzüberschreitende Fusion und Sitzverlegung von Kapitalgesellschaften innerhalb der EU nach spanischem und portugiesischem Recht, S. 188*). Auf materiellrechtlicher Ebene wird die Verlegung des effektiven Verwaltungssitzes einer Gesellschaft aus Spanien ins Ausland nicht rechtlich sanktioniert. Insofern ist allein articulo 7 (2) de la Ley 2/1995 für die GmbH beziehungsweise articulo 6 (2) de la Ley de Sociedades Anónimas für die Aktiengesellschaft zu beachten, welche inhaltsgleich bestimmen, daß im Fall einer Divergenz zwischen statutarischem und tatsächlichem Sitz der Gesellschaft Dritte sich der Gesellschaft gegenüber auf jeden dieser beiden Sitze berufen können.

(Minderheits-) Aktionäre im Fall einer Übernahme der Aktiengesellschaft vor[460]. Insofern ist der Auflösungszwang zum Schutz von Anteilseignern nicht erforderlich und mit Blick auf die Zweck-Mittel-Relation unangemessen. Daher ist die zwangsweise Auflösung einer Gesellschaft im Fall eines Sitzverlegungsbeschlusses in einen anderen Mitgliedstaat zum Schutz von Anteilseignern mit Minderheitsbeteiligungen gemeinschaftsrechtlich nicht zu rechtfertigen.

3) Mitbestimmung

In der mitbestimmungsrechtlichen Literatur wird die Auffassung vertreten, Unternehmen mit Sitz im Ausland unterfielen nicht den Regelungen des MitbestG 1972[461]. Dies geschieht vor dem Hintergrund, daß an Gesellschaftsformen des deutschen Rechts angeknüpft wird und sich der effektive Verwaltungssitz dieser Gesellschaften unter Anwendung der Sitztheorie im Inland befinden muß. Allerdings wird darauf verwiesen, der Gesetzgeber habe die Anwendung des MitbestG auf Unternehmen beschränken wollen, die ihren Sitz im Geltungsbereich des Grundgesetzes hätten, was materiellrechtlich aus der Beschränkung des deutschen Gesetzgebers auf die Bundesrepublik folge[462]. Auch *Großfeld* betont, der Bundestagsausschuß für Arbeit und Sozialordnung habe klargestellt, daß der Gesetzentwurf nicht Geltung für Organe ausländischer Unternehmen beanspruchen könne, was wohl vom Verwaltungssitz her zu beurteilen sei[463].

Folgt man dieser Auffassung, so ist die überbetriebliche Mitbestimmung bei einer innergemeinschaftlichen Sitzverlegung einer deutschen Gesellschaft ins Ausland nicht mehr anzuwenden, weil das MitbestG von sich aus für diese Situation keine Geltung beansprucht. Daher kann die territoriale Beschränktheit des überbetrieblichen Mitbestimmungsrechts nicht als Begründung angeführt werden, um Beschränkungen des Wegzugsrechts inländischer juristischer Personen im intermitgliedstaatlichen Bereich zu rechtfertigen. Denn sofern das MitbestG von sich aus nur Geltung für Unternehmen bestimmter Rechtsform und Beschäftigtenzahl mit einer durch den Verwaltungssitz gekennzeichneten schwerpunktmäßigen Betätigung im Inland beansprucht, so ist es folgerichtig, daß seine Anwendbarkeit entfällt, wenn sich der Unternehmensschwerpunkt im Rahmen einer unternehmerischen Restrukturierung in einen anderen Staat verlagert.

[460] *Vorschlag einer 13. Richtlinie betreffend Übernahmeangebote v. 14.9.1990 (ABl. Nr. C 240/7)*; vgl. hierzu: *Ratsstandpunkt v. 19.06.2000 (ABl. 2001, C 23/1).*
[461] Vgl. etwa: *Raiser, Mitbestimmungsgesetz, § 1, Rn. 13.*
[462] *Raiser, Mitbestimmungsgesetz, § 1, Rn. 13.*
[463] *Staudinger-Großfeld, Internationales Gesellschaftsrecht, Rn. 511.*

4) Ergebnis

Der echte Wegzug von Kapitalgesellschaften aus Deutschland in einen anderen Mitgliedstaat der Gemeinschaft wird durch die Niederlassungsfreiheit gewährleistet. Gründe, die sich gegen ein Recht auf identitätswahrenden Wegzug anführen lassen, können eine Beschränkung der Niederlassungsfreiheit von Gesellschaften nicht rechtfertigen. Die Umdeutung eines Sitzverlegungsbeschlusses in einen Auflösungsbeschluß ist bereits nicht geeignet, die Interessen des inländischen Rechtsverkehrs oder von Anteilseignern mit Minderheitsbeteiligungen abzusichern beziehungsweise Arbeitnehmerinteressen, deren Wahrung die überbetriebliche Mitbestimmung dient, Rechnung zu tragen. Zudem erscheint der Auflösungszwang weder erforderlich noch angemessen, um überwiegende Allgemeinwohlinteressen zu schützen. Daher besteht im Ergebnis keine Rechtfertigung für Beschränkungen des Wegzugs von Gesellschaften im inter-mitgliedstaatlichen Bereich, die zunächst in ihrem Herkunftsstaat eine wirtschaftliche Betätigung ausgeübt haben und sodann zwecks Verfolgung unternehmerischer Zielsetzungen von der grenzüberschreitenden Niederlassungsfreiheit Gebrauch machen wollen.

II. Unechter Wegzug

Umgehungsgründungen, die nach den Bestimmungen eines regelungsstarken Rechts errichtet werden, wird es in der Praxis nicht geben. So ist kaum zu erwarten, daß zwei Briten in Deutschland eine GmbH gründen, um danach allein über eine Zweigniederlassung in England eine wirtschaftliche Betätigung auszuüben, da das englische Recht die Gründung einer Gesellschaft vergleichbarer Rechtsform mit erheblich geringerem Gründungsaufwand und niedrigeren Gründungskosten ermöglicht. Die Fallvariante ist daher allein für diejenigen mitgliedstaatlichen Rechtsordnungen relevant, die über ein relativ liberales Gesellschaftsrecht verfügen, aufgrund der Ausgestaltung ihres Internationalen Gesellschaftsrechts aber dennoch keine Verlegung des effektiven Verwaltungssitzes einer nach nationalem Recht gegründeten Gesellschaft in einen anderen Mitgliedstaat der Gemeinschaft zulassen. Dennoch soll auch für die Fallvariante des unechten Wegzugs exemplarisch von der in Deutschland bestehenden Rechtslage ausgegangen werden.

Die Gründung einer Gesellschaft nach deutschem Recht gilt als unzulässig und folglich unwirksam, wenn ihr effektiver Verwaltungssitz im Ausland liegt[464].

[464] *Münch-Komm-Kindler, Internationales Gesellschaftsrecht, Rn. 386 f.; Staudinger-Großfeld, Internationales Gesellschaftsrecht, Rn. 86 ff., 264; Ebenroth/Eyles, DB 1988, Beilage 2, S. 6.*
Dabei wird teilweise zwischen zwei Fällen differenziert. Befindet sich der effektive Verwaltungssitz der Gesellschaft in einem Staat, welcher der Sitztheorie folgt, so soll die Gründung unwirksam sein. Folgt der Staat, in dem sich der effektive Verwaltungssitz befindet, indes der Gründungstheorie, so soll von einer wirksamen Gründung auszugehen sein, da es insoweit zu einer Rückverweisung auf das deutsche Recht komme. Allerdings setze eine Rückverweisung in jedem Fall die Identität von Gründungsrecht und Satzungssitz voraus, da die Gesellschaft andernfalls auch nach der Gründungstheorie nicht anerkennungsfähig sei (*Ebenroth/Eyles, DB 1988, Beilage 2, S. 6; Kaligin, DB 1985, S. 1449 (1450 f.)*).

Unerheblich ist hierbei, ob es zu einer Rückverweisung auf das deutsche Recht kommt oder nicht[465]. Erfolgt dennoch eine Eintragung in das Handelsregister, obwohl der effektive Verwaltungssitz im Ausland liegt, so besteht ein Löschungsanspruch gemäß § 142 FGG[466].

Fraglich erscheint, ob der Fall des unechten Wegzugs am Gemeinschaftsrecht zu messen ist. Dies kann nur bei Eröffnung des persönlichen Geltungsbereichs der Niederlassungsfreiheit bejaht werden. Da Artikel 48 Absatz 1 EG (Art. 58 Abs. 1 EGV) auf die nach den Rechtsvorschriften eines Mitgliedstaats gegründeten Gesellschaften abstellt[467], läßt dies den Schluß zu, daß nur diejenigen Gesellschaften dem persönlichen Geltungsbereich der Niederlassungsfreiheit unterfallen sollen, die nach der Rechtsordnung desjenigen Mitgliedstaats, an den sich die Gründungsgesellschafter zwecks Errichtung der Gesellschaft gewandt haben, mit Abschluß des Gründungsvorgangs eine eigenständige Rechtspersönlichkeit erlangt haben. Denn das Entstehen einer juristischen Person richtet sich allein nach den Bestimmungen der jeweiligen nationalen mitgliedstaatlichen Rechtsordnung, nach deren Recht sie errichtet werden soll, genauso wie bei natürlichen Personen die Verleihung der Staatsangehörigkeit – die als Anknüpfungspunkt für die Teilhabe an den gemeinschaftsrechtlichen Gewährleistungen entscheidend ist – allein von den nationalen Bestimmungen der einzelnen Mitgliedstaaten abhängt[468].

Folglich kann sich etwa eine deutsche Kapitalgesellschaft im Gründungsstadium nicht als juristische Person auf die Niederlassungsfreiheit berufen, um hierdurch in den Geltungsbereich des Gemeinschaftsrechts zu gelangen. Auch der Umstand, daß

---

[465] *Staudinger-Großfeld, Internationales Gesellschaftsrecht, Rn. 93;* a.A.: *Ebke, ZGR 1987, S. 245 (255); Behrens, ZGR 1994, S. 1 (8), Fn. 9.*

[466] *Staudinger-Großfeld, Internationales Gesellschaftsrecht, Rn. 264.*
Gleiches gilt, wenn die Geschäftsleitung einer Gesellschaft nachträglich verlegt wird (*Geßler/Hefermehl/Eckardt, AktG, § 5, Rn. 22; Staudinger-Großfeld, Internationales Gesellschaftsrecht, Rn. 86 ff., 264;* a.A.: *Wiesner, in: Münchener Handbuch des Gesellschaftsrechts, Band 4, § 8, Rn. 14; Kölner-Kommentar-Kraft, § 5, Rn. 32*).

[467] Zwar betont der EuGH in seiner Rechtsprechung zum persönlichen Geltungsbereich von Artikel 48 Absatz 1 EG (Art. 58 Abs. 1 EGV), dieser sei eröffnet, wenn eine Gesellschaft nach den Rechtsvorschriften eines Mitgliedstaats wirksam gegründet wurde und ihren satzungsmäßigen Sitz, ihre Hauptverwaltung oder ihre Hauptniederlassung innerhalb der Gemeinschaft habe (vgl. etwa: *EuGH, Urt. v. 28.1.1986, Rs. 270/83 (Kommission ./. Frankreich), Slg. 1986, S. 273, Rn. 18; EuGH, Urt. v. 10.7.1986, Rs. 79/85 (Segers), Slg. 1986, S. 2375, Rn. 13; EuGH, Urt. v. 27.9.1988, Rs. 81/87 (Daily Mail), Slg. 1988, S. 5483, Rn. 19*). Allerdings kommt den drei in Artikel 48 Absatz 1 EG (Art. 58 Abs. 1 EGV) genannten Kriterien des satzungsmäßigen Sitzes, der Hauptverwaltung und der Hauptniederlassung faktisch eine unterschiedliche Bedeutung zu, da sich in allen mitgliedstaatlichen Rechtsordnungen die Zuständigkeit des nationalen Registers nach dem satzungsmäßigen Gesellschaftssitz richtet, eine Gesellschaft mithin nur dann wirksam nach dem Recht eines Mitgliedstaates errichtet werden kann, wenn sich ihr satzungsmäßiger Sitz im Inland befindet, unabhängig davon, ob auf Ebene des Kollisionsrechts die Gründungs- oder die Sitztheorie Anwendung findet (vgl. hierzu bereits: *Kapitel 4 E. III.*).

[468] So verweist der Gerichtshof in seiner Judikatur darauf, die Zugehörigkeit einer Gesellschaft zur Rechtsordnung eines Staates werde durch ihren Sitz bestimmt, der somit der Staatsangehörigkeit bei natürlichen Personen entspreche (*EuGH, Urt. v. 12.4.1994, Rs. 1/93 (Halliburton), Slg. 1994, S. I-1137, Rn. 15; Schlußanträge des Generalanwalts Mischo vom 2. März 1999 in der Rs. 307/97 (Saint-Gobain ZN), Slg. 1999, S. I-6161, Rn. 31*).

eine deutsche Vor-GmbH nicht mehr der ursprünglichen Rechtsprechung folgend als GbR oder OHG behandelt wird[469], sondern als eine Organisation, die einem Sonderrecht untersteht, das aus den im Gesellschaftsvertrag gegebenen Gründungsvorschriften und dem Recht der rechtsfähigen Gesellschaft besteht, soweit es nicht die Eintragung voraussetzt[470], ändert hieran nichts. Hierzu stellt *Schön* fest[471]: *Im Hinblick auf den subjektiven Zugang zu den Grundfreiheiten darf der Mitgliedstaat der (satzungsmäßigen) Gründung souverän die Voraussetzungen für den Erwerb der Rechtsfähigkeit formulieren. Wenn ein Mitgliedstaat seine eigenen „Geschöpfe" in ihrer zivilrechtlichen Rechtsfähigkeit beschneidet, muß dies vom Gemeinschaftsrecht im Grundsatz hingenommen werden.* Ein anderes Ergebnis würde der eindeutigen Formulierung von Artikel 48 Absatz 1 EG (Art. 58 Abs. 1 EGV) zuwiderlaufen, wo auf die nach dem Recht eines Mitgliedstaats *gegründeten* Gesellschaften abgestellt wird, also auf den Zeitpunkt nach Abschluß des Gründungsstadiums. Ob im nationalen Recht Gesellschaften möglicherweise schon im Vorgründungs- oder Gründungsstadium eine Rechts- und Parteifähigkeit[472] zuerkannt wird, kann daher nicht ausschlaggebend sein. So geht die Rechtsprechung zutreffend davon aus, eine Berufung auf die Gewährleistung der Niederlassungsfreiheit komme nicht in Betracht, wenn eine Gesellschaft nicht wirksam gegründet worden sei[473].

Wird daher das Entstehen der Rechtspersönlichkeit – wie in Deutschland – daran geknüpft, daß eine Gesellschaft nicht nur ihren statutarischen, sondern auch ihren effektiven Verwaltungssitz im Inland hat, so verhält sich das Gemeinschaftsrecht dazu neutral, da die Gesellschaft als solche noch nicht wirksam entstanden und somit der persönliche Geltungsbereich der Niederlassungsfreiheit nicht eröffnet ist[474]. Der Umstand, daß eine Gesellschaftsgründung nach den Rechtsordnungen einiger Mitgliedstaaten der Gemeinschaft auch dann möglich ist, wenn die Gesellschaft von Anfang an ihren effektiven Verwaltungssitz im Ausland hat[475], ist für diese Beurteilung ohne Bedeutung. Hierbei handelt es sich um Divergenzen zwischen den mitgliedstaatlichen Rechtsordnungen, auf die das primäre Gemeinschaftsrecht keinen Einfluß nimmt. So wie die Mitgliedstaaten grundsätzlich frei darin sind, über ihr Staatsangehörigkeitsrecht zu regeln, wer durch die Verleihung

---

[469] Vgl. etwa: *RGZ 58, S. 55 (56); RGZ 151, S. 86 (91); OLG Hamburg, JZ 1952, S. 436.*

[470] *BGHZ 21, S. 242 (246); BGHZ 80, S. 129 (132); BGHZ 117, S. 323 (326).*

[471] *Schön, FS Lutter, S. 685 (702 f.).*

[472] So wird in Deutschland der Vorgesellschaft zwar eine aktive und passive Parteifähigkeit mit der Folge zugebilligt, daß eine unmittelbare Außenhaftung der Gründungsgesellschafter zu verneinen ist, wenn die Gesellschaft im Rechtsverkehr selbst wie eine juristische Person aufgetreten ist (*BGH, NJW 1998, S. 1079 (1080); BGHZ 79, S. 239 (241 f.); BGHZ 80, S. 129 (132)*). Dies gilt aber nur in den Fällen, in denen die Eintragung der Vor-GmbH ernsthaft betrieben wird (*BGHZ 80, S. 129 (132); BayObLG, DB 1987, S. 1248; Zöller-Vollkommer, § 50, Rn. 39*).

[473] *LG München I, IPRax 2001, S. 137 (138).*

[474] *Dauses/Roth, Handbuch des EU-Wirtschaftsrechts, E I, Rn. 59; Groeben/Thiesing/Ehlermann/Troberg, Kommentar zum EU-/EG-Vertrag, Art. 58, Rn. 6; Forsthoff, DB 2000, S. 1109 (1111); ders., EuR 2000, S. 167 (170 ff.); Brödermann, in: Brödermann/Iversen, Europäisches Gemeinschaftsrecht und Internationales Privatrecht, S. 74; W. H. Roth, ZGR 2000, S. 311 (330); Görk, GmbHR 1999, S. 793 (797).*

[475] Vgl. hierzu exemplarisch: *EuGH, Urt. v. 9.3.1999, Rs. 212/97 (Centros), Slg. 1999, S. I-1459.*

der Staatsangehörigkeit in den persönlichen Geltungsbereich der Grundfreiheiten gelangt, gilt dies auch für juristische Personen hinsichtlich der Verleihung der Rechtsfähigkeit und der Anknüpfungskriterien, die den persönlichen Geltungsbereich gemeinschaftsrechtlicher Gewährleistungen eröffnen.

Folglich bildet die wirksame Gründung nach den Vorschriften einer mitgliedstaatlichen Rechtsordnung eine entscheidende Voraussetzung dafür, daß Gesellschaften an der Gewährleistung der Niederlassungsfreiheit partizipieren können. Läßt eine nationale Rechtsordnung die Gründung einer Gesellschaft, deren effektiver Verwaltungssitz sich von Anfang an in einem anderen (Mitglied-) Staat befindet, nicht zu, so trifft das Gemeinschaftsrecht hierzu keine Aussage. Denn der persönliche Geltungsbereich der Niederlassungsfreiheit von Gesellschaften nach Artikel 48 EG (Art. 58 EGV) ist in diesem Zeitpunkt noch nicht eröffnet. Vielmehr geht es um die Vorfrage, ob die Voraussetzungen für eine Anwendung von Gemeinschaftsrecht vorliegen.

Gelangt eine Gesellschaft als Rechtssubjekt nicht zur Entstehung, so scheidet eine Berufung auf die Niederlassungsfreiheit in Ermangelung der Eröffnung des persönlichen Geltungsbereichs aus[476]. Ein unechter Wegzug kommt mithin nur dann in Betracht, wenn die für das wirksame Entstehen der Gesellschaft maßgebliche Rechtsordnung ein Auseinanderfallen von Satzungssitz und effektivem Verwaltungssitz zuläßt[477].

C. Alleinige Verlegung des satzungsmäßigen Sitzes

Nach den Regelungen des deutschen Kapitalgesellschaftsrechts ist Sitz der Gesellschaft der Ort, den der Gesellschaftsvertrag bestimmt[478]. Allerdings bedeutet dies keine unbeschränkte Wahlfreiheit hinsichtlich des statutarischen Gesellschaftssitzes. Vielmehr besteht bei Kapitalgesellschaften in Deutschland das zwingende

---

[476] *Forsthoff, DB 2000, S. 1109 (1111); ders., EuR 2000, S. 167 (170 ff.); Brödermann, in: Brödermann/Iversen, Europäisches Gemeinschaftsrecht und Internationales Privatrecht, S. 74; W. H. Roth, ZGR 2000, S. 311 (330).*
So im Ergebnis – allerdings einschließlich der Fälle des echten Wegzugs – auch: *Schön, FS Lutter, S. 685 (702 f.).*

[477] Wird eine Gesellschaft in einem Mitgliedstaat gegründet, welcher der Gründungstheorie folgt, so spricht aus kollisionsrechtlicher Sicht nach dem nationalen Recht dieses Mitgliedstaats nichts dagegen, daß die Gesellschaft bereits bei der Gründung ihren effektiven Verwaltungssitz in einem anderen Mitgliedstaat der Gemeinschaft hat (vgl. hierzu: *Kapitel 2 B. III. 1*).

[478] *§ 5 Abs. 1 AktG, § 4a Abs. 1 GmbHG.*
Die Festlegung des Sitzes der Gesellschaft in der Gesellschaftssatzung ist ein notwendiger Satzungsbestandteil (*vgl. § 3 Abs. 1 Nr. 1 GmbHG, § 23 Abs. 3 Nr. 1 AktG*). Der statutarische Gesellschaftssitz ist u.a. ausschlaggebend für die Zuständigkeit des Registers sowie für gerichtliche Zuständigkeiten im Zusammenhang mit dem *Leben* und *Vergehen* von Gesellschaften (*Staudinger-Großfeld, Internationales Gesellschaftsrecht, Rn. 94; Geßler/Hefermehl/Eckardt, AktG, § 14, Rn. 3 ff.*). Zudem findet etwa bei Aktiengesellschaften die Hauptversammlung in Ermangelung einer abweichenden Regelung in den Gesellschaftsstatuten am Sitz der Gesellschaft statt (*§ 121 Abs. 5 S. 1 AktG*).

Erfordernis eines inländischen Satzungssitzes[479]. So bestimmen § 5 Absatz 2 AktG und § 4a Absatz 2 GmbHG, daß der Gesellschaftsvertrag als Sitz der Gesellschaft in der Regel den Ort anzugeben hat, an dem die Gesellschaft einen Betrieb hat, oder den Ort, an dem sich die Geschäftsleitung befindet oder die Verwaltung geführt wird[480].

Im Rahmen einer Gesellschaftsgründung würde es bei Wahl eines ausländischen Satzungssitzes an der Zuständigkeit eines inländischen Registergerichts fehlen, so daß die Gesellschaft mangels Eintragung nicht zur Entstehung gelangen könnte[481]. Die nachträgliche Verlegung des Satzungssitzes würde unter Zugrundelegung der Sitztheorie aufgrund der Anknüpfung an den effektiven Verwaltungssitz der Gesellschaft zwar keinen Statutenwechsel herbeiführen[482], ließe aber ebenfalls die Registerzuständigkeit – für die der Satzungssitz ausschlaggebend ist – entfallen. Daher wird grundsätzlich von der rechtlichen Unzulässigkeit eines entsprechenden Vorgangs ausgegangen. Dabei deuten Rechtsprechung und Teile der Literatur den Beschluß über die Verlegung des satzungsmäßigen Gesellschaftssitzes in einen Auflösungsbeschluß um[483]. In der Folge würde die Gesellschaft aus dem Handelsregister gelöscht.

Zudem kommt die Errichtung eines doppelten Satzungssitzes nicht in Betracht. Stehen der Zulässigkeit eines Doppelsitzes im Inland bereits Bedenken entgegen[484], so wird die Möglichkeit eines zweiten Sitzes im Ausland unter Hinweis auf die

---

[479] *BGHZ 19, S. 102 (105 f.); BGHZ 29, S. 320 (328); Hüffer, AktG, § 5, Rn. 5; Lutter/Hommelhoff, GmbHG, § 4a, Rn. 5; Baumbach/Hueck/Fastrich, GmbH-Gesetz, § 4a, Rn. 3.*

[480] Bis zum 1.1.1999 war die Wahl des Gesellschaftssitzes bei Gesellschaften mit beschränkter Haftung im Inland grundsätzlich frei und nur durch die Grenze des Rechtsmißbrauchs beschränkt (*OLG Schleswig-Holstein, DB 1994, S. 626; LG Gera, GmbHR 1998, S. 197 f.; Lutter/Hommelhoff, GmbHG, § 4a, Rn. 2 f.*). Durch die Neuregelung ist die bisherige weitgehende Satzungsautonomie zum Schutz vor Mißbrauch eingeschränkt (*Lutter/Hommelhoff, GmbHG, § 4a, Rn. 1*) und an die bereits für Aktiengesellschaften geltende Rechtslage angeglichen worden (*vgl. Art. 9 HRefG v. 22.6.1998, BGBl. I, S. 1474*).

[481] *Wiesner, in: Münchener Handbuch des Gesellschaftsrechts, Band 4, § 8, Rn. 3.*
Zudem wird die Angabe eines ausländischen Satzungssitzes in der Gesellschaftssatzung grundsätzlich als nichtig angesehen (*Geßler/Hefermehl/Eckardt, AktG, § 45, Rn. 15; Münch-Komm-Kindler, Internationales Gesellschaftsrecht, Rn. 399; Staudinger-Großfeld, Internationales Gesellschaftsrecht, Rn. 86 ff.; Wiesner, in: Münchener Handbuch des Gesellschaftsrechts, Band 4, § 8, Rn. 3*).

[482] *Münch-Komm-Kindler, Internationales Gesellschaftsrecht, Rn. 399.*

[483] *BayObLG, NJW-RR 1993, S. 43 (44); Schlenker, Gestaltungsmodelle einer identitätswahrenden Sitzverlegung von Kapitalgesellschaften über die Grenze, S. 20 f.; Dietrich, Sitzverlegung im Binnenmarkt und ihre Besteuerung, S. 34; Dinkhoff, Internationale Sitzverlegung von Kapitalgesellschaften unter besonderer Berücksichtigung des Internationalen Gesellschaftsrechts und des Steuerrechts, S. 110.*
Zumindest teilweise wird angenommen, daß sich der effektive Verwaltungssitz unter Zugrundelegung der Sitztheorie jedenfalls gleichzeitig mit dem satzungsmäßigen Sitz der Gesellschaft verlegen lasse (*Behrens, RIW 1986, S. 590 ff.; ders., ZGR 1994, S. 1 (8 f.)*), so daß – aufgrund der gleichzeitigen Verlegung beider Sitze – im Ergebnis ein Statutenwechsel einträte. Bei der Verlegung des satzungsmäßigen Sitzes einer Gesellschaft aus dem Ausland ins Inland sei nach deutschem Recht eine materiellrechtliche Anpassung des Gesellschaftsstatuts an das deutsche Gesellschaftsrecht erforderlich (*Behrens, RIW 1986, S. 590 (592);* vgl. auch: *Beitzke, ZHR 127 (1965), S. 1 (43)*).

[484] *BayObLG, DB 1985, S. 1280 f.; Hüffer, AktG, § 5, Rn. 10; Wiesner, in: Münchener Handbuch des Gesellschaftsrechts, Band 4, § 8, Rn. 6;* a.A.: *Geßler/Hefermehl/Eckardt, AktG, § 5, Rn. 11.*

deutsche internationale Zuständigkeit von Behörden und Gerichten grundsätzlich abgelehnt, da dies die Durchsetzung deutschen Rechts erschweren könnte[485].

Wäre eine Verlegung des satzungsmäßigen Gesellschaftssitzes ins Ausland möglich, ohne daß sich die jeweilige Gesellschaft den rechtlichen Bestimmungen des dortigen Gesellschaftsrechts anpassen müßte, so würde dies in der Praxis zu kaum lösbaren Problemen führen. Zunächst entfiele die ursprüngliche Anknüpfung für die Registerzuständigkeit im Inland. Zwar würde aufgrund des geänderten Satzungssitzes eine neue Registrierungspflicht im Ausland ausgelöst, da der statutarische Gesellschaftssitz in den Mitgliedstaaten der Gemeinschaft regelmäßig für die Zuständigkeit des Registers ausschlaggebend ist[486]. Allerdings kann bei einer grenzüberschreitenden Verlegung des satzungsmäßigen Gesellschaftssitzes eine Eintragung in das neue Register nur dann erfolgen, wenn die Voraussetzungen einer Eintragung als inländische juristische Person vorliegen. Denn eine Wahrnehmung der Registerfunktion ist durch die zuständigen Stellen allein dann möglich, wenn sich die Kontrolle auf Gesellschaften erstreckt, die nach den Bestimmungen des eigenen Rechts konstituiert wurden.

In Betracht kommt daher allein eine grenzüberschreitende identitätswahrende Umwandlung in der Form, daß sich die Gesellschaft den Erfordernissen des am neuen Satzungssitz geltenden Gesellschaftsrechts anpassen müßte. Dies gilt um so mehr, als unter Zugrundelegung der Gründungstheorie der Satzungssitz entscheidender Anknüpfungspunkt für die Bestimmung des auf die Gesellschaft anwendbaren Rechts ist. Eine Verlegung des satzungsmäßigen Gesellschaftssitzes führt hier automatisch zu einer Änderung des Gesellschaftsstatuts und folglich zur Wahl eines anderen Gesellschaftsrechts. So erstaunt es nicht, daß in Großbritannien die Frage der grenzüberschreitenden Verlegung des satzungsmäßigen Sitzes von Gesellschaften für die Fälle des Zu- oder des Wegzugs in Literatur oder Rechtsprechung hinsichtlich ihrer international-privatrechtlichen oder materiellrechtlichen Aspekte bisher nicht eingehender erörtert wurde[487]. Im Vereinigten Königreich ist die isolierte Verlegung des statutarischen Sitzes einer Gesellschaft allein innerhalb des Landes zulässig, in dem sie ursprünglich registriert wurde[488]. In den Niederlanden als einem anderen wichtigen Mitgliedstaat der Gemeinschaft, der auf kollisionsrechtlicher Ebene der Gründungstheorie folgt, wird ein Beschluß der zuständigen Gesellschaftsorgane zur Verlegung des statutarischen Gesellschaftssitzes ins Ausland als nichtig angesehen. Gleiches gilt für den Fall, daß eine ausländische Gesellschaft ihren statutarischen Sitz in die Niederlande verlegen will[489].

---

[485] *Kölner-Kommentar-Kraft, § 5, Rn. 22; Staudinger-Großfeld, Internationales Gesellschaftsrecht, Rn. 88.*

[486] *Kreuzer, Die grenzüberschreitende Mobilität von Gesellschaften im Gemeinsamen Markt, S. 15; Behrens, ZGR 1994, S. 1 (5); ders., EuZ 1999, S. 78.*

[487] *Gillessen, Europäische transnationale Sitzverlegung und Fusion im Vereinigten Königreich und in Irland, S. 31; Collins, in: Dicey & Morris on the Conflict of Laws, S. 1102 f.*

[488] *Rajak, ZGR 1999, S. 111 (112).*

[489] *Timmerman, ZGR 1999, S. 147 (152 ff.).*
Das niederländische Recht läßt die Verlegung des statutarischen Sitzes einer Gesellschaft nicht zu, um hierdurch die Interessen von Anteilseignern und Gläubigern zu schützen (*Timmerman, ZGR 1999,*

Konsequenterweise setzt der Vorentwurf einer 14. Richtlinie im Bereich des Gesellschaftsrechts[490] an der richtigen Stelle an, indem eine Verlegung des satzungsmäßigen Gesellschaftssitzes nur unter gleichzeitiger Anpassung der Gesellschaftsstatuten an das am neuen Satzungssitz geltende Recht zulässig sein soll, sofern an diesem Restrukturierungsvorgang allein Rechtsordnungen beteiligt sind, die auf kollisionsrechtlicher Ebene der Gründungstheorie folgen. Damit wird im Ergebnis eine grenzüberschreitende formwechselnde Umwandlung ermöglicht.

Kommt einerseits bereits aus Gründen der praktischen Durchführbarkeit allein eine grenzüberschreitende formwechselnde Umwandlung in Betracht, so erscheint andererseits fraglich, ob ein entsprechender Restrukturierungsvorgang überhaupt von der Gewährleistung der Niederlassungsfreiheit von Gesellschaften erfaßt wird. Aufgrund der fehlenden wirtschaftlichen Funktion des satzungsmäßigen Gesellschaftssitzes handelt es sich nach überwiegender Auffassung nicht um eine Niederlassung im Sinne des Artikels 43 EG (Art. 52 EGV)[491]. Auch bestehe für die Ausübung der Niederlassungsfreiheit von Gesellschaften innerhalb der EG kein Bedürfnis nach einer alleinigen grenzüberschreitenden Verlegung des Satzungssitzes[492]. Indes wird teilweise vertreten, auch die alleinige Verlegung des satzungsmäßigen Sitzes einer Gesellschaft werde im Rahmen der negativen Integration von der Niederlassungsfreiheit erfaßt[493].

Nach eigener Auffassung fehlt es bei der alleinigen Verlegung des satzungsmäßigen Sitzes nicht bereits an einem grenzüberschreitenden Sachverhalt und damit an der Anwendbarkeit von Gemeinschaftsrecht. Ein grenzüberschreitender Sachverhalt resultiert daraus, daß für die Verlegung des satzungsmäßigen Sitzes einer Gesellschaft stets eine Registrierung der Gesellschaft im ausländischen Register erforderlich ist. So wurde durch den EuGH in seiner *Centros*-Entscheidung ein grenzüberschreitender Sachverhalt und damit die Anwendbarkeit der Niederlassungsfreiheit bejaht, weil die Centros Ltd. die Registrierung einer Zweigniederlassung in einem anderen Mitgliedstaat begehrte[494]. Auch war der sachliche

---

S. 147 (153)). Allein in Fällen des *Notstands* räumt das niederländische Recht einer inländischen Gesellschaft ein Recht auf Verlegung des satzungsmäßigen Gesellschaftssitzes ins Ausland ein (*Timmerman, ZGR 1999, S. 147 (154)).*

[490] *Vgl. Kapitel 3 B. II.*

[491] *Kieninger, ZGR 1999, S. 724 (730 ff.); Schnichels, Die Reichweite der Niederlassungsfreiheit, S. 42;* in diese Richtung auch: *Behrens, EuZW 1992, S. 550; Staudinger-Großfeld, Internationales Gesellschaftsrecht, Rn. 680.*

[492] *Koppensteiner, FS Lutter, S. 141 (147).*

[493] *Drobnig, in: v. Bar (Hrsg.), Europäisches Gemeinschaftsrecht und Internationales Privatrecht, S. 185 (198 ff.); Gillessen, Europäische transnationale Sitzverlegung und Fusion im Vereinigten Königreich und in Irland, S. 130 ff.; Dietrich, Sitzverlegung im Binnenmarkt und ihre Besteuerung, S. 116 ff.*

[494] *Vgl. Kapitel 4 D. III.*

In *Centros* ging der EuGH allein aufgrund der rechtlichen Verbindung einer Gesellschaft durch die wirksame Errichtung in einem Mitgliedstaat von der Anwendung der sekundären Niederlassungsfreiheit aus, so daß dem Ansässigkeitskriterium in Artikel 43 Absatz 1 Satz 2 (Art. 52 Abs. 1 S. 2 EGV) jedenfalls bei der erstmaligen Aufnahme einer wirtschaftlichen Betätigung keine praktische Bedeutung zukommt (*EuGH, Urt. v. 9.3.1999, Rs. 212/97 (Centros), Slg. 1999, S. I-1459, Rn. 17;* vgl. auch: *Kapitel 4 D. III.; EuGH, Urt. v. 10.7.1986, Rs. 79/85 (Segers), Slg. 1986, S. 2375, Rn. 16;*

Geltungsbereich der Niederlassungsfreiheit eröffnet, ohne daß bereits ersichtlich eine Infrastruktur vorlag, die als Niederlassung in Dänemark hätte gewertet werden können. Zudem übte die Gesellschaft aufgrund des Fehlens einer Niederlassung im Gründungsstaat keine wirtschaftliche Betätigung aus. Die Errichtung der Zweigniederlassung in Dänemark sollte vielmehr zur Vorbereitung der erstmaligen Ausübung einer wirtschaftlichen Betätigung dienen.

Daraus könnte man folgern, auch die alleinige grenzüberschreitende Verlegung des satzungsmäßigen Sitzes einer Gesellschaft sei als eine Form der Ausübung der Niederlassungsfreiheit zu werten, ermöglicht sie doch unter Umständen eine optimale Anpassung an die tatsächlichen Bedürfnisse einer Gesellschaft[495] in den Fällen, in denen statutarischer und effektiver Verwaltungssitz auseinanderfallen und der statutarische Gesellschaftssitz dem effektiven Verwaltungssitz nachfolgen soll[496].

Die negative Integration stößt aber dort an ihre Grenzen, wo in autonome Regelungsbereiche der Mitgliedstaaten eingegriffen wird. So tritt durch die Verlegung des Satzungssitzes ins Ausland gleichzeitig ein Statutenwechsel ein, wenn die beteiligten Rechtsordnungen kollisionsrechtlich an den statutarischen Gesellschaftssitz anknüpfen[497], so daß etwa bei der Verlegung des Satzungssitzes einer Gesellschaft aus den Niederlanden in einen anderen Mitgliedstaat der Gemeinschaft die Eigenschaft als juristische Person des niederländischen Rechts verloren ginge[498]. Dies ist gleichbedeutend mit einem Wechsel der Staatsange-

Schwarze/Müller-Huschke, EU-Kommentar, Art. 48, Rn. 11; Schön, FS Lutter, S. 685 (688); a.A.: *Groeben/Thiesing/Ehlermann/Troberg, Kommentar zum EU-/EG-Vertrag, Art. 58, Rn. 8; Dauses/Roth, Handbuch des EU-Wirtschaftsrechts, E I, Rn. 60*). Das Vorliegen eines *domicile of origin*, das dem ersten in Artikel 48 Absatz 1 EG (Art. 58 Abs. 1 EGV) genannten Kriterium entspricht, reicht damit zumindest in dem Fall, in dem bisher überhaupt noch keine wirtschaftliche Betätigung ausgeübt wurde, für die Annahme einer Niederlassung mit der Folge aus, daß in einem anderen Mitgliedstaat eine Zweigniederlassung errichtet werden kann (vgl. eingehend zum *domicile* als Anknüpfungsmerkmal für das Gesellschaftsstatut: *Gillessen, Europäische transnationale Sitzverlegung und Fusion im Vereinigten Königreich und in Irland, S. 39 ff.*).

495 Vgl. zu relevanten Standortfaktoren für Gesellschaften im innergemeinschaftlichen Wettbewerb: *Kapitel 1 C.*

496 Allerdings ist eine grenzüberschreitende innergemeinschaftliche Verlegung des statutarischen Sitzes für Gesellschaften nicht erforderlich, um durch selbständige Tätigkeiten *in stabiler und kontinuierlicher Weise am Wirtschaftsleben eines anderen Mitgliedstaats als seines Herkunftsstaats teilzunehmen und daraus Nutzen zu ziehen*, wie der EuGH die Funktion der Niederlassungsfreiheit in seiner Rechtsprechung teilweise beschreibt (*EuGH, Urt. v. 30.11.1995, Rs. 55/94 (Gebhard), Slg. 1995, S. I-4165, Rn. 25; EuGH, Urt. v. 21.6.1974, Rs. 2/74 (Reyners), Slg. 1974, S. 631, Rn. 21*).

497 Wenn kollisionsrechtlich der Sitztheorie folgend an den effektiven Verwaltungssitz angeknüpft wird, so tritt kein Statutenwechsel ein. Allerdings ist zu beachten, daß in den Kapitalgesellschaftsrechten der mitgliedstaatlichen Rechtsordnungen für eine wirksame Gesellschaftsgründung materiellrechtlich stets ein inländischer Satzungssitz erforderlich ist (vgl. für die Rechtslage in Deutschland: *Staudinger-Großfeld, Internationales Gesellschaftsrecht, Rn. 242 ff.*).

498 *Knobbe-Keuk, ZHR 154 (1990), S. 325 (352).*
Vgl. allgemein zum Fall der alleinigen Verlegung des Satzungssitzes ins Ausland: *Staudinger-Großfeld, Internationales Gesellschaftsrecht, Rn. 650 ff.*

hörigkeit bei natürlichen Personen[499]. Auch wenn die alleinige Verlegung des Satzungssitzes einer Gesellschaft im Einzelfall nicht bereits aufgrund der beteiligten Kollisionsrechte einen Statutenwechsel zur Folge hätte, so würde wegen der erforderlichen identitätswahrenden formwechselnden Umwandlung zwecks Anpassung an das am Registrierungsort geltende Gesellschaftsrecht auch hier die *Nationalität* der Gesellschaft verloren gehen.

Hinsichtlich des Entstehens, Lebens und Vergehens nationaler Gesellschaften besitzen die Mitgliedstaaten aber eine volle Autonomie, die sich einer Beeinflussung durch das Gemeinschaftsrecht entzieht. Aus gemeinschaftsrechtlicher Sicht besteht daher für Gesellschaften im Sinne des Artikels 48 EG (Art. 58 EGV) kein Recht auf alleinige Verlegung des statutarischen Gesellschaftssitzes von einem Mitgliedstaat in einen anderen[500].

Unterliegt damit eine nachträgliche Rechtswahl durch eine spätere Verlegung des Satzungssitzes gemeinschaftsrechtlich nicht der Gewährleistung der Niederlassungsfreiheit von Gesellschaften, so ist zumindest eine anfängliche Rechtswahl über die Wahl des Inkorporationsstaates mit anschließender Gründung einer Zweigniederlassung im Ausland gemeinschaftsrechtlich geschützt, sofern der persönliche Geltungsbereich der Niederlassungsfreiheit im Einzelfall eröffnet ist, selbst wenn über diese Zweigniederlassung erstmals eine wirtschaftliche Betätigung ausgeübt werden soll. Das Fehlen einer Gewährleistung der alleinigen Verlegung des statutarischen Gesellschaftssitzes zeigt, daß die negative Integration für sich allein genommen nicht ausreicht, eine volle Statutmobilität von Gesellschaften innerhalb der Gemeinschaft zu gewährleisten[501].

---

[499] Vgl. zur Gleichsetzung des Sitzes bei Gesellschaften mit der Staatsangehörigkeit bei natürlichen Personen: *EuGH, Urt. v. 28.1.1986 (Kommission ./. Frankreich), Slg. 1986, S. 273, Rn. 18; EuGH, Urt. v. 13.7.1993, Rs. 330/91 (Commerzbank), Slg. 1993, S. I-4017, Rn. 13 f.; EuGH, Urt. v. 12.4.1994, Rs. 1/93 (Halliburton), Slg. 1994, S. I-1137, Rn. 15; EuGH, Urt. v. 15.5.1997, Rs. 250/95 (Futura & Singer), Slg. 1997, S. I-2471, Rn. 24; EuGH, Urt. v. 16.7.1998, Rs. 264/96 (ICI), Slg. 1998, S. I-4695, Rn. 20; EuGH, Urt. v. 29.4.1999, Rs. 311/97 (Bank of Scotland), Slg. 1999, S. I-2651, Rn. 23; EuGH, Urt. v. 21.9.1999, Rs. 307/97 (Saint-Gobain ZN), Slg. 1999, S. I-6161, Rn. 36.*

[500] Nicht gefolgt werden kann daher *Drobnig*, nach dessen Auffassung auch ein Statutenwechsel gleichzeitig mit oder ohne Verlegung des effektiven Verwaltungssitzes gemeinschaftsrechtlich möglich sein müsse (*Drobnig, in: v. Bar (Hrsg.), Europäisches Gemeinschaftsrecht und Internationales Privatrecht, S. 185 (198 ff.)*).

[501] Allerdings begrenzt die fehlende Möglichkeit der nachträglichen Wahl eines nationalen Gesellschaftsrechts über eine Änderung des statutarischen Gesellschaftssitzes die Restrukturierungsmöglichkeiten von Gesellschaften nur sehr beschränkt. Durch die fehlende Gewährleistung einer alleinigen Verlegung des statutarischen Gesellschaftssitzes im Rahmen der negativen Integration ist den Anteilseignern von Gesellschaften die Möglichkeit verschlossen, nachträglich über die Wahl des statutarischen Sitzes und damit des Registrierungsortes ein nationales Gesellschaftsrecht zu wählen. Eine freie Rechtswahl über die Wahl eines bestimmten Registrierungsortes, die tendenziell einem Wettbewerb der Rechtsordnungen Vorschub zu leisten geeignet ist, kann insofern nur im Wege der positiven Integration erreicht werden. Hierauf zielt teilweise der Vorentwurf einer 14. Richtlinie im Bereich des Gesellschaftsrechts ab (*vgl. Kapitel 3 B. II.*).

D. Gleichzeitige Verlegung des satzungsmäßigen und des effektiven Verwaltungssitzes

Die gleichzeitige Verlegung des satzungsmäßigen und des effektiven Verwaltungssitzes einer Gesellschaft führt zu einer Veränderung ihres Personalstatuts, unabhängig davon, ob die beteiligten Rechtsordnungen auf kollisionsrechtlicher Ebene der Gründungs- oder der Sitztheorie folgen. Denn die für beide Kollisionsregeln relevanten Anknüpfungspunkte werden grenzüberschreitend verlegt. In einer solchen Situation fehlt es an einer Anerkennungsfähigkeit, da die Gesellschaft nicht nach dem Recht des neuen – in einem anderen Staat befindlichen – Sitzes gegründet wurde[502].

Mehr als im Fall der isolierten Verlegung des statutarischen Gesellschaftssitzes ist ein Bedürfnis zur gleichzeitigen grenzüberschreitenden Verlegung des effektiven Verwaltungssitzes und des statutarischen Gesellschaftssitzes innerhalb der Gemeinschaft nicht von der Hand zu weisen[503]. Insofern betont *Drobnig* zu Recht, hierdurch werde *die grundsätzlich erwünschte Einheit von Gründungsland und Sitz auch bei der Verlegung bewahrt*[504]. Denn die gleichzeitige Verlegung des statutarischen und des effektiven Gesellschaftssitzes im Wege einer identitätswahrenden formwechselnden Umwandlung hat eine Anpassung an diejenige mitgliedstaatliche Rechtsordnung zur Folge, in der die Gesellschaft aufgrund der Sitzverlegung nunmehr am stärksten verwurzelt ist[505]. Ziel ist daher allein die Beibehaltung der Rechtspersönlichkeit trotz einer grenzüberschreitenden Sitzverlegung, ohne daß eine Beibehaltung des bisher auf die Gesellschaft anwendbaren Rechts beabsichtigt wäre.

Da die alleinige Verlegung des statutarischen Gesellschaftssitzes – wie gezeigt – nicht durch den Gewährleistungsrahmen der negativen Integration erfaßt wird, sind

---

[502] *OLG Hamm, ZIP 2001, S. 791 (792)*; unter Verweis auf: *Münch-Komm-Kindler, Internationales Gesellschaftsrecht, Rn. 400; Behrens, IPRax 1999, S. 323 (330).*

[503] Die gleichzeitige Verlegung von satzungsmäßigem und tatsächlichem Verwaltungssitz kann insbesondere dann von Bedeutung sein, wenn Gesellschaften sich durch eine Anpassung ihrer rechtlichen Struktur an das Gesellschaftsrecht des Zuzugsstaates wirtschaftliche Vorteile – etwa bei der Kreditvergabe – oder eine höhere Akzeptanz erhoffen.

Daß ein Bedürfnis zur gleichzeitigen Verlegung des statutarischen und des effektiven Verwaltungssitzes bestehen kann, zeigt eine Vielzahl gerichtlicher Entscheidungen, die entsprechende Fallkonstellationen betreffen. So hatte etwa das BayObLG über die Zulässigkeit eines Beschlusses der einzigen Gesellschafterin eines Unternehmens zu entscheiden, den Sitz ihrer nach deutschem Recht gegründeten und in das Handelsregister eingetragenen Gesellschaft nach London zu verlegen (*BayObLG, DB 1992, S. 1400 f.*). In einer Entscheidung des OLG Zweibrücken ging es um den umgekehrten Fall der Eintragung der Verlegung des statutarischen und des effektiven Verwaltungssitzes einer in Luxemburg nach dortigem Recht wirksam gegründeten Gesellschaft, wobei in einer außerordentlichen Hauptversammlung der Sitzverlegungsbeschluß gefaßt und danach die Gesellschaftsstruktur an diejenige einer deutschen Aktiengesellschaft angepaßt wurde (*IPRax 1991, S. 406 f.*).

[504] *Drobnig, in: v. Bar (Hrsg.), Europäisches Gemeinschaftsrecht und Internationales Privatrecht, S. 185 (199).*

[505] Dies gilt nur, solange der statutarische Sitz in denselben Mitgliedstaat verlegt wird, in dem sich auch der neue effektive Verwaltungssitz befindet. Ansonsten greifen dieselben Gesichtspunkte, wie sie für die alleinige Verlegung des statutarischen Gesellschaftssitzes innerhalb der Gemeinschaft gelten.

hierfür koordinierende gemeinschaftsrechtliche Regelungen erforderlich, die ein spannungsfreies Zusammenwirken der an einem solchen Restrukturierungsvorgang jeweils beteiligten Rechtsordnungen sicherstellen[506]. Ein entsprechendes Regelungsbedürfnis ist in den Fällen zu bejahen, in denen satzungsmäßiger und effektiver Gesellschaftssitz gleichzeitig verlegt werden sollen, da es stets zu einem *Nationalitätswechsel* der betreffenden Gesellschaft kommt. Abgesehen von der in diesem Zusammenhang relevanten Frage einer Grenzziehung zwischen der Zuständigkeit von Judikative und Legislative[507] kann ohne einen gemeinschaftsrechtlichen Regelungsrahmen die volle inter-mitgliedstaatliche Gesellschaftsmobilität nicht im Rahmen der negativen Integration sichergestellt werden.

Zwar würde sich in Deutschland eine entsprechende Anwendung von Bestimmungen des Umwandlungsgesetzes anbieten[508]. Dann aber müßten auch in den anderen Mitgliedstaaten vergleichbare Regelungen bereit stehen, was nicht stets der Fall ist. Allerdings bietet der Vorentwurf einer 14. Richtlinie im Bereich des Gesellschaftsrechts einen Ansatz, um die gleichzeitige Verlegung des satzungsmäßigen Sitzes und des effektiven Verwaltungssitzes von Gesellschaften im Rahmen der positiven Integration zu gewährleisten[509].

Folglich bedarf auch die gleichzeitige Verlegung von statutarischem und effektivem Gesellschaftssitz einer Rechtsetzung auf Gemeinschaftsebene, da die negative Integration allein nicht ausreichend ist, entsprechende Restrukturierungsvorgänge zu ermöglichen.

---

[506] Daher ist in einem Fall, wie er dem unzulässigen Vorabentscheidungsersuchen des AG Heidelberg zugrunde lag (*vgl. Kapitel 1 B.*), eine erfolgreiche Berufung auf die Niederlassungsfreiheit auch in der Sache nicht möglich, weil hier gegenständlich nicht allein der effektive Verwaltungssitz der Gesellschaft von Deutschland nach Spanien verlegt werden sollte, sondern durch einen entsprechenden Gesellschafterbeschluß gleichzeitig der satzungsmäßige Sitz. Daß dies gemäß § 5 AktG, der nach der Rechtsprechung analog auf die GmbH angewendet wird, unzulässig ist, steht nicht in Widerspruch zum Gemeinschaftsrecht. Daher war die Begründung des Vorabentscheidungsersuchens des AG Heidelberg teilweise ungenau formuliert, weil es dort hieß: *Zu den grundlegenden Freiheiten der Gemeinschaftsangehörigen gehört es nach der Centros-Entscheidung auch, das für eine Gesellschaft maßgebliche Recht frei zu wählen* (vgl. Abdruck in: *EuZW 2000, S. 414 (416)*). Denn es besteht allein das Recht, eine Gesellschaft in einem Mitgliedstaat der Gemeinschaft nach den dort geltenden Vorschriften zu gründen und sich am Kapital von Gesellschaften zu beteiligen (*Artikel 294 EG (Art. 221 EGV)*), so daß für Gesellschaftsgründer nur die freie Möglichkeit der Wahl eines Registrierungsortes und über diesen die Wahl eines nationalen Rechts besteht (*v. Bar, Internationales Privatrecht II, Rn. 618*). Weiter reicht die Rechtswahlfreiheit jedoch nicht.

[507] Vgl. hierzu: *W. H. Roth, GS Knobbe-Keuk, S. 729 (736).*

[508] Vgl. hierzu: *Behrens, RIW 1986, S. 590 ff.; Hachenburg/Behrens, GmbHG, Allgemeine Einleitung B, Rn. 170; Großfeld/Jasper, RabelsZ 53 (1989), S. 52 (59); Großfeld/König, IPRax 1991, S. 380 (381 f.); dies., RIW 1992, S. 433 (437); Großfeld/Luttermann, JZ 1989, S. 386 (387); W. H. Roth, RabelsZ 55 (1991), S. 623 (650); K. Schmidt, ZGR 1999, S. 20 (28).*

[509] Vgl. zum Vorentwurf einer 14. Richtlinie im Bereich des Gesellschaftsrechts: *Kapitel 3 B. II.* Hierbei wird dem möglicherweise bestehenden Bedürfnis eines Mitgliedstaats, sein eigenes Gesellschaftsrecht nicht zu *exportieren*, Rechnung getragen. Der Zuzugsstaat ist durch die Vollziehung einer formwechselnden Umwandlung zudem nicht damit konfrontiert, daß in seinem Hoheitsgebiet eine ausländische juristische Person auf Dauer mit effektivem Verwaltungssitz eine wirtschaftliche Betätigung ausübt.

E. Endergebnis und Ausblick

Das im deutschen Internationalen Gesellschaftsrecht ausgesprochene generelle Verbot von grenzüberschreitenden identitätswahrenden Sitzverlegungen steht in offensichtlichem Widerspruch zu den Erfordernissen des Gemeinschaftsrechts. Hierdurch wird die Niederlassungsfreiheit von Gesellschaften im innergemeinschaftlichen Bereich vereitelt, ohne daß die Beschränkung der Grundfreiheit durch gemeinschaftsrechtlich anerkannte Rechtfertigungsgründe gerechtfertigt wäre. Ein generalpräventiver Schutz kann nicht greifen, auch wenn hierdurch grundsätzlich anerkannte Allgemeinwohlinteressen verfolgt werden sollen. Denn die Negation des Niederlassungsrechts juristischer Personen liefe dem Vorrang und der einheitlichen Tragweite des Gemeinschaftsrechts zuwider und würde die Niederlassungsfreiheit in ihrem Kern in Frage stellen. Daher kann Gesellschaften das Recht auf Ausübung der primären und der sekundären Niederlassungsfreiheit als umfassendes unternehmerisches Freizügigkeitsrecht auf Zugang zu und dauerhafte Verankerung in einem anderen Mitgliedstaat der Gemeinschaft nicht entzogen werden.

Zudem ist die Sitztheorie weder für die Fälle des echten Zu- noch des Wegzugs von Gesellschaften geeignet, die mit ihr verfolgten Schutzziele zu erreichen. So führt die Nichtanerkennung der ausländischen juristischen Person im Fall des Zuzugs beziehungsweise die Auflösung einer Gesellschaft bei Fassung eines Sitzverlegungsbeschlusses ins Ausland nicht dazu, daß legitime Interessen des Rechtsverkehrs wirksam geschützt werden. Auch die überbetriebliche Mitbestimmung kann in diesem Zusammenhang nicht ins Feld geführt werden.

Eine Berufung auf die Niederlassungsfreiheit zwecks innergemeinschaftlicher Sitzverlegung ist für sich genommen aus gemeinschaftsrechtlicher Sicht nicht mißbräuchlich[510]. Weder ein unechter Zu- noch Wegzug können daher ohne Hinzutreten weiterer besonderer Umstände unter Verweis auf eine rechtsmißbräuchliche Berufung auf gemeinschaftsrechtliche Gewährleistungen verhindert werden. Dennoch ist bei der Reichweite der negativen Integration zwischen den Fällen des unechten Zu- und Wegzugs zu differenzieren. Grund hierfür ist, daß Artikel 48 EG (Art. 58 EGV) den persönlichen Geltungsbereich der Nieder-

---

[510] So führt *W. H. Roth* im Zusammenhang mit der *Centros*-Entscheidung aus: *Daß die wirtschaftlichen Akteure damit unter Umständen in die Lage versetzt werden, ein eventuell gegebenes Regelungsgefälle in den Gesellschaftsrechten der Mitgliedstaaten auszunutzen, ist weder ein Spezifikum der Niederlassungsfreiheit noch überraschend: Auch für den Waren- und Dienstleistungsverkehr gilt, daß Unternehmen mit Standort in Mitgliedstaaten mit "liberalen" Produktstandards auf den Märkten strikter regelnder Mitgliedstaaten unter Umständen einen aus dem Regelungsgefälle erwachsenden Wettbewerbsvorteil genießen können – vorbehaltlich der Kompetenz der Importstaaten, aus zwingenden Gründen des Allgemeininteresses Anforderungen zu stellen, denen auch die importierten Waren und Dienstleistungen zu genügen haben* (*W. H. Roth, ZGR 2000, S. 311 (318)*). Auch die Kommission trug im *Centros*-Verfahren vor, es sei gerade ein Ziel des Binnenmarktes und der zu seiner Verwirklichung dienenden Niederlassungsfreiheit, daß eine Gesellschaft in dem Mitgliedstaat gegründet wird, der – etwa hinsichtlich des erforderlichen Mindestkapitals – die vorteilhaftesten Bedingungen bietet (vgl. hierzu: *Schlußanträge des Generalanwalts La Pergola vom 16. Juli 1998, Rs. 212/97 (Centros), Slg. 1999, S. I-1459, Rn. 10*).

lassungsfreiheit unter anderem nur dann eröffnet, wenn eine wirksame Gesellschaftsgründung nach dem Recht eines Mitgliedstaats vorliegt. Läßt eine mitgliedstaatliche Rechtsordnung die Gründung einer Gesellschaft in den Fällen nicht zu, in denen sich der effektive Verwaltungssitz von Anfang an in einem anderen Mitgliedstaat befindet, so verhält sich das Gemeinschaftsrecht hierzu neutral, da es sich bei der Frage der wirksamen Gründung nach dem Recht eines Mitgliedstaats um einen Anknüpfungspunkt handelt, von dessen Vorliegen die Anwendbarkeit der gemeinschaftsrechtlichen Bestimmungen der Niederlassungsfreiheit abhängt. Fälle des unechten Wegzugs sind folglich nur möglich, wenn die jeweilige Rechtsordnung, an die sich die Anteilseigner zwecks Errichtung der Gesellschaft gewendet haben, dies zuläßt.

Ist die innergemeinschaftliche Verlegung des effektiven Verwaltungssitzes gemeinschaftsrechtlich weitgehend abgesichert, so gilt dies nicht für die alleinige oder gleichzeitige Verlegung des Satzungssitzes von Gesellschaften. Denn ein entsprechender Restrukturierungsvorgang kann sich nur im Rahmen einer grenzüberschreitenden formwechselnden Umwandlung vollziehen, wodurch es zwangsläufig zu einem Wechsel der *Nationalität* der Gesellschaft kommt. Zudem wird gemeinschaftsrechtlich nicht das Verhältnis zu Drittstaaten erfaßt, so daß insoweit die bisherige Rechtslage in Deutschland weiter fortbestehen kann[511].

Aufgrund dieser Ausgangslage ist bei dem Vorabentscheidungsersuchen des BGH[512] von einer ungerechtfertigten Beschränkung des Niederlassungsrechts der wirksam in den Niederlanden errichteten BV dadurch auszugehen, daß ihr wegen der zwischenzeitlich erfolgten Verlegung des effektiven Verwaltungssitzes nach Deutschland die Rechts- und damit die Parteifähigkeit versagt wird und sie daher im Inland keine eigenen Rechte gerichtlich geltend machen kann. Wie Generalanwalt *Colomer* in seinen Schlußanträgen zu *Überseering* klarstellt, wird durch die Nichtanerkennung der Rechts- und Parteifähigkeit eine nach dem Recht eines anderen Mitgliedstaats wirksam gegründete Gesellschaft geradezu ihres rechtlichen Besitzstandes beraubt[513]. Da keine Rechtfertigung für die Nichtanerkennung der Rechtsfähigkeit der ausländischen juristischen Person vorliege, kommt Generalan-

---

[511] Vgl. etwa: *Görk, GmbHR 1999, S. 793 (797).*

[512] Vgl. hierzu: *Kapitel 1 B.*

[513] *Schlußanträge des Generalanwalts Colomer vom 4.12.2001 in der Rs. 208/00 (Überseering), NZG 2002, S. 16, Rn. 57.*
Dies stelle einen schweren Eingriff in den nach Artikel 6 Absatz 1 der Europäischen Konvention zum Schutz der Menschenrechte und Grundfreiheiten abgesicherten Anspruch auf gerichtlichen Rechtsschutz dar, der zwar keinen absoluten Charakter habe, aber in seinem Kerngehalt nicht angetastet werden dürfe. Zudem könne die Aberkennung der Klagemöglichkeit bei Handelsgesellschaften, deren wichtigstes Vermögen aus Forderungen gegenüber Dritten bestehe, eine schwere Beeinträchtigung des nach Artikel 1 des ersten Zusatzprotokolls zur EMRK gewährten Rechts auf freie Nutznießung privaten Eigentums und eine gegen Artikel 13 EMRK verstoßende Verweigerung einer wirksamen Beschwerdemöglichkeit darstellen (*Schlußanträge des Generalanwalts Colomer vom 4.12.2001 in der Rs. 208/00 (Überseering), NZG 2002, S. 16, Rn. 58*). Auch liege ein Verstoß gegen Artikel 17 und 47 der Charta der Grundrechte der Europäischen Union vor, die zwar kein ius cogens im eigentlichen Sinne darstelle, allerdings die rechtlichen Grundwerte der Mitgliedstaaten darlege, aus denen sich wiederum die allgemeinen gemeinschaftsrechtlichen Grundsätze ergäben (*Schlußanträge des Generalanwalts Colomer vom 4.12.2001 in der Rs. 208/00 (Überseering), NZG 2002, S. 16, Rn. 59*).

walt *Colomer* zu dem Ergebnis, die Bestimmungen über die Niederlassungsfreiheit stünden einer nationalen Maßnahme entgegen, wonach eine Gesellschaft keine Klagemöglichkeit besitze, wenn sie ihre Hauptverwaltung in einem anderen Mitgliedstaat als demjenigen habe, in dem sie gegründet wurde[514].

Zu bezweifeln ist, ob der EuGH auch die zweite Frage des Vorabentscheidungsersuchens nach der generellen Anwendbarkeit der Gründungstheorie bei innergemeinschaftlichen Sachverhalten in der gestellten Form beantworten wird, da er regelmäßig nicht zu abstrakten Rechtsfragen Stellung nimmt. Vermutlich wird er sich daher mit dem Verweis darauf begnügen, die nationalen Rechte müßten so ausgestaltet sein, daß hieraus keine unzulässigen Beschränkungen der Niederlassungsfreiheit von Gesellschaften resultierten, so er sich überhaupt veranlaßt sieht, auf die Fragestellung inhaltlich einzugehen.

Daß durch den Gerichtshof keine Überprüfung kollisionsrechtlicher Theorien erfolgt, stellt auch Generalanwalt *Colomer* in seinen Schlußanträgen zu *Überseering* deutlich heraus: *Wie in anderen Rechtsbereichen darf diese – rein gemeinschaftsrechtliche – Art der Prüfung nicht darauf abzielen, das zu untersuchende nationale Recht, insbesondere das internationale Privatrecht, zu gestalten. Die fragliche nationale Regelung ist also nach dem Gemeinschaftsrecht auszulegen oder muß – in anderen Fällen – den Kriterien entsprechen, die für eine Rechtfertigung der Beschränkungen aus zwingenden Gründen des Allgemeininteresses gelten*[515]. Daher sei die zweite Vorlagefrage des Bundesgerichtshofs nach der Vereinbarkeit der Sitztheorie mit dem Gemeinschaftsrecht aufgrund ihres abstrakten Charakters und der damit verbundenen größeren Tragweite sowie wegen des nicht offensichtlichen zusätzlichen Nutzens für die Lösung des vorliegenden Problems der Aberkennung der Klagemöglichkeit einer ausländischen juristischen Person mit effektivem Verwaltungssitz im Inland nicht zu beantworten[516]. Es sei nicht Aufgabe des Gerichtshofs, sich für eine kollisionsrechtliche Anknüpfung im Bereich des Internationalen Gesellschaftsrechts zu entscheiden, zumal das Gemeinschaftsrecht keinem der insoweit relevanten Anknüpfungspunkte den Vorrang einräume. Folglich stehe den Mitgliedstaaten in Ermangelung einer dahingehenden Harmonisierung die Ausgestaltung ihres Internationalen Gesellschaftsrechts frei, wobei allerdings hinsichtlich der praktischen Auswirkungen eine Vereinbarkeit mit

---

[514] *Schlußanträge des Generalanwalts Colomer vom 4.12.2001 in der Rs. 208/00 (Überseering), NZG 2002, S. 16, Rn. 62.*
So stellt denn auch Generalanwalt *Colomer* in seinen Schlußanträgen zu *Überseering* fest, die im vorliegenden Fall aberkannte Klagemöglichkeit einer in einem anderen Mitgliedstaat der Gemeinschaft wirksam gegründeten Gesellschaft sei nicht geeignet, um die angeblich verfolgten berechtigten Ziele zu erreichen, und gingen über das hinaus, was zum Erreichen dieser Ziele erforderlich sei (*Schlußanträge des Generalanwalts Colomer vom 4.12.2001 in der Rs. 208/00 (Überseering), NZG 2002, S. 16, Rn. 49 ff.*), *ohne daß sich (...) aus der Regelung des Artikels 293 EG etwas Gegenteiliges ableiten* ließe (*Schlußanträge des Generalanwalts Colomer vom 4.12.2001 in der Rs. 208/00 (Überseering), NZG 2002, S. 16, Rn. 47*).

[515] *Schlußanträge des Generalanwalts Colomer vom 4.12.2001 in der Rs. 208/00 (Überseering), NZG 2002, S. 16, Rn. 43.*

[516] *Schlußanträge des Generalanwalts Colomer vom 4.12.2001 in der Rs. 208/00 (Überseering), NZG 2002, S. 16, Rn. 63 ff.*

dem Gemeinschaftsrecht geboten sei, die gegebenenfalls im Wege einer gemeinschaftsrechtskonformen Auslegung nationalen Rechts sichergestellt werden müsse[517].

Das aufgrund der fehlenden Vorlageberechtigung als unzulässig abgewiesene Vorabentscheidungsersuchen des Landesgerichts Salzburg[518] wäre nach der hier vertretenen Auffassung – unabhängig von der Zulässigkeitsproblematik – hinsichtlich der gemeinschaftsrechtlichen Fragestellungen dahingehend zu beantworten gewesen, daß Umgehungsgründungen, bei denen Gesellschaften zunächst wirksam nach dem Recht eines Mitgliedstaats errichtet werden, um sodann allein über eine Zweigniederlassung in einem anderen Mitgliedstaat eine wirtschaftliche Betätigung auszuüben, vom Schutzbereich der Niederlassungsfreiheit erfaßt werden, sofern der Gründungsstaat entsprechende Gründungsvorgänge zuläßt. Dabei ist unerheblich, daß bisher überhaupt keine Hauptniederlassung bestand und somit eine Ansässigkeit im Sinne der Errichtung einer Niederlassung erstmalig erfolgen soll, weil dem Ansässigkeitskriterium in Artikel 43 Absatz 1 Satz 2 EG (Art. 52 Abs. 1 S. 2 EGV) allein im Zusammenhang mit der Drittstaatenproblematik eine eigenständige Bedeutung zukommt.

Das – auch aufgrund einer fehlenden Vorlageberechtigung – unzulässige Vorabentscheidungsersuchen des AG Heidelberg[519] wäre hinsichtlich seiner gemeinschaftsrechtlichen Fragestellungen dahingehend zu beantworten gewesen, daß die gleichzeitige Verlegung von effektivem und statutarischem Gesellschaftssitz einer deutschen GmbH nach Spanien nicht durch die Niederlassungsfreiheit abgesichert ist. Das zurückgezogene Vorabentscheidungsersuchen des Kantongerecht Groningen hätte dahingehend beantwortet werden müssen, daß eine Anwendung der nationalen Mindestkapitalerfordernisse auf ausländische juristische Personen mit effektivem Verwaltungssitz im Inland bei Umgehungsgründungstatbeständen gemeinschaftsrechtlich eine unzulässige Beschränkung der Niederlassungsfreiheit darstellt[520].

Mit Blick auf die Reichweite der negativen Integration stellt sich die Frage, ob der Vorentwurf einer 14. Richtlinie im Bereich des Gesellschaftsrechts zur grenzüberschreitenden Sitzverlegung noch seine Berechtigung hat. Die vorangehende Untersuchung hat gezeigt, daß im Rahmen der negativen Integration die alleinige Verlegung des statutarischen Gesellschaftssitzes und seine gleichzeitige Verlegung zusammen mit dem effektiven Verwaltungssitz im inter-mitgliedstaatlichen Bereich nicht möglich sind, es somit an einer Statut-Mobilität im Sinne eines Wechsels der anwendbaren Rechtsordnung fehlt[521]. Die Gewährleistung entsprechender Restrukturierungsvorgänge innerhalb der Gemeinschaft bedarf daher einer Recht-

---

[517] *Schlußanträge des Generalanwalts Colomer vom 4.12.2001 in der Rs. 208/00 (Überseering), NZG 2002, S. 16, Rn. 69.*

[518] Vgl. hierzu: *Kapitel 1 B.*

[519] Vgl. hierzu: *Kapitel 1 B.*

[520] Vgl. zu diesem Vorabentscheidungsersuchen und der damit zusammenhängenden gemeinschaftsrechtlichen Problematik: *Kapitel 1 B. und Kapitel 5 A. III. 1) (a).*

[521] Vgl. hierzu: *Kreuzer, EuZW 1994, S. 73.*

setzung auf Gemeinschaftsebene. Hier setzt der Vorentwurf einer 14. Richtlinie im Bereich des Gesellschaftsrechts an, indem er die Statutmobilität weitgehend ermöglichen will[522].

Da der geplante Vorentwurf der Sitzverlegungsrichtlinie und der Status quo der negativen Integration sich ergänzende Bereiche erfassen, hat das Regelungsvorhaben nicht an Bedeutung verloren[523]. Vielmehr erscheint es weiterhin – vielleicht sogar gerade im Hinblick auf den Stand der negativen Integration – sinnvoll, den Bereich der grenzüberschreitenden formwechselnden Umwandlung durch einen gemeinschaftsrechtlichen Sekundärrechtsakt zu regeln[524]. Denn hierdurch wird eine Anpassung von Gesellschaften an das Recht des jeweiligen Zuzugsstaats unter Wahrung der rechtlichen Identität ermöglicht[525].

Allerdings sollte die Umsetzung des Richtlinienvorentwurfs nur ein erster Schritt sein, die Harmonisierung im Bereich des Gesellschaftsrechts voranzutreiben. Zu begrüßen ist in diesem Zusammenhang das sich abzeichnende Bestreben der Kommission der Europäischen Gemeinschaften, das Projekt einer europäischen Privatgesellschaft in Angriff zu nehmen[526], für das es bereits verschiedene wissenschaftliche Vorarbeiten gibt[527]. Daneben sollte die Angleichung der Mindestkapitalerfordernisse bei Gesellschaften mbH verstärkt wieder aufgegriffen werden[528]. Denn eine Angleichung der Mindestkapitalerfordernisse bei dieser Gesellschaftsform wäre der wirksamste Weg, Umgehungsgründungen unattraktiv zu gestalten.

---

[522] Vgl. hierzu bereits: *Kapitel 3 B. II.*

[523] Kritisch insoweit: *Kieninger, ZGR 1999, S. 724 (746); Deckert, RabelsZ 64 (2000), S. 478 (491);* a.A.: *Koppensteiner, FS Lutter, S. 141 (147 f.); Sonnenberger/Großerichter, RIW 1999, S. 721 (732). Koppensteiner* verweist darauf, neben einem allgemeinen wirtschaftlichen Bedürfnis, Satzungssitz und effektiven Verwaltungssitz in Einklang zu bringen, könne es auch aus Rücksichtnahme auf das Kollisionsrecht von Nicht-EWR-Staaten zweckmäßig erscheinen, dafür zu sorgen, daß das Gesellschaftsrecht überall einheitlich bestimmt werde (*Koppensteiner, FS Lutter, S. 141 (148)*).

[524] *Koppensteiner, FS Lutter, S. 141 (142 ff.).*

[525] Teilweise wird gefordert, eindeutige Umgehungsgründungsfälle aus dem Anwendungsbereich des Richtlinienvorentwurfs herauszunehmen (*Koppensteiner, FS Lutter, S. 141 (148 f.)*). Dies ist jedoch abzulehnen. Denn muß es bereits im Rahmen der negativen Integration als zulässig angesehen werden, eine Gesellschaft nach dem Recht eines Mitgliedstaats zu gründen und im Anschluß hieran erstmalig eine wirtschaftliche Betätigung in einem anderen Mitgliedstaat auszuüben, so besteht gerade ein Bedürfnis, im Rahmen der positiven Integration die Möglichkeit zu geben, in entsprechenden Fällen nachträglich den satzungsmäßigen und den effektiven Verwaltungssitz durch eine grenzüberschreitende formwechselnde Umwandlung in Einklang zu bringen. Der Richtlinienvorentwurf ist daher nur insofern anzupassen, als auch in Mitgliedstaaten, die auf kollisionsrechtlicher Ebene der Sitztheorie folgen, die alleinige Verlegung des satzungsmäßigen Gesellschaftssitzes dann möglich sein muß, wenn bereits unter Berufung auf die Niederlassungsfreiheit der effektive Verwaltungssitz in einen anderen Mitgliedstaat verlegt wurde und durch die alleinige Verlegung des Satzungssitzes dieser der neuen Lokalisierung des effektiven Verwaltungssitzes nachfolgen soll.

[526] www.europa.eu.int/comm/internal_market/de/company/company/news/01-1237.htm.

[527] *Boucourechliev/Hommelhoff (Hrsg.), Vorschläge für eine europäische Privatgesellschaft; de Kluvier, The european private company?; Helms, Die europäische Privatgesellschaft; Völter, Der Lückenschluß im Statut der Europäischen Privatgesellschaft.*

[528] Für die GmbH wurde die Ergänzung der Kapitalrichtlinie um eine entsprechende Regelung bereits 1985 angekündigt, bisher aber noch nicht realisiert (*Habersack, Europäisches Gesellschaftsrecht, Rn. 50, 68*).

Hieran muß grundsätzlich auch ein Interesse derjenigen Mitgliedstaaten bestehen, die über ein liberales Gesellschaftsrecht verfügen, das sich besonders für Umgehungsgründungen eignet. Denn ein *Export* des eigenen Gesellschaftsrechts ohne Rücksicht auf das Ansehen der nach diesem Recht statuierten Gesellschaften ist nur für Staaten möglich, die über keine nennenswerte eigene Wirtschaft verfügen, die in den Gesellschaftsformen des eigenen Rechts organisiert ist und der aufgrund eines Vertrauensverlusts Wettbewerbsnachteile drohen können[529]. Bei Mitgliedstaaten der Gemeinschaft, deren Gesellschaftsrecht für Umgehungsgründungen in Betracht kommt, ist dies regelmäßig nicht der Fall[530]. Zudem kann sich aus unternehmerischer Sicht die Wahl eines liberalen Gesellschaftsrechts schnell als nachteilig erweisen, wenn die gewählte Organisationsform im Wirtschaftsleben – etwa weil sie statistisch gesehen häufiger von unseriösen Unternehmern gewählt wird – eine negative Reputation und damit eine mangelnde Vertrauenswürdigkeit besitzt[531]. Die Gefahr eines *race to the bottom*[532] erscheint aufgrund des erreichten Integrationsstands unbegründet, zumal auf Gemeinschaftsebene im Bereich des Gesellschaftsrechts eine umfassende Rechtsangleichungskompetenz zur Verfügung steht, um etwaige negative Auswirkungen, die aus der Niederlassungsfreiheit für Gesellschaften folgen, zu korrigieren[533].

Durch den erreichten gemeinschaftlichen Integrationsstand im Bereich der Niederlassungsfreiheit von Gesellschaften wird nicht in unzulässiger Weise in die nationalen Rechtsordnungen der Mitgliedstaaten eingegriffen[534]. Vielmehr bildet

---

[529] Der US-Bundesstaat Delaware ist hierfür ein prominentes Beispiel (vgl. hierzu: *Forstinger, ZfRV 2002, S. 41 ff.; Papmehl, ZVglRWiss 101 (2002), S. 200 ff.;* siehe allgemein zur Rechtslage in den Vereinigten Staaten und ihrer Bewertung in der deutschen Literatur: *Halbhuber, Limited Company statt GmbH?, Europarechtlicher Rahmen und deutscher Widerstand, S. 183 ff.*).

[530] Entsprechende Staaten haben zudem grundsätzlich ein Interesse daran, das Innen- und Außenrecht aller nationalen Gesellschaftsformen so auszugestalten, daß nach dem gesetzgeberischen Gestaltungswillen ein gerechter Ausgleich sich widerstreitender Interessen – etwa niedrige Gründungsanforderungen für Gesellschaftsgründer einerseits und eine effektive Ausgestaltung des Drittschutzes andererseits – gefunden wird. Sind aber – wovon auszugehen ist – die grundlegenden Regelungsbedürfnisse in verschiedenen Staaten gleich, so resultieren Unterschiede in der Ausgestaltung der gesetzgeberischen Problemlösungen zwischen den nationalen Rechtsordnungen vor allem aus unterschiedlichen Rechtstraditionen, dem unterschiedlichen Einfluß von Interessengruppen auf den jeweiligen Gesetzgeber sowie den divergierenden Vorstellungen der Gesetzgeber darüber, wie ein gerechter Interessenausgleich für einen bestimmten Bereich ausgestaltet werden soll.

[531] Vgl. hierzu etwa: *Görk, GmbHR 1999, S. 793 (799).*

Beispielsweise stellte sich in Deutschland das im Vergleich zur AG geringere Gläubigerschutzniveau bei der GmbH zunächst als für das Ansehen und damit den Erfolg der Gesellschaftsform nachteilig heraus (*Roth, in: Das System der Kapitalgesellschaften im Umbruch, S. 1 (5)*). Vgl. allgemein zur Kontrolle von Unternehmen durch Markt und Wettbewerb: *Ott, Recht und Realität der Unternehmenskooperation, S. 185 f.*

[532] So etwa: *Sedemund/Hausmann, BB 1999, S. 810 (811).*

[533] Vgl.: *Cascante, RIW 1999, S. 450;* siehe zum Umfang der Rechtsangleichungskompetenz im Bereich des Gesellschaftsrechts: *Kapitel 3 A.*

Im Gegensatz hierzu kennt das amerikanische Recht aufgrund der beschränkten Gesetzgebungskompetenzen der Bundesebene nur im Bereich der Anlegerschutzbestimmungen staatsübergreifendes Bundesrecht (*Ebenroth/Einsele, ZVglRWiss 87 (1988), S. 217 (227 ff.)*).

[534] Die Gemeinschaftsrechtsordnung bewirkt eine *Entnationalisierung* des nationalen Rechts, um das Ziel der funktionellen Integration zu erreichen. So führte *Grabitz* bereits 1970 im Zusammenhang mit

das Gemeinschaftsrecht einen Bestandteil dieser Rechtsordnungen, wobei es über den Anwendungsvorrang auf sie einwirkt und sie in der Weise prägt, daß eine Überlagerung des nationalen Rechts durch die gemeinschaftsrechtlichen Vorgaben stattfindet, sofern im Einzelfall eine Kollision zwischen Gemeinschaftsrecht und nationalem Recht vorliegt und nicht ausnahmsweise eine Beschränkung des gemeinschaftlichen Gewährleistungsrahmens gerechtfertigt erscheint[535].

Die Schwierigkeit im Rahmen der negativen Integration besteht darin, eine Kollision zwischen vorrangigen Bestimmungen des Gemeinschaftsrechts und nationalen Maßnahmen zu erkennen und festzulegen, wie sie unter weitestgehender Wahrung der nationalen Regelungsbelange beseitigt werden kann. Das Spannungsverhältnis resultiert aus der nationalen Begrenztheit der mitgliedstaatlichen Rechtsordnungen einerseits und der Internationalität der Gemeinschaftsrechtsordnung andererseits. Die Grundfreiheiten und so auch die Niederlassungsfreiheit wirken als *Grundrechte auf wirtschaftliche Mobilität*[536], sofern es um den Marktzugang in anderen Mitgliedstaaten geht. Zwar wird durch die negative Integration nicht die Regelungsbefugnis der Mitgliedstaaten in Frage gestellt, überwiegende Allgemeinwohlinteressen zu bestimmen und festzulegen, wann eine mißbräuchliche Berufung – auch auf gemeinschaftsrechtliche Gewährleistungen – vorliegt. Damit wird weitestgehend auf die in den Mitgliedstaaten bestehenden Eigenheiten und unterschiedlichen sozio-kulturellen Besonderheiten, die ihren Ausdruck in den bestehenden Sozial- und Wirtschaftsordnungen finden, Rücksicht genommen, ohne jedoch die Wahrung eines einheitlichen gemeinschaftsrechtlichen Rahmens aufzugeben. Allerdings wäre es ohne die strikte Einhaltung des gemeinschaftsrechtlichen Anwendungsvorrangs und damit einhergehend die Absicherung der einheitlichen Tragweite des Gemeinschaftsrechts praktisch in das Belieben der Mitgliedstaaten gestellt, die Regelungsziele des Gemeinschaftsrechts durch eine entsprechende Ausgestaltung ihrer Rechtsordnungen zu unterlaufen.

Indem die Niederlassungsfreiheit wie die übrigen Grundfreiheiten nur hinsichtlich des Zutritts zu den Märkten der anderen Mitgliedstaaten als Freiheitsrecht verstanden wird, sich ansonsten aber in einem Gleichheitsrecht erschöpft, kann eine

---

dem Ablauf der Übergangszeit aus: *Das Fortwirken nationaler Ordnungsvorstellungen, wie sie auch in der Begrenzung des marktbürgerlichen Status deutlich wird, kann (...) schwerlich damit begründet werden, daß die Nationen und ihre politischen Organisationsformen, die Nationalstaaten die letzte Verantwortlichkeit für die Erhaltung des Friedens und die Sicherung der Lebensgrundlagen des Volkes noch zu tragen vermöchten* (*Grabitz, Europäisches Bürgerrecht, S. 107*). *Bärmann* betonte im gleichen Jahr im Zusammenhang mit der primären Niederlassungsfreiheit von Kapitalgesellschaften, hier bestünde kein unüberwindliches rechtliches Problem, sondern vielmehr eins in der Einstellung und dem Rechtsdenken der nationalen Juristen. Nach seiner zutreffenden Auffassung befinden sich die Juristen in einer Lage, die es erlaube, sich *hinter der Maginot-Linie ihres nationalen Denkens* zu verschanzen und sich *jedem überregionalen Rechtsdenken zu verweigern* (*Bärmann, Europäische Integration im Gesellschaftsrecht, S. 272 f.*).

[535] Allerdings ist diese Problematik im Kern nicht unterschiedlich von der, die Verfassungsmäßigkeit einer bestimmten Regelung zu überprüfen und, so sich ein Verstoß gegen die verfassungsrechtlichen Vorgaben feststellen läßt, einen verfassungsgemäßen Zustand herzustellen, ohne dabei möglichst das mit der betreffenden Regelung verfolgte Regelungsziel aufzugeben.

[536] Vgl. zu diesem Begriff: *Nettesheim, NVwZ 1996, S. 342.*

Konkordanz zwischen positiver und negativer Integration gewahrt werden. Denn beide Integrationsformen sind an das Binnenmarktziel gebunden, zu dessen Wahrung und Absicherung sie dienen. Indes bietet das Gemeinschaftsrecht bereits von seinen Zielsetzungen her keine Grundlage, nationales Recht – und hier insbesondere den allgemeinen wirtschaftspolitischen Ordnungsrahmen – einer generellen Kontrolle auf seine sachliche Berechtigung hin zu unterwerfen. Dies stünde in Widerspruch zur begrenzten Aufgabenzuweisung an die Gemeinschaft durch die Gründungsverträge.

F. Zusammenfassende Thesen

1. Die grenzüberschreitende Sitzverlegung von Kapitalgesellschaften innerhalb der Europäischen Gemeinschaft ist durch die gemeinschaftsrechtliche Gewährleistung der Niederlassungsfreiheit abgesichert, sofern es sich um die alleinige Verlegung des effektiven Verwaltungssitzes eines Unternehmens von einem Mitgliedstaat in einen anderen handelt und es bereits vor der Sitzverlegung eine wirtschaftliche Betätigung in seinem Heimatstaat ausgeübt hat. Nicht maßgeblich ist dabei, wie die beteiligten mitgliedstaatlichen Rechtsordnungen im kollisions- und materiellrechtlichen Bereich ausgestaltet sind und ob es sich aus nationaler Sicht um einen Fall des Zu- oder Wegzugs handelt.

2. Allein der Umstand, daß es sich bei einer Sitzverlegung nach nationalem Rechtsverständnis um einen Umgehungsgründungstatbestand handelt, dessen eigentlicher Zweck die Vermeidung der Anwendung strengerer gesellschaftsrechtlicher Bestimmungen einer mitgliedstaatlichen Rechtsordnung ist, rechtfertigt für sich genommen im Fall eines Zuzugs keine Versagung der Berufung auf die gemeinschaftsrechtliche Gewährleistung der Niederlassungsfreiheit.

3. Umgekehrt ist der grenzüberschreitende Wegzug juristischer Personen bei Umgehungsgründungstatbeständen im innergemeinschaftlichen Bereich nicht möglich, wenn diejenige Rechtsordnung, an die sich die Gesellschaftsgründer zwecks Errichtung der Gesellschaft gewendet haben, entsprechende Restrukturierungsvorgänge nicht zuläßt.

4. Die alleinige Verlegung des satzungsmäßigen Sitzes einer Gesellschaft ist nicht bereits durch die Niederlassungsfreiheit für Gesellschaften nach Artikel 43 EG (Art. 52 EGV) i.V.m. Artikel 48 EG (Art. 58 EGV) abgesichert. Vielmehr bedarf es für eine effektive Gewährleistung dieser Restrukturierungsform einer Rechtsetzung auf Gemeinschaftsebene, wie sie – allerdings nicht einheitlich für alle mitgliedstaatlichen Rechtsordnungen – im Vorentwurf einer 14. Richtlinie im Bereich des Gesellschaftsrechts vorgesehen ist.

5. Auch die gleichzeitige Verlegung des effektiven und des statutarischen Gesellschaftssitzes von Kapitalgesellschaften im inter-mitgliedstaatlichen Bereich wird nicht bereits im Rahmen der negativen Integration abgesichert. Hier bietet der Vorentwurf einer 14. Richtlinie im Bereich des Gesellschaftsrechts einen adäquaten Regelungsansatz.

6. Eine konsequente Anwendung der Sitztheorie in Deutschland für Zuzugsfälle mit der Behandlung des ausländischen Verbands nach Maßgabe des inländischen Personengesellschaftsrechts ist nicht als gemeinschaftsrechtskonform anzusehen. Die Änderung der materiellrechtlichen Folgewirkungen reicht daher nicht aus, einen gemeinschaftsrechtskonformen Zustand herzustellen.

7. Bei einer gemeinschaftsrechtskonformen Weiterentwicklung müßte die Sitztheorie als Kollisionsnorm des Internationalen Gesellschaftsrechts lauten: Auf Gesellschaften ist das Recht anzuwenden, das am Ort ihres effektiven Verwaltungssitzes gilt, es sei denn, daß es sich um Gesellschaften im Sinne des Artikels 48 Absatz 2 EG (Art. 58 Abs. 2 EGV) handelt, die wirksam nach dem Recht eines der Mitgliedstaaten der Europäischen Gemeinschaft gegründet wurden und die zumindest ihren satzungsmäßigen Sitz innerhalb der Gemeinschaft haben, sofern sie nicht in einem Drittstaat ansässig sind und im Inland eine Niederlassung errichten wollen oder die Gesellschaftsgründung im Inland allein zu dem Zweck erfolgt, in einem anderen Mitgliedstaat eine wirtschaftliche Betätigung zu entfalten.

8. Zwar sind die Mitgliedstaaten grundsätzlich befugt, ihre nationalen Regeln gegen Mißbrauch auch in Fällen anzuwenden, die einen Bezug zum Gemeinschaftsrecht aufweisen. Besteht eine gemeinschaftsrechtliche Relevanz, so darf die Anwendung der nationalen Bestimmungen jedoch nicht dazu führen, das gemeinschaftsrechtliche Grundprinzip des Anwendungsvorrangs in Frage zu stellen, weil dadurch die einheitliche Tragweite und damit die volle Wirksamkeit des Gemeinschaftsrechts hinfällig würde. Kollisionen zwischen nationalem Recht und Gemeinschaftsrecht werden daher generell über den gemeinschaftsrechtlichen Anwendungsvorrang gelöst.

9. Nationalen Schutzinteressen kann einerseits durch eine Rechtsangleichung auf Gemeinschaftsebene Rechnung getragen werden. Andererseits ist es den Mitgliedstaaten unbenommen, Regelungen zu erlassen, die nationalen Schutzbelangen Rechnung tragen und aufgrund einer fehlenden diskriminierenden und marktsegmentierenden Wirkung entweder nicht einer Kontrolle am Maßstab des Gemeinschaftsrechts unterliegen oder aber aus überwiegenden Allgemeinwohlinteressen gerechtfertigt sind.

10. Die im EG-Vertrag genannten Rechtfertigungsgründe des Artikels 46 Absatz 1 EG (Art. 56 Abs. 1 EGV) können nationale Maßnahmen nicht rechtfertigen, die inter-mitgliedstaatliche Sitzverlegungen beschränken, weil eine weite Auslegung der in ihm enthaltenen Begriffe der öffentlichen Ordnung und Sicherheit nicht möglich ist. Daher können nationale Schutzinteressen im Bereich des Internationalen Gesellschaftsrechts nicht über direkt diskriminierend wirkende nationale Maßnahmen abgesichert werden.

Literaturverzeichnis

Ackermann, Thomas	Zu den EuGH-Entscheidungen „Keck" und „Hünermund", RIW 1994, S. 189 ff.
Ahlt, Michael	Europarecht, 2. Auflage, München 1996
Ahrens, Hans-Jürgen	Wer haftet statt der zusammengebrochenen Abschreibungsgesellschaft? – Zur Sachwalterhaftung im Kollisionsrecht, IPRax 1986, S. 355 ff.
Anderson, David W.K.	References to the European Court, London 1995
Arndt, Hans-Wolfgang	Warenverkehrsfreiheit und nationale Verkaufsbeschränkungen, ZIP 1994, S. 188 ff.
Bacher, Thomas *Winner, Martin*	Das österreichische internationale Gesellschaftsrecht nach *Centros*, GesRZ 2000, S. 73 ff. (Teil I), GesRZ 2000, S. 161 ff. (Teil II)
Bärmann, Johannes	Europäische Integration im Gesellschaftsrecht, Köln u.a. 1970
Ballerstedt, Kurt	Gesellschaftsrechtliche Probleme der Reform des GmbH-Rechts, ZHR 135 (1971), S. 383 ff.
Bar, Christian v.	Internationales Privatrecht, Band I, München 1987; Band II, München 1991
Basedow, Jürgen	Keck on the facts, EuZW 1994, S. 225 ff.
ders.	Zwischen Amt und Wettbewerb – Perspektiven des Notariats in Europa, RabelsZ 55 (1991), S. 409 ff.
ders.	Europäisches Internationales Privatrecht, NJW 1996, S. 1921 ff.
Bauer, Markus	Gläubigerschutz durch eine formelle Nennkapitalziffer – Kapitalgesellschaftsrechtliche Notwendigkeit oder überholtes Konzept? Eine rechtsvergleichende Untersuchung der Gläubigerschutzkonzepte des amerikanischen und des deutschen Kapitalgesellschaftsrechts, Frankfurt am Main u.a. 1995; zugl. Diss., Frankfurt am Main 1995
Baumbach, Adolf *Hueck, Götz* *Fastrich, Lorenz* *Schulze-Osterloh, Joachim* *Zöllner, Wolfgang*	GmbH-Gesetz, 17. Auflage, München 2000

Bechtel, Wolfram — Umzug von Kapitalgesellschaften unter der Sitztheorie: zur europarechtskonformen Fortentwicklung des internationalen Gesellschaftsrechts, Frankfurt am Main u.a. 1999; zugl. Diss., Heidelberg 1998

ders. — Parteifähigkeit trotz Verlegung des Gesellschaftssitzes nach Deutschland, NZG 2001, S. 21 ff.

Becker, Ulrich — Von „Dassonville“ über „Cassis“ zu „Keck“ – der Begriff der Maßnahmen gleicher Wirkung in Art. 30 EGV, EuR 1994, S. 162 ff.

Behrens, Peter — Der Anerkennungsbegriff im Internationalen Gesellschaftsrecht, ZGR 1978, S. 499 ff.

ders. — Der Durchgriff über die Grenze, RabelsZ 46 (1982), S. 308 ff.

ders. — Identitätswahrende Sitzverlegung einer Kapitalgesellschaft von Luxemburg in die Bundesrepublik Deutschland, RIW 1986, S. 590 ff.

ders. — Niederlassungsfreiheit und Internationales Gesellschaftsrecht, RabelsZ 52 (1988), S. 498 ff.

ders. — Die grenzüberschreitende Sitzverlegung von Gesellschaften in der EWG, IPRax 1989, S. 354 ff.

ders. — Das Gesellschaftsrecht im Europäischen Binnenmarkt, EuZW 1990, S. 13 ff.

ders. — Die Konvergenz der wirtschaftlichen Freiheiten im europäischen Gemeinschaftsrecht, EuR 1992, S. 145 ff.

ders. — Hachenburg Großkommentar, Gesetz betreffend die Gesellschaften mit beschränkter Haftung (GmbH), Band 1, 8. Auflage, Berlin u.a. 1992

ders. — Anmerkung zur Entscheidung des BayObLG vom 7.5.1992, Az. 3 Z BR 14/92, EuZW 1992, S. 550 f.

ders. — Die Umstrukturierung von Unternehmen durch Sitzverlegung oder Fusion über die Grenze im Licht der Niederlassungsfreiheit im Europäischen Binnenmarkt (Art. 52 und 58 EWGV), ZGR 1994, S. 1 ff.

ders. — Krisensymtome in der Gesellschaftsrechtsangleichung, in: Immenga, Ulrich / Möschel, Wernhard / Reuter, Dieter (Hrsg.), Festschrift für Ernst-Joachim Mestmäcker, Baden-Baden 1996, S. 833 ff.

ders. — Gesellschaften sollen Niederlassungsberechtigte gleichen Rechts werden, EuZW 1998, S. 353 ff.

Behrens, Peter Das Internationale Gesellschaftsrecht nach dem Centros-Urteil des EuGH, IPRax 1999, S. 323 ff.

ders. Die Anerkennung von Gesellschaften nach dem *Centros*-Urteil des EuGH, EuZ 1999, S. 78 ff.

ders. EuGH entscheidet über Sitzverlegung von Gesellschaften, EuZW 2000, Heft 13, Editorial

Beitzke, Günther Anerkennung und Sitzverlegung von Gesellschaften und juristischen Personen im EWG-Bereich, ZHR 127 (1965), S. 1 ff.

ders. Zur Anerkennung von Handelsgesellschaften im EWG-Bereich, AWD 1968, S. 91 ff.

ders. Kollisionsrecht von Gesellschaften und juristischen Personen, in: Lauterbach, Wolfgang (Hrsg.), Vorschläge und Gutachten zur Reform des deutschen internationalen Personen- und Sachenrechts, Tübingen 1972, S. 94 ff.

ders. Bemerkungen zur Rechtsstellung ausländischer Gesellschaften in deutschen Staatsverträgen, in: Glossner, Ottoarndt / Reimann, Walter (Hrsg.), Festschrift für Martin Luther zum 70. Geburtstag, München 1976, S. 1 ff.

Bellingwout, J. W. Company Migration in Motion: The KPMG Report 1993, in: Wouters, Jan / Schneider, Hildegard (Hrsg.), Current Issues of Cross-Border Establishment of Companies in the European Union, Antwerpen u.a. 1995, S. 75 ff.

ders. Die internationale Sitzverlegung juristischer Personen in Bewegung, Der KPMG-Bericht 1993, RIW 1997, S. 550 ff.

Bellstedt, Christoph Der territoriale Geltungsbereich des Mitbestimmungsgesetzes, BB 1977, S. 1326 ff.

ders. Europäisches Gesellschafts- und Steuerrecht nach 1992, RIW 1988, S. 883 ff.

Benne, Dietmar Haftungsdurchgriff bei der GmbH, Köln 1978; zugl. Diss., Mainz 1978

Bernard, Nicolas The Future of European Economic Law in the Light of the Principle of Subsidiarity, C.M.L.Rev. 1996, S. 633 ff.

Bernhard, Peter Cassis de Dijon und Kollisionsrecht – am Beispiel des unlauteren Wettbewerbs, EuZW 1992, S. 437 ff.

Beuthien, Volker Die Vorgesellschaft im Privatrechtssystem, Teil I, ZIP 1996, S. 305 ff.

Beutler, Bengt Die Erklärung des Europäischen Parlaments über Grundrechte und die Grundfreiheiten vom 12. April 1989, EuGRZ 1989, S. 185 ff.

Beutler, Bengt
Bieber, Roland
Pipkorn, Jörn
Streil, Jochen
Die Europäische Gemeinschaft - Rechtsordnung und Politik -, 4. Auflage, Baden-Baden 1993

Bleckmann, Albert
Die Grundrechte im Europäischen Gemeinschaftsrecht, Ein Beitrag zu den Methoden des EG-Rechts, EuGRZ 1981, S. 257 ff.

ders.
Zu den Auslegungsmethoden des Europäischen Gerichtshofs, NJW 1982, S. 1177 ff.

ders.
Die Personenverkehrsfreiheit im Recht der EG, Vom Gleichheitssatz zur Verankerung absoluter Grundrechte, DVBl. 1986, S. 69 ff.

ders.
Zur Dogmatik des Niederlassungsrechts im EWG-Vertrag, WiVerw 1987, S. 119 ff.

ders.
Die Ausnahmen der Dienstleistungsfreiheit nach dem EWG-Vertrag, EuR 1987, S. 28 ff.

ders.
Die umgekehrte Diskriminierung im EWG-Vertrag, RIW 1985, S. 917 ff.

ders.
Der Vertrag über die Europäische Union, DVBl. 1992, S. 335 ff.

ders.
Die Wahrung der „nationalen Identität" im Unions-Vertrag, JZ 1997, S. 265 ff.

ders.
Europarecht, 6. Auflage, Köln u.a. 1997

Blumenwitz, Dieter
Rechtsprobleme im Zusammenhang mit der Angleichung von Rechtsvorschriften auf dem Gebiet des Niederlassungsrechts der freien Berufe, NJW 1989, S. 621 ff.

Bogler, Anja
Gesellschafts- und Gesellschafterhaftung bei Auseinanderfallen von Gründungs- und Sitzstaat, DB 1991, S. 848 ff.

Borges, Georg
Die Sitztheorie in der Centros-Ära, Vermeintliche Probleme und unvermeintliche Änderungen, RIW 2000, S. 167 ff.

Boucourechliev, Jeanne
Hommelhoff, Peter
Vorschläge für eine Europäische Privatgesellschaft: Strukturelemente einer kapitalmarktfernen europäischen Gesellschaftsform nebst Entwurf für eine EPG-Verordnung der Europäischen Gemeinschaft, Eine Studie des Centre de recherche sur le droit des affaires der Industrie- und Handelskammer Paris, Köln 1999

Brechmann, Winfried
Die richtlinienkonforme Auslegung: zugleich ein Beitrag zur Dogmatik der EG-Richtlinie, München 1994; zugl. Diss., München 1993

Brödermann, Eckart
Iversen, Holger
Europäisches Gemeinschaftsrecht und Internationales Privatrecht, Beiträge zum ausländischen und internationalen Privatrecht, Band 57, Tübingen 1994; zugl. Diss., Hamburg 1992/93 (Brödermann) bzw. 1993/94 (Iversen)

Buchholz, Hans-Henning
Die Harmonisierung des Gesellschaftsrechts nach dem EWG-Vertrag unter besonderer Berücksichtigung des Art. 54 Abs. 3 Buchst. G, Diss., Bonn 1966

Bühler, Stefan
Strukturänderung von Gesellschaften in der Union, Theorie und Praxis nach Gemeinschaftsrecht und nach deutschem Recht, Zürich 1998; zugl. Diss., Basel 1997

Bungert, Hartwin
Internationales Gesellschaftsrecht und Europäische Menschenrechtskonvention, EWS 1993, S. 17 ff.

ders.
Prozeßkostensicherheitsleistung ausländischer Kapitalgesellschaften und die Diskriminierungsverbote des EWG-Vertrages, EWS 1993, S. 315 ff.

ders.
Deutsch-amerikanisches internationales Gesellschaftsrecht, ZVglRWiss 93 (1994), S. 117 ff.

ders.
Konsequenzen der Centros-Entscheidung des EuGH für die Sitzanknüpfung des deutschen internationalen Gesellschaftsrechts, DB 1999, S. 1841 ff.

Calliess, Christian
Ruffert, Matthias
Kommentar des Vertrages über die Europäische Union und des Vertrages zur Gründung der Europäischen Gemeinschaft – EUV/EGV –, Neuwied u.a. 1999

Carney, William J.
The Political Economy of Competition for Corporate Charters, in: Wouters, Jan / Schneider, Hildegard (Hrsg.), Current Issues of Cross-Border Establishment of Companies in the European Union, Antwerpen u.a. 1995, S. 157 ff.

Carruthers, Janeen
Villiers, Charlotte
Company Law in Europe – Condoning the Continental Drift?, EBLR 2000, S. 91 ff.

Cartov, Louis
Roux, Xavier de
Voillemot, Dominique
Gide/Loyrette/Houel, Dictionnaire du Marché Commun IV, Entreprise Communautaire, Paris 1995

Cascante, José Christian
Niederlassungsfreiheit contra Sitztheorie – Goodbye „Daily Mail"?, RIW 1999, S. 450 f.

Classen, Claus Dieter
Auf dem Weg zu einer einheitlichen Dogmatik der EG-Grundfreiheiten?, EWS 1995, S. 97 ff.

Cockborne, Jean-Eric de
Defalque, L.
Durand, Claire-Françoise
Prahl, Hasso
Vandersanden, Georges
Commentaire Megret, Le Droit de la CEE, Tome 1, Preambule, Principes, Libre Circulation des Marchandises, Bruxelles 1992

Collins, Lawrence Dicey & Morris on the Conflict of Laws, Volume II, thirteenth edition, London 2000

Cooper, Richard D. B. The Impact of Directives on the Interpretation of National Law, EuZW 1996, S. 385 ff.

Dauses, Manfred A. Dauses Handbuch des EU-Wirtschaftsrechts, 10. Ergänzungslieferung, München 2001

Deckert, Martina R. Zu Harmonisierungsbedarf und Harmonisierungsgrenzen im Europäischen Gesellschaftsrecht, RabelsZ 64 (2000), S. 478 ff.

Demaret, P.
Graete, Ernst de la Mesures nationales d'ordre public et circulation des personnes entre Etats membres, Cah.dr.eur. 1983, S. 261 ff.

Dietrich, Holger Sitzverlegung im Binnenmarkt und ihre Besteuerung, Frankfurt am Main u.a. 2001; zugl. Diss., Konstanz 2000

Di Fabio, Udo Richtlinienkonformität als ranghöchstes Normauslegungsprinzip?, NJW 1990, S. 947 ff.

Di Marco, Giuseppe Der Vorschlag der Kommission für eine 14. Richtlinie, Stand und Perspektiven, ZGR 1999, S. 3 ff.

Dine, Janet The Community Company Law Harmonization Programme, ELR 1989, S. 322 ff.

dies. Company Law, 3rd edition, Basingstoke u.a. 1998

Dinkhoff, Holger Internationale Sitzverlegung von Kapitalgesellschaften unter besonderer Berücksichtigung des Internationalen Gesellschaftsrechts und des Steuerrechts, Frankfurt am Main 2001; zugl. Diss., Trier 2000/01

Dötsch, Ewald Inländische Umwandlungsvorgänge mit Auslandsberührung, BB 1998, S. 1029 ff.

Drasch, Wolfgang Das Herkunftslandprinzip im internationalen Privatrecht, Baden-Baden 1997; zugl. Diss., Augsburg 1996

Dreher, Meinard Wettbewerb oder Vereinheitlichung der Rechtsordnungen in Europa, JZ 1999, S. 105 ff.

Dreissig, Hildegard Verlegung der Geschäftsleitung einer deutschen Kapitalgesellschaft ins Ausland, DB 2000, S. 893 ff.

Drobnig, Ulrich Haftungsdurchgriff bei Kapitalgesellschaften, Frankfurt am Main u.a. 1959; zugl. Diss., Hamburg 1958

ders. Kritische Bemerkungen zum Vorentwurf eines EWG-Übereinkommens über die Anerkennung von Gesellschaften, ZHR 129 (1967), S. 93 ff.

Drobnig, Ulrich — Das EWG-Übereinkommen über die Anerkennung von Gesellschaften und juristischen Personen, AG 1973, S. 90 ff. (Teil I), S. 125 ff. (Teil II)

ders. — Skizzen zur internationalprivatrechtlichen Anerkennung, in: Ficker, Hans Claudius / König, Detlef / Kreuzer, Karl F. / Leser, Hans G. / Bieberstein, Wolfgang Frhr. Marschall von / Schlechtriem, Peter (Hrsg.), Festschrift für Ernst von Caemmerer zum 70. Geburtstag, Tübingen 1978, S. 687 ff.

ders. — Gemeinschaftsrecht und Internationales Gesellschaftsrecht, »Daily Mail« und die Folgen, in: v. Bar, Christian (Hrsg.), Europäisches Gemeinschaftsrecht und Internationales Privatrecht, Köln u.a. 1991, S. 185 ff.

Ebenroth, Carsten Thomas — Konzernkollisionsrecht im Wandel außenwirtschaftlicher Ziele, Konstanz 1978

ders. — Neuere Entwicklungen im deutschen internationalen Gesellschaftsrecht, Teil 1, JZ 1988, S. 18 ff.

Ebenroth, Carsten Thomas
Auer, Thomas — Körperschaftssteuersubjektfähigkeit ausländischer Gesellschaften mit inländischem Ort der Geschäftsleitung?, RIW 1992, S. 998 ff.

dies. — Anmerkung zum Beschluß des BayObLG v. 7.5.1992 – 3 Z BR 14/92, JZ 1993, S. 374 ff.

dies. — Die Vereinbarkeit der Sitztheorie mit dem europäischen Recht, Zivil- und steuerrechtliche Aspekte im deutschen Recht, GmbHR 1994, S. 16 ff.

Ebenroth, Casten Thomas
Bippus, Birgit — Führen bilaterale Investitionsförderungsverträge zu einer Abkehr vom Sitzprinzip?, RIW 1988, S. 336 ff.

dies. — Die staatsvertragliche Anerkennung ausländischer Gesellschaften in Abkehr von der Sitztheorie, DB 1988, S. 842 ff.

dies. — Die Anerkennungsproblematik im Internationalen Gesellschaftsrecht am Beispiel des Freundschafts-, Handels- und Schiffahrtsvertrages zwischen der Bundesrepublik Deutschland und den Vereinigten Staaten von Amerika vom 29.10.1954, NJW 1988, S. 2137 ff.

Ebenroth, Carsten Thomas
Einesele, Dorothee — Gründungstheorie und Sitztheorie in der Praxis – zwei vergleichbare Theorien? Dargestellt am US-amerikanischen und deutschen Gesellschaftsrecht, ZVglRWiss 87 (1988), S. 217 ff.

Ebenroth, Carsten Thomas
Eyles, Uwe — Die Beteiligung ausländischer Gesellschaften an einer inländischen Kommanditgesellschaft, Komplementäreigenschaft ausländischer Kapitalgesellschaften und europarechtliche Niederlassungsfreiheit, DB 1988, Beil. Nr. 2

Ebenroth, Carsten Thomas
Eyles, Uwe
Die innereuropäische Sitzverlegung des Gesellschaftssitzes als Ausfluß der Niederlassungsfreiheit?, DB 1989, S. 363 ff. (Teil I), S. 413 ff. (Teil II)

Ebenroth, Carsten Thomas
Hopp, Torsten-Tankmar
Die ausländische Kapitalgesellschaften KG, JZ 1989, S. 883 ff.

Ebenroth, Carsten Thomas
Sura, Achim
Das Problem der Anerkennung im Internationalen Gesellschaftsrecht, RabelsZ 43 (1979), S. 315 ff.

Eberhartinger, Michael
Konvergenz und Neustrukturierung der Grundfreiheiten, EWS 1997, S. 43 ff.

Ebke, Werner F.
Die „ausländische Kapitalgesellschaft & Co. KG" und das europäische Gemeinschaftsrecht, ZGR 1987, S. 245 ff.

ders.
Unternehmensrecht und Binnenmarkt – E pluribus unum?, RabelsZ 62 (1998), S. 195 ff.

ders.
Das Schicksal der Sitztheorie nach dem Centros-Urteil des EuGH, JZ 1999, S. 656 ff.

ders.
Märkte machen Recht – auch Gesellschafts- und Unternehmensrecht!, in: Schneider, Uwe H. / Hommelhoff, Peter / Schmidt, Karsten / Timm, Wolfram / Grunewald, Barbara / Drygala, Tim (Hrsg.), Festschrift für Marcus Lutter zum 70. Geburtstag, Deutsches und europäisches Gesellschafts-, Konzern- und Kapitalmarktrecht, Köln 2000, S. 17 ff.

ders.
Die Haftung des gesetzlichen Abschlußprüfers in der Europäischen Union, ZVglRWiss 100 (2001), S. 62 ff.

Ehlers, Dirk
Das Wirtschaftsverwaltungsrecht im europäischen Binnenmarkt, NVwZ 1990, S. 810 ff.

Ehricke, Ulrich
EG-konforme Auslegung nationalen Rechts, RabelsZ 59 (1995), S. 598 ff.

Eidenmüller, Horst
Rehm, Gebhard M.
Gesellschafts- und zivilrechtliche Folgeprobleme der Sitztheorie, ZGR 1997, S. 89 ff.

Eilers, Stephan
Wienands, Hans-Gerd
Neue steuerliche und gesellschaftsrechtliche Aspekte der Doppelansässigkeit von Kapitalgesellschaften nach der EuGH-Entscheidung vom 9.3.1999, IStR 1999, S. 289 ff.

Emde, Raimond
BB-Kommentar zum Beschluß des OLG Düsseldorf vom 26.3.2001, BB 2001, S. 902 ff.

Emmert, Frank
Europarecht, München 1996

Enneccerus, Ludwig
Nipperday, Hans Carl
Allgemeiner Teil des Bürgerlichen Rechts, Erster Halbband, 15. Auflage, Tübingen 1959

Eschmann, Harald Die Freizügigkeit der EG-Bürger und der Zugang zur öffentlichen Verwaltung: Eine Untersuchung zur gemeinschafts- und verfassungsrechtlichen Stellung der EG-Bürger im öffentlichen Dienst der Bundesrepublik Deutschland, Baden-Baden 1992; zugl. Diss., Osnabrück 1991/92

Everling, Ulrich Möglichkeiten und Grenzen der Rechtsangleichung in der Europäischen Gemeinschaft, in: Reichert-Facilides, Fritz / Rittner, Fritz / Sasse, Jürgen (Hrsg.), Festschrift für Reimer Schmidt, Karlsruhe 1976, S. 165 ff.

ders. Das Niederlassungsrecht im Gemeinsamen Markt, Berlin u.a. 1963

ders. Sur la jurisprudence récente de la Cour de Justice en matière de libre prestation des services rendus dans d'autres Etats membres, Cah. dr. eur. 1984, S. 3 ff.

ders. Der Gegenstand des Niederlassungsrechts in der Europäischen Gemeinschaft, Vorträge und Reden aus dem Europa-Institut der Universität des Saarlandes, Nr. 208, Saarbrücken 1990

ders. Niederlassungsrecht und Dienstleistungsfreiheit der Rechtsanwälte in der Europäischen Gemeinschaft, EuR 1989, S. 338 ff.

ders. Das Niederlassungsrecht in der Europäischen Gemeinschaft, DB 1990, S. 1853 ff.

ders. Rechtsvereinheitlichung durch Richterrecht in der Europäischen Gemeinschaft, RabelsZ 50 (1986), S. 193 ff.

ders. Zur Auslegung des durch EG-Richtlinien angeglichenen nationalen Rechts, ZGR 1992, S. 376 ff.

ders. Zur Begründung der Urteile des Gerichtshofs der Europäischen Gemeinschaften, EuR 1994, S. 127 ff.

ders. Das Niederlassungsrecht in der EG als Beschränkungsverbot - Tragweite und Grenzen, in: Schön, Wolfgang (Hrsg.), Gedächtnisschrift für Brigitte Knobbe-Keuk, Köln 1997, S. 607 ff.

ders. Das Europäische Gesellschaftsrecht vor dem Gerichtshof der Europäischen Gemeinschaften, in: Schneider, Uwe H. / Hommelhoff, Peter / Schmidt, Karsten / Timm, Wolfram / Grunewald, Barbara / Drygala, Tim (Hrsg.), Festschrift für Marcus Lutter zum 70. Geburtstag, Deutsches und europäisches Gesellschafts-, Konzern- und Kapitalmarktrecht, Köln 2000, S. 31 ff.

Eyles, Uwe Das Niederlassungsrecht der Kapitalgesellschaften in der Europäischen Gemeinschaft: die Überlagerung des deutschen Gesellschaftsrechts durch europäisches Gemeinschaftsrecht, Baden-Baden 1990; zugl. Diss., Konstanz 1990

Falkenhausen, Joachim v. Durchgriffshaftung mit Hilfe der Sitztheorie im Internationalen Gesellschaftsrecht, RIW 1987, S. 818 ff.

Fezer, Karl-Heinz Europäisierung des Wettbewerbsrechts, JZ 1994, S. 317 ff.

Fischer, Gerfried Haftung für Scheinauslandsgesellschaften, IPRax 1991, S. 100 ff.

Flessner, Axel Interessenjurisprudenz im internationalen Privatrecht, Tübingen 1989

ders. Schiffbruch der Interpreten und Statuten, ZEuP 2000, S. 1 ff.

Fock, Henning Sitztheorie im deutschen internationalen Steuerrecht nach der Centros-Entscheidung, RIW 2000, S. 42 ff.

Forsthoff, Ulrich Rechts- und Parteifähigkeit ausländischer Gesellschaften mit Verwaltungssitz in Deutschland? – Die Sitztheorie vor dem EuGH, DB 2000, S. 1109 ff.

ders. Niederlassungsrecht für Gesellschaften nach dem Centros-Urteil des EuGH: Eine Bilanz, EuR 2000, S. 167 ff.

ders. Die Tragweite des Rechtfertigungsgrundes aus Art. 46 Abs. 1 EG für die Niederlassungsfreiheit, die Dienstleistungsfreiheit und für Gesellschaften, EWS 2001, S. 59 ff.

Forstinger, Christin M. Delawares komparative Vorteile, Warum Delaware auch in Zukunft der führende In- und Reinkorporationsstaat der USA bleiben wird, ZfRV 2002, S. 41 ff.

Freitag, Robert Der Wettbewerb der Rechtsordnungen im Internationalen Gesellschaftsrecht, EuZW 1999, S. 267 ff.

Föhlisch, Julia Der gemeineuropäische *ordre public*, Frankfurt am Main u.a. 1997; zugl. Diss., Freiburg 1997

Gansen, Georg Harmonisierung der Kapitalaufbringung im englischen und deutschen Kapitalgesellschaftsrecht: vergleichende Studie zur Zweiten Gesellschaftsrechtlichen EG-Richtlinie, Frankfurt am Main u.a. 1992; zugl. Diss., Bonn 1992

Ganske, Joachim Internationale Fusion von Gesellschaften in der Europäischen Gemeinschaft – ein neuer Ansatz –, DB 1985, S. 581 ff.

Garcia, Rafael Arenas Rechnungslegungspflichten der Zweigniederlassungen von ausländischen Gesellschaften, RIW 2000, S. 590 ff.

Geiger, Rudolf	EG-Vertrag, Kommentar, 2. Auflage, München 1995
ders.	Vertragsschlußkompetenzen der Europäischen Gemeinschaft und auswärtige Gewalt der Mitgliedstaaten, JZ 1995, S. 973 ff.
Geßler, Ernst *Hefermehl, Wolfgang* *Eckardt, Ulrich* *Kropff, Bruno*	Aktiengesetz Kommentar, Band 1 (§§ 1-75), München 1984
Geyrhalter, Volker	Niederlassungsfreiheit contra Sitztheorie – Good Bye „Daily Mail"?, EWS 1999, S. 201 ff.
Ghandchi, Jasmin	Der Geltungsbereich des Art. 159 IPRG, Zürich 1991; zugl. Diss., Zürich 1991
Gillessen, Frederick	Europäische transnationale Sitzverlegung und Fusion im Vereinigten Königreich und in Irland, Frankfurt am Main u.a. 2000; zugl. Diss., Bonn 1999
Goldmann, Berthold	Le projet de convention entre les états membres de la Communauté économique européenne sur la reconnaissance mutuelle des sociétés et personnes morales, RabelsZ 31 (1967), S. 201 ff.
Goldmann, Berthold *Lyon-Caen, Antoine* *Vogel, Louis*	Droit commercial européen, 5e édition, Paris 1994
Görk, Stefan	Das EuGH-Urteil in Sachen „Centros" vom 9. März 1999: Kein Freibrief für Briefkastengesellschaften, GmbHR 1999, S. 793 ff.
Görlich, Helmut	Europäische Freizügigkeit und nationaler Ämterzwang, DÖV 1987, S. 1038 ff.
Göttsche, Max	Das Centros-Urteil des EuGH und seine Auswirkungen, Eine Bestandsaufnahme aus gesellschafts-, handels- und steuerrechtlicher Sicht, DStR 1999, S. 1403 ff.
Gornig, Gilbert	Probleme der Niederlassungsfreiheit und Dienstleistungsfreiheit für Rechtsanwälte in der Europäischen Gemeinschaft, NJW 1989, S. 1120 ff.
Gounalakis, Georgios *Radke, Wolfram*	Das Verhältnis des Internationalen Privatrechts zum Europäischen Gemeinschaftsrecht am Beispiel des Diskriminierungsverbots (Art. 6 EGV), der Niederlassungsfreiheit (Art. 52, 58 EGV) und des Kollisionsrechts der EG-Datenschutzrichtlinie, ZVglRWiss 98 (1999), S. 1 ff.
Grabitz, Eberhard *Hilf, Meinhard* *Blanke, Hermann-Josef*	Das Recht der Europäischen Union, Altband I, Art. 1-136a EGV (Maastrichter Fassung), 14. Ergänzungslieferung, München, Stand: Oktober 1999

Grabitz, Eberhard
Bogdandy, Armin v. — Vom Gemeinsamen Markt zum Binnenmarkt – Statik und Dynamik des Europäischen Marktes, JuS 1990, S. 170 ff.

Grabitz, Eberhard — Europäisches Bürgerrecht, Köln 1970

Graig, Paul
Búrca, Gráinne de — EC Law, Texts, Cases and Materials, 2. Auflage, Oxford 1998

Grasmann, Günther — System des internationalen Gesellschaftsrechts, Herne/Berlin 1970; zugl. Habil., München 1968/69

Groeben, Hans von der
Thiesing, Jochen
Ehlermann, Claus-Dieter — Kommentar zum EU-/EG-Vertrag, Band 1 (Artikel A-F EUV, Artikel 1-84 EGV), Band 4 (Artikel 137-209a EGV), 5. Auflage, Baden-Baden 1997

Groß, Wolfgang — Nationales Gesellschaftsrecht und Binnenmarkt, in: Henssler, Martin / Kolbeck, Thomas M. / Moritz, Hans-Werner / Rehm, Hannes (Hrsg.), Europäische Integration und globaler Wettbewerb, Heidelberg 1993, S. 391 ff.

Großfeld, Bernhard — Die Anerkennung der Rechtsfähigkeit juristischer Personen, RabelsZ 31 (1967), S. 1 ff.

ders. — Die Entwicklung der Anerkennungstheorien im Internationalen Gesellschaftsrecht, in: Hefermehl, Wolfgang / Gmür, Rudolf / Brox, Hans (Hrsg.), Festschrift für Harry Westermann zum 65. Geburtstag, Karlsruhe 1974, S. 199 ff.

ders. — Zur Geschichte der Anerkennungsproblematik bei Aktiengesellschaften, RabelsZ 38 (1974), S. 344 ff.

ders. — Die „ausländische juristische Person & Co. KG, IPRax 1986, S. 351 ff.

ders. — Europäisches Gesellschaftsrecht, WM 1992, S. 2121 ff.

ders. — Internationales und europäisches Unternehmensrecht, 2. Auflage, Heidelberg 1995

Großfeld, Bernhard
Boin, Kai — Anmerkung zum Urteil der Cour de Cassation vom 12.11.1990, JZ 1993, S. 370 ff.

Großfeld, Bernhard
Erlinghagen, Susanne — Internationales Unternehmensrecht und deutsche unternehmerische Mitbestimmung, JZ 1993, S. 217 ff.

Großfeld, Bernhard
Jasper, Dieter — Identitätswahrende Sitzverlegung und Fusion von Kapitalgesellschaften in die Bundesrepublik Deutschland, RabelsZ 53 (1989), S. 52 ff.

Großfeld, Bernhard
König, Thomas — Identitätswahrende Sitzverlegung in der Europäischen Gemeinschaft, IPRax 1991, S. 380 ff.

dies. — Das Internationale Gesellschaftsrecht in der Europäischen Gemeinschaft, RIW 1992, S. 433 ff.

Großfeld, Bernhard
Kropholler, Jan
J. von Staudingers Kommentar zum Bürgerlichen Gesetzbuch, Einführungsgesetz zum Bürgerlichen Gesetzbuch/IPR, Internationales Gesellschaftsrecht, Berlin 1998

Großfeld, Bernhard
Luttermann, Claus
Anmerkung zur Daily Mail-Entscheidung des EuGH, JZ 1989, S. 386 f.

Grothe, Helmut
Die «ausländische Kapitalgesellschaft & Co.», Zulässigkeit grenzüberschreitender Grundtypenvermischungen und Anknüpfung des Gesellschaftsstatuts unter besonderer Berücksichtigung des Europäischen Gemeinschaftsrechts, Köln u.a. 1989; zugl. Diss., Osnabrück 1988/89

Groves, Peter J.
European Community Law, London 1995

Grundmann, Stefan
EG-Richtlinie und nationales Privatrecht, JZ 1996, S. 274 ff.

ders.
Binnenmarktkollisionsrecht – vom klassischen IPR zur Integrationsordnung, RabelsZ 64 (2000), S. 547 ff.

Gundel, Jörg
Die Rechtfertigung von faktisch diskriminierenden Eingriffen in die Grundfreiheiten des EGV, JURA 2001, S. 79 ff.

Haack, Stefan
Anwendbarkeit der Gründungstheorie bei fehlendem tatsächlichen Verwaltungssitz, RIW 2000, S. 56 f.

Habersack, Mathias
Europäisches Gesellschaftsrecht, München 1999

Hachenburg, Max
Gesetz betreffend die Gesellschaften mit beschränkter Haftung (GmbHG), Großkommentar, 8. Auflage, Berlin u.a. 1992

Hailbronner, Kay
Prüfungspflicht der Mitgliedstaaten zur Vergleichbarkeit ausländischer Diplome und Prüfungszeugnisse – EuGH, NJW 1991, S. 2073, in: JuS 1991, S. 917 ff.

Hailbronner, Kay
Klein, Eckart
Magiera, Siegfried
Müller-Graff, Peter-Christan
Handkommentar zum Vertrag über die Europäische Union, (EUV/EGV), 7. Lieferung, Köln u.a. 1998

Hailbronner, Kay
Nachbaur, Andreas
Niederlassungs- und Dienstleistungsfreiheit im Binnenmarkt 1992, WiVerw 1992, S. 57 ff.

dies.
Die Dienstleistungsfreiheit in der Rechtsprechung des EuGH, EuZW 1992, S. 105 ff.

Hakenberg, Waltraud
Grundzüge des Europäischen Gemeinschaftsrechts, 2. Auflage, München 2000

Halbhuber, Harald — Limited Company statt GmbH? Europarechtlicher Rahmen und deutscher Widerstand, Baden-Baden 2001; zugl. Diss., Wien 2000/01

Halen, Curt Christian v. — Das Gesellschaftsstatut nach der Centros-Entscheidung des EuGH, Heidelberg 2001; zugl. Diss., Münster 2001

Hallstein, Walter — Angleichung des Privat- und Zivilprozeßrechts in der Europäischen Wirtschaftsgemeinschaft, RabelsZ 28 (1964), S. 211 ff.

Hammen, Horst — Zweigniederlassungsfreiheit europäischer Gesellschaften und Mitbestimmung der Arbeitnehmer auf Unternehmensebene, WM 1999, S. 2487 ff.

Hansen, Jesper Lau — Full Circle: Is There a Difference Between the Freedom of Establishment and the Freedom to Provide Services?, EBLR 2000, S. 83 ff.

Hartley, Trevor C. — The Foundations of European Community Law, 3. Auflage. Oxford u.a. 1993

Heini, Anton
Keller, Max
Siehr, Kurt
Vischer, Frank
Volker, Paul — IPRG Kommentar, Kommentar zum Bundesgesetz über das Internationale Privatrecht (IPRG) vom 1. Januar 1989, Zürich 1993

Heinze, Meinhard — Arbeitsrechtliche Probleme bei der grenzüberschreitenden Sitzverlegung in der Europäischen Gemeinschaft, ZGR 1999, S. 54 ff.

Helms, Dietmar — Die europäische Privatgesellschaft: rechtliche Strukturen und Regelungsprobleme einer supranationalen Gesellschaft des Gemeinschaftsrechts, Köln 1998; zugl. Diss., Heidelberg 1998

Henrich, Dieter — Die Bedeutung der Grundrechte bei der Anwendung fremden Rechts, RabelsZ 36 (1972), S. 2 ff.

Herdegen, Matthias — Europarecht, 3. Auflage, München 2001

Hilf, Meinhard
Pache, Eckhard — Das Bosman-Urteil des EuGH, NJW 1996, S. 1169 ff.

Hirsch, Günter — Europäischer Gerichtshof und Bundesverfassungsgericht – Kooperation oder Konfrontation?, NJW 1996, S. 2457 ff.

ders. — Die aktuelle Rechtsprechung des EuGH zur Warenverkehrsfreiheit, ZEuS 1999, S. 503 ff.

Höfling, Barbara — Die Centros-Entscheidung des EuGH – auf dem Weg zu einer Überlagerungstheorie in Europa, DB 1999, S. 1206 ff.

Höfling, Barbara Die Sitztheorie, Centros und der österreichische OGH, EuZW 2000, S. 145 ff.

Hoffmann, Bernd von Internationales Privatrecht, 6. Auflage, München 2000

Hoffmann, Jochen Neue Möglichkeiten zur identitätswahrenden Sitzverlegung in Europa? Der Richtlinienvorentwurf zur Verlegung des Gesellschaftssitzes innerhalb der EU, ZHR 164 (2000), S. 43 ff.

Hoffmann-Becking, Michael Münchener Handbuch des Gesellschaftsrechts, Band 4, Aktiengesellschaft, 2. Auflage, München 1999

Hohloch, Gerhard EU-Handbuch Gesellschaftsrecht, Herne/Berlin 1997

Hommelhoff, Peter Zivilrecht unter dem Einfluß europäischer Rechtsangleichung, AcP 192 (1992), S. 71 ff.

ders. Die deutsche GmbH im System der Kapitalgesellschaften, in: Roth, Günter H. (Hrsg.), Das System der Kapitalgesellschaften im Umbruch, ein internationaler Vergleich, Köln 1990, S. 26 ff.

Hoor, Gerd Das Centros-Urteil des EuGH und seine Auswirkungen auf die Anknüpfung des Gesellschaftsstatuts, NZG 1999, S. 984 ff.

Hopt, Klaus J. Europäisches Gesellschaftsrecht – Krise und neue Anläufe, ZIP 1998, S. 96 ff.

Horn, Norbert Rechtsfragen internationaler Unternehmenszusammenschlüsse, in: Baums, Theodor / Hopt, Klaus J. / Horn, Norbert (Hrsg.), Corporations, Capital Markets and Business in the Law, Liber Amicorum Richard M. Buxbaum, London u.a. 2000, S. 315 ff.

Houin, R. Le régime juridique des sociétés dans la Communauté Economique Européenne, RTD eur. 1965, S. 11 ff.

Hubeau, Francis L'exeption d'ordre public et la libre circulation des personnes en droit communautaire, Cah.dr.eur. 1981, S. 207 ff.

Hügel, Hans Steuerrechtliche Hindernisse bei der internationalen Sitzverlegung, ZGR 1999, S. 71 ff.

Hüffer, Uwe Aktiengesetz Kommentar, 4. Auflage, München 1999

Huiskes, Christian R. The European Company as an Instrument for Corporate Reorganisations within the European Internal Market, in: Wouters, Jan / Schneider, Hildegard (Hrsg.), Current Issues of Cross-Border Establishment of Companies in the European Union, Antwerpen u.a. 1995, S. 157 ff.

Isensee, Josef
Kirchhof, Paul Handbuch des Staatsrechts der Bundesrepublik Deutschland, Band I, Heidelberg 1987, Band VII, Heidelberg 1992

Jaeger, Gerold — Kapitalgesellschaften in der EU – dauerhaft Niederlassungsberechtigte zweiter Klasse?, NZG 2000, S. 918 ff.

Jarass, Hans D. — Elemente einer Dogmatik der Grundfreiheiten, EuR 1995, S. 202 ff.

ders. — Elemente einer Dogmatik der Grundfreiheiten, EuR 2000, S. 705 ff.

Kaligin, Thomas — Das internationale Gesellschaftsrecht der Bundesrepublik Deutschland, DB 1985, S. 1449 ff.

Kapteyn, P.G.D.
Themaat, VerLoren van
Gormley, Laurence W. — Introduction to the Law of the European Communities, From Maastricht to Amsterdam, Third Edition, London u.a. 1998

Karl, Fritz — Zur Sitzverlegung deutscher juristischer Personen des privaten Rechts nach dem 8. Mai 1945, AcP 159 (1960/61), S. 293 ff.

Kegel, Gerhard
Schurig, Klaus — Internationales Privatrecht: Ein Studienbuch, 8. Auflage, München 2000

Keßler, Jutta — Das System der Warenverkehrsfreiheit im Gemeinschaftsrecht - Zwischen Produktbezug und Verkaufsmodalitäten –, Berlin 1997; zugl. Diss., Berlin 1996

Kewenig, Wilhelm A. — Niederlassungsfreiheit, Freiheit des Dienstleistungsverkehrs und Inländerdiskriminierung, JZ 1990, S. 20 ff.

Kieninger, Eva-Maria — Niederlassungsfreiheit als Rechtswahlfreiheit, Besprechung der Entscheidung EuGH, EuZW 1999, 216 – Centros Ltd. ./. Erhvervs og Selskabsstyrelsen, ZGR 1999, S. 724 ff.

dies. — Anmerkung zur Entscheidung des österreichischen OHG vom 15.7.1999, NZG 2000, S. 39 ff.

Kilian, Wolfgang — Europäisches Wirtschaftsrecht, München 1996

Kindler, Peter — Neue Offenlegungspflichten für Zweigniederlassungen ausländischer Kapitalgesellschaften, NJW 1993, S. 3301 ff.

ders. — Niederlassungsfreiheit für Scheinauslandsgesellschaften, NJW 1999, S. 1993 ff.

Kingreen, Thorsten — Die Struktur der Grundfreiheiten des Europäischen Gemeinschaftsrechts, Berlin 1999

Kischel, Uwe — Zur Dogmatik des Gleichheitssatzes in der Europäischen Union, EuGRZ 1997, S. 1 ff.

Kjellgren, Anders — On the Border of Abuse – The Jurisprudence of the European Court of Justice on Circumvention, Fraud and other Misuses of Community Law, EBLR 2000, S. 179 ff.

Klauer, Irene — Die Europäisierung des Privatrechts, Baden-Baden 1998; zugl. Diss., St. Gallen 1997

Kluvier, Harm-Jan de — The European private company?, Antwerpen u.a. 1995

Klinke, Ulrich — Europäisches Unternehmensrecht und EuGH, Die Rechtsprechung in den Jahren 1991 – 1992, ZGR 1993, S. 1 ff.

Knobbe-Keuk, Brigitte — Umzug von Gesellschaften in Europa, ZHR 154 (1990), S. 325 ff.

dies. — Niederlassungsfreiheit – Diskriminierungs- oder Beschränkungsverbot? Zur Dogmatik des Art. 52 EWG-Vertrag am Beispiel einiger gesellschaftsrechtlicher Beschränkungen, DB 1990, S. 2573 ff.

Koblenzer, Thomas — Die Auswirkungen der „Centros"-Entscheidung des EuGH auf das deutsche Körperschaftssteuerrecht, EWS 1999, S. 418 ff.

Koch, Ulrich — Die Entwicklung des Gesellschaftsrechts in den Jahren 1989/90, NJW 1992, S. 404 ff.

Koenig, Christian
Haratsch, Andreas — Europarecht, 3. Auflage, Tübingen 2000

König, Jochen — Doppelsitz einer Kapitalgesellschaft – Gesetzliches Verbot oder zulässiges Mittel der Gestaltung einer Fusion, AG 2000, S. 18 ff.

Koller, Ingo
Roth, Wulf-Henning
Morck, Winfried — Handelsgesetzbuch, Kommentar, 2. Auflage, München 1999

Koppensteiner, Hans-Georg — Internationale Unternehmen im deutschen Gesellschaftsrecht, Frankfurt am Main 1971; zugl. Habil., Bochum 1970

ders. — Die Sitzverlegungsrichtlinie nach Centros, in: Schneider, Uwe H. / Hommelhoff, Peter / Schmidt, Karsten /Timm, Wolfram / Grunewald, Barbara / Drygala, Tim (Hrsg.), Festschrift für Marcus Lutter zum 70. Geburtstag, Deutsches und europäisches Gesellschafts-, Konzern- und Kapitalmarktrecht, Köln 2000, S. 141 ff.

Korn, Stefan
Thaler, Christian — Das Urteil des EuGH in der Rs. *Centros*: Ein Meilenstein für das europäische Gesellschaftskollisionsrecht?, wbl 1999, S. 247 ff.

Kreuzer, Karl Friedrich — Die grenzüberschreitende Mobilität von Gesellschaften im Gemeinsamen Markt, Vorträge, Reden und Berichte aus dem Europa-Institut Nr. 295, Saarbrücken 1994

ders. — Grenzüberschreitende Restrukturierung von Gesellschaften im Gemeinsamen Markt, EuZW 1994, S. 73 ff.

Kronke, Herbert Schweizerische AG & Co. KG – Jüngste Variante der „ausländischen Kapitalgesellschaft & Co.", RIW 1990, S. 799 ff.

Kropholler, Jan Internationales Privatrecht, 3. Auflage, Tübingen 1997

Krüger Anderson, Paul
Sørensen, Karsten Engsig Free Movement of Companies from a Nordic Perspective, 6 MJ 1 (1999), S. 47 ff.

Kruse, Viola Sitzverlegung von Kapitalgesellschaften innerhalb der EG, Köln u.a. 1996; zugl. Diss., Bonn 1996

Kuehrer, Norbert Cross-border company establishment between the UK and Austria, EBLR 2001, S. 110 ff.

Kunz, Karl-Heinz Internationales Privatrecht, 4. Auflage, Köln u.a. 1998

Lackhoff, Klaus Die Niederlassungsfreiheit des EGV – nur ein Gleichheits-, oder auch ein Freiheitsrecht?, Berlin 2000; zugl. Diss., Münster 1997/98

Lange, Knut Werner Zur Niederlassungsfreiheit im Zusammenhang mit der Eintragung einer inländischen Zweigniederlassung einer ausländischen Gesellschaft, DNotZ 1999, S. 599 ff.

Latty, E.R. Pseudo-Foreign Corporations, 65 Yale Law Journal (1955), S. 137 ff.

Lauterfeld, Marc *"Centros"* and the EC Regulation on Insolvency Proceedings, The End of the "Real Seat" Approach towards Pseudo-foreign Companies in German International Company an Insolvency Law?, EBLR 2001, S. 79 ff.

Le Bras, W. Le transfert du siège social des sociétés étrangères en France, Bull. Joly 1983, S. 795 ff.

Leible, Stefan Anmerkung zum Centros-Urteil des EuGH vom 9.3.1999, NZG 1999, S. 300 ff.

ders. Anmerkung zum Vorlagebeschluß des Landesgerichts Salzburg vom 27.11.2000, NZG 2001, S. 460 f.

Lenz, Carl Otto EG-Vertrag, Kommentar, 2. Auflage, Köln u.a. 1999

ders. EG-Handbuch Recht im Binnenmarkt, 2. Auflage, Herne/Berlin 1994

Lever, Jeremy Commentary on Case 81/87, The Queen v. H.M. Treasury ex parte Daily Mail and General Trust PLC (Judgement of 27 September 1988 [1988] 3 CMLR 713), C.M.L.Rev. 1989, S. 331 ff.

Levy, Laurent La Nationalité des Sociétés, Paris 1984; zugl. Diss., Paris 1982

Looijestijn-Clearie, Anne CENTROS LTD – A COMPLEATE U-TURN IN THE RIGHT OF ESTABLISHMENT FOR COMPANIES?, International and Comparative Law Quaterly, Volume 49, July 2000, S. 621 ff.

Loussouran, Yvon L'harmonisation du droit d'établissement, RTD eur. 1969, S. 275 ff.

ders. Le droit d'établissement des sociétés, RTD eur. 1990, S. 229 ff.

ders. Nationalité des Sociétés et Communauté Economique Européenne, Rev. Jur. Comm. 1990, S. 145 ff.

Luchsinger, Thomas Die Niederlassungsfreiheit der Kapitalgesellschaften in der EG, den USA und der Schweiz, Freiburg (Schweiz) 1992; zugl. Diss., Freiburg (Schweiz) 1992

Lunas Dias, María José El Principio de Primacía Comunitario y el Derecho Internacional Privado, Revista de Derecho Comunitario Europeo 1998, S. 473 ff.

Lurger, Brigitta "Centros Revisited": Die österreichische Sitztheorie und die Niederlassungsfreiheit des EG-Vertrages, IPRax 2001, S. 346 ff.

Lutter, Marcus Die Entwicklung des Gesellschaftsrechts in Europa, EuR 1975, S. 44 ff.

ders. Die Auslegung angeglichenen Rechts, JZ 1992, S. 593 ff.

ders. Umstrukturierung von Unternehmen über die Grenze: Versuch eines Resümees, ZGR 1994, S. 87 ff.

ders. Europäisches Unternehmensrecht: Grundlagen, Stand und Entwicklung nebst Texten und Materialien zur Rechtsangleichung, 4. Auflage, Berlin u.a. 1996

ders. Das Europäische Unternehmensrecht im 21. Jahrhundert, ZGR 2000, S. 1 ff.

Lutter, Marcus
Hommelhoff, Peter GmbH-Gesetz, Kommentar, 15. Auflage, Köln 2000

Luttermann, Claus EWS-Kommentar zum Vorlagebeschluß des BGH vom 30.3.2000 – VII ZR 370/98, EWS 2000, S. 375 f.

ders. Mit dem Europäischen Gerichtshof (*Centros*) zum Internationalen Unternehmens- und Kapitalmarktrecht – Kollisionsrecht in den Zeiten des Internet -, Entscheidung des Europäischen Gerichtshofs vom 9.3.1999, ZEuP 2000, S. 907 ff.

Mankowski, Peter Der Arrestgrund der Auslandsvollstreckung und das Europäische Gemeinschaftsrecht, NJW 1995, S. 306 ff.

Mansel, Heinz-Peter — Rechtsvergleichung und europäische Rechtseinheit, JZ 1991, S. 529 ff.

Martiny, Dieter — Gemeinschaftsrecht, ordre public, zwingende Bestimmungen und Exklusivnormen, in: v. Bar, Christian (Hrsg.), Europäisches Gemeinschaftsrecht und Internationales Privatrecht, Köln u.a. 1991, S. 211 ff.

Mayer, Pierre — Droit International Privé, Paris 1994

Mayson, Stephen W.
French, Derek
Ryan, Christopher L. — Company Law, 15th edition, London 1998

Mayss, Abla J. — Principles of Conflict of Laws, 3rd edition, London 1999

Medicus, Dieter — Allgemeiner Teil des BGB, 7. Auflage, Heidelberg 1997

Meilicke, Wienand — Sitztheorie und EWG-Vertrag nach Handels- und Steuerrecht, RIW 1990, S. 449 ff.

ders. — Unvereinbarkeit der Sitztheorie mit der Europäischen Menschenrechtskonvention, RIW 1992, S. 578 f.

ders. — Zur Vereinbarkeit der Sitztheorie mit der Europäischen Menschenrechtskonvention und anderem höherrangigem Recht, BB 1995, Beilage 9, S. 1 ff.

ders. — Anmerkung zur Centros-Entscheidung des EuGH, DB 1999, S. 627 f.

ders. — Sitztheorie versus Niederlassungsfreiheit? Besprechung des Vorlagebeschlusses des BGH vom 30.3.2000 – VII ZR 370/98, GmbHR 2000, S. 693 ff.

Merkt, Hanno — Unternehmenspublizität ist das Gebot der Stunde, RIW 2000, Die erste Seite

Mestre, Jaques
Blanchard-Sébastien, Christine — Lamy Sociétés Commerciales, Paris 1996

Möschel, Wernhard — Zum Subsidiaritätsprinzip im Vertrag von Maastricht, NJW 1993, S. 3025 ff.

ders. — Kehrtwende in der Rechtsprechung des EuGH zur Warenverkehrsfreiheit, NJW 1994, S. 429 ff.

Moor, Lorenzo — Das italienische internationale Gesellschaftsrecht: Ein Vergleich mit dem schweizerischen IPRG und zu Problemen des schweizerisch-italienischen Rechtsverkehrs, Zürich 1997; zugl. Diss., Zürich 1997

Mora Alarcón, Jose Antonio
Mora Alarcón, Luis Miguel — Manual de sociedades de responsabilidad limitada, Madrid 1995

Morris, J.H.C.
Clean, David Mc — The Conflict of Laws, 5th edition, London 2000

Morse, Geoffrey
Marschall, Enid A.
Morris, Richard
Crabb, Letitia — Charlesworth & Morse, Company Law, 16th edition, London 1999

Mosthaf, Dieter — Die Rechtsform der GmbH für das Unternehmen Robert Bosch, in: Roth, Günter H. (Hrsg.), Das System der Kapitalgesellschaften im Umbruch, ein internationaler Vergleich, Köln 1990, S. 62 ff.

Moussis, Nicholas — Small and Medium Enterprises in the Internal Market, ELR 1992, S. 483 ff.

Mülbert, Peter O. — Privatrecht, die EG-Grundfreiheiten und der Binnenmarkt, Zwingendes Privatrecht als Grundfreiheitsbeschränkung im EG-Binnenmarkt, ZHR 159 (1995), S. 2 ff.

Müller, Hans-Friedrich — Haftung bei ausländischen Kapitalgesellschaften mit Inlandssitz, ZIP 1997, S. 1049 ff.

Müller, Welf — Kurzkommentar zur Entscheidung des OLG Brandenburg v. 13.5.2000 – 14 U 144/99 (ZIP 2000, 1616), EWiR 2001, S. 67 f.

Mukoyogo, M. C. — Conflict of Corporation Laws: The Personal Law of Judicial Persons – a Case for Tanzania, Konstanz 1983; zugl. Diss., Konstanz 1983

Müller-Freienfels, Wolfram — Zur Lehre vom sogenannten „Durchgriff" bei juristischen Personen im Privatrecht, AcP 156 (1957), S. 522 ff.

Müller-Graff, Peter Christian — Gemeinsames Privatrecht in der Europäischen Gemeinschaft, 2. Auflage, Baden-Baden 1999

Müller-Gugenberger, Christian — Gesellschaft, Société und Groupement als Rechtsformen zur Unternehmenskooperation, Eine rechtsvergleichende Untersuchung des französischen, belgischen und deutschen Gesellschaftsrechts im Hinblick auf die grenzüberschreitende Zusammenarbeit in Europa, Baden-Baden 1976; zugl. Diss., Freiburg 1976

Nachbaur, Andreas — Art. 52 EWGV – Mehr als nur ein Diskriminierungsverbot?, EuZW 1991, S. 470 ff.

ders. — Niederlassungsfreiheit: Geltungsbereich und Reichweite des Art. 52 EGV im Binnenmarkt, Baden-Baden 1999; zugl. Diss., Konstanz 1997/98

Nemeth, Kirstin — Comment on the Austrian Supreme Court Judgement of 15 July 1999, Case 6 Ob 123/99b, C.M.L.Rev. 2000, S. 1281 ff.

Nettesheim, Martin — Der Grundsatz der einheitlichen Wirksamkeit des Gemeinschaftsrechts, in: Randelzhofer, Albrecht / Scholz, Rupert / Wilke, Dieter (Hrsg.), Gedächtnisschrift für Eberhard Grabitz, München 1995, S. 447 ff.

ders. — Die europarechtlichen Grundrechte auf wirtschaftliche Mobilität (Art. 48, 52 EGV), NVwZ 1996, S. 342 ff.

Neßler, Volker — Wettbewerb der Rechtsordnungen oder Europäisierung? Stand und Perspektiven des Europäischen Gesellschaftsrechts, ZfRV 2000, S. 1 ff.

Neumayer, Karl Heinz — Betrachtungen zum Internationalen Konzernrecht, ZVglRWiss 83 (1984), S. 129 ff.

Neye, Hans-Werner — Die Vorstellungen der Bundesregierung zum Vorschlag einer 14. Richtlinie, ZGR 1999, S. 13 ff.

ders. — Kurzkommentar zur Entscheidung des EuGH v. 9.3.1999 – Rs. 212/97, EWiR 1999, S. 259 f.

Nicolaysen, Gert — Europarecht II, Das Wirtschaftsrecht im Binnenmarkt, Baden-Baden 1996

Noack, Ulrich — Moderne Kommunikationsformen vor den Toren des Unternehmensrechts, ZGR 1998, S. 592 ff.

ders. — Online-Unternehmensregister in Deutschland und Europa – Bemerkungen zum Regierungsentwurf eines ERJuKoG, BB 2001, S. 1261 ff.

North, Peter
Fawcett, J. J. — Cheshire an North's, Private International Law, London u.a. 1999

Novak, Meinhard — Ungleichbehandlung von ausländischen Produkten oder Dienstleistungen – Einheitliche Rechtfertigungstatbestände im EG-Vertrag, DB 1997, S. 2589 ff.

Nowak, Carsten
Schnitzler, Jörg — Erweiterte Rechtfertigungsmöglichkeiten für mitgliedstaatliche Beschränkungen der EG-Grundfreiheiten, EuZW 2000, S. 627 ff.

Nussbaum, Arthur — Deutsches internationales Privatrecht, Tübingen 1932, Neuauflage Aalen 1974

O'Brien, John — Conflict of Laws, Second Edition, London/Sydney 1999

Oliver, Peter — Some further Reflections on the Scope of Articles 28-30 (ex 30-36) EC, C.M.L.Rev. 1999, S. 783 ff.

Oppermann, Thomas — Europarecht, München 1999

Ott, Claus — Recht und Realität der Unternehmenskooperation, Ein Beitrag zur Theorie der juristischen Person, Tübingen 1977; zugl. Habil., Tübingen 1973

Pache, Eckhard — Der Grundsatz der Verhältnismäßigkeit in der Rechtsprechung der Gerichte der Europäischen Gemeinschaften, NVwZ 1999, S. 1033 ff.

Palandt, Otto — Bürgerliches Gesetzbuch mit Einführungsgesetzen, 60. Auflage, München 2001

Panthen, Thomas — Der »Sitz«-Begriff im Internationalen Gesellschaftsrecht, Frankfurt am Main u.a. 1988; zugl. Diss., Mainz 1987

Papmehl, Markus A. — Delaware Corporate Law: Entstehungsgeschichte und Gründe für den Führungsanspruch im US-Gesellschaftsrecht, ZVglRWiss 101 (2002), S. 200 ff.

Paschke, Marian
Iliopoulos, Constantin — Europäisches Privatrecht, Ein Studienbuch zum Privatrecht der Europäischen Gemeinschaft, Hamburg 1998

Pasternacki, Katrin — Zur Abgrenzung von Niederlassungsfreiheit und Dienstleistungsfreiheit bei Niederlassungen mit Teilfunktion, Frankfurt am Main u.a. 2000; zugl. Diss., Greifswald 1999

Pescatore, Pierre — Gemeinschaftsrecht und staatliches Recht in der Rechtsprechung des Gerichtshofs der Europäischen Gemeinschaften, NJW 1969, S. 2065 ff.

Pipkorn, Jörn — Zur Entwicklung des europäischen Gesellschafts- und Unternehmensrechts, ZHR 136 (1972), S. 499 ff.

ders. — Das Subsidiaritätsprinzip im Vertrag über die Europäische Union – rechtliche Bedeutung und gerichtliche Überprüfbarkeit, EuZW 1992, S. 697 ff.

Pfeiffer, Thomas — Die Entwicklung des Internationalen Vertrags-, Schuld- und Sachenrechts in den Jahren 1995/96, NJW 1997, S. 1207 ff.

Pohlmann, Jens — Das französische Internationale Gesellschaftsrecht, Berlin 1988; zugl. Diss., Münster 1988

Poillot-Perzzetto, Sylvaine
Luby, Monique — LE DROIT COMMUNAUTAIRE APPLIQUÉ À L'ENTREPRISE, Paris 1998

Priester, Hans Joachim — EU-Sitzverlegung – Verfahrensablauf, ZGR 1999, S. 36 ff.

Puszkajler, Karl Peter — Luxemburg locuta, causa non finita? Anmerkungen aus der Praxis zu dem Centros-Urteil des EuGH, IPRax 2000, S. 79 f.

Raape, Leo — Internationales Privatrecht, Berlin/Frankfurt am Main 1961

Rabel, Ernst — The Conflict of Laws, A Comparative Study, Volume 2, Ann Arbor 1960

Raiser, Thomas — Mitbestimmungsgesetz, Kommentar, 3. Auflage, Berlin/New York 1998

Rajak, Harry — Britisches Recht und der Vorschlag einer 14. Richtlinie, ZGR 1999, S. 111 ff.

ders. — Proposal for a Fourteenth European and Council Directive on the Transfer of the Registered Office or de facto Head Office of a Company from One Member State to Another With a Change in the Applicable Law, The Legal Issues in the United Kingdom Arising Out of This Proposal, EBLR 2000, S. 43 ff.

Rammeloo, Stephan — Recognition of Foreign Companies in 'Incorporation' Countries: A Dutch Perspective, in: Wouters, Jan / Schneider, Hildegard (Hrsg.), Current Issues of Cross-Border Establishment of Companies in the European Union, Antwerpen u.a. 1995, S. 47 ff.

Ranieri, Filippo — Verbot des Rechtsmißbrauchs und Europäisches Gemeinschaftsrecht, ZEuP 2001, S. 165 ff.

Rebmann, Kurt
Säcker, Franz Jürgen
Rixecker, Roland — Münchener Kommentar zum Bürgerlichen Gesetzbuch, Band 11, Internationales Handels- und Gesellschaftsrecht, Einführungsgesetz zum Bürgerlichen Gesetzbuch (Art. 50 – 237), 3. Auflage, München 1999

Rehbinder, Eckard — Konzernaußenrecht und allgemeines Privatrecht: Eine rechtsvergleichende Untersuchung nach deutschem und amerikanischem Recht, Bad Homburg u.a. 1969; zugl. Habil., Frankfurt am Main 1968

ders. — Zur Politisierung des Internationalen Privatrechts, JZ 1973, S. 151 ff.

ders. — Sitzverlegung ins Inland und Rechtsfähigkeit ausländischer juristischer Personen, IPRax 1985, S. 324

Reich, Norbert — The "November Revolution" of the European Court of Justice: Keck, Meng and Audi Revisited, C.M.L.Rev. 1994, S. 459 ff.

Reindl, Andreas — Companies in the European Community: Are the Conflict of Law Rules Ready for 1992?, Mich.J.Int.L. 1990, S. 1270 ff.

Reuter, Dieter
Körnig, Jürgen — Mitbestimmung und gesellschaftsrechtliche Gestaltungsfreiheit, ZHR 140 (1976), S. 494 ff.

Reuthal, Klaus-Peter — Verstößt das deutsche Irreführungsverbot gegen Artikel 30 EGV?, WRP 1997, S. 1154 ff.

Ripert, Georges
Roblot, René
Germain, Michel — Droit Commercial, Tome 1, 16e édition, Paris 1996

Risse, Jörg — Zum Eintrag einer Zweigniederlassung einer ausländischen Gesellschaft ohne Geschäftstätigkeit im Gründungsstaat, MDR 1999, S. 752 ff.

Rodríguez Iglesias, Gil Carlos — Gedanken zum Entstehen einer Europäischen Rechtsordnung, NJW 1999, S. 1 ff.

Roellecke, Gerd — Zur Unterscheidung und Kopplung von Recht und Wirtschaft, Rechtstheorie 31 (2000), S. 1 ff.

Roth, Günter H. — GmbH und AG: Versuch einer Neuorientierung, in: Roth, W. H. (Hrsg.), Das System der Kapitalgesellschaften im Umbruch – Ein internationaler Vergleich, Köln 1990, S. 1 ff.

ders. — Gesetz betreffend die Gesellschaften mit beschränkter Haftung (GmbH), 3. Auflage, München 1997

ders. — Gründungstheorie – Ist der Damm gebrochen? Eine Besprechung des Urteils des Europäischen Gerichtshofs vom 9. März 1999, ZIP 1999, 438 – Centros, ZIP 1999, S. 861 ff.

Roth, Wulf-Henning — Die Harmonisierung des Dienstleistungsrechts in der EWG, EuR 1986, S. 340 ff.

ders. — Grundfreiheiten des Gemeinsamen Marktes für kulturschaffende Tätigkeiten und kulturelle Leistungsträger, ZUM 1989, S. 101 ff.

ders. — Der Einfluß des Europäischen Gemeinschaftsrechts auf das Internationale Privatrecht, RabelsZ 55 (1991), S. 623 ff.

ders. — Die Freiheiten des EG-Vertrages und das nationale Privatrecht, ZEuP 1994, S. 5 ff.

ders. — Die Niederlassungsfreiheit zwischen Beschränkungs- und Diskriminierungsverbot, in: Schön, Wolfgang (Hrsg.), Gedächtnisschrift für Brigitte Knobbe-Keuk, Köln 1997, S. 729 ff.

ders. — Case C-212/97, Centros Ltd. v. Erhvervs- og Selskabsstyrelsen, Judgement 9 March 1999, C.M.L.Rev. 2000, S. 147 ff.

ders. — "Centros": Viel Lärm um Nichts? Besprechung der Entscheidung EuGH, EuZW 1999, 216 – Centros Ltd. ./. Erhvervs- og Selskabsstyrelsen, ZGR 2000, S. 311 ff.

ders. — Die Sitzverlegung vor dem EuGH, ZIP 2000, S. 1597 ff.

ders. — Diskriminierende Regelungen des Warenverkehrs und Rechtfertigung durch die „zwingenden Erfordernisse" des Allgemeininteresses, WRP 2000, S. 979 ff.

Roussos, Alexandros — Realising the Free Movement of Companies, EBLR 2001, S. 7 ff.

Sachs, Michael — Grundgesetz, Kommentar, 2. Auflage, München 1999

Sack, Rolf Auswirkungen der Art. 52, 58 EWGV auf das internationale Gesellschaftsrecht, JuS 1990, S. 352 ff.

ders. Staatliche Werbebeschränkungen und die Art. 30 und 59 EG-Vertrag, WRP 1998, S. 103 ff.

Sandrock, Otto Ein amerikanisches Lehrstück für das Kollisionsrecht der Kapitalgesellschaften, RabelsZ 42 (1978), S. 227 ff.

ders. Die Konkretisierung der Überlagerungstheorie in einigen zentralen Einzelfragen, in: Sandrock, Otto (Hrsg.), Festschrift für Günther Beitzke zum 70. Geburtstag am 26. April 1979, Berlin/New York 1979, S. 669 ff.

ders. Sitztheorie, Überlagerungstheorie und EWG-Vertrag: Wasser, Öl und Feuer, RIW 1989, S. 505 ff.

ders. Centros: ein Etappensieg für die Überlagerungstheorie, BB 1999, S. 1337 ff.

Sandrock, Otto
Austmann, Andreas Das Internationale Gesellschaftsrecht nach der Daily Mail-Entscheidung des Europäischen Gerichtshofs: Quo vadis?, RIW 1989, S. 249 ff.

Schaub, Renate Die Neuregelung des Internationalen Deliktsrechts in Deutschland und das Europäische Gemeinschaftsrecht, RabelsZ 66 (2002), S. 18 ff.

Scherer, Joachim Europäisches Niederlassungsrecht für Freiberufler, WiVerw 1987, S. 159 ff.

Schlenker, Anette Gestaltungsmodelle einer identitätswahrenden Sitzverlegung von Kapitalgesellschaften über die Grenze, Konstanz 1998; zugl. Diss., Konstanz 1998

Schilling, Theodor Gleichheitssatz und Inländerdiskriminierung, JZ 1994, S. 8 ff.

Schlosser, Günter Die gesellschaftlichen Niederlassungen innerhalb der Europäischen Wirtschaftsgemeinschaft als Problem des internen und des internationalen Privatrechts, Diss., Mainz 1965

Schmeder, Winfried Die Rechtsangleichung als Integrationsmittel der Europäischen Gemeinschaft, Köln u.a. 1978

Schmidt, Claudia Der Haftungsdurchgriff und seine Umkehrung im internationalen Privatrecht, Tübingen 1993; zugl. Diss., Bonn 1991

Schmidt, Karsten Gesellschaftsrecht, 3. Auflage, Köln u.a. 1997

ders. Handelsrecht, 5. Auflage, Köln u.a. 1999

ders. Sitzverlegungsrichtlinie, Freizügigkeit und Gesellschaftsrechtspraxis, Grundlagen, ZGR 1999, S. 20 ff.

Schmidt, Karsten Die BGB-Außengesellschaft: rechts- und parteifähig, Besprechung des Grundlagenurteils II ZR 331/00 vom 29.1.2001, NJW 2001, S. 993 ff.

Schmidt, Marek Privatrechtsangleichende EU-Richtlinien und nationale Auslegungsmethoden, RabelsZ 59 (1995), S. 569 ff.

Schnyder, Anton K. Das neue IPR-Gesetz, Eine Einführung in das Bundesgesetz vom 18. Dezember 1987 über das Internationale Privatrecht, 2. Auflage, Zürich 1990

Schnichels, Dominik Reichweite der Niederlassungsfreiheit, dargestellt am Beispiel des deutschen Internationalen Gesellschaftsrechts, Baden-Baden 1995; zugl. Diss., München 1993

Schön, Wolfgang Mindestharmonisierung im europäischen Gesellschaftsrecht, ZHR 160 (1996), S. 221 ff.

ders. Gesellschaftsrecht nach Maastricht – Art. 3b EGV und das europäische Gesellschaftsrecht –, ZGR 1995, S. 1 ff.

ders. Die Niederlassungsfreiheit von Kapitalgesellschaften im System der Grundfreiheiten, in: Schneider, Uwe H. / Hommelhoff, Peter / Schmidt, Karsten / Timm, Wolfram / Grunewald, Barbara / Drygala, Tim (Hrsg.), Festschrift für Marcus Lutter zum 70. Geburtstag, Deutsches und europäisches Gesellschafts-, Konzern- und Kapitalmarktrecht, Köln 2000, S. 685 ff.

Schöne, Franz-Josef Dienstleistungsfreiheit in der EG und deutsche Wirtschaftsaufsicht, Köln u.a. 1989; zugl. Diss., Münster 1989

Schuck, Stephan Wirksamkeit und Vollzug von Immobilienerwerben ausländischer Gesellschaften in der Praxis, BB 1994, S. 1538 ff.

ders. Grundstücksgeschäfte ausländischer Domizilgesellschaften, BB 1998, S. 616 ff.

Schümann, Matthias Die Vereinbarkeit der Sitztheorie mit dem europäischen Recht, EuZW 1994, S. 269 ff.

Schütz, Hans-Joachim Cassis de Dijon, EuGH – Urt. vom 20.2.1979 = Slg. 1979, S. 649 –, JURA 1998, S. 631 ff.

Schwab, Martin Der Dialog zwischen dem EuGH und nationalen Exegeten bei der Auslegung von Gemeinschaftsrecht und angeglichenem Recht, ZGR 2000, S. 446 ff.

Schwappach, Jürgen EU-Rechtshandbuch für die Wirtschaft, 2. Auflage, München 1996

Schwartz, Ivo — Zur Konzeption der Rechtsangleichung in der Europäischen Wirtschaftsgemeinschaft, in: Caemmerer, Ernst v. (Hrsg.), Probleme des Europäischen Rechts, Festschrift für Walter Hallstein zu seinem 65. Geburtstag, Frankfurt am Main 1966, S. 474 ff.

Schwarz, Günter Christian — Europäisches Gesellschaftsrecht, Textsammlung, 1. Auflage, Baden-Baden 2000

Schwarze, Jürgen — EU-Kommentar, 1. Auflage, Baden-Baden 2000

Schweitzer, Michael
Hummer, Waldemar — Europarecht, das Recht der Europäischen Union, das Recht der Europäischen Gemeinschaften (EGKS, EG, EAG), mit Schwerpunkt EG, 5. Auflage, Neuwied u.a. 1996

Schwenke, Michael — Möglichkeiten der Gewinnverlagerung ins Ausland, BB 1998, S. 2604 ff.

Schwintowski, Hans-Peter — Freier Warenverkehr im Europäischen Binnenmarkt, Eine Fundamentalkritik an der Rechtsprechung des EuGH zu Art. 28 EGV, RabelsZ 64 (2000), S. 38 ff.

Sedemund, Joachim
Hausmann, Friedrich Ludwig — BB-Kommentar zur Centros-Entscheidung, BB 1999, S. 810 f.

Seibert, Ulrich — Die Umsetzung der Zweigniederlassungs-Richtlinie der EG in deutsches Recht, GmbHR 1992, S. 738 ff.

ders. — Neuordnung des Rechts der Zweigniederlassung im HGB, DB 1993, S. 1705 ff.

Seidl, Martin — Ziele und Ausmaß der Rechtsangleichung in der EWG, EuR 1979, S. 171 ff.

Serick, Rolf — Rechtsform und Realität juristischer Personen: Ein rechtsvergleichender Beitrag zur Frage des Durchgriffs auf die Personen oder Gegenstände hinter der juristischen Person, Berlin u.a. 1955; zugl. Habil., Tübingen 1952/53

ders. — Rückerstattungsrechtliche Probleme bei juristischen Personen, NJW 1956, S. 895 ff.

Smit, Hans
Herzog, Peter — The Law of the European Economic Community, Release 27 New York, November 1994

Soergel, Hs. Th. — Bürgerliches Gesetzbuch mit Einführungsgesetz und Nebengesetzen, Band 10, Einführungsgesetz, 12. Auflage, Stuttgart u.a. 1996

Sörgel, Michael — Körperschaftssteuerliche Auswirkungen der „Centros“-Entscheidung des EuGH, DB 1999, S. 2236 ff.

Sonnenberger, Hans Jürgen — Europarecht und Internationales Privatrecht, ZVglRWiss 95 (1996), S. 3 ff.

Sonnenberger, Hans Jürgen
Großerichter, Helge — Konfliktlinien zwischen Internationalem Gesellschaftsrecht und Niederlassungsfreiheit, Im Blickpunkt: Die Centros-Entscheidung des EuGH als gesetzgeberische Herausforderung, RIW 1999, S. 721 ff.

Steding, Rolf — Das Gesellschaftsrecht der EU zwischen Erwartung und Enttäuschung, NZG 2000, S. 913 ff.

Steiger, Axel — Grenzüberschreitende Fusion und Sitzverlegung von Kapitalgesellschaften innerhalb der EU nach spanischem und portugisischem Recht, Frankfurt am Main u.a. 1997; zugl. Diss., Bonn 1997

ders. — Identitätswahrende Sitzverlegung von Gesellschaften aufgrund bilateraler Staatsverträge?, RIW 1999, S. 169 ff.

Stein, Torsten — Die Einschränkung der Freizügigkeit von EWG-Ausländern aus Gründen der öffentlichen Sicherheit und Ordnung, NJW 1976, S. 1553 ff.

Steindorff, Ernst — Einzelfragen zur Reichweite des Mitbestimmungsgesetzes, ZHR 141 (1977), S. 457 ff.

ders. — Gemeinsamer Markt als Binnenmarkt, ZHR 150 (1986), S. 687 ff.

ders. — Reichweite der Niederlassungsfreiheit, EuR 1988, S. 19 ff.

ders. — Vorlagepflicht nach Art. 177 Abs. 3 EWGV und Europäisches Gesellschaftsrecht, ZHR 156 (1992), S. 1 ff.

ders. — Unvollkommener Binnenmarkt, ZHR 158 (1994), S. 149 ff.

ders. — EG-Vertrag und Privatrecht, Baden-Baden 1996

ders. — Centros und das Recht auf die günstigste Rechtsordnung, JZ 1999, S. 1140 ff.

Stieb, Stephan — Aussitzen wird bestraft! Der EuGH wird jetzt über Sitzverlegung entscheiden, GmbHR 2000, R 213 f.

Stone, Peter Alan — The Conflict of Laws, London 1995

Streinz, Rudolf — Europarecht, 4. Auflage, Heidelberg 1999

ders. — Die Auswirkungen des EG-Rechts auf den Sport, SpuRt 1998, S. 1 ff.

Streinz, Rudolf
Leible, Stefan — Die unmittelbare Drittwirkung der Grundfreiheiten, EuZW 2000, S. 459 ff.

Stücker, Ulrike — Das spanische internationale Gesellschaftsrecht, Münster u.a. 1999; zugl. Diss., Münster 1998/99

Süss, Theodor — Sitzverlegung juristischer Personen vom Inland ins Ausland und umgekehrt, in: Gerwig, M. / Simonius, A. / Spiro, K. (Hrsg.), Festschrift für Hans Lewald, Basel 1953, S. 603 ff.

Teipel, Klemens — Die Bedeutung der lex fori für die Anknüpfung des Haftungsdurchgriffs, Heidelberg 1995; zugl. Diss., Münster 1994

Thömmes, Otmar — Steuern: Förderung der Unternehmenskooperation in der Gemeinschaft, EWS 1990, S. 80 ff.

ders. — Identitätswahrende Sitzverlegung von Gesellschaften in Europa, DB 1993, S. 1021 ff.

Thomas, Heinz
Putzo, Hans
Reichold, Klaus
Hüßtege, Rainer — Zivilprozeßordnung, 23. Auflage, München 2001

Timme, Michael
Hülk, Fabian — Das Ende der Sitztheorie im Internationalen Gesellschaftsrecht?, JuS 1999, S. 1055 ff.

Timmerman, Levinus — Sitzverlegung von Kapitalgesellschaften nach niederländischem Recht und die 14. EU-Richtlinie, ZGR 1999, S. 147 ff.

ders. — Das niederländische Gesellschaftsrecht im Umbruch, in: Schneider, Uwe H. / Hommelhoff, Peter / Schmidt, Karsten / Timm, Wolfram / Grunewald, Barbara / Drygala, Tim (Hrsg.), Festschrift für Marcus Lutter zum 70. Geburtstag, Deutsches und europäisches Gesellschafts-, Konzern- und Kapitalmarktrecht, Köln 2000, S. 173 ff.

Timmermans, Christiaan W. A. — Die europäische Rechtsangleichung im Gesellschaftsrecht, RabelsZ 48 (1984), S. 1 ff.

Tooth, A. G. — The legal status of the declarations annexed to the Single European Act, C.M.L.Rev. 1986, S. 803 ff.

Travers, Stephan C. — Der Beweis des Anknüpfungskriteriums "tatsächlicher Sitz der Hauptverwaltung" im Internationalen Gesellschaftsrecht, Frankfurt am Main u.a. 1998; zugl. Diss., Mainz 1997

Ukrow, Jörg — Richterliche Rechtsfortbildung durch den EuGH: dargestellt am Beispiel der Erweiterung des Rechtsschutzes des Marktbürgers im Bereich des vorläufigen Rechtsschutzes und der Staatshaftung, Baden-Baden 1995; zugl. Diss., Saarbrücken 1994

Ulmer, Michael J. — Die Anerkennung US-amerikanischer Gesellschaften in Deutschland, IPRax 1996, S. 100 ff.

ders. — Harmonisierungsschranken des Aktienrechts, Heidelberg 1998; zugl. Diss., Heidelberg 1996/97

Ulmer, Peter Schutzinstrumente gegen die Gefahren aus der Geschäftstätigkeit inländischer Zweigniederlassungen von Kapitalgesellschaften mit fiktivem Auslandssitz, JZ 1999, S. 662 ff.

Vaughan, David Law of the European Communities Service, London 1991

Vidal, Dominique Droit des sociétés, 2e édition, Paris 1998

Vischer, Frank Die Wandlung des Gesellschaftsrechts zu einem Unternehmensrecht und die Konsequenzen für das Internationale Privatrecht, in: Flume, Werner (Hrsg.), Festschrift für F.A. Mann zum 70. Geburtstag am 11. August 1977, München 1977, S. 639 ff.

Völter, Heike Der Lückenschluß im Statut der Europäischen Privatgesellschaft, Köln 2000; zugl. Diss., Heidelberg 1999

Vonnemann, Wolfgang Haftung der GmbH-Gesellschafter bei materieller Unterkapitalisierung, Baden-Baden 1991; zugl. Diss., Berlin 1990

Wägenbaur, Rolf Inhalt und Etappen der Niederlassungsfreiheit, EuZW 1991, S. 427 ff.

Walden, Daniel Niederlassungsfreiheit, Sitztheorie und der Vorlagebeschluß des VII. Zivilsenats des BGH vom 30.3.2000, EWS 2001, S. 256 ff.

Weatherill, Stephen After *Keck*: Some Thoughts on how to Clarify the Clarification, C.M.L.Rev. 1996, S. 885 ff.

Weiß, Wolfgang Nationales Steuerrecht und Niederlassungsfreiheit, Von der Konvergenz der Grundfreiheiten als Beschränkungsverbote zur Auflösung der Differenzierung zwischen unterschiedslosen und unterschiedlichen Maßnahmen, EuZW 1999, S. 493 ff.

Weitnauer, Wolfgang Die europäische grenzüberschreitende Gesellschaft, Zum gegenwärtigen Stand des europäischen Gesellschaftsrechts, EWS 1992, S. 165 ff.

Werder, Axel v. Formen der Führungsorganisation einer Europäischen Aktiengesellschaft, RIW 1997, S. 304 ff.

Werlauff, Erik Ausländische Gesellschaft für inländische Aktivität, ZIP 1999, S. 867 ff.

Werlen, Sandra Haftung für ausländische Gesellschaften: Sonderanknüpfung gesellschaftsrechtlicher Verantwortlichkeit, Art. 159 IPRG im Vergleich mit den Equal Treatment Statutes und der Rechtsprechung zur Pseudo-Foreign Corporation in den Kollisionsrechten der USA, Zürich 1999; zugl. Diss., Zürich 1999

Werner, Rüdiger — Der Nachweis des Verwaltungssitzes ausländischer juristischer Personen, Frankfurt am Main u.a. 1998; zugl. Diss., Tübingen 1997

Wessel, Susan
Ziegenhain, Hans-Jörg — Sitz- und Gründungstheorie im internationalen Gesellschaftsrecht, GmbHR 1988, S. 423 ff.

Westermann, Harm Peter — Erman, Bürgerliches Gesetzbuch, Band 2, 10. Auflage, Münster 2000

White, Eric L. — In Search of the Limits to Article 30 of the EEC Treaty, C.M.L.Rev. 1989, S. 235 ff.

Wiedemann, Herbert — Gesellschaftsrecht, Band 1, München 1980

ders. — Internationales Gesellschaftsrecht im Ausgang des 20. Jahrhunderts, Bewahrung oder Wende?, in: Lüderitz, Alexander / Schröder, Jochen (Hrsg.), Internationales Privatrecht und Rechtsvergleichung, Festschrift für Gerhard Kegel, Frankfurt am Main 1977, S. 187 ff.

Wiesner, Peter M. — Europäisches Unternehmensrecht, ZIP 2000, S. 1792 ff.

ders. — Sitzverlegung: Wartet der EuGH auf die 14. EU-Richtlinie?, GmbHR 2001, R 57

Wouters, Jan — European Company Law: Quo vadis?, C.M.L.Rev. 2000, S. 257 ff.

Wymeersch, Eddy — Die Sitzverlegung nach belgischem Recht, ZGR 1999, S. 126 ff.

Zimmer, Daniel — Internationales Gesellschaftsrecht, Das Kollisionsrecht der Gesellschaften und sein Verhältnis zum Internationalen Kapitalmarktrecht und zum Internationalen Unternehmensrecht, Heidelberg 1996; zugl. Habil., Göttingen 1995

ders. — Mysterium „Centros“, Von der schwierigen Suche nach der Bedeutung eines Urteils des Europäischen Gerichtshofs, ZHR 164 (2000), S. 23 ff.

ders. — Internationales Gesellschaftsrecht und Niederlassungsfreiheit: Das Rätsel vor der Lösung?, BB 2000, S. 1361 ff.

ders. — Internationales Gesellschaftsrecht im 21. Jahrhundert, in: Schneider, Uwe H. / Hommelhoff, Peter / Schmidt, Karsten / Timm, Wolfram / Grunewald, Barbara / Drygala, Tim (Hrsg.), Festschrift für Marcus Lutter zum 70. Geburtstag, Deutsches und europäisches Gesellschafts-, Konzern- und Kapitalmarktrecht, Köln 2000, S. 231 ff.

Zöller, Richard — Zivilprozeßordnung, 22. Auflage, Köln 2001

Zöllner, Wolfgang — Kölner Kommentar zum Aktiengesetz, Band I, 2. Auflage, Köln u.a. 1988

Zulegg, Manfred — Die Europäische Gemeinschaft als Rechtsgemeinschaft, NJW 1994, S. 545 ff.

Saarbrücker Studien zum Privat- und Wirtschaftsrecht

Herausgeber:
Johann Paul Bauer, Michael Martinek und Helmut Rüßmann

Band 1 Susanne Jaschinski: Die Haftung von Schwestergesellschaften im GmbH-Unterordnungskonzern. Ein Beitrag zum Konzernverfassungsrecht. 1997.

Band 2 Roman Sascha Ahnert: Die *actio individualis*. Ein Beitrag zur verfassungsrechtlichen Fundierung der Aktionärsklage bei sogenannten Aktien-Interessenverbänden. 1997.

Band 3 Torsten Peters: Der Cateringvertrag. Rechtstatsachen, Rechtsnatur und Rechtsprobleme eines modernen Dienstleistungsvertrags. 1998.

Band 4 Michael Meissner: Persönlichkeitsschutz juristischer Personen im deutschen und US-amerikanischen Recht. Eine rechtsvergleichende Untersuchung des allgemeinen Persönlichkeitsrechts juristischer Personen. 1998.

Band 5 Thomas Tegen: Joint Venture-Vertrag und Projektträgergesellschaft im amerikanischen und deutschen Recht. 1998.

Band 6 Gerhard Wolter: Treuhandrecht im Umbruch? Ein Blick nach Frankreich, Luxemburg, in die Schweiz und in den Libanon sowie auf das Haager Trust-Übereinkommen. 1999.

Band 7 Thomas Dehlfing: Das Recht der irreführenden Werbung in Deutschland, Großbritannien und Frankreich. 1999.

Band 8 Hanno Dornseifer: Börsentermingeschäfte und Börsentermingeschäftsfähigkeit. Zur börsengesetzlichen Behandlung von finanzwirtschaftlichen Festgeschäften, Options- und Optionsscheingeschäften. 1999.

Band 9 Patrick Lenz: Absatzförderung durch *zinssubventionierte* Darlehen. Eine wettbewerbs- und kartellrechtliche Studie zur Zulässigkeit von Niedrigzins-Kreditangeboten unter besonderer Berücksichtigung des Automobilmarktes. 1999.

Band 10 Mansur Pour Rafsendjani: Der Goodwill-Ausgleichsanspruch des Franchisenehmers. Ein Vergleich des deutschen, französischen und US-amerikanischen Franchiserechts. 1999.

Band 11 Jörg Hartmann: Juristische und ökonomische Regelungsprobleme des Insiderhandels. Eine rechtsvergleichende Darstellung USA – Deutschland. 1999.

Band 12 David Altmeier: Rückstellungsbilanzierung in Deutschland und Frankreich. Eine vergleichende Untersuchung der französischen Rückstellungsbilanzierung aus der Perspektive des deutschen Bilanzrechts. 1999.

Band 13 Barbara Günther: Aktivische Bilanzierungshilfen im deutschen und französischen Bilanzrecht. 1999.

Band 14 Bernhard Glasow: Vertikale Preisbindung, Wettbewerbstheorie und Wettbewerbsrecht in den USA, Deutschland und Europa. Bestandsaufnahmen, Kritik und Zukunftsperspektiven. 2000.

Band 15 Dorota Nowak-James: Der Börsenzugang für Anleger in Deutschland und Polen. Eine rechtsvergleichende Untersuchung zum deutschen Finanzkommissionsgeschäft und zum polnischen Brokerauftragsvertrag. 2000.

Band 16 Mathias Queck: Der Nießbrauch am Anteil einer offenen Handelsgesellschaft. Eine Form der (un-)mittelbaren Unternehmensbeteiligung. 2000.

Band 17 Ina Roth: Umweltbezogene Unternehmenskommunikation im deutschen und europäischen Wettbewerbsrecht. 2000.

Band 18 Jörg Preiss: Die Anwendung des markenrechtlichen Erschöpfungsgrundsatzes auf Dienstleistungsmarken. 2000.

Band 19 Kevin M. McDonald: Der Begriff der Dienstleistung im europäischen Binnemarkt und WTO-System (GATS). 2001.

Band 20 Carolin Opgenhoff: Die europäische Fusionskontrolle zwischen Wettbewerbsrecht und Industriepolitik. 2001.

Band 21 Susanne Schäfer: Die Deliktsfähigkeit juristischer Personen. Eine rechtsvergleichende Untersuchung zur Übertragbarkeit des englischen Modells. 2001.

Band 22 Kay Diedrich: Die Interventionswirkung – Ausprägung eines einheitlichen Konzepts zivilprozessualer Bindungswirkung. 2001.

Band 23 Michael Fröhlich: Zentrale Institutionen des deutschen Urheberrechts und des französischen Droit d'auteur auf dem Prüfstand der elektronischen Netzwerke. 2001.

Band 24 Joël Benjamin Münch: Abtretungsverbote im deutschen und französischen Recht. Rechtsvergleichende Untersuchung der Übertragungshindernisse im deutschen und französischen Forderungsverkehr als Beitrag zu einer weiteren Schuldrechtsvereinheitlichung in Europa. 2001.

Band 25 Monika Prieß: Der Begriff des Sachmangels im deutschen und englischen Kaufrecht. Reformbedarf aufgrund der Verbrauchsgüterkauf-Richtlinie 1999/44/EG. 2001.

Band 26 Katharina Siegel: Produkthaftung im polnischen, tschechischen und slowenischen Recht. 2001.

Band 27 Carolin Kühne: Die gesetzliche Form der Rechtsgeschäfte im deutschen und italienischen Recht. Eine rechtsvergleichende Untersuchung. 2002.

Band 28 Nina Scherf: Die Nachschußpflicht im Gesellschaftsrecht. Eine rechtsformübergreifende Bestandsaufnahme, Analyse und Kritik. 2002.

Band 29 Marc Laukemann: Fernsehwerbung im Programm. Die zunehmende Kommerzialisierung des Fernsehprogramms im Zeitalter einer Ökonomisierung der Aufmerksamkeit als verfassungs-, wettbewerbs- und rundfunkrechtliches Problem. 2002.

Band 30 Michael Bo Jaspers: Nachträgliche Rechtswahl im internationalen Schuldvertragsrecht. Unter besonderer Berücksichtigung der Rechtspraxis in England, Frankreich, Dänemark und Deutschland. 2002.

Band 31 Christina Pernice: Die Insolvenzverschleppung durch das Geschäftsführungsorgan der kleinen Kapitalgesellschaft im deutschen, französischen und englischen Recht. Eine rechtsvergleichende Untersuchung zur Entwicklung eines europäischen Lösungsansatzes. 2002.

Band 32 Anne Christine Janert: Der sachliche und persönliche Anwendgunsbereich des deutschen Verbraucherkeditrechts und des britischen Consumer Credit Act 1974. Ein Beitrag zu den Möglichkeiten und Grenzen verbraucherrechtlicher Harmonisierung in Europa. 2002.

Band 33 Annette Trost: Faktische Sitzverlegung unter Sitz- und Gründungstheorie im Vergleich. Unter besonderer Berücksichtigung ihrer gesellschafts- und zivilrechtlichen Folgewirkungen. 2003.

Band 34 Esther Cordula Hilpert: Die Gründerhaftung in der Gesellschaft mit beschränkter Haftung in Deutschland, Frankreich und England. 2003.

Band 36 Stefan Stork: Sitzverlegung von Kapitalgesellschaften in der Europäischen Union. Zur Reichweite der Niederlassungsfreiheit unter Berücksichtigung der positiven und der negativen Integration. 2003.